Recursos para una salud medioambiental y humana sostenibles

CIENCIAS SOCIALES EN ABIERTO

Editada por

DAVID CALDEVILLA DOMÍNGUEZ
ALMUDENA BARRIENTOS-BÁEZ

Vol. 21

PETER LANG

Berlin - Bruxelles - Chennai - Lausanne - New York - Oxford

Isabel Rodrigo Martín /
Mónica Viñarás Abad /
Cesáreo Fernández Fernández (eds.)

Recursos para una salud medioambiental y humana sostenibles

PETER LANG

Berlin - Bruxelles - Chennai - Lausanne - New York - Oxford

Información bibliográfica publicada por la Deutsche Nationalbibliothek
La Deutsche Nationalbibliothek recoge esta publicación en la Deutsche Nationalbibliografie; los datos bibliográficos detallados están disponibles en Internet en http://dnb.d-nb.d.

Catalogación en publicación de la Biblioteca del Congreso
Para este libro ha sido solicitado un registro en el catálogo CIP de la Biblioteca del Congreso.

ISSN 2944-4276
ISBN 978-3-631-91607-0 (Print)
E-ISBN 978-3-631-93428-9 (E-PDF)
E-ISBN 978-3-631-93428-9 (EPUB)
DOI 10.3726/b22706

Publicado por Peter Lang GmbH, Berlín, Alemania
info@peterlang.com - www.peterlang.com

PREFACIO

El presente libro, *Recursos para una salud medioambiental y humana sostenibles*, incluido en la colección '*Ciencias sociales en abierto*' de la editorial PETER LANG reúne textos que sirven de puente entre el ayer y el hoy y lanzan sus redes al mañana.

Todos los capítulos que conforman las presentes páginas suponen una apuesta comprometida con la Academia, la ciencia y sus investigadores por parte de unos autores que quieren exponer sus experiencias profesionales en las aulas y en los laboratorios, transmitiendo y compartiendo sus logros. Los campos del saber en los que se centra la colección '*Ciencias sociales en abierto*' compendian lo que damos en llamar Ciencias Sociales, Docencia y Humanismo pues en ellas encontramos el verdadero centro del universo: el hombre, ya que sin él nada tendría sentido.

La Academia halla su esencia y motivo de ser en esfuerzos como el que aquí se presenta, fruto de años, si no de carreras docentes completas, llenos de labores concienzudas, vocacionales y reiteradas, las más de las veces calladas, pero con gran predicamento social pues la imagen de la Ciencia y los científicos es socialmente siempre muy valorada, aunque sea más citada que comprendida por el gran público.

Los autores de los capítulos conformantes de este volumen son profesores investigadores con años de desempeño en Universidades de muchos países, en especial los de la Lengua y los de los países hermanos lusófonos, a los que se unen algunos europeos que trabajan en idioma italiano, francés e inglés.

Su valía, su profesionalidad y su buen hacer revierten en la sociedad el esfuerzo que ésta realiza para que los centros de investigación y docencia mejoren y la hagan avanzar; es un camino de doble sentido que busca una simbiosis perfecta. Acompasar necesidades y aportaciones de una y de otra, Academia y sociedad, deben ser el motor de esta relación nuclear para el desarrollo del hombre.

El compromiso de calidad, exigido y exigible en todo producto científico se halla respaldado por la inestimable, y pocas veces valorada en su justa medida, labor del conspicuo Comité Editorial conformado por más de 200 doctores de más de 40 universidades internacionales, y cuyas filiaciones encabezan cada libro. Así podemos asegurar que los resultados aquí expuestos responden a los cánones de excelencia científica irrenunciable en el trabajo académico; es decir, todos los capítulos han superado la llamada revisión por doble par ciego (*peer review*). Este método, apriorístico y secular en la Universidad avala que la evaluación es llevada a cabo por académicos de igual categoría (pares), que desconocen la autoría de los textos arbitrados (ciegos) y al menos en número de dos (doble).

Deontológica e inconcusamente, todos los firmantes se han comprometido a salvaguardar las exigencias propias de la ética investigadora: renunciar al plagio, veracidad en la obtención de datos, presentación de conclusiones pertinentes y desinteresadas, planteamiento de resultados que supongan un avance académico-científico, eludir la autoalabanza y la colusión académica, las autocitas o las de favor a terceros, evitar la parcialidad en la selección de las fuentes epistemológicas y teóricas, remitirse a todos los datos procedentes, adecuados, relevantes y actuales y no omitir informaciones que puedan colisionar con los postulados o pretensiones del texto o directamente los refuten.

Por ello, está garantizado el total cumplimiento de todos los requisitos imprescindibles y la observancia rigurosa de lo anteriormente descrito. Todo ello supone la marca identitaria de la colección '*Ciencias sociales en abierto*' y que este título cumple plenamente. Por ello, la editorial, los coordinadores y los autores coinciden al manifestar:

- El consentimiento en la publicación de su trabajo y, de existir, de sus entidades financiadoras (tácita o explícitamente).
- La originalidad del texto como fruto de un trabajo, análisis y/o reflexión personales.
- Las citas empleadas no obedecen a criterios de favor.
- La bibliografía es actualizada y pertinente.
- Trabajo de revisión a cargo de revisores externos a la editorial PETER LANG y pertenecientes a la Comunidad Universitaria Internacional.
- Coherencia y calidad de los resultados, aportaciones, objetivos y conclusiones.

Por ello, supone un honor poder afirmar que, gracias a su esfuerzo editorial y a sus autores, en ideal simbiosis, la colección 'Ciencias sociales en abierto' se posiciona a la altura de las mejores y más grandes recopilatorios de literatura científica mundial, logrando que PETER LANG sea una de las editoriales más señeras, según el índice referencial SPI (2022).

Rogamos al lector marque estas iniciales páginas como si de un *albo lapillo notare diem* se tratase ya que podrá dumir dulces frutos del árbol de la ciencia.

David Caldevilla-Domínguez

I. P. Grupo Complutense de Investigación en Comunicación ***Concilium*** (nº 931.791)
Universidad Complutense de Madrid (España)
Coordinador adjunto en la colección 'Ciencias sociales en abierto'

COMITÉ EDITORIAL

ÍNDICE

PRÓLOGO

Si algo caracteriza al ser humano es su capacidad para crear y, a través de esta capacidad creadora, transformar la realidad que le rodea. Esa capacidad transformadora de los espacios y los entornos es lo que ha permitido que el ser humano, como especie, pueda desarrollar su vida en el planeta Tierra y determine su evolución y la del resto de las especies con las que convivimos. Sin embargo, al mismo tiempo, esa capacidad para transformar está comprometiendo la supervivencia misma de las condiciones necesarias para el desarrollo de la vida. El desarrollo de una seria conciencia medioambiental, el compromiso de cambio en los modelos productivos, económicos y sociales, y el desarrollo de modelos culturales que tomen como centro de gravitación la idea de que el ser humano debe proteger el planeta se hacen absolutamente evidentes.

El reto al que se enfrenta la humanidad es de unas dimensiones desconocidas hasta el momento, la evidencia del cambio climático y los problemas medioambientales derivados de los estilos de vida de los seres humanos han llegado a un punto de difícil resolución que compromete nuestra viabilidad como especie en un futuro cada vez más cercano.

Es por ello por lo que un abordaje como el que presenta esta obra en el que se investiguen, desde diferentes prismas y con un espíritu de multidisciplinariedad, cuestiones relacionadas con la salud medioambiental y humana desde una perspectiva de sostenibilidad se hace, no solo sumamente interesante, sino prácticamente imprescindible.

A lo largo de las siguientes páginas, el lector podrá disfrutar de casi 4 decenas de investigaciones que, desde diferentes puntos de vista, abordan algunas de las cuestiones más relevantes para la configuración de una conciencia medioambiental que favorezca la salud plena de los seres humanos. La obra reúne el trabajo un centenar de profesores e investigadores que abordan las perspectivas educativas, culturales, sociológicas, antropológicas, económicas, culturales, sanitarias, etcétera de la coyuntura presente y futura de las siempre complejas relaciones entre la salud, tanto física como mental, individual como colectiva, de las personas y el medio en el que desarrollan su vida.

Cuando hablamos de Sostenibilidad hoy en día, implica hablar de criterios ASG (medioambiente, social y gobernanza). Si aplicamos este acrónimo en este libro, encontramos todos ellos representados a través de numerosos capítulos, dando muestra de la realidad con ejemplos de numerosos lugares del planeta.

En lo que respecta al medioambiente, trabajos como *El bosque de Augua de México, El Humedal costero "El Culebrón" en Comuna de Coquimbo en Chile, El nanocompostaje, Los océanos libres de plástico,* o *Exposiciones inmersivas y nuevas narrativas para una ecología crítica.*

Los aspectos sociales se abordan desde distintas perspectivas que se inquieren desde numerosos enfoques: *As culturas como pilar do desenvolvimento sustentável, Jóvenes y su preferencia residencial en el ámbito rural, Promoción del turismo inclusivo como base para la sostenibilidad del destino. El caso de estudio de Ciudad Juárez en México, De la preocupación a la acción: el voluntariado como impulsor de acciones proambientales.*

Por último, desde la perspectiva de la gobernanza se presentan investigaciones que versan desde el impacto de la guerras hasta temas éticos, como I*mpactos socioeconómicos de la guerra de Ucrania en la Unión Europea y en los objetivos de desarrollo sostenible, Proceso de ethical hacking sobre la red IOT del sistema de monitoreo de variables ambientales en cultivos de café en Vereda el Dorado en Palermo-Huila (Colombia) o Políticas públicas e impacto ambiental de la Inteligencia Artificial.*

Destacamos el importante número de aportaciones que acometen el estudio de la sostenibilidad en la formación. Así, un papel muy relevante tiene la sostenibilidad en todas las etapas educativas, como *Exploring alternative conceptions of climate change among Spanish students aged 12-16, Sustainability, an essential dimension in university education. The specific case of Francisco de Vitoria, Desarrollo curricular de educación para el desarrollo sostenible en España y Finlandia, Elementos para fortalecer la cultura en hábitos del cuidado del medio ambiente en un recinto universitario, Elementos para fortalecer la cultura en hábitos del cuidado del medio ambiente en un recinto universitario, Experiencias y percepción en docentes de formación general en contextos de pandemia covid-19 años 2020 y 2021.*

La toma de conciencia que se necesita al respecto de estas cuestiones ha de ser, a la vez, individual y colectiva y debe derivar en nuevas formas de visión de mundo y en determinantes cambios de comportamiento. Es por todo ello que el presente libro se constituye como un relato apasionante de cuestiones de vital importancia, análisis precisos de problemáticas y propuestas de resolución. En definitiva, una obra no solo didáctica y educativa sino con pretensión transformadora que aúna las funciones clásicas de la universidad: investigar, reflexionar, educar y servir como motor de transferencia del conocimiento y como elemento transformador de la sociedad, todo ello desde una perspectiva crítica y responsable.

Isabel Rodrigo-Martín
Mónica Viñarás Abad
César Fernández Fernández
Universidad de Valladolid (España)
Universidad Complutense de Madrid (España)
Universitat Jaume I (España)

JÓVENES Y SU PREFERENCIA RESIDENCIAL EN EL ÁMBITO RURAL

Tamara Álvarez Lorente[1]

El presente texto nace en el marco de la realización de la tesis doctoral "Políticas públicas y actitudes ante el desarrollo rural en una zona rural en estancamiento estudio de caso la comarca de Guadix en Granada" en la Universidad de Granada.

1. INTRODUCCIÓN

La despoblación rural junto con las consecuencias que se derivan de estas son un fenómeno social muy estudiado desde distintas disciplinas, sobre todo desde un punto de vista cuantificable con indicadores demográficos, económicos y sociales. Dichas investigaciones son de gran relevancia para conocer como implementar medidas y políticas de desarrollo rural, con la finalidad de corregir posibles desequilibrios entre los territorios y poder crear una mayor igualdad de oportunidades entre las personas habitantes de las zonas rurales y el resto de zonas territoriales.

Los desequilibrios sociodemográficos, económicos y estructurales que presentan los territorios rurales, configuran a estos como espacios poco atractivos para el asentamiento de la población. Así, la población más joven se configura como factor clave para la sostenibilidad demográfica y económica de estos territorios rurales. Pese al papel desempeñado por las diversas políticas y planes de desarrollo rural en estos territorios, la reducción de estos efectivos poblacionales sigue siendo una realidad (Camarero et al., 2023; MAPA, 2020).

Es en este contexto donde se enmarca nuestro estudio, sobre la necesidad indagar y analizar los discursos de la población joven sobre el arraigo y movilidad residencial en los territorios rurales. Para ello hemos analizado las preferencias de la población joven en cuanto al lugar de residencia atendiendo a una serie de características sociodemográficas y categoriales, cuya finalidad ha sido entender dichas posiciones discursivas para poder incidir en el planificación y ejecución de políticas de desarrollo rural más efectivas. Dicho análisis del discurso ha sido implementado en una comarca al sureste de Granada en España, pero las conclusiones extraídas coinciden con otros estudios realizados tanto a nivel autonómico como a nivel nacional (Díaz Méndez, 2005; Pérez Rubio, 2007).

1. Universidad de Granada (España)

2. OBJETIVOS

Este capítulo de libro se deriva de una investigación de mayor envergadura realizada en el marco de una tesis doctoral donde los objetivos generales versaban sobre el análisis de las actitudes hacia el desarrollo rural en los territorios rurales centrado en un territorio concreto en el sureste de Granada. Dicho territorio similar a lo que ocurre en otras áreas rurales, presenta fuertes desequilibrios demográficos, económicos y culturales pese a la ejecución de diversas políticas y planes de desarrollo rural implementados desde hace años (CES, 2021), pese a presentar factores potenciales de desarrollo sobre todo a nivel medioambiental (Álvarez Lorente y Entrena Durán, 2021).

En concreto el objetivo fundamental de la investigación que se plasma en este trabajo ha sido analizar los discursos de las generaciones más jóvenes acerca de la movilidad y arraigo residencial en los territorios rurales a partir de una serie de variables sociodemográficas para encontrar posibles diferencias entre los perfiles discursivos. Principalmente preguntamos a los jóvenes participantes de los grupos de discusión su interés por mantener el lugar de residencia en un entorno rural para poder deducir que variables sociodemográficas tenían influencia en las preferencias de elección de vivienda habitual en los entornos rurales.

3. METODOLOGÍA

La metodología empleada en este estudio ha sido de tipo cualitativo. Dicha metodología nos ha permitido acercarnos a los discursos de los jóvenes del medio rural en tanto que nos aproxima a los aspectos subjetivos, a las vivencias, a las expectativas, a la comprensión, desde esquemas contextuales, de quienes habitan en la ruralidad y nos aproxima también a aspectos vinculados a lo identitario y cultural (Bivort y Martínez-Ladrín, 2013).

Además, tanto la sociología como otras ciencias han estado interesadas en el estudio de las comunidades rurales, destacando la relevancia de las interacciones sociales y prácticas colectivas en la construcción de la comunidad (Woods, 2012). Se han analizado dentro del discurso distintas dimensiones como medio físico y ambiente, población y sociedad, infraestructuras y transporte, económica, organización administrativa, identidad del territorio, actitudes hacia el desarrollo rural etc. En definitiva, hemos tratado de entender las distintas dinámicas sociales que se dan en la comarca a partir de los discursos individuales. Concretamente las que presentamos en este capítulo hacen referencia a los discursos sobre la asentamiento y movilidad residencial de los jóvenes en los entornos rurales.

Los diferentes significados que se deducen del análisis de los discursos sociales se articulan en forma de estructura. Es decir, en términos sociológicos, los actores sociales ocupan diferentes posiciones en la estructura social, y tendrán mapas de significados diferentes que atenderán a sus posiciones estructurales. Por esta cuestión los perfiles de nuestros participantes en los grupos sociales han tenido diferentes rasgos socio-demográficos y categoriales en relación con el objeto de nuestra investigación (Ibáñez, 1992).

El muestreo que hemos utilizado en este estudio, ha sido un muestreo estructural tratando de identificar aquellas posiciones que mantienen un discurso potencialmente diferente sobre nuestro objeto de estudio (Mejías Navarrete, 2000). Esta perspectiva estructural, cuya aplicación más general es el grupo de discusión, tienen un componente simbólico donde se permite decir del lenguaje mediante el lenguaje (investigación de opiniones), conocida como anafórica. Donde los elementos del lenguaje nos permiten acercarnos a los mapas perceptuales e ideológicos que los sujetos construyen sobre su entorno y el conjunto de la sociedad (Ibáñez, 1992).

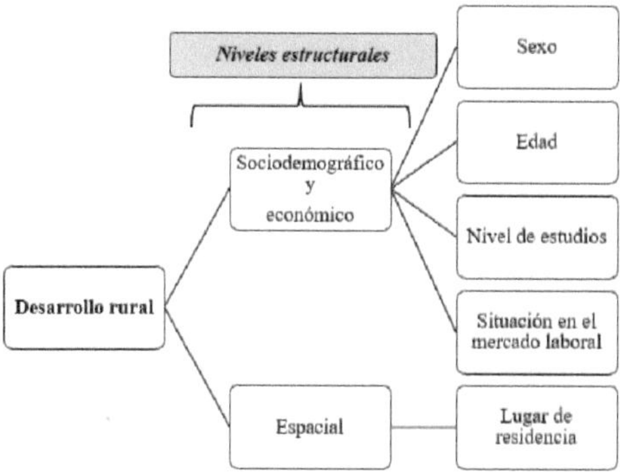

Figura 1. Rasgos sociodemográficos de la selección de actuantes. Fuente: Elaboración propia.

Referente al trabajo de campo se realizaron un total de 5 grupos de discusión protagonizados por jóvenes menores de 30 años algunos residían en el territorio estudiado, pero se tuvo que optar también por la participación de jóvenes autóctonos de la zona pero que actualmente no residían en dicho territorio ante de la dificultad de encontrar jóvenes disponibles en la zona.

Este presente trabajo nos hemos centrado en el análisis del discurso de los más jóvenes dentro de la comarca de Guadix situada en la provincia de Granada estableciendo tipologías de discursos entre los más jóvenes atendiendo a una serie de características sociodemográficas, cuya clasificación del discurso ha sido similar a la encontrada por otros estudios a nivel andaluz y en otros territorios (González Fernández et al., 2022; Pérez Rubio, 2007).

4. DESARROLLO DE LA INVESTIGACIÓN

4.1. La presencia de los jóvenes en el mundo rural

En general la evolución del medio rural se ha caracterizado por presentar un desequilibrio y progresivo estrangulamiento de la pirámide de edades, esto se explica por el nacimiento de generaciones cada vez menos numerosas, y por un envejecimiento global de la población debido al aumento de la esperanza de vida. El incremento de la población envejecida, es uno de los cambios más importantes en las sociedades avanzadas, tanto en el mundo rural como en el urbano, afectando de manera más virulenta a este último. En España la población de 65 y más años se sitúa en el 19,64% sobre el total de la población según cifras del censo de población y vivienda (INE, 2021), las previsiones futuras apuntan a un aumento de esta cifra, situándose en torno al 30,8% de la población (Atance et al., 2010).

Referente al porcentaje de población menor de 15 años en los núcleos rurales es de 10,95% frente 15,53% que presentan los núcleos urbanos (INE, 2021). Así, según MAPA (2020) el número de habitantes rurales de 0-4 y de 20-34 años han sido de las franjas de edad que han sufrido un mayor descenso en concreto un 20% entre 2011 y 2020. Mientras que el grupo de 55 a 59 años ha crecido un 30% y el de 90 años un 50%.

Esta tendencia, tiene su reflejo en la pirámide poblacional, produciéndose un estrechamiento de la base debido al descenso de los nacimientos, lo que hará que cada vez, sean menos numerosas las generaciones que entran en la edad activa, y serán mayores las generaciones que la abandona. Destacar el peso de las denominadas generaciones "soporte", que son aquellas nacidas entre 1958 y 1977 constituidas como las cohortes más numerosas, se les denomina soporte por su posición central en la estructura de edades y relevancia numérica, tanto en generaciones anteriores como posteriores, destacando su papel de cuidado de las personas potencialmente inactivas, como son los más mayores y niños, y a su rol desempeñado dentro de la actividad económica y dinámica social de las zonas rurales (Camarero, 2020).

Este progresivo envejecimiento se refleja en el número de jóvenes menores de 15 años por cada 100 personas de 65 o más años, siendo esta cifra de 38,78 y 81,94 respectivamente para los municipios rurales y urbanos españoles en 2021. La tasa de jóvenes en las áreas rurales para 2021 es de 12.52% frente al 31.66% que presentan las urbanas un 35,2% (INE,2021). En definitiva, los municipios rurales tienen una estructura poblacional más envejecida que los urbanos lo que agrava la situación sociodemográfica de estos territorios.

Concretamente en el territorio donde se han analizado los discursos de los más jóvenes sobre el arraigo y movilidad rural, la presencia de jóvenes es bastante reducida presentando un índice de juventud del 16,41% en 2021, según los datos del censo de la población y vivienda (INE, 2021). Los descensos de las cohortes de población más joven tienen repercusiones en los índices de dependencia y renovación de la población activa. Este tipo de comportamiento demográfico es habitual en las zonas rurales, a consecuencia de que los habitantes abandonan sus pueblos ante la falta de expectativas laborales y sociales. Así, la falta de efectivos poblaciones jóvenes y mujeres compromete el futuro demográfico de los territorios rurales haciendo que estos sean más vulnerables ante futuros cambios económicos y sociales.

4.2. Jóvenes y arraigo rural

El declive demográfico y la despoblación tienen consecuencias socioeconómicas como son la desagrarización, que conlleva efectos como cambios en los usos del suelo, descenso de explotaciones, que inciden en el abandono de las tierras y propiedades, desaparición y pérdida de actividad económica en los pueblos, como son el cierre de tiendas, de negocios, de pequeñas empresas que tiene como efecto la lenta agonía económica (Plaza Gutiérrez, 2021). Esta situación podría haber empeorado en 2020 tras la pandemia del COVID-19 debido a que las dificultades que han tenido que soportar todos los territorios.

Los indicadores económicos y de empleo, junto con los de formación académica en las áreas rurales tienen a ser más negativos que los de las áreas urbanas y esto se manifiesta en una menor productividad de las actividades del sector primario, menor diversificación productiva o menor tamaño del tejido empresarial, junto con altas tasas de paro y perfiles con formación académica de menor nivel que en otros territorios. Estas características tienen una repercusión que se manifiesta en menores niveles de renta por habitante, y que, a su vez repercute en una menor dotación de infraestructuras y equipamientos en dichos territorios (CES, 2021).

La pérdida del peso económico del sector agrario está íntimamente ligado al fenómeno de la despoblación de la España interior, sobre todo en el medio rural. La reducción de las necesidades de mano de obra en la agricultura y en las actividades productivas vinculadas a este sector, fue tan drástica que no se vio compensada con el desarrollo de otros sectores en cuando a la capacidad de generar empleo se refiere (Bandrés y Azón, 2021).

Ante esta situación el papel de las cohortes más jóvenes dentro mercado laboral en los entornos rurales, no es muy positiva sobre todo ante la evidencia de la menor permanencia en el medio rural de quienes adquieren mayor nivel formativo, junto con la menor diversificación de actividades económicas. Así, la temporalidad unida al mayor peso de microempresas y a la relevancia de empresas de carácter familiar, que restringe sus oportunidades laborales dibuja un panorama desfavorable para el mercado laboral juvenil en las áreas rurales (CES, 2021) y concretamente en la comarca objeto de estudio.

Del análisis de los discursos se desprende que las propias elecciones vitales se relacionan con la adecuación entre el mercado de trabajo y la residencia, y a su vez, estas condicionan la movilidad. La desigualdad de acceso y los usos de la movilidad residencial reflejan unas condiciones sociales dispares para flexibilizar los tiempos y los espacios cotidianos, incidiendo en el desarrollo de las relaciones laborales y las responsabilidades sociales. De esta forma, la inmovilización o la precarización en relación con la movilidad vinculada al trabajo, supone una constricción de oportunidades (Camarero y Sampedro, 2008).

Como podemos observar en los fragmentos de los grupos de discusión posteriores, las personas jóvenes que han cursado estudios superiores, toman la decisión de emigrar de su municipio natal y buscar oportunidades laborales más acordes con la formación realizada. Así, podríamos afirmar que se cumple en cierta forma las viejas estrategias de la sociedad rural tradicional emigrar o arraigarse renunciando a la promoción profesional con todas las repercusiones sociales y económicas (Camarero et al. 2020).

> *"Aquí o te vas y te buscas las castañas fuera del pueblo o te quedas viviendo de lo poco que hay, con suerte si tu padre tiene alguna granja pues si puedes vivir, pero si quieres otra cosa te tienes que ir" (H, G-3.1)*
>
> *"Mi amiga ha estudiado, pero al final ella prefiere vivir en el pueblo y no está trabajando de lo que ha estudiado está en un supermercado" (M, G-5.2)*

Además, este comportamiento podría ser explicado con la tendencia existente entre la población joven española cualificada la cual tiene a emigrar de sus lugares de origen independientemente de que sean rurales o urbanos y concentrarse en las llamadas ciudades globales, haciendo mella en los desequilibrios territoriales en España y suponiendo un proceso de descapitalización educativa, sobre todo en los entornos rurales (González-Leonardo et al, 2019; González-Leonardo y López- Gay, 2021).

Los datos a nivel de formación que incide en el mercado laboral en esta comarca, podrían ser explicados a través del denominado círculo vicioso de la formación a partir del cual se estima que, en los entornos rurales, en muchas ocasiones la carencia y la lejanía de los centros educativos reduce las oportunidades formativas y genera grupos de trabajo fuertemente descualificados alejando así, a la población de mayores oportunidades de innovación e inserción en las economías del conocimiento (Camarero, 2022).

A nivel nacional la tasa de analfabetismo es superior en los núcleos rurales (0.78% de las personas mayores de 16 años) que en los núcleos urbanos (0.28%) según las cifras del Censo de la población y Vivienda (INE, 2021). Con estos datos podemos observar como el porcentaje de analfabetos es superior en los territorios rurales que urbanos. No ocurre lo mismo si analizamos el porcentaje de personas con estudios superiores donde este es superior en los núcleos urbanos (47,94%) que rurales (19,67%). Esto supone que los territorios rurales tienen una población con formación académica de menor grado, aumentado con estos las dificultades de inserción laboral de los jóvenes rurales a no disponer de una formación superior y en cierto modo, se ven abocados a tener que aceptar trabajos con peores condiciones debido a sus bajos niveles educativos.

Relacionado con las viejas estrategias de la sociedad rural citadas con anterioridad, serían una fragilidad más del empleo local relacionada con la variable nivel de estudios, y que incide en las diferentes trayectorias de inserción laboral. La cualificación de las personas dentro del mercado laboral, como hemos podido observar a nivel cuantitativo se caracterizan por predominar niveles formativos bajos entre la población, aunque en los últimos años han aumentado las personas son estudios superiores. Pese a este dato positivo respecto a la formación académica y profesional de los más jóvenes, sigue existiendo escasa formación académica y profesional en comparación con otros territorios.

Debemos subrayar que la formación académica de la población implica diferencias en las capacidades, recursos, y en definitiva en los estilos de vida, que a su vez deben ser considerados a la hora de analizar las decisiones y trayectorias vitales (González Fernández et al., 2022). Así, en relación con la formación dentro de los grupos de discusión hemos podido identificar un tipo de discurso. Aquellos jóvenes que especialmente no han cursado estudios superiores mantienen una postura bastante desvalorizada y deslegitimada de la formación y esto responde al contexto de precarización, descualificación y volatibilidad de las ofertas laborales que existen (Contreras, 2017; González-Leonardo, et al., 2019). Además, manifiestan la "inutilidad" de cursar estudios superiores en sus municipios y presentando una menor predisposición asumir los riesgos en las decisiones educativas, donde pondera la reducción de dificultades apostando por alternativas menos costosas en relación con los precios, cercanía de la oferta, duración de los estudios, etc. (Callender y Jackson, 2008; Langa, 2018).

> *"Yo es que tenía muy claro que iba a trabajar lo antes posible, no iba a perder el tiempo estudiando teniendo que ir todos los días a Guadix y sobre todo que yo querría cuanto antes cobrar y poder independizarme" (H, G-3.2)*
>
> *"Cuando yo estaba estudiando la ESO no sabía claro si seguir estudiando o no porque si continuaba estudiando me tenía que poner a trabajar más tarde, y además me tenía que ir Granada y eso suponía un gasto que no se si mis padres podían tener y finalmente decidí salirme del instituto y ponerme a trabajar" (H, G-5.2)*

Frente al discurso de aquellos que están bastante arraigados al municipio y quieren permanecer allí siempre que tengan trabajo, se presentan aquellos que quieren seguir formándose y salir fuera del pueblo como forma de vivir nuevas experiencias y no quieren continuar con el negocio familiar para tener una proyección profesional fuera de la comarca, manifestando una actitud positiva hacia la formación académica. Estos discursos se encuentran en concordancia con los identificados a nivel andaluz en el proyecto de investigación itinerarios formativos, desarrollo y sostenibilidad rural: relación entre las trayectorias académicas y las expectativas de arraigo de la juventud rural (González Fernández et al., 2022).

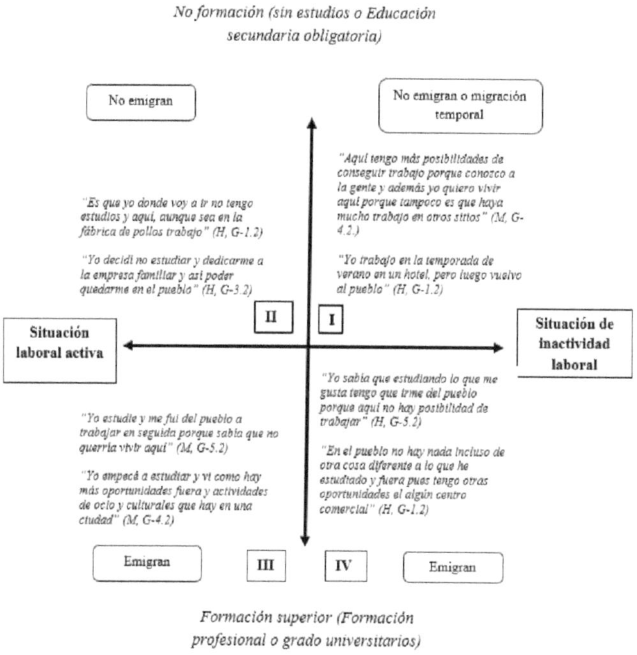

Figura 2. Posiciones dominantes entre los jóvenes en relación al trabajo y la formación. Fuente: Elaboración propia.

Como podemos observar en la figura 2. sobre el análisis del discurso de los jóvenes en relación con el empleo, considerando la formación como una característica importante, hemos obtenido diversas posturas determinantes que pueden influyen de alguna forma en la decisión de emigrar. Principalmente es la situación de tener o no empleo la que tiene un mayor peso en los discursos a la hora de tomar la decisión de emigrar, pero es ahí cuando entra en juego la característica de la formación académica, aquellos jóvenes que tienen estudios básicos o no disponen de formación académica básica son los que manifiestan su decisión de no emigrar y quedarse en el pueblo o bien emigrar de manera temporal. Como afirma Camarero y Sampedro (2008), parece ser que los bajos estudios conducen a trabajos de baja cualificación, con condiciones laborales poco flexibles y escasa remuneración, donde la distancia entre el hogar y el trabajo deben ser lo más cortas posibles. Aquellos que, por el contrario, cuentan con formación académica superior, generalmente su decisión es emigrar fuera de los municipios de pertenencia, bien para ocupar puestos en concordancia con su cualificación o para tener mayores oportunidades laborales, aunque no sean acordes a la formación recibida. En esta misma figura podemos ver cuatro posturas dominantes en los discursos de los más jóvenes.

- Grupo tipo I donde predomina un discurso en cierta forma de conformismo y basada en la seguridad familiar en periodos de inactividad laboral temporal, principalmente son jóvenes sin estudios o con estudios básicos que se caracterizan por tener etapas de migración temporal asociada con el trabajo donde su residencia familiar está vinculada al municipio natal, o bien no trabajan pero consideran que van a tener más oportunidades laborales dentro de su entorno de nacimiento por el hecho de tener más contactos es decir, contar con mayor capital social relacional.

- Grupo tipo II donde siguen siendo discursos asociados a jóvenes con pocos estudios o estudios básicos que deciden quedarse en el pueblo y aprovechar las pocas ofertas laborales independientemente del sector económico al que pertenezcan porque consideran que será mejor situación que la búsqueda de oportunidades en otro lugar. Dentro de este grupo también se encuentra los jóvenes que prefirieron incorporarse temprano al mercado laboral y abandonar los estudios con la idea clara de que querrían permanecer viviendo en el pueblo natal en un futuro.
- Grupo tipo III, localizado en el segundo cuadrante protagonizado principalmente por jóvenes con estudios superiores. En sus discursos podemos identificar la formación como factor relevante que justifica la movilidad residencial, ante la negación de querer continuar con el modo de vida familiar, y a su vez, destacando la existencia de mayores posibilidades laborales que existen fuera de la comarca. Estos discursos se correspondían con jóvenes activos laboralmente.
- Y por último el grupo tipo IV, se identifica con discursos presentes en jóvenes con estudios superiores que pese a estar en una situación de inactividad laboral, consideran que cursar estudios superiores condiciona la emigración ante la falta de oportunidades laborales de cualificación académica superior, en la comarca. Estos a su vez destacan la posibilidad de tener más oportunidades laborales fuera de la zona, aunque esto implique una sobre cualificación en el puesto laboral desempeñado.

Para muchos jóvenes el momento vital en el que deciden cursar estudios superiores supone la primera ruptura con la vida anterior en el núcleo rural, momento en el cual deben de abandonar sus localidades de origen y dirigirse a una ciudad mayor, que supone un mayor contacto con multitud de formas de vida y valores (Gentile, 2010). Es la posibilidad de realizar estudiar estudios universitarios las que inciden en el aumento de las expectativas de la juventud rural y su capacidad de promoción y movilidad social según Pérez Rubio (2007), premisa que derivo del estudio sobre *la percepciones y orientaciones de los jóvenes ante el futuro del medio rural en Extremadura*, y que podríamos aplicar de manera similar a lo que ocurre entre los jóvenes de la comarca de estudio.

En la misma línea, de estas dinámicas discursivas podemos derivar que en muchas ocasiones son las mayores oportunidades que se presentan en las ciudades que en las áreas rurales, tanto en términos de educación, empleo y ocio, las que se configuran como factores de atracción hacia la ciudad para muchos jóvenes, que los lleva abandonar las áreas rurales en busca de mejores oportunidades. Aunque debido a la incerteza y flexibilidad de la sociedad actual la acción de que un joven abandone su región no puede explicarse solo con la intención de irse o la atracción de los factores que hemos mencionado. Sino que en esta relación de decisión y actuación intervienen otros factores como son las experiencias de emigración anteriores tanto propias como de sujetos cercanos, recursos económicos de los que dispone a nivel personal y familiar, las presiones interpersonales y el cambio de las circunstancias personales (Bjarnason & Thorlindsson, 2006). En definitiva, podemos decir que la decisión de quedarse o abandonar finalmente el pueblo está sujeta a elementos como los intereses y expectativas personales, las relaciones sociales y el factor laboral.

La creciente inestabilidad de las ocupaciones, la debilitación de la relación laboral, el incremento de las formas de contratación temporal, crecimiento de trabajo informal y la escasa cuantía de los salarios son algunos de los rasgos que caracterizan la nueva realidad del mercado laboral (Martín López et al., 2021). Así, el trabajo remunerado cumple no sola la función de prestar unos ingresos económicos, sino que se configura como un elemento central en la construcción de la identidad y también uno de los principales vehículos de integración social (Gorz, 1991). Además, para el colectivo de personas más jóvenes el acceso a un empleo supone una forma de conseguir la independencia económica y la autonomía personal frente la familia de origen (Rubio Gil y Pascual Bellido, 2017).

En este contexto de "fuga" de mano de obra juvenil en el mercado laboral rural, y concretamente en el sector agrario existen diferentes medidas, a nivel comunitario, nacional, autonómico y local, que van desde la cofinanciación de ayudas gestionadas por las comunidades autónomas, pagos directos para jóvenes o facilidades de acceso al crédito. Todas estas medidas con la finalidad de mantener y aumentar la incorporación de jóvenes al mercado laboral rural para fomentar la sostenibilidad económica, demográfica y social de los territorios más desfavorecidos.

Destacar dentro de estas medidas el Plan Estratégico nacional para la aplicación en España de la Política Agrícola Común para el periodo 2021-2027, donde se insiste en la necesidad de promover programas de formación profesional para satisfacer las necesidades de cualificación de jóvenes y profesionales, incluyendo programas de formación vinculados a los entornos rurales. Donde también se plantea acciones como la creación de itinerarios de incorporación específicos para las mujeres, introducción de criterios de discriminación positiva a la hora de acceder a la tierra, etc. (CES, 2021). Referente a la promoción de programas de formación profesional para jóvenes, creemos que es relevante dentro de los territorios rurales en concreto esta comarca de estudio presenta bastantes potencialidades para el desarrollo sostenible como energías renovables, pero existe poco personal cualificado para poder explotar dichos recursos.

4.3. LA MUJER Y EL MUNDO RURAL.

Entre los jóvenes también tenemos que destacar el rechazo al mundo rural expresado por las mujeres ante la disconformidad con los modelos tradicionales vigentes en este. Así, las mujeres expresan votar su interés por abandonar el medio rural en busca de nuevas oportunidades, más allá de lo que le ofrece en la comunidad agraria (Whatmore, 1990), esta cuestión se ha puesto de manifiesto sobre todo en las mujeres cuyos perfiles académicos son superiores o están en formación.

Los estudios realizados en los años ochenta desde una perspectiva de género, introdujeron un nuevo enfoque en la indagación sobre el desarraigo femenino al mundo rural. Estos afirmaban que es la ausencia de mujeres jóvenes- y en consecuencia la soltería de varones en el mundo rural- lo que hace aflorar las estrategias de "huida" y rechazo femenino ante el mundo rural gobernado por unos esquemas patriarcales, que sumergen el trabajo de las mujeres en la economía rural de base familiar, reduciendo los ámbitos de influencia de estas a lo privado y lo emocional (Whatmore, 1991).

> *"Yo quiero seguir estudiando para poder trabajar y no ser ama de casa porque aquí en el pueblo poco trabajo hay y sobre todo para mujeres" (M, G-5.2)*
>
> *"Mis amigas que no han estudiado y que siguen aquí, al final no están trabajando y lo que hacen es estar en casa y cuidar a sus hijos eso yo no lo quiero para mi" (M, G-1.2)*

En el análisis del discurso hemos observado discursos femeninos de rechazo a la considerable presión ideológica hacia el mantenimiento de los roles domésticos tradicionales. Es evidente que existe una relación entre las representaciones sociales relativas al género, familia y la propia imagen de la ruralidad que han sido puestos en evidencia en diversos estudios (Little y Austin, 1996; Halliday y Little, 2001). Estos trabajos señalan que la ideología tradicional existente sobre el rol de las mujeres como esposas y madres, en ocasiones se refuerza por la ideología sobre la identidad rural postmoderna, que se sustentan en el denominado rural idyll. La imagen de la feminidad y la domesticidad en el mundo idílico rural se asocia a la noción de comunidad orgánica donde la comunidad rural sería el espacio de solidaridad auténtica representando la vida hogareña, y el rol incondicional cuidador de la mujer (Camarero y Sampedro, 2008).

Estos comportamientos pueden ser explicados a través del concepto de ruptura generacional, en el contexto rural las jóvenes buscan mediante diferentes estrategias, el abandono de la sumisión patriarcal en el seno de las familias agrarias sobre todo la ruptura con la actividad agraria se produce a través de la salarización en otros sectores productivos. Y otra ruptura más radical con el orden social/local que hemos mencionado en párrafos anteriores sería la huida ilustrada. Dicha huida basa su estrategia en la cualificación formativa que permite obtener una mayor formación académica pudiendo lograr el ascenso social mediante el ejercicio de una ocupación o profesión cualificada lo que permite abandonar el mundo rural/agrario. Ya que el arraigo laboral en las mujeres rurales conlleva un aumento de la precariedad (Camarero y Sampedro, 2008).

Del mismo modo, se identifica diversas estrategias familiares dentro del ámbito rural desplegadas en este contexto hacia los varones que son los que heredan las explotaciones y hacia las hijas una estrategia basada en la cualificación académica, como capital básico de ascenso social (Camarero, 2020). Esta última cuestión se manifiesta en los discursos de las propias mujeres jóvenes donde manifiestan la necesidad de estudiar para poder ocupar otros puestos de trabajo en otros sectores no agrarios y así, poder abandonar sus municipios de nacimiento.

Estas estrategias vitales y sociales tienen repercusiones en el reemplazo de las generaciones, debido a que la "huida ilustrada" suele estar protagonizada en mayor parte por mujeres en edad fértil, teniendo consecuencias en la sostenibilidad demográfica de los municipios comarcales, como su reflejo en las tasas de natalidad y nupcialidad (Acosta Naranjo, 2022). En definitiva, es necesario vincular el arraigo y el desarraigo con los distintos lugares ocupados por las mujeres en esa "invisible malla estructural" formada por el trabajo, formación y el estatus familiar y a su vez formada por las desigualdades en el acceso a la movilidad (Camarero y Sampedro, 2008).

5. CONCLUSIONES

Como consecuencia de la heterogeneidad y pluralidad presente en los territorios rurales, los retos y desafíos a los que se enfrentan el desarrollo rural son muy diversos y variados a lo largo del territorio. El reto de la falta de jóvenes plantea como necesario estudiar la situación de los jóvenes dentro de estos territorios con la finalidad de conocer sus preferencias residenciales y así, poder convertir a los territorios rurales en lugares atractivos para la fijación de la residencia de generaciones más jóvenes, para asegurar la sostenibilidad demográfica de dicha área evitando la desertificación población de estos.

Hemos podido constatar como la presencia de los jóvenes en el mundo rural es una realidad decreciente esto unido a los problemas laborales y sociales que vienen caracterizando a las dinámicas de estos territorios presenta un panorama desfavorable para la sostenibilidad demográfica de estas áreas.

Sostenibilidad demográfica futura que se ha podido constatar no solo a través de los datos cuantitativos sino también a través del análisis de los discursos de las generaciones más jóvenes en este territorio en concreto, pero que se presentan de manera similar en otros territorios rurales. De esta forma, el territorio rural se presenta como un territorio poco atractivo como lugar de residencia habitual de los jóvenes, sobre todos jóvenes con formación académica superior lo que priva a estas áreas de capital social formado.

La huida protagonizada principalmente por jóvenes formados y mujeres supone una descapitalización educativa de los entornos rurales, convirtiendo al mercado laboral juvenil rural en un mercado mucho más frágil donde abunda los hombres con poca cualificación. Esta situación junto con la temporalidad del sector rural y escasas oportunidades laborales dentro de estos territorios empeoran la situación laboral, económica y social de los jóvenes en los territorios rurales.

Este estudio es de gran importancia para la planificación de políticas de desarrollo rural entre los cuales destacan objetivos a nivel demográfico como puede ser potenciar el asentamiento y evitar la huida de las generaciones más jóvenes. Para ello es necesario crear territorios multifuncionales y atractivos para que los jóvenes tengan recursos sociales, laborales y culturales necesarios en dichos territorios, y decidan fijar su residencia una vez se hayan formado a nivel académico.

Así, es necesario potenciar una mayor vinculación e identidad territorial entre la población más joven de los territorios rurales puesto que son recursos demográficos que aseguran el futuro existencial de dichas áreas. Es evidente que si los pobladores de los núcleos rurales tienen un sentimiento de pertenencia alto junto con una identidad territorial importante estos pueden influir como elementos de arraigo a estos territorios. Por esta razón se plantea como primordial de reforzar la identidad y el sentimiento de pertenencia territorial como factores importantes para afrontar los desequilibrios demográficos y la despoblación (Fernández de Caleya y Santos Álvarez, 2022).

6. REFERENCIAS

Atance, I., García Corral, Á, Martínez Jávega, M. T., Pujol, R., & Urruela, J. (2010). La población rural en España: Un enfoque a escala municipal. *Revista Española De Economía Agraria*, (10,1), 35-57. https://doi.org/10.7201/earn.2010.01.03

Acosta Naranjo, R. (2022). Declive demográfico y representaciones del mundo rural. En E. Moyano Estrada (Ed) La España rural: retos y oportunidades de futuro. Mediterráneo Económico, Colección de Estudios socioeconómico 35. *Cajamar Caja Rural ed*, 89-104. https://fundacionlacaixa.org/documents/10280/240906/vol27_es.pdf

Álvarez Lorente, T., y Entrena Durán, F. (2021). Potential for Sustainable Development in the Southeastern Spanish Region of Guadix. *Sustainability*, 13, 727-754. https://doi.org/10.3390/su13020727

Bandrés, E., y Azón, V. (2021): La despoblación de la España interior. Ed. Funcas.

Bjarnason, T., & Thorlindsson, T. (2006). Should I stay or should I go? Migration expectations among youth in Icelandic fishing and farming communities. *Journal of Rural Studies*, 22(3), 290–300. https://doi.org/10.1016/j.jrurstud.2005.09.004

Bivort, B. y Martínez-Labrín, S. (2013). Aproximaciones cualitativas al estudio del Desarrollo Rural. En Tolón et al (Eds.)., Experiencias en Desarrollo Local y Rural Sostenible. *Editorial Universidad de Almería*, 467- 478. https://n9.cl/4vffn

Callender, C. y Jakson, J. (2008). Does the fear of debt constrain choice of university and subject of study. *Studies in Higher Education*, 33 (4), 405-429. http://dx.doi.org/10.1080/03075070802211802

Camarero, L., Oliva, J., & Querol, V. A. (2023). Retos de cambio para la vida rural: Procesos, dinámicas y políticas públicas. *RECERCA. Revista De Pensament I Anàlisi*, 28, 1-12-https://www.e-revistes.uji.es/index.php/recerca/article/view/7262/7459

Camarero, L. (2022). Los habitantes de los territorios de baja densidad en España una lectura de las diferencias urbano-rurales. En E. Moyano Estrada (Ed) La España rural: retos y oportunidades de futuro. Mediterráneo Económico, *Colección de Estudios socioeconómico 35. Cajamar Caja Rural* ed., 45-66. https://fundacionlacaixa.org/documents/10280/240906/vol27_es.pdf

Camarero, L. (2020). Despoblamiento, baja densidad y brecha rural: un recorrido por una España desigual. *Panorama Social*, 31, 47-73. https://n9.cl/3o4mr

Camarero, L. y Sampedro R. (2008) ¿Por qué se van las mujeres? El continuum de movilidad como hipótesis explicativa de la masculinización rural. *Revista Española de Investigación Sociológicas*, 124, 73-105. http://doi.org/ 10.2307/40184907

CES- Consejo Económico y Social de España (2021) Informe. Un medio rural vivo y sostenible. Colección Informes 02.

Díaz Méndez, C. (2005). Aproximaciones al arraigo y al desarraigo femenino en el medio rural: mujeres jóvenes en busca de una nueva identidad rural. *Papers: Revista de Sociología*, 75, 63–84. https://doi.org/10.5565/rev/papers/v75n0.1016

Gentile, A. (2010). De vuelta al nido en tiempos de crisis. Los boomerangs kids españoles. *Revista de Estudios de Juventud*, (90), 181–203. https://n9.cl/rrcum4

González Fernández, M.T., Lubián, C., Martín Gimeno, R., Ojeda Casares, S., Langa Rosado D., Botía-Morillas, C., y Navarro Ardoy, L. (2022). ¿Estudiar para irse? Influencia de las enseñanzas secundarias postobligatorias en las estrategias de movilidad de la juventud rural en Andalucía. En E. Moyano Estrada (Ed) La España rural: retos y oportunidades de futuro. *Mediterráneo Económico, Colección de Estudios socioeconómico 35. Cajamar Caja Rural ed.*, 237-256. https://dialnet.unirioja.es/servlet/articulo?codigo=8364947

González-Leonardo, M., López-Gay, A., & Recaño, J. (2019). Descapitalización educativa y segunda oleada de despoblación. *Perspectives Demogràfiques*, 16, 1-4. https://doi.org/10.13140/RG.2.2.12099.22560

González- Leonardo, M. y López Gay, A. (2021). Del éxodo rural al éxodo interurbano de titulados universitarios: la segunda oleada de despoblación. *Revista Ager*, 31, 7-42. https://doi.org/10.4422/ager.2021.01

Gorz, A., (1991), Metamorfosis del Trabajo. Búsqueda de Sentido. Crítica de la Razón Económica, Ed. Sistema 1997.

Halliday, J., y Little, J. (2001) Amongst Women: Exploring the Reality of Rural Childcare. *Sociologia Ruralis*, vol. 41, nº 4, 423-437. https://doi.org/10.1111/1467-9523.00192

Ibáñez, J. (1992). Más allá de la sociología. El grupo de discusión: Teoría y crítica. Siglo XXI.

Instituto Nacional de Estadística (2021) Censo de la Población y Vivienda.

Langa Rosado, D. (2018). La apuesta universitaria en los jóvenes de clases populares. Entre la promoción social y la falta de horizonte. *Revista Española de Sociología*, (27)1, 137-145. https://doi.org/10.22325/fes/res.2018.9

Little, J., y Austin, P. (1996) Women and the Rural Idyll. Journal of Rural Studies, vol. 12, n.º 2, pp. 101-111. https://doi.org/10.1016/0743-0167(96)00004-6

Martín López, S., Fernández Guadaño, J., Bel Durán, P., Lejarriaga Pérez de las Vacas, G. y García-Gutiérrez Fernández, C. (2021). La creación de empresas individuales (trabajo autónomo) por parte de estudiantes y graduados universitarios. *Deusto Estudios Cooperativos*, (4), 15-48. https://doi.org/10.18543/dec-4-2014pp15-48

Ministerio de Agricultura, Pesca y Alimentación (MAPA) (2020). Programa de desarrollo rural sostenible (2014-2020).

Ministerio de Agricultura, Pesca y Alimentación (2021). Encuesta a los jóvenes del medio rural. Red Rural Nacional (RRN). https://n9.cl/a0jp4

Plaza Gutiérrez, J. (2021) Consecuencias del declive demográfico: crisis y cambio en los espacios rurales. En Espacios rurales y retos demográficos: Una mirada desde los territorios de la despoblación. Grupo de Didáctica de la Geografía (AGE), pp. 39-73. https://n9.cl/ru8g7

Pérez Rubio, J. A. (2007). Aproximación a las percepciones y orientaciones de los jóvenes ante el futuro del medio rural en Extremadura. *Política Y Sociedad*, 44, 195-217. https://n9.cl/vqjnm

Rubio Gil, A. y Pascual Bellido, N. (2017). Juventud y empleo rural en España: factor de desarrollo a través del consumo y el turismo sostenible. *Revista de Estudios de Juventud*, 118, 187-203. https://n9.cl/38utj

Whatmore, S. (1991): Farming women: Gender, work and family enterprise. McMillan. Siglo XXI.

Whatmore, S. (1990) Theories and practices for rural sociology in a "new" Europe. *Sociologia Ruralis*, 30(3-4), 251-259. https://doi.org/10.1111/soru.1990.30.3-4.251

Woods, M. (2012) Rural geography III: Rural futures and the future of rural geography. *Progress in Human Geography*, 36, n.1, 125-134. https://doi.org/10.1177/0309132510393135

LA PRESERVACIÓN DEL BOSQUE DE AGUA, MÉXICO. UNA ANÁLISIS DEL PATRIMONIO BIOCULTURAL DE LA COMUNIDAD NAHUA DE HUITZILAC, MORELOS

Domingo Rafael Castañeda Olvera[1]

El presente texto nace en el marco del proyecto "Científicos y Sociedad en Acción por la Biodiversidad y la Sustentabilidad", proyecto que hermana esfuerzos de académicos, pobladores, estudiantes y gente interesada en el rescate y la preservación del Bosque de Agua del Valle de México.

1. INTRODUCCIÓN

El Corredor Biológico Ajusco-Chichinautzin, conocido como el Bosque de Agua de la Megalópolis de México (BA), es un complejo ecosistema de más de 250,000 hectáreas. Abarca las sierras del Ajusco, de las Cruces, del Chichinautzin, de Zempoala y el sistema Cadera, así como los parques nacionales de La Marquesa, Ajusco, Desierto de los Leones, Lagunas de Zempoala y el Tepozteco (ECOBA, 2012). Su historia biogeográfica ha dado lugar a uno de los perfiles biológicos más ricos del país, con al menos tres regiones hidrológicas prioritarias a nivel nacional (CONABIO, 2007) y dos áreas de importancia para la conservación de aves (Arizmendi y Márquez-Valdelamar, 2000).

Cabecera de cuatro cuencas, el BA provee servicios ambientales esenciales a la región central del Valle de México, ya que regula su clima, previene inundaciones, controla la erosión, mitiga las constantes contingencias ambientales mediante la ordenación de los flujos atmosféricos y el almacenamiento de carbono, y, sobre todo, actúa como la principal fuente de infiltración acuífera hacia el subsuelo del Valle, lo que le ha permitido abastecer del vital líquido a la región más densamente poblada de México, con sus más de 25 millones de habitantes (INEGI, 2020). Esta recarga acuífera constante de los sistemas de flujo de este ecosistema proviene de la precipitación que se infiltra y percola; el cálculo de los valores de precipitación oscila entre los 600 y los 1,750 mm anuales, siendo este último valor el que se presenta en las serranías que le conforman (Boyás-Martínez *et al.*, 2021). Sin embargo, en la actualidad la extracción en la región excede 1.8 veces su capacidad de recarga (López-Morales y Mesa-Jurado, 2017), generando un escenario de alto estrés hídrico.

Por otro lado, este complejo ecosistema alberga a más de 3 mil especies de plantas, 195 de aves y 350 entre mamíferos, reptiles y anfibios, lo que representa, de acuerdo con la

1. Universidad Tecnológica Fidel Velázquez (México)

Comisión Nacional para el Conocimiento y Uso de la Biodiversidad (Conabio), el 2% de la biodiversidad mundial (Conabio, 2007). Esta riqueza habita en bosques primarios y secundarios (20% y 16%, respectivamente), aunque un alto porcentaje del paisaje que impera en esta región ha sido modificado por la acción humana, esencialmente por el uso agrícola (43%) y por pastizales inducidos (9%) (López-Morales y Mesa-Jurado, 2017).

Como resultado de esto, el BA produce una vasta gama de alimentos, ya que cerca del 20% de verduras y leguminosas que se consumen cotidianamente en la Ciudad de México y su zona metropolitana provienen de esta región (SADER, 2023).

Sin embargo, y a pesar de su importancia estratégica, esta gran área natural carece de un ordenamiento ecológico territorial integral, así como de presupuestos significativos para su conservación. Como resultado de esto, el BA está desapareciendo a un ritmo cercano a las 2,500 hectáreas por año debido esencialmente a factores antropogénicos. Entre estos, encabeza la lista el caótico crecimiento que caracteriza el anillo urbano que envuelve al bosque, ya que se encuentra entre tres urbes en constante expansión: Cuernavaca (capital de Morelos), Toluca (capital del estado de México) y, desde luego, la Ciudad de México (Imagen 1).

Imagen 1. Bosque de Agua de la Megalópolis de México. Fuente: Sunyer y Monterroso, 2016.

Además, las prácticas extractivas y neoextractivas, aquellas relacionadas principalmente con la depredación inmobiliaria, amenazan constantemente su existencia y reducen paulatinamente sus límites, amén de los constantes incendios forestales para la conversión a zonas de cultivo y potreros, la tala clandestina, el turismo insostenible, etc. (ECOBA, 2012)

Por último, debemos sumar a este escenario la constante introducción de especies no nativas, alguna exóticas, que han comprometido la biodiversidad de la región, derivado en gran medida por la expansión de las fronteras agroindustriales en algunas regiones específicas del bosque (Heinrich Böll Stiftung, 2019).

Pese a este crítico panorama, existen ejemplos de estrategias en la región que buscan contrarrestar este proceso de constante deterioro, ejemplos encabezados en su gran mayoría por los pobladores originales de estos territorios: indígenas, campesinas y campesinos, cuidadoras y cuidadores de la tierra quienes poseen una conexión biocultural con el bosque y que, sobre todo en los años más recientes, han gestionado el cuidado de sus territorios guiados por pautas de conservación.

Son estos *pueblos de la tierra* como los denomina Enrique Leff, los *pueblos-territorio* como les nombra Arturo Escobar, quienes, desde una defensa de su patrimonio biocultural, han logrado detener en cierto sentido este deterioro, al tiempo que han gestionado los recursos que el BA posee. Es la conservación *de facto* o *in situ*, como lo llama Boege (2008). Sin embargo, son esfuerzos locales poco articulados a una estrategia general o a un plan que coordine experiencias, saberes y metas en común.

2. OBJETIVOS

El objetivo de este trabajo es analizar una serie de estrategias comunitarias llevadas a cabo por la comunidad nahua perteneciente al municipio de Huitzilac, Morelos, municipio perteneciente al BA. Estas estrategias involucran saberes y prácticas ligados al territorio, por lo que buscamos enfatizar la idea de que algunos elementos de la cosmovisión, la pluriversalidad y del patrimonio biocultural de estas comunidades son claves para la preservación del BA, pese a haber sido alterados por la urbanización y el proceso de modernización que se ha venido presentando en la región.

3. METODOLOGÍA

El trabajo parte de algunas categorías analíticas propuestas por la ecología política, por lo que se hace una discusión teórica al respecto. Asimismo, hemos hecho uso de los Sistemas de Información Geográfica (SIG) ofrecidos por organismos gubernamentales para la contextualización de la comunidad. Para el estudio etnográfico, decidimos realizar observación participante en dos periodos de tiempo (la primera en septiembre de 2022, época de cosecha anual en la región) y en marzo de este año (la preparación de las fiestas patronales). La bitácora de campo tenía como objetivo esencial documentar aquellas estrategias observadas que buscaran preservar su patrimonio biocultural (desde caminatas de reconocimiento, faenas y recolección de semillas y maderas hasta la planeación de sus fiestas patronales anuales y la siembra en milpa).

4. DESARROLLO DE LA INVESTIGACIÓN

De acuerdo al más reciente censo poblacionesl (INEGI, 2020), en el estado de Morelos habitan 35,106 indígenas, predominantemente nahuas (alrededor del 70%) (Mapa 2).

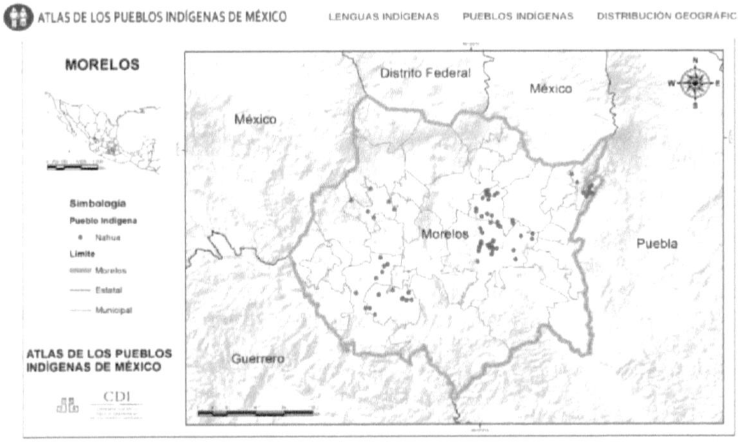

Mapa 2. Comunidades indígenas en Morelos. Fuente: Instituto Nacional de los Pueblos Indígenas de México, 2021.

Los territorios que habitan abarcan tres zonas ecológicas distintas: la primera reúne a poblaciones al interior del BA, caracterizado por un clima templado húmedo-frío con bosques de pino y encino; allí se ubican siete pueblos nahuatlatos distribuidos en las poblaciones de Tepoztlán, Hueyapan, Coajomulpo y San José de los Laureles. La segunda zona es aquella que se ubica entre las tierras altas y los Valles Intermontanos de Cuernavaca y Cuautla, zonas caracterizadas por un clima semi-cálido húmedo y selva baja caducifolia y pastizales, donde habitan las comunidades nahuas de Santa Catalina, San Andrés Ocotepec, Huazulco, Temoac y Amilcingo. Y la tercera concentra en la región de los Valles a comunidades indígenas de Cuentepec, Tetlama, Xoxocotla, Tetelcingo y Atlacholoaya (Poder Ejecutivo del Estado de Morelos, 2015).

Los indígenas que habitan los ochos municipios morelenses involucrados en el BA se concentran en Cuernavaca (8176), Huitzilac (390), Jiutepec (4126), Tepoztlán (4681), Tlalnepantla (137), Tlayacapan (1661), Totolapan (455) y Yautepec (2683), haciendo un total de 22,309 indígenas (*ibidem*: 12 y 13). Es importante resaltar que poco menos de la mitad (10,578 indígenas) aún hablan náhuatl, pieza fundamental para analizar la identidad arraigada al territorio y al patrimonio biocultural (Toledo y Alarcón-Chaires, 2018).

Nuestra labor etnográfica se centró en las comunidades nahuatlicas pertenecientes al municipio de Huitzilac, donde, guiados por una óptica decolonial, buscamos analizar un par de prácticas altamente vinculadas con el equilibrio ecosistémico del bosque y con la "salud del bosque", como ellas y ellos lo enuncian: sus saberes medicinales y el sistema agroproductivo milpa.

La salud entre los nahuas, al igual que en diversas poblaciones indígenas y afrodescendientes latinoamericanas, involucra el equilibrio entre tres esferas: la física, la psíquica y la espiritual, equilibrio que, además, les permite llevar a cabo sus actividades productivas y culturales, ambos anclados fuertemente al territorio y al paisaje (Sandoval *et al*, 2019). La enfermedad es vista y tratada de manera comunitaria, muchas veces con medicina tradicional. Para ello, recurren constantemente a animales y plantas presentes en la región que, como resultado del crecimiento urbano, la tala inmoderada y la introducción de especies invasoras, están seriamente amenazados. Además, se acompaña de ciertos rituales de curación; sin embargo, se ha venido documentado cómo las y los sabedores tradicionales han comenzado a combinar este conocimiento ancestral con medicamento alópata (García *et al.*, 2015). Y si bien por un lado demuestra la capacidad sinérgica que estos pueblos poseen, por otro evita romantizar su cosmovisión como anclada al pasado.

La medicina tradicional sigue fuertemente atada a la biodiversidad del territorio, a la riqueza en plantas y a la salud de la tierra. En el caso de Morelos, se sabe de la existencia de 802 especies con uso medicinal, de acuerdo con información del Jardín Etnobotánico y del Museo de Medicina Tradicional y Herbolaria de Morelos, aunque algunas investigaciones elevan ese número a 818. De estas, 76 son las más utilizadas, entre las que destacan el *axihuitl*, la ruda, el poleo y el toronjil, los cuales se encuentran en un gran porcentaje dentro del BA. Es importante mencionar que, aunque la obtención de estas se da mediante faenas y recorridos por las zonas boscosas y, en ese sentido, dependen totalmente de la salud del bosque para obtenerlas, se ha ido presentado un proceso de domesticación de la biodiversidad; así, 17 plantas están en proceso de domesticación, lo que nos permite afianzar la idea de la bioculturalidad náhuatl en la región (Ayala-Enríquez *et al.*, 2023).

Por otro lado, un porcentaje importante de la población nahua en Morelos sigue dedicándose a labores de campo, esencialmente a la agricultura (milpa, hortalizas y frutales) y algunos más a la ganadería de traspatio. Nahuas de las regiones de Totolapan y Huitzilac siguen practicando milpa de autoabasto (maíz y frijol) combinadas con la siembra de plantas tradicionales y huerto con especies de selva baja con significado cultural como la ciruela, el guamúchil, el guaje y el cuachalalate, entre otras 600 especies reportadas (Sánchez, 2005).

Sin embargo, se ha reportado un impacto negativo debido al uso cada vez más generalizado de agroquímicos con fines productivos (Ávila, 2008) y al arribo de la agroindustria, factores que han generado migraciones campesinas hacia espacios urbanos y la consecuente pérdida de identidad y pertenencia (Sánchez, 2008).

Asimismo, la terciarización de la economía ha generado el tránsito de indígenas a la economía informal, especialmente en regiones como Cuernavaca, Tepoztlán, Tlayacapan y Yautepec, donde se ha generado lo que se conoce como el turismo comunitario, lo cual evidentemente ha modificado sus prácticas agrícolas ancladas al territorio y, con ello, se han modificado paulatinamente el resto de las actividades que dependen de ello (Carrillo, 2020).

Para contrarrestar esta serie de fenómenos, algunas comunidades han generado diversos procesos de gestión y participación, los cuales han devenido iniciativas que van desde proyectos forestales y de creación de centros culturales, hasta la creación de brigadas de participación comunitaria para la prevención de incendios y de proyectos ecoturísticos tendientes al cuidado del bosque a través de la educación ambiental.

El análisis de estas estrategias es la guía de este trabajo, por lo que hemos elegido cinco de estas iniciativas (Cuadro 1), exponiendo su nombre, el área de impacto, así como un resumen muy esencial de sus características.

Proyecto	Área de impacto	Características
El vuelo del colibrí	Ecoturismo y educación ambiental	El proyecto ecoturístico buscó inicialmente generar un santuario de colibríes y de teporingos, respaldado por la asamblea de bienes comunales. Generó un parque ecoturístico que detonara la economía local, buscando involucrar a toda la comunidad. Comenzaron impartiendo talleres a las y los visitantes sobre la importancia de la conservación del bosque. El proyecto ha crecido de forma tal que sus redes de colaboración han llegado a instituciones educativas (UAEM, UNAM, Chapingo) que promueven la participación de estudiantes para la realización de su servicio social. Su objetivo a mediano plazo es lograr configurarse como Asociación Civil para poder realizar un programa de Ordenamiento Territorial y Ordenamiento Ecológico ante las autoridades morelenses. Ha logrado establecer convenios con el Jardín Etnobotánico y con el Museo de Medicina Tradicional, quienes obtienen muestras de estos territorios bajo su resguardo.
Parque ecoturístico Totlán Coajomulco, Huitzilac	Ecoturismo y educación ambiental	El parque está organizado como cooperativa; es un parque ecoturístico gestionado por acuerdos de la comunidad de Coajomulco en convenio con dependencias gubernamentales; anualmente elijen, en asamblea, al comité directivo, cargo que desempeñan sin paga. Su función es gestionar los bosques de la comunidad en atención al turismo de la región, impidiendo el uso inadecuado de los espacios boscosos, la propagación de incendios e impiden el desarrollo de comercios que no estén en manos de la comunidad. Científicos de la UNAM; encabezados por la Dra. Ayala Enríquez, tienen como centro de operación principal este parque.
Centro Cultural AURE Tezontlalpan, Huitzilac	Cultura, arte y educación ambiental	A través de talleres comunitarios, su objetivo es fomentar redes de cooperación entre los miembros de la comunidad. La unión con académicos y artistas les han permitido generar pláticas sobre la importancia de la preservación del bosque, difundiendo ciclos de documentales que sobre el bosque se han realizado.
Desarrollo Forestal Ing. Totomec Tres Marías, Huitzilac	Plantación forestal comercial de árboles de navidad (especie Pinus ayacahuite)	Planteado inicialmente solo como un campo de cultivo de avena, evolucionó, con la ayuda de Conafor, en un proyecto agrícola biodiverso, que detuvo el avance agroindustrial, dotando de tierras para milpa donde se cultivan ciruela, guamúchil, guaje y cuachalalate. En años recientes, el uso forestal se ha incrementado, bajo la bandera del rescate de pinos de navidad, con manejo responsable. A través de redes de cooperación con iniciativas similares en Amecameca, estado de México, han logrado intercambiar experiencias respecto a técnicas de poda, diferentes modalidades de producción como la técnica de banqueado (árboles de maceta), procesos de germinación y el aprovechamiento responsable de árboles como oyamel y pseudotsuga.

Brigadas Voluntarias contra incendios forestales "Teporingos"	Brigadas de prevención de incendios y educación ambiental	A raíz del devastador incendio de 2021, y ante la pasiva respuesta gubernamental, habitantes de Huitzilac conforman esta Brigada que sirve para apagar, pero, sobre todo, para prevenir incendios en la zona. Ello lo hacen a través de pláticas en diferentes puntos del bosque, sobre todo aquellos con parques ecoturísticos y puntos de reunión.

Cuadro 3. Iniciativas comunitarias sostenibles en la población nahua de Huitzilac, Morelos. Fuente: elaboración propia.

Y si bien es cierto que la participación comunitaria no es un fin en sí mismo (Toledo, 2013), también lo es el hecho de que, a través de esta, logran confluir diferentes factores sociales, culturales y ambientales que remiten, a nuestro parecer, a diferentes dimensiones, como la autogestión comunitaria, el emprendimiento de proyectos e iniciativas para la preservación del patrimonio biocultural de las comunidades, así como la necesaria vinculación con dependencias gubernamentales y/o académicas.

En estas cinco iniciativas logramos percibir estos tres elementos, aunque faltaría profundizar en algunos más que posibilitaría demostrar el éxito de un proyecto sostenible, a saber, los intereses privados y colectivos, las políticas ambientales locales, el manejo de conflictos e, inclusive, la necesidad económica de la población. No obstante, este acercamiento inicial ofrece un panorama amplio que, desde la voz de los actores que relatan sus desafíos y cómo, desde la comunidad, les enfrentan, nos colocan en el terreno de la búsqueda de soluciones para mejorar las condiciones de vida y las formas comunitarias que buscan contribuir para la conservación del BA en Huitzlac, a través de la preservación de su patrominio biocultural.

5. CONCLUSIONES

El acercamiento a las comunidades que persisten en el BA nos permite observar la serie de esfuerzos que realizan para preservar prácticas y saberes comunitarios que se encuentran fuertemente ancladas a su territorio, esfuerzo que, en última instancia, busca preservar el equilibrio y la salud del bosque mismo. Este rescate de su patrimonio biocultural se coloca como la estrategia a seguir para conjuntar esfuerzos y experiencias que, sin embargo, hasta ahora parecen desligados y sin coordinación.

La influencia que ejerce sobre la población (sobre todo, la juventud) los patrones de modernidad y el crecimiento urbano está siendo determinante para que, al interior de las comunidades, se perciba un riesgo por la conservación de estas prácticas y saberes, poniendo en entredicho la continuidad de la comunidad misma.

Perder el gran BA implicaría perder su biodiversidad, su valor ecosistémico, su captura de CO_2, de agua y recarga acuífera, los alimentos que proporciona a quienes le han habitado de manera ancestral, entre otros factores.

No es exagerado afirmar, entonces, que preservar este bosque garantizaría la subsistencia de los cerca de 25 millones de seres humanos que habitamos este espacio y los millones más de seres vivos que conviven con nosotros en este espacio vital. De ahí los esfuerzos que, desde la academia, podamos aportar.

Una de las prerrogativas de este trabajo es lograr visibilizar la necesidad de un plan o programa integral para el BA que regule toda actividad en la región, que mediante un ejercicio de gobernanza ambiental otorgue herramientas jurídicas y legales a los pobladores originales de la región que, pese a la presión por la explotación de recursos y de desarrollo urbano sobre el bosque, han impedido su avance, anteponiendo sus saberes, sus prácticas y sentipensares tendientes a la conservación de un equilibrio con el entorno.

6. REFERENCIAS

Arizmendi, M. y Márquez-Valdemar, L. (2000). Áreas de importancia para la conservación de las aves en México (AICAS). México: Conabio-Cipamex.

Ávila, H. (2008). La agricultura y la industria en la estructuración territorial de Morelos. UNAM: Centro Regional de Investigaciones Multidisciplinarias.

Ayala-Enríquez, M., García, A., Román, Pino, J.M. y García, F. (2023). Uso y manejo tradicional de la fauna silvestre por nahuas de Santa Catarina; Tepoztlán, Morelos, México. Caldasia 45(1). https://doi.org/10.15446/caldasia.v45nl.92451

Boege, Eckart (2008). El patrimonio biocultural de los pueblos indígenas de México. México: Instituto Nacional de Antropología e Historia, Comisión Nacional para el Desarrollo de los Pueblos Indígenas.

Boyás-Martínez E., González-Mora, F. y Paredes-Tavares, J. (2021). Determinación de sitios potenciales de recarga artificial de agua subterránea en cinco acuíferos de la Zona Metropolitana del Valle de México. Cuadernos Geográficos 60(3), 73-94. https://doi.org/10.30827/cuadgeo.v60i3.16226

Carrillo, Z. (2020). Transformaciones en comunidades rurales en el estado de Morelos, en torno al turismo comunitario. Tesis para obtener el grado de Doctor en Ciencias Agropecuarias y Desarrollo Rural. Universidad Autónoma de Morelos.

Comisión Nacional para Conocimiento y Uso de la Biodiversidad (Conabio) (2007). Análisis de vacíos y omisiones de conservación de la biodiversidad terrestre de México: espacios y especies. Nuevo León: Conabio, Pronatura, Facultad de Ciencias Forestales UANL.

ECOBA (2012). Estrategia regional para la conservación del bosque de agua. México: Fundación Gonzalo Río Arronte, Fundación Biósfera de Anáhuac A.C. y Pronatura México.

García, E., Cardoso, M., Serrano, C. y Ostiguín, R. (2015). Prácticas de cuidado tradicional y espiritual en una comunidad indígena nahua, Cultura de los Cuidados 19(41), 34-43. https://doi.org/10.14198/cuid.2015.41.06

Heinrich Böll Stiftung (2019). Atlas de la Agroindustria. Datos y hechos sobre la industria agrícola y de alimentos. México: Heinrich Böll Stiftung y Roxa Luxemburg Stiftung.

Instituto Nacional de los Pueblos Indígenas (2020). Atlas de los Pueblos Indígenas de México. http://atlas.inpi.gob.mx/

Instituto Nacional de Estadística y Geografía (INEGI). Censos de población y vivienda 2020. México: INEGI.

López-Morales, C.A. y Meza-Jurado, M.A. (2017). Valuation of Hidden Water Ecosystem Service: The Replacement Cost of the Aquifer System in Central Mexico. Water 9(571), 1-21. https://doi.10.3390/w9080571

Poder Ejecutivo del Estado de Morelos (2018). Programa Estatal de Desarrollo Indígena. 2013-2018. Morelos: Gobierno del Estado de Morelos.

Sánchez, K. (2005). Cosecha en Morelos y migración laboral, Secuencia 2, 4-12. https://n9.cl/ya6qd

Sánchez, K. (2008). Cosechas y peones en Morelos: especialización y segmentación en los mercados de trabajo rural, Análisis Económico 23(53), 201-225. https://www.redalyc.org/ pdf/413/41311449010.pdf

Sandoval, A., Moreno-Muñoz, D., García-Marín, R. y Díaz, Marlenny (2019). Artisanal fishing and cultural heritage: territorial conflicts, resistances, and social transformation in Colombia, Mexico and Spain. Waterlat-Gobacit Network. Working Papers TA6, 6(1), 2019.
Secretaría de Agricultura y Desarrollo Rural (SEDAR) (2023). Mayor cosecha de frutas, hortalizas y forrajes impulsan producción agrícola en México. https://n9.cl/c3e5n
Sunyer, P. y Monterroso, P. (2016). Luces y sombras de la gestión comunitaria: el caso de San Pedro Atlapulco (Ocoyoacac, Estado de México), XIV Coloquio Internacional de Geocrítica, Barcelona. https://www.ub.edu/geocrit/xiv-coloquio/SunyerMonterroso.pdf
Toledo, V. (2013). El paradigma biocultural: crisis ecológica, modernidad y culturas tradicionales, Revista Sociedad y Ambiente 1(1), 50-60.
Toledo, V. y Alarcón-Chaires, P. (eds.) (2018). Tópicos bioculturales. México: UNAM.

AVANZANDO HACIA LA ECONOMÍA CIRCULAR A TRAVÉS DEL NANOCOMPOSTAJE

Gloria Claudio-Quiroga[1]*, Teresa de Dios Alija*[1]*, Eva Ramón Reyero*[1]

El presente texto se enmarca en el proyecto de investigación: Análisis del potencial en las competencias transversales de economía circular y sostenibilidad como agentes de empleabilidad y factor de cambio, de la Convocatoria de Proyectos de Investigación del año 2023 financiada por la Universidad Francisco de Vitoria de Madrid.

1. INTRODUCCIÓN

El compostaje está incluido en los ODS 11 y 12 (Eurostat, 2023) y ambos tienen mucho que ver con la economía circular. En la Unión Europea el Pacto Verde Europeo (Comisión Europea, 2019), aplica objetivos sostenibles a la estrategia política de la UE mediante la aprobación de directivas y reglamentos y marca hitos como condición *sine qua non* para recibir fondos *Next Generation* y poner en marcha los Planes de Recuperación y Resiliencia en los Estados miembros. En España, además, la Ley 7/22 de residuos y suelos contaminados introduce importantes novedades encaminadas al cumplimiento de la Agenda 2030 y del Pacto Verde Europeo.

Se amplía así un campo de conocimiento un tanto novedoso en cuanto a identificación y evaluación de competencias, y en concreto en entornos universitarios. La sostenibilidad y la Economía circular supone un cambio de paradigma para las empresas y para el consumo (MacArthur, 2016). El ciclo de producto y la percepción del concepto de beneficio se han modificado en pro de una industria más respetuosa con el medio ambiente. Este cambio se ha de incluir en las enseñanzas universitarias de manera transversal (Bianchi, 2020; Brundiers, 2021), pero sobre todo en aquellos estudios que abarcan materias como el Derecho, la Educación o el Marketing y que potencia la creación de nuevas profesiones relacionadas con la maestría compostadora. Un ejemplo de ello son los ciclos de formación de la Asociación Composta en Red con cuatro niveles de formación profesional: referente local de compostaje; personal operario compostador; maestría compostadora y gestión descentralizada de residuos. En este sentido, desde el proyecto de investigación de análisis del potencial de competencias de economía circular y sostenibilidad (Ramón Reyero, 2022) se han desarrollado a lo largo del curso 2022-2023 dos *living labs* (Coorevits, 2017) centrados en este ámbito bajo el título: «Mensaje en una botella». Así, a través de

1. Universidad Francisco de Vitoria (España)

una actividad de nano compostaje se recrea la experiencia desde el consumo responsable de la gestión de residuos orgánicos o biorresiduos (Oviedo-Ocaña, 2021) a través del compostaje.

Esta experimentación, en la que han participado dos grupos de estudiantes de grado, de la Universidad Francisco de Vitoria y de la Universidad Rey Juan Carlos, ha permitido recoger su reacción desde su papel de jóvenes comprometidos con objetivos de sostenibilidad, pero también como futuros profesionales, en este caso del campo de la Economía y de la Empresa.

Ambos *living labs* se realizaron en colaboración con Economías BioRegionales[2] y en concreto fueron impartidos por Franco Llobera Serra, ingeniero y experto en biorresiduos.

Para ello, se ha trabajado desde tres líneas fundamentales. Por un lado, se ha presentado la actividad en el marco de un proyecto de investigación y desarrollo, en concreto dentro de los objetivos del proyecto. Por otro lado, se ha fomentado la innovación centrada en los estudiantes implicados en el *living labs*, y esto mediante el diseño de la actividad como una formación complementaria dotada de créditos ECTS que implica un trabajo individual de estudio en el aula. Finalmente, se ha creado una comunidad de estudiantes interesados en los resultados del laboratorio, convocando una segunda sesión final de exposición de resultados.

La actividad ha provocado un cambio de la visión sistémica en torno a los residuos orgánicos, ha permitido conocer en primera persona la experiencia de usuarios inmersos en el cambio de paradigma económico y social, a través de los objetivos de sostenibilidad y Economía circular y ha despertado el interés hacia el desarrollo de nuevas habilidades y competencias de cada participante.

2. OBJETIVOS

El proyecto de investigación en el que se enmarca la actividad «Mensaje en una botella» tiene como objetivo detectar el potencial impacto de competencias de Economía circular y sostenibilidad en el desarrollo de talento, que actualmente está siendo demandado por las empresas. Para ello, se observan las competencias incluidas en el documento *GreenComp*, publicado por la Comisión Europea en 2022 y se busca la experiencia directa como medio de identificación de competencias de forma que, a través de posibles comportamientos observables, acciones dinamizadas y metodologías predictivas sea posible evaluar competencias en sostenibilidad y transferir la metodología de identificación al entorno universitario (Claudio-Quiroga, 2022) y, sobre todo, a la empresa (De Dios Alija, 2020).

En este caso concreto, se han organizado dos actividades con estudiantes, que participan en estos *living lab* para conocer de primera mano el potencial del compostaje como elemento clave de la Economía circular y la sostenibilidad.

3. METODOLOGÍA

Previamente al desarrollo de la actividad, se ha hablado en el aula de sostenibilidad y Economía circular, en contextos de actualidad como Pacto Verde Europeo, Objetivos de Desarrollo Sostenible, etc. También, de la demanda de talento de las empresas, embarcadas en objetivos de sostenibilidad, tanto en procesos de selección como en relación con

2. https://economiasbioregionales.org/

proveedores; los cambios en la legislación europea y por ende española y la importancia de tener en cuenta todos estos elementos para integrarlos en los estudios universitarios, de manera que facilite la empleabilidad de los egresados.

El momento elegido para desarrollar el primer taller «Mensaje en una botella» y buscando con ello un mayor impacto entre la ciudadanía, ha sido la Semana de la Ciencia, celebrada en Madrid en octubre de 2022. Se alinea así el objetivo de la actividad con los principios de la ciencia ciudadana.

Una primera parte de explicación y contexto dio pie al desarrollo del laboratorio y con posterioridad a la toma de datos en los siguientes meses hasta concluir la actividad de compostaje con resultados visibles.

4. DESARROLLO DE LA INVESTIGACIÓN

La importación de materias primas puede verse reducida gracias a un aprovechamiento de residuos que pasa por su correcta separación en origen, tratamiento y reincorporación como recurso al mercado de dichas materias primas (ODS 12). En 2021 la tasa de circularidad, es decir, la proporción de recursos utilizados que proceden a su vez de recursos desechados y por tanto han sido reciclados, llegó al 11,7%, lo que significa un aumento del 3,4% con respecto al 2004, según datos de Eurostat (Figura 1).

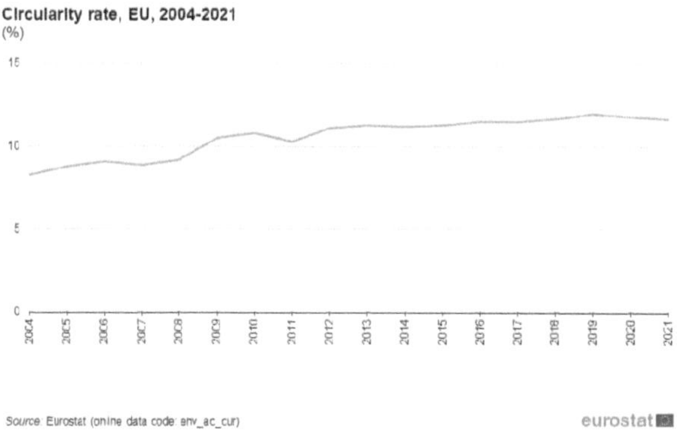

Figura 1. Tasa de circularidad UE 27. Fuente: Eurostat.

Además del denominado ciclo técnico, centrado en productos inorgánicos, la materia orgánica y su gestión circular, forma parte del proceso de gestión de residuos y en concreto de la gestión municipal de residuos, como responsables directos de su recogida y tratamiento. En este caso, los datos de reciclaje de residuos municipales muestran un avance más esperanzador (Figura 2).

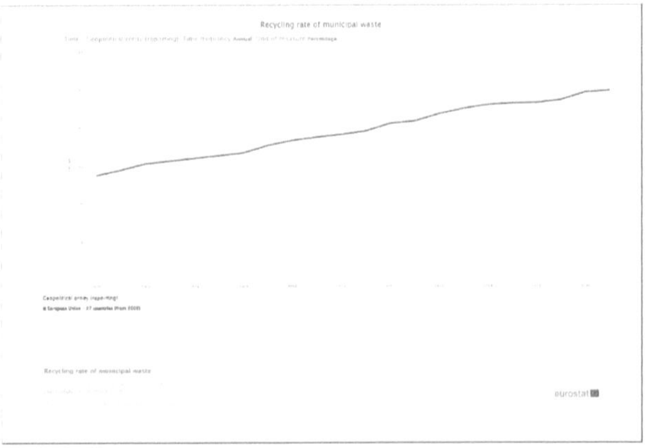

Figura 2. Tasa de reciclaje de residuos municipales UE 27. Fuente: Eurostat.

Sin duda, hay que mencionar en este avance hacia el reciclaje de residuos municipales, el esfuerzo realizado desde la ciudadanía, puesto que supone el primer paso para conseguir esta meta incluida en el ODS 11 de ciudades y comunidades sostenibles. La separación de residuos en origen ya sea hogares, empresas, comercios, etc., es fundamental y se ha visto recientemente reforzada con la Ley 7/2022 de residuos y suelos contaminados para una economía circular.

En el caso de los residuos orgánicos, el compostaje es un proceso químico y biológico (Llobera Serra, 2020) que convierte la materia orgánica en tierra y que sirve de abono para alimentar la tierra, reduciendo la necesidad de utilizar y por tanto de importar fertilizantes químicos basados en nitratos, fosfatos etc. Se convierte el residuo orgánico en un recurso que además de hacer más sostenible y ecológica la producción de alimentos y reducir la dependencia de derivados del petróleo, tiene la propiedad de enriquecer el suelo y generar menos cantidad de gases de efecto invernadero. Esto es lo que se denomina ciclo virtuoso de la materia orgánica.

Relacionado con el compostaje surge la maestría compostadora. Toneladas de residuos orgánicos, que suponen el 40% del total de los residuos urbanos (Llobera Serra, 2022) y que acababa en los vertederos, pueden ahora, y a partir de la Ley 7/2022, iniciar otro ciclo para convertirse en compost. Las entidades locales pueden elaborar programas de prevención y gestión de residuos (Martínez Navarro, 2022, p. 206) y propone una serie de instrumentos fiscales como el impuesto sobre depósito de residuos en vertederos (Navarro García, 2022). Se abre así una oportunidad de actividad económica y de empleo, pero también una necesidad de identificar las competencias necesarias para alcanzar dicha maestría.

4.1. El proceso de compostaje

En una compostera se mezclan las diferentes materias orgánicas, el recipiente se integra en el paisaje, puesto que no se trata de un vertido. El municipio de Móstoles, en la Comunidad de Madrid, por ejemplo, cuenta con diez equipos de compostaje localizados en parques públicos, gestionados por el propio Ayuntamiento de Móstoles y recogiendo residuos principalmente de comedores de colegios, dentro del proyecto Móstoles Composta[3].

Esto es posible por el cambio de modelo que permite pasar de grandes vertederos como el de Valdemingomez[4] en Rivas Vaciamadrid con toda su problemática de olores etc., a pequeñas plantas de compostaje que incluso pueden estar distribuidas como si se tratara de mobiliario urbano y con una capacidad de un metro cúbico por compostera. El proceso de compostaje comienza en los hogares, separando adecuadamente los restos orgánicos. Para ello, los ayuntamientos han incrementado el número de contenedores con el denominado «quinto contenedor» normalmente identificado por el color marrón y que está destinado a recibir lo residuos orgánicos que son susceptibles de formar parte del proceso de compostaje.

Carbono, hidrógeno, oxígeno, nitrógeno, azufre y fósforo son elementos fundamentales para la vida. Elementos que están en los alimentos y que es posible recuperar de los desperdicios alimentarios gracias al compostaje. Los microorganismos, bacterias, hongos y arqueas se encargan de aprovechar todo lo aprovechable de estos restos. La compostera produce sustancias húmicas, compuestos orgánicos que forman parte del suelo y que por su riqueza pueden ser utilizadas como fertilizantes. Al finalizar todo el proceso, el 99% de la materia vuelve a incorporarse (Llobera Serra, 2020).

El objetivo del compostaje es incorporar los residuos orgánicos a este biociclo (MacArthur, 2017) de forma que estos biorresiduos se conviertan en biofertilizantes generando un ciclo de materia orgánica que contribuya a sistemas alimentarios sostenibles y establezca una jerarquía de residuos (Llobera Serra, 2022).

Ejemplos de proyectos, de bioeconomía como el de Italia, donde se han demostrado las repercusiones directas e indirectas de las soluciones circulares en la Economía local respaldadas por la biotecnología, gracias a una estrategia municipal de valorización de nutrientes procedentes de residuos para uso agrícola. Esta iniciativa muestra un valor añadido total de 8,5 millones EUR y que pueden generarse 85 puestos de trabajo por cada 100 000 toneladas de lodo convertidos en fertilizante (Comisión Europea, 2022, p. 12).

La investigación sobre aprovechamiento de residuos, en concreto alimentarios, abre opciones como la optimización de sistemas de aprovechamiento energético de los residuos, producción de fertilizantes y uso como alimento de invertebrados para la producción de proteína animal (Sanz Cañada, 2021, p. 49).

Todo esto exige un cambio profesional, una transformación que hoy por hoy no existe y que está provocando un desajuste (Serrano-Bedia *et a*l., 2022) entre la demanda de talento necesario y el actual despliegue de competencias y capacidades. Especialmente en las universidades, la responsabilidad ante la necesaria identificación y puesta en valor de estas competencias es una materia urgente. Sobre todo, tras la publicación en marzo de 2022 del documento *GreenComp* y en el contexto de la declaración de 2023 Año Europeo de las capacidades.

La propia Comisión promueve la educación y la formación en Bioeconomía, y participa en la elaboración de contenidos educativos y formativos en este ámbito. Una tarea compleja como señalan distintas investigaciones (Burger *et al.*, 2019), ante unas competencias

---

3. https://www.mostoles.es/es/ayuntamiento/ayuntamiento/estructura-gobierno/concejalia-empleo-nuevas-tecnologias/menu-concejalia/gestion-residuos/mostoles-composta
4. https://valdemingomezno.com/historia-de-valdemingomez/

agrupadas en: valores sostenibles, visión de futuro, acción para la sostenibilidad y, como se muestra en la siguiente infografía, comprensión de la complejidad.

Figura 3: Fuente GreenComp. Fuente: Elaboración propia.

4.2. Mensaje en una botella

El taller demostrativo consistió en realizar un *living lab* de nano compostaje. Para ello, se recogieron desperdicios orgánicos del servicio de restauración de la universidad, hojas secas y posos de café. Estos se fueron mezclando[5] de manera ordenada de forma que estén en contacto materiales de diferente procedencia en términos químicos, y así se llenaron las tres botellas de plástico a las que se había practicado una serie de cortes, de forma que pudiera entrar la luz y el aire. Las hojas secas al tener celulosa pueden hacer de filtro absorbente y los restos o posos de café colocados en la parte superior tienen la función de establecer un filtro de olores.

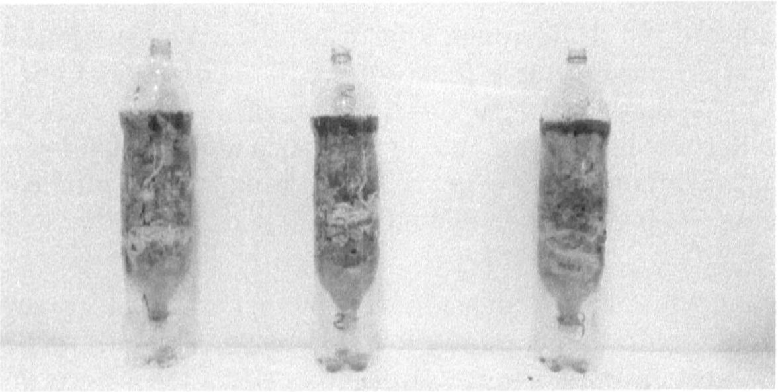

Figura 4: Resultado del taller de nano compostaje. Fuente: Elaboración propia.

5. https://youtu.be/BVZREgx4zeg

Cada botella pesó en el momento de la actividad 1.300 kilos aproximadamente. La descomposición producida por los microorganismos el agua metabólica queda recogida en la parte inferior y separada de los restos sólidos, llegando a producirse para esta cantidad de residuos aproximadamente 100 ml. de lixiviados al cabo de uno o dos meses. El proceso de compostaje también produce gas metano, al deshacer la química del azúcar o de las proteínas, por eso es importante que se mantenga aireado a través del cuello de la botella. También, al recoger carbono de la atmósfera y a través de los organismos autótrofos y los que se alimentan de residuos se devuelve a la atmósfera.

4.3. Seguimiento y resultados

Siguiendo la metodología del proyecto de investigación (Ramón Reyero *et al.*, 2022), cada estudiante que participó en el laboratorio realizó con posterioridad al mismo un trabajo sobre los contenidos desarrollados previamente en el aula y una pequeña investigación sobre los contenidos y la práctica desarrollada en el taller o laboratorio.

En paralelo y durante 3 meses se ha procedido a realizar distintas comprobaciones de la evolución de las botellas. Por un lado, se ha pesado el líquido (lixiviados), por separado el sólido y en relación con estos, se ha calculado el gas. Atendiendo a los datos de dos de las botellas, se puede comprobar en los siguientes gráficos cómo en ambas botellas, el peso total se mantiene, pero va disminuyendo el peso del sólido, al tiempo que va aumentando el peso del líquido y posteriormente del gas:

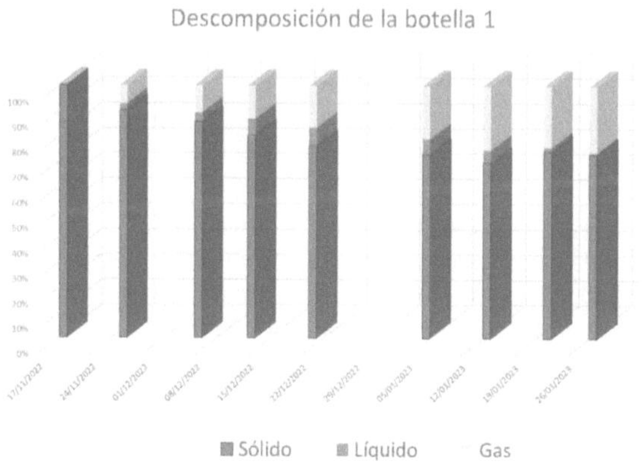

Figura 5: Descomposición botella 1. Fuente: Elaboración propia.

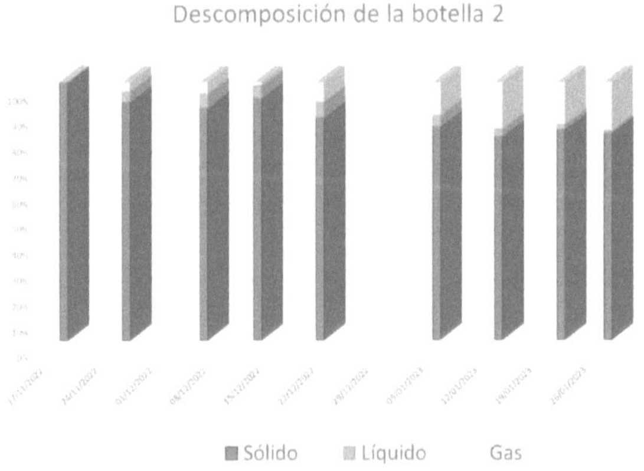

Figura 6: Descomposición botella 2. Fuente: Elaboración propia.

El seguimiento ha demostrado cómo el proceso de compostaje de residuos orgánicos ha producido en este caso una cantidad cercana a la mitad de la materia orgánica inicial, permitiendo la trasformación de basura orgánica o biorresiduos en biofertilizante. En cantidades mayores, este biofertilizante podría ser utilizado para enriquecer cultivos ecológicos o agroecológicos o simplemente para enriquecer el suelo de parques y jardines.

La comprensión de todo el proceso ha permitido que cada estudiante que ha participado en este *living lab* identifique nuevas competencias y las incluya en su aprendizaje universitario como micro-credenciales y micro-competencias en sostenibilidad y Economía circular.

5. CONCLUSIONES

Es necesario introducir en las enseñanzas universitarias metodologías flexibles de aprendizaje encaminadas a la formación en competencias transversales en economía circular y sostenibilidad. El trabajo de identificación de micro-competencias en economía circular y sostenibilidad que ya están siendo demandadas por las empresas pero que todavía no están incluidas en los programas oficiales de grado, aunque sí existen en programas de postgrado puede dar como resultado el diseño de ciclos formativos complementarios.

La mejor opción para el diseñar estos programas de formación complementarios es añadir a una explicación del marco teórico en el aula, una demostración práctica de lo aprendido. La organización de *living labs* permite que cada estudiante puede observar y actuar para después implicarse y adoptar nuevos puntos de análisis.

En este caso concreto de experiencia en el aula, se analiza el contexto en el marco de acuerdos y estrategias internacionales, los ODS y el Pacto Verde Europeo. Se explican los principios de sostenibilidad y Economía circular en relación con la adaptación de las empresas, el consumo, el urbanismo y, sobre todo, la empleabilidad. Se manejan conceptos interdisciplinares y se abordan problemas como el desperdicio alimentario, la agricultura sostenible, el consumo de alimentos, la salud, la reducción de CO2, el desarrollo de políticas, la toma de decisiones, la legislación y financiación de las nuevas líneas de acción en sostenibilidad y Economía circular. Y por supuesto, la sensibilización y el posicionamiento personal y crítico ante estos retos.

En definitiva, se ha conseguido, a través del proyecto y en concreto de esta actividad, diseñar un modelo de análisis y comunidad de práctica con suficiente relevancia como para completar la visión de la economía circular y la sostenibilidad desde el área académica de la economía y la empresa.

6. REFERENCIAS

Bianchi, G. (2020). *Sustainability competences: A systematic literature review.* Publications Office of the European Union. https://publications.jrc.ec.europa.eu/repository/handle/JRC123624

Burger, M., Stavropoulos, S., Ramkumar, Shyaam., Dufourmot, J. y van Ort, F. (2019). The heterogeneous skill-base of circular economy employment. *Research Policy, 48*(1), 248–261. https://doi.org/10.1016/j.respol.2018.08.015

Brundiers, K., Barth, M., Cebrián, G., Cohen, M., Diaz, L., Doucette-Remington, S., Dripps, W., Habron, G., Niki Harré., Jarchowm M., Losch. K., Michel, J., Mochizuki, Y., Rieckmann, M., Parnell, Roderic., Walker, P. y Zint, M. (2021). Key competences in sustainability in higher education-toward an agreed- upon reference framework. *Sustainability* Science, *16*, 13–29. https://link.springer.com/article/10.1007/s11625-020-00838-2

Claudio-Quiroga, G., De Dios, T. y Matarín Rodríguez Peral, E. (2022). Análisis de la perspectiva académica y empresarial en torno a nuevas fórmulas docentes promotoras de la economía circular. En E. Alarcón Orozco, J. Sánchez-Santamaría y P. Cruz Cruz (Eds.). *Nuevos contenidos para una nueva docencia.* (pp. 141-152). Thomson Reuters-Aranzadi.

Comisión Europea (2019). *Comunicación de la Comisión al Parlamento Europeo, al Consejo Europeo, al Consejo, al Comité Económico y Social Europeo y al Comité de las Regiones.* El Pacto Verde Europeo.

Comisión Europea (2022). Informe de la Comisión al Parlamento Europeo, al Consejo, al Comité Económico y Social Europeo y al Comité de las Regiones. Informe de situación de la Estrategia de Bioeconomía de la UE Política europea de bioeconomía: balance y evolución futura. https://n9.cl/us0pp

Comisión Europea, Joint Research Centre (2022). *El marco europeo de competencias sobre sostenibilidad.* Publications Office of the European Union. https://data.europa.eu/doi/10.2760/094757

Coorevits, L. y Jacobs, A. (2017). Taking a real-life seriously: an approach to decomposing context beyond "environment" in living labs. *Technology Innovation Management Review, 7*(1). https://timreview.ca/article/1047

De Dios Alija, T. (2020). *Dirección de personas y gestión de talento en las organizaciones sostenibles.* McGraw Hill.

Ellen Macarthur Foundation (2016). *Intelligent Assests: unlocking the circular economy potential.* World Economic Forum.

Ellen Macarthur Foundation (2017). *Urban biocycles.* Ellen Macarthur Foundation https://n9.cl/k9xd3

España. Ley 7/2022 de residuos y suelos contaminados para una economía circular. Boletín Oficial del Estado, núm. 85, de 09 de abril de 2022, www.boe.es/buscar/act.php?id=BOE-A-2022-5809

Eurostat (2023). Sustainable development in the European Union. Monitoring report on progress towards the SDGs in a EU context. Office of the European Union. https://ec.europa.eu/eurostat/web/products-flagship-publications/w/ks-04-23-184

Llobera Serra, F. [RedTERRAE] (2020). *Taller de gestión descentralizada de biorresiduos.* [Video] https://youtu.be/0wb75oyVQ2o

Llobera Serra, F., y Morilla, A. (2022). El agrocompostaje como herramienta contra el cambio climático. *El ecologista, 113.* https://n9.cl/eforb

Márquez-Barrenechea, A., et al. (2020). How do policy-influential stakeholders from the Madrid region (Spain) understand and perceive the relevance of agroecology and the challenges for its regional implementation? *Landbauforsch/Journal of Sustainable and Organic Agricultural Systems, 70*(2), 145–156. https://ojs.openagrar.de/index.php/LBF/issue/view/2465

Martínez Navarro, J. (2022). La gestión de los residuos municipales al amparo del nuevo modelo de economía circular. A propósito del Proyecto de Ley de Residuos y Suelos Contaminados. *Revista de Estudios de la Administración Local y Autonómica, 17,* p. 202-2017. https://revistasonline.inap.es/index.php/REALA/article/view/10986

Navarro García, A. (2022). Las prestaciones económicas sobre la recogida de residuos municipales. *Revista Catalana de Dret Ambiental, 13*(2), p. 1-40 https://revistes.urv.cat/index.php/rcda/article/view/3398/3629

Oviedo-Ocaña, E. R. (2017). Avances en investigación sobre el compostaje de biorresiduos en municipios menores de países en desarrollo. *Lecciones desde Colombia. Ingeniería, investigación y tecnología, 18*(1).

Ramón Reyero, E., Claudio-Quiroga, G. y De Dios Alija, T. (2022). Experiencias de Economía circular en el aula. *Quaderns Instituto Estudios Europeos, 1*(1). https://revistes.uab.cat/quadernsiee/article/view/v1-n1-ramon-claudio-de-dios

Sanz Cañada, J., Gómez Aparicio, L., Alonso-González, P., Cayuela, M. L., Gómez Calero, J. A., Guzmán, G., González de Molina, M., Paz, L., Llobera Serra, F., Martínez-Rodríguez, C., Moreno A., Peña-Chocarro, L., Tomé Martín, P. y Valladares Ros, F. (2021). Agroecology and circular bioeconomy. *White Paper 6 Sustainable primary production 2. CSIC Scientific Challenges Towards 2030*, 6. Consejo Superior de Investigaciones Científicas. https://digital.csic.es/handle/10261/230435

Serrano-Bedia, A. M., Pérez-Pérez, M. (2022). Transition towards a circular economy: A review of the role of higher education as a key supporting stakeholder in Web of Science. *Sustainable Production and Consumption, 31*, p. 82–96 www.sciencedirect.com/science/article/pii/S2352550922000355?via%3Dihub

IMPACTOS SOCIOECONÓMICOS DE LA GUERRA DE UCRANIA EN LA UNIÓN EUROPEA Y EN LOS OBJETIVOS DE DESARROLLO SOSTENIBLE

José Manuel Corrales Aznar[1]

1. INTRODUCCIÓN Y ANTECEDENTES

Tras año y medio del inicio de la invasión rusa, la guerra en Ucrania se está empantanando, agravando e intensificando la crisis planetaria. Este conflicto se produce en un contexto de crisis y progresivos desequilibrios sociales y medioambientales, marcado por los mediocres resultados en la reducción de emisiones de gases de efecto invernadero, y por el desarrollo desigual de las economías que contradictoriamente están priorizando la producción y consumo de combustibles fósiles.

Los riesgos geopolíticos apuntan a una escalada de tensión entre Rusia (cuyo prestigio económico y militar se ha reducido) y la OTAN, con una progresiva polarización de interesas entre EE. UU. y China, y la manifiesta debilidad y dependencia de la Unión Europea (Huguet, 2002). Esta guerra de conquista, justificada por Putin como un intento de poner fin a la hegemonía occidental, ha fracaso en su plan de invasión exprés, y aunque ha modificado de forma significativa las relaciones internacionales, sería exagerado sugerir el establecimiento de un nuevo orden mundial (Rodríguez Garat, 2022).

En los inicios de la invasión rusa sobre Ucrania algunos analistas creyeron que el conflicto se resolvería en un breve plazo de tiempo. Así en pocas horas, las tropas rusas cercarían Kiev, y Ucrania tendría serias dificultades para resistir el ataque del régimen de Putin. Sin embargo, la valerosa resistencia ucraniana y la cuantiosa ayuda occidental recibida, ha hecho que meses después el ejército ruso retroceda, con el consiguiente estancamiento de la guerra y un terrible balance de destrucción y sangre, que ha producido imágenes de terror durante todo el año 2022 y el primer semestre de 2023. Tras año y medio desde el inicio de la invasión de Ucrania, lo que comenzó como una especie de "guerra relámpago" es ya una guerra prolongada.

Putin proclamaba que esta operación militar solo aspiraba a frenar un supuesto genocidio que sufre la población rusa en la región del Donbás y a "desnazificar" el gobierno ucraniano. Partiendo del hecho que la invasión rusa y el quebrantamiento de la soberanía territorial de Ucrania supone una violación del derecho internacional, conviene recordar que cada una de las partes en conflicto esgrime algunos relatos que nos permiten comprender mejor cuál es la génesis del conflicto (Brugos, 2022).

---

1. Universidad Europea de Madrid (España)

Rusia, utiliza como principal justificación para esta intervención militar la denuncia de la expansión de la OTAN hacia el este, lo que supone para Putin, un menoscabo a la seguridad e integridad de su país. Para evitar esto, la invasión de Ucrania se realizó ejecutando una estrategia similar a la instauración de un "protectorado", que en la época colonial imponían su tutela a un país en asuntos de seguridad y política exterior. De esta forma se pretendía actualizar la antigua doctrina soviética que impone mecanismos de tutela a los países vecinos de Rusia y a aquellos estados bálticos que pertenecieron a la antigua URSS, lo que supone un contrasentido pues algunos de ellos están plenamente incorporados a la Unión Europea y a la OTAN y porque la arquitectura actual de las relaciones internacionales es diferente, una vez desaparecidos los bloques militares.

Por la parte contraria, Ucrania alega su legítimo derecho a ejercer libremente su soberanía como estado, internacionalmente reconocido e integrado, y para ello ha reclamado reiteradamente su incorporación a la UE.

La gestión del divorcio posterior a la disolución de la Unión Soviética se ha saldado con un estrepitoso fracaso, aunque comenzó con relaciones trabajosamente pactadas. Las renuncias de Ucrania al armamento nuclear heredado, la negociación sobre Crimea y las garantías para la flota rusa del mar Negro, no han evitado que finalmente surja el conflicto. El ciclo actual de enfrentamiento se inicia en el año 2014 con la revolución de Maidán, aunque tiene antecedentes. Efectivamente, antes de que se produjera ese estallido de indignación popular, la política ucraniana ya se enfrentaba a la dicotomía de apostar por una política exterior independiente o estrechar los vínculos con Rusia.

En este sentido conviene analizar algunos aspectos significativos que condicionan, intervienen y explican este conflicto. En el marco político, el liderazgo practicado por Vladimir Putin tiene claros elementos de populismo en sus estrategias discursivas y formales. Este populismo va más allá de la contraposición pueblo/grupo de poder, basándose en una definición muy amplia de la nación rusa que introduce nuevos y antiguos símbolos de unidad más allá de las fronteras de la Rusia actual. Durante años, Putin ha esbozado una visión de los ucranianos y los rusos como un único pueblo, con un pasado común, con símbolos y enemigos compartidos. El discurso oficial ruso necesita el concepto de un pueblo que resulte más amplio, con alguna que otra alusión al extinto pueblo soviético. Así la "identidad soviética" actual tiene, en realidad, esta dimensión étnica rusa. Lo que comparte este pueblo, más allá del pasado común, es la oposición a determinadas élites y determinados enemigos del pasado y del presente. Sus discursos activan narrativas históricas, pero no tanto para representar una nación, sino más bien para crear un pueblo (Tipaldou y Casula, 2018, pp. 135-159).

Rusia, según la versión de Putin, es víctima de una conjura múltiple. Por un lado, la OTAN y su política de ampliación con el objetivo de cercar el país y por otro, el sufrimiento del pueblo ruso que vive dentro de las fronteras del estado ucraniano, sometido a un genocidio. Putin con el pretexto de aspirar a desnazificar al gobierno ucraniano ha revitalizado la narrativa partisana de los años heroicos de la II Guerra Mundial, en donde la Unión Soviética sacrificó veinticinco millones de personas para derrotar el nazismo.

Aunque el desenlace en el terreno militar no era totalmente previsible, existían indicios que podrían haber inducido a pensar que esa opción era posible. La guerra en Georgia en 2008 culminada con la declaración de independencia de Osetia del sur y Abjasia, es un claro precedente del modo de intervención del ejército ruso, modo que sería repetido posteriormente en la intervención en Crimea de 2014.

La invasión de Ucrania que ya se alarga un año y medio, es un hecho dramático, ilegal e injustificable, con operaciones militares que han supuesto crímenes contra la humanidad perpetrados contra civiles, en el marco de una acción agresiva de inspiración imperialista (Kowalewski, 2022). Para Rusia, la prolongación de la situación actual supone un desgaste importante en su imagen internacional, con impactos notables en su economía, cuantiosas bajas militares y el riesgo de una desestabilización interna. Para Ucrania, resistir no es sinónimo de victoria, aunque funcione como un estímulo de orgullo nacional que cohesiona. Pero una prolongación de la guerra implica, sin duda alguna, un incremento terrible de los daños y el sufrimiento entre la población civil (Brugos, 2022).

La guerra de Ucrania ha mostrado como el nuevo orden mundial en los próximos años se va a caracterizar por el limitado compromiso de algunos Estados con los principios del derecho internacional. Este conflicto se produce un contexto de debilidades estructurales de la ONU para ofrecer una respuesta colectiva articulada, institucional y solvente y con la percepción de Rusia como potencia hegemónica en retroceso, sintiéndose progresivamente excluida, ofendida y humillada por los menosprecios de Occidente, pero conocedora de su potencial de sobreprotección y protagonismo al poseer armas nucleares u otras armas de destrucción masiva. Por tanto, se puede concluir que la barbarie y el horror de una guerra multiplica la crisis plantearía, las violaciones de derechos humanos y el desastre humanitario (Pons, 2022).

2. METODOLOGÍA Y OBJETIVOS DE LA INVESTIGACIÓN

El trabajo de investigación realizado engloba tres grandes grupos de tareas: la revisión bibliográfica y el estudio en profundidad de las fuentes documentales sobre la guerra evitando las *fake news* a través del contraste exhaustivo de las informaciones; el análisis de las diversas fuentes estadísticas sobre la consecución de los Objetivos de Desarrollo Sostenible, y la realización, estudio e interpretación de 21 entrevistas abiertas semiestructuradas a expertos en relaciones internacionales de diversos continentes.

En la investigación se han empleado tanto técnicas cuantitativas como cualitativas, aunque la complejidad del estudio de un conflicto bélico en las ciencias sociales hace que exista un debate profundo relativo a cuáles son los métodos más adecuados para conocer en todas sus dimensiones los impactos emocionales, económicos y sociales de la guerra. Esta realidad no sólo se compone de hechos sociales objetivamente medibles y analizables, sino que también está llena de significados y relatos que pueden ser interpretados, por ello esta investigación sostiene que los métodos de investigación cualitativos y cuantitativos son complementarios, buscando la integración de los hechos sociales en una unidad que facilite su comprensión (Corrales, 2022). La complementariedad de los dos métodos debe ponerse en marcha por tanto a través de técnicas dialécticas, abordando hechos sociales que están compuestos tanto de elementos simbólicos como de elementos medibles, y de manera que la metodología se adecue a las dimensiones del objeto de análisis de una guerra (Manzanera, 2016, pp. 109-112).

3. LOS OBJETIVOS DE DESARROLLO SOSTENIBLE Y LA AGENDA 2030

Los Objetivos de Desarrollo Sostenibles abordan retos que son transcendentales y prioritarios para el mundo, que van desde el hambre, la paz, la salud, las desigualdades, el desarrollo económico, la protección del planeta, la lucha contra el cambio climático, la inclusión social, la educación, el consumo y la producción sostenibles, la mejor gobernanza, la reducción de la pobreza, las ciudades y los territorios, y la energía.

Los 17 Objetivos de Desarrollo Sostenible y las 169 metas acordadas por los Estados miembros de la ONU intentan dar respuesta a una crisis planetaria muy compleja. La relación detallada de estos ODS es la siguiente (Educo, 2023):

1. Poner fin a la pobreza en todas sus formas en el mundo implementado un crecimiento económico que fomente la igualdad y que sea sostenible. La pobreza se ha reducido en un 50% desde el año 2000 pero aún millones de personas malviven.
2. Poner fin al hambre, lograr la seguridad alimentaria y la mejora de la nutrición y promover la agricultura sostenible. El sector agroalimentario es esencial, precisando su potenciación y reestructuración para eliminar el hambre y la pobreza.
3. Garantizar una vida sana y promover el bienestar para todos en todas las edades. Las tasas de mortalidad siguen siendo muy altas en muchos países, se propagan enfermedades infecciosas y existe una mala salud reproductiva.
4. Garantizar una educación continuada, inclusiva, equitativa y de calidad. En la actualidad hay más de 265 millones de niños en el mundo sin escolarizar.
5. Lograr la igualdad entre los géneros y empoderar a todas las mujeres y las niñas. Para avanzar en la igualdad se precisa un acceso equitativo a la educación, la atención médica, el trabajo decente y la participación en la toma de decisiones.
6. Garantizar la disponibilidad de agua, su gestión sostenible y el saneamiento general.
7. Garantizar el acceso a una energía asequible, segura, sostenible y moderna para todos fomentando la utilización de energías renovables y tecnologías más limpias. La energía utilizada por más de 300 millones de personas en actividades cotidianas como cocinar o el aseo personal depende de combustibles muy contaminantes.
8. Promover el crecimiento económico duradero, inclusivo y sostenible, el empleo pleno y productivo y el trabajo decente para todos.
9. La innovación es fundamental para desarrollar una industria más productiva y menos contaminante, promoviendo infraestructuras sostenibles. Se puede constatar que en los últimos años se ha producido una reducción de las emisiones de gases de efecto invernadero en la producción, aunque no ha sido esa disminución igual en todas las latitudes.
10. Reducir la desigualdad en y entre los países, en lo que respecta al acceso a los servicios de salud, a la educación y a los bienes productivos.
11. Lograr que las ciudades y los asentamientos humanos sean inclusivos, seguros, resilientes y sostenibles. En 2030, 5.000 millones de personas vivirán en ciudades, por lo que las urbes deben convertirse en espacios seguros, inclusivos, resilientes y sostenibles.
12. Garantizar modalidades de consumo y producción sostenibles.
13. Adoptar medidas urgentes para combatir el cambio climático y sus efectos. El cambio climático es hoy una dura realidad, que está produciendo impactos negativos en las personas, en la economía y en los recursos naturales.
14. Conservar y utilizar en forma sostenible los océanos, los mares y los recursos marinos para el desarrollo sostenible.

15. Gestionar sosteniblemente los bosques, luchar contra la desertificación, detener e invertir la degradación de las tierras y detener la pérdida de la biodiversidad. Actualmente se destruyen 13 millones de hectáreas al año que conducen a la desertificación.
16. Promover sociedades justas, pacíficas e inclusivas. La paz es un requisito fundamental para lograr el cumplimiento de la Agenda 2030, pero la violencia en todas sus manifestaciones y las guerras siguen siendo un problema grave en todo el mundo.
17. Revitalizar la Alianza Mundial para el Desarrollo Sostenible, fomentando alianzas para aunar esfuerzos y recursos y lograr que los ODS sean una realidad.

La guerra de Ucrania y sus crisis conexas tendrán dos efectos aparentemente contradictorios en relación con el proceso internacional de lucha contra el cambio climático. Por un lado, un incremento por vías directas e indirectas de emisiones de gases invernadero, dificultades de financiación norte-sur, disfunciones en el mercado energético que distorsionará la necesaria transformación energética y los obstáculos que se han generado en la negociación climática sobre los frágiles avances de Glasgow. Pero, por otro lado, a pesar de la situación de inestabilidad actual e incluso la necesidad de aumentar a corto plazo el recurso a energías fósiles para garantizar un necesario suministro fiable y las consecuencias directas e indirectas del conflicto, la guerra de Ucrania y el escenario de inseguridad global puede ser un importante factor de aceleración en el desarrollo de energías renovables y la puesta en práctica de medidas urgentes y precisas de ahorro energético (Verdú, 2022, p.16).

4. RESULTADOS Y DESARROLLO DE LA INVESTIGACIÓN

4.1. La implementación de la Agenda 2030 y los Objetivos de Desarrollo Sostenible en el mundo

Los 17 Objetivos de Desarrollo Sostenible (en adelante ODS) enmarcados dentro de la llamada Agenda 2030 de la ONU, tal como se indica en su documento fundacional, son "un plan de acción a favor de las personas, el planeta y la prosperidad", que "también tiene por objeto fortalecer la paz universal dentro de un concepto más amplio de la libertad". La erradicación de la pobreza, "es el mayor desafío a que se enfrenta el mundo y constituye un requisito indispensable para el desarrollo sostenible", afirma las Naciones Unidas.

En el informe de la OCDE "El corto y sinuoso camino hacia la Agenda 2030: Midiendo la distancia hacia las metas de los ODS" (OCDE, 2022), se destaca como el grado de cumplimiento de los 17 Objetivos de Desarrollo Sostenible y las 169 metas acordadas por los Estados miembros de la ONU, es claramente insuficiente y tiene resultados limitados.

El Informe de la OCDE señala como en los países desarrollados, uno de cada ocho habitantes es pobre en términos nivel de renta. Si la valoración la hiciésemos en el tercer mundo, la situación seria aún peor. Aunque como dato positivo se puede destacar como los fondos de recuperación europea Next Generation y los paquetes de recuperación desplegados por la mayoría de los gobiernos de la OCDE, han fortalecido la resiliencia sistémica para hacer frente a nuevas crisis y potenciales retos.

Los desequilibrios medioambientales siguen aumentando, con raquíticos avances en la reducción de emisiones de gases de efecto invernadero, y a pesar del compromiso retórico de los países del G20 de eliminar gradualmente las subvenciones ineficientes a los combustibles fósiles, las principales economías siguen apoyando su producción y consumo.

La renovada posibilidad de un conflicto nuclear provoca una perturbación grave en el mundo, pues la guerra amenaza con extenderse más allá del territorio ucraniano afectando aún más a la economía europea, con persistentes dinámicas inflacionistas en los mercados, incrementos de los precios energéticos, afecciones en la cadena de distribución y una grave y progresiva crisis alimentaria en todo el mundo, especialmente en el continente africano, lo que alimentará los flujos migratorios.

El anuncio realizado por Putin, el 21 de septiembre de 2022, de una movilización militar parcial de la población rusa y su amenaza de que usará armas nucleares si peligra la integridad del territorio ruso, ya ha provocado múltiples protestas y detenidos en Rusia, una nueva diáspora de ciudadanos rusos disconformes, la imposición de sanciones y reacciones negativas en todos los ámbitos.

En las relaciones internacionales la complicidad que se puede constatar entre Rusia-China puede desplazar la centralidad en los intercambios comerciales de la UE a otras áreas geográficas. Si el fantasma de la estanflación recorría de nuevo la Unión Europea en los primeros meses de la guerra, ya no es un espectro fantasmal sino una cruda realidad, con una recesión en ciernes en varios países (Corrales, 2022).

Por todos estos antecedentes la guerra tendrá efectos negativos en la perspectiva de reducción de la pobreza, tal y como contempla el ODS 1, ya que previsiblemente provocará el incremento de las crisis alimentarias en el mundo, y un retroceso considerable en el cumplimiento de los ODS y en los acuerdos internacionales.

El ODS 2, que afronta el reto del hambre y la producción de alimentos, también sufrirá una involución. Según el análisis del programa mundial de alimentos de la ONU, el alza en los precios mundiales de los alimentos alcanzó un máximo histórico en febrero de este año y marcando la dificultad de acceso a los mismos. Rusia y Ucrania representan más del 50% del suministro mundial de aceite de girasol y en torno a un tercio del trigo mundial. Ucrania además es el primer proveedor de maíz y el mayor proveedor de trigo, por lo que la prolongación del conflicto impactará negativamente en la erradicación del hambre y la producción sostenible de alimentos. El maíz escasea, lo que se une a la escalada de precios a nivel internacional en productos como la carne y el pan.

En el ODS 3, la calidad de vida y el bienestar de las personas y el ODS sobre salud y educación de calidad sufren un evidente deterioro por el conflicto en Ucrania.

En relación con el ODS 8, se estima que Europa tiene ya la crisis de refugiados de mayores dimensiones desde la Segunda Guerra Mundial.

Los desequilibrios ambientales que van en aumento comprometen de forma nítida los ODS 6, 7, 13, 14, 15. La crisis energética, el perjuicio a la reserva marina que afecta especialmente al Mar Negro, la contaminación de agua, aire y suelo, la destrucción de depósitos de combustible, oleoductos e infraestructura energética generadoras de emisiones nocivas y la revisión de los derechos de emisión de dióxido de carbono, van a tener indudables repercusiones negativas en el cambio climático.

La guerra y las sanciones adoptadas por la comunidad internacional contribuirán a complicar el proceso de transición ecológica en el que Europa se encuentra inmersa. De entrada, el abastecimiento de gas y petróleo, en donde Rusia juega un papel muy importante para algunos países de la Unión Europea, hará más visible la falta de soberanía energética y obligará a diversificar las importaciones, hecho que beneficiará a los Estados Unidos que nos abastecerá con material producto del fracking, con precios más elevados, cuya demanda incrementará los efectos negativos sobre la sostenibilidad del planeta y con efectos negativos en la agenda descarbonificadora.

Por lo tanto, en esta investigación partimos de la hipótesis de trabajo contrastada que la invasión de Ucrania está comprometiendo seriamente la consecución de la Agenda 2030 y los objetivos de desarrollo sostenible, y que se precisan acciones más decididas para cumplir estos objetivos. Con la guerra de Ucrania, como sucede en todos los conflictos bélicos latentes en el mundo, se ven afectados los ámbitos de actuación prioritarios de los ODS: la población, el planeta, la prosperidad, la paz y las alianzas. El militarismo creciente, la ralentización económica provocada por la postpandemia, los cuellos de botella en las relaciones comerciales, la dinámica inflacionista y el deterioro del bienestar social y de las condiciones de vida, configuran una tormenta perfecta que impide en la práctica avanzar en el cumplimiento de los Objetivos de Desarrollo Sostenible en el mundo y debilitan el proceso de construcción europeo.

4.2. La guerra de Ucrania y sus efectos en la crisis global

La prolongación de la invasión y agresión rusa a Ucrania está teniendo importantes efectos económicos y sociales en el mundo, menoscabando significativamente la confianza en las instituciones internacionales y provocando que el interés por el medio ambiente pase a un segundo plano (Corrales, 2022).

La guerra en Ucrania ha provocado una inmensa conmoción en la comunidad internacional por la grave y reiterada violación de normas fundamentales del Derecho Internacional Humanitario, con ataques sistemáticos a la población y a infraestructuras de naturaleza civil. Asimismo, se ha realizado un uso indebido de los instrumentos y medios de guerra con las limitaciones establecidas en los Convenios de Ginebra y, en especial, en el Protocolo Adicional 1, para la Protección de los Derechos Humanos y de las Libertades Fundamentales. Prácticamente desde el inicio del conflicto, la prensa y diversas organizaciones internacionales se han pronunciado sobre la eventual comisión de crímenes internacionales en territorio ucraniano por parte de las tropas sobre la población civil, de acuerdo con lo establecido en el Estatuto de Roma, aumentando las voces que demandan crear "un tribunal especial para crímenes de agresión" (Díaz, 2022, pp. 66-73).

La invasión de Ucrania es un paso más en una estrategia reaccionaria dirigida a crear un nuevo marco para las relaciones internacionales, en las que el Gobierno de Putin ha quebrado de forma intencionada consensos internacionales en relación con los derechos humanos y el derecho internacional, y específicamente en cuestiones tan sensibles como la igualdad de género, cuestionando la Agenda Mujeres, Paz y Seguridad. En Ucrania, Rusia ha optado por tratar de vencer por la fuerza militar, en lugar de convencer, mediante una guerra de agresión, con un despliegue militarista, violento y criminal de liderazgos construidos sobre sistemas profundamente patriarcales y reaccionarios (Cebada, 2022, pp. 106-113).

En Europa los gobiernos europeos están reconociendo un empeoramiento de las condiciones de vida, un estancamiento económico y una alta inflación que durará al menos hasta el verano de 2023. Además, el gobierno de Putin, a través de la empresa Gazprom, empresa estatal rusa y mayor compañía de gas natural del mundo, ha dejado de suministrar gas a Europa, como medida de guerra económica que se suma a la escalada bélica. El corte de suministro energético junto a la amenaza nuclear es un chantaje y una violación del derecho internacional y un incumplimiento grave de los contratos firmados por países soberanos (Corrales, 2022).

Un legado de la guerra de Ucrania será un nuevo orden energético cuyo origen tendrá un componente europeo, pero que condicionará al conjunto de la economía global. La dualidad entre seguridad energética y la acción climática adquiere un protagonismo vital, en donde los mercados tendrán un papel esencial, pero también requerirá un papel más expansivo de los gobiernos para intervenir en las posibles fallas y contradicciones de esos mercados. La intervención de los Estados es esencial si se quiere evitar un colapso energético y un incremento perverso de los efectos del cambio climático en las sociedades (Bordoff & O´Sullivan, 2022).

La Conferencia de las Naciones Unidas sobre el Cambio Climático, COP27, celebrada del 6 al 18 de noviembre de 2022 en Sharm el Sheij (Egipto) se ha clausurado con un acuerdo modesto para proporcionar financiación por pérdidas y daños a los países vulnerables duramente afectados por los desastres climáticos.

En un contexto geopolítico difícil, la COP27 impulsa su compromiso de limitar el aumento de la temperatura mundial a 1,5 grados centígrados por encima de los niveles preindustriales. Dichas decisiones también sirvieron para reforzar la acción de los países para reducir las emisiones de gases de efecto invernadero y adaptarse a los efectos inevitables del cambio climático, además de impulsar el apoyo al financiamiento, la tecnología y la creación de capacidades que necesitan los países en desarrollo.

Los gobiernos decidieron establecer nuevos acuerdos de financiamiento y crear un fondo específico, para ayudar a los países en desarrollo a responder a las pérdidas y daños. Los estados también acordaron articular un "comité de transición" para hacer recomendaciones sobre cómo poner en marcha los fondos en la COP28 del próximo año y la Red para pérdidas y daños, con el fin de canalizar la asistencia técnica a los países en desarrollo especialmente vulnerables a los efectos adversos del cambio climático.

La transformación mundial hacia una economía baja en emisiones de carbono requiere inversiones de al menos 4 a 6 billones de dólares al año. La obtención de esta financiación requerirá una transformación rápida y completa del sistema financiero y de sus estructuras y procesos, con la participación de los gobiernos, los bancos centrales, los bancos comerciales, los inversores institucionales y otros actores financieros.

En la COP27 continuaron las deliberaciones para establecer un "nuevo objetivo colectivo cuantificado sobre la financiación del clima" en 2024, teniendo en cuenta las necesidades y prioridades de los países en desarrollo. En los debates y las conclusiones de esta Cumbre también se abordaron temas como la seguridad alimentaria, las comunidades vulnerables y la transición justa y cómo proporcionar el financiamiento, los recursos y las herramientas para llevar a cabo una acción climática eficaz a gran escala.

La COP27 reunió a más de 45.000 participantes para compartir ideas y soluciones, y crear alianzas y coaliciones. Así los pueblos indígenas, las comunidades locales, las ciudades y la sociedad civil, incluidos jóvenes y niños mostraron cómo están afrontando el cambio climático, y compartieron cómo afecta a sus vidas. Se ha hecho hincapié en la importancia crítica de empoderar a todas las partes interesadas para que participen en la acción climática; en particular, a través del plan de acción quinquenal sobre la Acción para el Empoderamiento Climático y la revisión intermedia del Plan de Acción de Género.

Un duro informe de la ONU sobre el Cambio Climático abordó el grado de cumplimiento de los compromisos actuales por parte de los gobiernos nacionales que sitúa al mundo en la senda de un calentamiento de 2,5 °C para finales de siglo. El Grupo Intergubernamental de Expertos sobre el Cambio Climático de la ONU indica que las emisiones de gases de efecto invernadero deben reducirse en un 45 % de aquí a 2030 para limitar el calentamiento global a 1,5°C y los países lanzaron un paquete de 25 nuevas acciones de colaboración en cinco áreas clave: energía, transporte por carretera, acero, hidrógeno y agricultura.

El Secretario General de la ONU, António Guterres, anunció un plan de 3.100 millones de dólares para garantizar la protección de todos los habitantes del planeta mediante sistemas de alerta temprana en los próximos cinco años.

El G7 y los "los veinte vulnerables" lanzaron el Escudo Global contra los Riesgos Climáticos, con nuevos compromisos. También se lograron importantes avances en la protección de los bosques con el lanzamiento de la Alianza de Líderes por los Bosques y el Clima, cuyo objetivo es unir la acción de los gobiernos, las empresas y los líderes comunitarios para detener la pérdida de bosques y la degradación de la tierra para 2030 (ONU, 2023).

Además de la crisis climática global y de las tensiones bélicas en Ucrania, asistimos a una situación muy delicada en las relaciones económicas y comerciales a nivel internacional. En este sentido es muy importante analizar el protagonismo de China como potencia mundial. Las consecuencias de la pandemia del Covid en la esfera internacional también han determinado la existencia de cadenas de distribución colapsadas, cadenas de suministro tensas, un flujo de importaciones mucho más lento y el incremento vertiginoso de la inflación. En la Cumbre de Hiroshima celebrada del 19 al 21 de mayo de 2023, el G7 integrado por EE. UU., Canadá, Reino Unido, Francia, Alemania, Italia y Japón, han aprobado nuevas sanciones económicas a Rusia y dirigido su foco a China, preocupados por el uso que hace el gigante asiático de la coerción económica como herramienta y el uso como arma de las fortalezas exportadoras. El G7 destaca como trabajaran "para asegurarnos de que los intentos de convertir en arma las dependencias económicas al obligar a los miembros del G7 y a nuestros socios, incluidas pequeñas economías, a cumplir y adaptarse, fracasen". El G7 y la UE, se han comprometido a abordar políticas y prácticas para contrarrestar el poderío chino que deteriora el funcionamiento y la confianza en el sistema de comercio multilateral.

4.3. Impactos sociales y económicos del conflicto bélico en la Unión Europea

Europa vive la guerra en su corazón, y se sitúa en una encrucijada, o da pasos adelante o sufre retrocesos en su proceso de construcción y cohesión. Recientemente hemos visto la consolidación de gobiernos euroescépticos, como el de Meloni en Italia, que cuestionan el acervo comunitario y la gestión de los flujos migratorios complejos y masivos. Los Estados miembros de la Unión Europea, sus opiniones públicas y las instituciones comunitarias, no han logrado hilvanar un discurso común solido que impulse la cohesión europea, imponiéndose en la practica una lectura regresiva del principio de solidaridad (Mertens, 2020, pp. 1-7). En Europa, se han producido diversos procesos lesivos a su unidad interna, sumados a la crisis social y sanitaria provocada por la pandemia del Covid-19, las diversas inestabilidades presupuestarias y financieras sufridas y las sucesivas oleadas y crisis de "refugiados" (Alija, 2020; pp. 37-56) que han provocado una revitalización política de los populismos reaccionarios, la ultraderecha y la xenofobia.

La invasión cruenta de Ucrania pone en serio riesgo la recuperación económica de Europa y limita de forma considerable el impacto de los fondos de reconstrucción Next Generation. La situación de inseguridad e incertidumbre provocada por la guerra afectará al conjunto de relaciones internacionales y a las interacciones geoestratégicas (Calatrava, 2022, pp. 155-169).

En el plano económico el sector exportador, el industrial, los servicios, el transporte y todas aquellas tareas ligadas a la cadena de distribución, son las actividades que se han visto más afectadas, ante una inestabilidad que ha repercutido en el consumo, en la capacidad de compra y en el poder adquisitivo de las familias europeas. Se ha producido una inestabilidad financiera, mientras los precios del gas y de la energía se han incrementado notablemente. En el corto plazo se producirá una aversión al riesgo en los mercados, lo que provoca un retroceso en la confianza de las empresas y los consumidores europeos. El miedo y la incertidumbre, por sí solos, pueden actuar como una bomba de relojería para las decisiones de consumo e inversión. Las mayores turbulencias se están dando en el coste de la energía ya que Rusia suministraba alrededor del 45% del gas que consume Europa.

La subida del coste de vida, cuyo origen está precisamente en el notable incremento de los precios de la energía, recortan los salarios reales y restringen la demanda y el consumo en toda Europa. La gasolina, la electricidad y otras materias primas han alcanzado máximos históricos, con oleadas de alzas de precios. Esta situación ha supuesto un lastre en la recuperación económica y en el crecimiento del PIB de Europa en 2022 y 2023 y la estanflación como escenario no deseado de alta inflación y estancamiento económico ya es una realidad.

La Unión Europea, aunque tardó algunas semanas en reaccionar, en los meses posteriores a la invasión ha realizado una respuesta firme y contundente a la crisis provocada por la guerra. Por primera vez en su historia la UE ha financiado la compra y entrega de armas y otros equipos de defensa para Ucrania. El dinero saldrá de un programa llamado Fondo Europeo de Apoyo a la Paz, creado en marzo de 2021. Este instrumento de financiación se ideó para fortalecer las capacidades de las fuerzas armadas de los socios comunitarios y terceros países, y Bruselas ha decidido utilizarlo para prestar asistencia al Gobierno de Ucrania ante el avance ruso, encargándose Polonia de la logística de la entrega de armas.

Pero no se trata de sumarse a una escalada militarista sin sentido ante la actual situación socioeconómica. A la Unión Europea le conviene la máxima autonomía frente a Estados Unidos, ya que sus intereses no son exactamente los mismos. Porque si bien los esfuerzos por prevenir la guerra han fallado, los sacrificios para detenerla deben dar frutos (Corrales, 2022).

La crisis anterior de la COVID-19 ha supuesto un desafío de proporciones históricas para Europa. Por ello, la UE ha tenido que adoptar medidas para proteger la salud y evitar el colapso de la economía. Esto ha supuesto un planteamiento innovador que impulsa la convergencia, la resiliencia y la transformación en la UE. La puesta en marcha de planes de Recuperación, Transformación y Resiliencia (que se deben adaptar ahora a las consecuencias de la guerra) pivotan sobre los de la transición ecológica, la transformación digital, la cohesión territorial y social y la igualdad de género.

Con un comercio exterior obstaculizado, el conflicto de Ucrania añade serias limitaciones a la UE que pierde a Rusia como cliente, y especialmente como proveedor energético que aportaba el 45% de sus importaciones totales de gas natural. Hasta ahora Rusia era el suministrador más importante de la UE de algunas importaciones cruciales, que no pueden ser sustituidas rápidamente.

Para cumplir los objetivos de recuperación se precisan proseguir con políticas macroeconómicas potentes que reduzcan la incertidumbre, gestionando de forma ágil los fondos europeos Next Generation, aportando seguridad jurídica, mejorando la competitividad y la productividad de las empresas mediante la digitalización de la economía, fomentando la formación con contratación y el aprendizaje permanente, promoviendo la igualdad de oportunidades e impulsando el diálogo social y la negociación colectiva.

Europa está sufriendo un progresivo debilitamiento de la cohesión interna de la UE debido al incremento del populismo y especialmente provocado por la salida del Reino Unido de la Unión mediante el "Brexit" (De Castro, 2020).

Hasta aquí se ha realizado un breve análisis sobre los orígenes, el contexto y los intereses que promueven la guerra en Ucrania y como afecta a la consecución de los objetivos de desarrollo sostenible y a la cohesión de la Unión Europea. Todo ello hay que enmarcarlo en un contexto de aumento progresivo del militarismo, que favorece al creciente papel de la OTAN, la supremacía nuclear y las políticas que han seguido las potencias de Rusia, los Estados Unidos, y China en este conflicto (Bellamy, 2022, pp. 903-915).

5. DISCUSIONES Y CONCLUSIONES

La prolongación de la invasión rusa a Ucrania está teniendo negativos e importantes impactos políticos, económicos y sociales que profundizan en la crisis planetaria, menoscabando la confianza en las instituciones internacionales, generando un claro debilitamiento de la Unión Europea y provocando que el interés por los derechos humanos, el medioambiente y el cambio climático pasen a un segundo plano.

La guerra, desarrollada en pleno corazón de Europa, impulsa el militarismo, refuerza estructuras como la OTAN y tiene repercusiones en su cohesión política y territorial interna. En el viejo continente la recuperación económica tras la pandemia se ha visto lastrada por las distorsiones en la cadena de distribución, el precio de la energía, la espiral inflacionista y la desaceleración de la actividad sufrida en los últimos meses.

En esta investigación se parte de la hipótesis de trabajo verificada que la guerra de Ucrania está agravando la crisis plantearía, comprometiendo seriamente la consecución de los objetivos de desarrollo sostenible, y exigiendo unas acciones políticas y económicas más decididas para cumplir estos objetivos. La escalada militar, la postpandemia, la dinámica inflacionista y el creciente deterioro de las condiciones de vida de las familias configuran una tormenta perfecta que dificulta en la práctica avanzar en el cumplimiento efectivo de los objetivos de desarrollo sostenible.

De una forma urgente se precisa encontrar una solución negociada y pacífica a la guerra en Ucrania, dotando de mayor fortaleza y autonomía a Europa, con un reforzado papel protagonista y mediador de la ONU, posibilitando avanzar en la consecución de la Agenda 2030, e implementando valores sostenibles, pacifistas y democráticos.

Los conflictos bélicos siempre han tenido un impacto negativo sobre los derechos humanos, el medio ambiente y la prosperidad, por eso existen poderosas razones humanitarias, socioeconómicas y geoestratégicas que hacen perentorio frenar la guerra en Ucrania, y evitar que se cronifique aún más el conflicto. La búsqueda de una solución negociada es un imperativo moral para los países y los organismos internacionales porque solo de esta forma se puede afrontar la actual crisis global y podremos avanzar en la consecución de los objetivos de desarrollo sostenible y en la Agenda 2030.

6. REFERENCIAS

Alija, M.A. (2020) "La persistente crisis de los refugiados en Europa. El marco jurídico y de gestión de la Unión Europea", RESI: Revista de estudios en seguridad internacional, Vol. 6, Nº. 1, 2020, pp. 37-56.

Bartimoro, M. (2022) "Covid-19 and sustainable development in Europe: a temporal comparison". Revista de Estudios Andaluces, nº 44, 2022, pp. 172–192.

Bellamy Foster, J. (2022) "La guerra por encargo de los Estados Unidos en Ucrania". Trimestre Económico, v. 89, nº 355, 2022 pp. 903–915.
Bordoff, J., & O'Sullivan, M. L. (2022). The New Energy Order. How Governments Will Transform Energy Markets. Foreign Affairs, 131-144.
Brugos, T. (2022) "Ucrania, la guerra prolongada". Revista Nortes. 23 de marzo de 2022. Disponible en: https://www.nortes.me/2022/03/23/ucrania-la-guerra-prolongada/
Brugos T. (2022) "Tambores de guerra se oyen por el Este". Viento Sur. 3 de febrero 2022. https://vientosur.info/tambores-de-guerra-se-oyen-por-el-este/
Calatrava, A (2022). "The transformation of the european security system after the cold war: from 1991 to the Ukraine crisis". Historia Actual Online. oct2022, Issue 59, pp. 155-169. https://doi.org/10.36132/hao.v3i59.2293
Cebada Romero, A. (2022) La Guerra de Ucrania y su impacto en la Agenda Mps y en el Orden Mundial. Tiempo de Paz, 146/147, 2022, pp.106–113.
Corrales Aznar, J.M. (2022) "El fantasma de la estanflación recorre la Unión Europea". El Nuevo Lunes, 28 de marzo de 2022, p. 3.
Corrales Aznar, J.M. (2022) "La pobreza que viene: Todas las actividades económicas y de servicios caerán ante la estanflación. La combinación de una elevada inflación y el estancamiento económico es el escenario menos deseado y el más peligroso". Revista Inversión, ISSN 1137-1021, Núm. 1276, 2022, pp. 10-12.
Corrales Aznar, J.M. (2022) Europa en riesgo de colapso energético. Cinco Días. 16 de mayo 2022.
Corrales Aznar, J.M. (2022) "El otoño se prevé muy gris y el invierno puede ser totalmente negro". Revista MUYPYMES. 11 de julio de 2022.
Corrales Aznar, J.M. (2022). "Europa más cerca del abismo de la recesión". Revista Ejecutivos. 2 de noviembre de 2022.
https://www.ejecutivos.es/opinion/europa-mas-cerca-del-abismo-de-la-recesion
De Castro Ruano, J.L. (2020). El "Brexit" y la superposición de crisis en la Unión Europea como factor de profundización del proceso de integración, Unión Europea Aranzadi, Madrid, 2020.
Díaz Galán, E. C. (2022). La Guerra de Ucrania y el Derecho Internacional Humanitario: Crónica de una guerra anunciada. Tiempo de Paz, [s. l.], n. 146/147, 2022, pp. 66–73.
Huguet, M (2022). La guerra de Ucrania y la deriva geopolítica. Tiempo de Paz, [s. l.], n. 146/147, 2022, pp. 96–105.
Kowalewski, Zbigniew M. (2023). "Tres formas históricas de imperialismo ruso". Nueva Sociedad, Buenos Aires, nº 299, 2022 (mayo-junio). Disponible en: https://nuso.org/articulo/tres-formas-historicas-imperialismo-ruso/. Consultado el 21 de mayo de 2023.
Manzanera Román, S. (2016) La precariedad laboral y los nuevos espacios de exclusión social. (Tesis doctoral). Departamento de Sociología y Trabajo Social. Universidad de Murcia.
Mertens de Wilmars, F. (2020). "El covid-19: ¿jaque mate a la solidaridad europea?", Boletín de la Academia de Yuste, nº 05, mayo 2020, pp. 1-7.
OCDE. (2022). "El corto y sinuoso camino hacia la Agenda 2030: Midiendo la distancia hacia las metas de los ODS". 2022.
Organización de las Naciones Unidas (2023). La COP27 llega a un acuerdo decisivo sobre un nuevo fondo de "pérdidas y daños" para los países vulnerables. https://n9.cl/5d1z3
Pons Rafols, X. (2022) La guerra de Ucrania, las Naciones Unidas y el Derecho Internacional: algunas certezas sistémicas insostenibles. Revista electrónica de

estudios internacionales (REEI), ISSN-e 1697-5197, nº. 43, 2022. https://dialnet.unirioja.es/descarga/articulo/8536010.pdf

Rodríguez Gart, J. (2023). La guerra de Ucrania. ¿Un nuevo orden mundial? Revista general de marina, ISSN 0034-9569, Vol. 284, mes 4 (Abril), 2023, pp. 413-426

https://armada.defensa.gob.es/archivo/rgm/2023/04/RGMAbril2023Parte01.pdf

Tipaldou, S.; Casula, P. (2018). ¿Justificaciones populistas de la guerra? La intervención rusa en el este de Ucrania. Revista CIDOB d'Afers Internacionals, nº 119, 2018, pp. 135–159.

Verdú Baeza, J. (2022). La lucha contra el cambio climático después de la cumbre de Glasgow en un nuevo escenario, la guerra de Ucrania. PEACE & SECURITY-PAIX ET SÉCURITÉ INTERNATIONALES (EuroMediterranean Journal of International Law and International Relations), (10). https://doi.org/10.25267/Paix_secur_int.2022.i10.1001

EVALUACIÓN GEOQUÍMICA DEL RELAVE DINA Y LOS SEDIMENTOS PRESENTE S EN LAS INMEDIACIONES DEL HUMEDAL COSTERO "EL CULEBRÓN", COMUNA DE COQUIMBO, CHILE

Susana Cortez Cortés[1], *Ricardo Zamarreño Bastias*[2], *Consuela Milu*[1]

El presente texto forma parte del proyecto de tesis para optar al título de Geóloga y al grado de Licenciada en Ciencias de la Geología.

1. INTRODUCCIÓN

La minería es una de las actividades económicas más importantes del país. En los siglos XVIII y XIX, por las altas leyes de los minerales presentes (sobre el 4% para el cobre), se comenzó con operaciones de pequeña escala y tecnología simple. Con el correr del siglo XX se fue transformando en operaciones de gran escala y alta tecnología, debido a la paulatina y constante disminución de las leyes (inferiores a 1% para el cobre en la actualidad). Producto de la explotación intensiva de minerales, en los últimos 150 años se han generado grandes cantidades de desechos mineros. Particularmente son relevantes los depósitos de relaves.

La oficina de depósitos de relave de SERNAGEOMIN, en marzo de 2018 ha catastrado 740 depósitos de relave entre la región de Arica y Parinacota y la región de Aysén. Del total de depósitos catastrados, la región de Coquimbo posee más de la mitad de los depósitos de relave (52,2%) cuantificados son 386 depósitos de relave solo en la región de Coquimbo. Uno de estos depósitos corresponde al relave Dina, el cual es propósito de análisis en este estudio.

2. OBJETIVOS

- Evaluación geoquímica del relave Dina y los sedimentos presentes en las inmediaciones del humedal costero "El culebrón", comuna de Coquimbo, Chile.
- Identificar los valores anómalos que marcan la contaminación y la distribución de los elementos en los sedimentos y en el relave.
- Determinar el tipo de drenaje que genera el relave a partir de la evaluación del pH.

1. Universidad del Alba (Chile)
2. Universidad del Alba y Universidad de La Serena (Chile)

- Evaluar el riesgo que genera el relave Dina aplicando la metodología canadiense para sitios contaminados.

3. METODOLOGÍA

- Recolección y análisis de información relacionada al área de estudio y sus similares.
- Toma de muestras para ser analizadas en laboratorio con la técnica química de espectrometría de absorción atómica (AAS, Atomic Absorption Spectroscopy).
- Análisis de pH.
- Comparación de los resultados químicos con la línea de base (Fernández, 2018, hoja La Serena). Normativa española para suelos contaminados (Modificado de Provoost *et al.*, 2006) y la Norma PEC para organismos bentónicos de los EE.UU. (Bebbiano *et al.*, 2015)
- Evaluación cualitativa a través de la Metodología canadiense.

4. DESARROLLO DE LA INVESTIGACIÓN

La investigación inicio con el análisis de imágenes satelitales de la zona de estudio con el objetivo de identificar los puntos a muestrear. Posteriormente, se realizó la visita a terreno para hacer la recolección de las muestras y enviarlas a laboratorio donde se aplicó la técnica de espectrometría de absorción atómica (AAS, Atomic Absorption Spectroscopy) y medición de pH.

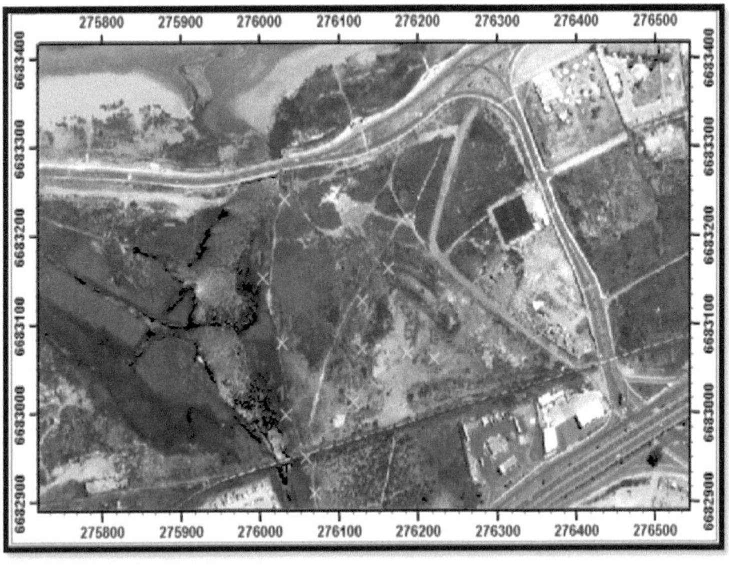

Figura 1. Ubicación de los puntos de muestreo con su respectivo número de muestra. Fuente: Elaboración propia.

Los valores obtenidos fueron procesados en mapas y tablas, comparados con valores nacionales e internacionales y finalmente los datos recopilados en esta investigación se cualificaron a través de la normativa canadiense para sitios contaminados, cuyo objetivo es evaluar al foco contaminante de acuerdo con su potencial impacto sobre el ser humano y el medio ambiente a través de puntajes asociados a las diversas variables que este considera. A continuación, se representan los resultados obtenidos.

4.1. Análisis por muestras

El Servicio Nacional de Geología y Minería (SERNAGEOMIN) realizo el estudio de 5 muestras en el área de estudio. A continuación, se compara los valores de los elementos mayores con los valores de la línea base otorgada por la misma institución gubernamental (Tabla 1).

Parámetro	Línea Base	M.S.R. 1	M.S.R. 2	M.S.R. 3	M.S.S. 4	M.S.S. 5
SiO_2	50,88	30,07	43,67	**52,6**	**69,51**	**66,35**
Al_2O_3	14,8	9,28	12,19	14,14	12,13	13,87
Fe_2O_3	11,07	**37,24**	**12,98**	9,7	3,72	4,05
MgO	2,4	**3,8**	**5,77**	**2,66**	1,49	1,58
CaO	5,38	**9,44**	**8,86**	**6,3**	2,74	2,91
Na_2O	2,99	**3,37**	**5**	**5,34**	**4,38**	**4,87**
K_2O	1,56	0,63	1,17	**1,61**	**2,32**	**2,5**
TiO_2	1,3	0,58	0,62	0,6	0,48	0,54
P_2O_5	0,21	**3,8**	**2,54**	**0,75**	0,18	0,18
MnO	0,19	0,13	**0,24**	**0,21**	0,06	0,06
(M.S.R.) Muestra SERNAGEOMIN relave						
(M.S.S.) Muestra SERNAGEOMIN sedimento						

Tabla 1. Comparación de los elementos mayores con valores de la línea base. Fuente: Elaboración propia.

Los elementos menores fueron analizados en las 15 muestras realizadas en este estudio, así como también en las muestras realizadas por SERNAGEOMIN. En la tabla número 2 se puede observar la comparación de los valores de las 20 muestras (15 de este estudio y 5 de SERNAGEOMIN) con los valores de línea de base.

Parámetro	**Cobre**	**Arsénico**	**Plomo**	**Zinc**
Línea Base	*84,9*	*7,53*	*11,38*	*64,02*
N. España	*50 a 210*	*2 a 56*	*50 a 300*	*150 a 450*
N. PEC	*149*	*33*	*128*	*459*
M.S. 1	20	**26**	**12**	61
M.I. 2	**3670**	**18**	2	**232**
M.R. 3	**290**	**22**	5	28
M.I. 4	30	**25**	10	61
M.R. 5	**10967,7**	**29,85**	1,73	**64,67**
M.R. 6	**1345,08**	**49,21**	**53,13**	**95,15**
M.R. 7	**611,35**	**31,98**	**124,25**	**209,94**
M.I. 8	23,69	**29,63**	6,93	43,16
M.I. 9	**1661,66**	**24,45**	2,01	60,05
M.I. 10	22,31	**32,12**	9,25	58,28
M.S. 11	16,3	**22,89**	8,19	52,39
M.S. 12	**432,43**	**31,43**	7,86	**67,85**
M.S. 13	49,33	**23,42**	**20,02**	55,54
M.S. 14	33,12	**24,46**	11,24	52,42
M.S. 15	15,85	**30,26**	8,05	47,89
M.S.R. 1	**595**	<20	**29**	53
M.S.R. 2	**2210**	<20	**51**	**96**
M.S.R. 3	**3022**	<20	**73**	**128**
M.S.S. 4	33	<20	**34**	**73**
M.S.S. 5	41	<20	**38**	**79**
(N.) Norma				
(M.S.) Muestra de sedimento				
(M.I.) Muestra intermedia				
(M.R.) Muestra de relave				
(M.S.R.) Muestra SERNAGEOMIN relave				
(M.S.S.) Muestra SERNAGEOMIN sedimento				

Tabla 2. Comparación de los elementos contaminantes con los valores de la línea base, Norma española y Norma PEC. Fuente: Elaboración propia.

4.2. Evaluación de pH

Las muestras tomadas en este estudio también fueron analizadas para obtener valores de pH (Tabla 3).

Muestra	pH
M.R. 5	*7,9*
M.R. 6	*8,1*
M.R. 7	*7,8*
M.I. 8	8,4
M.I. 9	8,5
M.I. 10	8,4
M.S. 11	8,7
M.S. 12	8,9
M.S. 13	8,9
M.S. 14	8,5
M.S. 15	8

Tabla 3. Valores de pH obtenidos de las muestras tomadas en este estudio Fuente: Elaboración propia.

4.3. Aplicación de la metodología canadiense

De acuerdo con las variables existentes en la Metodología Canadiense para Sitios Contaminados (National Classification System for Contaminated Sites) y con los antecedentes obtenidos en esta investigación, se realiza la caracterización y asignación de los puntajes correspondientes a cada criterio. A continuación (Figura 2), se ilustran los puntajes obtenidos en cada categoría y sus respectivas variables.

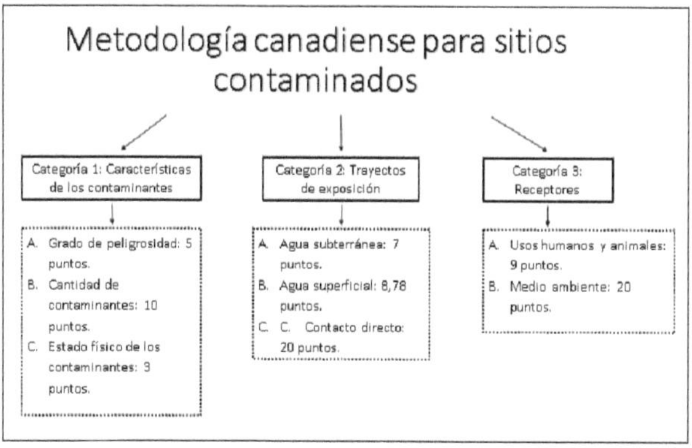

Figura 2. Cuadro resumen de las categorías aplicadas en la metodología canadiense. Fuente: Elaboración propia.

La sumatoria de los puntajes asignados a cada criterio en las categorías de la Caracterización de los contaminantes, Trayectos y Receptores es de: 82.78, lo que indica un alto riesgo el área en cuestión y es necesario tomar acciones como caracterización del sitio, control de riesgo, etc. Según la metodología aplicada, esta clase está definida generalmente de alta preocupación debido a los diferentes factores de vulnerabilidad y amenaza.

4.4. Otros datos

La batería de elementos de SERNAGEOMIN considero los elementos que se representan a continuación en la siguiente tabla (Tabla 4).

Muestra	**Cadmio**	**Níquel**	**Cromo**	**Mercurio**
M.S.R. 1	**9,11**	**58**	**213**	**0,05**
M.S.R. 2	**7,19**	**77**	46	**0,34**
M.S.R. 3	**8,47**	**67**	47	**0,04**
M.S.S. 4	**11,5**	**78**	**80**	<0,01
M.S.S. 5	**1,28**	**77**	34	**0,04**

Tabla 4. Valores de Cadmio, Níquel, Cromo y Mercurio de las muestras tomadas por SERNAGEOMIN Fuente: Elaboración propia.

Estos valores fueron procesados para obtener su promedio y mediana y compararlos con la línea base de geoquímica de SERNAGEOMIN, la Norma española y la Norma PEC (Tabla 5).

Elementos	**PROMEDIO**	**MEDIANA**	**L. BASE**	**PEC**	**España**
Cd	**7,51**	**29,44**	0,13	4,98	1 a 3
Ni	**71,40**	7,26	11,46	48,6	30 a 112
Pb	**25,33**	10,62	11,38	128	50 a 300
As	**28,05**	**26,00**	7,53	33	2 a 56
Cr	**84,00**	0,80	68,86	111	100 a 150
Cu	**1254,49**	**169,66**	84,9	149	50 a 210
Hg	**0,12**	**26,00**	0,02	1,06	1 a 1.5
Zn	**80,92**	61,00	64,02	459	150 a 450

Tabla 5. Valores promedio y mediana de las muestras de SERNAGEOMIN comparados con valores de la línea base, norma española y PEC. Fuente: Elaboración propia.

5. CONCLUSIONES

Las muestras analizadas reflejaron valores anómalos según la línea base de SERNAGEOMIN, la norma PEC y la normativa española para suelos contaminados en los elementos cobre, hierro, plata, plomo, arsénico, zinc, níquel, mercurio, cadmio y cromo. Estos resultados indican que las partículas del relave han sido dispersadas por factores naturales como la inundación del lugar debido al tsunami ocurrido el 16 de septiembre del año 2015 y/o acción eólica debido a la falta de contención del desecho minero.

Con estos resultados queda en evidencia que existe un alto grado de contaminación en los sedimentos del lugar y aparentemente del espejo de agua, ya que la muestra 1 que fue tomada en la desembocadura del estero presenta valores sobre lo normal para los elementos arsénico y plomo.

Al analizar los resultados del pH, se puede observar un leve cambio en este desde un pH medianamente básico a básico en el relave, a ligeramente alcalinos, en los rededores de este.

No obstante, se recomienda realizar sondeos y/o toma de muestras a mayor profundidad, ya que los altos contenidos de hierro sugieren la presencia de pirita, la cual al estar expuesta al medioambiente reacciona con el oxígeno atmosférico y/o aguas meteóricas, generando así la oxidación de los sulfuros existentes y la posterior percolación de ácido sulfúrico y por ende la contaminación del suelo y/o acuíferos cercanos.

Las especies químicas toxicas como el arsénico, cobre, zinc y plomo pueden generar reacciones negativas para el ecosistema existente en el humedal, por lo tanto, el relave es considerado un foco de gran contaminación y generador de riesgos ambientales, así como la disminución en la calidad del paisaje natural del lugar que hoy en día es tan importante a nivel científico y cultural. Además de las grandes riquezas como flora y fauna endémicas y esporádica, sin perder de vista los servicios que entrega a nuestro ecosistema.

Un evento natural como tsunamis o inundación por altas cantidades de precipitaciones, podría generar una mayor dispersión del relave y por ende llegar a perjudicar el ecosistema del lugar e incluso el acuífero que se encuentra cercano al suelo y contaminar los pozos utilizados para la extracción de agua.

El relave Dina fue depositado en el año 1988, cuando no existía normas medioambientales, no obstante, el departamento de SERNAGEOMIN cuenta con el catastro de los relaves a nivel nacional, y si alguno de estos desechos presenta o pueda presentar riesgos significativos para la vida o salud de las personas o al medio ambiente o a uno o más de sus componentes se debe efectuar una evaluación de riesgos por parte de la Comisión Regional del Medio Ambiente COREMA o de la Comisión Nacional del Medio Ambiente CONAMA y seguir el procedimiento para la implementación de la remediación.

A partir de los análisis realizados en la fase de investigación, junto con los resultados de este informe, se puede concluir que la zona de estudio la cual goza del humedal más grande de la bahía de Coquimbo se encuentra altamente impactado por factores antropogénicos como el relave evaluado, los desechos de construcción, los vertidos irregulares al cauce del estero, las variadas obras que han modificado la naturaleza del humedal, entre otros.

Según la metodología canadiense para sitios contaminados (Calabrán), el área en cuestión indica un alto riesgo y es necesario tomar acciones como la caracterización del sitio y control de riesgo. Según la metodología aplicada, esta clase está definida de alta preocupación debido a los diferentes factores de vulnerabilidad y amenaza que este acopio implica para el entorno, además de impactar visualmente un área reconocida como santuario de la naturaleza y de gran atractivo turístico.

Se recomienda para el lugar de estudio, la remoción y/o utilización del relave que probablemente sea capaz de generar un interés económico y estudios de geobotánica, ya que se ha desarrollado vegetación sobre el relave las cuales pueden tener la capacidad de retener niveles de determinados elementos, funcionando estas como regeneradoras o remediadoras de sitios con similares problemas que actualmente y aún más en el futuro afectaran en gran medida.

6. REFERENCIAS

Arumí, J. L y Oyarzun, R. (2006). Las aguas subterráneas en Chile. *Boletín Geológico Minero* 117, 35-45. https://acortar.link/DLGnSS

Baeza, L. (2010). Estudio ambiental y económico: análisis mineralógico y geoquímico de sedimentos del sistema fluvial del Río Lluta, XV Región de Arica y Parinacota, Chile. *Repositorio académico de la Universidad de Chile.* https://acortar.link/3uxYGR

Barrera S. (2011). Análisis del nivel hídrico y las condiciones del humedal de la laguna de Batuco. *Repositorio académico de la Universidad de Chile.* https://acortar.link/qMEsEe

Calabrán, R. (2009). Evaluación de riesgo ambiental del tranque de relave Las Tórtolas ubicado en la comuna de Colina, región metropolitana de Santiago. *Repositorio académico de la Universidad de Chile.* https://acortar.link/SWTbUd

Cerasa, M. (2017). Determinación de impactos ambientales causados por el desarrollo urbano en el estero El Culebrón, IV región, Chile, aplicando metodología sig. *Catálogo documental DGA.* http://documentos.dga.cl/MED4720.pdf

Collao, F. (2007). Caracterización y propuesta para la remoción de pasivos ambientales mineros de la zona urbana de la comuna de Andacollo, IV región de Coquimbo -Chile-. *DOCPLAYER.* https://acortar.link/Tu7DCN

CONAMA (2005). *Estrategia Nacional para la Conservación y Uso Racional de los Humedales en Chile.* https://acortar.link/zyg63e

Espinoza, F. (2013). Influencia de los factores naturales y antropogénicos en la geoquímica de sedimentos fluviales de las Cuencas Vitor y San José de Azapa; XV Región de Arica y Parinacota, -Chile-. *Repositorio académico de la Universidad de Chile.* https://acortar.link/3tJDEX

López, A. (2015). Caracterización hidrogeoquimica de recursos hídricos de la cuenca de Santiago. *Repositorio académico de la Universidad de Chile.* https://acortar.link/ALtacS

Martínez Vega, J. y Martín IsabelM. P. (Eds.) (2010). Guía Didáctica de Teledetección y Medio Ambiente. *Red Nacional de Teledetección Ambiental.* https://acortar.link/YY5mvF

Menceyra, F. (2016). Observatorio natural humedal el culebrón. *Repositorio académico de la Universidad de Chile.* https://acortar.link/aCw4Sb

Centro de Ecología Aplicada (2011). Diseño del Inventario Nacional de Humedales y el Seguimiento Ambiental. *Ministerio de Medio Ambiente.* 164 https://acortar.link/4iDJ40

Oyarzun, R., Higueras P. y Cubas P. (2010). Geoquímica Ambiental e Indicadores Geobotanicos. *Geoquímica y Mineralogía Ambiental.* https://acortar.link/8oEpBw

Oyarzun, R., Lillo, J., Oyarzun, J., Maturana, H. e Higueras, P. 2007. Mineral deposits and Cu-Zn-As dispersion - contamination in stream sediments from the semiarid Coquimbo Region, Chile. *Environmental Geology*, 53, 283-29. https://acortar.link/FDe0iu

Parviainen, A. (2009). Tailings mineralogy and geochemistry at the abandoned Haveri Au–Cu mine, SW Finland. *Mine Water and the Environment, 28*(4), 291. https://acortar.link/LNOWhU

Pfieiffer, M., Le Roux, J. P., Solleiro-Rebolledo, E., Kemmitz, H., Sedov, S. y Seguel, O. (2011). Preservation of beach ridges due to pedogenic calcrete development in the Tongoy Paleobay, Nothcentral Chile. *Geomorphology.* 132, 234-248. https://acortar.link/8pzwSk

Rivera, L., Quiroz, S. y Arancibia, J. (2009). Propuesta de Plan Integral de Restauración del Humedal El Culebrón, Región de Coquimbo. *Biblioteca humedales.* https://acortar.link/NlknMK

Toro, R. (2009). Evaluación de riesgo ambiental del tranque de relaves Las Tórtolas ubicado en la comuna de Colina, Región Metroplitana de Santiago. *Repositorio académico de la Universidad de Chile.* https://repositorio.uchile.cl/handle/2250/100117

GESTIÓN DE RECURSO HUMANO SEGÚN SOBRECARGA LABORAL. PREDICCIONES USANDO CURVA ROC

Hernán Óscar Cortez Gutiérrez[1], *Braulio Pedro Espinoza Flores*[1] *César Ángel Durand Gonzales*[1], *César Miguel Guevara Llacza*[1], *Milton Milcíades Cortez Gutiérrez*[2]

La presente investigación corresponde a los docentes de la Facultad de Ciencias de la salud de la Universidad Nacional del Callao (Perú).

1. INTRODUCCIÓN

Actualmente tenemos *software* estadísticos para realzar las predicciones para modelos simples y múltiples de regresión logística en ciencias e ingeniería. Diagnosticar la gestión del recurso humano en base a sus factores asociados como sobrecarga física y mental es a nivel macro y nivel micro. Nuestro aporte es presentar un enfoque predictivo para ambas variables. Es decir, indicar las posibilidades de ocurrencia de una gestión de recurso humano aceptable en base a la carga física y mental. A nivel universitario de la Facultad de Ciencias de la Salud de la Universidad Nacional del Callao es imperativo caracterizar el recurso humano profesional y la sobrecarga laboral. De igual manera la carga mental depende de la demanda administrativa.

Generalmente los trabajos de investigación usan técnicas tradicionales de correlación y asociación como son las pruebas de Pearson, de Spearman, de chi cuadrado y de Yates. La regresión logística es una alternativa para investigaciones de diseño correlacional. La regresión logística determina una ecuación matemática entre variables dependientes e independientes con su correspondiente significancia estadística. Pueden ser investigada la problemática laboral que implica una sobrecarga en sus diferentes dimensiones, cada una de ellas debe es investigada para que se establezca un programa ergonómico participativo para que pueda darse la reducción. Debemos producir la dimensión que presenta mayor impacto. Esta dimensión de mayor impacto revelar el mayor riesgo para el recurso humano.

Para trabajar la regresión hemos seguido los trabajos de publicaciones realizadas en *Human Review* por Cortez Gutiérrez *et al.* (2022 y 2023).

1. Universidad Nacional del Callao (Perú)
2. Universidad Nacional de Trujillo (Perú)

2. OBJETIVOS

Esta investigación tiene como objetivo predecir la gestión de recursos humanos en enfermeras según la carga laboral. Asimismo, establecer relaciones entre las subvariables de la sobrecarga laboral (carga física y mental) y la gestión del recurso humano.

Se aplica la correlación de Pearson para la confiabilidad de los instrumentos y la regresión logística también para la comprobación de hipótesis correlacionales.

3. METODOLOGÍA

Esta investigación representa un diseño correlacional de corte transversal. Toma en cuenta una muestra significativa de tamaño 24 cuya unidad de análisis son profesionales de salud. Para establecer la relación entre recurso humano y la sobrecarga laboral se han utilizado pruebas correlacionales como R de Pearson, Rho de Spearman, chi-cuadrado de Yates y cálculos de Odds ratio (OR). Se ha utilizado la metodología de redes neuronales para la predicción de gestión de recurso humano segun sobrecarga laboral.

La metodología va a considerar la importancia de la filtración de datos y la correcta calificación de los instrumentos. Eso va a requerir un buen manejo de las tecnologías informáticas y de las de la comunicación.

El filtrado de datos va a eliminar encuestas que no tienen la confiabilidad del instrumento; de esta manera la correcta calificación de instrumentos contribuirá a obtener relaciones directa e inversa de variables de manera correcta. También se realiza una buena clasificación de datos usando Estañones.

3.1. Regresión logística (RL)

La regresión logística relaciona una variable dicotómica dependiente "Y" con un grupo de variables independientes continuas o categóricas o nominales. Y denota la presencia (Y=1) o ausencia (Y=0). Y=1 puede representar un éxito o también presencia de una enfermedad en casos de salud. Y=0 representa un fracaso. Denotamos por p la probabilidad del éxito. Se asume que la relación entre los predictores y p es según la ecuación:

3.2. Redes neuronales artificiales (RN) con SPSS

El programa SPSS ejecuta el algoritmo de clasificación denominado redes neuronales. El algoritmo es análogo al funcionamiento del sistema nervioso central. Se estima que el algoritmo matemático de optimizacion pueda obtener una relación entre los valores de entrada y los valores de salida como lo hace el sistema nervioso que tiene respuestas para cada estímulo. La figura 1 configura el sitema de interacciones internas para los valores de entrada y se genera una respuesta o salida.

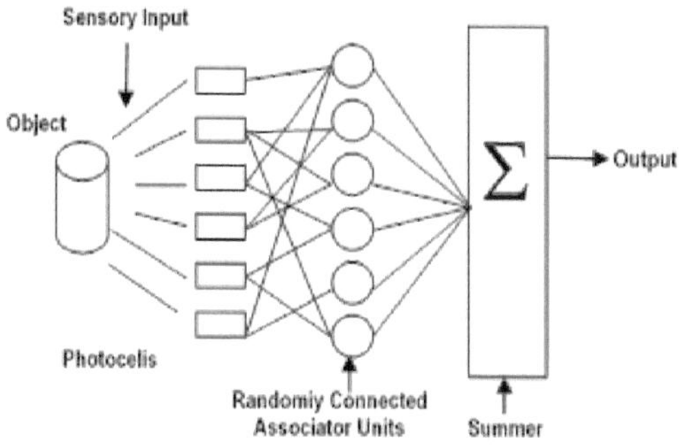

Figura 1. Estructura de la red perceptron. Fuente: Elaboración propia.

3.3. Programas de Matlab para clasificación, predicción y curva ROC

Usando el *software* MATLAB podemos realizar una clasificación binaria o en lenguaje de redes neuronales un perceptrón, es decir una neurona artificial en la cual efectúa cálculos para detectar características o tendencias en los datos de entrada.

```
clear all
close all
clc
sobrecarga= [71 77 81 72 70 70 68 79 78 68 72 76 72 48 50 70 72 69 78 85 68 89 72 ];
recurso_humano = [1 1 1 0 0 0 1 0 1 1 1 0 0 0 0 0 1 0 1 0 1 1 ];
red = newp(sobrecarga,recurso_humano,'hardlim','learnp')
red.iw{1} = 200;
red.b{1} = -60;
red = train(red,sobrecarga,recurso_humano)
peso = red.iw{1}
umbral = red.b{1}
xn = [75];
prueba = sim(red,xn)
plotpv(sobrecarga,recurso_humano)
hold on
plotpc(peso,umbral)
```

Figura 2. Programa en Matlab para la clasificación binaria según perceptrón considerando como dato de entrados la sobrecarga laboral y variable dependiente la gestión de recurso humano categorizado. Fuente: Elaboración propia.

Todos los modelos aseguran un porcentaje de predicción correcta global así como una sensibilidad y especificidad.

4. RESULTADOS DESCRIPTIVOS, INFERENCIALES Y PREDICTIVOS

Los resultados descriptivos basados en medidas de tendencia central y de dispersión ayudan a obtener una clasificación de casos y controles usando la media de la variable recurso humano. Una clasificación similar se obtiene usando la media. Esta clasificación puede influenciar en las predicciones del modelo y la forma analítica de la ecuación 1. En la categorización de la tabla 1 se utilizó la media para la variable gestión de recurso humano.

4.1. Resultado predictivo

En la gráfica ROC se puede apreciar que la sobrecarga laboral es un buen predictor para la gestión de recurso humano. Se establece que la sobrecarga laboral está relacionada de manera significativa con la gestión del recurso humano (tabla 1). Se observa un error del tipo I aproximado de 10%.

Sobrecarga laboral	Gestión recurso humano	Recurso humano	Carga física
71	47	1	49
77	49	1	54
81	57	1	52
72	44	0	49
70	43	0	44
70	36	0	45
68	53	1	43
79	41	0	50
78	48	1	50
68	67	1	46
72	54	1	44
76	45	0	52
72	45	0	48
48	30	0	32
50	41	0	34
70	44	0	46
72	42	0	48
69	49	1	48
78	38	0	53
85	54	1	56
68	43	0	44
89	55	1	60
72	54	1	43

Tabla 1. Datos de la gestión de recurso humano según las dimensiones de la sobrecarga laboral. Fuente: Elaboración propia.

Factores asociados	OR	Límite inferior	Límite superior
CARGA FÍSICA (Base = mediana de 48)	2.4	0.44	13
CARGA MENTAL (Base a la media 24)	1.02	0.16	6.46

Tabla 2. Factores asociados con la gestión de Recurso humano. Regresión Logística. Fuente: Elaboración propia.

En la gráfica ROC se puede apreciar que la sobrecarga laboral es un buen predictor para la gestión de recurso humano. Asimismo, la sobrecarga laboral está relacionada de manera significativa con la gestión del recurso humano con un error del tipo I aproximado de un 10%.

La Curva ROC se encuentra por en cima de la diagonal lo que garantiza un corte del 50% (figura 2).

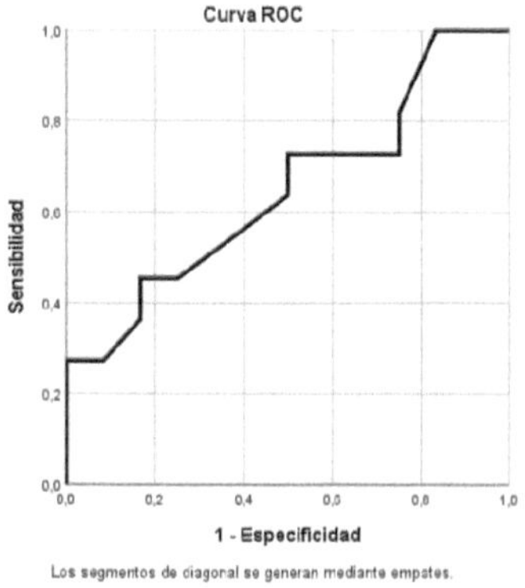

Figura 3. Curva ROC. Fuente: Elaboración propia.

La figura 3 establece que la sobrecarga laboral refleja una buena prueba para diagnosticar la gestión del recurso humano.

Todos los modelos aseguran un porcentaje de predicción correcta global así como una sensibilidad y especificidad. El modelo predictivo de regresión logística ofrece una predicción correcta de aproximadamente 70%. Una especificidad del 75% y sensibilidad del 64%.

Se aplicó un programa de MATLAB para realizar una clasificación binaria o en lenguaje de redes Neuronales un perceptrón, es decir una neurona artificial en la cual efectúa cálculos para detectar características o tendencias en los datos de entrada.

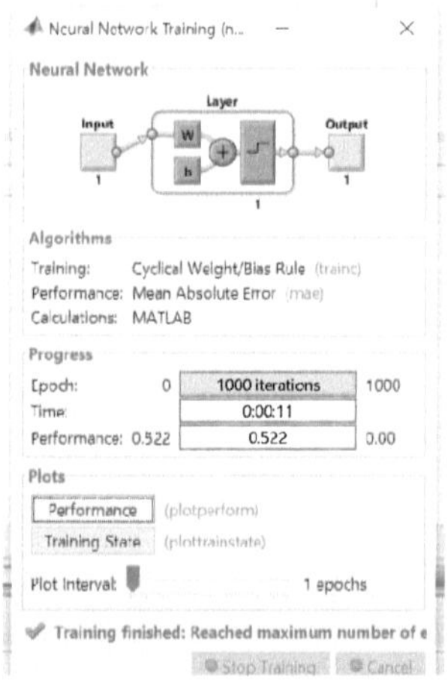

Figura 4. Diseño de redes neuronales usando programa en Matlab para la clasificación binaria con los pesos obtenidos de w=85 y b=-249. Según estos pesos para una sobrecarga laboral de 75 se tiene una predicción favorable en la gestión de recurso humano. Fuente: Elaboración propia.

5. CONCLUSIONES

Se concluye que existe una relación significativa entre recurso humano profesional y sobrecarga laboral.

La predicción correcta del modelo de regresión logística binaria llega a un 70% utilizando la media. Si se utiliza la mediana para clasificar casos y controles la predicción correcta del modelo de regresión logística disminuye un 61%. La curva ROC de la Figura 3 garantiza que la carga laboral refleja la gestión de recuro humano.

Según la clasificación de redes neuronales se ha determinado los pesos w = 85 y b = -249 para las predicciones de la gestión de recurso humano según sobrecarga laboral.

6. REFERENCIAS

Cortez, H., Cortez, M., Grados, J., Rubiños, S. y Espinoza B. (2023). Association between academic perfomance and eating habits. *Human review. International Humanities Review/Revista Internacional de Humanidades.* https://doi.org/10.37467/revhuman.v19.4997

Cortez, H., Cortez, M., Durand, C., Espinoza, B. y Guevara, C. (2022). Pearson and yates statistics for professional performance according to job quality. *Human review. International Humanities Review/Revista Internacional de Humanidades.* https://doi.org/10.37467/revhuman.v11.4135

AS CULTURAS COMO UM DOS PILARES DO DESENVOLVIMENTO SUSTENTÁVEL

Vítor de Sousa[1]

1. INTRODUÇÃO

Foi graças à homogeneização cultural decorrente da globalização e dos estudos pós-coloniais e decoloniais que as teorias da identidade se estilhaçaram (Hall, 1992; 1997; Said, 1994; Bhabha, 1998; Welsch, 1999; Bauman, 2001; Bayly, 2004; Spivak; 2010). O conceito de cultura tem várias aceções, sendo a mais corrente aquela que é utilizada na Antropologia, segundo a qual é entendida enquanto totalidade de padrões aprendidos e desenvolvidos pelo ser humano. Não obstante tivesse sido a partir da formulação de que a cultura tivesse passado a ser fixada como um todo complexo que inclui conhecimento, crença, arte, moral, direito, costumes e quaisquer outras capacidades e hábitos adquiridos pelos homens e pelas mulheres como membros da sociedade, isso não estancou a sua proliferação interpretativa, como se pode constatar através das várias escolas de pensamento. O que quer dizer que a cultura é composta de um número diverso de culturas, diretamente proporcional às características de determinado grupo de indivíduos. Tem como pressuposto imprescindível a compreensão elaborada da sociedade contemporânea, o que só será possível através do contraste com a sociedade tradicional europeia, anterior à revolução industrial. Pelo que a cultura não é algo de estático, uma vez que é composta por heranças espirituais, por crenças religiosas, por manifestações da atividade humana, que estão relacionadas de forma direta com as condições económicas, políticas e sociais de cada ser humano e de cada comunidade, pelo que os desafios a que esta realidade está exposta são muitos e contraditórios (Kroeber & Kluckhohn, 1952; Linton & Wagley, 1971; Cazeneuve, 1978; Boas, 1982; Simmel, 1988; Geetz, 1989; Elias, 1990; Schwanitz, 2006; Malinowski, 2009). A identidade do "eu" está sujeita à presença de um "outro", não de forma a apagar os seus próprios valores, mas a permitir a expansão das suas visões de mundo (Dubar, 2011). Através do conceito de transculturalidade (Welsch, 1999), sustenta-se a ideia de que as culturas estão em processo constante de interação e de mistura, deixando para trás o conceito ancestral e unívoco de cultura, mas para a sua diversidade.

Ainda que a Agenda das Nações Unidas para o Desenvolvimento Sustentável (2015) não possua um objetivo específico para a Cultura, entre as 17 metas globais para 2030, isso não deve impedir que ela seja assumida como o "quarto pilar da sustentabilidade" (Hawkes, 2001), para além dos costumeiros três pilares: social, económico e ambiental. Para o desenvolvimento sustentável a contribuição da cultura aparece dentro da meta

1. Universidade de Tras os Montes, e Alto Douro e CICANT (Portugal).

da educação (ODS 4), que defende ainda a promoção da cultura de paz, cidadania e valorização da diversidade cultural.

2. OBJETIVOS

No final deste artigo, pretende-se demonstrar que a cultura possa ser assumida como o quarto pilar da sustentabilidade, dando-lhe a importância que simbolicamente lhe foi escamoteada, ao não ter sido definida pela Organização das Nações Unidas (ONU), na sua Agenda para o Desenvolvimento Sustentáve (2015), como uma das 17 metas globbais.

3. METODOLOGÍA

O desenvolvimento de uma metodologia, no quadro de uma investigação científica, pressupõe um bom conhecimento do campo onde ela é desenvolvida. No caso particular das Ciências Sociais e Humanas (CSH), em que se situa a nossa proposta, não é muito frequente a utilização de uma única metodologia, mas de metodologias compósitas. O que resulta da necessidade que se afigura, em cada momento, ao investigador, face aos problemas que vai enfrentando. Em problemáticas complexas e datadas, a hermenêutica interpretativa revela-se uma boa proposta a seguir. Pressupõe leituras exaustivas, comparações e desenvolvimento de eventuais novas teorias delas resultantes, para alem de convocar outro tipo de interpretações do mundo, com a ajuda, por exemplo, da análise de conteúdo (Bardin, 2018) e de outras ferramentas disponíveis no que Foucault (2010) denomina de « caixa de ferramentas».

4. CULTURAS E IDENTIDADES

É uma constatação primária a existência de conceitos, servindo estes para uma representação geral e abstrata de determinada realidade. As conceptualizações são, no entanto, muitas vezes, problemáticas. A não satisfação com uma delimitação específica faz com que se enverede por caminhos com propostas explicativas polissémicas (fazendo toda a diferença o contexto em que são aplicadas), ou declinadas no plural, como que a sublinhar um potencial interpretativo que vai para além do que está 'convencionado' na dicionarização. Mesmo que o filósofo Ludwig Wittgenstein (1958) sublinhasse que o sentido que se dava às palavras seja o seu uso, torna-se necessário uma contextualização para evitar eventuais equívocos. Umberto Eco (1983) já chamara a atenção para o facto de os dicionários e as enciclopédias não coincidirem com as noções teóricas enquanto categorias de uma semiótica geral. Afinal, se os conceitos servem para propor interpretações, o facto de serem constantemente postos em causa pode ter em vista um ajuste à visão de quem tem explicações diferentes das que são propostas pelos manuais especializados. É isso que acontece em relação à fixação dos conceitos de "cultura" e de "identidade".

De facto, o conceito de cultura tem várias aceções, sendo a mais corrente aquela que é utilizada na antropologia, segundo a qual é entendida enquanto totalidade de padrões aprendidos e desenvolvidos pelo ser humano. Não obstante tivesse sido a partir da formulação de Edward Tylor (1871) que a noção de cultura tivesse passado a ser fixada como "um todo complexo que inclui conhecimento, crença, arte, moral, direito, costumes e quaisquer outras capacidades e hábitos adquiridos pelo homem como membro da sociedade" (p. 1), isso não estancou a sua proliferação interpretativa. A definição de

Tylor foi constantemente problematizada e reformulada, tornando-a num conceito extremamente complexo, variando a sua proposta interpretativa consoante a área do saber em questão. Ou, como sublinha Ralph Linton (1971). lido como termo geral, em que significa herança social da humanidade; ou, num sentido mais estrito, em que uma cultura se refere a uma variante da herança social. O que quer dizer que a cultura é composta de um número diverso de culturas, diretamente proporcional às características de determinado grupo de indivíduos.

Existem, assim, muitas definições de cultura, com alguns autores a associarem o conceito à esfera das ideias (e.g. Franz Boas, 1982; Bronisław Malinowski, 2009 ou, como já vimos, Ralph Linton); aos comportamentos (e.g. Alfred Kroeber & Clyve Kluckhohn, 1952); ou à simbolização do comportamento, onde se inclui a vertente cultural da cultura (e.g. Leslie White, 2009). Só Alfred Kroeber e Clyde Kluckhohn (1952), por exemplo, encontraram mais de 160 definições diferentes para o termo "cultura". Clifford Geertz (1989) olhava para essa multiplicidade de forma negativa, mostrando-se adepto da fixação de um conceito único. Definiu-o, assim, como sendo um padrão de significados transmitidos historicamente, incorporado em símbolos, enquanto "sistema de concepções herdadas expressas em formas simbólicas por meio das quais os homens comunicam, perpetuam e desenvolvem seu conhecimento e suas atividades em relação à vida" (p. 66). Ora, segundo Max Weber (1989), falar dos diversos conceitos de cultura, implica referir que as definições "variam na medida em que se coloca uma tónica sobre a dimensão subjectiva da cultura", como é o caso da presença dos aspetos referentes aos valores, modelos de comportamento, critérios normativos interiorizados, ou ainda sobre "o carácter (...) objectivo" (p. 34). No livro *O processo civilizador*, Norbert Elias (1990) analisa a história dos costumes, concentrando-se nas mudanças das regras sociais e no modo como o indivíduo as percebia, modificando o comportamento e sentimentos. Mostra que os hábitos parecem colocar-se num certo estágio de uma determinada evolução, procurando provar que, desde a Idade Média, as classes dirigentes foram lentamente modeladas pela vida social, e a espontaneidade deu lugar à regra e à repressão na vida privada, o que terá possibilitado o surgimento da dicotomia entre "cultura erudita" e "cultura popular".

Georg Simmel (1988) foi dos primeiros críticos ocidentais a pensar o futuro da cultura na era da técnica, relacionando-o com a crise da própria cultura, para a qual já tinha alertado Nietzsche (1992). Por isso é que, por ter sido fortemente associada ao conceito de civilização, no século XVIII, ela se confunde muitas vezes com noções como desenvolvimento, educação, costumes, etiqueta e comportamentos de elite. Essa confusão entre cultura e civilização foi comum, sobretudo nos séculos XVIII e XIX, em França e em Inglaterra, onde cultura se referia claramente a um ideal de elite. Para Jean Cazeneuve (1978), porém, é necessário precisar o contexto no qual se emprega a palavra "civilização", para que se precisem, igualmente, as consequentes relações entre civilização e cultura. O que quer dizer que, na linguagem mais corrente, 'civilização' associada a um juízo de valor "qualifica favoravelmente as sociedades e supõe que existam, inversamente, povos não civilizados ou selvagens" (p. 27); o que significa que a palavra foi "muito naturalmente empregada num contexto colonialista, até mesmo imperialista, para designar a cultura europeia, ocidental, superior às outras, de uma maneira absoluta" (p. 28).

A cultura tem como pressuposto imprescindível a compreensão elaborada da sociedade contemporânea. Para que isso aconteça, Dietrich Schwanitz (2006), sublinha que isso só será possível através do contraste com a sociedade tradicional da Europa, anterior à revolução industrial. "A cultura sempre foi encarada como a forma de nos entendermos a nós próprios", sendo por isso "imprescindível termos uma ideia aproximada das categorias em que uma pessoa (...) se descreve a si própria e justifica a sua actuação" e sem as quais "não ganhamos acesso a formas desenvolvidas e de auto-reflexão" (pp. 512-513). Ou, como refere Isabel Ferin (2009), a cultura não é algo de estático, uma vez que é composta por heranças espirituais, por crenças religiosas, por manifestações da atividade humana, que estão relacionadas de forma direta com as condições económicas, políticas e sociais de cada ser humano e de cada comunidade. Por isso é que defende que os desafios a que esta realidade está exposta são muitos e contraditórios: ".

Já Homi Bhabha (1998) rejeitara a aceitação do conceito tradicional de cultura que era veiculado pelo mundo ocidental, por se sustentar, na sua totalidade, de conteúdos canónicos, salientando que a cultura carece de ser vista como uma produção desigual e incompleta de significação e valores. Em constante transformação, por conseguinte, constituindo uma estratégia de sobrevivência que é transnacional e tradutória. Neste caso concreto, Bhabha referia-se a uma forma de imitação, embora numa lógica em que a prioridade não seria dada ao 'original' para que fosse reforçada, uma vez que o 'original' nunca estará acabado, mas aberto à tradução, uma vez que não constitui nunca uma essência totalizante. A própria prática tradutória colabora como importante ferramenta de impulso para que as culturas não se limitem às suas fronteiras geográficas. Bhabha não procura a substituição de um discurso hegemónico por outro marginalizado, mas a instauração de um processo agonístico e antagonístico, trazendo ao de cima um novo modo de conhecimento para a era pós-colonial, assente na heterogeneidade, numa troca dinâmica entre o 'eu' e o 'outro', deixando de parte os essencialismos, ou a existência de identidades 'puras', já que todas elas são encaradas como híbridas (Bhabha, 1998).

A problemática das identidades constitui, de resto, um modismo, que se observa tanto no discurso sociológico como na prática social, como assinala Albertino Gonçalves (2009), que chama a atenção para algum incómodo no recurso à noção de identidade como ferramenta ou conceito operatório, de que o sociólogo destaca três efeitos: de reificação, de desdialectização e de dominação. Que remetem, assim, para essências, estando estas ligadas a estados ou a destinos, "absolutizam o que é relativo, substantivam o que é relacional, fundamentam na natureza ou no mito o que é histórico", propiciando efeitos de reificação (p. 61). É nesse sentido que refere que "os discursos de identidade tendem a suspender ou a exorcizar a negatividade", e "tanto a hétero-identificação, que categoriza o outro, como a autoidentificação, que reconhece o semelhante, diluem e atropelam a diversidade" (p. 62). Sendo construídas socialmente, e tendo um recorte que não é consensual, "as identidades [...] envolvem bricolages ideológicos" (p. 63). O que quer dizer que, sendo "relativas e questionáveis, as propostas identitárias tendem a converter-se, pela fé e pela crença, em princípios absolutos", o que faz com que, de novo, se reencontrem "a alquimia da dominação e o efeito de reificação. Tendo por base a ideia de que as identidades criadas a partir do Renascimento e do Iluminismo estão em declínio, perante a compressão evidenciada no binómio espaço-tempo, o que provocou a fragmentação do sujeito e a consequente ideia de crise pelo descentramento das identidades, Stuart Hall (1992) avança com três conceções de identidade: a do Iluminismo, centrada no indivíduo; a do sujeito sociológico, traduzida na crescente complexidade do mundo moderno e na interação do indivíduo com a sociedade; e a identidade do sujeito pós-moderno, que encerra a fragmentação do sujeito e as suas várias identidades, que não são permanentes nem fixas.

A maior parte das perspetivas das teorias das identidades assenta na existência de um sentimento cultural comum entre os membros de uma mesma nação, que decorre da existência de um passado que se cruza com e entre eles, podendo mesmo estar ligado a uma etnia dominante, criado sobre tradições, mitos e lendas fundadores, bem como da tradição oral. Desde os anos 60 do século XX que se vive numa era assente no desenvolvimento das Tecnologias da Informação e da Comunicação, com o consequente incremento da velocidade e da alteração do conceito de tempo. A fragmentação subsequente e a integração de novas realidades desembocou na crise de paradigmas (Lyotard, 1986).

4.1. A identidade cultural e as identidades transculturais

A identidade cultural é a forma como um indivíduo vê o mundo e como se posiciona em relação a ele, tendo que ver com a formação da identidade do sujeito em relação ao seu contexto cultural. Trata-se de um conceito muito discutido no quadro das CSH sendo, por isso, bastante complexo. É que, ao mesmo tempo em que são sublinhadas as dimensões interiores do indivíduo, como os seus desejos e vontades, também é interiorizada a sua dimensão exterior, que abrange, por exemplo, valores como as normas e a língua. Já o adjetivo "cultural" está ligado à ideia de saber, pelo que as duas palavras juntas significam "saber reconhecer-se". De facto, muitas das questões do mundo cultural contemporâneo estão ligadas à identidade, pelo que não será de estranhar que a discussão sobre a identidade cultural acabe influenciada por problemáticas tidas como adquiridas - sobre o lugar, o género, a raça, a história, a nacionalidade, o idioma, a orientação sexual, a crença religiosa ou a etnia -, mas que se encontram num processo de fragmentação.

No desenvolvimento das sociedades modernas, houve muitos teóricos que associavam ao avanço das transformações económicas, tecnológicas e políticas uma grande perigosidade sobre determinados grupos sociais, propondo como combate a essa ameaça, a preservação de certas práticas e tradições. Porém, o conceito de identidade cultural começou a ser questionado por algumas teorias culturais desenvolvidas no quadro das CSH, colocando em causa essa perspetiva. Dessa forma, a ideia de que a identidade cultural não pode ser reificada, entendida como um conjunto de valores fixos e imutáveis que definem o sujeito e os grupos do seu meio social, passou a ser uma ideia que, embora não seja totalmente pacífica – bastando observar as dinâmicas constante dos média -, é hoje aceite na academia, sublinhado que a identidade não pode ser reificada. E, tal como a cultura, não é algo que seja ou imutável, estando em constante evolução e mutação de acordo com as experiências vividas por um indivíduo em sociedade. O conceito de cultura refere-se aos aspetos das sociedades humanas apreendidos e não herdados, sendo certo que as normas e os valores culturais mudam frequentemente ao longo do tempo. No passado, as identidades eram mais conservadas devido à falta de contacto entre culturas diferentes. Com a globalização, isso mudou, fazendo com que as pessoas interagissem mais entre si e com o mundo ao seu redor, incrementando uma aparente diversidade, mas que acaba por ter um recorte monolítico já que é mimetizado em qualquer parte do globo. Stuart Hall (1992) já sublinhara a ideia de que as identidades nacionais estão em processo de desintegração em consequência da homogeneização. O que veio consubstanciar a ideia de Berger & Luckmann (1999), de que a identidade de um indivíduo está sujeita a uma luta de inscrição em realidades por vezes conflituantes. Zygmunt Bauman (2001) referiu-se a uma "modernidade líquida" em que as identidades também são instáveis, tornando-se híbridas e deslocadas de qualquer vínculo local. Para minimizar o problema da crise de identidade. É partir de um conceito de fronteira como espaço de articulação que Homi Bhabha (1998) promove a reformulação de vários outros conceitos como nacionalismo, representação e resistência e define a complexidade da relação colonial com base em categorias como ambivalência, hibridação e intersticialidade. A influência do autor foi crescendo através das lógicas de descentramento que põem em causa o essencialismo de categorias, nomeadamente, na definição do espaço da cultura como um "entre-lugar" ("in-between").

O quenos remete ao conceito de transculturalidade, que Wolfgang Welsh (1999) desenvolveu, descartando a ideia de culturas únicas. As culturas de hoje são geralmente caracterizadas pela hibridização e, para cada cultura, todas as outras culturas devem ser contidas internamente ou satélites. Como resultado, não há nada exclusivamente próprio (Sousa, 2021). Basta pesquisar na internet a palavra transculturalidade e ela é imediatamente associada a um significado que vai além ou, mais abertamente, à interculturalidade. Isso é interessante e foge da visão de Welsh, que vincula o conceito ao multiculturalismo, sem ver grandes diferenças entre eles. Afef Benessaieh em seu texto de 2010 *Multiculturalismo, Interculturalidade, Transculturalidade esclarece* que o termo transculturalidade é o mais comumente aplicado quando se quer enfatizar o constante processo de mudança cultural diante da globalização, sem poder distingui-los. É por isso que as relações de poder presentes nesses processos culturais podem enfatizar a história colonial. Por outro lado, o conceito de "transculturalização", criado por Fernando Ortiz (2005) em meados da década de 1940, define o fenômeno da transformação das culturas diante do encontro de diferentes culturas durante o processo de colonização, levando em consideração os efeitos da dominação da cultura hegemônica e opressão cultural dos povos colonizados nesse processo de mutação cultural. Portanto, vemos a "transculturalização" como um conceito mais adequado para ancorar a presente discussão. O tema centra-se não só na ideia de diversidade cultural mas também na forma como esta influencia a formação da identidade num mundo globalizado. Especialmente no que se refere às possibilidades de resistência e reposicionamento das culturas do "outro" nas narrativas culturais contemporâneas.

Basta efetuar uma busca na Internet pela palavra "transculturalidade" para que esta seja associada de imediato a uma significação que vai "para além de" ou, de forma mais aberta, ligada à noção de interculturalidade. O que não deixa de ser interessante e se desvia do olhar de Welsh, que junta o conceito ao de multiculturalidade, não vislumbrando grandes diferenças entre ambos. O que, a nosso ver, não será totalmente verdade, bastando atentar em Cabecinhas e Cunha (2008) que tipificam a interculturalidade enquanto processo, o que significa que nele participam várias pessoas com desigualdades várias, transcendendo assim qualquer retórica multicultural. A interculturalidade está, assim, relacionada com os conceitos de aculturação e de sincretismo, mas distingue-se claramente da multiculturalidade, que pressupõe apenas o convívio de duas culturas estratificadas e hierarquizadas (Lacerda, 2016).

4.2. A cultura como lugar de testemunha

Lévi-Strauss (1977) lembra que a fé na identidade talvez seja apenas o reflexo de um estado de civilização delimitado num curto espaço de tempo, pelo que a crise adquire, dessa forma, um outro significado. Motivando o questionamento das ideias preconcebidas sobre a noção de si próprio, sobre o outro e sobre o mundo: da identidade definida (tida como 'definitiva'), passou-se à constatação de identidade não tipificada e que sai da esfera da visão centrada em 'nós' próprios (Dubar, 2011). Em consequência, destaca-se a ideia de que uniformidade não significa o mesmo que homogeneidade (Bayly, 2004), sendo que apenas a afabilidade com o 'outro' permitirá despertar o sentido de humanidade (Kapuscinsky, 2009). É a aceitação do 'outro' que, de resto, há-de determinar o começo de uma dimensão ética, como refere Umberto Eco (1998). Para tanto, na conceção de Dominique Wolton (2003), assumir-se-á um 'outro' omnipresente, que já não é abstrato nem distante, o que não significa que seja mais familiar ou compreensível. Trata-se, por conseguinte, de um 'outro' que será entendido como uma realidade sociológica, que integre todos os elementos resultantes da diversidade cultural, mas também aqueles que estabelecem laços sociais. O pintor renascentista Pieter Bruegel, que ficou conhecido como "O Velho", pintou um quadro que batizou de *Paisagem com a Queda de Ícaro* (cerca de 1558), que retrata o drama de Dédalo a observar, impotente, a morte do filho, Ícaro, por ter queimado as asas que fizera, devido à sua aproximação ao sol. Homi Bhabha sustenta que a pintura nos deve fazer pensar, ou não fosse o lugar de testemunha um dos lugares de sempre da cultura. No quadro, retrata-se a morte de Ícaro, caído do céu a afogar-se solitariamente no mar sem que se dê conta do que está a acontecer, num pormenor quase imperceptível, A obra está feita, supostamente, na terrível perspetiva de Dédalo, a observar impotente, a desgraça do seu próprio filho. Bhabha refere que uma das perguntas que a própria cultura pode lançar ao mundo é sobre quem é hoje, afinal, a testemunha moral do sofrimento humano. Para além disso, pergunta se a cultura não será o detalhe periférico e secundarizado que nos faz reconsiderar todo o sistema? (Rato, 2015, 18 de abril).

5. A CULTURA COMO PILAR DA SUSTENTABILIDADE

Ainda que a Agenda das Nações Unidas para o Desenvolvimento Sustentável (2015) não possua um objetivo específico para a Cultura, entre as 17 metas globais para 2030, isso não deve impedir que ela seja assumida como o "quarto pilar da sustentabilidade" (Hawkes, 2001), para além dos convencionais três pilares: social, económico e ambiental. Para o desenvolvimento sustentável a contribuição da cultura aparece dentro da meta da educação (ODS 4), que defende ainda a promoção da cultura de paz, cidadania e valorização da diversidade cultural. De facto, no ponto 4.7 do socumenjto, fixa-se como meta, até 2030, » garantir que todos os alunos adquiram conhecimentos e habilidades necessárias para promover o desenvolvimento sustentável, » inclusive, entre outros, por meio da « educação para o desenvolvimento sustentável e estilos de vida sustentáveis, direitos humanos, igualdade de género, promoção de uma cultura de paz e da não violência, cidadania global e valorização da diversidade cultural e da contribuição da cultura para o desenvolvimento sustentável » (Organização das Nações Unidas, s.d.).

As expectativas no sentido de que a cultura fosse, ela-própria, um pilar da agenda erm grabndes, tendo sido alimentadas em alguns setores durante o período de construção do documento construído com grande participação da sociedade civil. Reunidos em Bilbao, em março de 2015, os representantes de cidades e governos locais de todo o mundo, convocados pela organização mundial "Cidades e Governos Locais Unidos" para a Cimeira da Cultura, adotaram conjuntamente um documento orientador, que denominaram por"Cultura 21: Ações", que representa um conjunto de compromissos relativos ao papel da cultura em cidades sustentáveis (*apud* Laborinho, 2020). Um dos principais objetivos consistia em contribuir para a definição da Agenda de Desenvolvimento Sustentável pós-2015 e, nesse quadro, salientar o papel essencial da cultura. A agenda proposta inspira-se em grande medida na lógica de Hawkes, em que tipifica a cultura como quarto pilar do desenvolvimento. Muitas razões explicarão a falta de um Objetivo de Desenvolvimento Sustentável dedicado à cultura, mas o argumento mais utilizado continua a ser o da transversalidade da cultura, como defende Jyoti Hosagrahar, diretora da Divisão de Criatividade da UNESCO (2017), s.p.): «A salvaguarda e a promoção da cultura são fins em si mesmos e, ao mesmo tempo, contribuem de forma direta para muitos dos ODS». Isso reflete-se nas «cidades seguras e sustentáveis, trabalho decente e crescimento económico, redução das desigualdades, meio ambiente, promoção da igualdade de género, e sociedades pacíficas e inclusivas», sendo que os benefícios indiretos da cultura

« resultam de implementações culturalmente conscientes e efetivas dos objetivos de desenvolvimento».

O que acontece de forma agrupada « em torno de objetivos económicos, sociais e ambientais como os três pilares do desenvolvimento sustentável, então, a cultura e a criatividade contribuem transversalmente para cada um desses pilares ». (2017, s.p.). O que significa que a relação entre cultura e desenvolvimento sustentável tem sido um caminho traçado progressivamente.

6. CONCLUSÕES

Mesmo que a Agenda das Nações Unidas para o Desenvolvimento Sustentável (2015), confirmasse que não existia um objetivo para a Cultura entre as 17 metas globais, isso não deve impedir que ela seja assumida como o "quarto pilar da sustentabilidade", para além dos costumeiros três pilares: social, económico e ambienta (Hawkes, 2001)l. O conceito de cultura é uma ferramenta inestimável que tem sido largamente ignorada nas tentativas de reconfigurar as formas como os governos planeiam o futuro e avaliam o passado. O planeamento público só é eficaz se incluir um quadro integrado de avaliação cultural em linhas semelhantes às que foram estabelecidas para a avaliação de impacto social, ambiental e económico. Ou seja: a relação entre cultura e desenvolvimento sustentável tem sido um caminho traçado progressivamente ao nível internacional, não obstante o "esquecimento" da ONU.

É nesse quadro quea Educação para os Média vem sendo constituída como um dos principais paradigmas da comunicação para o desenvolvimento sustentável. Assenta na participação democrática, além de apontar desafios no âmbito da comunicação para engajamento e mobilização. Uma agenda de pesquisa relevante passa pela pergunta central sobre se e como as práticas educomunicativas podem engajar e mobilizar as pessoas para a construção de sociedades sustentáveis, sem instrumentalizá-las.

E, é certo que não se sabe quando, mas a cultura, indo além da sua transversalidade, mais cedo ou mais tarde, será esse pilar de sustentabilidade, dando o sinal que faltava em termos simbólicos. Para além dos meios técnicos de produção e transmissão, o processo de análise deve incorporar as relações sociais, a estrutura das instituições sociais e as suas interações ocorridas nos momentos de produção e apropriação das formas simbólicas.

7. REFERÊNCIAS

Bardin, L. (2018). *Análise de Conteúdo*. Lisboa (Portugal): Edições 70.

Bauman, Z. (2001). *Modernidade líquida*. Rio de Janeiro (Brasil): J. Zahar Ed.

Bayly, C. (2004). T*he birth of the Modern World*, 1780-1914. Oxford (Inglaterra): Blackwell.

Benessaieh, A. (2010). *Amériques transculturelles - Transcultural Americas*. Ottawa University (Canada): Ottawa Press

Berger, P. L. & Luckmann, T. (1999). *A Construção Social da Realidade*. Lisboa (Portugal): Dinalivro

Bhabha, H. (1998). *O local da cultura*. Belo Horizonte (Brasil): Editora UFMG.

Boas, F. (1982). *Race, Language and Culture*. Chicago (EUA): The University of Chicago Press.

Cabecinhas, R. & Cunha, L. (2008). Da importância do diálogo ao desafio da interculturalidade. In R. Cabecinhas & L. Cunha (Eds.), *Comunicação Intercultural. Perspectivas, Dilemas e Desafios* (pp. 7-12). Porto (Portugal): Campos das Letras.

Cazeneuve, J. (1978). *Dez grandes noções da sociologia*. Lisboa: Morales.

Dubar, C. (2011). Entre crise global e crises ordinárias: a crise das identidades. *PLURAL, 18*(1), 175-184.
Eco, U. (1998). *Cinco escritos morais*. Algés (Portugal): Difel.
Eco, U. (1983). L'Antiporfirio. In G. Vattimo & P. Rovatti (Eds.), *Il Pensiero Debole* (pp. 52-80). Milano (Italia): Feltrinelli.
Elias, N. (1990). *O processo civilizador. Uma História dos Costumes*. Rio de Janeiro. Zahar.
Ferin, I. (2009). *Comunicação e Culturas do Quotidiano*. Lisboa Portugal): Quimera.
Foucault, M. (2010). *Microfísica do Poder*. Rio de Janeiro (Brasil): Graal.
Geertz, C. (1989). *A Interpretação das Culturas*. Rio de Janeiro (Brasil): LTC
Giddens, A. (2009). *Sociologia*. Lisboa (Portugal): Fundação Calouste Gulbenkian.
Gonçalves, A. (2009). *Vertigens: para uma Sociologia da Perversidade*. Coimbra: (Portugal) Grácio Editor.
Hall, S. (1997). The centrality of Culture: Notes on the cultural revolutions of out yime. In K. Thomson (Ed.), *Media and Culture Regulation* (pp. 208-238). England: The Open University.
Hall, S. (1992). *A Identidade Cultural na pós-modernidade*. Rio de Janeiro (Brasil): DP&A.
Hawkes, J. (2001). *The fourth pillar of sustainability: Culture's essential role in public planing*. Victoria (Australia): Common Ground Publishing Pty Ltd/Cultural Development.
Hosagrahar, J. (abril-junho 2017). Cultura: no coração dos ODS (Grande Angular). *Correio da UNESCO*. https://tinyurl.com/yc7wec8r
Kapuscinsky, R. (2009). *O outro*. Porto (Portugal): Campo das Letras.
Kroeber, A. L. & Kluckhohn, C. (1952). *Culture: A Critical Review of Concepts and Definitions*. Cambridge, Mass. (England): The Museum.
Laborinho, A. P. (2020, novembro, 17). Cultura e desenvolvimento sustentável. *Diário de Notícias*. https://tinyurl.com/bdw5y23k
Lacerda, T. (2016). *Interculturalidade*. In F. C. Domingues (Dir.), Dicionário da expansão portuguesa (1415-1600), Volume 2 (pp. 588-593). Lisboa (Portugal): Círculo de Leitores
Linton, A. & Wagley, C. (1971). *Ralph Linton*. Columbia (EUA): Columbia University Press
Lévi-Strauss, C. (1977). *L'Identité. Séminaire dirigé par Claude Lévi-Strauss*. Paris (France): Bernard Grasset.
Lyotard, J.-F. (1986). *O Pós-moderno*. Rio de Janeiro (Brasil): José Olympio.
Malinowski, B. (2009). *Uma teoria científica da cultura*. Lisboa (Portugal): Edições 70.
Nietzsche, F. (1992). *O nascimento da tragédia*. São Paulo (Brasil): Companhia das Letras.
Organização das Nações Unidas (s.d.). *Objetivos de desenvolvimento sustentável, 17 objetivos para transformar o nosso mundo*. ONU. https://tinyurl.com/2y6fzj2r
Ortiz, F. (2005). Los negros esclavos. Estudio sociológico y de derecho público. *Revista del CESLA*, 7, 21-31.
Rato, V. (2015, 18 de abril). A cultura, esse detalhe que nos faz repensar todo o sistema. *Público*. https://tinyurl.com/5ap93pny
Said, E. W. (1994). *Culture and Imperialism*. London (England): Vintage.
Schwanitz, D. (2006). *Cultura. Tudo o que é preciso saber*. Lisboa (Portugal): Dom Quixote.
Simmel, G. (1988). *Sobre la aventura: ensayos filosóficos*. Barcelona (Espanha): Península.
Sousa, V. (2021). Identidades transnacionais e transculturais. Pós-colonialidade, lusofonias e interculturalidade. O caso do Museu Virtual da Lusofonia. *Chasqui*. Revista Latinoamericana de Comunicación, *147*(2021), 103-120. https://doi.org/10.16921/chasqui.v1i146
Spivak, G. C. (2010). *Pode o subalterno falar?* Belo Horizonte (Brasil): Editora da UFMG.

Tylor, E. (1871). *Primitive culture: Research into the development of mythology, philosophy, religion, art, and custom* (Vol. 1). London (England): John Murray.
Weber, M. (1989). Textos selecionados. São Paulo (Brasil Abril Cultural.
Welsch, W. (1999). *Transculturality, the puzzling form of cultures today.* In M. Featherstone and S. Lash (ed.), Spaces of culture: City, nation, world, pp. 194-213. London (England): Sage.
White, L. (2009). *O conceito de cultura.* Lisboa (Portugal): Contraponto.
Wittgenstein, L. (1958). *The Blue and Brown Books.* Oxford (England): Blackwell.
Wolton, D. (2003). *A Outra Globalização.* Lisboa (Portuigal): Difel.

A INFLUÊNCIA DAS FONTES DE INFORMAÇÃO NAS PREOCUPACÕES AMBIENTAIS DE ESTUDANTES DO ENSINO SUPERIOR PORTUGUÊS

Nelson Dias Oliveira[1]

1. INTRODUÇÃO

Durante dois longos e difíceis anos marcados pela pandemia desencadeada pela covid-19, as questões ambientais estiveram arredadas da agenda mediática, em grande medida devido à omnipresença da "doença que abalou o mundo" (Oliveira *et al.*, 2022). Por essa razão foi com alguma curiosidade que em 2022 Portugal voltou a assistir a manifestações em prol do ambiente (Ferreira, 2022). Tratou-se de um movimento social, com pouca expressão, quando comparado com outros que o precederam (como o desencadeado pela jovem sueca Greta Thunberg), que, por via de ações de ocupação de espaços públicos e outras estratégias mais ou menos mediáticas, exige a justiça climática e o fim dos combustíveis fósseis até 2030. Este movimento, integrado maioritariamente por jovens estudantes, veio demonstrar que as gerações mais jovens continuam a preocupar-se e continuam dispostas a encetar ações de luta em prol do ambiente.

No que a este trabalho importa, a emergência deste movimento, em contexto estudantil permite equacionar a importância das fontes de informação na recolha de informação acerca das questões ambientais. Ou seja, as preocupações ambientais dos jovens portugueses parecem ser decalcadas dos movimentos mais mediatizados à escala global, encabeçadas pela revolução energética em curso (Cetelem, 2021), deixando, aparentemente, na sombra os efeitos nefastos induzidos ao ambiente por outros fatores, não tão mediatizados. Nesta perspetiva, se é verdade que, as preocupações ambientais dos jovens são direcionadas para a agenda ambiental global, também não deixa de ser verdade que por esta via outras ameaças ao ambiente, por ficarem na sombra dessa agenda mediática, poderão ser menosprezadas pelos jovens, como é o caso, por exemplo da poluição farmacêutica e por defeito da poluição provocada por cosméticos como é o caso dos protetores solares.

Neste estudo, a partir das preocupações ambientais de jovens estudantes recém-chegados ao ensino superior, precisamente a geração que desencadeou este último movimento, pretende-se equacionar a relação entre as fontes de informação e a postura e comprometimento dos jovens perante o ambiente.

---

1. Instituto Politécnico da Guarda (Portugal).

Para realizar o estudo empírico aplicou-se um questionário, com perguntas validadas nos sucessivos eurobarómetos, a uma amostra por conveniência constituída por jovens estudantes do Instituto Politécnico da Guarda.

2. OBJETIVOS

As preocupações ambientais dos portugueses têm vindo a acompanhar a construção da União Europeia e têm-se moldado ao ritmo com que as problemáticas mais mediáticas se foram comutando entre elas (Schmidt & Delicado, 2014). Assim, o objetivo geral deste trabalho é perceber como os jovens estudantes que frequentam a Escola Superior de Educação do Instituto Politécnico da Guarda percecionam o ambiente e os riscos ambientais.

No que diz respeito aos objetivos específicos, pretende-se perceber: quais são as principais preocupações ambientais percecionadas por esta amostra de jovens estudantes; se estes jovens interiorizaram a proteção do ambiente e a sustentabilidade como valores do quotidiano; se estes jovens realizam ações precisas em prol do ambiente, identificando-as; quais as fontes de informação consideradas mais importantes para a recolha de informações sobre o ambiente; paralelamente pretende-se, ainda, perceber se os efeitos nefastos decorrentes do uso massivo de cosméticos como os protetores solares ocupam um lugar importante nas preocupações destes jovens estudantes.

3. MARCO TEÓRICO

A adesão de Portugal à então CEE (Comunidade Económica Europeia) em 1986 é tida como o grau zero das preocupações ambientais modernas dos portugueses (Schmidt & Delicado, 2014). Efetivamente a entrada de Portugal na União Europeia, acarretou um maior comprometimento com as questões do ambiente, a nível político e por defeito a nível mediático. Isto porque a integração europeia significou também a adoção das medidas e políticas ambientais comunitárias nomeadamente no que concerne à elevação dos padrões de exigência dos dispositivos legais para acompanhar os congéneres europeus.

3.1. Das políticas europeias do ambiente aos mecanismos de auscultação dos cidadãos europeus acerca do ambiente e sustentabilidade

A par de uma transformação vertiginosa, a vários níveis, da sociedade portuguesa (Barreto, 2002), os fundos europeus vieram significar melhorias notáveis ao nível do tratamento de águas, esgotos, resíduos urbanos, entre outros, mas paradoxalmente, trouxeram também outro tipo de problemas ambientais até aí desconhecidos em Portugal. Por exemplo, o aparecimento massivo de grandes superfícies comerciais significou mudanças drásticas ao nível dos hábitos de consumo, dos portugueses, materializadas, por exemplo, num consumo desenfreado com implicações para o ambiente.

Ainda assim, a implementação das políticas europeias acabou por significar uma mudança drástica no estatuto das questões ambientais, e da defesa do consumidor, nomeadamente com a adoção e expansão das energias renováveis e com os programas de incentivo à microgeração de energia e água quente solar, num primeiro momento e, posteriormente, com os incentivos à produção de energia elétrica para injeção na rede pública, que se estendem até aos nossos dias, no propósito do autoconsumo (Schmidt & Delicado, 2014).

O investimento ao nível do ambiente chegou também às questões da formação e da informação. A nível da formação, as matérias ambientais, passaram a integrar os currículos acompanhadas pelo advento de múltiplos projetos de educação ambiental (Schmidt *et al.*, 2010), que conduziram a dinâmicas de grande envergadura de que a Agência Ciência Viva, o projeto Eco Escolas ou a Associação Bandeira Azul da Europa são alguns dos exemplos mais significativos. Para além das iniciativas governamentais também o Poder Local introduziu na sua agenda as questões ambientais em estreita articulação com as escolas, pelo que se foi construindo uma cada vez mais robusta consciencialização ambiental, trazendo para o debate publico questões como as alterações climáticas, a alimentação sustentável e/ou as energias renováveis.

O investimento em formação depressa de refletiu na perceção pública acerca dos problemas ambientais como se tem vindo a verificar através dos sucessivos inquéritos que têm vindo a ser aplicados aos portugueses, tanto do foro académico como institucionais. Com efeito, Portugal aderiu aos mecanismos comunitários de levantamento estatístico e de inquirição, como é o exemplo do Eurostat, e à Agência Europeia do Ambiente, cujos estudos rapidamente convergiram na *rede* com o propósito de divulgar resultados e estudos comparativos entre os membros da União Europeia.

Mas talvez os instrumentos de medida mais importantes, pelo papel que têm desempenhado na divulgação dos resultados, sejam os inquéritos sistemáticos à opinião pública dos países da União Europeia conhecidos como "eurobarómetros", que integram regularmente questionários sobre ambiente, consumo e energia (Schmidt *et al.*, 2011).

Ainda que estes instrumentos tenham vindo a ser alvo de críticas, quanto à forma e fórmulas da sua aplicação, algumas decorrentes da escala do heterogéneo tecido sociodemográfico da União Europeia outras, decorrentes da forma como certas perguntas são colocadas, ou mesmo na omissão de certos temas como a questão das opções pela energia nuclear pós-acidente de Fukushima, a verdade é que se têm revelado instrumentos importantíssimos para auscultar a opinião publica nos países integrantes da União Europeia e fontes primordiais para estudos académicos (Schmidt & Delicado, 2014).

3.2. A invisibilidade os efeitos negativos da utilização massiva de protetores solares, nos eurobarómetros

As principais conclusões dos estudos realizados a partir dos dados disponibilizados pelos "eurobarómetros", indicam que as preocupações ambientais dos portugueses têm vindo a acompanhar as preocupações médias dos restantes países europeus com algumas oscilações que se têm vindo a atenuar (Schmidt & Delicado, 2014).Tal pode indiciar que na construção social do ambiente (Martins, 2013), os *mass média* têm vindo a desempenhar um papel importante no agendamento das principais preocupações ambientais, como aliás, o têm feito noutras esferas socioculturais como, por exemplo ao nível da imagem turística (Oliveira, 2022).

Com efeito, nas diferentes edições dos sucessivos inquéritos aplicados aos cidadãos europeus no âmbito dos "eurobarómetros" as questões ligadas à denominada "poluição farmacêutica" não têm sido muito consistentes. Talvez por os principais temas ambientais acompanharem desastres naturais ou da responsabilidade humana que acabam por os mediatizar, talvez por este tipo de poluição não ser um tema ambiental muito mediatizado, talvez devido ao poder da indústria farmacêutica, ou talvez por uma combinação de todos esses fatores, a verdade é que no âmbito dos questionários esta problemática não tem merecido muito destaque.

No que concerne aos cosméticos conhecidos como protetores solares ou filtros UV, que são determinantes na proteção contra a radiação ultravioleta (UV), responsável por efeitos nocivos como queimaduras solares (eritema), fotoenvelhecimento cutâneo, danos celulares no DNA, para além de desempenharem um papel importante no desenvolvimento de cancro cutâneo, é sabido que a sua utilização massiva é prejudicial para o meio ambiente (Lorigo *et al.*, 2018; Lorigo & Cairrao, 2022[1]). Os efeitos nefastos, destes filtros, têm vindo a ser identificados nos recursos hídricos, uma vez que os químicos que os constituem se acumulam na biota mantendo muitas das suas propriedades químicas ativas, pelo que têm vindo a ser realizados estudos que avaliam a toxicidade da exposição a estes compostos para o meio ambiente e para a saúde humana (Lorigo & Cairrao 2022[2]; Fonseca *et al.*, 2022).

4. METODOLOGIA

No que diz respeito às estratégias metodológicas que sustentaram este trabalho importa, desde logo, referir que se trata de um estudo exploratório que pretende perceber quais as principais preocupações ambientais de jovens estudantes do ensino superior português e, ao mesmo tempo, descortinar pistas no que concerne às preocupações, ou falta delas, relacionadas com o uso massivo de protetores solares.

O facto de se tratar de um estudo exploratório condicionou naturalmente a amostra. Em confronto com um universo vasto, optou-se por estruturar uma amostra articulada exclusivamente *online*. Encetou-se, assim, a construção de uma amostragem a partir de dados coletados exclusivamente nas *redes sociais online*, nomeadamente no *Facebook* e no *Instagram*. Estas decisões metodológicas foram adiante porque, para os jovens, responder a questionários aplicados em plataformas digitais é francamente mais atraente do que as tradicionais formas de solicitar a colaboração em questionários, aplicados pessoalmente, ou mesmo através do envio dos questionários ou *links* de acesso por *email*. Chegou-se, assim, a uma amostra não probabilística por conveniência (Carmo & Malheiro, 1998), a partir da escolha intencional de um grupo disponível, no caso os alunos dos primeiros anos dos cursos de Animação Sociocultural e Comunicação e Relações-Públicas da Escola Superior de Educação Comunicação e Desporto do Instituto Politécnico da Guarda, que aceitaram participar e disponibilizaram as suas redes sociais para o efeito. A escolha recaiu nas duas redes referidas anteriormente, porque são indiscutivelmente as redes sociais digitais mais utilizadas à escala global e o *Instagram* tem vindo a ganhar utilizadores principalmente nas camadas mais jovens. Fruto destas opções, chegou-se a uma amostra de 84 casos validados, cujos dados foram tratados com recurso ao SPSS.

No que concerne ao instrumento de recolha de dados optou-se por um questionário (Hill & Hill, 2005; Marconi & Lakatos, 2007), disponibilizado na plataforma *Google Forms*, essencialmente, constituído por 14 questões ambientais colocadas recorrentemente nos sucessivos "eurobarómetros", como tal validadas por essa via, e numa décima sexta que procurava aferir a importância que os inquiridos atribuem às diferentes fontes de informação para a sua própria opinião acerca dos problemas ambientais. Estruturalmente, as primeiras perguntas foram de caracterização da amostra, a secção seguinte versou sobre as preocupações ambientais e práticas quotidianas dos inquiridos, e para a finalizar, a última secção, refletiu as fontes de informação, mobilizadas, pelos inquiridos, para a formação da opinião sobre as questões ambientais.

5. RESULTADOS

No que concerne à caracterização da amostra, responderam ao questionário 84 indivíduos, 76,2 do género feminino e 23,8 % do género masculino. Por se tratar de alunos de licenciatura, a maioria, 69,9 % tinha, quando respondeu ao questionário, entre 17 e 21 anos, cerca de 37,7 % tinha 22 ou 23 anos e apenas 2,4 % tinha mais de 23 anos.

5.1. Descrição dos resultados

Como vimos atrás, as preocupações ambientais contam-se entre as principais preocupações da opinião pública das sociedades contemporâneas. Os jovens, tradicionalmente veiculam essas preocupações da sociedade e muitas vezes são parte ativa em manifestações e grupos de interesse pró-ambiente (como é o caso do movimento protagonizado por Greta Thunberg). Dada a importância das questões ambientais, para os jovens, começou-se por perguntar-lhes qual o lugar das questões ambientais nas suas preocupações genéricas (figura 1).

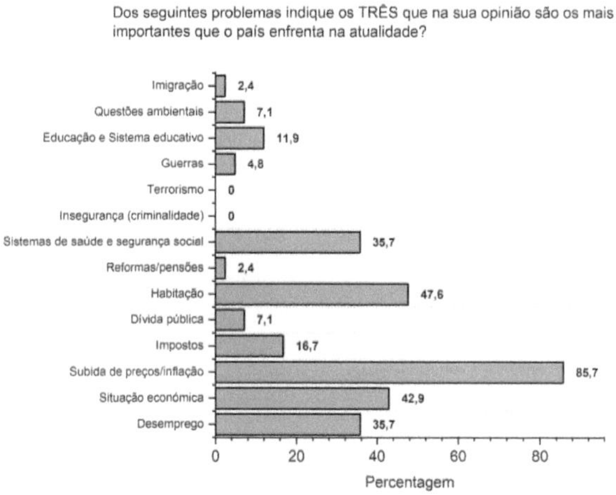

Figura 1. Os principais problemas que o país enfrenta na atualidade. Fonte: Elaboração própria.

Numa conjuntura em que ainda não sararam as feridas abertas pela pandemia da covid-19, em que a Europa e Portugal, por defeito, estão a cargo com taxas de inflação com as quais não conviviam há muito, não é de estranhar que as principais preocupações dos inquiridos se centrem nas questões económicas e de qualidade de vida. Com efeito a "subida dos preços e a inflação" destacam-se por terem sido referidas por cerca de 85,7% dos inquiridos, pela "habitação" (47,6%), e "situação económica" (42,9%), seguidas de perto pelas preocupações ligadas ao "desemprego e ao sistema de saúde", com cerca de 35,7%.

Não obstante os dados aqui descritos, convém deixar claro que o baixo valor atribuído ao ambiente, quando confrontado com outros problemas socioeconómicos, não significa que o ambiente seja uma temática pouco importante para os inquiridos, significa, apenas, que não se conta entre as suas principais preocupações imediatas.

Ao longo das diferentes edições tem-se abordado o ambiente nos eurobarómetros, perguntando de forma indireta o que, os inquiridos, pensam quando se fala em ambiente. Também se seguiu essa fórmula no presente questionário (figura 2), ao qual 47,6 % dos inquiridos responderam que são "as alterações climáticas", 23,8% "proteger a natureza" e 9,5 por cento "paisagens verdes e agradáveis". O que mais uma vez parece confirmar da ideia de que os inquiridos tendem a valorizar mais as questões mais mediáticas do momento, como é o caso das alterações climáticas (Schmidt & Delicado, 2014).

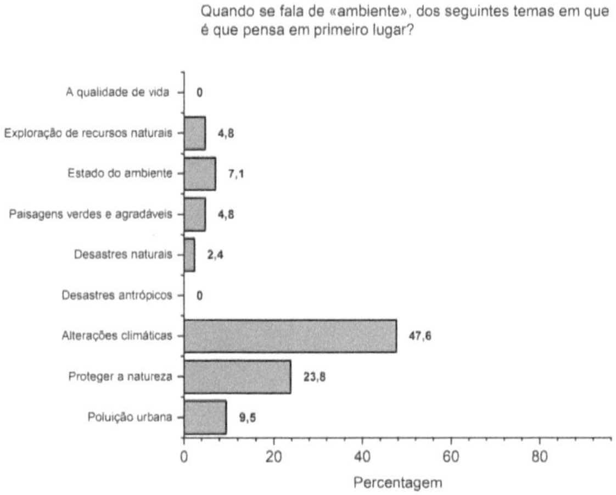

Figura 2. Quais são os três problemas principais que o país enfrente. Fonte: Elaboração própria.

A noção de dano ambiental é mais um caso de perceção conjuntural. Os dados coletados nas diferentes edições dos eurobarómetros parecem confirmar essa mesma ideia, de que certas preocupações vão perdendo força à medida que os problemas que desencadeiam são mitigados. Para os jovens inquiridos no âmbito do estudo que aqui se apresenta a "poluição genérica" é tida como o principal problema (figura 3). Com efeito, a "poluição da água" (mares, rios, lagos e águas subterrâneas) com uma frequência de 78,6% é a principal preocupação selecionada, seguida pela "poluição do ar" (52,4%) e pelo "esgotamento dos recursos naturais" (47,6%) e pelas "alterações climáticas" (45,2 %).

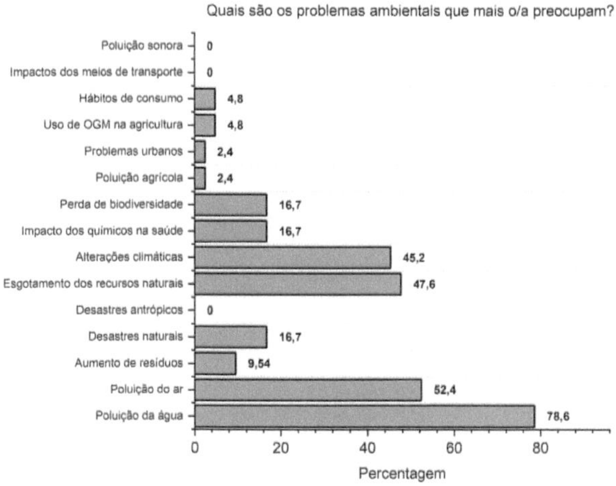

Figura 3. Problemas ambientais que mais o preocupam. Fonte: Elaboração própria.

Quando inquiridos acerca dos problemas ambientais (figura 4) que menos os preocupam, talvez pelas características sociográficas, idade e experiências da juventude, de quem respondeu, a "poluição sonora" surge como o problema que menos os preocupa (45,2%), seguida pelos "hábitos de consumo" (40,5%) e pelos "impactos dos meios de transportes" (38,1%).

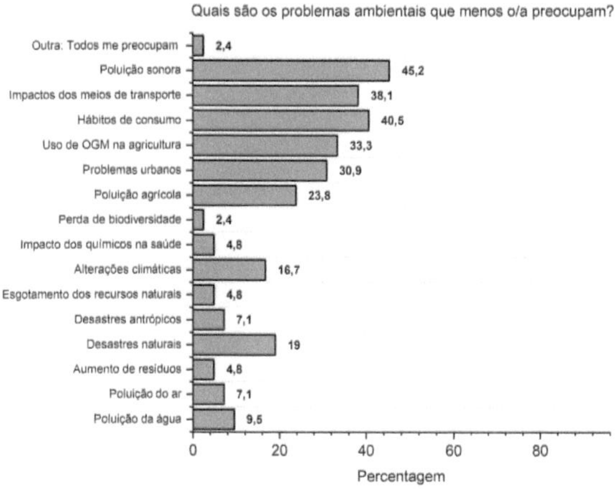

Figura 4. Problemas ambientais que menos o preocupam. Fonte: Elaboração própria.

Como era previsível que entre as principais preocupações ambientais dos inquiridos se contasse a preocupação com a poluição dos recursos hídricos (uma vez que essa é uma resposta recorrente dos eurobarómetros), uma das perguntas focou-se em tentar perceber quais são as principais ameaças para os recursos hídricos (figura 5). Os inquiridos responderam "a poluição química" (83,3%), seguida pela "escassez de água" (69%) e pelas "alterações nos ecossistemas hídricos" (45,2%).

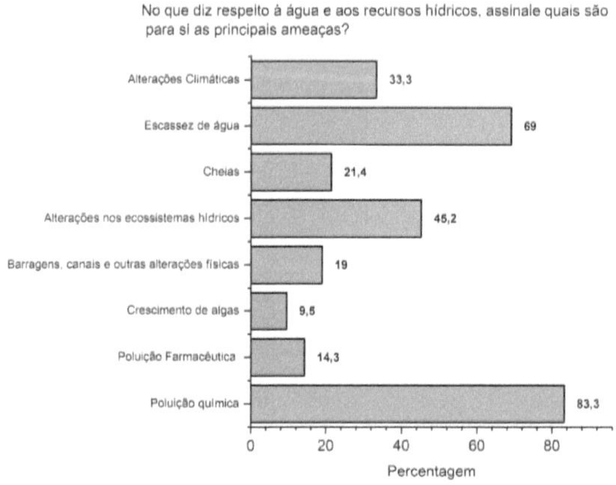

Figura 5. Principais ameaças aos recursos hídricos. Fonte: Elaboração própria.

As consequências dos problemas ambientais revelam-se na esfera pública e privada dos indivíduos, em várias questões relativas às condições de vida como a segurança, a saúde a mobilidade entre outras. Por essa razão torna-se pertinente perceber se os inquiridos têm a perceção de que os problemas ambientais podem ter um impacto significativo nas suas vidas. Numa escala de 1 a 5 em que 1 correspondia a "estar totalmente em desacordo" e 5 "estar totalmente de acordo" uma larga maioria dos inquiridos (66,7%) respondeu que concorda com a afirmação, o que demonstra a consciência que os jovens têm da importância do ambiente para o seu futuro.

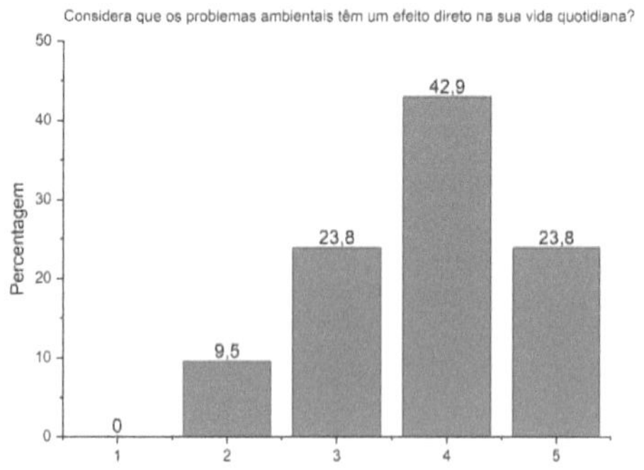

Figura 6. Impacto dos problemas ambientais na vida quotidiana. Fonte: Elaboração própria.

Por outro lado, se os jovens inquiridos consideram que o as questões ambientais podem ter um impacto significativo nas suas vidas, a esmagadora maioria, 90,9% também assume que pode ter um papel ativo na proteção do ambiente (figura 7).

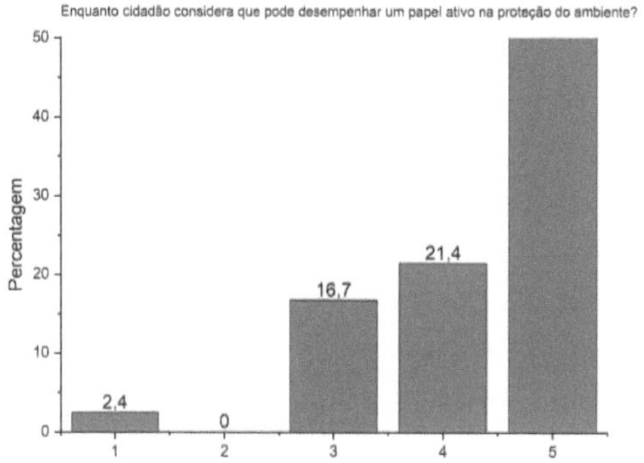

Figura 7. Desempenho de papel ativo na proteção do ambiente. Fonte: Elaboração própria.

Já quando questionados acerca das ações que realizaram motivadas pela consciência ambiental no último mês (figura 8), os jovens parecem revelar um forte comprometimento com o ambiente e a sustentabilidade, pois, as suas respostas distribuíram-se um pouco por todas as opções, embora as mais mediáticas tenham sido, precisamente as mais selecionadas, nomeadamente "separar o lixo para reciclar" (81%), "reduzir o consumo de água", (59,5 %) e "reduzir o consumo de energia" (54,8%).

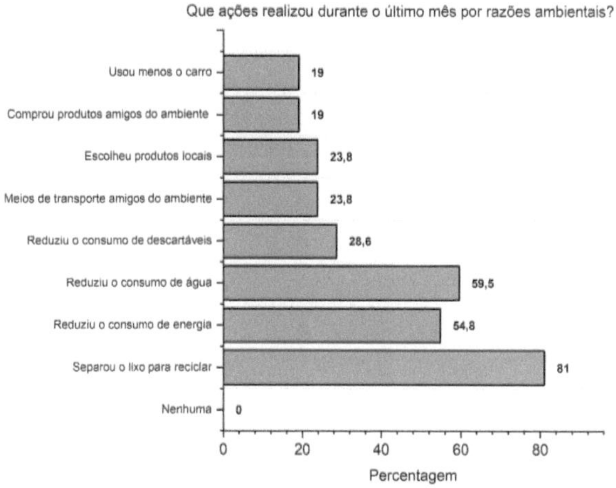

Figura 8. Ações realizadas no último mês por razões ambientais. Fonte: Elaboração própria.

Por outro lado, quando questionados acerca das ações que estariam dispostos a realizar em prol do ambiente e da sustentabilidade (figura 9), é de destacar que os inquiridos parecem estar ainda muito comprometidos com as práticas mais mediáticas (separar o lixo, reduzir consumo de energia e usar transportes públicos), ou seja não parecem estar muito dispostos a ir além daquilo que já deveriam ser práticas assumidas por todos, com a exceção de reforçar o consumo de produtos locais (que pode aqui aparecer por se mesclar com as preocupações económicas).

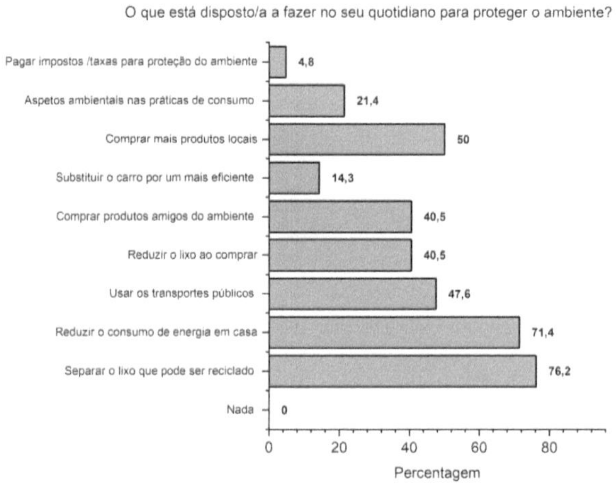

Figura 9. Ações que está disposto a realizar por razões ambientais. Fonte: Elaboração própria.

Voltando às questões dos recursos hídricos, quando questionados sobre as ações que realizaram para contribuir para a redução dos problemas hídricos (figura 10), a maioria refere que "reduziu o consumo de água" (76,2%), seguido de "escolher produtos biológicos" (40,5%) e "evitou a utilização de pesticidas" (38,1%). Com a particularidade de parecer que estes jovens estudantes do ensino superior não estão muito atentos à reciclagem nem de produtos farmacêuticos, pois apenas 16,7% o fez, nem com a "reciclagem cosméticos" prática assumida apenas por 28,6 % dos inquiridos.

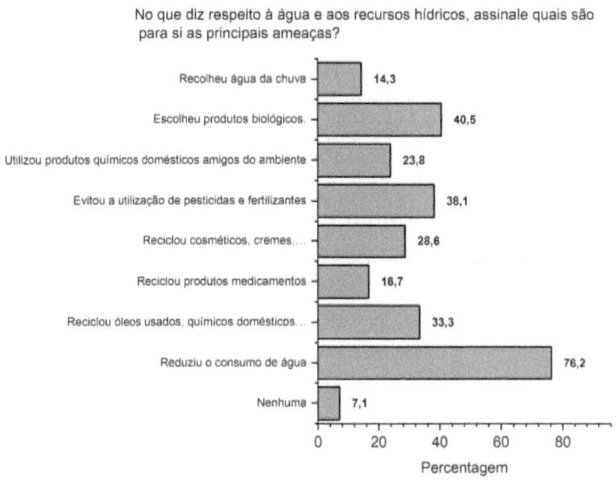

Figura 10. Ações que está disposto a realizar por razões ambientais. Fonte: Elaboração própria.

Relativamente às fontes de informação identificadas como as mais importantes para a recolha de informação acerca dos problemas ambientais (figura 11), as fontes mais valorizadas foram "educação formal e questões ambientais tratadas pelas disciplinas e projetos escolares" (76%) "meios de comunicação social, notícias, artigos, reportagens, documentários ou programas de TV relacionados ao meio ambiente" (71%), "Filmes e/ou séries e "experiências pessoais - mudanças no meio ambiente local, degradação ambiental, eventos climáticos extremos", ambas com 64%.

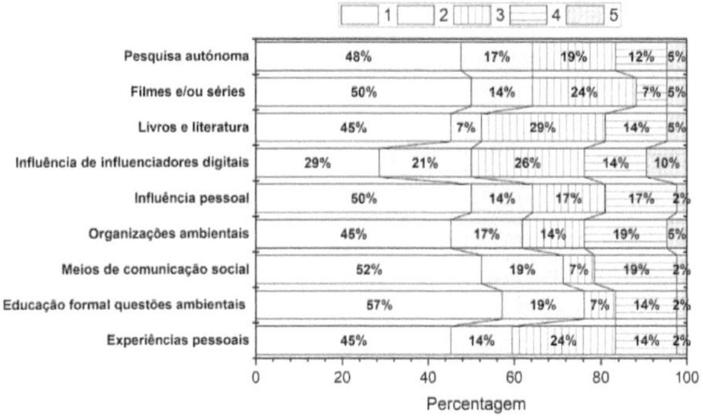

Figura 11. Meios de informação mais valorizados na recolha de informação sobre o ambiente. Fonte: Elaboração própria.

6. DISCUSSÃO

As preocupações ambientais dos jovens portugueses recolhidas neste estudo foram ao encontro das preocupações ambientais atribuídas aos jovens portugueses obtidas por estudos muito mais robustos, como é o caso dos eurobarómetros mais recentes (Cetelem, 2021). Com efeito as mudanças climáticas, o aquecimento global, a poluição do ar e dos ecossistemas foram as preocupações climáticas mais referidas pelos jovens inquiridos.

Ainda assim, dada a conjuntura de crise económica que vivemos, o ambiente é superado pelas questões de foro económico no que diz respeito às principais preocupações dos jovens na atualidade. Mas não é por isso que os jovens deixam de revelar comprometimento e ativismo nas questões ambientais, pois uma maioria significativa referiu que considera que pode desempenhar um papel ativo na defesa do ambiente. Tanto assim é que a maioria está disposta, e chega mesmo a encetar ações em defesa do ambiente e dos recursos hídricos.

No que a este trabalho importa, mais uma vez à imagem dos resultados obtidos pelos eurobarómetros, a questão da poluição farmacêutica não teve um particular destaque no conjunto das principais preocupações dos jovens inquiridos e, por defeito, a poluição atribuída ao uso massivo de cosméticos também não.

E essa constatação conduz-nos à questão das fontes de informação sobre os problemas ambientais. As fontes de informação consideradas mais importantes, pelos inquiridos, foram a "educação formal questões ambientais tratadas pelas disciplinas e projetos escolares" seguida por "meios de comunicação social, notícias, artigos, reportagens, documentários ou programas de TV relacionados ao meio ambiente". E pode residir precisamente nesta resposta a explicação para a hierarquização dos problemas ambientais que mais preocupam os jovens portugueses, no facto de tanto os meios de comunicação social como os projetos escolares remeterem para o agendamento global do ambiente, levando os jovens a refletir à escala global em detrimento da escala local.

Por curiosidade, e dadas as características sociográficas dos jovens inquiridos, é de destacar que a fonte menos valorizada tenha sido os "influenciadores digitais". Tal poderá querer dizer apenas que os influenciadores digitais mais seguidos não se dedicam às questões do ambiente, mas também que os jovens começam a ser mais críticos em relação a esta forma de persuasão.

7. CONCLUSÕES

Neste trabalho pretendeu-se confrontar as opiniões acerca dos problemas ambientais, de um conjunto de estudantes de uma pequena instituição de ensino superior de Portugal, com a opinião generalizada dos jovens portugueses, sobre os mesmos temas, obtidas nos sucessivos eurobarómetros.

Concluiu-se que os jovens estudantes da Escola Superior de Educação Comunicação e Desporto que participaram no estudo revelaram preocupações ambientais similares à generalidade dos jovens portugueses inquiridos em estudos mais robustos (Cetelem, 2021).

Também se concluiu que estes jovens compreendem a importância do ambiente para o seu bem-estar, têm familiaridade com os temas ambientais e revelam um comprometimento explícito com as causas ambientais, uma vez que implementam e estão disponíveis a reforçar no quotidiano, ações em prol do ambiente.

Para a formação da sua opinião acerca das questões ambientais estes jovens referem que foram particularmente importantes a educação formal que receberam e o reforço, por parte dos meios de comunicação social, acerca dos mesmos temas.

Estas fontes de informação, em sintonia com o poder político, por terem o poder de agendar os grandes temas ambientais na opinião pública, são determinantes na hierarquização dos problemas ambientais por parte dos jovens. Neste processo algumas temáticas ficam na sombra das grandes causas ambientais agendadas pelo poder político, pelos *mass* media e pela opinião pública, como é o caso da poluição farmacêutica. Por exemplo a problemática dos efeitos nocivos induzidos no ambiente pelos protetores solares, considerada um problema pelos especialistas, acaba por não ter grande visibilidade em Portugal, um país com uma vasta extensão de costa e com uma das maiores taxas de dias com sol da Europa.

Resta referir que estas conclusões acabam por ser condicionadas não tanto pelo tamanho da amostra, mas acima de tudo pelo facto dela não ser representativa e remeter para uma cidade do interior.

Em trabalhos futuros seria importante, confirmar esta relação indiciada entre as fontes de informação e os temas que a opinião publica mais valoriza acerca do ambiente.

8. REFERENCIAS

Barreto, A. (2002). *Mudança social em Portugal, 1960-2000.* Portugal contemporâneo. https://tinyurl.com/2sb7vts6

Carmo, H., & Malheiro, M. (2008). *Metodologia da investigação, guia para a auto-aprendizagem.* Universidade Aberta.

Cetelem (2021), Ser jovem hoje 2021, https://tinyurl.com/yyh33jb9

Dias Oliveira, N. (2022). The perception of tourist information sources in domestic tourism: Serra da Estrela Destination. *Human Review. International Humanities Review / Revista Internacional de Humanidades, 12*(6), 1-19. https://doi.org/10.37467/revhuman.v11.3988

Ferreira, N. (2022, 22 julho). Activistas do clima querem ocupar escolas no Outono em todo o mundo, *Jornal Público.* https://tinyurl.com/3wntj6bh

Fonseca, M. I., Lorigo, M., & Cairrao, E. (2022). Endocrine-disrupting effects of bisphenol A on the cardiovascular system: a review. *Journal of Xenobiotics, 12*(3), 181-213. https://doi.org/10.3390/jox12030015

Hill, M., & Hill, A (2005). *Investigação por questionário*. Sílabo.

Lorigo, M., & Cairrao, E. (2022[1]). Fetoplacental vasculature as a model to study human cardiovascular endocrine disruption. *Molecular Aspects of Medicine,* 87, 101054. https://doi.org/10.1016/j.mam.2021.101054

Lorigo, M., & Cairrao, E. (2022[2]). UV-B filter octylmethoxycinnamate-induced vascular endothelial disruption on rat aorta: In silico and in vitro approach. *Chemosphere,* 307, 135807. https://doi.org/10.1016/j.chemosphere.2022.135807

Lorigo, M., Mariana, M., & Cairrao, E. (2018). Photoprotection of ultraviolet-B filters: Updated review of endocrine disrupting properties. *Steroids,* 131, 46-58. https://doi.org/10.1016/j.steroids.2018.01.006

Marconi, M., & Lakatos, M. (2008). *Técnicas de Pesquisa: Planejamento e execução de pesquisas, amostragens e técnicas de pesquisa, elaboração, análise e interpretação de dados.* Atlas.

Martins, R. (2013). A construção social da economia política da água. *Sociologia, Problemas e Práticas,* 73, 111-130. https://journals.openedition.org/spp/1335

Oliveira, N., Lorigo, M., & Cairrao, E. (2022). A covid-19 no telejornal da noite: o papel da televisão na construção social da pandemia. *Perspectivas multidisciplinares da Comunicação em contexto de pandemia*, 47. https://tinyurl.com/ynt8zey8

Schmidt, L., Delicado, A., Ferreira, J. G., Fonseca, S., Seixas, J., Sousa, D., Truninger, M., & Valente, S. (2011). *O Ambiente em 25 Anos de Eurobarómetro.* ICS/Observa. https://repositorio.ul.pt/bitstream/10451/20349/1/ICS_LSChmidt_Ambiente_RN.pdf

Schmidt, L., Nave, J. G., & Guerra, J. (2010). *A educação ambiental: Balanço e perspectivas para uma agenda mais sustentável.* https://repositorio.ul.pt/handle/10451/11183

Schmidt, L., & Delicado, A. (2014). *Ambiente, alterações climáticas, alimentação e energia: a opinião dos portugueses.* ICS. Imprensa de Ciências Sociais. https://tinyurl.com/5642wyse

EL TURISMO DE SALUD EN ESPAÑA: UN PRODUCTO ESTRATÉGICO PARA LA DESESTACIONALIZACIÓN DE LOS DESTINOS TURÍSTICOS

José Antonio Díaz Fernández[1]

Este estudio forma parte de las líneas de trabajo abiertas en el seno del Proyecto de Investigación: "Élites, tecnocracia y cambio político en Galicia y norte de Portugal" (1967-1977), REF. PID2021-127140NB-I00.

1. INTRODUCCIÓN

La oferta del turismo de salud en España se erige en uno de los productos capaces de contribuir a la desestacionalización de la oferta turística española. Una oferta de servicio que en la gran mayoría de los destinos se encontraba por entero anclada en el trinomio: sol-playa-mar. La oferta del ocio y esparcimiento asociado al disfrute del uso lúdico-recreativo de las instalaciones de salud, así como a aquellos otros usos determinados por prescripción facultativa (fines médicos-terapéuticos), ha venido siendo ejercido desde tiempos pretéritos en España. Desde los años 1960 esta oferta del turismo de salud ha resultado incentivadora para el disfrute de la activad turística en el territorio español, sin tener que acusar los destinos turísticos dotados de esta oferta, del problema de la estacionalización de la demanda de turismo. Por otra parte, cabe indicar que el perfil de este tipo de demanda resulta de gran interés para el sector del turismo. Este perfil de usuario dispone de una solvente capacidad adquisitiva. Este indicador, el nivel de la disponibilidad de gasto, nos aclara como este tipo de usuarios tienden a demandar paralelamente a la oferta de turismo de salud, donde destaca el producto termal de un determinado destino español, el consumo de aquella otra oferta de productos turísticos transversales que resultan de excelencia para el perfil de este tipo de usuario: enoturismo; gastronomía; espacios naturales protegidos; áreas de interés paisajístico; patrimonio cultural, etc. Se trata, como se indica, de una oferta complementaria de excelencia.

Por otro lado, la oferta de este producto turístico puede contribuir de manera decisiva a fomentar una *imagen de marca turística de calidad* en los destinos donde existe este tipo de oferta. Así pues, es necesario disponer de una política indicativa en materia de turismo de salud o terapéutico que, para el caso español, debe encontrarse complementada con la política turística autonómica. En esta línea, este recurso turístico capaz de contribuir a la desestacionalización de la oferta resulta estratégico para aquellos destinos turísticos de

1. Universidad de Vigo (España).

interior que suelen tener a la oferta cultural, turismo urbano, gastronómico, enoturismo, patrimonio natural, etc., los principales ejes de su oferta.

1.1. EL TURISMO DE SALUD O TERAPÉUTICO: UNA APROXIMACIÓN A SU CONCEPTO

La acuñación del término turismo de salud o también terapéutico es un término muy amplio, y que a su vez pasa a englobar numerosas actividades. En esta dirección, para tratar de proporcionar una propuesta de definición para caracterizar al turismo terapéutico o de salud nos haremos eco de algunas aportaciones que ha formulado la doctrina turística. Por una parte, la Asociación Mexicana de Turismo de Salud había establecido en 2012 una interesante propuesta definitoria SIC (...)

> *El Turismo de Salud son las actividades que realiza una persona al desplazarse de su localidad a otra por más de un día y menos de un año implicando el tener que hospedarse por lo menos una noche, teniendo como motivo principal o alterno el recibir algún servicio de salud o bienestar. O bien acompañar a otra persona que lo recibirá. Puede ser doméstico cuando se realiza dentro de su mismo país o internacional cuando es fuera de su país. Y deberá ser sustentable.*

Esta aportación nos constata cómo esta tipología de turismo venía a subrayar la importancia de que el usuario tipo recibiese algún tipo de servicio de salud o de bienestar. Asimismo, también se detenía en la componente de la procedencia de la demanda: nacional o bien internacional.

La propuesta de otra definición que viene siendo manejada en los estudios de turismo, aunque más concisa, la aportaba la política indicativa brasileña. En este sentido, el Ministerio de Turismo de Brasil (2006) sostenía que el turismo de salud eran las actividades turísticas derivadas de la utilización de medios y servicios para fines médicos, terapéuticos y estéticos.

Esta aportación presentaba como novedad temática el hecho de destacar la importancia de los servicios y los medios para lograr la consecución de objetivos médicos, terapéuticos y también los estéticos. Así pues, al estudiar las dos propuestas de definición argumentadas consideramos de interés las aportaciones que a este efecto formula Sánchez-Zapata (2006), así como también las propuestas por San José Arango (2003) y Arias Aragonés *et al.* (2012).

Expuesto en estos términos, se trata de aportaciones relativamente jóvenes en el tiempo. Este producto turístico, en la actualidad, está ejerciendo una constatada atracción sobre crecientes segmentos de la demanda de ocio y esparcimiento. Por tal causa, cabe indicar que el turismo de bienestar en España ha logrado polarizar el interés y la importancia creciente que está adquiriendo la subcategoría de turismo de spa o de balneario dentro del mercado de este producto. Así, la oferta turística española en turismo de salud pasa a posicionarse en un relevante quinto puesto a escala internacional. Si examinamos ahora la posición que registra España en el marco de los países europeos respecto de este producto, advertimos como la oferta del producto turístico de salud ha alcanzado el tercer lugar en el ranking. Esta destacada posición para este tipo de producto turístico le ha significado a España la ganancia de unos beneficios que están creciendo a un nivel del orden del 20% anual. Ni que decir tiene que en ese nivel de crecimiento no podemos integrar a los años afectados por la covid-19 (2020-primer trimestre de 2021), toda vez que las restricciones a la movilidad, los cierres perimetrales, y el cierre de fronteras establecido, una vez que se habían decretado los Estados de Alarma, supusieron un freno total a la facturación por turismo. Los estudios efectuados en el período pre-covid-19 nos indicaban que España había sido elegida como destino para disfrutar de la oferta de turismo de salud. La razón es simple. En nuestro país se dispone de una de las mejores sanidades públicas del mundo: había logrado el 7º puesto en el año 2019.

Al estudiar la localización geográfica de las principales instalaciones turísticas para el producto del turismo de salud o terapéutico, debemos indicar que este tipo de turismo se encuentra geográficamente localizado en zonas turísticas consolidadas. En las mismas se han llegado a crear centros de asistencia sanitaria. Un buen ejemplo de esta oferta la podemos localizar en Mallorca, Alicante o la Costa del Sol. La permeabilización de esta oferta en los mercados de procedencia de la demanda nos indica que el nivel medio de gasto por turismo médico se encontraba comprendido entre los 1.200 a 1.500 euros. Por su parte, la estancia media de la demanda que consume los servicios de este producto se encontraba fijada en torno a los 12 días.

Al analizar territorialmente la oferta turística de salud en España, advertimos como sobresale la oferta que viene siendo orientada hacia el mercado por parte de las dos grandes ciudades españolas: Madrid y Barcelona. En esta dirección cabe indicar que existe una relevante oferta de instalaciones de turismo de salud en territorios transfronterizos (Galicia-Región Norte de Portugal) (Díaz Fernández, 2019), así como en destinos próximos a áreas fronterizas: Ourense (Díaz Fernández, 2021); Pontevedra; Badajoz; Huesca, etc. Por último, merece ser señalado que dentro de la comercialización española de esta oferta de turismo de salud hay regiones que se encuentran ya muy especializadas en determinado tipo de tratamientos: Navarra o Principado de Asturias.

2. OBJETIVOS

El presente estudio propone los siguientes objetivos de investigación:

1. Conocer el mercado del turismo de salud ofertado por el destino España.
2. Estudiar la distribución territorial de la oferta del turismo de salud en España.
3. Analizar la calidad de la oferta según la categoría de las instalaciones, oferta de plazas, calidad del servicio, etc.
4. Estudiar el comportamiento de la oferta termal dentro del turismo de salud y su aportación a la corrección de la estacionalidad.
5. Analizar el perfil de la demanda del turismo de salud.

2.1. La oferta de aguas termales españolas: su tipología y las propiedades minero-medicinales

La eficiencia de la oferta del turismo de salud o terapéutico español, al efecto de impulsar su puesta en valor, requiere de la conjunción de esfuerzos por parte del sector público y el privado. En este marco, es necesario que las administraciones públicas regionales, la iniciativa privada del sector, y la administración del Estado, trabajen de manera coordinada para fomentar la comercialización de una oferta especializada, selectiva y competitiva por parte del mercado español. Así pues, lo que primero se debe de lograr es la consecución de unas infraestructuras de salud especializadas y de calidad. En este tipo de instalaciones deberán ser capaces de orientar hacia el mercado un producto especializado, selectivo y competitivo. Una oferta de similar signo debería resultar complementaria de aquella otra comercializada por otras instalaciones perteneciente a otros territorios regionales. El objetivo que debe plantearse todo modelo de política indicativa turística sería el interés por tratar de combinar la oferta de servicios médicos especializados para atender a la demanda con patologías. En paralelo, la especialización y complementariedad perseguida también debía resultar extensiva hacia aquellos otros servicios que tenderían a ponerse en los mercados para atraer a usuarios que anhelan el relax en sus tiempos de vacaciones en este tipo de centros de salud. Así pues, este tipo de productos no se limita en exclusiva, o tan sólo, a la realización de terapias con agua. Este producto ejerce una visión más holística. Se pretende contribuir al bienestar de la demanda potencial de servicio por parte de la recepción de estos tratamientos. Así pues, la oferta de este producto turístico y su comercialización en los mercados oferentes de demanda logra dos efectos directos muy relevantes para el sector. Por una parte, se contribuye de manera clara a corregir la estacionalidad que acusan determinados productos turísticos estacionales como el de sol y playa o incluso el de nieve. Por otra parte, la puesta en el mercado de este selectivo producto turístico logrará que sea comercializado por parte de un segmento de la demanda potencial dotada de una elevada capacidad adquisitiva que viene a demandar el beneficio/disfrute de este atractivo producto.

Los diferentes recursos naturales que se tienden a ofertar dentro del epígrafe del termalismo de salud existente en las instalaciones españolas nos ponen en antecedentes de la siguiente oferta:

1. Aguas mineromedicinales (Balneoterapia o Crenoterapia).
2. Aguas minerales envasadas.
3. Aguas naturales en piscinas (Hidroterapia).
4. Aguas naturales con CO2 (Carboxiterapia).
5. Peloides (Peloterapia o Fangoterapia).
6. Microalgas (Productos Cosmecéuticos).
7. Algas marinas (Algoterapia y Productos Cosmecéuticos).
8. Arenas marinas (Arenoterapias).
9. Salmueras en Salinas.
10. Aguas Madres.
11. Clima Terrestre (Climatoterapia o Aeroterapia).
12. Clima Marino (Curas Oceánicas, Curas Litorales y Cruceros de Salud).
13. Aerosoles Marinos (Aerosolterapia).
14. Sol (Helioterapia).
15. Técnicas de Balneoterapia e Hidroterapia: bañeras, duchas jet, etc.
16. Piscinas, Sauna, Gases medicinales, Hidromasaje, etc.

La tabla 1 nos indica la tipología de las aguas que se encuentran en los diferentes manantiales minero-medicinales de España, así como la localización geográfica de las mismas. En esta línea, la tabla nos indica, igualmente, cuáles son los tratamientos de prescripción facultativa para los que resultan idóneos. Los registros evidencian dos cuestiones de importancia. Por una parte, España dispone de una nutrida red de manantiales termales dotados de propiedades curativas minero-medicinales que resultan idóneos para atender al tratamiento de no pocas patologías. En segundo lugar, advertimos como la distribución geográfica de los manantiales se encuentran diseminados por todo el territorio español. Si tuviésemos que destacar alguna de las áreas geográficas en lo concerniente a su número de manantiales señalaríamos la importancia de Galicia y Cataluña (Díaz Fernández, 2021).

Tipo de agua	Tratamiento	Localización
Aguas cloruradas	Reumatología, dermatología, ORL (otorrinolaringología), afecciones respiratorias crónicas, y estados de agotamiento psicofísico	Balneario de Cestona (Zestoa, Guipúzcoa) Balneario de la Concepción (Villatoya, Albacete)
Aguas sulfatadas	Dispepsias digestivas y discinesias biliares	Balneario de Ariño (Ariño, Teruel) Balneario de Arnoia Caldaria (Arnoia, Ourense)
Aguas sulfuradas	Reumatología, dermatología, ORL (otorrinolaringología), y afecciones respiratorias crónicas	Balneario de Panticosa (Panticosa, Huesca) Balneario del Cabriel (Requena)
Aguas bicarbonatadas	Estimulan la secreción enzimática pancreática, aumentan el poder saponificante de la bilis, alcanilizan la orina y también el pH gástrico	Balneario de Alange (Alange, Badajoz) Balneario Montanejos (Benassal, Castellón)
Aguas carbogaseosas	Tratamiento coadyuvante de arteriopatias obliterantes	Balneario de Elgorriaga (Elgorriaga, Navarra) Balneario de Cervantes (Santa Cruz de Mudela, Ciudad Real)
Aguas radiactivas	Reumatología, afecciones respiratorias crónicas, y trastornos psiquiátricos como trastornos de ansiedad, del estado de ánimo y del sueño	Balneario de Fitero (Fitero, Navarra) Balneario San Nicolás (Alhama de Almería, Almería)
Aguas oligometálicas	Litiasis renales úricas, oxálicas y cistínicas	Balneario Serón (Jaraba, Zaragoza) Balneario de Lobios (Lobios, Ourense)
Aguas ferruginosas	Aporte de hierro	Balneario de Lanjarón (Lanjarón, Granada) Balneario de Cofrentes (Cofrentes, Valencia)
Peloides (barros)	Reumatismos crónicos, las rigideces articulares y determinadas neuralgias	Balneario El Raposo (El Raposo, Badajoz) Balneario de Puente Viesgo (Puente Viesgo, Cantabria)

Tabla 1. Manantiales minero-medicinales localizados en España y tipo de tratamiento con prescripción facultativa. Fuente: Ministerio de Sanidad, Consumo y Bienestar. AECOSAN. Elaboración Propia.

3. METODOLOGÍA

El estudio del turismo de salud y su importancia en el destino España lo hemos efectuado en base al análisis de la oferta terapéutica o de salud de que dispone cada una de las CC.AA españolas y las características de sus establecimientos. Para ello, se ha realizado un vaciado de los registros estadísticos de la oferta turística de cada Comunidad autónoma, así como también del INE. Se ha accedido a la base documental de la Agencia Española de Consumo, Seguridad Alimentaria y Nutrición (AECOSAN) para localizar los diferentes manantiales, conocer el nombre del manantial y la localización geográfica del lugar concreto de explotación de las aguas. Finalmente, se ha estudiado la política turística española y las principales propuestas para cada producto.

4. DESARROLLO DE LA INVESTIGACIÓN

Una vez que hemos podido aproximarnos a las propiedades minero-medicinales de los manantiales españoles y su localización territorial, cabe indicar que el crecimiento del producto turismo de salud se fue dando gracias a las prescripciones facultativas destinadas a impulsar el tratamiento de las patologías médicas a base a las propiedades terapéuticas de determinadas aguas para el usuario tipo. Por ello, el acceso cada vez más usual hacia estas instalaciones termales por parte de la demanda dio lugar a que se conociese el perfil tipo del usuario que demandaba el acceso a este tipo de manantiales y las propiedades curativas atribuidas. De este modo, en cada uno de los manantiales termales españoles que iban a ponerse al servicio de la población debían lograr de la Administración la declaración prescriptiva de aguas minero-medicinales de "utilidad pública".

Al alcanzar el manantial y sus aguas este distintivo, se podría constituir un balneario o estación termal. En este tipo de instalaciones se pueden llevar a efecto servicios médicos con aguas minero-medicinales para prestar a los usuarios tratamientos de prescripción facultativa. A medida que la sociedad se va haciendo progresivamente más compleja, más diversa, más abierta, más culta, más plural, etc., los ritmos de vida van a experimentar notorios cambios. La demanda de bienestar va a pasar a ser una de las prioridades básicas del usuario tipo. La agitación social; el ritmo de vida intenso y frenético; los dinámicos ritmos diarios de la población, etc., van a dar lugar a que no poca población padezca episodios de estrés, ansiedad, cansancio, atrofia, angustia, fatiga mental, agotamiento, etc. Estos factores han dado lugar a que la oferta de balnearios territorializados por regiones se fuese incrementando progresivamente. En este nuevo estadio social, la oferta de balnearios, no va a dar respuesta únicamente a un fin/tratamiento terapéutico. En efecto, en el contexto de la sociedad de la información se demanda crecientemente el acceso a un espacio de relax, de descanso, de desintoxicación de los ritmos diarios de vida y su agitación. En consecuencia, parece quedar claro que la demanda de este tipo de productos de turismo de salud va a ir en aumento en los años venideros.

4.1. La oferta de la medicina termal como turismo de salud y el perfil tipo de la demanda

Al examinar la realidad demográfica de los países occidentales se aprecia el acusado envejecimiento de su población. Este perfil, el envejecimiento demográfico, tiende a definir uno de los patrones tipo de este producto turístico de salud o terapéutico. Por otro lado, la población adulta vieja y la población vieja son las que tienden a disfrutar de unos niveles de renta más sólidos y de alta capacidad adquisitiva, toda vez que estos usuarios ya han costeado las inversiones más exigentes en su nivel de gasto: acceso a la vivienda en propiedad; manutención de los hijos; financiación de la formación educativa de los hijos; etc. Así pues, al disponer este tipo de usuarios de un nivel de renta solvente, este segmento de la demanda puede reproducir el lógico patrón de comportamiento de llegar a acudir a tratamientos minero-medicinales con una cierta frecuencia en el tiempo. Por tal razón, en la actualidad el 65% de los usuarios que acceden a balnearios lo hacen por una motivación médico-sanitaria para tratar dolencias o bien para prevenirlas.

En la tabla 2 podemos consultar varias cuestiones de relevancia. Por una parte, el modelo del perfil tipo de usuario que asiste a las instalaciones termales españolas. En segundo lugar, el perfil social del usuario. En tercer lugar, se puede apreciar cuál es la motivación del acceso a este tipo de servicios. En cuarto lugar, se puede conocer la localización de las instalaciones. En quinto lugar, la tabla nos indica el modo de transporte de acceso hacia los balnearios. Por último, el modo de alojamiento según el tipo de instalación. En esencia, podemos observar como el perfil tipo del usuario que accede a los servicios termales ha variado y se ha hecho cualitativamente más complejo y dispar desde los comienzos de la oferta de este servicio hasta el tiempo presente. En un inicio, como se aprecia, el perfil social de este tipo de complejos termales nos indicaba que asistían élites económicas: aristocracia; clero y la alta burguesía. En esta dirección, cabe referir que la motivación había sido, inicialmente, la propia de toda prescripción facultativa para el tratamiento de las aguas. Por otra parte, la evolución de la sociedad, como se avanzó, dio lugar a que el perfil de la demanda fuese experimentando nuevos matices en su motivación respecto de este producto. En esta nueva realidad de la sociedad los usuarios de estos servicios cada vez más demandan estas instalaciones por la demanda de descanso, relax, tranquilidad, salud mental, sosiego. Este tipo de instalaciones experimentaron una apertura al público que había pasado de ser propiamente estacional hacia otra que ofertaba este tipo de complejos durante todo el período anual. Esta oferta turística contribuía así a la desestacionalización de no pocos productos turísticos.

Indicador	Perfil Termal	Perfil de la demanda
Cliente	Enfermo y bañista veraneante	Turista
Perfil social	Aristocracia y burguesía	Clases populares y burguesía
Motivación	Enfermedad y relax	Tiempo libre y ocio
Temporada	Estival	Todo el año
Lugar	Zona de montaña	Tanto zona de montaña como litoral
Entorno	Rural	Rural y urbano
Contexto de la actividad	Privado	Público y privado
Medio terapéutico	Agua termal-clima	Agua marina, sol y playa
Técnica	Ducha, vapor y baño programado	Baño libre en general
Actividad física	Con el tratamiento	Libre y complementaria
Transporte	Ferrocarril o carretera	Coche, avión, tren
Alojamiento	Balnearios	Hoteles, campings y segundas residencias

Tabla 2. Evolución de la funcionalidad balnearia hacia el uso turístico. Fuente: Observatorio del Termalismo. Instituto Geológico y Minero de España. Elaboración propia.

Los usuarios que han asistido a los tratamientos minero-medicinales con las propiedades de los diferentes manantiales han llegado a repetir su asistencia en un 81,1%. El motivo de la fidelización en este tipo de instalaciones fue por haber mejorado sustancialmente su estado de salud. Por término medio, las principales patologías que fueron tratadas en estas instalaciones termales fueron aquellas relacionadas con la reumatología; la fisioterapia; los tratamientos respiratorios y los dermatológicos.

La tabla 3 contempla la distribución geográfica del total de balnearios por el territorio regional español. Los valores nos indican cómo Galicia y Cataluña, según se había avanzado líneas atrás, totalizan unos valores más importantes. Este producto turístico está registrando una considerable afluencia de usuarios a las instalaciones gallegas (Ourense), catalanas (Barcelona, Girona y Tarragona), aragonesas, andaluzas, castellano-manchegas, castellano leonesas, valencianas y extremeñas. Por ello, este atractivo producto va a contribuir en dos direcciones respecto de la dinamización turística de estos territorios regionales. Por una parte, va a complementar fehacientemente bien la oferta turística estacional de los territorios indicados, contribuyendo decididamente a paliar en gran parte la problemática de la estacionalidad de los productos turísticos ofertados en su temporalidad preferencial. En segundo lugar, va a contribuir a la especialización creciente de estos territorios regionales en un producto turístico muy cualitativo en saber hacer, y de alta calidad en el mercado del turismo. Un producto éste que logra aportar sustanciales beneficios a las economías provinciales, toda vez que muchas de las mismas van a ver como la oferta turística se va a fortalecer gracias a la puesta en el mercado de este tipo de productos.

CC.AA	Total balnearios	CC.AA	Total balnearios
Galicia	21	Cantabria	6
Cataluña	20	Euskadi	4
Aragón	12	La Rioja	3
Andalucía	11	Murcia	2
Castilla La Mancha	10	Navarra	2
Castilla y León	9	Asturias	1
Comunidad Valenciana	9	Canarias	1
Extremadura	7	Baleares	1

Tabla 3. Distribución territorial por CC. AA de las instalaciones termales en España.
Fuente: Instituto Geológico y Minero de España. AECOSAN. Elaboración Propia.

5. RESULTADOS

La oferta del turismo de salud o terapéutico constituye un producto clave para tratar de paliar el problema de la estacionalidad que está acusando el producto turístico español sol-playa-mar. Esta oferta, además, contribuye a que la demanda turística se decante por acceder hacia provincias interiores (Ourense, Lugo, Huesca, Badajoz, Murcia, La Rioja, etc.), con buena dotación en turismo de salud: rica y variada oferta termal. La cualificación de las instalaciones, así como la digitalización de la oferta, deben ser dos importantes ejes de trabajo para los próximos años, juntamente con la definición de una estrategia de mercadotecnia destinada a fomentar la oferta en mercados selectivos en términos de calidad y precio.

La información de la tabla 4 nos aporta los valores a propósito de cómo ha evolucionado en España el total de agüistas y el volumen de empleo por sexos de las instalaciones termales entre 2002 y el período de estallido de la pandemia de la covid-19. En la tabla hemos subrayado las variaciones negativas de un ejercicio respecto del anterior. Para empezar, cabe explicar que el impacto de la *crisis económica y financiera mundial* de las *subprimes* había afectado de manera destacada al consumo. En esta tabla se advierte con claridad. Los registros correspondientes a los años 2008, 2010 y 2012 así lo confirman. Estos efectos habían resultado duraderos incluso para los años 2014 y 2015. Las caídas en el nivel de demanda no llegaron a ser muy considerables. Ahora bien, el perfil del usuario que demanda estos servicios suele ser de dotación de renta holgada. Por ello, la evolución general de este sector fue positiva, como así lo demuestra la evolución del empleo total. El año 2020 muestra, en cambio, una profunda caída en la demanda de agüistas, así como también en su efecto sobre la pérdida de empleos. Se había producido una severa restricción a la movilidad que había dado lugar a una reducción de empleo muy considerable. Por último, en este sector del turismo de salud la generación de empleo suele ser mayoritaria en la componente femenina, como así lo confirman los valores que se sostienen.

Año	Agüistas	Variación anual	Porcentaje	Empleo total	Empleo masculino	Empleo femenino
2002	563.923	0		0	0	0
2004	509.753	-104.496	-17,01%	1.823	642	1.181
2005	571.329	61.576	12,08%	2.104	757	1.347
2007	788.348	167.771	27,03%	3.110	1.075	2.035
2008	733.895	-54.453	-6,91%	3.855	1.301	2.554
2010	723.516	-131.670	-15,40%	3.278	1.005	2.273
2012	848.482	-75.929	-8,21%	2.891	895	1.996
2014	894.774	-58.105	-6,10%	2.758	906	1.852
2015	873.982	-20.792	-2,32%	2.799	883	1.907
2018	965.898	-32.147	-3,22%	3.348	1.041	2.298
2019	970.454	4.556	0,47%	3.148	964	2.196
2020	310.647	-659.807	-67,99%	2.388	730	1.650

Tabla 4. Evolución del total de agüistas, empleo masculino y empleo femenino en balnearios.

Fuente: Fuente: Instituto Geológico y Minero de España. Elaboración Propia.

6. DISCUSIÓN

La oferta turística en la etapa post-covid-19 tiene al turismo de salud, y dentro del mismo al producto termal, como uno de sus ejes estratégicos de desarrollo y recuperación de la demanda turística y su facturación, por servicios especializados en *saber hacer.* Por un lado, la situación del envejecimiento demográfico hace que este modelo de oferta turística vaya progresivamente ganando cota de mercado. En esta dirección, se necesita que las administraciones públicas con competencias formulen un plan de actuación coordinado para que este producto se muestre en los mercados oferentes con totales garantías de calidad para la demanda. Por tanto, la instrumentación de medidas en este sector debe ir encaminada en la dirección de lograr un producto de marca que a posteriori resulte competitivo en los mercados. En segundo lugar, hace falta una estrategia de marca España para fomentar la comercialización de este producto en los mercados internacionales, y que en los nacionales resulte altamente especializado y competitivo. Así formulado, es necesario que se diseñe un modelo de política estratégica para el turismo de salud, al efecto de especializarlo y complementarlo con otra oferta turística que se puede poner en valor en los territorios regionales. En esta línea, se necesita conocer cuáles son los principales mercados que demandan el producto turístico de salud español, así como también cuáles son los destinos preferenciales de la demanda potencial.

6.1 La procedencia del turista de salud y los principales destinos regionales

Los registros contemplados en la tabla 5 nos indican cuál es la procedencia de la demanda de turismo de salud de las instalaciones españolas. Estos registros nos muestran cuáles son los principales lugares de destino elegido para este producto, según la localización de las instalaciones termales españolas. El perfil de procedencia de la demanda es claro. Se aprecia con nitidez que nuestro principal mercado internacional es el de los países de la UE. Entre los mismos, los turistas proceden de Francia, Inglaterra, Alemania, Italia, Portugal y Países Bajos, toda vez que son este perfil tipo de usuarios los que asisten con mayor regularidad a las diferentes instalaciones regionales de este producto en España. Si nos centramos en la afluencia de turistas de salud de otros países ajenos a la UE, apreciamos como son los norteamericanos los que suelen participar más. Por su parte, al examinar la demanda del producto de salud según la ubicación de las instalaciones, apreciamos como destacan las dos grandes ciudades españolas, por causa de la dotación de recursos e infraestructuras de esta tipología. Ahora bien, al estudiar la preferencia de las instalaciones españolas por parte de la demanda extranjera que consume este tipo de servicios, apreciamos como se encuentran en un lugar de relevancia provincias de tamaño medio: Ourense, Badajoz, Huesca y Pontevedra. Por último, cabe destacar que el destino Costa del Sol y Alicante resultan muy atractivos para la demanda, por causa de la disponibilidad de otros relevantes productos turísticos complementarios como son sol-playa-mar, así como sus óptimas condiciones meteorológicas para el disfrute turístico. Los destinos de Navarra y Asturias tienen en común la riqueza de su patrimonio natural, así como también Navarra la proximidad a la frontera con Francia.

Lugar de destino español	País emisor del turista vacacional
Barcelona	Francia, Inglaterra, Italia, Alemania, Estados Unidos
Madrid	Italia, Estados Unidos, Inglaterra, Francia, Alemania
Ourense	Portugal, Francia, Alemania
Badajoz	Portugal, Francia, Inglaterra, Alemania
Huesca	Francia, Alemania, Italia, Inglaterra
Pontevedra	Inglaterra, Portugal, Francia, Alemania
Costa del Sol	Inglaterra, Alemania, Francia, Países Bajos
Navarra	Francia, Inglaterra, Alemania, Italia

Asturias	Inglaterra, Alemania, Francia
Alicante	Inglaterra, Países Nórdicos, Holanda, Francia

Tabla 5. La procedencia de los turistas del producto turismo de salud por países y lugares de destino de las instalaciones. Fuente: INSERSO. Elaboración propia.

6.2. La demanda de tratamientos y la motivación de la elección del destino del turismo de salud

Al continuar la discusión referida al perfil del turista que accede a las instalaciones regionales españolas y la motivación de la elección del destino, podemos hacernos eco de la Encuesta de la demanda elaborada por el INSERSO. En la tabla nº 6 hemos realizado un cruce de varias variables de importancia. Por un lado, hemos tratado de conocer cómo se comportan los turistas de salud que acceden al producto español según la motivación del destino. En segundo lugar, cuáles son los tratamientos preferenciales que se tienden a demandar en estas instalaciones. Finalmente, y siempre por su carácter estratégico para la puesta en valor, es necesario conocer el patrón de gasto disponible atribuible a cada segmento de la demanda de este relevante producto turístico. Así pues, al combinar convenientemente estos indicadores apreciamos como esencialmente el perfil tipo de la demanda que consume este tipo de servicios pertenece al segmento dotado de alta capacidad adquisitiva: clase media alta y clase alta, preferencialmente. Los motivos de la elección de los diferentes destinos españoles se encuentran muy relacionados con la calidad, especialización, y óptimas técnicas en la prestación del servicio del turismo de salud. En paralelo, también el coste de los servicios resulta un indicador clave para la elección de este tipo de oferta española. Por último, debemos fijar la relevancia de la competitividad de los servicios puestos en valor respecto de destinos en competencia. Para concluir, nos restaría aún examinar cuáles son los principales tratamientos que en mayor medida consume el usuario tipo. La información que alcanzamos aquí viene a explicar la importancia que en la actualidad se le otorga a la imagen de uno mismo, el culto al cuerpo, el culto saludable. Esta información nos cerciora la importancia que tiene el conocimiento técnico-científico español, así como la especialización de las principales ciudades nacionales en turismo de salud (turismo de bienestar o *wellness*). Estos registros nos indican que hay sub-productos diferentes al turismo termal que están siendo muy demandados por parte de la demanda: pérdidas de peso; tratamientos faciales; cirugía plástica, liposucción, etc. Si nos centramos ahora en la procedencia de la demanda para cada segmento de los tratamientos y la concreta motivación, advertimos la importancia de la competitividad de los costes de cada producto respecto a los externalizados en sus propios países. Por otra parte, la oferta española maneja técnicas punta que no se disponen en numerosos países usuarios de los productos españoles.

Países emisores	tratamientos prioritarios	Motivos de elección del destino	Perfil cliente
Alemania, Holanda, Reino Unido y Suiza	Aumento de pecho, abdominoplastia, liposucción y tratamientos Faciales. Cirugías electivas: cardiología, obesidad, otros	Precio tratamiento menor que país de procedencia; precio viaje menor en comparación con países competidores; precio el precio de los viajes, en ocasiones es menor que el desplazamiento hacia países competidores; calidad percibida de la sanidad	Clase media-alta
Rusia y Países árabes	Cirugía estética, Wellness	Buscan una combinación de turismo y salud; técnicas no disponibles en sus países de origen; conocimiento del destino España	Clase alta
Francia, Reino Unido, Italia	reproducción asistida	Técnicas no disponibles en su país de origen	Clase media

Tabla 6. Principales países emisores. Tratamientos. Motivo de la elección, perfil de cliente. Fuente: Ministerio de Sanidad.

La información reflejada en la tabla 7 cierra el comentario sobre la demanda. En esta oportunidad hemos consignado el total de turistas atendidos por el turismo de salud español siempre según la procedencia de la demanda. Los valores más relevantes nos indican cuáles son los principales nichos de mercado del producto turístico de salud comercializado en España. Se advierte como la demanda resulta muy relevante en países tales como México, Turquía, Singapur, Filipinas, India, Jordania. El siguiente segmento de la demanda de interés muestra la afluencia de usuarios procedentes de Tailandia, Polonia y EE.UU..

País	Turistas de salud atendidos al año
México	450.000
Turquía	350.000
Singapur	200.000-350.000
Filipinas	250.000
India	200.000
Jordania	200.000
Tailandia	150.000
Polonia	120.000
Estados Unidos	112.000
Reino Unido	50.000-100.000
Costa Rica	48.000
España	20.000
Colombia	4.000

Tabla 7. Número de visitantes que acuden a algunos de los países con mayor actividad actual en Turismo sanitario. Fuente: Ministerio de Sanidad.

7. CONCLUSIONES

El turismo de salud, y dentro del mismo la oferta termal, constituye en la actualidad una interesante especialización del turismo español destinado a dinamizar destinos interiores, así como también para lograr contrarrestar la estacionalidad que acusa la oferta sol-playa-mar. La capitalización de este sector y la integración de un capital humano muy cualificado está llamada a generar importantes beneficios, así como externalidades positivas capaces de dinamizar las economías locales y regionales. La generación de valor de este atractivo producto turístico no deja lugar a la duda. El gráfico 1 nos aclara el valor de la facturación de los balnearios españoles. Los registros nos muestran como un 34% de las instalaciones presenta un volumen de negocio superior a los 2 millones de €. El 26,4% de este tipo de instalaciones facturaba entre medio millón y el millón de €. Por último, los registros nos aclaran que es necesario capitalizar y especializar más a este tipo de instalaciones, toda vez que el 32,20% presentaban una cuenta de resultados por debajo del medio millón de €. Así las cosas, todo permite apuntar que es necesario instrumentar políticas destinadas a fortalecer la oferta española en los mercados bajo dos premisas. Por un lado, su imagen de marca de calidad y la especialización creciente que han ido conociendo este producto turístico de salud. En segundo lugar, hay que incorporar mayor inversión en saber hacer y en las instalaciones para garantizar una afluencia solvente y dotada de elevada capacidad de gasto. Para ello, hay que trabajar en la dirección de la imagen de marca de calidad del turismo de salud o terapéutico, donde la oferta del termalismo está llamado a ejercer un relevante impacto en los mercados. El gráfico 2 muestra el resultado de una encuesta efectuada por el INSERSO para conocer la satisfacción de la demanda respecto del turismo de salud español para la media del período 1996-2012. El resultado es claro. El nivel de satisfacción siempre está por encima del 90%. Las razones han sido avanzadas. La competitividad del producto, la especialización, la incorporación de tecnología punta que no se utiliza en destinos competidores, el precio de los servicios, etc., dan lugar a que se pueda originar un producto de marca España. Con todo, hay que impulsar las potencialidades de la digitalización, la competitividad del saber hacer y la concreción de un *Plan de Marketing Turístico de Salud* para fortalecer nuestra oferta en los mercados oferentes de demanda.

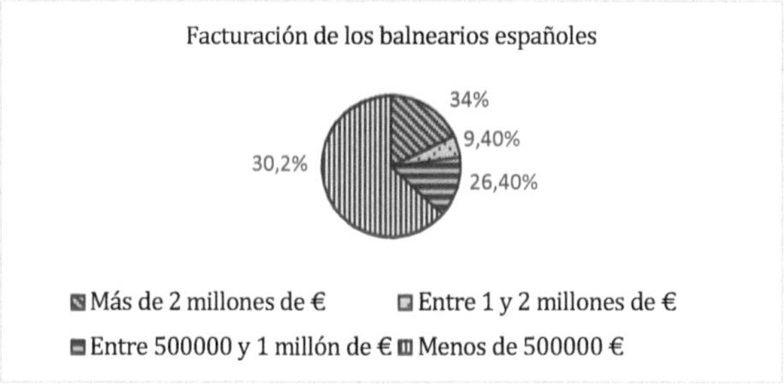

Figura 1. Facturación de los balnearios españoles. Fuente: INSERSO. Ministerio de Sanidad.

Figura 2. Nivel de valoración de la oferta del turismo de salud por parte de la demanda. Fuente: Encuesta de satisfacción del INSERSO.

8. REFERENCIAS

Arias Aragonés, F. J., Carballo Poyares, A., M, A. y Matos Navas, R., E. (2012). El turismo de salud: conceptualización, historia, desarrollo y estado actual del mercado global. *Clío América*, 11, 72-98.

Díaz Fernández, J. A. (2019). La oferta de termalismo en la Euroregión Galicia-Región Norte de Portugal: una fortaleza estratégica para el desarrollo endógeno local, (pp. 173-186). En Álvarez Vázquez, M. A. y De Uña Álvarez, E. (Coords.). *Perspectivas del Agua. Investigación, gestión y valores del agua en el mundo actual.* Dyckinson.

Díaz Fernández, J. A. (2021). El producto turístico termal en Galicia: una fortaleza estratégica para la desestacionalización de la oferta, (pp. 135-150). En Barrientos Báez, A., Parra López, E. y Martínez González, J. A. (Coords.). *Investigaciones en ciencias sociales y turismo.* Tirant lo Blanch.

Gonçalves, J., Fraiz, J. A. y Manosso, F. (2013). Calidad de la experiencia en los hoteles termales de Galicia, España. *Estudios y Perspectivas en Turismo, 22*(3), 492-525.

HOSTELTUR (2012). *España y Portugal los dos países de la OCDE que más dependen del turismo.*

Hoz, A. (2013). Entendiendo el turismo de salud: un análisis sociodemográfico. *Escenarios: Empresa y Territorio*, 2, 37-54.

Legido, S., Mourelle, M., Medina, C., Gómez, C. y Meijide, R. (2009). *Termalismo: aspectos generales.* Universidade de Vigo.

López, O. (2003). El desarrollo turístico integrado en los espacios rurales de interior: su aplicación al turismo de salud. *Cuadernos de Turismo,* 11, 107-126.

Sánchez-Zapata, S. (2006). *Turismo de salud: situación actual y perspectivas de futuro.* Apuntes IX Máster en Organización y Dirección Turística: Turismo de Salud. Ourense. Universidad de Vigo.

San José Arango, R. (2003). *Curhoteles: el turismo de salud.* Cajasur. Universidad de Sevilla.

DISEÑO GRÁFICO PARA LA CONCIENCIACIÓN EN LA SOSTENIBILIDAD DE LOS OCÉANOS LIBRES DE PLÁSTICO

Leire Fernández Iñurritegui[1], *Eduardo Herrera Fernández*[1]

El presente texto nace en el marco del Proyecto Transfronterizo de Innovación Educativa "Ocean i³", elaborado en el Campus Euro Regional de Excelencia Internacional Euskampus Bordeaux, con el objetivo de impulsar el trabajo colaborativo de las comunidades participantes.

1. INTRODUCCIÓN

Este estudio quiere mostrar los procesos y resultados de los Trabajos Finales de Grado (TFG) desarrollados en la disciplina universitaria del Diseño Gráfico, enfocados hacia la sostenibilidad de los océanos. Estos trabajos han sido realizados por el alumnado del Grado en Creación y Diseño de la Universidad del País Vasco (UPV/EHU), en el contexto del proyecto "Ocean i³". Este proyecto universitario de carácter internacional, interdisciplinar e intercultural, está dirigido a la comunidad universitaria de la UPV/EHU y la Université de Bordeaux, estableciendo, a su vez, una estrecha cooperación con agentes sociales externos (empresas, instituciones, asociaciones, etc.) relacionados con la defensa del medio marino. El proyecto "Ocean i³" pretende contribuir, principalmente, a la protección de los océanos (alineándose con el Objetivo de Desarrollo Sostenible - ODS 14: Vida Submarina), trabajando con un enfoque de *Mission-oriented Research and Innovation* (Mazzucato, 2018) para desarrollar proyectos de aprendizaje basado en la investigación y la intervención, dando respuesta a un cometido común: reducir la contaminación de los océanos por plásticos. Esta dirección se apoya en el interés por encaminarse hacia una universidad con compromiso cívico y determinada por su responsabilidad social (Goddard *et al.*, 2012). Desde esta consideración, se trata de articular trabajos de investigación, proyectos y prácticas del alumnado en torno a retos planteados, activando de esta manera la colaboración y la construcción conjunta de conocimiento y soluciones con agentes territoriales.

Dentro de estos trabajos, los proyectos que se han tutorizado relativos al campo educativo universitario del diseño gráfico, se plantean como un terreno investigador específico perteneciente a la cultura visual, que quiere demostrar su capacidad de creación de conocimiento intelectual desde el cual vehicular los estudios visuales y la creación plástica

1. Universidad del País Vasco UPV/EHU (España)

al servicio de causas sociales o solidarias relativas a la sostenibilidad. Un "activismo visual", procedente de una disciplina universitaria que parece no encontrar todavía un lugar en el relato dominante de las Bellas Artes, las cuales parecen no saber desprenderse todavía de una herencia decimonónica. Y eso, a pesar de que el campo de creación del diseño gráfico sea mucho más influyente y significativo en la cultura de masas que las prácticas conceptuales, minimalistas o performativas, por ejemplo (Lozano, 2019). Esta capacidad de participación social de la disciplina artística del diseño gráfico es un recurso extraordinario para acceder a las formas de difusión y expresión de la cultura visual y para crear nuevas imágenes propias, nuevas formas de ver y ser vistos, y nuevas maneras de ver el mundo. Desde el diseño gráfico, una vez que se haya aprendido a ver el mundo, se habrá dado solo un paso de los necesarios. La cuestión es cambiarlo (Mirzoeff, 2016).

2. OBJETIVOS

El objetivo fundamental de la participación en este proyecto se ha basado en el compromiso, como profesores universitarios, para transitar por otros caminos educativos que permitan avanzar en verdaderas oportunidades de desarrollo y sostenibilidad social (Fernández y Herrera, 2022).

Así, desde esta premisa, se asumen los objetivos generales del proyecto "Ocean i^3", asentados en el interés por implicar a las universidades participantes, en colaboración con los agentes sociales del sector de la economía azul del litoral transfronterizo común, en experiencias de educación en sostenibilidad de alta complejidad por su interdisciplinariedad, multilingüismo, interculturalidad e internacionalidad.

Como objetivos específicos, se quiere impulsar, en primer lugar, la capacidad de autogestión y de creación de sinergias junto a otro profesorado de diferentes áreas de conocimiento, adaptándose junto al alumnado a los nuevos espacios y tareas que plantean los agentes sociales. Para ello, se pretende realizar el acompañamiento que el alumnado requiere al desarrollar sus trabajos académicos (TFG, TFM, prácticas, etc.) en el entorno de "Ocean i^3".

Desde la experiencia docente e investigadora en Diseño Gráfico se aspira a contribuir socialmente desde esta disciplina, planteando diversas intervenciones de comunicación visual que activen procesos de sensibilización y concienciación en la sociedad sobre la problemática de la contaminación de los océanos. Y así, participar activamente en las decisiones sobre el desarrollo y funcionamiento del proyecto "Ocean i^3".

3. METODOLOGÍA

Según las reflexiones de Michel Serres (2012), filósofo y miembro de la Academia Francesa, las instituciones educativas se enfrentan hoy en día a un reto sin parangón en el devenir de la humanidad hasta nuestros días: educar a las "pulgarcitas", una denominación que aplica a los nuevos jóvenes con los que podemos encontrarnos en nuestras aulas, tan sustancialmente diferentes a los del siglo pasado. Unos jóvenes que en el veloz movimiento de sus pulgares, se comunican rompiendo límites en el tiempo y en el espacio, que inventan códigos y pueden acceder a una ingente cantidad de información disponible en todo momento para sus intereses fugaces y mutantes. Es evidente que, en pleno siglo XXI, para ayudar a estos jóvenes no sirven los parámetros de universidades que, en algunos aspectos esenciales, mantienen recursos del siglo XIX, con contenidos dispuestos para ser repetidos por sujetos intercambiables. Algo que, ciertamente, está generando un sensible fracaso académico en el alumnado por la falta de motivación. Y cuanto más se recarga el interés de algunos especialistas curriculares en el acopio de información, más se distancia la emoción de la razón, la mente del cuerpo, los valores de las acciones, así como la infravaloración de la experiencia.

3.1. IKD i^3, un modelo educativo propio de la UPV/EHU

Ante el interrogante de cómo debe desarrollarse la enseñanza y el aprendizaje en la universidad pública vasca del siglo XXI, desde la UPV/EHU se respondió en 2010 con la propuesta de un modelo propio, cooperativo, plurilingüe e inclusivo, que pone su acento en que los estudiantes sean los dueños de su aprendizaje y sean formados de forma integral, flexible y adaptada a las necesidades de la sociedad. Este modelo, denominado con el acrónimo IKD (Ikaskuntza Kooperatibo eta Dinamikoa = Aprendizaje Cooperativo y Dinámico), ha puesto en el centro de la actividad docente universitaria, a modo de guía, el elemento orientador que marca el rumbo. Desde su inicio se ha llevado a cabo una relectura de este modelo educativo propio de la UPV/EHU, alineándolo con las orientaciones pedagógicas actuales, así como con las prioridades políticas europeas. El resultado es IKD i^3 ("i" al cubo: ikaskuntza, ikerkuntza, iraunkortasuna = aprendizaje, investigación, sostenibilidad) y que consiste en multiplicar el aprendizaje por la investigación y por la sostenibilidad, es decir, un crecimiento exponencial de cada uno de los términos que posibilite procesos y productos inéditos.

Uno de los aspectos esenciales para el desarrollo del modelo IKD i^3 es la necesidad del compromiso de la UPV/EHU con su entorno social y comunitario. Para ello, el desarrollo curricular responsable con este entorno se realiza a través de la implicación del alumnado a convertirse en protagonista de su propio aprendizaje, la experiencia en metodologías activas en el desarrollo del trabajo práctico, la colaboración con iniciativas sociales, las redes sociales, la relación con agentes externos y los programas de movilidad e intercambio que fomenten la experiencia internacional y de cooperación del alumnado (Alkorta, 2012).

3.2. Metodología de Aprendizaje Basado en Retos

El proyecto "Ocean i^3" se basa en el modelo educativo IKD i^3 y plantea metodologías activas de Aprendizaje Basado en Retos (*Challenge Based Learning* CBL). Estas metodologías activas pretenden direccionar la investigación, innovación y formación, hacia retos globales. Plantea mecanismos retadores y desafiantes, en tanto que le supone al alumnado el acercamiento a un problema real, complejo y relevante al que tiene que dar solución (López-Fraile *et al.*, 2021). Tiene su origen en el aprendizaje experiencial, que reside en un enfoque holístico e integrado del aprendizaje que combina la experiencia, la cognición y el comportamiento (Benitez *et al.*, 2016). Entiende que el alumnado aprende mejor en situaciones próximas a la realidad, en las que navega entre sensaciones de éxito y fracaso, asumiendo riesgos y enfrentándose a la incertidumbre (Portuguez y Gómez, 2020). Es, por tanto, un puente metodológico entre la educación superior y el mundo profesional (Soto *et al.*, 2021).

3.3. Equipos de trabajo pluridisciplinares, multiculturales y multilingües

A través de esta metodología basada en desafíos se diluyen los roles de profesorado y alumnado, y se incorporan profesionales y agentes externos que participan como actores implicados en el desarrollo de las competencias de los estudiantes (Agüero *et al.*, 2019).

En su implementación se crean equipos de trabajo (alumnado, profesorado, agentes externos, colaboradores, etc.) que desarrollan acciones mancomunadas, consiguiendo así una mayor integración del estudiantado con el mundo profesional de cara a un buen desempeño laboral (Yanga *et al.*, 2018).

El alumnado de la UPV/EHU y Université de Bordeaux participa por tanto en equipos de trabajo pluridisciplinares, multiculturales y multilingües para abordar en conjunto cada reto. Así, trabajando de forma colaborativa, el alumnado debe definir conjuntamente el alcance del reto sobre el que desea trabajar. Debe colaborar en proyectos realizados dentro de contextos de trabajo colectivo, elaborando resultados acordados con los agentes: planes de acción, campañas, prototipos, intervenciones, etc. Al mismo tiempo tiene que desarrollar los trabajos académicos personales (TFG, TFM, prácticas, etc.).

Cada equipo participa en un ciclo de cinco talleres transfronterizos (tres presenciales y dos virtuales) en los que, de forma sincrónica y con metodologías colaborativas, elaboran propuestas y contribuciones, tanto colectivas como individuales, a los retos planteados. Además, desarrolla trabajos de forma asincrónica utilizando plataformas digitales innovadoras como Gather para las reuniones virtuales, Euskampus digital para el intercambio, comunicación y desarrollo de proyectos, así como herramientas *online* (Mentimeter, Miro, Mural…) idóneas para la realización de trabajos en grupo.

4. DESARROLLO

En el caso concreto del alumnado de Diseño Gráfico, se ha participado en los siguientes retos planteados por los agentes sociales que, en términos generales, tienen como objetivo fundamental la disminución de la contaminación por plásticos, o microplásticos, en el litoral vasco-aquitano.

4.1. RETO 1. Creando una red de actores que cuiden y custodien el mar a lo largo de las distintas cuencas fluviales de Gipuzkoa (MATER)

Este reto lo plantea MATER, un centro innovador de educación ambiental enfocado en impulsar la acción de personas y comunidades hacia formas de vida más respetuosas con el medio ambiente. MATER presenta "Itsas zaindari" (guardias del mar), una iniciativa que nace de un profundo sentimiento de respeto y admiración por el mar y la naturaleza, lo que impulsa a la acción de cuidarla. Ser miembro de Itsas zaindari es un estado de responsabilidad y compromiso individual, una actitud transformadora en la que ir adquiriendo hábitos sostenibles en el día a día para minimizar el impacto negativo.

En su dedicación a fomentar el respeto, la protección y, sobre todo, el disfrute del mar, una de las conclusiones de MATER es la necesidad de reconocer la labor de diversos actores y colectivos que destacan por sus iniciativas a la hora de cuidar y custodiar el mar. Y con ello promover y motivar a continuar las acciones y esfuerzos.

En el contexto de este reto, los trabajos desarrollados por el alumnado de Diseño Gráfico participante han sido:

- Diseñar un símbolo gráfico de Itsas zaindari como necesaria seña de reconocimiento a la implicación en la labor de divulgación y sensibilización ambiental de un colectivo.

- Proyectar socialmente el reconocimiento de los estándares de compromiso a través de "Itsas zaindari Sariak" (Premios Itsas zaindari), agradeciendo a los agentes del sector pesquero más destacados por su labor en el cuidado del mar.

4.2. RETO 2. Ekopatruilak: ecoactivando desde y para las comunidades (MATER)

MATER propone en este reto una llamada a la participación en la "Red Ekopatruilak", una asociación de personas voluntarias preocupadas y comprometidas con el medio ambiente y el futuro de las próximas generaciones. Son personas que quieren impulsar la transición ecológica en sus comunidades a través de hábitos más sostenibles. Para ello, utilizan recursos de educación ambiental comunes y comparten experiencias. A través de este reto se propone desarrollar trabajos que activen procesos de sensibilización para el empoderamiento de personas y grupos en sus respectivas comunidades. También, se plantea crear estrategias comunitarias de educación ambiental, con actividades de comunicación y participación social y colaborativa.

En este reto el objetivo establecido por la alumna de Diseño Gráfico participante ha sido:

- Desarrollar un soporte editorial (libro), de carácter didáctico e interactivo, orientado a su aplicabilidad como recurso pedagógico en sostenibilidad medioambiental en aulas escolares infantiles, para edades comprendidas entre siete y diez años. Se parte desde la consideración de que la situación madurativa de los niños y niñas en esta etapa permite un óptimo campo de experimentación educativa a través de la imagen.

4.3. RETO 3. Seabin Pasaia: estudio y seguimiento de la basura marina dispersa en la bahía de Pasaia (MATER)

El centro innovador de educación ambiental MATER, junto con la Diputación Foral de Gipuzkoa y la Autoridad Portuaria del municipio de Pasaia, presentan el proyecto piloto "Seabin Pasaia", que consiste en la instalación de un novedoso sistema de recogida, análisis y seguimiento de la basura marina flotante en la bahía de Pasaia. Seabin es una papelera marina que se encuentra colocada en el agua de más de mil clubs náuticos y puertos de todo el mundo, capturando de media 1,4 toneladas de basura flotante y microplásticos al año. Seabin Pasaia es la primera papelera en el Golfo de Bizkaia.

La basura en el mar, en general, y los microplásticos, en particular, no son sólo un problema estético, sino que además de generar un importante impacto socioeconómico, amenazan la salud y la seguridad humanas y producen efectos negativos sobre los organismos y los hábitats marinos. Los agentes plantean, por medio de este desafío, la necesidad de sensibilizar a la ciudadanía sobre el problema de la basura marina y atraer posibles patrocinadores y voluntarios al proyecto.

Las propuestas de trabajo a desarrollar por el alumnado de Diseño Gráfico implicado en este reto han consistido en:

- Difundir el proyecto "Seabin Pasaia" y los resultados obtenidos a través de soportes gráficos de identidad visual y medios de divulgación como una página web.
- Diseñar infografías que visualicen diferentes datos sobre aquellos aspectos que producen los impactos de la contaminación marina a causa del plástico. Y con ello, ayudar a concienciar y promover cambios de hábitos en la ciudadanía en cuanto al uso adecuado y necesidad de reciclado de este material.

4.4. RETO 4. Descubre la contaminación marina a través de nuestros ríos y ayúdanos a buscar soluciones (Surfrider Foundation)

El agente SURFRIDER Foundation es un organismo dedicado a la protección y disfrute del océano, las olas y las playas de todo el mundo, para todas las personas, a través de una poderosa red de activistas, planteando este reto. El impacto de los desechos plásticos en el ecosistema marino es un desafío urgente para la sostenibilidad mundial. Para resolver este problema se hacen necesarias propuestas de economía circular específicas e innovadoras. Soluciones que deben comenzar en la etapa de diseño de los productos y en la selección de las materias primas utilizadas, con el objetivo de desarrollar productos perdurables en su uso, adaptados para su reutilización, producidos con recursos renovables y que permitan minimizar tanto la necesidad de su eliminación final como de la extracción de recursos materiales limitados.

Ante este reto, la alumna integrante en este reto ha planteado el siguiente designio:

- Proponer una alternativa sostenible a las botellas de plástico que, al mismo tiempo, puedan contener imágenes para la comunicación visual de la problemática de los desechos de plástico.

4.5. RETO 5. Conseguir un entorno libre de plásticos en la Reserva de la Biosfera de Urdaibai (GAIA y Rivages Pro Tech)

Este reto lo plantean los agentes GAIA (Asociación de Industrias de Conocimiento y Tecnología del País Vasco) y Rivages Pro Tech (centro de investigación del grupo SUEZ Eau France), con el desafío de conseguir un entorno libre de plásticos en la Reserva de la Biosfera de Urdaibai, que favorezca la aparición de nuevas oportunidades económicas y de economía circular para esta zona que impliquen a los usuarios finales: ciudadanos, empresas locales, etc.

Este reto surge desde la necesidad de promocionar entre la ciudadanía el logro de un entorno libre de plásticos en el espacio natural de Urdaibai (Bizkaia), declarado Reserva de la Biosfera por la UNESCO en 1984. A su vez, se pretende favorecer el desarrollo de nuevas oportunidades económicas que impliquen la participación directa de los ciudadanos, empresas, instituciones locales, etc.

El propósito que han planteado las alumnas implicadas en este reto ha consistido en:

- Diseñar soportes gráficos de comunicación visual para la sensibilización de los ciudadanos, empresas locales, etc., sobre la problemática de la contaminación de plásticos en la Reserva de la Biosfera de Urdaibai.

5. RESULTADOS

Esta experiencia educativa universitaria, desarrollada en un entorno de experimentación donde el alumnado puede co-crear propuestas innovadoras, ha permitido realizar cada uno los TFGs del Grado en Creación y Diseño de la UPV/EHU, en la especialidad de Diseño Gráfico, dentro de equipos cooperativos interdisciplinares, creados para cada uno de los desafíos establecidos, posibilitando propuestas personales y aportes de evidente interés social. A continuación, a modo de síntesis de resultados, se presentan los TFGs desarrollados en respuesta a cada uno de los retos planteados:

5.1. Una estrella para los guardias del mar "Itsas zaindari" (Reto 1 - MATER)

A través de dos TFGs se ha desarrollado el diseño de la identidad visual de la organización de voluntarios "Itsas zaindari" y la conceptualización del trofeo "Itsas zaindari Sariak" (Premios guardia marítima). Para la creación de la marca gráfica se han buscado referencias simbólicas realizando gráficamente, por un lado, una alusión al alga roja "gelidium sesquipedale", organismo protector en el mar Cantábrico; y, por otro lado, una referencia a la estrella de mar "marthasterias glacialis", uno de los animales más característicos del ecosistema de nuestras costas más próximas. Esta estrella/alga representa a su vez una analogía con el simbolismo presente en nuestro imaginario colectivo, referido a una insignia característica de la figura protectora de guardián (la estrella del "sheriff"). El trofeo se ha conceptualizado a partir de la idea de una estrella de mar, buscando protección en una roca. Para que el proyecto tenga más relación con la labor de limpieza y reciclaje con respecto al mar, el material del trofeo proviene de restos de madera recogidos en la orilla del mar.

Figura 1. Identidad visual de "Itsas zaindari" - Reto 1.
Fuente: Diego Calleja Ortiz (Identidad) y Janire Fandiño Lozano (Trofeo).

5.2. Formando "Ekopatrulleros" (Reto 2 - MATER)

El producto editorial elaborado en este trabajo puede definirse como un cuaderno de campo que pretende, a través de las actividades planteadas, concienciar al alumnado infantil acerca de la problemática medioambiental que sufren específicamente los océanos. Desde la potencialidad educadora de disciplinas del ámbito artístico, como el Diseño Gráfico y la Ilustración, se ha pretendido materializar un recurso educativo, de carácter experimental, que propone recursos estéticos (sensoriales) para la educación. Una educación estética que permite establecer relaciones sensibles y creativas con la realidad del entorno, las cuales resultan imprescindibles para comprender los problemas.

Y de esta manera, facilitar la creación de modos de reconducir actitudes hacia formas de vida activistas con respecto a la sostenibilidad.

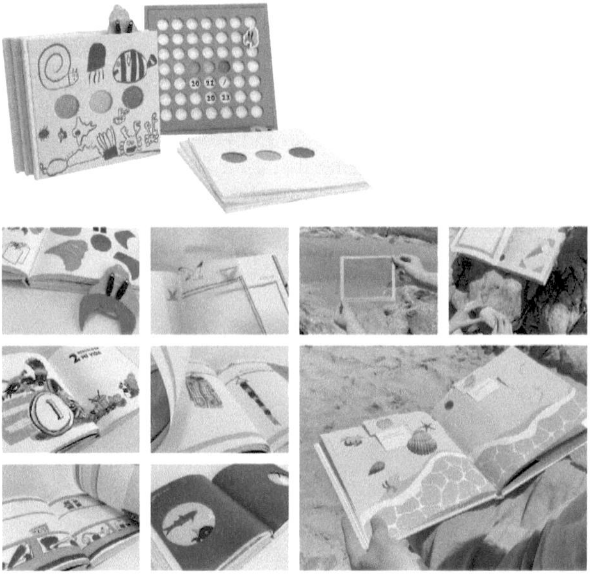

Figura 2. Imágenes del libro para "Ekopatrulleros" - Reto 2.
Fuente: Ana González Mantecón.

5.3. Basureros del mar (Reto 3 - MATER)

Como aportación fundamental de apoyo a la iniciativa de "Seabin Pasaia", en este TFG se ha diseñado su identidad visual y página web. El concepto gráfico de identidad se ha basado en el mecanismo circular que flota en la superficie del mar, capturando y absorbiendo la basura marina para su posterior depósito, traslado y análisis. Una vez formalizado el concepto en una marca gráfica y su aplicación en diferentes soportes de identidad, se ha diseñado una página web conteniendo datos e informaciones de la actividad de Seabin Pasaia, así como infografías y datos de los resultados obtenidos.

Figura 3. Identidad visual y web de Seabin Pasaia - Reto 3.
Fuente: Irati Peralta Aranda.

5.4. Infografías para frenar la contaminación por plásticos (Reto 3 - MATER)

En este trabajo se propone una exposición conformada por veintiséis infografías divididas en cuatro series: Datos específicos, Residuos, Procesos marinos y Escenas cotidianas. Estas infografías, que también se recogen en una publicación, muestran la realidad del estado de degradación de los océanos a consecuencia de los plásticos que por diversas causas terminan llegando al mar. A través de distintos lenguajes gráficos esquemáticos, dirigidos a diversos públicos, se abordan cuestiones como cuáles son los productos fabricados en plástico más abundantes en los océanos, el tiempo de degradación de los mismos en el medio marino, entre otras. Sumado a esto, se propone una adaptación de estas infografías a diferentes medios y soportes para la concienciación de comunidades y su llamada a la colaboración en el cuidado del mar.

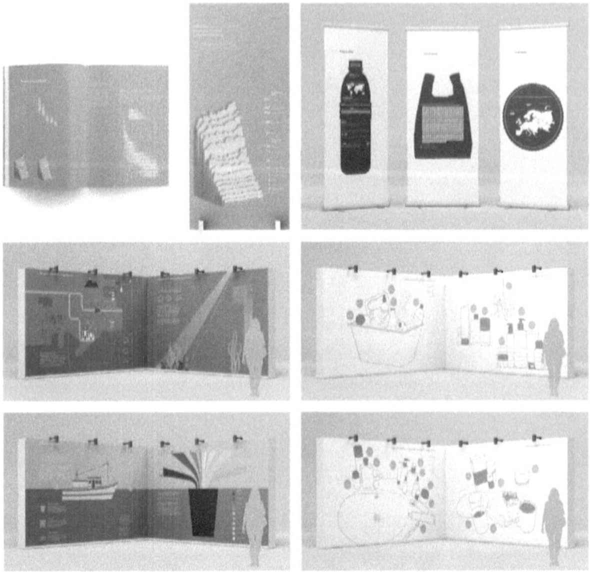

Figura 4. Imágenes de las infografías diseñadas - Reto 3.
Fuente: Silvia Fernández de Arroyabe Rubio.

5.5. Espero que alguien reciba mi mensaje en una botella (Reto 4 - Surfrider)

En este TFG se propone una alternativa sostenible en los modos de consumo de agua mediante botellas de plástico desechables. Consiste en promover en centros educativos, empresas, instituciones, etc., comprometidos con el medio ambiente, el reparto de botellas de agua de cristal, con la posibilidad de poder personalizarlas a través de una web o app que disponen de diferentes opciones gráficas de identificación y decoración: combinación de ilustraciones ya creadas referidas al mar y a los ríos, inserción de textos, inclusión de imágenes predilectas, creación de nuevos elementos gráficos, etc.

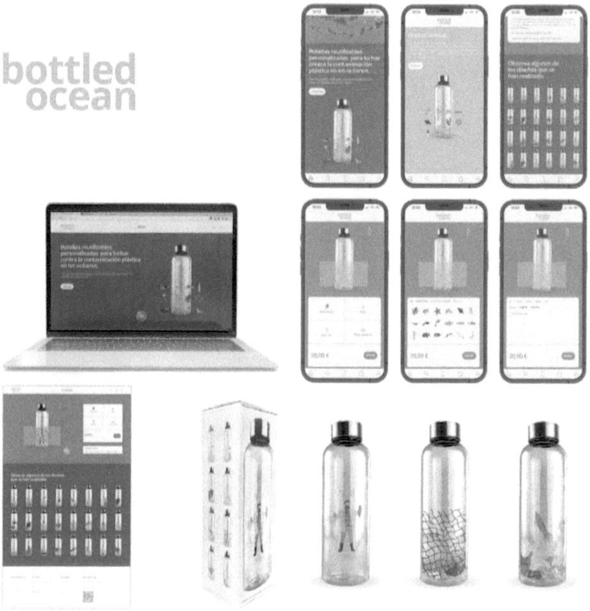

Figura 5. Imágenes de la web y la aplicación para la personalización de botellas - Reto 4.
Fuente: Saray Llorente Amadoz.

5.6. Mares de microplásticos (Reto 5 - GAIA y Rivages Pro Tech)

En estos dos TFGs se propone realizar una campaña de sensibilización a través de la imagen, exponiendo las consecuencias reales de la contaminación de nuestros mares por el vertido de plásticos. Se pretende crear detonantes para sensibilizar y concienciar sobre este gravísimo problema medioambiental, motivando a la colaboración activa para la defensa de entornos libres de plástico. Ambos proyectos de diseño se fundamentan a través de la creación de diversos soportes de comunicación visual (objetos, estructuras e instalaciones), e imágenes basadas en la transmisión de conceptos como degradación, acumulación, microplásticos y ecosistemas marinos.

Figura 5. Algunos objetos y soportes para la concienciación - Reto 5.
Fuente: Leire Máiztegui Inchausti y Janire Sanz Fernández.

6. CONCLUSIONES

A modo de conclusión, se puede afirmar que el proyecto "Ocean i^3" ha posibilitado al alumnado de la disciplina de Diseño del Grado en Creación y Diseño de la UPV/EHU, tomar conciencia de su futura responsabilidad profesional como diseñadores/as gráficos/as para generar un entorno visual inteligible que ayude a promover y a divulgar causas cívicas de interés colectivo, ambiental y social. Desarrollando trabajos en contextos reales, abordados desde diversos ámbitos de la disciplina como la gráfica editorial (materiales didácticos dirigidos a grupos de edades tempranas), la gráfica expositiva (soportes de difusión de resultados/conocimientos en base a infografías), la gráfica ambiental (soportes gráficos aplicados en espacios urbanos para la sensibilización social), la identidad visual (estrategias comunitarias de educación ambiental y actividades de participación colectiva), etc., el alumnado ha podido comprobar la capacidad de transformación social del diseño, valorando su potencial vital para ayudar a las personas a comprender y actuar en un mundo cada vez más complejo y frágil.

En estos TFGs presentados y desarrollados en el contexto del proyecto "Ocean i^3" no solo se significan las competencias específicas establecidas en el Grado en Creación y Diseño, en cuanto a su relación con el ámbito proyectual y profesional del diseño gráfico, sino que también se revelan las competencias transversales de la UPV/EHU relacionadas con el aprendizaje, la investigación y el desarrollo sostenible. En lo que respecta al aprendizaje, el alumnado se ha enfrentado a la comunicación en contextos internacionales, interculturales y multilingües; ha negociado en una participación horizontal para compartir y consensuar resultados; ha practicado una escucha activa a través de la interrelación e interacción con los demás. Esto es, ha madurado su capacidad de trabajo en equipo, al mismo tiempo que desarrollado la autonomía para proponer su TFG personal dentro del equipo/reto. Respecto a la investigación, el alumnado se ha enfrentado al análisis, comprensión y resolución de problemas complejos, gestionando la información y proponiendo soluciones a los problemas, observándolos desde diferentes ángulos. Esto ha permitido la mejora de la creatividad para la innovación. Y por último, en cuanto al desarrollo sostenible, el alumnado participante ha integrado y gestionado el conocimiento a través de las aportaciones de distintas disciplinas y del contexto social. Con todo ello se ha posibilitado la integración de los valores de los ODS, en general, y de los valores del ODS 14 (vida submarina), en particular, ampliando el pensamiento crítico del alumnado, por medio del compromiso social y la responsabilidad con respecto al medioambiente marino.

En síntesis, el proyecto "Ocean i^3" ha hecho posible, tanto al profesorado como al alumnado de Diseño Gráfico, trabajar en el seno de su propio marco curricular, pero compartiendo un ambiente de aprendizaje común que es la propia experiencia "Ocean i^3". En este escenario, el alumnado de Diseño se ha implicado a través de sus TFGs orientados a una misión común: la sostenibilidad de los océanos libres de plástico.

7. REFERENCIAS

Agüero Pérez, M. M., López Fraile, L. A. y Pérez Expósito, J. (2019). El aprendizaje basado en retos como modelo de aprendizaje profesionalizante. Caso del programa Universidad Europea con Comunica+A. *Vivat Academia, 149*, 1-25. https://doi.org/10.15178/va.2019.149.1-24

Alkorta Idiakez, I. (2012). IKD, un modelo para la educación superior en el siglo XXI. *Fabrikart, 10*, 14-25. https://addi.ehu.es/handle/10810/45192

Benitez Erice, D., Giraldo Valdés Pardo, V., Questier, F. y Pérez Luján, D. (2016). La producción del conocimiento experiencial de los estudiantes en la educación superior. *Praxis & Saber, 7*(14), 17-34. https://www.redalyc.org/articulo.oa?id=477249927001

Fernández Iñurritegui, L. y Herrera Fernández, E. (2022). Iraunkortasunerako irudi aktibistak/Imágenes activistas para la sostenibilidad. [EPub], Bilbao, España: Servicio Editorial de la UPV/EHU.

Goddard, J., Kempton, L. y Vallance, P. (2012). The Civic University: Connecting the Global and the Local. En R. Capello, A. Olechnick y G. Gorzelak (Eds.). *Universities, Cities and Regions: Loci for knowledge and innovation creation* (pp. 43-63). Routledge.

Lopez-Fraile, L.A., Agüero, M.M. y Jiménez-García, E. (2021). Efecto del aprendizaje basado en retos sobre las tasas académicas en el área de comunicación de la Universidad Europea de Madrid. *Formación universitaria, 14*(5), 65-74. http://dx.doi.org/10.4067/S0718-50062021000500065

Lozano, J. S. (2019). Algunas notas sobre comunicación social y artes visuales. En D. Heras (Ed.). *ODS, Miradas desde la ilustración* (pp. 12-23). Fundación Mainel.

Mazzucato, M. (2018). *Mission-Oriented Research&Innovation in the European Union. A problem-solving approach to fuel innovation-led growth*. European Commission.

Mirzoeff, N. (2016). *How to see the world*. Basic Books.

Serres, M. (2012). *Pulgarcita: El mundo ha cambiado tanto que los jóvenes deben reinventar todo: una manera de vivir juntos, instituciones, una manera de ser y de conocer*. Gedisa Editorial.

Portuguez-Castro, M. y Gómez-Zermeño, M. G. (2020). Mentoría en curso de emprendimiento en línea. Sistematización de una experiencia en educación superior.

Formación universitaria, 13(6), 267-282. http://dx.doi.org/10.4067/S0718-50062020000600267

Soto Alvarado, M.B., Couso, D. y Pintó, R. (2021). Modeling in Pre-service Secondary School Teacher Education: developing an School Scientific Model of Energy. *Journal of Physics: Conference Series, 1929*, 1-11. https://repositorio.uc.cl/handle/11534/66902

Yanga, Z., Zhoua, Y., Chung, J., Tang, Q. y K. S. Wong, T. (2018). Challenge Based Learning nurtures creative thinking: An evaluative study. *Nurse Education Today, 71*, 40-47. https://doi.org/10.1016/j.nedt.2018.09.004

CUADERNOS DE HISTOLOGÍA EN DIBUJOS MODELO CAJAL PARA ESTUDIOS UNIVERSITARIOS EN CIENCIAS DE LA SALUD

Diego Fernández Lázaro[1] *y Eduardo Gutiérrez Abejón*[2]

El presente texto nace de un proyecto de innovación docente (nº 37/2023) de la Universidad de Valladolid, "Aprendizaje Colaborativo de la Histología del alumnado de Ciencias de la Salud y Creación de un Atlas Histológico".

1. INTRODUCCIÓN

La asignatura Histología, 1º curso de los grados en Enfermería y en Fisioterapia, pertenece a la categoría de asignaturas "Básicas". La Histología permite el estudio de la estructura microscópica de tejidos animales, y la relación estructural y funcional de los distintos componentes para formar órganos. Su objetivo es fomentar el conocimiento de la complejidad de la organización y funcionalidad biológica del organismo humano (Castro, 2019). Desde un punto de vista celular e histológico por lo que se halla íntimamente relacionada con otras disciplinas como la Anatomía, la Bioquímica, la Biología Celular y Molecular, la Fisiología y la Anatomía Patológica (Pesantes *et al.*, 1988). Además, sus contenidos quedan verticalmente integrados con materias específicas del grado en Enfermería como Alteraciones de la Salud, Cuidados e Intervenciones de Enfermería o en el grado en Fisioterapia como Procedimientos Generales de Fisioterapia, Intervención y Especialidades Clínicas de Fisioterapia. Aunque la Histología tradicionalmente se ha considerado una disciplina descriptiva, sus relaciones con estas otras ramas la han transformado en una ciencia dinámica y funcional (Castro, 2019).

Nuestras clases magistrales de Histología se imparten con el apoyo de diapositivas con cortes de tejido de microscopía (óptica y/o electrónica) en el aula, y la observación e interpretación de preparaciones histológicas en el laboratorio. Sin embargo, actualmente es imperioso adaptarse a las cualidades y capacidades actuales de los alumnos porque es necesario que el aprendizaje de los alumnos se base en la capacidad de construir modelos mentales que integren los conocimientos de las estructuras tisulares en relación con su función (García *et al.*, 2013). Para ello es necesario tener habilidades en el manejo del microscopio y la comprensión de estructuras tridimensionales a partir de secciones histológicas bidimensionales (Fernández-Lázaro y Fernandez-Lazaro, 2021). Se debe

1. Profesor Contratado Doctor en la Universidad de Valladolid (España)
2. Profesor Asociado en la Universidad de Valladolid (España)

comprender también que la morfología varía en función del ángulo de corte y de las técnicas de tinción. En nuestras clases prácticas se persigue el estudio de la estructura microscópica de tejidos animales, y la relación estructural y funcional de los distintos componentes para formar órganos. Para conseguir las habilidades de aprendizaje práctico mediante la interpretación de las preparaciones histológicas, el alumno debe realizar la observación repetida de numerosas preparaciones con la imprescindible supervisión / orientación por parte del profesor (Herrero y Pérez-Cañaveras, 2003). El componente práctico de la asignatura lo considero una parte fundamental de cara a la adquisición de las competencias y resultados de aprendizaje de la asignatura, que supone un 45% de la nota total mediante un examen práctico de reconocimiento de tres preparaciones histológicas, y evaluación de un cuaderno. Pero ni en el aula, ni en el laboratorio se dispone de tiempo suficiente para estudiar en profundidad las imágenes histológicas y realizar una docencia individualizada, ni ajustarse a los diferentes ritmos de aprendizaje de cada alumno. Por tanto, es necesario una estrategia innovadora y atractiva que permita al estudiante el aprendizaje de las preparaciones histológicas bajo el control del profesor.

En este sentido una parte muy considerable del éxito de las publicaciones de D. Santiago Ramón y Cajal se fraguó por su extraordinaria capacidad para sintetizar las observaciones en esquemas perfectamente organizados y por las dotes artísticas con las que presentaba sus dibujos. Cajal era capaz de plasmar directamente sus observaciones del microscopio en el papel a mano alzada empleado objetivos de inmersión, lo que le permitía acceder a los más finos detalles, sin embargo, sus lentes no eran aplanares como las actuales y el ángulo de visión de los oculares de aquel tiempo era relativamente bajo (DeFelipe, 2012). Cajal traslada las imágenes al papel con una fidelidad sorprendente, cada dibujo es un prodigio de síntesis que no solo encierra el conjunto de sus observaciones, sino una belleza inigualable de sus dibujos histológicos. Es decir, que Cajal es el mejor ejemplo de la diferencia que existe entre la profesión y la vocación. Profesión es de lo que se entiende y vocación es de lo que se ama (DeFelipe, 2012).

Apoyándonos en estos antecedentes y tras impartir clases de Histología durante cuatro cursos en los grados de Enfermería y Fisioterapia, que nos permite conocer la problemática de forma directa, propusimos elaborar una nueva herramienta docente —Cuadernos de Dibujos de Histología Modelo Cajal—, para fomentar la implicación de los alumnos en una actividad novedosa e incrementar su interés por la disciplina, por la innovación personal, por el uso de nuevas tecnologías, por la creación que aúna cualidades artísticas y científicas. Además, en esta base de dibujos histológicos, los alumnos podrían consultar un material docente de elaboración propia (Del Pozo Martín, 2023).

2. OBJETIVOS

El proyecto de innovación docente (PID) tuvo como propósito la creación de un cuaderno de prácticas que contenga dibujos coloreados con identificación de estructuras y componentes que serán creados por cada grupo de alumnos y que representaran una imagen celular y/o histológica clave de las diferentes preparaciones que se estudiarán con el microscopio óptico durante las prácticas de la asignatura de Histología en los grados en Enfermería y en Fisioterapia de la Facultad de Ciencias de la Salud en la Universidad de Valladolid. Adicionalmente, se trató de desarrollar las competencias y resultados de aprendizaje en las prácticas de Histología, y de mejorar el rendimiento académico final del alumnado.

3. METODOLOGÍA

El presente PID planteó el uso de una metodología de innovación docente basada en técnicas de gamificación, que fomente un trabajo y aprendizaje colectivo / colaborativo del alumnado y permita, por un lado, solventar los problemas y conseguir e incrementar el rendimiento académico del alumnado de Histología. Para la realización del PID "Cuadernos de Dibujos de Histología Modelo Cajal—," se generó un cuaderno de prácticas que contenga dibujos coloreados con identificación de estructuras y componentes que serán creados por cada grupo de alumnos y que representaran una imagen celular y/o histológica clave de las diferentes preparaciones que se analizaran con el microscopio óptico durante las prácticas de Histología.

Cada dibujo se correspondió con una fotografía obtenida con un Smartphone a partir de las preparaciones histológicas originales, donde se pudieron encontrar diferentes tipos de tejidos, así como tipos celulares y estructuras específicas claves para el componente práctico de la asignatura. De cara a reforzar los conocimientos en tinciones histológicas, se tuvo en cuenta dibujos histológicos similares, pero con diferentes tinciones, lo cual limitará el uso específico de determinados colores. Se incluyó por cada lámina histológica de estudio la fotografía realizada con el Smartphone (Figura 1) y el dibujo creado por el grupo de alumnos (Figura 2), se incluyeron, al menos, dos tinciones diferentes de cada muestra histológica.

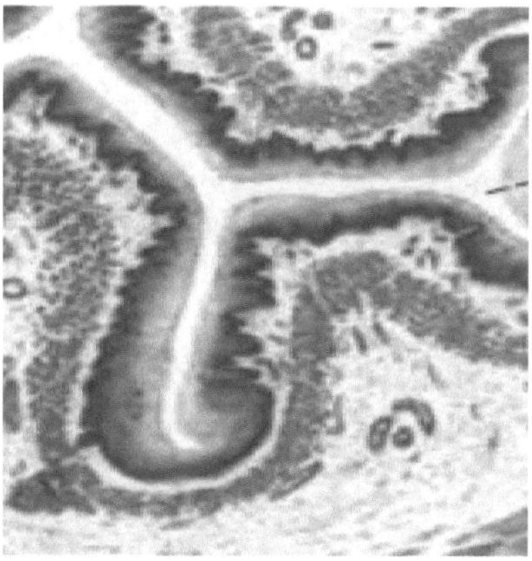

Figura 1. Microfotografía de Porción superior del esófago humano, corte transversal entero. Tinción Hematoxilina Eosina 40X . Fuente: Elaboración propia.

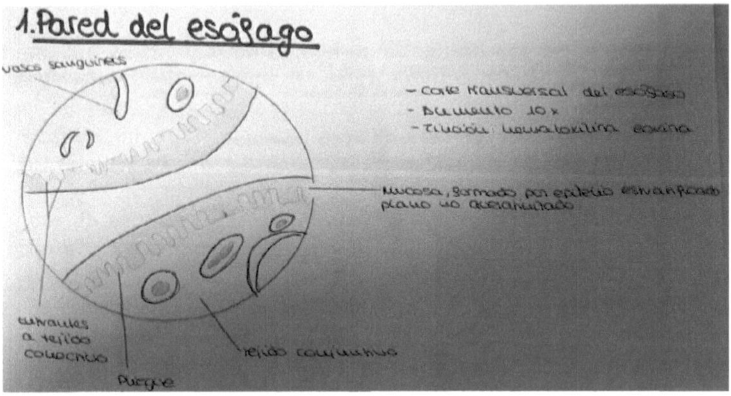

Figura 2. Modelos de Dibujo coloreado a realizar por los alumnos. Creación del coordinador para describir este proyecto docente. Fuente: Elaboración propia.

4. DESARROLLO DE LA INVESTIGACIÓN

El PID se desarrolló durante el primer cuatrimestre del curso 2022-23. Una muestra de 144 alumnos de 1º curso del grado en Enfermería (82 alumnos) y 1º curso del grado en Fisioterapia (62 alumnos) con una edad media grupal de 19 años. Los alumnos de 1ºcurso de grado afrontan este 1º cuatrimestre con cierta expectación y una actitud distinta a la que se observa en el 2º cuatrimestre. El profesorado coincide en la necesidad de estimular al grupo, aumentar la atención y facilitar el estudio de las características principales de la estructura de los tejidos animales estudiados en prácticas. Participaron voluntariamente el 100% de los alumnos asistentes a cada práctica, en el PID.

4.1. Instrumentos

Para el desarrollo de este trabajo se emplearon los siguientes instrumentos:

I. Histoteca física de preparaciones de los diferentes tejidos y órganos animales del Departamento de Biología Celular, Genética, Histología y Farmacología de la Universidad de Valladolid.
II. Los alumnos disponían de un microscopio óptico de tipo metalúrgico vertical de la serie BX de Olympus que es válido para las aplicaciones de análisis que establecen las competencias de la asignatura.
III. Todos los estudiantes tenían un Smartphone y/o tableta propia, con conexión a Internet por wifi de la Universidad de Valladolid.
IV. Materiales de dibujo técnico y artístico que incluyeron: tintas, carboncillos, difuminos, lápices de color, y borradores.
V. Análisis de la eficacia del proyecto, basada en los porcentajes de alumnos presentados y aprobados de las asignaturas Biología e Histología, tanto para el cuaderno de prácticas como para el examen final.
VI. Encuesta de satisfacción de PID "Cuadernos de Dibujos de Histología Modelo Cajal".

4.2 Procedimiento

En primer lugar, se revisaron todas las preparaciones de las que disponemos en la histoteca física del departamento de Biología Celular, Genética, Histología y Farmacología de la Universidad de Valladolid, para las prácticas de Histología y se seleccionaron las mejores para que los estudiantes realizaran los dibujos. En los casos en que las preparaciones de las que disponíamos no poseían la calidad adecuada, se realizaron nuevas preparaciones, de las que también se eligieron las más adecuadas para ser dibujadas. Estas preparaciones fueron proporcionadas a los alumnos para el desarrollo de las prácticas.

Lo hicieron para cada preparado de los que se ven en prácticas. El profesor explicó los puntos básicos de cada preparado, sus principales estructuras y orientó a los estudiantes. Cada estudiante identificó las principales estructuras en cada campo visual y se ayudó mediante la realización de fotografías con sus teléfonos móviles. Las fotos se hicieron a diferentes aumentos con los distintos objetivos de los microscopios. Algunos alumnos trataron las imágenes para conseguir la mejor iluminación, campo y contraste. Estas fotografías sirvieron como guía y como base para realzar los dibujos "Cajalianos". Cada fotografía, obtenida con un Smartphone, "muda" (si especificación de las estructuras) se correspondió con un corte histología estudiado y los alumnos dibujaron y colorearon esa preparación histológica. En cada dibujo modelo Cajal los alumnos seleccionaron estructuras y detalles de interés en preparaciones histológicas (Figura 3).

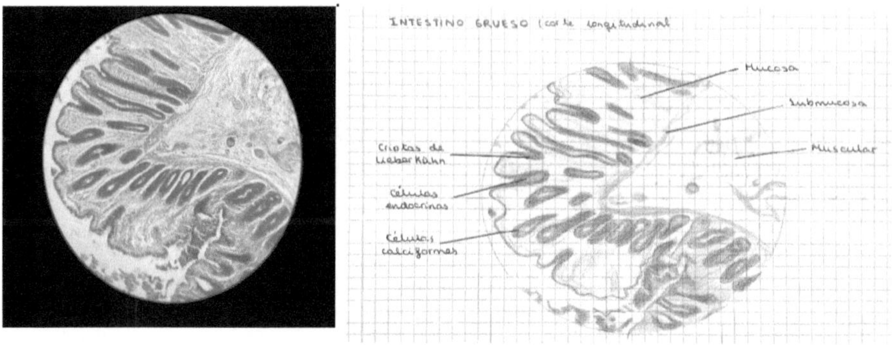

Figura 3. Ejemplo de preparación histología del cuaderno de prácticas de los alumnos de la facultad de Ciencias de la Salud compuesta por fotografía con Smartphone y Dibujo Modelos Cajal. Creación del alumnado participante en el proyecto docente. Fuente: Elaboración propia.

Se procedió a la digitalización de los mejores dibujos, seleccionados por el profesorado, con el fin de generar un atlas de Histología. Este atlas histológico supuso la elaboración de un material propio de aprendizaje que se proporcionó a los alumnos a través del campus virtual de la Universidad de Valladolid.

4.3 Evaluación

Para evaluar este PID de dibujos histológicos siguiendo las enseñanzas de Cajal, se ha elaborado una estadística comparativa entre las calificaciones obtenidas por los alumnos durante este curso y la media de las calificaciones obtenidas por los alumnos en los 3 anteriores cursos que este equipo de profesorado que ha impartido la signatura de Histología. Del mismo modo se realiza una estadística comparativa con el número alumnos presentados al examen de la asignatura y el total de alumnos que han superado la asignatura de Histología.

Además, se elaboró una encuesta de satisfacción para que los alumnos dieran su opinión de forma anónima acerca del PID. Esta encuesta la pudieron realizar a través del Campus Virtual de la Universidad de Valladolid y se dejó abierta durante 2 semanas para que pudieran rellenarla.

5. RESULTADOS

Los alumnos mostraron un gran nivel de implicación en todas las actividades realizadas en el PID. Algunos de ellos demandaron la realización de los preparados histológicos o al menos ver cómo se hace y prácticas relacionadas, tanto en el ámbito académico, como en el divulgativo.

En la asignatura de Histología aprobar el cuaderno de prácticas es un requisito previo para presentarse al examen teórico. Uno de los mayores problemas es que como los alumnos no disponen de microscopios en su casa, ni pueden acceder a los microscopios de la universidad en horario libre, no pueden repasar las prácticas y eso genera un fracaso importante. El disponer de dibujos histológicos siguiendo el modelo de Cajal de los preparados vistos en prácticas ha hecho que tengan que trabajar sobre ellos para identificar las estructuras y también que puedan realizar los cuadernos con una gran calidad y además les permite repasar antes del examen.

Del total de los 144 alumnos de ambas asignaturas todos presentaron el cuaderno de prácticas y las notas aumentaron considerablemente con respectos a los años anteriores. Los cursos del 2019/20, 2020/21, 2021/22 la nota media de los cuadernos de prácticas para los alumnos de 1º del grado de Fisioterapia fue de 6,6 ±0,9 y para para los alumnos de 1º del grado de Enfermería fue de 7,0±1,1. Este curso 2022/23 la nota ascendió en ambos grupos, siendo para 1º de Fisioterapia 7,8±1,2 y 8,2±0,8 para 1º Enfermería (Tabla 1).

Con respecto a los alumnos que podían presentar se al examen, se presentaron 136 de los 144 (94,44%) matriculados, un porcentaje claramente superior al de años anteriores 85,18% (345 presentados de 405 alumnos totales). Nunca habíamos tenido un porcentaje así de alumnos que se presentasen al examen. El número de aprobados del curso 2022/23 también fue superior al de los tres años anteriores, 128 alumnos aprobaron la asignatura que representa un 91,42% de los alumnos que acudieron al examen. En los cursos del 2019/20, 2020/21, y 2021/22 aprobaron la asignatura el 79,13%, que corresponde a 273 alumnos de los 345 presentados (Tabla 1).

Años académicos	Notas Cuaderno de Prácticas		Presentados al Examen		Aprobados de la Asignatura	
	Enfermería	Fisioterapia	Nº	%	Nº	%
Curso 2022/2023 n=144	8.2±0.8	7.8±1.2	136	94.44	128	91.42
Cursos Anteriores 2019/20, 2020/21, 2021/22 n= 405	7.0±1.1	6.6±0.9	345	85.18	273	79.13

Tabla 1. Resultados académicos de los alumnos de la asignatura de Histología de la Facultad de Ciencias de la Salud de la Universidad de Valladolid del Campus. Fuente: Elaboración propia.

Finalmente realizamos una encuesta anónima que los alumnos cumplimentaron a través del Campus Virtual y se dejó abierta durante 2 semanas. Como se observa en la Tabla 2, la participación fue del 100% y los alumnos valoraron muy positivamente la utilidad, facilidad, colaboración en el aprovechamiento y recomendaron que se incluyera en años futuros.

1	**¿Ha participado en el Atlas virtual de Histología animal, uso de Pinterest como instrumento virtual para el aprendizaje?**		
	Respuesta	**Media %**	**Total nº**
	Sí	98.6	142
	No	1.3	2
	Total	100	144/144
2	**¿Cree que el atlas virtual puede ser un material complementario para estudiar la pregunta del corte histológico del examen?**		
	Respuesta	**Media %**	**Total nº**
	Sí	97.2	140
	No	2.8	4
	Total	100	144/144
3	**¿Fue fácil desarrollar la actividad del atlas virtual?**		
	Respuesta	**Media %**	**Total nº**
	Sí	94.4	136
	No	5.6	8
	Total	100	144/144
4	**¿Te resultó de utilidad el atlas virtual para estudiar y repasar la asignatura?**		
	Respuesta	**Media %**	**Total nº**
	Sí	99.3	143
	No	0.7	1
	Total	100	144/144
5	**¿Recomendarías esta actividad para cursos posteriores?**		
	Respuesta	**Media %**	**Total nº**
	Sí	98.6	142
	No	1.3	2

Tabla 2. Evaluación de Cuadernos de Dibujos de Histología Modelo Cajal como instrumento virtual para el aprendizaje en las prácticas de Histología. Fuente: Elaboración propia.

5.1 Tejido conjuntivo

Algunos de los dibujos del tejido conjuntivo realizados por los alumnos quedan representados en la Figura 4, donde se representa un Tejido conjuntivo denso regular de ratón, con una tinción de Hematoxilina-eosina (H/E) en un corte longitudinal con un aumento de 40x.

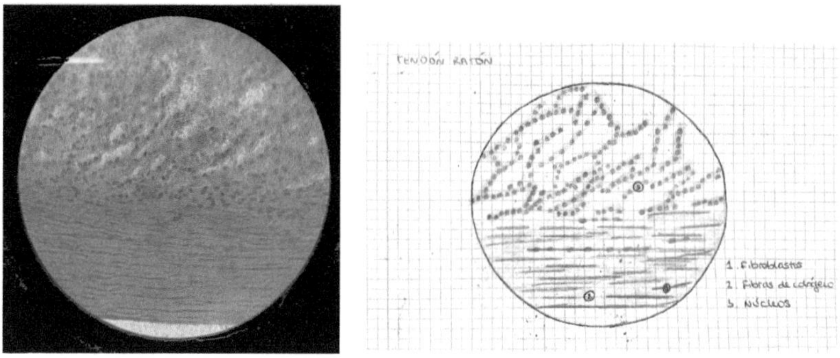

Figura 4. Tejido Conjuntivo Denso Regular. Fuente: Elaboración propia.

En la Figura 5 se representa un Tejido conjuntivo denso irregular de ratón, con una tinción de Van Gienson (VG) en un corte transversal con un aumento de 40x.

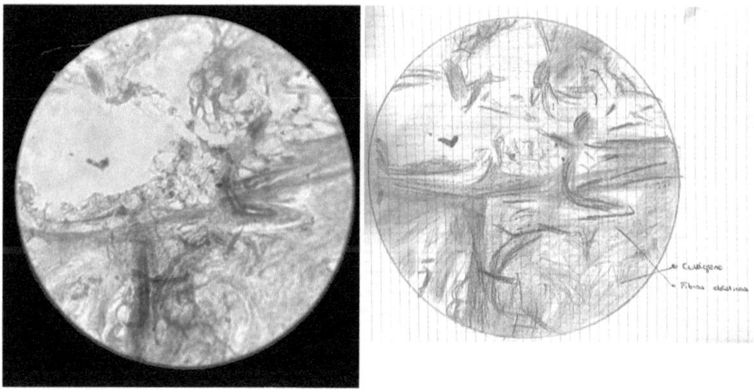

Figura 5. Tejido Conjuntivo Denso Irregular. Fuente: Elaboración propia.

5.1 Tejido cartilaginoso

Los dibujos del tejido cartilaginoso elaborados por los alumnos se muestran en la Figura 6 y Figura 7. En este sentido, se representa un Tejido cartilaginoso hialino de ratón, con una tinción de Hematoxilina-eosina (H/E) en un corte longitudinal con un aumento de 40x (Figura 6).

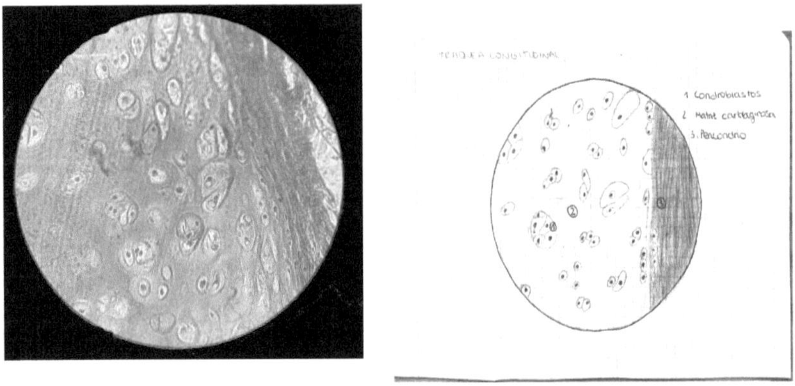

Figura 6. Tejido Cartilaginoso Hialino. Fuente: Elaboración propia.

En la Figura 7 se representa un Tejido cartilaginoso elástico de ratón, con una tinción de orceína en un corte longitudinal con un aumento de 40x (Figura 7).

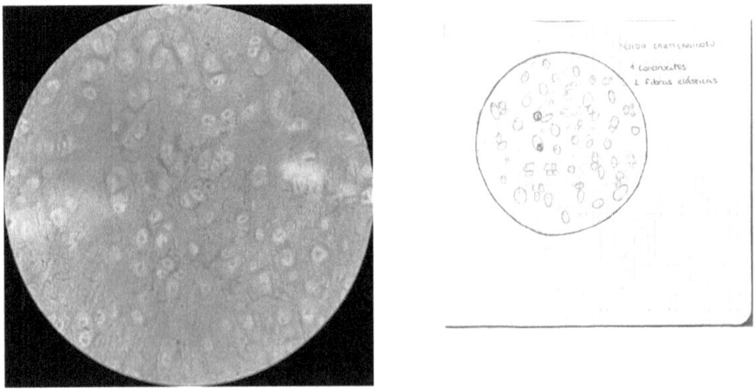

Figura 7. Tejido Cartilaginoso Elástico. Fuente: Elaboración propia.

6. DISCUSIÓN

Con la realización de este PID se pretendía elaborar una serie de dibujos histológicos para que los alumnos pudieran consultar un material docente actualizado y concreto, similar a lo que observan en el microscopio óptico cuando realizan sus prácticas de Histología de primer curso los grados de Enfermería y Fisioterapia respectivamente en la Facultad de Ciencias de la Salud de la Universidad de Valladolid en el Campus de Soria. Por tanto, el objetivo principal era elaborar una serie de dibujos, que previamente han sido estudiados durante las prácticas de la asignatura, que permitiera facilitar el estudio y favorecer el repaso de las características principales de la estructura de tejidos y órganos animales.

En este proyecto ha mostrado una mejora de los resultados académicos con respecto a los cursos anteriores. Además, ha conseguido un alto grado de satisfacción entre el alumnado.

Estos resultados son concordantes con estudios realizados en universitarios en la asignatura Histología. En este sentido se evaluaron los dibujos histológicos realizados a partir de microfotografías, pósteres o figuras de páginas web. y los resultados mostraron que los alumnos que dibujan obtienen calificaciones más altas que quienes no dibujan (Cogdell *et al.*, 2015). Además, La buena realización de dibujos en la práctica de la asignatura Histología mejora el desarrollo de aptitudes en los estudiantes de medicina de la Facultad de Medicina de la Universidad Nacional del México, las cuales se reflejaron en la calificación final obtenida (Falcon Rodriguez *et al.*, 2018). Sin embargo, en otro estudio (Rafi *et al.*, 2023) la se comparó la elaboración de los dibujos desde las muestras histológicas contra aquellos estudiantes que solo les presentan imágenes (no dibujan). Los resultados mostraron una tendencia no significativa en la mejora de la nota final de la asignatura entre los grupos (Rafi *et al.*, 2023). Esto podría indicar que no importó si realizaron o no del dibujo histológico. Tal vez, esto podría indicar que la creación de los dibujos en la asignatura de Histología no influiría sustancialmente con la calificación final. En general, los alumnos disponen de poco tiempo para dibujar la muestra histológica, lo que haría dibujar rápido y sin atender a los detalles histológicos que requieren las preparaciones observadas en las prácticas. Además, Otro problema es que los alumnos no saben observar, pues el dibujo final carece de las características del corte estudiado lo que podría indicar la presencia estructuras erróneas, inadecuados tipos de tinción que induciría a confundir tejidos observados en el microscopio durante la rutina histológica de las practicas (Iván *et al.*, 2012). En nuestro PID hemos revisado todas las imágenes histológicas antes del examen indicando los fallos y corriéndolos. De esta manera todos los dibujos tenían un contenido histológico sin errores que le permitía estudiar con seguridad la asignatura.

Este proyecto reafirmaría que es adecuada la planificación de las actividades de dibujos "Cajalianos"con el fin de integrarlas en los programas docentes, teniendo en cuenta los objetivos de la asignatura y el perfil del alumnado. Para nosotros mejorar el rendimiento académico de los alumnos gracias al acceso a dibujos de los tejidos observados durante la realización de las prácticas, supone un estímulo para seguir implementado la innovación docente en las asignaturas en las que somos responsables.

Sin embargo, existen algunas propuestas para mejorar este PID de Histología. Los alumnos estuvieron hasta el último momento enviando dibujos al profesor, de esta manera sería mejor establecer dos plazos: uno para la realización / trabajo de los dibujos y otro para enviarlas al profesor. La ordenación temporal conseguiría subir el mayor número de dibujos y permitiría a los alumnos ver la totalidad de los dibujos realizados por todos sus compañeros.

Por lo expuesto durante este manuscrito, consideramos que la ejecución del PID ha cumplido completamente los objetivos propuestos que podrían estar relacionados con que dibujar es una actividad que, además de relajar, ayuda al desarrollo del pensamiento, habilidades y preferencias representacionales (Van Meter, 2001), pues mejora el aprendizaje y construye bases mentales sólidas (Dirkes, 1991).

7. CONCLUSIONES

En este PID se ha reforzado el marco docente de las prácticas presenciales por la creación de dibujos modelo Cajal que mantienen las ventajas educativas inherentes al uso de un microscopio óptico real, permitiendo a los estudiantes comprender mejor las características morfológicas de las microfotografías ópticas. Se obtuvieron mejores calificaciones que sus compañeros de cursos anteriores y se consiguió favorecer la adquisición de hábitos y habilidades para el autoaprendizaje, uno de los ejes fundamentales del nuevo marco educativo en la Universidad. Además, se incrementó la participación de los estudiantes en actividades que promuevan el trabajo colaborativo a través de la resolución de problemas y se implementaron competencias genéricas, como la capacidad de análisis y síntesis, resolución de problemas, toma de decisiones y comunicación, el razonamiento crítico, el trabajo en equipo y el aprendizaje autónomo. De este modo, la experiencia puede ser trasladable no sólo a la asignatura de Histología, sino a todas aquellas asignaturas que utilicen dibujos.

8. REFERENCIAS

Castro Alonso, P. L. (2019). Introducción al uso de imágenes digitales en formato web en el aprendizaje de la histología humana. *Educación Médica*, 20, 280–283. https://doi.org/10.1016/J.EDUMED.2018.05.003

Cogdell, B., Torsney, B., Stewart, K. y Smith, R. A. (2015). Technological and Traditional Drawing Approaches Encourage Active Engagement in Histology Classes for Science Undergraduates. *Bioscience Education*, 19, 1-15. https://doi.org/10.11120/BEEJ.2012.19000003

DeFelipe, J. (2005). Cajal y sus dibujos: ciencia y arte. CSIC. https://digital.csic.es/handle/10261/12879

Del Pozo Martín, J. M. R. (2023). Arte en la ciencia: Análisis sociosemiótico de dos dibujos histológicos de Santiago Ramón y Cajal. *Signa: Revista de la Asociación Española de Semiótica*, 32, 543-571. https://n9.cl/sr041

Dirkes, M. A. (1991). Draw to Understand. *The Arithmetic Teacher*, 39, 26–29. https://doi.org/10.5951/AT.39.4.0026

Falcon Rodríguez, C. I., Juárez Orozco, S. M. y Torres Garduño, A. (2018). La práctica de histología en la Facultad de Medicina: relación entre la calificación de los dibujos y la calificación final. *Revista Educación*, 43, 219–229. https://doi.org/10.15517/REVEDU.V43I1.27889

Fernández-Lázaro D. y Fernández-Lázaro C. I. (2021). Álbum Digital de imágenes de Histología Animal en Pinterest para Estudiantes en Ciencias de la salud: Enfermería y Fisioterapia. Nuevos Retos Educativos En La Enseñanza Superior Frente Al Desafío COVID-19, 2021, ISBN 978-84-19023-19-3, Págs. 695-704, 695–704. https://dialnet.unirioja.es/servlet/articulo?codigo=8153897yinfo=resumenyidioma=SPA

García, M., Sempere Ortells, J. M., Sen Fernández, M. L. de la, Marco, F. M., Vázquez Araujo, B. y Martínez-Peinado, P. (2013). La enseñanza de la Histología a través de metodologías activas. *XI Jornadas de Redes de Investigación En Docencia Universitaria*, 1276–1290. http://rua.ua.es/dspace/handle/10045/44140

Herrero, J. de, y Pérez-Cañaveras, R. M. (2003). How we teach recognizing images in histology. Formatex. http://rua.ua.es/dspace/handle/10045/12382

Pesantes Y., M. A., Ortiz R., H. y Toma, C. (1988). Diseño de la enseñanza-aprendizaje del curso de histología humana en la Facultad de Medicina Humana de la Universidad Nacional de Trujillo - Perú. *An. Anat. Norm*, 1, 199–202.

Rafi, A., Anwar, M. I., Manzoor, S. y Anwar, S. (2023). Drawing is an important tool to learn context-based histology in an integrated undergraduate medical curriculum.

Journal of Taibah University Medical Sciences, 18, 886. https://doi.org/10.1016/J.JTUMED.2023.01.005

Rodríguez, C. I. F., Orozco, S. M. J. y Ustarroz, M. L. (2012). *Análisis de los dibujos histológicos en la práctica de alumnos de medicina*. In Primer Congreso Virtual de Ciencias Morfológicas. http://morfovirtual2012.sld.cu/index.php/morfovirtual/2012/paper/viewPaper/151/250

Van Meter, P. (2001). Drawing construction as a strategy for learning from text. *Journal of Educational Psychology*, 93, 129–140. https://doi.org/10.1037/0022-0663.93.1.129

STEAM AL AIRE LIBRE EN LA EDUCACIÓN PARA EL DESARROLLO SOSTENIBLE EN EDUCACIÓN INFANTIL A TRAVÉS DEL INQUIRY-BASED LEARNING: EXPERIENCIA Y OPINIONES DE LOS DOCENTES

Mariana Fuentes Loss, Sílvia Albareda Tiana, Carme Balaguer Fàbregas, Mónica Fernández Morilla, Maria Teresa Fuertes Camacho[1]

El presente texto nace en el marco del Proyecto ERASMUS+ de la UE (01/01/2022 a 31/07/2024), "Kids Lab for Sustainability" en el que participa la Universitat Internacional de Catalunya.

1. INTRODUCCIÓN

La educación para el desarrollo sostenible (EDS) tiene el objetivo de alcanzar la transformación social por medio de empoderar a los aprendices de cara a adoptar estilos de vida sostenibles y, por lo tanto, crear un mundo más justo, pacífico, tolerante, seguro y sostenible (UNESCO, 2016). La etapa de educación infantil es idónea para aprender conocimientos y hábitos sostenibles, que se conservan durante toda la vida. Además, el desarrollo de actitudes y hábitos de consumo ecológicos en los niños y las niñas de preescolar debe basarse en la transmisión de los conocimientos científicos que sustentan el estilo de vida sostenible, de allí la importancia de utilizar la perspectiva STEAM. Este enfoque permite a los niños y niñas apropiarse de un modo de aprendizaje basado en la investigación (inquiry -based learning). En este artículo se presentan los resultados de una investigación realizada en el marco de un proyecto europeo Erasmus+, que aspira al desarrollo de la EDS en Educación Infantil, a través de la educación al aire libre y la metodología STEAM (Ciencia, Tecnología, Ingeniería, Arte y Matemáticas).

Forman parte de este proyecto, actualmente en curso, las siguientes instituciones: Dublin City University, (Irlanda), LUMSA (Italia), Ignatiarum Foundation (Polonia), Fondazione Poliécnico de Milano (italia) y la Universitat Internacional de Catalunya (España) .

1.1. La educación para el desarrollo sostenible

Desde los inicios de la Educación Ambiental como materia transversal en la LOGSE (BOE, 1990) hasta los nuevos decretos curriculares de la LOMLOE en Educación Infantil (DOGC,

1. Todas las autoras son profesoras e investigadoras de la Universitat Internacional de Catalunya (España)

2022) hasta la LOSU en la Educación Superior (BOE, 2021), ha habido una importante evolución en el concepto y en la práctica de la educación para la sostenibilidad.

Se ha pasado de ver el medio ambiente como el entorno que rodea al ser humano, a la conciencia de que el ser humano forma parte de éste y debe actuar responsablemente para su cuidado. Se comenzó con actividades puntuales de salidas en el medio natural y la promoción del reciclaje, para ir evolucionando a una visión más holística en la que se advierte que cualquier actividad humana influye en el planeta y que los problemas ambientales tienen repercusiones sociales, refiriéndose en los nuevos currículos a competencias socio-ambientales (DOGC, 2022). Tal como se recoge en el preámbulo de la Agenda 2030, se contemplan de forma integrada las tres dimensiones de la sostenibilidad (Naciones Unidas, 2015). Por otra parte, la educación ambiental o la actual educación para la sostenibilidad, se desarrolla dentro de la cultura de la complejidad. La complejidad contempla el riesgo, el futuro incierto y la conciencia de los límites (Mogensen y Mayer, 2017). Según la meta 4.7 de los Objetivos de Desarrollo Sostenible de la Agenda 2030 la Educación para el Desarrollo Sostenible (EDS) pretende "asegurar que todos los alumnos adquieran los conocimientos teóricos y prácticos necesarios para promover el desarrollo sostenible, entre otras cosas mediante la educación para el desarrollo sostenible y los estilos de vida sostenibles, los derechos humanos, la igualdad de género, la promoción de una cultura de paz y no violencia, la ciudadanía mundial y la valoración de la diversidad cultural y la contribución de la cultura al desarrollo sostenible" (Naciones Unidas, 2015).

Como recoge la meta 4.7 los conocimientos deben ser teóricos y prácticos, creando una cultura de sostenibilidad. Si queremos tener futuro, como solicitan todos los jóvenes que han salido a la calle reclamando políticas comprometidas ante la emergencia climática, lo tenemos que hacer posible modificando los modelos insostenibles hacia patrones que garanticen el desarrollo humano para todos los habitantes de la Tierra (Franquesa, 2006). Las soluciones para un futuro más sostenible sólo pueden provenir del conocimiento y de la acción (UNESCO, 2022).

La educación es el instrumento para el cambio (Novo, 2007) hacia un planeta más sostenible, pacífico y justo (UNESCO, 2020), pero como se preguntaba el reciente informe de UNESCO: "¿Está el profesorado preparado para ayudarnos a aprender a vivir juntos de forma sostenible?" (UNESCO, 2021, p.1). De los 58.000 docentes consultados, sólo un tercio considera que puede explicar bien temas de EDS y Educación para la Ciudadanía Mundial (ECM). Están motivados para hacerlo, pero les falta recursos y apoyo estructural (UNESCO, 2021). Se requiere por tanto que los educadores sigamos reflexionando juntos, elaboremos y compartamos recursos educativos para que todos aquellos que estamos convencidos que hay que colaborar para contribuir a un futuro mejor, tengamos instrumentos educativos para hacerlo.

1.2. La educación STEAM y la metodología de indagación

La educación STEAM (Ciencia, Tecnología, Ingeniería, Artes y Matemáticas) promueve un enfoque holístico e interdisciplinar del proceso de enseñanza-aprendizaje que trasciende a la enseñanza de las materias de forma individual. Por tanto, el propósito de la educación STEAM es crear conocimiento como una totalidad que resulta de la combinación de todos los campos mencionados (Morrison 2006). El enfoque transdisciplinar de STEAM implica que, a la educación científica basada en la actividad experimental y a la educación tecnológica (robótica, programación, etc.), se unen la ingeniería como área que desarrolla capacidades para la creación de soluciones ante la vida real y el arte como disciplina facilitadora del pensamiento creativo e innovador (Fuentes et al. 2023).

Por otro lado, el objetivo de la educación STEAM no solo es conseguir la alfabetización científico-tecnológica y combatir la falta de interés por los estudios de ciencias, sino también reducir la brecha de género en cuestiones científico-tecnológicas (Torna y Greca, 2018). La inclusión del enfoque STEAM en los primeros niveles educativos evita la creación de estereotipos para la futura incorporación de los estudiantes a estos campos (Elkin et al., 2014).

Es importante destacar que enseñar ciencias implica utilizar como base fundamental metodologías de indagación e investigación, desterrando la idea de que la ciencia es un conjunto de hechos que el alumnado debe memorizar (Greca et al., 2020). El uso de estas metodologías forma parte de una pedagogía constructivista que permite que los estudiantes adquieran conocimientos y habilidades para la resolución de problemas de su vida diaria (Bybee, 2013).

El enfoque STEAM implica: identificar preguntas y conceptos que guían las investigaciones científicas, diseñar e implementar investigaciones, usar en ellas la tecnología y las matemáticas para mejorarlas, formular y elaborar explicaciones y modelos científicos usando la lógica y la evidencia, reconocer y analizar explicaciones y modelos alternativos, comunicar y defender un argumento científico. Estas nuevas tendencias educativas se han desarrollado para dar respuesta a las necesidades cambiantes del mundo actual, ya sean éstas de naturaleza política, económica, social, tecnológica o ambiental (Domínguez et al., 2019). Es una estrategia muy valiosa para que los estudiantes puedan desarrollar competencias del mundo globalizado y para que se conviertan en ciudadanos comprometidos y capaces de aportar soluciones a los nuevos retos científico-tecnológicos (López-Simó et al. 2020; Pineda-Caro, 2022).

1.3. La educación al aire libre

Para descubrir el entorno como contexto de aprendizaje, la educación al aire libre se convierte en un elemento clave. Es preciso salir de las aulas y de la escuela para enriquecer los conocimientos a través del contacto directo con la naturaleza. De acuerdo con Carreras (2017), el ser humano ha crecido y se ha desarrollado al aire libre desde el principio de su existencia y se ha desarrollado y crecido en contacto con la naturaleza (White, 2004). Si bien jugar en la calle y pasear por el bosque habían sido actividades cotidianas, actualmente los niños y las niñas suelen pasar más tiempo en espacios cerrados.

Según Márquez (2023), el concepto de educación al aire libre hace referencia a un amplio abanico de prácticas educativas en las que el denominador común es el aprendizaje significativo (Reig, 2017) y la puesta en valor del entorno exterior en las distintas configuraciones adoptadas como escenarios educativos.

Ford (1986) ya definía la educación al aire libre como aquella que se produce fuera del aula, sobre el espacio exterior y en la que su objetivo es situar a las personas en el medio. Según el mismo autor, este tipo de educación permite desarrollar conocimientos, habilidades y actitudes, en definitiva, competencias. Para la educación al aire libre se puede utilizar cualquier espacio exterior, ya sea un patio de una escuela situada en un barrio industrial, como una escuela que está en medio de la montaña y que a su alrededor dispone de espacios verdes. Todos estos sitios, según Ford, pueden ofrecernos experiencias naturales y posibilidades de aprendizaje.

Los objetivos y las actividades de la educación al aire libre que están presente en la mayoría de los currículums oficiales van a estar condicionadas, en gran medida por el contexto y por la planificación docente que hagan posible acercar el currículum oficial a las posibilidades que ofrece este tipo de educación.

El origen de las escuelas al aire libre es diverso. Según Hueso (2012), la idea surgió en los países nórdicos y, en concreto en el año 1950 en Dinamarca con la aparición de las *Udeskolers.* Le siguieron las escuelas Naturbarnehage noruegas y el movimiento *Friluftsfrämjandet,* que potenciaba la educación ambiental y naturalista de Suecia desde la primera mitad del siglo XX, y que fue el origen de las actuales escuelas llamadas *Ur och Skur.* En Alemania surgió el modelo llamado *Waldkindergärten,* presente también en otros países europeos. En el ámbito anglosajón aparecieron las *Forest Schools* y en los Estados Unidos se crearon las *Fresh Air Schools* (Martínez, 2012) como opción para la *outdoor education (Fang et al., 2022),* o educación al aire libre.

Cataluña fue pionera en este tipo de educación gracias al movimiento pedagógico de l'*Escola Nova* que surge a finales del siglo XIX para promover un cambio en la manera de enseñar a través del aprendizaje activo. L'Escola Bosc, Bosc-Escola a Cataluña y, Bosqueescuela o las escuelas bosque son proyectos de educación viva en la naturaleza.

2. OBJETIVOS

El objetivo de este trabajo es analizar las opiniones, experiencias, necesidades y retos de los y las docentes de Educación Infantil respecto de la Educación para el Desarrollo Sostenible, para orientar la elaboración de recursos e itinerarios de aprendizaje adaptados a las necesidades de los centros escolares. Los objetivos específicos son:

- Analizar las opiniones, experiencias, necesidades y retos del profesorado respecto de la Educación para la Sostenibilidad
- Analizar las opiniones, experiencias, necesidades y retos del profesorado respecto de la metodología STEAM
- Analizar las opiniones, experiencias, necesidades y retos del profesorado respecto de la educación al aire libre.

3. METODOLOGÍA

En el marco de un diseño cualitativo:

La técnica de recolección de datos fue el focus group. Los focus group son una técnica de recolección de datos utilizada en la investigación social y educativa. Colás la describe como entrevista focalizada, a la cual clasifica dentro de la entrevista grupal. "Aborda problemas(...) de modo colectivo más que individual. El término grupo es entendido como sinónimo de colectivo de personas que comparten intereses, valores, situación social o una misma experiencia" (Ruiz, 1996, pp.247, citado en Colás, 1998, pp. 277). Es "una técnica de investigación que trabaja con el habla" (Colás, 1998, pp.254). Se trata de una técnica esencialmente cualitativa (Bisquerra, 2004).

El guión de los focus group realizados fue diseñado conjuntamente por las Universidades socias de los distintos países que integran el proyecto. El guión constaba de tres partes, la primera referida al desarrollo sostenible y educación para la sostenibilidad, la segunda, a la metodología STEAM en relación con la EDS, y, la tercera, a la educación al aire libre.

Constaba de un total de 17 preguntas. La primera de éstas recogía información sobre la formación y experiencia docente de los/as participantes. A continuación, para conocer las percepciones de los/as docentes sobre estos temas, se les pidió que dijeran libremente cinco palabras que el tema les sugiriera. Posteriormente, para introducir los conceptos de desarrollo sostenible y educación al aire libre se visualizaba un vídeo explicativo de cada uno. En el caso de la metodología STEAM, la entrevistadora realizaba una breve explicación. A continuación, se planteaban las preguntas sobre la relación de cada uno de estos tres temas con la práctica docente actual de los participantes, sobre cómo incluirlos en la misma, y sobre los retos y necesidades que percibían para incorporarlos en su propia práctica docente. Durante el desarrollo de los focus group se favorecía la expresión de todos/as los/las participantes y el diálogo.

Los focus group se realizaron online, para facilitar la participación, teniendo en cuenta la distancia entre las diferentes escuelas y que se trata de personas con poca disponibilidad de tiempo.

Las moderadoras fueron dos miembros del equipo de investigación, una de ellas con el rol de guiar la interacción y la otra con el rol de apoyar/complementar el papel de la primera y observar. La interacción entre los participantes quedó registrada por la plataforma en que se desarrollaron los dos focus group: Google Meet, y fue transcrita posteriormente para su análisis.

Tal como es pertinente en los focus group, los grupos se constituyeron a través del muestreo intencional, tratando de asegurar a la vez la homogeneidad (todos/as los/as participantes son docentes de Educación Infantil con más de 15 años de experiencia) y la heterogeneidad (provienen de escuelas de diferente localización (Barcelona, Terrassa y Sant Cugat del Vallès) y tipo (pública y concertadas). Se realizaron dos grupos, uno de 7 participantes y otro de 8, número que facilita la discusión por no ser ni demasiado pequeño ni demasiado grande (Canales y Peinado, 2007, citado en Marino, 2022). El primer grupo lo constituyeron 6 mujeres y un hombre y el segundo grupo, ocho mujeres.

Para realizar el análisis se procedió a codificar a través de las categorías correspondientes al guion de preguntas para el desarrollo de los focus group. En algunos casos, de los comentarios emergieron otras categorías.

4. RESULTADOS

Se han recogido conjuntamente los resultados de los 2 Focus groups que se han realizado. Previamente a la exposición de las respuestas y categorías emergentes, se presenta un análisis del perfil profesional de los participantes (Tabla1). De esta información (expresada voluntariamente) se puede deducir la idoneidad de los profesionales y su experiencia en Educación Infantil.

Tipo de escuela	Participante	Experiencia Docente	Grado
1r FOCUS GROUP			
Escuela concertada	Sujeto 1 (mujer)	32 años. Experiencia en diferentes escuelas	EI
	Sujeto 2 (mujer)	58 años. Experiencia en diferentes escuelas	EI
Escuela privada	Sujeto 3 (mujer)	Experiencia: 30 años en la misma escuela.	I1
	Sujeto 4 (mujer)	24 años. Experiencia: 2 años en la misma escuela	EI
	Sujeto 5 (mujer)	42 años. Experiencia: 16 años en la misma escuela	I4
	Sujeto 6 (mujer)	58 años. Experiencia: 30 años en la misma escuela	I5
Escuela concertada	Sujeto 7 (hombre)	51 años. Experiencia:15 años en educación física.	1r ciclo EP
	Sujeto 8 (mujer)	57 años. Experiencia como TEI: 42 años en 2 escuelas	I1-I3
2° FOCUS GROUP			
Escuela Pública	Sujeto 9 (mujer)	35 años de experiencia en EI	Coordinadora EI
	Sujeto 10 (hombre)	Maestro EP. Actualmente EI	Matemáticas EI
	Sujeto 11 (mujer)	Experiencia: 22 años en EI	Coordinadora EI-EP
Escuela concertada	Sujeto 12 (mujer)	Experiencia: 20 años en EI y EP	EI
	Sujeto 13 (mujer)	Experiencia: 20 años en EI (0-3) y enfermería	TSI
	Sujeto 14 (mujer)	Experiencia: 20 años de experiencia. Titulación en BA Hons modern and contemporary History	EI
	Sujeto 15(mujer)	Experiencia: 16 años en EI	Coordinadora EI

Tabla 1. Perfiles de los participantes. Fuente: Elaboración propia

Los resultados cualitativos obtenidos de los focus group se han analizado de acuerdo con las categorías de análisis presentes en los cuestionarios. Para presentar ordenadamente estos resultados se han agrupado por categorías y dimensiones de cada categoría. Se considera que todas las preguntas planteadas tienen cabida dentro de esta presentación. Se pueden observar en la tabla 2.

Resultados focus group			
Dimensiones de las categorías	Categorías de análisis		
	Desarrollo sostenible y educación para la sostenibilidad	Metodología STEAM	Educación al aire libre
Actividades que se realizan	- Reciclar - Trabajo cooperativo - Uso de material reciclado - Concienciación - Respetar los espacios	Actividades relacionadas con: - Arte - Ciencia - Ingeniería y tecnología - Matemáticas	- Plantar - Dibujar al aire libre - Experimentar en el entorno y completar actividades en el aula
Método de enseñanza	- Agregarse a "escuelas verdes" - Crear consciencia - Vivir el propio entorno - Compartir con las familias	- Actividades de dibujo y pintura - Experimentar, observar, medir - Uso de máquinas y herramientas para construir huertos, riegos	- Se actúa dependiendo de las condiciones de cada centro (urbano o rural) - Se ve muy difícil en entornos urbanos
Retos para lograr	- No hay problemas - Inmersión curricular - Transversalidad curricular - Superar las consecuencias del COVID	- Conseguir recursos humanos y económicos. - Motivar al profesorado para hacerse cargo de los proyectos. - Fomentar la creatividad.	- Conseguir más recursos tanto humanos como económicos
Formación recibida	- No formación - Charlas - Formación continuada en "escuelas verdes" - Comité escolar de sostenibilidad	- Formación autodidacta - Creación de entornos de aprendizaje globales	- Formación relacionada con la creación de entornos de aprendizaje globales
Necesidades de formación	- Formación a través de los comités escolares		- Necesidad de conocer recursos, herramientas y métodos de enseñanza en el exterior

Tabla 2. Resultados cualitativos Focus group. Fuente: Elaboración propia

Para ilustrar los resultados obtenidos, se han seleccionado diferentes fragmentos literales que aportaron los participantes y que ilustran algunas de las categorías y dimensiones descritas en la tabla 2. La tabla 3 recoge algunas de estas frases literales.

Aportaciones literales de los participantes

Dimensiones de las categorías	Categorías de análisis		
	Desarrollo sostenible y educación para la sostenibilidad	Metodología STEAM	Educación al aire libre
Actividades	- *"Creo que, con niños pequeños, lo más importante es aprender a echar cada cosa en su correspondiente contenedor".* - *"También aprender a clasificar"*	- *"Lo que hacemos es poner todo en común. También intentamos de crear conciencia, expresando oralmente qué es lo que hemos visto o hecho"*	- *"Nosotras ya lo incorporamos y plantamos semillas, plantas, dibujamos en el aire libre, hacemos experimentos, pócimas con plantas aromáticas, jugamos en el bosque, creamos situaciones, contamos elementos, naturales, y después pasamos todos estos elementos al aula"*
Método de enseñanza	- *"...trabajando juntos, conseguimos mejores resultados".*	- *"El proceso que hacemos es presentar un experimento, manipular, hacer hipótesis y buscar conclusiones"*	- *"Intentamos hacer lo que podemos"*
Retos para lograr	- *"No entiendo porque lleva tanto tiempo a la administración proponer temas de sostenibilidad desde I3 o I0 hasta la secundaria"*	- *"Creo que la realidad es que los proyectos transversales exigen una responsabilidad muy diluida que finalmente pocos quieren asumir."*	- *"Si quieres enseñar y ser creativa, nos puede ayudar mucho desarrollar actividades al aire libre"*
Formación recibida	- *"Viene gente de diferentes lugares a darnos algunas charlas para darnos ideas"*	- *"No hemos recibido una formación específica, pero cada día intentamos leer cosas nuevas"*	
Necesidades de formación	- *"Aquí tenemos una comisión de sostenibilidad y tenemos un equipo formador y ellos nos explican cómo proceder y nos ayudan a mejorar, a crear más cohesión. De hecho, hay una verticalidad en toda la escuela"*		- *"Recibir formación sobre diferentes herramientas o actividades para conocer cómo trabajar en la naturaleza dentro y fuera del aula"*

Tabla 3. Ejemplos de aportaciones literales de los participantes durante los focus group. Fuente: Elaboración propia

Como se ha podido observar, los resultados de esta investigación demuestran interés de las escuelas en la sostenibilidad como un tema de máxima importancia actualmente, y también demuestran su implicación, que la mayoría consideran mejorable. Con relación a las metodologías STEAM, también se están llevando a cabo, pero no se percibe una formación específica en ello. Por el contrario, la educación al aire libre (*outdoor education*) viene muy condicionada por el entorno y algunos centros ven complicada su implementación.

5. CONCLUSION

Se concluye que los/as docente entrevistados/as, si bien tienen experiencia en estas temáticas, y voluntad para desarrollar metodologías STEAM, necesitan sin embargo recursos y apoyo para llevar a cabo la EDS, esta afirmación está en concordancia con las conclusiones del informe UNESCO (2021). Este es, precisamente, uno de los objetivos más importantes del proyecto "Kids lab for Sustainability".

6. REFERENCIAS

Boletín Oficial del Estado (BOE) (2021). Real Decreto 822/2021, de 28 de septiembre, por el que se establece la organización de las enseñanzas universitarias y del procedimiento de aseguramiento de su calidad. https://www.boe.es/buscar/act.php?id=BOE-A-2021-15781

Bybee, R. W. (2013). *The case for STEM education: Challenges and opportunities.* NSTA Press

Carreras, I. (2017), *L'educació a l'aire lliure a l'etapa 0-6 durant l'horari escolar i quin afecte emocional i motriu té.* Estudi de camp de com ho treballen escoles noruegues i catalanes. https://n9.cl/32vsqa

Diari Oficial de la Generalitat de Catalunya (DOGC) (2021). DECRET 21/2023, de 7 de febrer, d'ordenació dels ensenyaments de l'educació infantil. https://dogc.gencat.cat/ca/document-del-dogc/?documentId=951431

Domínguez, P., Oliveros, M., Coronado, M., & Valdez, B. (2019). Retos de ingeniería: enfoque educativo STEM+A en la revolución industrial 4.0. *Innovación Educativa, 19*(80), 15–32. www.innovacion.ipn.mx%0Awww.ipn.mx

Elkin, M., Sullivan, A., & Bers, M. U. (2014). Implementing a robotics curriculum in an early childhood Montessori classroom. *Journal of Information Technology Education. Innovations in Practice, 13,* 153.

Fang, W. T., Hassan, A. A., & LePage, B. A. (2022). Outdoor education. En: *The Living Environmental Education: Sound Science Toward a Cleaner, Safer, and Healthier Future* (pp. 229-260). Singapore: Springer Nature Singapore.

Ford, P. (1986). Outdoor education: Definition and philosophy. Eric Digest, març 1986, 2-15. https://eric.ed.gov/?id=ED267941

Franquesa, T. (2006). El valor de la sostenibilidad. En Askasibar, I., Coll, C., Franquesa, T., Gil Pérez, D., Pujol, R. M., Sureda, J., & Vilches, A. (2006). *La sostenibilidad, un compromiso de la escuela.* Graó.

Fuentes, O. G., Rivas, M. R., & Figueira, M. E. M. (2023). El enfoque educativo STEAM. *Revista complutense de educación, 34*(1), 191-202.

Greca Dufranc, I. M., García Terceño, E., Fridberg, M., Cronquist, B., & Redfors, A. (2020). Robotics and early-years STEM education: The botSTEM framework and activities. *European Journal of STEM Education,* (1), 1-13.

Hueso, K. (2012). Mejores personas para un planeta mejor: El proyecto pedagógico al aire libre "Saltamontes", pionera en España. Conama - Congreso Nacional del Medio Ambiente, 2012, 2-12.

López-Simó, V., Couso, D., Simarro, C. (2020). Educación STEM en y para un mundo digital: El papel de las herramientas digitales en el desempeño de prácticas científicas, ingenieriles y matemáticas. *RED. Revista en Educación a Distancia, 20* (62)

Márquez, L. (2023, junio, 30). Kids Lab for Sustainability. Boscescola. Learning in nature. [Diapositivas de PowerPoint]. Facultad de Ciencias de la Educación. Universitat Internacional de Catalunya. UIC.

Martínez, J. M. B. (2012). De las escuelas al aire libre a las aulas de la naturaleza. Áreas. *Revista Internacional de Ciencias Sociales*, 20, 171-182.https://revistas.um.es/areas/article/view/144721

Mogensen, F., Mayer, M. (2007). Persepctives en l'educació ambiental. Un marc de treball crític. En Mogensen, F., Mayer, M., Breiting, S. y Varga, A. (2007). *Educació per al desenvolupament sostenible. Tendències, divergències i criteris de qualitat* (Vol. 12). Graó.

Morrison, J. (2006). Attributes of STEM education: The student, the school, the classroom. *TIES Teaching Institute for Excellence in STEM, 20*(2), 7.

Naciones Unidas. (2015). *Transformando nuestro mundo: la Agenda 2030 para el Desarrollo Sostenible.* Resolución aprobada por la Asamblea General de Naciones Unidas el 25 septiembre de 2015. Referencia A/70/L.1. http://www.un.org/ga/search/view_doc.asp?symbol=A/70/L.1&Lang=S

Pineda-Caro, D. Y. (2022). Enfoque STEAM: Retos y oportunidades para los docentes. *Revista Internacional de Pedagogía e Innovación Educativa, 3*, 229-244

Reig, LP (2017). *Educació a l'aire lliure: Una forma de aprendizaje significativo.* Punto Rojo Libros.

Toma, R. B., & Greca, I. M. (2018). The effect of integrative STEM instruction on elementary students' attitudes toward science. *Eurasia Journal of Mathematics, Science and Technology Education, 14*(4), 1383-1395.

UNESCO (2020). *Educación para el Desarrollo sostenible. Hoja de ruta. EDS para 2030.* Educación para el desarrollo sostenible: hoja de ruta - UNESCO Biblioteca Digital

UNESCO (2021). *Teachers have their say: motivation, skills and opportunities to teach education for sustainable development and global citizenship.* https://unesdoc.unesco.org/ark:/48223/pf0000379914

White, R. (2004). Young children's relationship with nature: Its importance to children's development & the earth's future. *White Hutchinson Leisure & Learning Group, 16*(2), 1-9.

EXPOSICIONES INMERSIVAS Y NUEVAS NARRATIVAS PARA UNA ECOLOGÍA CRÍTICA

Dolores Furió Vita, María del Mar Aragó Miñana[1]

1. INTRODUCCIÓN

Cada vez son más las exposiciones que plantean nuevas narrativas ambientales capaces de superar los discursos ecológicos tradicionales. Es por ello que muchas recurren a la inmersividad como lugar de encuentro entre el espectador y la obra artística. La generación de ambientes inmersivos donde la imagen y el sonido se interrelacionan, plantean posibilidades expresivas y comunicativas todavía por explorar, cuyas imágenes a gran formato proyectadas inundan el espacio, o ese mismo espacio se amplía con realidad virtual. Asimismo, la imagen se muestra de una forma muy poderosa, generando nuevos ambientes y transformando el espacio.

2. OBJETIVOS

El objetivo principal de nuestro estudio se basa en el análisis de diversas obras artísticas y exposiciones que a través de la conceptualización y el diseño, han logrado transformar el espacio expositivo en un lugar de reflexión en torno a la ecología.

Otros objetivos se sitúan en contextualizar la imagen en la era hipervisual y definir nuevos espacios que desarrollan otros imaginarios visuales alternativos

3. METODOLOGÍA

La metodología empleada es de carácter cualitativo e incluye procesos de análisis de los fundamentos teóricos referidos a la ecología, la inmersividad y las nuevas narrativas, y su aplicación en el ámbito artístico audiovisual.

Por todo ello, investigamos el impacto que la tecnología ha tenido y tiene en las sociedades contemporáneas, generando nuevas narrativas no lineales e interactivas sobre el hecho medioambiental y la ecología. Se pudo comprobar que tanto la tecnología de realidad virtual como las grandes proyecciones audiovisuales, contribuyen a la aparición de nuevas prácticas artísticas que centran su interés en la ecología, la interacción espectador-obra, la inmersión y las nuevas narrativas.

1. Universitat Politècnia de València (España)

La recopilación de obras y propuestas artísticas, cuyo análisis referencial tendrá un enfoque histórico y documental que recoge el planteamiento estético de las obras seleccionadas.

4. DESARROLLO DE LA INVESTIGACIÓN

A través de varias obras y prácticas artísticas como *Next nature habitat VR* (Koert van Mensvoort), *Re-animated* (Jakob Kudsk Steensen) o *El Bosque. Desarrollo de un entorno inmersivo en Realidad Virtual. Una aproximación artística a la sensibilización medioambiental* (Dolores Furió, M. Ángeles López, Laura Silvestre[2]), se posibilita la contribución o la creación de universos visuales e imaginarios colectivos que permiten fomentar nuevas formas de imaginación y referencias visuales en torno a la ecología. A partir de procesos y elementos conceptuales, permiten pensar a través de lo visual e incitar resultados cohesionados estéticamente. Trabajar mediante asociaciones, búsquedas, selecciones, organizaciones y composiciones de imágenes que permiten crear otras imágenes. Todo esto es posible gracias a la naturaleza multidisciplinar de la práctica artística ya que está íntimamente conectada con aspectos contextuales, históricos, culturales, sociológicos o incluso, antropológicos. A través de conceptos que parten de la estética como disciplina de conocimiento como el imaginario colectivo, el inconsciente colectivo o subconsciente colectivo, que veremos más adelante, el universo visual, el concepto central o la atmósfera general, estas obras artísticas articulan procesos que permiten la creación de nuevas recombinaciones visuales a partir de imágenes existentes o generadas digitalmente. Es por ello que posibilitan el pensamiento a través de la imagen.

4.1. La era hipervisual: superficialidad, copia y algoritmo

Las obras artísticas analizadas en este artículo, huyen de estereotipos creados en la era hipervisual. Es por ello que queremos definir dentro de esta era hipervisual, tres características que definen el tipo de imagen actual y también contextualizan el marco donde ésta existe: la superficialidad, (su naturaleza), la copia (su modo de reproducirse) y el algortimo (su modo de organizarse). De este modo, realizamos una síntesis de un tema muy amplio, fijándonos en tres aspectos base que nos sirven para perfilar un fenómeno mayor.

El tiempo actual de los acontecimientos y, en concreto, de la actividad y el efecto de la imagen o lo visual, ha dejado de percibirse bajo una concepción humana para pasar a una complejidad de tiempos hiperacelerados que han gestado un nuevo código de percepción del espacio-tiempo más cercano a lo maquínico. Esto implica que la imagen actual, la imagen digital, debe de ser ligera y fácil de consumir para poder circular a una velocidad inmediata y expandirse ubicuamente. Los mecanismos que rigen este nuevo espacio-tiempo mediado tecnológicamente, han precisado de una pérdida de peso, tanto a nivel conceptual como también material, de la imagen, para poder seguir el ritmo de estas temporalidades expansivas. La velocidad de lo digital ha degradado el proceso de generación de imágenes y su falta de corporeidad ha beneficiado su propagación.

> *Todo ocurre a la velocidad de la luz, esto es, «inmediatamente». Las imágenes aparecen como un relámpago y como un relámpago desaparecen. Sin embargo, son «eternas» porque están guardadas en memorias, y también recuperables «inmediatamente».*

---

2. Fernando Buchón, Jorge Padín, Mar Aragó, Cristina Fito, Victoria Febrer, Manel Bafaluy, Leo Gómez.

> *Entonces, ya no existe más «el» espacio: todos estamos aquí juntos, sin importar dónde estemos. Entonces, ya no existe más «el» tiempo: todo está aquí y ahora, sin importar cuándo haya sucedido. No se supera solo la geografía y la historia, se anula también el «yo» limitado. Y no solo «estar», sino también «actuar». (Flusser, 2017, p. 188)*

La imagen digital compuesta por luz, se rige bajo un tiempo inmediato, ya no existe retardo temporal entre los acontecimientos y nuestras reacciones. Su naturaleza, a modo de datos alfanuméricos, permite su existencia dentro de un espacio-tiempo que excede lo ordinario y sus temporalidades. Esta superficialidad posibilita dos aspectos que dictan la existencia dentro de lo digital, la reproductibilidad (difusión) y su velocidad de propagación (alcance). Pero también, un tipo de imágenes fáciles de consumir, digeribles, vacías y, por supuesto, desechables.

> *Lo cuantitativo deviene cualitativo en esta fase dos de la red. Y siendo lo cuantitativo uno de los elementos clave de la producción actual, se entiende que el empeño de las nuevas empresas de la «Web 2.0» sea generar en todos nosotros la necesidad de pertenencia y participación, de vincularnos a un grupo, a una comunidad digital, de colaborar y aportar cosas para compartirlas en las nuevas redes sociales (vídeos, fotografías, comentarios, etc.). (Martín, 2008, p. 66)*

Asimismo, los comandos implementados por las interfaces y los dispositivos del universo digital, esto es, cortar y pegar o descargar y guardar (siguiendo a Lev Manovich), facilitan la reproductibilidad, que ya no sólo depende de la sobreproducción, sino también, de la copia. La posibilidad de descargar y compartir, implica a su vez, la copia y la apropiación. Esta cualidad multiplicativa define las dinámicas de viralidad y de influencia que rigen los mapas de visibilidad vs opacidad en lo digital. La copia sustentada por los mecanismos de difusión, asegura y acelera el flujo de imágenes constante e inmediato que precisan las plataformas digitales. Además, la serialidad y la fragmentación que caracterizan la era digital también guardan relación con esta característica de la imagen actual ya que también, son multiplicadores. Las nuevas tecnologías permiten la generación de contenido de forma masiva, contribuyendo así, a una masificación de contenido que se va homogeneizando. A medida que se copia, esto es, que se reproduce y se difunde, se convierte en *mainstream* (convencional). Como resultado tenemos un contexto audiovisual homogeneizado, en el que conservan su hegemonía unos modelos narrativos y visuales abocados, en una inmensa proporción, a la rutina.

Pero, las imágenes no sólo se reproducen gracias a avances técnicos como la copia o a la democratización y accesibilidad de los dispositivos móviles, sino que dependen en gran medida de los cánones, las tendencias o las influencias que dictaminan su difusión y, por tanto, su subsistencia o alcance. Esto supone que, quien más controla la saturación de imágenes en el espacio digital, más lo reclama como suyo. No obstante, esto no se trata de una decisión individual o autónoma, sino que depende de algoritmos. Los algoritmos se utilizan en las plataformas online para realizar una variedad de acciones, entre ellas, la clasificación de contenido, la recomendación de productos o la personalización de la experiencia del usuario. La organización del contenido en categorías, facilita la navegación del usuario, pero también la condiciona. Los algoritmos de clasificación se utilizan en redes sociales, motores de búsqueda y plataformas de comercio electrónico para organizar y presentar, sugerir o recomendar contenido relevante para el usuario basándose en su rastro digital, esto es, su historial de compras, búsquedas o preferencias.

Esta adaptación al usuario que, aparentemente, simplifica la experiencia, es utilizada como un filtro que los medios o las propias aplicaciones aprovechan para aumentar la retención visual y así, generar beneficios económicos. Por tanto, los algoritmos no son neutrales, la visibilidad controlada por las máquinas está igualmente sesgada por intereses económicos, políticos y sociales. Como expone Brea (2010), «la distribución de zonas de visibilidad y opacidad responde siempre a intereses específicos de dominación, hegemonía, y relaciones de poder» (p. 121). La cuestión ya no es quién genera el contenido sino, qué tipo de canon u ordenación acapara lo visible. El control en los criterios de visibilidad o no-visibilidad o el dominio de los espacios de influencia, suponen una concentración de poder.

Estos mecanismos de lo digital se han llevado al extremo con los avances propuestos por la inteligencia artificial. A nivel de imagen, o incluso podríamos decir creativo, los *software* de generación de imágenes (*image generator software*), utilizan algoritmos para desarrollar búsquedas organizadas que se especifican según un texto introducido. Mediante esta descripción en texto, dependiendo del nivel de detalle, el *software* es capaz de crear «desde cero» aquello que le hemos facilitado con mayor o menor éxito. Entrecomillamos desde cero porque realmente, estos *software* utilizan contenido ya preexistente en la red para poder generar imágenes. Esto supone, que aquello que dice generarse desde cero ya ha sido filtrado previamente por los algoritmos de las plataformas *online*. Por tanto, el contenido que monopoliza nuestra visión está doblemente condicionado por intereses hegemónicos. Está, en definitiva, sesgado. Así pues, esta sobreproducción, sobrexposición y sobreestimulación visual no supone una heterogeneidad del contenido (ni mucho menos una libertad de elección), sino que tiende a la homogeneización a través de los cánones imperantes. Si todos nos nutrimos visualmente a través de los mismos canales y recibimos los mismos estímulos visuales, las condiciones de la imagen digital no suponen una democratización de ésta, más bien, la configuran como una herramienta de perpetración de los poderes que la dominan. Volvemos a los conocimientos situados de Haraway y la importancia de resituarnos en este universo digital.

4.2. Aspectos estéticos: imaginario, inconsciente, universo

Resultan necesarias estas reflexiones que nos sitúan frente a aspectos estéticos que los artistas emplean en sus obras. Los imaginarios colectivos son un conjunto de símbolos, conceptos, mitos y relatos que residen en la memoria y la imaginación de los individuos de una determinada comunidad o colectivo. Funcionan como mecanismos identificativos, modelos de reconocimiento, patrones asociativos o formaciones de autorrepresentación a través de las cuales proyectar, reconocer y construir un estilo de vida, una forma de ser, una personalidad o una cosmovisión. Se desarrolla en arquetipos o temas universales: el amor, el tiempo, la juventud, el héroe o las catástrofes y desgracias (imaginario negativo). La toma de consciencia por parte de los individuos, al compartir estos símbolos, refuerza el sentido de comunidad y genera un patrimonio común. Las conexiones y asociaciones que los imaginarios producen, transitan entre lo real y lo imaginario retroalimentándose mediante transferencias y proyecciones. Al transcender el imaginario colectivo, se pueden llegar a generar nuevos mitos e iconos que pueden marcar y condicionar períodos históricos, sociedades o culturas enteras. Los imaginarios colectivos son alimentados por los medios de comunicación, y se identifican en los productos de consumo y en las personalidades mediáticas. Con la llegada del universo digital, el tamaño de las comunidades que pueden compartir un patrimonio común simbólico ha aumentado. El potencial de los imaginarios, ahora globales, radica en su poder de afirmar, construir, constituir, dar un lugar y un sentido, es decir, construir un imaginario y ofrecer un lugar, un papel, un rol, sea individual o colectivo en esta película máster que ahora se proyecta como realidad.

A su vez, el inconsciente colectivo (Carl Gustav Jung, 2009) hace referencia a unas estructuras, símbolos, arquetipos, instintos y pulsiones compartidos por miembros de una misma comunidad o especie, símbolos universales que se han ido sedimentando en el subconsciente colectivo, que provocan y filtran el comportamiento humano mediante reacciones innatas, estructuras y predisposiciones determinadas hacia ciertos estímulos. Estas comunidades o grupos, generan asociaciones y patrones subconscientes y son receptivos a ciertos símbolos, mitos, arquetipos o instintos que han sido asimilados mediante la repetición, la experiencia y la memoria de ese mismo grupo o especie. Todos los seres de una misma especie, grupo o colectivo, independientemente de las diferencias raciales o geográficas, comparten el mismo conjunto colectivo de vínculos, instintos e imágenes, aunque estos se manifiesten de manera diferente debido a la influencia moldeable de la cultura que genera conjuntos adicionales de ideas colectivas primarias. La aplicabilidad universal de los arquetipos y sus asociaciones naturales o innatas, ha sido captada por los especialistas en *marketing* y publicidad, quienes han aplicado estas dinámicas a los consumidores. El imaginario participa de la cultura, lo absorbido y lo asimilado en la memoria y el inconsciente de la naturaleza, de una respuesta innata y nemónica del subconsciente que, igualmente, puede ser manipulada.

De todo este conjunto de factores de los que participa la práctica artística, se generan universos visuales que sirven para materializar y comunicar visualmente, de un modo efectivo, ideas o conceptos complejos. Estos universos visuales se desarrollan a partir de un proceso que contiene tres etapas consecutivas: una etapa analítica, una sintética y una icónica. En la etapa analítica, se investigan el contexto, los antecedentes o contemporáneos, los referentes directos o la repercusión y consecuencias de ciertos acontecimientos en el contexto. En esta parte de la inmersión se premia el rigor analítico y su profundidad, sabiendo centrarse en lo realmente importante como también teniendo sensibilidad para apreciar los detalles clave. En la etapa sintética se tamiza todo lo anteriormente analizado e investigado para filtrar lo más importante o más esencial para la generación de un concepto del que pueda partir la dirección de arte. Este concepto es la idea principal sobre la que partirá y gravitará el proyecto, aquello que engloba lo que queremos contar y aquello que queremos que transmita lo visual. El concepto central, es la conexión, la relación, el vínculo, entre la idea y su representación visual y es de vital importancia para una comunicación efectiva. En la etapa sintética se premia la originalidad conceptual y la calidad, claridad y estructura del discurso. A parte del concepto, se investigan y recopilan referencias estéticas y visuales como el ritmo, el tono o el relato, aspectos generales para seguir dando forma y estilo al concepto. Por último, la etapa icónica o de representación, es donde tienen que quedar claras las imágenes y los códigos visuales que van a emplearse y la aplicación del concepto creativo para su materialización. Aquí se concretan el estilo o la corriente artística que se va a utilizar, se definen los rasgos o características visuales o gráficas propias, el posible imaginario, sus símbolos y significados y, en general, la guía de estilo que va a seguir el proyecto en relación a lo conceptual y lo visual. En esta etapa se premia la originalidad formal de los resultados y su acabado. Mediante este proceso se genera una atmósfera que permite una comprensión global de aquello que queremos transmitir. A través de esta síntesis atmosférica se marcan las pautas conceptuales y visuales que determinarán el aspecto del proyecto, dándole forma y propiciando ramificaciones. No se trata solo de determinar específicamente los elementos que compondrán lo visual, sino de generar una guía, un enfoque, una apariencia general desde la que partir.

4.3. Nuevos espacios para expandir los imaginarios

La exposición *Speculative Species* (2019) que combina ecología y realidad virtual, investiga las posibilidades experimentales del espacio virtual, haciendo hincapié en los desarrollos futuros de esta nueva era de interferencia humana en el medio ambiente y en sus criaturas. Las obras de esta exposición cuestionan cómo cambian las condiciones de vida de la flora y la fauna. Así pues, se plantean obras de inmersión virtual como *Next nature habitat VR*, 2017, de Koert van Mensvoort, donde se invita a los visitantes a cuestionarse cuál es el medio en el que vivimos en nuestros días, planteando varios interrogantes. Si el hábitat natural del oso polar es el ártico y el del escorpión el desierto, ¿qué sucede con los humanos? ¿cuál es nuestro hábitat natural? ¿cómo está evolucionando? ¿qué significa vivir en la próxima naturaleza? ¿será la tecnología nuestra próxima naturaleza? Otra obra que analizamos es *Re-animated* de Jakob Kudsk Steensen, incluida de la misma exposición. Un set de realidad virtual sobre los pájaros Kauai, especie desaparecida en 1987 y que gracias a la realidad virtual, el artista ha devuelto a la vida. Como si de un jardinero digital se tratara, a través de algoritmos hace resurgir flora y fauna creando un ecosistema que solo restaba en el inconsciente y que ha dado la oportunidad al espectador de volver a revivirlo.

La propuesta artística de realidad virtual *El Bosque. Desarrollo de un entorno inmersivo en Realidad Virtual. Una aproximación artística a la sensibilización medioambiental,* creada por investigadoras de la Universitat Politècnica de València, propone nuevo relato audiovisual, una creación ficcional sobre nuestra mirada acerca de lo que entendemos por naturaleza. La construcción de un espacio/bosque como elemento principal del relato, sin personajes, no-antropocéntrico, buscando despertar conciencias por medio de la empatía hacia nuevas maneras de presentar la naturaleza, modificando la visión del usuario, ofreciendo una narrativa virtual alternativa.

EL BOSQUE pretende el cambio de nuestras percepciones, alentándonos a ver la naturaleza no como un recurso a explotar, sino como un sistema complejo e interconectado que sustenta toda la vida en la Tierra. Las investigadoras, inspiradas por las teorías de Susane Simard, de la existencia de una red subterránea de micorrizas que conectan los bosques, cooperando entre ellos, con vida interdependiente. "Bajo tierra hay otro mundo, un mundo de infinitos caminos biológicos que conectan árboles y les permiten comunicarse y comportarse como un solo organismo. La interacción de los árboles del bosque, no sólo como competidores, sino como cooperadores. Una red de comunicación bajo tierra." (Simard, 2016 https://www.ted.com/talks/suzanne_simard_how_trees_talk_to_each_other)

Las nuevas narrativas posthumanas utópicas, entre las que podría englobarse esta obra artística, ponen de relieve escenarios apocalípticos que intentan ser una crítica del presente y movilizar al espectador/usuario, alejándolo del miedo y la parálisis. Está presente este estado global de crisis climática, aunque se ha enfocado en el paisaje más local que global. Se parte del estudio del territorio Parque Natural de la Albufera de Valencia. Un gran lago de agua dulce de más de 2.800 hectáreas, donde se refugian hasta 300 especies de aves durante todo el año (zona ZEPA, zona de especial protección para las aves). Un entorno de marjales y arrozales, y en la franja que lo separa del mar, un ecosistema de dunas naturales y bosques de pinos de la Devesa y el Saler. Una extensa zona que abarca varios pueblos como Catarroja, Silla, Sollana y El Palmar, todo ello a 10 km. de Valencia, España.

Tras un estudio de localizaciones por diversos espacios, se escoge tres zonas representativas de la experiencia que se quería desarrollar: una zona árida de duna, un bosque de pinos mediterráneo y una zona circular con muchas enredaderas que dificultasen el trayecto, enredadas entre la maleza y los árboles. Se escanea el terreno con un escáner Lidar Leica (*Light Detection and Ranging*). Esta tecnología se utiliza en geología, sismología y física de la atmósfera. En este caso, las nubes de puntos que el escáner Lidar genera, se introducen en el software Unreal Engine para crear la experiencia completa (utilizando, entre otros, el plugin Lidar Point Cloud). Resulta ser un gran reto trabajar con estos dos tipos de archivos (nubes de puntos) y archivos propios junto a assets de Unreal. A partir de un mapa creado como base para desarrollar toda la propuesta, se colocan las tres zonas escaneadas y se comienza a construir el mundo proyectado/imaginado. La primera fase consta de un bosque idealizado, por lo que está construido con Unreal Engine a partir de archivos propios y assets de bosques mediterráneos, empleando diversos plugins de texturas de suelo, iluminación, etc. con la finalidad de crear un bosque hiperrealista. A medida que la experiencia se va transformando hacia las fases 2 y 3, las nubes de puntos se solapan y se entreveen, generando un diálogo entre esa imagen hiperrealista y la estructura del bosque lineal. En la fase 4, donde las raíces micorrizas cobran todo el protagonismo, la nube de puntos es la capa que se deja visible, conectando las líneas con todas las formas del bosque. La fase 5, donde el bosque se repliega sobre sí mismo, se realiza un modelado con Adobe Medium, software de modelado en Realidad Virtual. Una vez obtenida la forma construida, se exporta a Blender para acabar de generar ese mundo amalgama/replegado/colapsado de minerales, vegetales y árboles. Este entrecruzamiento de diferentes tecnologías que han sido procesadas y se han unido en Unreal Engine genera una experiencia diferente y novedosa. Finalmente con el plugin Camera 360 la experiencia se exporta para gafas Oculus VR que es donde el espectador puede ver la obra artística.

Con esta obra, se abre la posibilidad de pensar la problemática del espacio y la inmersividad desde diversas perspectivas dentro de un contexto tecnológico como es la realidad virtual. Un espacio virtual libre de condicionantes externos, una naturaleza no romantizada mostrada sin dominación, sin humanos, una fuerza que conecta con todos los seres vivos del planeta y que si permanecemos sensibles, podremos adentrarnos y formar parte de ella. Esta obra se genera en el mundo virtual con el objetivo de repensar nuestra relación con la naturaleza, y que impacte en nuestro mundo real, entendiendo nuestro mundo físico como una extensión de nuestro mundo virtual, y viceversa. Es un intento de crear una obra polisémica y multicéntrica, pensando la realidad de la virtualidad y la virtualidad de la realidad (Deleuze). Potenciar emociones a partir de este ambiente virtual inmersivo.

5. DISCUSIÓN

En el 2019, el Ciberespacio ya era un concepto consolidado y hasta podríamos decir anticuado. Este término creado en 1984 en la novela *Neuromante* de William Gibson, abarca el espacio virtual interconectado (virtual e interactivo) a nivel mundial que construye un nuevo espacio de comunicación y que transforma nuestra manera de relacionarnos entre nosotros y con el mundo. La expansión de internet, la red de telecomunicaciones global, transformó nuestras relaciones sociales, generando un impacto enorme en las economías capitalistas. La consolidación de los móviles y años después la llegada de las redes sociales, eclipsan nuestras maneras de estar en el mundo. Un mundo hiperconectado y sobreinformado que nos conduce a su análisis crítico y a reflexionar si con estas nuevas tecnologías, el mundo ha avanzado en el objetivo de transformación (el ser humano para la paz) o si por el contrario, hemos perdido nuestra alma por el camino.

El concepto de ciberespacio ha dado paso al nombre de Metaverso. Creado en 1992 por Neal Stephenson y popularizado en 2019 y 2020 gracias a la pandemia de covid-19, fue el 28 de octubre de 2021, cuando Mark Zuckerberg, CEO de Facebook, quien se apropia del término para a partir de ese momento denominar/cambiar su naiming a la multimillonaria empresa (Meta Platforms). Si bien la realidad virtual, concepto acuñado en 1987 por Jaron Lanier, se creó hace ya más de 35 años, su auge comenzó en 2014 con la compra de Facebook de las Oculus VR. El interés de Meta, Google o Youtube por crear nuevas experiencias sociales, el bajo coste de los dispositivos y el acceso en abierto de experiencias gratuitas, han conseguido reavivar una tecnología todavía incipiente pero que augura nuevos territorios inexplorados hasta ahora (periodismo, diseño, marketing, etc). Si bien la definición de metaverso está siendo definida sobre todo desde las ciencias sociales, podemos afirmar que las narrativas que giran en torno a estas experiencias no están lo suficientemente desarrolladas. La experiencia de usuario ha sido un tema de interés desde hace años, tanto por la psicología como por el diseño. El concepto de la virtualidad implica nuevas formas de organización cultural y social de las prácticas del arte, cuyos problemas artísticos analizamos desde la perspectiva multi y transdisciplinar, investigando sobre la crisis climática desde diversos campos transversales que nos permiten generar una producción compleja de significados.

Por todo esto, el concepto de inmersividad no es nuevo, ya en el s.XIX se crearon dispositivos en esta dirección, aunque en estos momentos es poliédrico y todavía está en constante cambio. Esa mirada unidireccional hacia la pantalla blanca de la caja de cine desaparece y las imágenes se proyectan en todas las paredes de la sala de exposiciones, a modo inmersivo, donde es imposible abarcar todo, la pista no alcanza y el espectador siempre se pierde algo. Ya no se analiza la imagen, sino que se disfruta. La sobreinformación nos lleva a un contenido superficial. La falta de distancia conduce a que lo público y lo privado se mezclen. La erosión de lo comunitario hace cada vez menos probable una acción común.

6. CONCLUSIONES

Lo virtual no se opone a lo real, sino que es otra construcción de la realidad. Este nuevo espacio tiene como característica ser un espacio desterritorializado, generando nuevas formas de interacción social antes inimaginadas. En la actualidad, el metaverso está en nombre de tod@s, y augura un futuro a lo Johnny Mnemonic, donde el empleo de dispositivos de nueva generación junto a la conexión 5G, nos harán pensar que estamos dentro del metaverso interactuando con otr@s. En esta nueva coyuntura, si no somos capaces de mejorar nuestras relaciones entre seres humanos y no humanos, dando soluciones a todos los problemas generados por el antropocentrismo (guerras, crisis climática, violencia de género, bienestar y cuidados, etc), no habrá revolución tecnológica, sino mera continuidad.

Por tanto, podemos combatir todo lo anteriormente mencionado inoculando otros imaginarios posibles a través de la práctica artística. Consideramos que la realidad virtual puede mostrarnos otros mundos posibles que ayuden a avanzar en una sociedad consciente de lla necesidad de una nueva mirada ecológica, no antropocéntrica y situada. Los conocimientos situados de Donna Haraway sugieren múltiples preguntas alrededor de las jerarquías de poder: ¿cómo ver? ¿desde dónde ver? ¿qué límites tiene la visión? ¿para qué ver? ¿quién tiene más de un punto de vista? ¿quién queda ciego? ¿quién usa antiojeras? etc. en un intento por vislumbrar más allá del campo visual proponiendo además otros poderes sensoriales como base para la interpretación. Estos interrogantes planteados por Haraway están presentes en las obras artísticas mencionadas, dando lugar a nuevas narrativas actuales para una ecología crítica.

7. REFERENCIAS

Alonso González, M. (2021). Desinformación y coronavirus: el origen de las *fake news* en tiempos de pandemia. *Revista de Ciencias de la Comunicación e Información*, 26, 1-25. https://doi.org/10.35742/rcci.2021.26.e139

Barrientos-Báez, A., Caldevilla-Domínguez, D. y Vargas-Delgado, J. J. (2019). El protocolo, la puesta en escena y la persuasión en los debates políticos televisados. *Redmarka. Revista de Marketing Aplicado, 23*(3), 17-27. https://doi.org/10.17979/redma.2019.23.3.5872

Bumbila García, B. B. (2021). Turismo rural en Crucita-Ecuador: Una mirada desde la fortaleza del género. *Revista de Ciencias Sociales, 27*(2), 401-416. https://doi.org/10.31876/rcs.v27i2.35928

Cerdán Martínez, V., García Guardia, M. L. y Padilla Castillo, G. (2020). Alfabetización moral digital para la detección de d*eepfakes* y *fakes* audiovisuales. *CIC. Cuadernos de Información y Comunicación, 25,* 165-181. https://doi.org/10.5209/ciyc.68762

Codina Canet, M. y San Segundo, R. (2021). Proyectos documentales digitales para la reconstrucción de la Historia de las mujeres con análisis de género. *Historia y Comunicación Social, 26*(1), 279-289. https://doi.org/10.5209/hics.66200

Cuesta, U. (2021). Cómo crear packagings que atraigan al cerebro del consumidor: una investigación de neurodiseño de packaging. *Revista de Marketing y Publicidad, 1*(3), 39-67. https://doi.org/10.51302/marketing.2021.702

Haraway, D. (1995). *Ciencia, cyborgs y mujeres. La reinvención de la naturaleza*. Madrid: Cátedra.

EXPLORING ALTERNATIVE CONCEPTIONS OF CLIMATE CHANGE AMONG SPANISH STUDENTS AGED 12-16

Antonio García-Vinuesa[1], *Pablo Ángel Meira-Cartea*[1]

The following text was developed within the framework of the resclim@tiempo project, funded by the "Proyectos de Generación de Conocimiento 2022" (Ministerio de Ciencia e Innovación) [Code: PID2022-136933OB-C21/C22]

1. INTRODUCTION

Today, anthropogenic climate change is widely recognized as a reality in the scientific and academic communities, with a high level of confidence (IPCC, 2021; Lynas *et al.*, 2021). However, despite this consensus, there are prevalent conspiracy theories and denialist movements regarding climate change worldwide (Klein, 2015). These movements have a significant impact on the acceptance of climate science, leading to general distrust, reduced pro-environmental concern, behavioral intentions, and policy support (Biddlestone *et al.*, 2022). Therefore, addressing the denialist movement is one of the challenges that education must face. It is crucial for education to achieve goals such as promoting acceptance of climate change, fostering behavioral changes, and garnering policy support to effectively respond to the climate emergency and empower active citizenship.

Furthermore, the complexity of climate change poses challenges for understanding among students, ranging from lower secondary education to university courses (Bello Benavides *et al.*, 2017; García-Vinuesa *et al.*, 2020; Punter *et al.*, 2011). Additionally, cognitive biases emerge when students attempt to explain the phenomenon, including adding unnecessary elements to their explanations (correction bias) and justifying their arguments based on incorrect premises (coherence bias) (Chang & Pascua, 2016). This situation presents a significant challenge for educational systems, as they are expected to play a crucial role in promoting active social participation in the necessary transition to low-carbon societies. Moreover, they need to provide alternative adaptation strategies to address the uncertain social, environmental, and economic conditions that characterize today's societies. (Reid, 2019).

With the aim of providing an educational response to these challenges, Monroe *et al.* (2017) conducted a systematic review to identify effective educational strategies for teaching climate change. They emphasize the importance of making educational topics

1. Universidade de Santiago de Compostela

personally relevant and meaningful to students, while actively engaging them in the learning process. The authors present a collection of educational activities that have been proven to be helpful in teaching and learning about climate change, and that are commonly used in the instruction of controversial issues:

1. deliberative discussions,
2. interactions with scientists and participation in firsthand experiences of the scientific process,
3. interventions to address misconceptions, and
4. the implementation of community and school projects.

Among these strategies, inquiry-based learning stands out as a promising approach. It enhances students' understanding of the scientific inquiry process and facilitates meaningful learning by exploring various aspects related to everyday life (Martinez-Chico *et al.*, 2020), especially when addressing controversial Socio-Scientific Issues such as climate change (Jiménez-Liso *et al.*, 2020).

Taking these factors into consideration, the main objective of this paper is to identify the most prevalent misconceptions about climate change among secondary school students in Spain.

2. AIM AND RESEARCH QUESTION

In the field of climate change education research, there is a substantial body of literature on misconceptions about climate change among students worldwide (García-Vinuesa & Meira-Cartea, 2019). Scientific misconceptions are commonly held beliefs that arise from everyday reasoning and identifying them can be valuable for creating contexts that facilitate higher-order learning through specific learning activities. Therefore, through this survey research, our objective is to identify the prevailing misconceptions about climate change among Spanish middle school students. By doing so, another objective is to provide a compilation of common misconceptions held by middle school students. Teachers can utilize this compilation as a foundation to design learning sequences for teaching climate change in Spain.

The primary research question guiding this study is: What are the common misconceptions regarding climate change among middle school students in Spain?

3. THEORETICAL FRAMEWORK

Socio-Scientific issues (SSI) has gained significant interest in science education in recent decades (Sadler, 2022). This approach has proven to be a suitable methodology for involving students as active participants in their learning and fostering engagement and motivation in socially controversial situations where scientific knowledge intersects with ethical, moral, and socioeconomic aspects (Hsu *et al.*, 2022). SSI-based education proposes a methodological shift in science teaching, emphasizing three key aspects that require attention (Presley *et al.*, 2013). The first aspect is related to *design elements*, referring to social issues strongly connected to science that should be present in the curriculum, with an initial introduction that creates a context for higher-order learning (argumentation, decision-making, positions...) and directly relates both the social and scientific spheres. The second aspect focuses on provinding *learning experiences* that should encourage student participation in these higher-order practices, where prior ideas and beliefs are confronted and scientific practices for data collection and analysis allow for negotiation of social aspects related to the topic. The third aspect pertains to the *attributes of the teacher*. Teachers should have familiarity with the topic, including knowledge of both scientific content and social considerations. However, they should also be aware of the limitations when dealing with highly complex and uncertain issues.

Considering this issue, climate change serves as a clear example of a SSI due to its intertwined scientific, political, and social elements, which make it socially controversial both locally and globally (González-Gaudiano *et al.*, 2020). However, the way climate change has been addressed in curricular and educational practices seems to deviate from this approach. While there are constructivist and critical theory-based experiences and proposals for climate change education that align with the SSI framework (Busch *et al.*, 2018), in practice, positivist approaches prevail, emphasizing the transmission of the most current scientific knowledge (García-Vinuesa and Meira-Cartea, 2019), in a presumed neutral and objective manner, that will allow the conceptual change among students.

Furthermore, the social and media controversy surrounding the reality of climate change becomes an obstacle for teachers when considering it as a topic or problem to be addressed in the classroom. The ideological burden associated with the phenomenon by certain denialist groups has influenced the educational practices of educators, particularly in countries where the denialist movement has gained momentum (Busch *et al.*, 2018; Nation and Feldman, 2021).

Thus far, the educational response to the climate crisis appears to have fallen short of achieving the expected results. Previous research conducted with secondary students from different nationalities (García-Vinuesa, 2021) has indicated a lack of understanding of the climate system, insufficient acceptance of scientific consensus and acknowledgment of the responsibilities of consumerist societies, and inadequate assessment of the risks associated with the current climate emergency. This conclusion is further supported by declarations from various international and national institutions and organizations (Climate emergency declaration and mobilization, 2022; Spanish Government, 2019; United Nations, 2015) that have emphasized the crucial role of education in addressing the climate emergency.

4. METHODOLOGY

This study utilized a quantitative research design employing a survey technique. The sample comprised 6,398 middle school students in Spain, ranging in age from 12 to 18 years old, specifically from grades 7 and 10. Data collection occurred between February 1, 2021, and May 1, 2021. The study employed a probability sampling method with a margin of error of 1.2%, a confidence level of 95%, and $p = q = 0.05$.

4.1. Instrument and Data Analysis

A questionnaire consisting of 41 closed-ended questions was used to evaluate students' knowledge of CC, beliefs, emotions, information sources, participation in educational activities, and recognition of national and international policies. This study focuses on the assessment of students' knowledge about CC.

The instrument utilized a 4-point Likert scale in which respondents indicated their level of agreement with each statement: totally disagree (1), slightly disagree (2), slightly agree (3), and totally agree (4). The questionnaire exhibited good internal consistency, as evidenced by Cronbach's alpha index ($\alpha = 0.822$; Interclass Correlation Coefficient range = [0.815, 0.828]). Items that originally had the correct answer as "strongly disagree" (1, 5, 11, 13, 18, and 27) were recorded for the purpose of analysis. In this recoding, a score of 4 points corresponded to the maximum agreement with scientific evidence.

Descriptive statistical analyses were conducted, including the calculation of mean and median values to assess the presence of misconceptions among students. The interpretation is supported by the following criteria:

Criterion 1: Items with a median value equal to or below 2 were considered as misconceptions. This criterion indicates that over 50% of the respondents provided incorrect answers to the item (values 1 or 2).

Criterion 2: For items with a median of 3 and a mean below 3, the frequency distribution was examined to determine the extent of the prevalence of the misconception.

Furthermore, we performed variance analysis using the Kruskal-Wallis and Mann-Whitney tests to investigate potential differences among three independent variables: educational level (Grade 7 and 10), gender (female, male) and curricular environmentalization (high schools that have incorporated environmental perspectives or environmental education programs within the last three years).

5. FINDINGS

Table 1 displays the textual content of the 12 items that will be the focus of our analysis.

Item	Textual content
1	Ozone hole causes melting of the poles.
5	Human activity causes the greenhouse effect.
6	The greenhouse effect allows the existence of life on Earth.
7	Rising temperatures will spread some tropical diseases.
8	Reducing meat consumption is a measure against climate change.
11	Climate change will lead to more skin cancers.
12	If we stop emitting greenhouse gases, we will be less vulnerable to climate change.
13	Acid rain causes climate change.
17	The way we produce our food is one of the causes of climate change.
18	Climate change will increase the number of earthquakes and tsunamis.
20	The greenhouse effect is a natural phenomenon.
26	Climate change will force many people to leave their homes.

Table 1. Textual content stated in the items identified as misconceptions. Font: Own elaboration.

Next, we provide the outcomes related to the nine misconceptions identified through descriptive analysis (Table 2). Secondly, we offer insights into how educational level influences the presence of misconceptions by comparing 7th and 10th graders. Thirdly, we explore differences based on students' gender. Finally, we examine whether curricular environmentalization has an impact on climate change understanding.

4.1. The presence of misconceptions regarding climate change

According to the descriptive analysis, four misconceptions shared by at least 6 out of 10 students were identified by the median (Table 2). These misconceptions are related to:

- the ozone layer as a cause or a consequence of CC (items 1 and 11), spread among 81.1% and 73.2% of the students,
- the greenhouse effect as an anthropogenic phenomenon (item 5), shared by 74.5%,
- the impact of meat consumption on the climate system (item 8), shared by 64.8%; and,
- the link between CC and tectonic movements and their consequences (item 18), spread among 68.2% of the participants.

The second step of the analysis focused on those items with median values equal to 3 but with mean values lower than 3. Seven items met these characteristics.

- three of them are shared by 4 out of 10 students,
- three others appeared in 3 out of 10 participants, and
- the last one is shared by 2 out of 10 of the students (table 2).

Item	Misconceptions	Mean	Median	Shared by
1	Relationship between ozone layer depletion and CC	1.8	2	81.1%
5	Confusion between greenhouse effect and CC	1.97	2	74.5%
11	Relationship between ozone layer depletion and CC	2	2	73.2%
18	Relationship between earthquakes/ tsunamis and CC	2.11	2	68.2%
8	No recognition of the impact of meat consumption in CC	2.12	2	64.8%
13	Relationship between acid rain and CC	2.63	3	44.7%
6	Confusion between greenhouse effect and CC	2.64	3	43.8%
20	Confusion between greenhouse effect and CC	2.69	3	42.1%
17	No recognition of the impact of food system production in CC	2.79	3	36.1%
12	No recognition of adaptation possibilities for reducing vulnerability	2.88	3	31.5%
26	No recognition of climate refugees	2.95	3	31.3%
7	No recognition of the spread of tropical diseases	2.98	3	26.5%

Table 2. Identified climate change misconceptions among Spanish secondary school students. Font: Own elaboration

4.2. Differences in the presence of misconceptions regarding educational level

It is expected that students will acquire more advanced and complex knowledge as they progress through different educational levels. Based on this assumption, we anticipated that 10th-grade students would demonstrate a higher level of sophistication in their knowledge compared to their 7th-grade counterparts, with a minor presence of misconceptions. The results of conducting the Mann-Whitney U test indicated significant differences in all the items examined, but not all of them showed a minor presence of misconceptions among the 10th graders (Figure 1). 10th graders show a minor presence of misconceptions in 6 out of 12 items, while 7th graders exhibit it in 5 out of 12 items. However, most students still exhibit the identified misconceptions, except for item 7, which is related to the spread of tropical diseases. Particularly, in this item, 10th graders obtained a median value higher than 3, indicating a better understanding compared to other misconceptions.

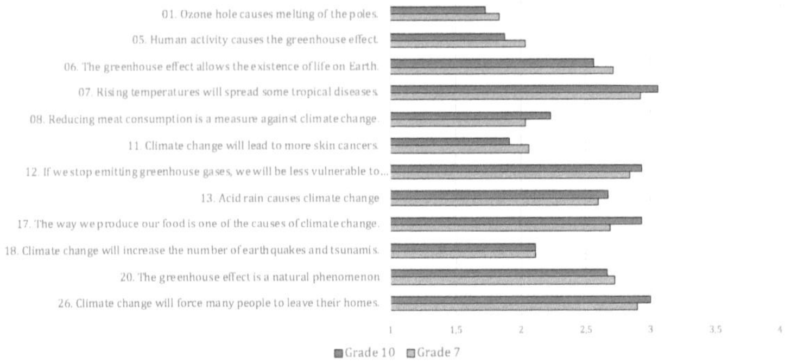

Figure 1. Misconceptions in which there are significant differences in relation to the educational level. Font: Own elaboration.

4.3. Differences in the presence of misconceptions regarding gender

Figure 2 presents the items in which significant differences were observed based on gender. The results have been divided by educational level and gender to provide a detailed analysis.

Our analysis confirms gender differences in 6 out of 12 items, which represent the same misconceptions across both educational levels. Interestingly, we observed that female 10th graders had the lowest levels of misunderstanding regarding the spread of tropical diseases due to climate change and the impact of food production systems on the climate system.

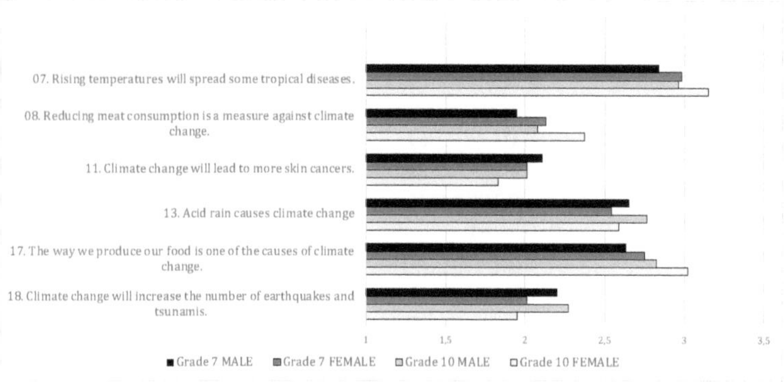

Figure 2. Misconceptions in which there are significant differences in relation to gender and educational level. Font: Own elaboration.

4.4. Differences in the presence of misconceptions regarding curricular environmentalization

When exploring the influence of curricular environmentalization in addressing misconceptions (Figure 3) the analysis indicate that schools were school's management team have incorporated environmental programs and activities into the curricular praxis, students obtained better results when assessing items related to climate change misconceptions. Despite of this result, misconceptions are still presented.

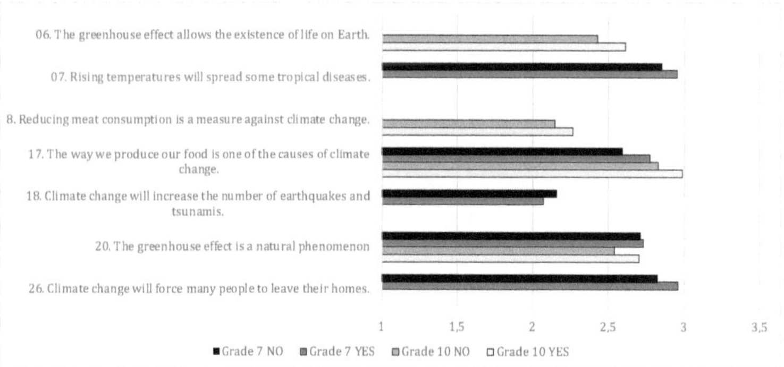

Figure 3. Misconceptions in which there are significant differences in relation to curricular environmentalization and educational level. Font: Own elaboration.

It is worth noting that there are certain misconceptions where no differences exist in relation to educational level. Items 6 and 8 show no significant differences among 7th graders, while items 7 and 26 exhibit no differences among 10th graders.

5. DISCUSION

Our findings regarding the three main misconceptions identified, shared by more than 6 out of 10 students, align with the trends already described in the literature on climate change knowledge among secondary education students (Bello Benavides *et al.*, 2017; García-Vinuesa, 2021; Punter *et al.*, 2011). These alternative conceptions are related to the belief that ozone layer depletion is either a cause or a consequence of climate change, the confusion between climate change and the greenhouse effect, and the association of climatic phenomena, in this case, with earthquakes or tsunamis.

It is worth noting that the misunderstandings related to ozone layer degradation and the greenhouse effect, explored in items 1 and 5, verified in 8 out of 10 and 7 out of 10 students respectively (see Tables 1 and 2), do not show significant differences in the contrast tests based on gender and curricular environmentalization variables. This result reflects the strong anchoring of these concepts in students' representation of climate change. Additionally, it is surprising that in the analyses based on the educational level variable, although the confusions persist among most students, significant differences emerge between 7th and 10th graders, but in this case, they are in favour of 7th graders. In other words, instead of decreasing in prevalence as students' progress in their educational journey, these misunderstandings tend to increase.

These results also corroborate what Chang and Pascua (2016) identified as biases of correction and coherence, as the students' responses include phenomena that are not related to climate change, such as acid rain, tectonic events, or skin cancers (correction bias). Similarly, there are percentages ranging from 20% to 30% where the responses vary when presented with items that involve statements related to the greenhouse effect (coherence bias), as observed when comparing item 5 with items 6 and 20 (Tables 1 and 2).

Another preconception highlighted by the literature and evident in our results is the association between acid rain and climate change, present in more than 4 out of 10 students. Climate change education and communication have often focused on its atmospheric manifestations, which has contributed to the central role of this dimension in its representation, integrating other issues related to atmospheric pollution, such as acid rain, that do not have consequential or causal relationships with climate alteration.

In addition to these well-documented and cross-cultural misconceptions, these findings have revealed other less explored beliefs and conceptions that, although less prevalent among secondary education students, may be of interest for educational responses to the climate emergency. Firstly, there is a notable difficulty in recognizing everyday behaviours as causes of climate change, observed in 6 out of 10 students. In this case, diet and specifically meat consumption are not recognized as significant causes. Furthermore, more than 3 out of 10 students do not recognize the impact that food production systems have on shaping the climate. It can be inferred that if their direct impacts are not recognized, indirect impacts, such as the destruction of carbon sinks due to deforestation or the emission of greenhouse gases from processing and transportation, will also go unrecognized.

Finally, 3 out of 10 students are sceptical about the possibilities of adaptation to reduce our vulnerability (item 12), and they do not consider the effects of climate change on migration movements and the increase in climate refugees (item 26).

It is worth noting the results obtained in the contrast analyses using the gender and curricular environmentalization variables. In the first case, female students obtained better results in items related to meat consumption, food production, or the spread of tropical diseases, with median scores higher than 3 in these two topics compared to their male counterparts. However, among the women in the sample, there is a higher presence of erroneous preconceptions related to earthquakes, skin cancer, and acid rain (Figure 2) compared to their male counterparts. In the second case, except for the item related to earthquakes, students attending schools that have implemented curricular environmentalization programs achieve better results than their peers, although the prevalence of these conceptions remains very high in all types of schools (Figure 3).

6. CONCLUSION

The field of educational research related to climate change encompasses a relatively significant number of studies conducted since the 1990s, exploring the presence of misconceptions among secondary education students (García-Vinuesa and Meira Cartea, 2019). This bias is because the phenomenon has been primarily approached from the perspective of scientific education, showing a particular interest in exploring students' prior ideas to design educational interventions based on information deficit theories and/or conceptual change.

The prior or alternative conceptions with which students enter formal secondary education are of great pedagogical and didactic interest for designing more effective teaching and learning processes. However, we consider it a mistake to prioritize teaching solely for the purpose of changing these conceptions. The primary goal of education related to the climate crisis should not be to transform these conceptions. The priority should not be conceptual change but rather progress towards approaches that promote interdisciplinary knowledge, fostering the construction of a critical and participatory citizenship that actively takes on the challenges posed by the climate emergency.

The interest of this study lies in recognizing the conceptions that may pose difficulties in understanding and assessing climate change, highlighting the inevitable role of shared culture in their construction. This recognition enables the design and modification of learning sequences, anticipating certain obstacles, or gaining a better understanding of the discussions that may arise during their development.

Alternative conceptions are inherent to common sense, and their prevalence has been widely documented among various segments of the population. This demographic survey, as a representative study of secondary education students in Spain, provides evidence that these conceptions exist and will continue to exist. With this study, we aim to establish a turning point in this research topic, with the expectation and ambition that educational research on climate change will advance towards other approaches that explore possibilities for action in the face of the climate emergency. These approaches shift the focus from "climate" as a scientific object to "change" as a multidimensional object, which involves considering contributions from other social disciplines, ranging from educational sciences to ethics, psychology, sociology, and anthropology.

In this regard, the paradigmatic shift from understanding climate change as a disciplinary subject to viewing it as a controversial SSI opens an enriching space of convergence between research in the didactics of natural sciences and the didactics of social sciences.

7. REFERENCES

Bello Benavides, L. O., Meira Cartea, P. Á., & González Gaudiano, É. J. (2017). Social Representations of Climate Change in a Group of Secondary School Students in Spain and a Group of High School Students in Mexico. *Revista mexicana de investigación educativa, 22*(73), 505–532.

Biddlestone, M., Azevedo, F., & Van der Linden, S. (2022). Climate of conspiracy: A meta-analysis of the consequences of belief in conspiracy theories about climate change. *Current Opinion in Psychology*, 46, 1–5. https://doi.org/10.1016/j.copsyc.2022.101390

Busch, K. C., Henderson, J. A., & Stevenson, K. T. (2019). Broadening epistemologies and methodologies in climate change education research. *Environmental Education Research, 25*(6), 955-971. https://doi.org/10.1080/13504622.2018.1514588

Chang, C. H., & Pascua, L. (2016). Singapore students' misconceptions of climate change. *International Research in Geographical and Environmental Education, 25*(1), 84-96. https://doi.org/10.1080/10382046.2015.1106206

Climate emergency declaration and mobilisation (2023, May 7). *Climate emergency declarations in 2,309 jurisdictions and local governments cover 1 billion citizens.* https://n9.cl/7tm8kj

García-Vinuesa, A. (2021). *The social representation of climate change in non-compulsory secondary education: A search for socio-educational keys between climate literacy (CL) and climate change Education (CCE)* (Publication No. 27404) [Doctoral dissertation, Universidade de Santiago de Compostela]. Minerva, repositorio institucional da USC.

García-Vinuesa, A., & Meira Cartea, P. Á. (2019). Characterization of educational research on climate change among secondary students. *Revista mexicana de investigación educativa, 24*(81), 507-535.

García-Vinuesa, A., Meira-Cartea, P. Á., Caride, J. A., & Iglesias, M. L. (2020). The representation of climate change in the university: students´ assessments and beliefs. *Educação e Pesquisa*, 46, 1–2. https://doi.org/10.1590/s1678-4634202046229768

González Gaudiano, E. J., Meira Cartea, P. Á., & Gutiérrez Pérez, J. (2020). How Can We Teach the Complexity of Climate Change? Towards an Emergency Curriculum. *Revista mexicana de investigación educativa, 25*(87), 843-872.

Hsu, Y. S., Tytler, R., & White, P. J. (Eds.). (2022). *Innovative Approaches to Socioscientific Issues and Sustainability Education: Linking Research to Practice*. Springer Nature.

IPCC (2021) *Climate Change 2021: The Physical Science Basis. Contribution of Working Group I to the Sixth Assessment Report of the Intergovernmental Panel on Climate Change*. Cambridge University Press. https://doi.org/10.1017/9781009157896

Jiménez-Liso, M. R., Gonzalez-Herrera, M., & Banos-Gonzalez, I. (2020). Socio-Ecological Controversies in the News as Trigger of a Model-Based Inquiry Instructional Sequence about the Effect of Global Warming on the Great Barrier Reef. *Sustainability, 12*(11), 4676. https://doi.org/10.3390/su12114676

Klein, N. (2015). *This changes everything: Capitalism vs. the climate*. Simon and Schuster.

Lynas, M., Houlton, B. Z., & Perry, S. (2021). Greater than 99% consensus on human caused climate change in the peer-reviewed scientific literature. *Environmental Research Letters, 16*(11), 114005. https://doi.org/10.1088/1748-9326/ac2966

Martinez-Chico, M., Abou Akl, F., & Jiménez-Liso M. R. (2020). I won't believe it until I see it? An inquiry-Based Sequence on "microorganisms" for secondary school. In B. Puig, P. Blanco, M. J. Gil and M. Grace (Eds.), *Biology Education Research. Contemporary topics and directions* (139-152). Servicio de Publicaciones, Universidad de Zaragoza. https://doi.org/10.26754/uz.978-84-16723-97-3

Monroe, M. C., Plate, R. R., Oxarart, A., Bowers, A., & Chaves, W. A. (2019). Identifying effective climate change education strategies: A systematic review of the research. *Environmental Education Research, 25*(6), 791–812. doi: https://doi.org/10.1080/13504622.2017.1360842

Nation, M. T., & Feldman, A. (2021). Environmental education in the secondary science classroom: How teachers' beliefs influence their instruction of climate change. *Journal of Science Teacher Education, 32*(5), 481-499. https://doi.org/10.1080/1046560X.2020.1854968

Presley, M. L., Sickel, A. J., Muslu, N., Merle-Johnson, D., Witzig, S. B., Izci, K., & Sadler, T. D. (2013). A framework for socio-scientific issues based education. *Science Educator, 22*(1), 26-32.

Punter, P., Ochando-Pardo, M., & García, J. (2011). Spanish secondary school students' notions on the causes and consequences of climate change. *International Journal of Science Education, 33*(3), 447–464. https://doi.org/10.1080/09500693.2010.492253

Reid, A. (2019). Climate change education and research: possibilities and potentials versus problems and perils? *Environmental Education Research, 25*(6), 767-790. https://doi.org/10.1080/13504622.2019.1664075

Sadler, T. D. (2022). Epilogue: Evolution of Socioscientific Issues Based Education. In *Innovative Approaches to Socioscientific Issues and Sustainability Education: Linking Research to Practice* (pp. 381-386). Springer Nature

Spanish Government (2019). *Acuerdo de Consejo de Ministros por el que se aprueba la declaración del Gobierno ante la emergencia climática y ambiental.* Spanish Government.

United Nations (2015). *Paris agreement.* United Nations.

VINCULACIÓN UNIVERSIDAD-ESCUELA A TRAVÉS DE ACCIONES PARA EDUCAR EN SOSTENIBILIDAD

Esther García-Zabaleta[1], *Natalia Ollora-Triana* [1], *M. Soraya Tejada-Sánchez* [1]

1. INTRODUCCIÓN

La situación de crisis en la que se encuentra el mundo en la actualidad se debe a varios factores y genera preocupaciones fundamentadas (Naciones Unidas, 2022); atender estos factores para la transformación y mejora de la vida de todas y cada una de las personas que pueblan el planeta es un reto nacional y global. Los 17 Objetivos de Desarrollo Sostenible (ODS), aprobados en 2015 por la totalidad de los Estados miembros de Naciones Unidas, suponen un llamamiento a toda la sociedad y sus instituciones para actuar en aras de mejorar la vida de las personas y del planeta. Esta transformación para la sostenibilidad requiere un cambio de paradigma en el pensamiento y una colaboración en red, lo que implica de manera principal un proceso de cambio cultural y en la forma de vida que afecta a las mentalidades individuales, las instituciones, el sistema y toda la sociedad en su conjunto (Ezquerra-Lázaro *et al.*, 2021). En este sentido, el ámbito educativo es un espacio idóneo para impulsar acciones de concienciación y transformación que permitan avanzar en favor de sociedades más sostenibles.

Desde la universidad, como institución educativa, son varias las iniciativas que se pueden adoptar para cumplir con el cambio hacia la sostenibilidad, así, desde tareas de organización de la educación hasta las acciones metodológicas de aula son actuaciones para establecer una alianza con los ODS, y así de forma sistemática mantenerse en el buen camino, contribuir a su alcance y constituirse como institución de impacto[2] dentro del ranking *UI GreenMetric* (Mejía-Manzano *et al.*, 2023).

De manera primordial, es necesaria una educación exhaustiva que genere en la población unas conductas de vida de verdadera implicación desde la concienciación y tomando iniciativas para el cambio, lo que constituye uno de los Objetivos de Desarrollo Sostenible anunciados por las Naciones Unidas en 2015 (Crespo *et al.*, 2017). Para ello, esta formación en las universidades debe desarrollarse garantizando que el alumnado adquiera los conocimientos teóricos y prácticos necesarios para promover el desarrollo sostenible (Moreno-Pino *et al.*, 2022).

---

1. Universidad de La Rioja (España)
2. https://www.timeshighereducation.com/world-university-rankings. https://greenmetric.ui.ac.id/rankings/ranking-by-country-2022/Spain

La acción en el aula debe integrar estrategias activas de enseñanza-aprendizaje que promuevan la adquisición de competencias para la sostenibilidad, modificando este cambio de mentalidad y de forma de vida necesario en los futuros docentes para que cada eslabón de la cadena adquiera dichas competencias (Albareda-Tiana *et al.*, 2019; Renta-Davids *et al.*, 2020). Los avances en las tecnologías emergentes y su alcance a una gran parte de la población proporcionan grandes cambios y generan nuevas posibilidades que impactan en la pedagogía y en las metodologías para el aprendizaje (García-Zabaleta *et al.*, 2021; Kerras *et al.*, 2022), facilitando la motivación para el estudio (Criollo *et al.*, 2023). Con el empleo de estas herramientas a través de metodologías activas se puede contribuir a la transformación en los hábitos de vida y consumo desde la sensibilización y el conocimiento (Albareda-Tiana *et al.*, 2019). Si además las acciones se desarrollan de manera colaborativa entre los docentes trabajando juntos desde la misma perspectiva, se impulsa una integración efectiva de lo que se quiere promover (Ezquerra-Lázaro *et al.*, 2021; Moreno-Pino *et al.*, 2022).

La educación superior garantiza el desarrollo del potencial intelectual de la comunidad humana al tener un papel fundamental en la formación de capacidades para la responsabilidad social (Contreras-Hernández *et al.*, 2023; Popelo *et al.*, 2022). Así, es un factor determinante del desarrollo sostenible al contribuir como uno de los eslabones educativos principales para el logro de los ODS y para la consolidación de los principios morales en los que se apoyan (Popelo *et al.*, 2022). Desde esta visión activa y, considerando la colaboración entre los docentes como el principio para el desarrollo de competencias que determinan el mismo propósito, se desarrolla un proyecto de aula cuya prospectiva es el crecimiento en red entre los agentes implicados en la docencia de la propia institución, la escuela y la sociedad en la que está inmerso.

2. OBJETIVOS

El objetivo general de este trabajo es la creación, por parte de alumnado universitario, de un banco de recursos para trabajar los ODS en la etapa de Educación Infantil.

A su vez este objetivo se concreta en los siguientes objetivos específicos:

- Adquirir competencias personales y profesionales propias del Grado en Educación Infantil de la Universidad de La Rioja.
- Promover el vínculo entre la universidad y la escuela a través del diseño y elaboración de materiales relacionados con los ODS de manera transversal y multidisciplinar.

3. METODOLOGÍA

La iniciativa se desarrolla desde la investigación cualitativa, como proyecto de investigación-acción participativa y emancipadora, en la que el alumnado de dos asignaturas integradas en la formación del Grado en Maestro en Educación Infantil de la Universidad de La Rioja, dentro del propio proceso de interacción de enseñanza-aprendizaje, se implica con el interés común de promover cambios desde la acción y generar un conocimiento práctico que se concreta en la creación de un banco de recursos para trabajar los ODS con alumnado de Educación Infantil. Estos serán de acceso abierto para su utilización, generando transferencia con el fin de mejorar y transformar la práctica educativa, y actuar en una educación para la sostenibilidad. Como estrategia de organización se utiliza el trabajo cooperativo en pequeños grupos. Este tipo de metodologías permiten que el alumnado se involucre en un aprendizaje más activo y autónomo, dotándole de mayor protagonismo en el proceso de enseñanza-aprendizaje. A su vez, se consideran herramientas adecuadas para alcanzar algunas de las competencias que se contemplan en el Grado en Maestro en Educación Infantil.

4. DESARROLLO

Para llevar a cabo la iniciativa, se solicita al alumnado de las asignaturas "La escuela de Educación Infantil" y "Expresión plástica y su didáctica en Educación Infantil", que se imparten en el primer y tercer curso respectivamente del Grado de Educación Infantil de la Universidad de La Rioja, la creación de recursos para trabajar los ODS en la etapa de Educación Infantil. La propuesta se lleva a cabo durante cinco sesiones de grupo reducido y cada recurso es elaborado en grupos de cuatro o cinco personas. En ambas asignaturas, el trabajo realizado forma parte a su vez de un Proyecto de Innovación Educativa vinculado con la educación sostenible. Cada recurso creado va acompañado de un tríptico ilustrativo con toda la información del proyecto.

4.1. Fases

Antes de comenzar con el diseño y elaboración de los materiales, en una primera sesión se explica al estudiantado la realidad objeto de estudio, los ODS enmarcados en la Agenda 2030, exponiendo algunos ejemplos realizados por otros alumnos/as. Asimismo, se les facilita una infografía con las competencias a alcanzar, así como las fases y el guion del trabajo. Ello ayudó a que el alumnado tuviera más clara la finalidad de la actividad.

Las tres sesiones siguientes se destinaron al diseño de los proyectos de innovación y a la creación de los diferentes recursos, asesorando a cada grupo en todo lo que fuera necesario. La elaboración de estos podía ser en formato físico o a través de una herramienta digital. Lo importante es que permitan trabajar los diferentes ODS en la etapa de Infantil, para así favorecer que el alumnado de esta primera etapa educativa tome conciencia sobre la importancia de reflexionar y actuar en pro de un desarrollo sostenible. En la última sesión se exponen al resto de compañeros/as los recursos creados por cada grupo, y se evalúa la experiencia de manera individual y grupal a través de dos cuestionarios de evaluación creados *ad hoc*.

4.2. Evaluación

Para la evaluación de la iniciativa se elaboran dos cuestionarios a través de *Google Forms*. Uno de ellos se debe responder de manera individual y consta de 6 preguntas, y el otro, que comprende 10 cuestiones, se responde en grupo. Estos cuestionarios se revisan por 5 expertos y se estructuran en los siguientes bloques de preguntas: adquisición de competencias vinculadas a los ODS y enmarcadas en el Grado en Educación Infantil; sensibilización y conocimientos sobre los ODS; metodología utilizada y utilidad de los recursos creados para las aulas de Educación Infantil. Ambos cuestionarios finalizan con un apartado para expresar lo que se considere necesario acerca de la práctica realizada.

5. RESULTADOS

Se ha constatado la elaboración, por parte de 111 estudiantes, de 47 recursos relacionados con los ODS, adaptados para su utilización con alumnado de la etapa de Educación Infantil.

Algunos de esos recursos se componen de diversas actividades. La figura 1 muestra el conjunto de acciones desarrolladas por el alumnado en relación con los Objetivos de Desarrollo Sostenible seleccionados por los diferentes grupos de trabajo:

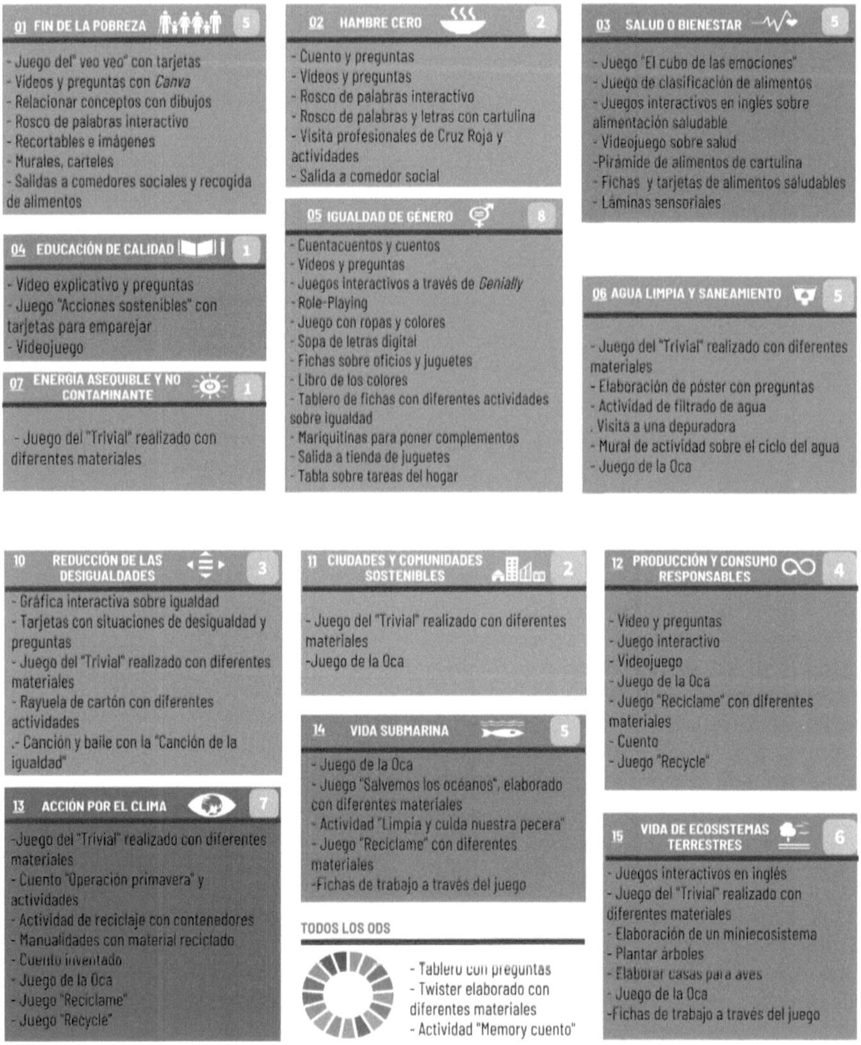

Figura 1. Objetivos seleccionados y recursos creados por los diferentes grupos de estudiantes. Fuente: Elaboración propia.

Como se puede observar en dicha figura, el total de ODS que se han trabajado de manera específica a través de actividades diversas, recogidas en la imagen de manera esquemática, es de 13 (01. Fin de la pobreza, 02. Hambre Cero, 03. Salud o Bienestar, 04. Educación de calidad, 05. Igualdad de género, 06. Agua limpia y saneamiento, 07.

Energía asequible y no contaminante, 10. Reducción de las desigualdades, 11. Ciudades y comunidades sostenibles, 12. Producción y consumo responsables, 13. Acción por el clima, 14. Vida submarina y 15. Vida de ecosistemas terrestres). A su vez, 3 grupos han elaborado 3 recursos que permiten el abordaje de todos los ODS de manera conjunta mediante juegos que contienen preguntas relacionadas con los mismos. En la imagen de cada ODS se muestra el número de grupos que lo han seleccionado para la elaboración de su propuesta, siendo el más elegido el 05. Igualdad de género (8), seguido por el 13. Acción por el clima (7) y el 15. Vida de ecosistemas terrestres (6). Los recursos creados son diversos y elaborados de manera tanto física como digital, incluyendo una variedad de juegos similares a la *Oca*, el *Memory*, el *Trivial*, el *Twister* y el rosco de *Pasapalabra*. A su vez, se han utilizado cuentos, unos ya creados y otros de elaboración propia, canciones; sopas de letras; vídeos adaptados a edades tempranas; diversas tarjetas y fichas para contestar o emparejar; láminas sensoriales; murales; así como diferentes actividades relacionadas con el reciclaje, el agua, los animales y las plantas. Por último, también se han incluido salidas al entorno y visitas a diferentes entidades comprometidas con la sostenibilidad (Cruz Roja, comedores sociales y Banco de Alimentos, entre otras).

Por otro lado, la figura 2 muestra las competencias que los diferentes grupos de estudiantes consideran que han adquirido con la práctica realizada:

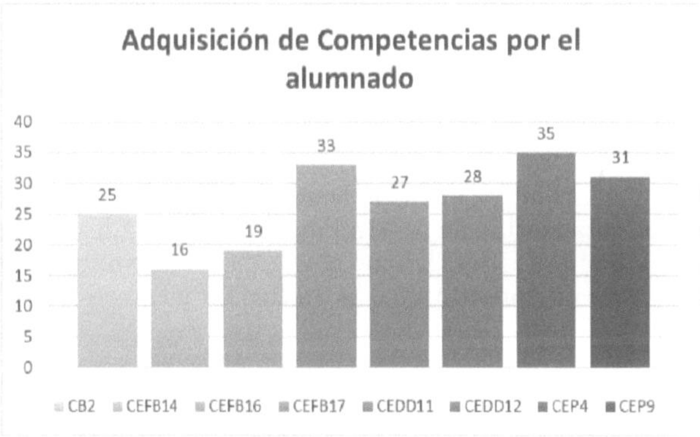

Figura 2. Competencias adquiridas por el alumnado. Fuente: Elaboración propia.

A este respecto, y teniendo en cuenta las respuestas dadas por los grupos de trabajo, se constata la adquisición de las siguientes competencias del Grado en Maestro en Educación Infantil de la Universidad de La Rioja:

- CB2. Que los estudiantes sepan aplicar sus conocimientos a su trabajo o vocación de una forma profesional y posean las competencias que suelen demostrarse por medio de la elaboración y defensa de argumentos y la resolución de problemas dentro de su área de estudio (25 grupos).
- CEFB14. Capacidad para analizar e incorporar de forma crítica las cuestiones más relevantes de la sociedad actual que afecten a la educación familiar y escolar (16 grupos).

- CEFB16. Promover la capacidad de análisis y su aceptación sobre el cambio de las relaciones de género e intergeneracionales, multiculturalidad e interculturalidad, discriminación e inclusión social, y desarrollo sostenible (19 grupos).
- CEFB17. Promover en el alumnado aprendizajes relacionados con la no discriminación y la igualdad de oportunidades (33 grupos).
- CEDD11. Ser capaces de elaborar propuestas didácticas en relación con la interacción ciencia, técnica, sociedad y desarrollo sostenible (27 grupos).
- CEDD12. Promover el interés y el respeto por el medio natural, social, cultural a través de proyectos didácticos adecuados (28 grupos).
- CEP4. Ser capaces de relacionar teoría y práctica con la realidad del aula y del centro (35 grupos).
- CEP9. Adquirir hábitos y destrezas para el aprendizaje autónomo y cooperativo y promoverlo en los estudiantes (31 grupos).

A su vez, una de las preguntas incluidas en el cuestionario grupal hace referencia a la consideración que el alumnado participante tiene sobre la utilidad de los recursos creados para las aulas de Educación Infantil. Los niveles de respuesta oscilaban entre 1 y 5, donde 1 era la puntuación más baja y 5 la más alta (figura 3).

Como se puede observar en la figura 3, el 60% de los grupos (28) le ha otorgado la máxima puntuación, seguido del 36% (17) que ha valorado el grado de utilidad con un 4. Los dos grupos restantes, es decir, un 4% del total, la han puntuado con un 3, no obteniendo ninguna respuesta en los niveles 1 y 2. Lo que refleja que, para la mayoría del alumnado, los recursos creados son aptos para utilizarse en las primeras etapas educativas. Además de indicar la puntuación, se les solicita que justifiquen la respuesta. Entre otros motivos, la mayoría de los grupos coinciden en justificar la utilidad de sus recursos por la necesidad de educar a las personas en aspectos de sostenibilidad desde edades tempranas. Asimismo, los recursos creados por todos los grupos son lúdicos, dinámicos, sencillos y de fácil manejo, lo que promueve un aprendizaje más motivador y entretenido.

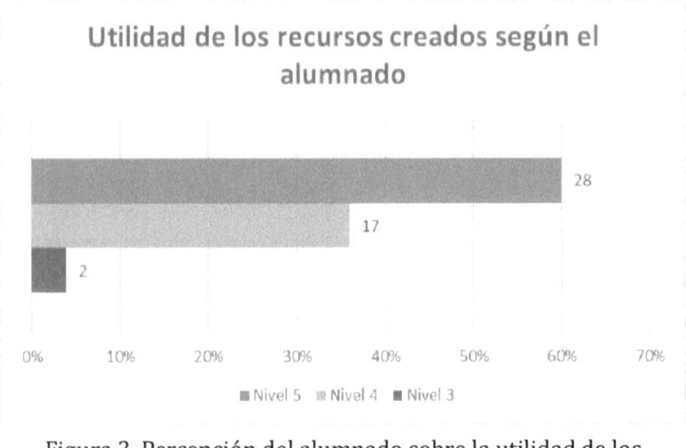

Figura 3. Percepción del alumnado sobre la utilidad de los recursos elaborados. Fuente: Elaboración propia.

En la figura 4 se presenta el gráfico resultante de las respuestas individuales del alumnado con relación al conocimiento y sensibilización con los ODS, y su adecuación para trabajarlos en la etapa de Educación Infantil.

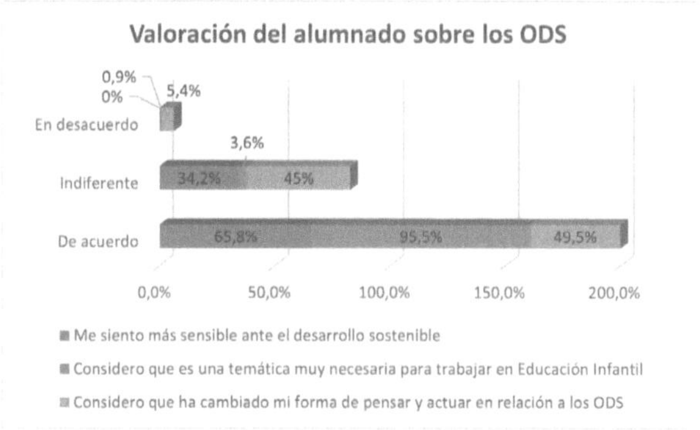

Figura 4. Valoración del alumnado sobre los ODS. Fuente: Elaboración propia.

De las respuestas obtenidas se desprende que un 65,8% del estudiantado se siente más sensible ante los Objetivos de Desarrollo Sostenible tras la realización de la práctica. El 34,2% resultante contestó "Indiferente", ya que afirmaban mostrarse bastante sensibilizados sobre el tema antes de llevar a cabo este proyecto.

A la cuestión de si se considera esta temática necesaria para trabajar en la etapa Educación Infantil, la casi totalidad del alumnado (el 95,5%) manifiesta estar de acuerdo. Únicamente un 3,6% contesta "Indiferente" y el 0,9% restante responde estar en desacuerdo con dicha afirmación.

El último ítem de esta pregunta hace referencia a si la iniciativa realizada ha supuesto en el alumnado un cambio en su forma de pensar y actuar en relación con los ODS. El 49,5% contesta estar de acuerdo con esta afirmación, ya que han sido más conscientes de la importancia y la necesidad de abordar multitud de ámbitos vinculados con el desarrollo sostenible. Para un 45% ha resultado indiferente, ya que no les ha supuesto tanto un cambio de pensamiento, sino una oportunidad de poner en práctica lo que ya pensaban. Finalmente, un 5,4% está en desacuerdo con este ítem.

Por último, en el cuestionario individual se pregunta si gracias a esta práctica, el alumnado tiene claro qué son los ODS. A este respecto hay que destacar que el 100% del estudiantado que ha participado en la iniciativa responde que sí. Asimismo, otra de las cuestiones es si saben qué competencias se adquieren con la actividad. De los 111 alumnos y alumnas participantes, 102 contestan que sí, 1 que no y los 8 restantes "No sé qué responder".

6. DISCUSIÓN Y CONCLUSIONES

La puesta en práctica de la experiencia, cuyo objetivo es la elaboración de recursos desde el ámbito universitario para trabajar los Objetivos de Desarrollo Sostenible en las aulas de Educación Infantil, y su posterior evaluación, permite constatar la importancia y la necesidad de trabajar dichos objetivos en el contexto educativo desde las primeras etapas, con el fin de transformar la forma de pensar y actuar del alumnado hacia la consecución de un mundo más sostenible. De este modo, se traslada a los más pequeños, mediante iniciativas dinámicas y lúdicas, la función de implicarse activamente en esta problemática. El hecho de que la universidad impulse y lleve a cabo este tipo de iniciativas converge con la necesidad planteada por Crespo *et al.* (2017) y Mejía-Manzano *et al.* (2023) de fomentar acciones para el cambio sostenible, constituyéndose de este modo la universidad en una institución de impacto en este ámbito (Mejía-Manzano *et al.*, 2023).

Implicar al alumnado como agente activo para la creación de recursos ha favorecido la sensibilización hacia los objetivos para la sostenibilidad, apoyando la idoneidad de plantear estrategias metodológicas activas, como es el aprendizaje basado en proyectos para la adquisición de competencias docentes y hábitos sostenibles (Albareda-Tiana *et al.*, 2019). La experiencia de crear sus propios recursos, llevados por los intereses personales (Renta-Davids *et al.*, 2020), ha permitido la construcción del aprendizaje desde la reflexión y la concienciación de grupo, contribuyendo de este modo a la formación de profesionales socialmente responsables capaces de aportar acciones para el cambio (Crespo *et al.*, 2017).

La iniciativa llevada a cabo de manera conjunta entre docentes de la misma comunidad académica ha aportado acciones de convergencia común en el aprendizaje del alumnado (Ezquerra-Lázaro *et al.*, 2021), favoreciendo que estas experiencias colaborativas sean consideradas como actuaciones de preparación para el cambio, trabajando como colectivo de docentes la misma perspectiva que se pretende promover de forma individual (Moreno-Pino *et al.*, 2022).

Por último, los objetivos logrados con la experiencia han contribuido a considerar el concepto de sostenibilidad y su implementación desde acciones específicas como responsabilidad institucional. Una de estas acciones es la intervención docente en el aula (Mejía-Manzano *et al.*, 2023) a partir de estrategias metodológicas que promueven la creación de esta conciencia sostenible, siendo esta concienciación una de las recomendaciones en el recorrido para participar en el ranking hacia la sostenibilidad.

Se concluye cómo el hecho de vincular universidad y escuela a través de la iniciativa presentada en relación con la educación sostenible ha permitido dotar de más sentido y utilidad a la experiencia, como así lo constatan las respuestas del alumnado, ya que a la totalidad les ha ayudado a tener claro qué son los ODS. Asimismo, la mayoría opina que los recursos elaborados son muy útiles para trabajar en la etapa de Educación Infantil, y prácticamente el 100% de los/as participantes considera muy necesario el abordaje de los Objetivos de Desarrollo Sostenible en esa etapa educativa, por lo que se justifica la necesidad de asentar este tipo de experiencias como manera de reforzar los aprendizajes curriculares y la adquisición de competencias propias del maestro/a. Por ello, en línea con Ezquerra-Lázaro *et al.* (2021) se insta a seguir impulsando iniciativas que fomenten la colaboración en red entre diferentes instituciones educativas en aras de transformar la vida de las personas y del planeta.

Como prospectiva se espera la generación de más recursos por parte de otros agentes educativos, así como la elaboración de una plataforma, en la Universidad de La Rioja, que recoja todos los materiales que se van creando, y que estos sean susceptibles de poder aplicarse en diversos contextos educativos.

7. REFERENCIAS

Albareda-Tiana, S., García-González, E., Jiménez-Fontana, R. y Solís-Espallargas, C. (2019). Implementing pedagogical approaches for ESD in initial teacher training at Spanish universities. *Sustainability*, *11*(18), 4927. https://doi.org/10.3390/su11184927

Contreras-Hernández, A., Equihua, M., Pérez-Maqueo, O., Equihua, J., y Morandin-Ahuerma, I. (2023). Vinculación institucional, educación y tecnología. *Perfiles Educativos*, *45*(180), 140-157. https://doi.org/10.22201/iisue.24486167e.2023.180.60480

Crespo, B., Míguez-Álvarez, C., Arce, M. E., Cuevas, M. y Míguez, J. L. (2017). The sustainable development goals: An experience on higher education. *Sustainability, 9*(8), 1353. https://doi.org/10.3390/su9081353

Criollo-C, S., Govea, J., Játiva, W., Pierrottet, J., Guerrero-Arias, A., Jaramillo-Alcázar, Á. y Luján-Mora, S. (2023). Towards the Integration of Emerging Technologies as Support for the Teaching and Learning Model in Higher Education. *Sustainability, 15*(7), 6055. https://doi.org/10.3390/su15076055

Ezquerra-Lázaro, I., Gómez-Pérez, A., Mataix, C., Soberón, M., Moreno-Serna, J. y Sánchez-Chaparro, T. (2021). A dialogical approach to readiness for change towards sustainability in higher education institutions: The case of the sdgs seminars at the universidad politécnica de Madrid. *Sustainability, 13*(16), 9168. https://doi.org/10.3390/su13169168

García-Zabaleta, E., Sánchez-Cruzado, C., Santiago-Campión, R. y Sánchez-Compaña, M. T. (2021). Competencia digital y necesidades formativas del profesorado de Educación Infantil. Un estudio antes y después de la Covid-19. *Edutec. Revista Electrónica de Tecnología Educativa*, (76), 90-108. https://doi.org/10.21556/edutec.2021.76.2027

Kerras, H., Bautista, S., Piñeros Perea, D. S. y De-Miguel Gómez, M. D. (2022). Closing the Digital Gender Gap among Foreign University Students: The Challenges Ahead. *Sustainability, 14*(19), 12230. https://doi.org/10.3390/su141912230

Mejía-Manzano, L. A., Vázquez-Villegas, P., Smith, A., Soeiro, A., Kálmán, A., Atabarut, T., Otaduy-Rivera, N., Membrillo-Hernández, J. y Caratozzolo, P. (2023). An Exploratory Study Examining the Key Aspects and Actions for Universities to Achieve High Sustainability Rankings. *Sustainability, 15*(5), 4165. https://doi.org/10.3390/su15054165

Moreno-Pino, F. M., Jiménez-Fontana, R., Domingo, J. M. C. y Goded, P. A. (2022). Training in Mathematics Education from a Sustainability Perspective: A Case Study of University Teachers' Views. *Education Sciences, 12*(3), 199. https://doi.org/10.3390/educsci12030199

Naciones Unidas. (7 de julio de 2022). *The Sustainable Development Goals Report 2022.* Un.org. Statistics Division. https://unstats.un.org/sdgs/report/2022/

Popelo, O., Arefiev, S., Rogulska, O., Rudnitska, K. y Derevianko, D. (2022). Higher education as a determinant of sustainable development. *Revista de La Universidad Del Zulia, 13*(38), 734-746. https://doi.org/http://dx.doi.org/10.46925//rdluz.38.40

Renta-Davids, A.I., Camarero-Figuerola, M. y Tierno-García, J.M. (2020). Assessment of the Quality Education awareness Competence of Pre-service Educators Using Vignettes. *Sustainability, 12(*23), 10203. https://doi.org/10.3390/su122310203

Universidad de La Rioja (17 de marzo de 2015). *Plan de Estudios del Grado en Educación Infantil. Competencias.* https://acortar.link/kNtPte

SUSTAINABILITY, AN ESSENTIAL DIMENSION IN UNIVERSITY EDUCATION. THE SPECIFIC CASE OF FRANCISCO DE VITORIA UNIVERSITY

Pilar Gimenez Armentia[1]

This text arises within the framework of a project on Social Responsibility, Migrations, and Human Development at Francisco de Vitoria University.

1. INTRODUCTION

From a historical perspective, the university stands as an emblematic institution for the preservation and expansion of knowledge, generating authentic communities of students and professors who share a particular lifestyle and values centered around truth and learning. Universities are academic institutions that play a vital role in modern society. They are not only responsible for higher education and research but also have a mission of serving the community.

The United Nations 2030 Agenda and its 17 Sustainable Development Goals (SDGs) provide a roadmap for achieving a fair and equal future for the entire planet. Universities can lead the creation of innovative and sustainable solutions to the most pressing global challenges. Through research, teaching, and the promotion of social justice, they can directly contribute to building a better and more equitable world.

The objective of this article is to explore the role that universities must play in achieving the SDGs and their impact on society. Additionally, we will highlight the various actions being carried out by a Spanish university to educate its students in sustainability, social responsibility, and a culture of equality.

Throughout this work, we will present and analyze the progress made through the subjects of Anthropology and Education for Social Responsibility at Francisco de Vitoria University. These academic disciplines promote student participation with the aim of achieving social equity and collective benefit, actively seeking to influence the achievement of the SDGs.

The university cannot be seen as an isolated enclave, disconnected from the realities of the world and solely dedicated to the pursuit of wisdom and observation. On the contrary, it has the important mission of being a transformative force in society, committed to addressing the challenges and problems it faces. It is expected to assume a prominent role, both intellectually and ethically, within its sphere of influence.

---

1. Francisco de Vitoria University (Spain).

Through this research, we seek to highlight the university's mission to properly educate its students to understand and engage in processes of social improvement and change in the world they live in. We firmly believe that the implementation of these types of subjects in university curricula will help shape socially responsible professionals who contribute to improving situations of injustice and inequality.

2. GOALS

There are three objectives that we have set for ourselves:

1. Analyze the role that higher education must play in achieving the SDGs and its impact on society.
2. Highlight the importance of including subjects in university curricula that educate students in social responsibility, sustainability, equality, and the SDGs.
3. Demonstrate how taking courses in Anthropology and Education for Social Responsibility increases the level of social commitment among university students.

3. RESEARCH DEVELOPMENT

3.1. The Social Dimension of the University

In today's society, marked by pressing global challenges, higher education plays a fundamental role in the formation of professionals committed to social well-being and the construction of a sustainable future. In this regard, it is crucial to include subjects in university curricula that promote social engagement, justice, and the SDGs. This incorporation not only enriches academic education but also prepares students to face global challenges and become agents of change.

From a historical perspective, Western universities originated during the Middle Ages within cathedral and monastic schools, as centers for study, research, and the transmission of knowledge. Their main mission was the pursuit of truth and its dissemination through communities of teachers and learners. Thus, from their inception, the university became an emblematic institution for the preservation and expansion of knowledge, generating authentic communities of students and professors who share a particular lifestyle and values centered around truth and knowledge. Ortega y Gasset summarizes the main missions that the university has had throughout the centuries in five major objectives. Firstly, the pursuit of truth, understood as an abstract and universal principle. Additionally, within this knowledge, there would be scientific knowledge, which would also be developed in university institutions. At a third level, there would be training of a more technical nature or the application of scientific methods or for artistic creation; in the fourth place, there would be efforts to promote and support cultural, social, and economic development, and finally, the dissemination of university culture (Ortega y Gasset, 1968).

Another proposal that seems appropriate is the one that states that "the university is the corporation of students and professors who, through teaching and research, are oriented towards the pursuit and contemplation of truth, the organic unity of knowledge, the fulfillment of personal vocations, and the preparation of professionals necessary for the common good" (Basave, 1992, p. 466).

In other words, the university must possess a series of functions directly related to the search for truth and service to society. This would enable it to become a guardian of rationality and science, a "spiritual reserve," in short. This "Idea of the university," the supposed purpose it is called to embody, thus becomes a regulatory concept and serves to provide its members with a shared way of life intersubjectively. Its intimate connection with science, truth, and service to society makes it a universal institution.

If the university is to serve holistic education and the human and intellectual development of students, this conception must be projected in teaching. Therefore, it must be taught in the three dimensions that make up the identity of the university, that is, it must teach students from a universal and humanistic perspective (cultivated individuals) to think, reason, investigate, systematize, and elevate knowledge to higher levels (research), to solve problems and provide practical solutions based on acquired specialized knowledge (professionalism), and, ultimately, to foster students' critical thinking abilities. The goal is to develop their work capacity, ethical sensitivity, and solidarity, which are essential qualities for any professional (Badenes Gasset, 1959).

However, higher education also has an essential role in the comprehensive education of students, not only in their specific area of knowledge but also in enabling them to understand the world they live in. It should provide them with not only scientific knowledge but also tools to develop their professional and life purpose, using their abilities for their own benefit and that of society.

Therefore, the defining characteristics of the university would be:

a) It is an institutionalized community of students and educators.

b) Its purpose is the transmission of knowledge through teaching.

c) It improves and expands knowledge through study and research.

d) It aims to develop students' habits of knowledge acquisition through study and their ability to expand knowledge through research.

e) This education should not be limited to the acquisition of knowledge but should also include the development of values, both human and academic.

f) It serves society through the education of individuals, research, and innovation.

These starting premises also require us to reflect on the teaching or the way of teaching, which must align with the mission and objectives of the university. If the university aims for comprehensive education that imparts knowledge and values, this conception must be reflected in the educational methods. The value of the university lies in its intellectual character, that is, the use of reason or intellect to reach truth, engage in research, pursue excellence, and transmit knowledge, while instilling humanistic values, the scientific method, and the habit of fostering a spirit of service in their communities of reference. The academic, therefore, becomes a true agent of truth, without this categorization demanding—rather the opposite—that intellectuals are disconnected from the real world. Their position as researchers is not separate from their role as citizens, and they must actively engage in the problems and debates of the society in which they are embedded (Badenes Gasset, 1959).

This involvement assumes undeniable relevance, as the pursuit of truth cannot be disconnected from the pursuit of well-being and excellence, not only at an individual level but also at the social level as an essential entity for human development. This imperative must permeate the fundamental fabric of our academic institutions, which should aspire to foster deep and meaningful encounters among human beings. Therefore, we should not confine ourselves solely to the education of professionals, researchers, or scientists, but it is imperative to forge individuals with a broad perspective of reality, who recognize their deficiencies and are capable of proposing viable solutions (Hatcher & Bringle, 2015). Men and women who are compassionate, committed, and altruistic. Ultimately, individuals with a clear understanding of their purpose in the world, willing to engage in dialogue and connect with others.

The university is also a beacon that illuminates, a conscience that enlightens, and an institution that addresses the challenges of its environment and the less privileged, putting all its resources—technical, human, scientific—at the service of its community (Latorre, 1992). It not only aims to equip individuals with skills but also shapes their consciousness, enabling students to develop their own critical thinking in response to the realities of their surroundings and engage in improving society. The university, therefore, must break out of its ivory tower and immerse itself in the realities that surround it, particularly the most vulnerable realities that are in greatest need of assistance. Like any social actor, the university cannot abdicate this function and must renew its social commitment daily, collaborating in the construction of a better and more sustainable world (Etzkowitz *et al.*, 2000).

The calling to help others, which is present and necessary in every human being, should be reinforced and promoted through university education, so that individuals can give back to society a portion of what it has provided them. Chen aptly points out that universities have an important role in building sustainable communities and promoting social justice and equal opportunities for the most vulnerable communities (Chen, 2013).

In recent years, there has been a growing interest in integrating these topics into university curricula to educate students in competencies related to social responsibility and sustainability. Specifically, nearly 90% of Spanish universities have taken the initiative to include courses, subjects, and specific programs that address these issues. These programs can focus on corporate social responsibility, sustainable resource management, sustainable development, SDGs, etc.

Furthermore, there are organizations and networks that promote the integration of social responsibility and sustainability in higher education in Spain. For example, the Spanish Network of Universities for Sustainability (REUS) is a network that brings together several higher education institutions committed to sustainability and the SDGs. As Perozek points out, universities have a responsibility to work collaboratively with other organizations and societal groups to address social and economic inequalities and improve the quality of life for vulnerable communities (Perozek, 2016).

Through higher education and research, universities generate knowledge and technology that can be applied in industry and the public sector to improve people's quality of life. Additionally, universities collaborate with industry and the public sector to develop solutions to social and environmental problems, promoting social well-being. This transfer can help create jobs, foster innovation, and promote economic growth (Esteves, 2014).

3.2. Sustainability and the SDGs: An Urgent Challenge for Universities

In a globalized world facing increasingly complex social, economic, and environmental challenges, the adoption of a global agenda for sustainable development with its main goal being the eradication of poverty and inequality has become imperative. The United Nations' SDGs, successors to the Millennium Development Goals (MDGs), represent a comprehensive framework that addresses a wide range of global issues. To ensure success in the implementation of these goals, it is essential for universities to play an active role by integrating them into their academic curricula.

The MDGs, established in 2000, laid the foundation for addressing humanity's most urgent challenges such as poverty, hunger, access to education, and gender inequality. However, they were unable to achieve all the proposed targets and did not succeed in completely eradicating poverty and hunger.

The Agenda 2030, adopted in September 2015, was conceived with the purpose of surpassing the unmet targets of the MDGs and addressing the challenges faced by humanity in the 21st century. Comprised of 17 SDGs, the Agenda 2030 covers a wide range of key issues, including poverty eradication, promotion of gender equality, access to quality education, ensuring health and well-being, environmental protection, promotion of inclusive economic growth, among others (UNESCO, 2016).

The development of the Agenda 2030 was a highly participatory and inclusive process. Over a span of more than two years, global consultations were conducted involving diverse stakeholders, including governments, civil society, private sector, trade unions, and political leaders. This broad collaboration allowed the Agenda to reflect the aspirations and concerns of multiple actors, thereby strengthening its legitimacy and potential for transformative change. Its comprehensive approach, broad participation, and ambition to achieve equitable and sustainable development make it a key framework for global action. We are in a new era where not only governments and international organizations are responsible for driving the transformation towards a more just society, but this commitment extends to all of society, with universities being a fundamental actor in this process (Vilches Peña & Gil Pérez, 2003).

In this regard, there has been a progressive advancement in the integration of sustainability as a cross-cutting dimension in higher education over the years. Both in student education and faculty training, the importance of addressing sustainability as a fundamental element in academic formation has been recognized.

In 2018, the Conference of Rectors of Spanish Universities (CRUE) presented a proposal reaffirming its commitment to the implementation and monitoring of the Agenda 2030 at the national, international, and local levels. This document, developed with the active participation of numerous Spanish universities, underscores the importance of research, knowledge transfer, university outreach, and university management as indispensable elements to address the challenges of the SDGs. The CRUE emphasized that the university plays a key role in promoting sustainable human development, and its responsibility is essential in fostering critical thinking and the incorporation of principles and values of sustainable, inclusive, and equitable development (CRUE, 2018).

The university must align with this line of thinking and cannot ignore social reality. Its students must be capable of thinking and acting on a global level, understanding their environment and the world they live in, in order to contribute to change through their professions. In this way, future professionals will be educated to carry out their work with a social commitment, being responsible both towards others and their surroundings.

3.3. A specific example of sustainability education from the university

In this section, we will discuss how the Francisco de Vitoria University has included mandatory humanities courses in all its degrees, which help students acquire a comprehensive education, a deeper understanding of the world, and an education that prepares them to be socially responsible university students.

This educational approach is based on the belief that university education should seek the holistic development of the individual. The courses of Anthropology and Education for Social Responsibility are part of this plan of humanities education and are taught in the second year, with each course consisting of 6 ECTS credits.

In Anthropology, students study the nature of the human being, its dimensions, faculties, essential foundations, and configuration. Building upon the findings of various sciences concerning human beings (paleoanthropology, psychology, human biology, ethnography, etc.), a synthesis of these findings will be conducted in light of philosophy. The aim is to identify the specifically human traits, those that differentiate us from other living beings, in order to understand the role that humans are called to play in society and history, and to value the recognition of human dignity.

If Anthropology reveals to us the main qualities of human beings, the subject of Education for Social Responsibility shows us the human being in relation to other beings, unfolding their interpersonal and ethical qualities in relationships with their peers.

The subject of Social Responsibility is developed in three areas. Firstly, the classroom, where theoretical content is taught by an instructor, which is necessary for students to understand the need for compassionate behavior. The program of the subject is based on questioning students about the origin, nature, and purpose of individuals, considering that one can only live and develop fully in relation to others. Through the proposed theoretical approach, the aim is for students to broaden their perspective on themselves and reality, in order to discover the ontological dignity of each human being.

For many students, this is their first theoretical approach to the world of inequality and global injustice, beyond disconnected fragments of realities they may see in the news (hunger, wars, poverty, inequality in resource access). The theoretical analysis of global situations of inequality serves as a starting point to bring individual responsibility to the table for improving these situations, arousing in students the curiosity to learn, to change, to help, and to make efforts that contribute to social change.

Secondly, there are social practices that take place outside the classroom and involve the student's in-person collaboration in a social project within an institution or NGO throughout the academic year (50 hours annually). Currently, there are 2,169 students from the Francisco de Vitoria University involved in social activities in various programs. This means that each year, students collectively invest a total of 108,450 hours in assisting individuals in vulnerable situations, impacting a total of 13,014 people. The social fields they address are diverse, including disability, immigration, drug addiction, gender-based violence, correctional facilities, homelessness, and more.

Lastly, there is the figure of the mentor, who, through a personal support pathway, meets the individual needs of each student to help them make the most of these courses and support their educational development.

The objective of these two subjects is for students to recognize the dignity of all human beings and develop a commitment to society as university students and future professionals. This requires them to understand the profound meaning of the concepts of solidarity and human fraternity. Another challenge is to raise their awareness of the importance of personally engaging with the realities of inequality and poverty experienced by many individuals (De la Calle *et al.*, 2014). Con estas materias se pretende ayudar al estudiante en su desarrollo integral, apostando por el encuentro interpersonal y ofreciendo una experiencia significativa y transformadora.

In this way, technical training and personal development complement each other to provide students with a comprehensive education that impacts all dimensions of their lives and enables them to exercise their professional roles in service to the community.

4. METHODOLOGY

The methodology used consisted of compiling the main current studies and research on the subject. A thorough and updated review of existing literature on the University, its mission of serving society, and its connection with the 2030 Agenda was also conducted. The primary sources used were official documents from the United Nations, CRUE (Spanish Universities Association), and scientific publications that highlight the importance of sustainability in the university context.

Finally, quantitative analyses and previously published studies will be presented, which demonstrate that taking the subjects of Anthropology and Education for Social Responsibility increases students' awareness and commitment to society. These studies utilize a questionnaire, validated by a group of experts, which allows evaluating the learning related to the subject's objectives and the level of commitment acquired by students while working in a specific social institution where they carry out their social practices. The empirical studies presented here have been descriptive and employ a quantitative experimental methodology, in line with the object of study.

In this chapter, three investigations are presented, measuring the impact of the subject on the students who take it.

The first investigation was conducted by the Chair of Social Responsibility at Francisco de Vitoria University. In this study, carried out during the academic year 2012-2013, a scale to measure the level of social responsibility of university students (RSEU) was developed and validated. It was later applied to all second-year students at UFV, totaling 1200 students. Data collection took place at two points in time: the first day of the subject (pre-test) in October 2013, and the last day of the subject (post-test) in May 2014. The questionnaires were anonymous and did not request personal data, to avoid influencing the students (De la Rosa *et al.*, 2019).

In another study carried out in 2020, the aim was to analyze how the subjects of Anthropology and Social Responsibility, particularly through their social practices, are contributing to the SDGs. The study was conducted from 2004 to 2020, during which a digital record allowed for a real calculation of the work carried out by the students. A questionnaire was administered to a sample of 1200 students each year, across all university degrees. The objective of this study was to extract data to highlight the social contribution of the University over the past years, specifically the activities conducted within the subject of Education for Social Responsibility concerning the SDGs (Giménez *et al.*, 2020).

Lastly, in a 2022 investigation, a sample of biotechnology students from two different academic years was selected. The study was conducted with 102 students aged between 18 and 23 years (M=20.5). The goal was to understand the impact that social practices and working with socially excluded individuals had on their personal and professional development, and whether their responsibility towards their environment and society increased after engaging in this social work (De la Rosa *et al.*, 2022).

5. RESULTS

As it has been evidenced in the previous section, numerous studies have been conducted, supporting that the teaching of these two subjects influences students to become aware of their social responsibility.

The results obtained in the study of (2012-13) indicate that students, after taking these described subjects, increase their commitment to others and their environment, thus developing a higher degree of empathy and responsibility. Therefore, it can be affirmed that these subjects have a positive impact on students, contributing to the achievement of many of the SDGs of the 2030 Agenda (De la Rosa *et al.*, 2019).

After the investigation carried out in 2020, it was observed that the SDGs most addressed in these subjects are, first, SDG 10, which aims to reduce inequalities by promoting social inclusion of people with disabilities; second, SDG 1, that is, to end poverty in all its forms, specifically in this case, in education; and third, SDG 11, which seeks to ensure access to adequate housing and basic services for all people, such as the elderly, children without families and homes, and families in need. 90% of the students indicated that after taking the subjects, they had increased their awareness and knowledge about the SDGs and sustainable development. It is worth noting that since 2004, 75,060 people have been attended and assisted by the students. These individuals not only benefited from the services provided by the students but also became the true teachers of this subject, as thanks to them, we have been able to awaken consciences, change perspectives, break stereotypes, and strive to build a fairer and more humane society (Giménez *et al.*, 2020).

In the third study, it was verified that students, after carrying out social practices or working in NGOs, had increased their commitment to underprivileged environments and the people they accompany. The students highly value this training and affirm that the subject has allowed them to foster their social awareness and become familiar with realities that were previously foreign to them. They also acknowledge the enrichment that comes from supporting people in vulnerable situations (De la Rosa *et al.*, 2022).

6. CONCLUSIONS

The university plays a fundamental role in society by offering its research and scientific knowledge to address the needs of the most vulnerable and marginalized sectors. Additionally, it has the responsibility to provide education that promotes competencies related to sustainability, social responsibility, and ethical commitment, both towards people and the environment.

Based on this study, we can affirm that integrating the SDGs into university curricula raises awareness about global challenges and fosters sensitivity towards pressing social, economic, and environmental issues. This helps students understand the importance of their role as agents of change and cultivates a global mindset.

A clear example of this is the education provided at Francisco de Vitoria University (UFV) through subjects like Anthropology and Education for Social Responsibility. These subjects aim to empower all students to reflect on their ways of thinking and motivate them to work towards a sustainable future.

All these investigations lead us to conclude the need to comprehensively educate university students so that they become aware of the world they live in and actively commit to its improvement.

7. REFERENCES

Badenes Gasset, R. (1959). *Metodología del Derecho*. Bosch.

Basave, A. (1992). Estructura y misión de la universidad. Bases para una reforma universitaria integral. En *La universidad ante el quinto centenario. Actas del Congreso Internacional de Universidades* (pp. 461-471). Editorial Complutense.

Chen, Y. (2013). Universities and social inclusion: A multidimensional approach. *Journal of Higher Education Outreach and Engagement, 17*(3), 99-123.

CRUE (2018). *Diagnostico de la Sostenibilidad ambiental en las universidades españolas.*

De la Calle, C., Gimenez, P., Ruíz-Alberdi, C., De Dios, T., De la Rosa, D., Viñado, F., Díaz, M. J., García, S., & Agejas, J. A. (2014). *La asignatura de responsabilidad social en la Universidad Francisco de Vitoria*. Universidad Francisco de Vitoria.

De la Rosa D., Giménez, P., & De la Calle, C. (2019). Educación para el desarrollo sostenible: el papel de la universidad en la Agenda 2030. Transformación y diseño de nuevos entornos de aprendizaje. *Revista Prisma Social,* (25), 179-202. https://revistaprismasocial.es/article/view/2709

De la Rosa D., Giménez, P., & Barahona, A. (2022). Una propuesta de formación integral desde la Universidad. *Revista Prisma Social,* (37), 58-81. https://revistaprismasocial.es/article/view/4614

Etzkowitz, H., Webster, A., Gebhardt, C., & Terra, B. R. C. (2000). The future of the university and the university of the future: Evolution of ivory tower to entrepreneurial paradigm. *Research Policy, 29*(2), 313-330. https://doi.org/10.1016/S0048-7333(99)00069-4

Esteves, A. M. (2014). Social responsibility in higher education: A review of the literature and empirical evidence. *Journal of Cleaner Production, 62*, 1-12.

Hatcher, J. A., & Bringle, R. G. (2015). Bridging theory to practice: Designing service-learning for undergraduate students. *Journal of Community Engagement and Scholarship, 8*(1), 1-13.

Giménez, P., De la Rosa, D., & Barahona, A. (2020). El papel de la Universidad en la erradicación de la pobreza y la desigualdad: educación en responsabilidad social. *Cuadernos Salamantinos de filosofía, 47*, 353-380.

Latorre, J. A. (1992). *La reflexión en la formación de profesor universitario*. Universidad de Barcelona.

Perozek, M. (2016). Universities and society: Their role in promoting equity and social justice. *Higher Education Policy, 29*(3), 335-355.

Ortega y Gasset, J. (1968). Misión de la universidad y otros ensayos afines. *Revista de Occidente.*

UNESCO (2016). *Formando el futuro que queremos. Informe anual.* Naciones Unidas.

Vilches Peña, A., & Gil Pérez, D. (2003). *Construyamos un futuro sostenible. Diálogos de supervivencia*. Cambridge University Presss.

PROMOCIÓN DEL TURISMO INCLUSIVO COMO BASE PARA LA SOSTENIBILIDAD DEL DESTINO. EL CASO DE ESTUDIO DE CIUDAD JUÁREZ, MÉXICO

Manuel Ramón González Herrera[1]*, Jessica Milagros Valdivia Vargas*[2]

El presente texto nace en el marco del proyecto Gestión Sostenible del Turismo en las zonas de uso turístico-recreativo de Ciudad Juárez, Chihuahua, México. El mismo se inscribe en la línea de generación de conocimientos sobre la gestión socio-territorial de la sostenibilidad, correspondiente al Cuerpo Académico de Registro Interno sobre Gestión Sustentable del Turismo de la Universidad Autónoma de Ciudad Juárez, México.

1. INTRODUCCIÓN

El tema del turismo accesible como base para la sostenibilidad de los destinos turísticos es una necesidad imperiosa para este sector a nivel global. Al respecto, Zurab Pololikashvili, secretario general de la Organización Mundial del Turismo, ha declarado que:

> *Los entornos y servicios turísticos a menudo se diseñan sin tener en cuenta los diferentes requisitos de acceso que pueden tener los visitantes y los residentes de esos lugares. El sector turístico debe dar prioridad a la accesibilidad. Esto puede suponer un cambio decisivo para los destinos y las empresas, ayudándoles a recuperarse de la crisis y a crecer de nuevo de una forma más inclusiva y resiliente (Organización Mundial del Turismo [UNWTO], 2020, párr. 3).*

En este contexto, el turismo inclusivo debe ser un compromiso clave para el desarrollo turístico sostenible, ya que posibilita la integración de todas las personas independientemente de su condición o posición, lo cual responde a la dimensión socio-territorial que deberá caracterizar el desarrollo integrado de la sociedad en la era postpandémica. En función de ello, la pregunta de investigación que orienta el presente estudio es ¿Cómo promover un turismo inclusivo y sostenible en la Zona Dorada de Ciudad Juárez, México?

La situación problémica en que se enmarca la investigación se caracteriza porque los hoteles, accesos, la vía pública y las áreas de recreación y esparcimiento de la Zona Dorada no cuentan con la infraestructura y el diseño adecuado para personas con discapacidades, esto debido a que los hoteles solo disponen de 1 a 3 habitaciones especiales para este tipo

---

1. Universidad Autónoma de Ciudad Juárez (México)
2. Diseñadora en las Oficinas Corporativas del Grupo S-Mart (México)

de visitantes, y los corredores, pasillos, el mostrador, áreas de recreación como piscinas, y los restaurantes, no tienen las facilidades necesarias para operar como hoteles inclusivos. En sus áreas exteriores, la vía pública no dispone de semáforo peatonal ni vial para que los vehículos se detengan y las personas con esta necesidad puedan cruzar con seguridad, así mismo, el puente peatonal solo tiene escalones, imposibilitando la utilización por parte de estas personas. En ciertas calles no existen rampas y algunas de las que hay están muy inclinadas, dificultando su uso.

En respuesta a esta situación es imprescindible que este destino turístico cuente con la infraestructura y el diseño adecuados para recibir a este tipo de visitantes, y que ellos puedan realizar sus actividades junto a cualquier otro turista. Por ende, la presente investigación busca beneficiar a las personas que tienen alguna discapacidad motriz o limitación física, incluidos los adultos mayores que visitan la ciudad con diferentes propósitos; así como a las empresas que se encuentren en esta zona, las cuales pueden incrementar el nivel de calidad del servicio brindado al cliente y a la vez generar un impacto positivo para la ciudad, lo que les permitiría transformar la imagen negativa percibida por los visitantes y residentes en una nueva imagen más inclusiva y sostenible.

Como resultado del estudio se presenta el diagnóstico de la situación actual del turismo inclusivo como base para la sostenibilidad, teniendo en cuenta la identificación de la problemática del escenario actual con criterios de accesibilidad; para ello se tomó en consideración la percepción de los turistas con relación al estado que caracteriza la zona estudiada y su accesibilidad, así como la percepción de hoteleros seleccionados de la Zona Dorada. Sobre esta base se propone el fomento de buenas prácticas de turismo inclusivo, considerando la sensibilización y formación en materia de turismo accesible, la restructuración de las vialidades y accesos, y la promoción y comercialización a futuro como un destino turístico incluyente.

2. OBJETIVO

El objetivo general del estudio fue diagnosticar la problemática actual del turismo inclusivo en la Zona Dorada de Ciudad Juárez y proponer una agenda de trabajo para el fomento de buenas prácticas de turismo inclusivo sostenible en diferentes horizontes temporales. Derivado del objetivo general se formularon los siguientes objetivos específicos:

1. Caracterizar la problemática del contexto objeto de estudio con criterios de accesibilidad, considerando la percepción de los turistas con relación a la situación de la zona estudiada y su accesibilidad, así como la percepción de los hoteleros de la Zona Dorada.
2. Proyectar una agenda estratégica participativa para el fomento de buenas prácticas de turismo inclusivo considerando tres ejes principales que son la sensibilización y formación en materia de turismo inclusivo, la restructuración de las vialidades y accesos, y la promoción y comercialización como un destino turístico accesible e inclusivo.

3. MARCO TEÓRICO

Las bases teóricas en que se sustenta la presente investigación se fundamentan en el estudio y sistematización de las teorías y enfoques teóricos contenidos en la producción científica internacional con respecto a la definición y alcances del turismo inclusivo en el contexto de la sostenibilidad y su operacionalización en un caso práctico. El posicionamiento teórico que soporta la interpretación del marco teórico respecto a la sostenibilidad se basó en los enfoques teóricos y metodológicos de la OMT, quien lo define como aquella forma de realizar el turismo teniendo "en cuenta las repercusiones actuales y futuras, económicas, sociales y ambientales para satisfacer las necesidades de los visitantes, de la industria, del entorno y de las comunidades anfitrionas" (UNWTO, s.f.). De igual forma, se atiende a las directrices de La Agenda para el Desarrollo Sostenible (Organización de las Naciones Unidas [ONU], 2015). Nótese cómo la definición enfatiza en cubrir las necesidades de los visitantes y residentes locales, lo cual no puede alcanzarse sin un turismo inclusivo y accecible para todos.

3.1. El turismo inclusivo como base para un desarrollo turístico sostenible

El turismo inclusivo "permite que las personas que tienen algún tipo de discapacidad puedan [participar] en actividades turísticas de forma segura, normalizada y autónoma" (GrupoAMA, 2020, s.p.), razón por la cual "tener algún tipo de problema de movilidad, estar privado de algún sentido como el oído, o padecer alguna enfermedad de carácter psíquico no debe ser un obstáculo para poder disfrutar del placer de viajar y conocer sitios nuevos" (GrupoAMA, 2020, s.p.). De acuerdo con Malara (2020), el tratamiento de la inclusión debe considerar las diferencias individuales de las personas como criterio de diversidad, lo cual justifica, que no constituye un problema si no por el contrario una oportunidad para el enriquecimiento de la sociedad. Costa-Pinto y Sonaglio (2013) señalan que la sociedad debería posibilitar la integración de personas con movilidad reducida en su dinámica social; sin embargo, históricamente estas sufren discriminación.

El concepto de turismo accesible hace referencia a la "adecuación de los entornos, productos y servicios turísticos de modo que permitan el acceso, uso y disfrute a todos los usuarios, bajo los principios del Diseño Universal" (UNWTO, 2016, p. 6). De igual manera, Marcos-Pérez *et al.* (2003) lo comprenden como una modalidad turística que planea, diseña y desarrolla actividades turísticas de ocio y tiempo libre con el fin de ser disfrutadas por todo tipo de personas, independientemente de las condiciones físicas, sociales o culturales que presente. Pero ¿Quiénes necesitan de la accesibilidad en el turismo? Morfín (2018) deja saber muy acertadamente que en algún momento de la vida cada persona puede llegar a convertirse en demandante de entornos, productos y servicios diferenciados, ya sea por una discapacidad, enfermedad, accidente, embarazo o la propia edad.

Por su parte, Fernández (2009) sustenta que para que una persona discapacitada pueda y quiera viajar, no sólo debe disponer de tiempo de ocio y motivos para viajar, sino que como criterio de viaje principal consideran la no existan de barreras que dificulten su movilidad. En la Agenda 2030 para el desarrollo sostenible (ONU, 2015) muchos de los diecisiete objetivos mundiales formulados contienen la inclusión social como un componente importante para disminuir las desigualdades en todos los ámbitos de la economía y la sociedad, entre los cuales cabe destacar el derecho al disfrute pleno del turismo.

Capitaine y Trudel (2015) precisan que para el desarrollo y la promoción del turismo inclusivo se requiere la construcción de herramientas que involucren a las autoridades locales, el aseguramiento de recursos financieros, la evaluación de cada sitio, la capacitación del personal y la sensibilización general de la sociedad. Visto el potencial para el sector turístico se hace imprescindible sensibilizar a los empresarios hacia este nuevo usuario. Al respecto, Molina y Cánoves (2010) afirman la necesidad de reconocer que las personas con discapacidad o necesidades especiales, constituyen un segmento del mercado para el sector turístico en el que se debe trabajar con el fin de conformar un producto turístico de calidad que se ajuste a sus necesidades.

Desde hace varios años diferentes instituciones nacionales e internacionales han trabajado activamente a favor de la promoción de mejores condiciones de vida para las personas con discapacidad. De acuerdo con las aportaciones realizadas por Kastenholz y Galán (2009), es importante abogar proactivamente por un mejor acceso a las infraestructuras y servicios turísticos para las personas con discapacidad y movilidad reducida. Enfatizan dichos autores que esta meta está plasmada en instrumentos normativos, documentos y estudios, a partir de los cuales se ha trabajado por cumplimentar el objetivo universal de lograr el turismo para todos.

3.2. Destinos urbanos como productores de turismo inclusivo

Cuando se aborda la estructuración y funcionamiento de un destino turístico urbano es necesario reconocer que "El deseo del ser humano de viajar y explorar es universal, por lo que es esencial un turismo accesible para el disfrute de todos" (UNWTO, 2021, párr. 4 y 5), razón por la cual es "fundamental que los numerosos beneficios sociales y económicos que aporta el turismo estén al alcance de todos (UNWTO, 2021, párr. 4 y 5). A propósito, la OMT reconoce que "la reactivación del turismo ayudará a impulsar la recuperación y el crecimiento, pero es esencial que los beneficios que se generen se distribuyan de manera amplia y justa" (ONU, 2021, párr. 3.).

Serrano y Kóster (2005) afirman que el turismo urbano es un fenómeno que ha reconfigurado los flujos turísticos, así, la ciudad se convierte en un producto atractivo y se modifica como elemento determinante en la generación de la demanda turística. Es por ello que Rongvaux y Rodríguez (2023) señalan que el turismo refleja el desarrollo y extensión de lugares en los que se produce esta actividad desde el punto de vista socio-territorial urbanístico. Agregan El Archi *et al.* (2023) que los destinos turísticos urbanos deben potencializar las condiciones para promover la inclusividad debido a que el turismo no debe proyectarse descontextualizado de las necesidades y características de la ciudad, ya que es una actividad más dentro de las muchas que pueden tener lugar en este tipo de espacio geográfico. Por esta razón, su planificación debe incorporar un enfoque totalizador que favorezca a todos los usuarios del destino.

Para la conceptualización integrada del valor agregado del destino turístico urbano es necesario considerar las 5 A's del turismo, según los términos utilizados en inglés, es decir, que el destino sea atractivo (*Attraction*), accesible (*Accessibility*), que disponga de servicios de alojamiento confortable (*Accomodation*) y amenidades (*Amenities*), a la vez que ofrezca variadas actividades en diferentes contextos (*Activitics*) (ValueTourismo, 2019). De tal forma, la accesibilidad es de gran importancia para garantizar un turismo inclusivo a nivel del destino, ya que es la manera de acceder al sitio de atracción mediante diferentes vías y formas, pero al mismo tiempo el alojamiento, las amenidades y las actividades deben ser también accesibles para garantizar la inclusión de todos los visitantes. La OMT ha precisado que la Agenda 2030 para el Desarrollo Sostenible propone como enfoque no dejar a nadie atrás, a la vez que reconoce que mediante el turismo es posible contribuir al logro de ese objetivo (UNWTO, 2023).

Respecto a esta agregación de valor a nivel del destino turístico, precisa la OMT que aunque "se ha avanzado mucho, la publicación deja claro que las personas con discapacidad y mayores se enfrentan a barreras que les impiden disfrutar plenamente de las experiencias turísticas, más aún durante la pandemia" (UNWTO, 2020, p. 1), argumento por el cual recomienda "garantizar la accesibilidad de los turistas con requisitos de acceso específicos [lo cual] puede suponer un cambio de paradigma para los destinos de todo el mundo que buscan recuperarse de los impactos de la pandemia" (UNWTO, 2020, p. 1).

De acuerdo con la OMT (UNWTO, 2020) el turismo accesible es identificado como un cambio de paradigma para los destinos turísticos. Según propone Martínez del Vas (2021), las siete estrategias para lograr un Destino Turístico Inclusivo deben ser: contar con líderes públicos y privados comprometidos con la inclusión; establecer y reconocer espacios de inclusión en la cadena de valor turístico; definir indicadores turísticos sostenibles de inclusión; desarrollar programas de formación multidireccionales y multisectoriales; potenciar canales de participación; programas de inclusión específicos por sectores turísticos interconectados o en red; y alianzas estrategias entre actores públicos y privados. Esta autora reconoce además, que se debe reiniciar el turismo para "crecer desde la acción colectiva y tengamos presente la promesa central de la Agenda 2030 y los ODS de no dejar a nadie atrás" (Martínez del Vas, 2021, s.p.).

En esta orientación precisa la OMT que las estrategias orientadas a la reactivación y crecimiento del turismo con enfoque inclusivo deben estar encaminadas al fomento de alianzas entre actores del sector turístico y organizaciones internacionales; la sensibilización de los gobiernos con el turismo inclusivo; el aprovechamiento del beneficio de la cadena de valor del turismo mediante la facilitación de los procesos de inversión; y la consolidación de la educación turística (UNWTO, 2020). Todas estas estrategias deberán convertirse en planes y agendas de actuación en el destino con el fin de operacionalizar el turismo inclusivo y favorecer la sostenibilidad.

4. METODOLOGÍA

La metodología utilizada fue de tipo mixta y aplicada, en la que se implementó la vía deductiva; se ocuparon métodos empíricos tales como observación participante, análisis de documentos, encuestas (cuestionario), entrevistas (guía de entrevista), y levantamiento de datos de campo mediante fichas de inventario, así como métodos teóricos de tipo analítico-sintético, histórico-lógico, y modelación. También se utilizaron métodos estadístico-matemático (estadística descriptiva).

La operacionalización de la investigación se basó en la identificación del turismo inclusivo como variable principal, de la cual se derivaron tres dimensiones correspondientes a la señalética y señalización (cantidad y calidad); infraestructura y equipamiento (accesos, barreras, seguridad vial); y los servicios turístico-recreativos (trato igualitario, no discriminación, calidad del servicio, preparación del personal). El proceso de gestión de datos se basó en las etapas siguientes: elaboración de los instrumentos de investigación; pilotaje; ajuste de los instrumentos; aplicación de los instrumentos para el levantamiento de datos; captura de datos en SPSS; y análisis e interpretación de datos.

Para el desarrollo de esta investigación se tomaron en consideración dos unidades de análisis. La primera estuvo representada por personas que presentan algún tipo de discapacidad física, para lo cual se trabajó con una muestra de 96 personas aplicando un muestreo no probabilístico de tipo intencional o de conveniencia. Como segunda unidad de análisis se identificaron los hoteles que se encuentran en la Zona Dorada de Ciudad Juárez con categoría de tres y cuatro estrellas, para esta unidad se consideró como población total 9 hoteles ubicados en esta zona, obteniéndose una muestra de 8 hoteles mediante un muestreo probabilístico de tipo aleatorio simple para poblaciones finitas, en el cual todos los elementos tuvieron la misma probabilidad de ser seleccionados.

5. RESULTADOS

5.1. Diagnóstico de la situación actual del turismo inclusivo en la Zona Dorada

En esta sección se presenta el diagnóstico de la situación actual del turismo inclusivo como base para la sostenibilidad mediante la identificación de la problemática del contexto local atendiendo a criterios de accesibilidad, en función de lo cual se tuvo en cuenta la percepción de los turistas y la percepción de los hoteleros de la Zona Dorada de Ciudad Juárez.

La estructura territorial de La Zona Dorada está articulada por una avenida principal nombrada Paseo de la Victoria, alrededor de la cual se configuran los principales hoteles turísticos y servicios (figura 1). Del lado izquierdo (sentido sur a norte) se encuentra el hotel María Bonita, al pasar la avenida Teófilo Borunda se ubica la Plaza Comercial Misiones y los hoteles City Express, Extended Suites Consulado y Confort Inn. Al lado derecho de la avenida Teófilo Borunda (sentido sur a norte) están los hoteles Courtyard by Marriot, Holiday Inn, Microhotel by Windham e Ibis, el Consulado General Americano y el Hotel Mesaluna. Para conectar ambas secciones de este sector existe un puente peatonal, debido a que el camellón sobre la avenida se encuentra bloqueado para evitar la circulación por razones de seguridad peatonal y del consulado. Más adelante, pasando la avenida Ejército Nacional se localizan los hoteles Conquistador Inn y Consulado Inn.

Figura 1. Vista panorámica de un sector de la Zona Dorada. Fuente: Foto de autor.

Como parte del estudio se realizó la ficha técnica de ocho establecimientos de alojamiento para conocer detalles sobre la señalética y señales, la infraestructura y equipamiento, y los servicios que ofrecen. Se pudo comprobar que la ubicación de los hoteles es muy cercana y todos ofrecen el mismo equipamiento básico, sólo algunos sobresalen por ciertos servicios recreativos complementarios con que los demás no cuentan. El rango de precios es muy similar entre la mayoría de los hoteles de la zona. Esto genera que cada hotel tenga que hacer uso de la identificación de una ventaja competitiva que lo diferencie del resto para atraer el mayor número de turistas a sus instalaciones, por lo que la propuesta de un hotel totalmente accesible puede ser parte de ellas.

Se evidenció que la mayoría de los hoteles no están preparados para recibir personas con discapacidad física, ya que el mesón de la recepción tiene una altura que no permite al cliente con discapacidad acercarse de manera fácil; cuentan con una sola habitación diseñada para personas con discapacidad y la misma es de tipo sencilla. Los accesos de entrada al establecimiento no siempre cuentan con puertas anchas que se abran de manera automática. Los pasillos son lo suficientemente amplios para que una persona en silla de ruedas o muletas pueda moverse con comodidad, aunque no todos disponen de un baño universal en la planta baja. En sus instalaciones cuentan con rampas de acceso, sin embargo, estas tienen una inclinación fuerte que dificulta que una persona en silla de ruedas, muletas o con prótesis pueda subir; la cantidad de estacionamientos dedicados a personas con discapacidad no es suficiente.

Para la caracterización de la problemática socio-territorial con criterios de accesibilidad se realizó trabajo de investigación de campo utilizando una guía de observación y una lista de verificación. En zonas de vialidad se pudo apreciar que las condiciones de las aceras no son las adecuadas para personas con alguna discapacidad física, ya que se encuentran en mal estado (figura 2), el concreto se encuentra levantado en algunas partes, lo que crea desniveles, y en otros lugares se han desarrollado zanjas que pueden provocar accidentes. En la mayoría de las aceras no se cuenta con rampas para sillas de ruedas y las pocas que existen tienen diversas limitaciones que hacen compleja su funcionalidad. En términos generales, se carece de señalética turística y las señales generales son insuficientes, lo cual limita el turismo accesible y la sostenibilidad de la zona.

Figura 2. Estado de deterioro de la acera peatonal. Fuente: Foto de autor.

La percepción de los turistas con algún tipo de discapacidad física respecto al estado actual de la Zona Dorada y su accesibilidad se basó en una muestra de encuestados con predominio de edades entre 23 y 50 años, sin diferencia notable de género. Respecto al ancho de las aceras el 52.0% contestó que no es suficiente, su estado fue evaluado por el 76.0% como malo, y el 71.8% consideró dificultades para la transitabilidad por la existencia de múltiples obstáculos. El 84.3% reconoció la carencia de semáforos.

Referido a los hoteles el 28.1% identificó problemas con las rampas y el 25% dijo no saber, por lo cual puede inferirse que las personas a pesar de que visitan dichos establecimientos no tienen conocimientos sobre las facilidades que deben ofrecerse a los visitantes con discapacidad o no les han brindado la suficiente atención a estos requisitos. El 48.9% considera que el mesón no es accesible; solo el 17.1% tiene conocimiento sobre las habitaciones con facilidades especiales; las condiciones de accesibilidad del baño fueron evaluadas por el 40.6% como regular, por lo que se puede deducir que estos no están totalmente equipados para una persona con necesidades de este tipo.

En general, la experiencia del turista respecto a la accesibilidad del servicio fue evaluada por el 44.8% como regular, y la percepción de seguridad vial de la zona fue percibida por el 36.4% como mala, en tanto el 35.4% la consideró regular. Basado en el análisis de las respuestas obtenidas de los turistas encuestados se pueden identificar aquellos puntos que necesitan de una mayor atención y solución de mejora inmediata y aquellos aspectos que parecen ya estar cubiertos por los establecimientos turísticos. No obstante, todos deberán procurar una mejora continua con la finalidad de brindar una total satisfacción a los turistas con algún tipo de discapacidad, de forma tal que puedan alcanzar una experiencia inclusiva satisfactoria, la cual cubra realmente sus necesidades especiales y se ajuste a sus expectativas.

Para conocer la percepción de los empleados hoteleros con respecto a la accesibilidad turística se consideró una muestra de trabajadores que tienen por lo menos un año laborando en el establecimiento y han recibido capacitación profesional. Estos declararon que sus hoteles disponen de espacios grandes y amplios para un fácil acceso, que cuentan con estacionamientos y rampas para personas en silla de ruedas, además, dijeron que disponen de al menos una habitación hándicap con adaptaciones para una persona que se desplaza en silla de ruedas. Realmente esta visión resulta limitada con respecto a todos los requerimientos a incorporar como parte del turismo inclusivo en cualquier hotel, por tanto, el propio personal deberá estar más familiarizado con este tema, que es mucho más complejo y diverso.

Se pudieron conocer algunos cambios o mejoras que se podrían implementar para que el hotel sea más inclusivo. Algunos de los que se mencionaron fueron colocar más rampas en la parte delantera, adaptar más habitaciones para discapacitados, habilitar más estacionamientos exclusivos e incluir actividades para personas con discapacidad. Se identificó que la mayoría de los visitantes que hacen uso de estas facilidades vienen a realizar trámites migratorios en el Consulado Americano y que a veces no sólo son personas con capacidades diferentes, sino que la mayoría de ellas son de la tercera edad y utilizan sillas de ruedas o andadores, razón por la cual requieren de mejor atención para que se sientan incluidos y totalmente satisfechos.

Además, se conoció que no se ofertan actividades especiales para personas con discapacidad porque por lo general no ofrecen actividades de animación en sus hoteles, ya que estos se limitan a brindar los servicios básicos de hospedaje y comida. Mencionaron que muchos huéspedes vienen a la zona para realizar trámites consulares, por lo cual no procuran ningún tipo de actividad para realizar dentro del hotel y prefieren permanecer en la habitación. Por último, los entrevistados coincidieron en que ya han recibido huéspedes con discapacidades, y a pesar de que no pudieron precisar la frecuencia exacta con la que visitan el hotel, afirmaron que reciben este tipo de clientes de forma sistemática varias veces al año.

La síntesis integrada de los problemas que provocan que la Zona Dorada no pueda ser categorizada como accesible e inclusiva se presenta en la siguiente lista ponderada, la cual está basada en el análisis de las respuestas que dieron los turistas encuestados y trabajadores hoteleros, así como la observación participante y trabajo de campo en las zonas de vialidad y en los hoteles:

1. Mal estado de las aceras peatonales.
2. Falta de semáforos peatonales.
3. Obstáculos que obstruyen el tránsito seguro sobre las aceras peatonales.
4. Condiciones muy básicas en los hoteles para la promoción del turismo inclusivo.
5. Insuficiente disponibilidad de rampas.
6. Falta de señalética y señales que favorezcan información y orientación vial.
7. Pasos peatonales sin las condiciones de seguridad vial requeridas.
8. Puente peatonal que articula las dos partes de la zona con la única opción de escaleras no automáticas.
9. Complejidad de los cruces peatonales en las esquinas de las vialidades por el alto flujo vehicular y la circulación caótica, con poco respecto hacia el peatón.
10. Las rampas disponibles presentan fuerte inclinación, son estrechas y están en lugares poco seguros.

5.2. Agenda estratégica para el fomento de buenas prácticas de turismo inclusivo sostenible en la Zona Dorada, Ciudad Juárez

En esta sección se presenta una propuesta participativa de agenda estratégica para el fomento de buenas prácticas de turismo inclusivo considerando tres ejes principales que son la sensibilización y formación en materia de turismo inclusivo, la restructuración de las vialidades y accesos, y la promoción y comercialización como un destino turístico accesible e inclusivo.

Eje 1 Capacitación y formación en materia de turismo accesible.

Con el objetivo de fomentar la participación de las personas con discapacidad en las actividades de la vida cotidiana, de sensibilizar a las personas que laboran en el turismo y potenciar el turismo accesible en la Zona Dorada, se propone la realización de actividades que involucren a los diferentes actores sociales. Para ello se recomiendan las siguientes acciones estratégicas:

1.1 Sensibilización de los líderes públicos y privados de la Zona Dorada y el gobierno local con la inclusión, y establecimiento de actuaciones estratégicas para la priorización del turismo inclusivo. Alianzas entre actores del sector turístico y organizaciones internacionales con experiencia en turismo inclusivo.

1.2 Capacitación de los directivos y empleados del sector turístico de la Zona Dorada. En dicha capacitación deberán abordarse temas como la legislación en materia de accesibilidad, la discapacidad motriz, arquitectura accesible, turismo inclusivo, atención al cliente con discapacidad, entre otras (se propuso un programa).

1.3 Programas comunitarios de formación de la cultura turística general de la comunidad anfitriona sobre el turismo inclusivo en la Zona Dorada (se propuso un programa).

1.4 Programas de motivación y empoderamiento para las personas con discapacidad y otras características diferentes con vista a favorecer su satisfacción plena. Adaptación, empatía, resiliencia, canales de participación, involucramiento, servicios personalizados, liderazgo, etc. (se propuso un programa).

1.5. Desarrollo participativo de indicadores turísticos sostenibles de inclusión para la Zona Dorada.

1.6. Autodiagnóstico de cada organización y espacios públicos basado en los indicadores sostenibles de inclusión para la Zona Dorada. Promoción de debates formales e informales sobre aspectos tales como: ¿Qué cambios se pueden realizar en mi establecimiento? ¿Qué cambios son necesarios en mi establecimiento? ¿Quiénes podrán ser los proveedores? ¿Cómo atraer inversionistas y obtener financiamientos?

Eje 2 Restructuración de las vialidades y accesos.

Para la reconversión del espacio vial público de la Zona Dorada como una zona accesible para personas con discapacidad se propone realizar un levantamiento detallado de los problemas diagnosticados y un estudio de factibilidad para dar cobertura a las demandas sociales. Esta parte de la agenda involucra la participación del gobierno por el grado de implicación que tiene, en lo relativo a los permisos de construcción que se deben tramitar, los proyectos de inversión a ejecutar, el financiamiento que deben aportar, entre otros. Para ello se proponen las siguientes acciones estratégicas a considerar:

2.1 Recarpeteo de las aceras peatonales. Deberá comenzarse por la avenida principal que articula la zona y continuar de forma progresiva por el resto de las vías por las que transitan los visitantes, en el camellón central no es necesario realizar cambios ya que no es transitable. Deberán evitarse desniveles y no realizar diseños que reduzcan las probabilidades de que se agrieten o de que pueda atascarse la llanta de una silla de ruedas o de un andador. Estas podrán mantener el mismo ancho que tienen actualmente (120 cm), ya que según los criterios de accesibilidad tienen un tamaño adecuado.

2.2 Construcción de rampas de acceso. Deberá realizarse un estudio técnico para la ubicación y diseño de las rampas de acceso en el contexto del turismo accesible para todos.

2.3 Eliminación/reubicación de los obstáculos situados sobre las aceras. Requerirá de un estudio de relocalización conveniente en cada caso.

2.4 Ubicación de semáforos peatonales previo a un estudio técnico y atendiendo al volumen considerable de personas con discapacidad que pueden visitar la zona. Mediante trabajo de campo se identificó la necesidad aproximada de diez semáforos peatonales, y se recomendó la ubicación de los cruces que lo requieren según propuesta de los participantes en el estudio.

2.5. Mejoramiento del sistema de información, señales y señalética turística de la Zona Dorada para facilitar la accesibilidad y los accesos a todos por igual. Requerirá de estudio técnico y de diseño.

2.6. Regulación y control del comportamiento de los conductores que transitan la zona para potencializar la cultura del derecho al peatón. Esta acción está relacionada además con el eje 1 mediante el cual se pretende la sensibilización con las personas que ocupan la vía pública.

2.7. Mejoramiento progresivo de las condiciones básicas de los hoteles y restaurantes de la Zona Dorada para la promoción del turismo inclusivo. Esta acción también deberá comenzar con la sensibilización y el reconocimiento de los espacios de inclusión en la cadena de valor turístico en cada organización mediante la facilitación de los procesos de inversión.

Eje 3 Promoción y comercialización de la zona como destino turístico accesible.

Una vez que se hayan cumplimentado las acciones estratégicas anteriores, se recomienda proceder a la comercialización como un nuevo producto/destino enfocado a los turistas que actualmente frecuentan la zona y a nuevos segmentos de este mercado interesados en la inclusión sostenible del turismo. Para tales fines deberá funcionar una Organización de Gestión de Destino Local. Con el propósito de proyectar este eje se proponen las siguientes acciones estratégicas a conciliar:

3.1 Creación de un logotipo que identifique a la zona como área de turismo accesible y una marca de destino inclusivo. Este logotipo deberá ser sencillo y tener el color azul que distingue a este tipo de discapacidad, deberá ser fácil de entender y sencillo de recordar; además deberá contener un elemento que represente la discapacidad y otro que tipifique a la Zona Dorada, incluyendo los aspectos centrales que se quieren dar a conocer.

3.2 Creación de una guía de turismo accesible para la Zona Dorada. Esta guía incluirá los hoteles y áreas de esparcimiento accesibles, mostrando las modificaciones realizadas en sus instalaciones, incluido el personal certificado. La guía deberá estar impresa y disponible en las zonas de acceso a la ciudad y dentro de cada hotel; se dispondrá de una versión digital que se podrá encontrar en internet y en las páginas web de los hoteles.

3.3 Acciones de marketing directo. Se propone que mediante el marketing online y la publicidad en redes sociales se llegue al mercado al que van dirigidos tales servicios, esto debido a que el costo de realizarlo mediante plataformas digitales no es tan elevado y porque tienen un alcance que permitirá que se llegué al principal mercado que son las personas con discapacidad física y a sus familiares, a adultos mayores, y al resto de personas que aunque tal vez no tengan la necesidad de estos servicios, van a darle mayor valor a los establecimientos por incluir los criterios de accesibilidad.

3.4 Creación y promoción de experiencias turísticas accesibles. Otra acción que se propone para promocionar la Zona Dorada como accesible para personas con discapacidad es trabajar en función de las experiencias memorables de sus visitantes como vía para alcanzar un acertado nivel de posicionamiento del producto/destino. Para ello se desarrollará una guía que facilite la formación de experiencias memorables basadas en las necesidades y expectativas el mercado de interés.

3.5 Promoción del turismo inclusivo por el personal de marketing de cada hotel. Se propone que cada hotel mediante sus páginas web y redes sociales brinde información sobre la accesibilidad de la zona y que utilicen en sus folletos, trípticos y otros soportes de comunicación impresos y digitales el sello de accesibilidad. De esta forma los hoteles podrán desarrollar una ventaja competitiva y respaldar su posicionamiento como zona accesible y sostenible.

6. CONCLUSIONES

Con respecto a la situación problémica detectada se concluye enfatizando la necesidad de promover el turismo inclusivo y accesible como parte de las dimensiones de la sostenibilidad en la Zona Dorada, a pesar de las actuales limitaciones utilitarias que caracterizan este espacio multifuncional de uso turístico. Dicho posicionamiento responde a una demanda sentida por una parte importante de la sociedad que tiene el derecho pleno de disfrutar en igualdad de oportunidades de los espacios turísticos que visitan, independientemente de los motivos que los impulsen y las formas de viajar que hayan seleccionado.

Relativo al cumplimiento de los objetivos del estudio se logró corroborar y fundamentar la situación problémica empírica declarada como premisa de estudio, ya que el diagnóstico realizado reveló la problemática que caracteriza la falta de accesibilidad en la Zona Dorada, lo que pone de manifiesto una insuficiente gestión socio-territorial de la sostenibilidad. Por tanto, quedó demostrado que el escenario actual, caracterizado por falta de accesibilidad, inclusión e insatisfacción de los visitantes con discapacidades y necesidades especiales para la organización y realización del viaje turístico podría reconvertirse en un espacio de turismo inclusivo, lo cual ha de beneficiar a los visitantes y residentes, permitiéndoles así la participación en actividades turísticas de forma normalizada, accesible, segura y autónoma.

La respuesta a la pregunta de investigación sobre cómo promover un turismo inclusivo que favorezca la sostenibilidad de la Zona Dorada permite afirmar que debe prestarse atención local a tres ejes de acción estratégicos priorizados, los cuales faciliten la accesibilidad y accesos a las personas con discapacidades y necesidades especiales de viaje. En este orden, se comprobó de forma participativa que se requiere avanzar en función de la sensibilización y formación en materia de turismo inclusivo, de la restructuración de las vialidades y accesos, y de la promoción y comercialización futura del destino como un espacio de turismo accesible e inclusivo que se oriente hacia la sostenibilidad en el nuevo horizonte temporal postpandémico.

Como estrategia para la adopción de los resultados de la investigación se entregó una agenda de turismo inclusivo a las autoridades competentes de esta zona, al gobierno municipal, a las secretarías encargadas, así como a hoteles ubicados en este espacio. Para dar continuidad a esta investigación se deberán monitorear siete dimensiones que ofrecerán datos sobre la eficiencia de la gestión del turismo inclusivo, estas son: calidad de la experiencia turística, servicios e infraestructura, promoción turística, comercialización turística, formación y capacitación para el mejoramiento de la atención al visitante, facilidades para la accesibilidad y accesos al destino, y seguridad integral. El seguimiento progresivo a estas dimensiones permitirá evaluar los avances hacia la sostenibilidad del espacio turístico y las oportunidades reales de que las personas discapacitadas o con necesidades especiales puedan y quieran viajar.

Las principales limitaciones para la implementación de los resultados se relacionan con los tiempos y compromisos que requieren los procesos de sensibilización y formación en materia de turismo inclusivo con un público tan heterogéneo, sobre todo, por la falta de antecedentes y de las actuaciones negativas previas que pueden impactar desfavorablemente y, por tanto, limitar los niveles de compromiso y empoderamiento con el problema. Por otra parte, el estado actual de ausencia o deterioro de la infraestructura, la escasa tradición del servicio turístico inclusivo, la falta de señales y señalética turística, la pobre cultura turística general, y la no promoción/comercialización como destino accesible han de requerir de una significativa inversión y de diversas fuentes de financiamiento por estudiar. No obstante, estas limitaciones pueden convertirse en oportunidades para la presentación de proyectos a financiar ante diferentes agencias y en vías de aprendizaje para el emprendimiento endógeno y participativo desde la comunidad.

7. REFERENCIAS

Capitaine, V. y Trudel, M. (2015). Turismo inclusivo en Canadá: el caso de Quebec. *Estudios Turísticos*, (203-204), 149-161. https://n9.cl/l1g5v

Costa-Pinto, D. y Sonaglio, K. E. (2013). Turismo accesible en la estructura urbana de las ciudades turísticas. El caso de Santa Cruz, RN - Brasil. *Estudios y perspectivas en turismo, 22*, 1045–1073. http://www.scielo.org.ar/pdf/eypt/v22n6/v22n6a03.pdf

El Archi, Y., Benbba, B., Nizamatdinova, Z., Issakov, Y., Vargáné, G. I. y Dávid, L. D. (2023). Systematic Literature Review Analysing Smart Tourism Destinations in Context of Sustainable Development: Current Applications and Future Directions. *Sustainability, 15*(6), 1-14. https://doi.org/10.3390/su15065086

Fernández, M. (2009). Turismo Accesible: Importancia de la Accesibilidad para el Sector Turístico. *Entelequia. Revista Interdisciplinar*, (9), 211-224. https://n9.cl/m6q15

GrupoAMA (16 de junio de 2020). *¿Qué es el turismo inclusivo?* https://grupoama.es/que-es-el-turismo-inclusivo/

Kastenholz, E. y Galán, M. (2009). Turismo accesible como ejemplo de responsabilidad social en las empresas y destinos turísticos. El caso de Lousã (Portugal). *ROTUR. Revista de Ocio y Turismo, 2*(1), 175-194. https://doi.org/10.17979/rotur.2009.2.1.1240

Malara, J. (28 de octubre de 2020). *¿Sabes realmente qué es inclusión?* Pixedcopr. https://pixedcorp.com/que-es-inclusion/

Marcos-Pérez, D., González-Velasco, D. y Mazars Turismo (2003). *Turismo accesible: Hacia un turismo para todos*. Editorial CERMI. https://n9.cl/cfjym

Martínez del Vas, G. (22 de septiembre de 2021). *7 estrategias para conseguir un Destino Turístico Inclusivo DTIN*. Sitio web de Universidad Católica de Murcia. https://n9.cl/le3ebs

Molina, H. y Cánoves, M. (2010). Turismo Accesible, Turismo Para Todos: La Situacion en Cataluña y España. *Cuadernos de Turismo*, (25), 25-44. http://www.redalyc.org/articulo.oa?id=39813352002

Organización de las Naciones Unidas – ONU (2015). *La Agenda para el Desarrollo Sostenible*. https://www.un.org/sustainabledevelopment/es/development-agenda/

Organización de las Naciones Unidas – ONU (27 de septiembre de 2021). *El turismo puede fomentar el crecimiento inclusivo tras la crisis por la pandemia de COVID-19*. https://news.un.org/es/story/2021/09/1497492

Organización Mundial del Turismo – UNWTO (2016). *Turismo Accesible para Todos: Una oportunidad a nuestro alcance*. Organizacion Mundial del Turismo. https://n9.cl/1w2y0

Organización Mundial del Turismo – UNWTO (22 de diciembre de 2020). *El Turismo Accesible identificado como "Cambio de Paradigma" para los Destinos Turísticos*. https://n9.cl/jy3qz

Organización Mundial del Turismo – UNWTO (27 de septiembre 2021). *Turismo para un crecimiento inclusivo*. https://www.unwto.org/es/wtd2021

Organización Mundial del Turismo – UNWTO (23 de febrero de 2023). *El Turismo Inclusivo, Se Puede*. https://www.unwto.org/es/node/12262

Organización Mundial del Turismo – UNWTO (s.f.). *Desarrollo Sostenible*. https://www.unwto.org/es/desarrollo-sostenible

Rongvaux, N. y Rodríguez, L. (2023) Airbnb in Latin America: A literature review from an urban studies perspective. *Journal of Urban Affairs*, 1-15. https://doi.org/10.1080/07352166.2023.2168552

Serrano, F. y Köster, P. (2005). Una aproximación al turismo urbano. El valor de la ciudad empaquetada en el caso de Valencia. *Revista de Economía, Sociedad,*

Turismo y Medio Ambiente: RESTMA, (2), 9-34. https://dialnet.unirioja.es/servlet/articulo?codigo=1958998

ValueTourismo (20 de abril de 2019). *Do you know the 5 A's of tourism?* https://valuetourismo.org/2019/04/20/do-you-know-the-5-as-of-tourism/

PROCESO DE ETHICAL HACKING SOBRE LA RED IOT DEL SISTEMA DE MONITOREO DE VARIABLES AMBIENTALES EN CULTIVOS DE CAFÉ EN VEREDA EL DORADO EN PALERMO-HUILA – COLOMBIA

Alexander Gordillo Gaitan[1]

El presente texto nace en el marco del Proyecto nodo del programa de especialización en seguridad informática titulado: Desarrollo de estrategias de seguridad informática para sistemas IoT en pruebas de White Box.

1. INTRODUCCIÓN

Campesinos cafeteros del municipio de Palermo-Huila y especialmente en la vereda El Dorado a 42 Km del centro urbano, han tomado la iniciativa de usar herramientas de base tecnológica para el monitoreo de variables ambientales en cultivos de café y fortalecer la competitividad en la calidad de su producto. El uso de estas tecnologías emergentes conlleva un riesgo en la confidencialidad, integridad y disponibilidad de los datos y la información que generan los cultivos, necesarios para la toma de decisiones en el fortalecimiento de la capacidad productiva y de calidad del café.

2. OBJETIVOS

2.1. Objetivo general

Desarrollar un proceso de Ethical Hacking sobre la red IoT (Internet of Thing) del sistema de monitoreo de variables ambientales en cultivos de café de la vereda El Dorado de Palermo-Huila.

2.2. Objetivos específicos:

- Realizar el estudio y documentación de las vulnerabilidades más comunes en las capas de arquitectura IoT.
- Realizar pruebas de ciberseguridad a la red del sistema de monitoreo de variables ambientales en cultivos de café en un escenario Gray Box.
- Proponer recomendaciones de ciberseguridad para la red IoT del sistema de monitoreo de variables ambientales en cultivos de café

1. Corporación Universitaria Minuto de Dios (Colombia)

3. METODOLOGÍA

Para poder realizar este trabajo se empleó una metodología de seis fases.

Fase 1: Revisión de fuentes especializadas y bases de datos de publicaciones científicas, técnicas y tecnológicas. El objetivo de identificar los procesos de Ethical Hacking y las vulnerabilidades asociadas a las capas de la arquitectura de sistemas IoT. La exploración bibliográfica se limitó a publicaciones no mayores a 5 años y a las palabras clave: Seguridad informática; Ciberseguridad IoT; Gray Box en IoT; Vulnerabilidades IoT; Ethical Hacking IoT.

Fase 2: Se analizó la información capturada para identificar la metodología de Ethical Hacking que mejor se adaptara al sistema IoT de medición de variables ambientales del cultivo de café instalado. Además, se caracterizó el escenario Gray Box para las pruebas.

Fase 3: En el análisis del estado del arte sobre vulnerabilidades en sistemas IoT, se definieron los indicadores, herramientas y el proceso a seguir basado en una metodología de Ethical Hacking para realizar las pruebas de ciberseguridad en el escenario Gray Box.

Fase 4: En esta etapa se llevó a cabo un escenario de prueba de ciberseguridad Gray Box con las características técnicas y tecnológicas del sistema IoT de monitoreo de variables ambientales de un cultivo de café, enfocando el estudio en las vulnerabilidades de la capa de red, debilidades en la capa de aplicación y configuración de los dispositivos nodo.

Fase 5: En este punto se tuvieron en cuenta los hallazgos de vulnerabilidades y los resultados de las pruebas de ciberseguridad. Se realizó un análisis para conocer el tipo de vulnerabilidades, la amenaza que pueden presentar en el sistema, su origen y el impacto en el sistema de IoT de medición de variables ambientales de un cultivo de café.

Fase 6: Finalmente, de acuerdo con el análisis elaborado a partir de los resultados de los hallazgos, se definieron recomendaciones para mitigar y controlar las vulnerabilidades, dando como resultado una lista de sugerencias para fortalecer la seguridad del Sistema IoT a partir del estudio y de la implementación de buenas prácticas para la seguridad informática.

4. DESARROLLO DE LA INVESTIGACIÓN

Se realizó una exploración sistematizada de bases de datos como scopus, IEEE, Mendeley y Google scholar con las palabras claves: Ciberseguridad IoT; Gray Box en IoT; Vulnerabilidades IoT; Ethical Hacking IoT. Se identificaron nuevas fuentes de información especializada como IoT Security Foundation (IoTSF), Industrial Internet Consortium (IIC) y OWASP (Open Web Application Security Project), las cuales son organizaciones de referencia internacional en seguridad informática enfocada a IoT.

4.1. El escenario Gray Box

La metodología de Ethical Hacking se aplica en un escenario Gray box el cual consiste en tener información parcial del sistema IoT de medición de variables ambientales y de esta forma simular un ataque desde el interior de la red (Astudillo, 2022; Chan, 2020; Ebert *et al.*, 2022; Rodríguez Llerena & Rodríguez Llerena, 2020). La información compartida de los dispositivos IoT por los propietarios del cultivo de café se detalla en la Tabla 1.

Dispositivo	Función
Raspberry Pi	Servidor
ESP32	Nodo

Tabla 1. Información recibida de dispositivos del sistema IoT. Fuente: Elaboración propia

La topología de la red es tipo estrella, los dispositivos nodos tienen la función de transmitir las medidas realizadas por los sensores ambientales, tales como medidas de humedad, temperatura y pluviosidad. El servidor registra los datos de cada nodo. Finalmente, el escenario Gray Box lo iniciamos dentro de la red inalámbrica del sistema IoT y la información previamente compartida.

La metodología de Ethical Hacking que mejor se adapta a las necesidades del sistema IoT de medición de variables ambientales es la Seguridad Ofensiva (SO) debido que es una referencia internacional de ciberseguridad y abarca las diferentes superficies de ataque que dispone el sistema IoT con el fin de proporcionar un análisis de los principales riesgos de seguridad basado en simulación (Tarlogic cybersecurity experts, 2022) y proponer la mejor manera de aplicar controles de tratamiento de las amenazas. Las fases del Ethical Hacking consta de (Cuadros Navarro *et al.*, 2022): 1) Recolección de información, 2) Análisis de vulnerabilidades, 3) Definición de objetivos secundarios, 4) Ataque y 5) Análisis de resultados.

4.2. Recolección de información

En esta etapa se realizó la recolección de información activa sobre los componentes del sistema IoT de monitoreo de variables ambientales. Se utilizó la herramienta de código abierto Nmap la cual realiza una exploración y análisis de la red, para determinar que equipos están conectados, nombre y versión de servicios, sistema operativo, tipo de filtrado de paquetes o firewall entre otras funciones (Lyon, 2020). En la red interna del sistema IoT se identificaron 8 dispositivos nodo y un dispositivo central o servidor. El rango de IP del grupo de nodos va desde 192.168.0.10 a 192.168.0.17, donde cada uno de estos realiza la transmisión de datos de los sensores al servidor. El servidor que recibe los datos de los nodos y los almacena en una base de datos, se recolectó la información: IP 192.168.0.9, sistema operativo Linux raspberry 5.10.0 con los siguientes datos de la Tabla 2:

Puerto	Estado	Servicio	Versión
21	open	ftp	ProFtpd 1.3.1
80	Open	http	Apache 2.2.11
3306	open	Mysql	5.1.30

Tabla 2. Datos recolección de información. Fuente: Elaboración propia

Se utilizó la herramienta DirBuster para realizar una exploración de directorios basado en la IP del servidor (Kali.org, 2023). Se identifico un acceso importante que es /phpmyadmin, este sitio es la puerta para el acceso al gestor de base de datos del servidor.

4.3. Análisis de vulnerabilidades

Se inició con la herramienta Wireshark que es un analizador de paquetes de red de código abierto el cual muestra el detalle de los datos capturados (Sharpe *et al.*, 2023). Esta captura de paquetes permitió identificar las vulnerabilidades de análisis de tráfico y MiTM de la capa de red como se describen en Tabla 1. Las direcciones MAC de dispositivos nodo y el servidor (datos privados), datos de medición de los sensores y confirmación de las IP identificadas con Nmap; constituyen la información relevante de los paquetes capturados y analizados.

Con la herramienta Vuln la cual es un script que se puede utilizar de complemento con Nmap, permite identificar las vulnerabilidades más conocidas de un sistema (Nmap, 2022). El listado de vulnerabilidades que se permite compartir bajo el acuerdo de confidencialidad se detalla en Tabla 3:

Categoría	Descripción
Http-enum	Enumera directorios y aplicaciones dentro del servidor (Flu project, 2019; Nmap, 2013)
Slowloris Atack DoS	Dirigido a un solo objetivo como un servidor web o base de datos. Satura un servicio abriendo y manteniendo una gran cantidad de conexiones TCP simultáneamente (Akamai, 2021). Se relaciona al código CVE-2007-6750.
MitM en el protocolo Transport Layer Security (TLS)	El atacante puede degradar la seguridad de una sesión a través de la criptografía débil que usa y le permite romper el cifrado para manipular el flujo de información (Kumar, 2022). Se relaciona con el código CVE-2015-4000

Tabla 3. Vulnerabilidades del sistema IoT. Fuente: Elaboración Propia

4.4. Definición de objetivos secundarios

Los objetivos secundarios son las barreras o etapas para alcanzar el objetivo principal (Cuadros Navarro *et al.*, 2022). Para delimitar la etapa de ataque al servidor con el acceso identificado con el software DirBuster al gestor de la base de datos.

4.5 Ataque

En esta fase se realizaron las acciones que aprovechan las vulnerabilidades del sistema IoT. Se utilizaron herramientas tales como Burp Suite para un ataque hibrido de MitM y fuerza bruta, y Ettercap para un ataque DoS a los dispositivos nodo.

Burp Suite es una herramienta especializada para pruebas de penetración a través de su función como proxy entre el servidor objetivo y el navegador del atacante interceptando y modificando la información (Castillo, 2023; Portswigger, 2022). Se realiza la prueba de seguridad de la url del servidor terminada en /phpmyadmin que da el acceso a la gestión de la base de datos. Con la función Intruder se identifican los campos correspondientes a usuario y contraseña de la petición http interceptad en el proxy. El Intruder permite reemplazar esos campos con variables que se van modificando bajo un listado de palabras o diccionario. El resultado del ataque de MitM y fuerza bruta fue positivo con el hallazgo del usuario y contraseña para la plataforma que administra y gestiona las bases de datos dentro del servidor.

Ettercap es un conjunto de herramientas para el análisis y auditoria de redes y host. Entre sus múltiples funciones se utilizó un ataque activo de denegación de servicios (DoS). Este tipo de pruebas se realizó bajo un acuerdo con el administrador del sistema IoT debido a que tanto la red como los dispositivos conectados van a interrumpir su transferencia de datos (Esgeeks, 2022; Ettercap Project, 2020). Se realizó el envío de paquetes de 8Mb en un intervalo de 0,001 segundos al rango de direcciones IP de los dispositivos nodo. El resultado de este ataque provocó el colapso de la red y la caída simultanea de los dispositivos nodos y el servidor.

4.6 Análisis de resultados

De las múltiples vulnerabilidades que afectan el sistema IoT de monitoreo de variables ambientales del cultivo de café, a partir de los resultados se analizaron y proponen estrategias de protección proactiva que minimizan el impacto de las amenazas (DoS y DDoS: Patrones de Ataque y Medidas de Defensa - IONOS, 2019; Kaspersky, 2019; Ramírez López, 2023):

Actualizaciones de seguridad: Los sistemas IoT deben recibir actualizaciones de seguridad de forma regular y de esta forma parchar las vulnerabilidades conocidas para posibles ataques.

Cambiar contraseñas por defecto: El ataque de fuerza bruta duró menos de una hora para que rompiera la seguridad de acceso al gestor de base de datos con la autenticación de un usuario administrador con todos los permisos y accesos de modificación a las bases de datos. Se deben cambiar las contraseñas que vienen por defecto por contraseñas con una complejidad mayor que incluyan símbolos, mayúsculas, minúsculas y números.

Privacidad de los datos: Los datos capturados que transitan por la red fueron vulnerados fácilmente, una recomendación es un cifrado de extremo a extremo los datos, desde los dispositivos nodo hasta cuando llegan al servidor. Además, aplicar algún método de ofuscación para minimizar la fácil interceptación y modificación de datos por un ataque de MitM.

Mantener la disponibilidad: Para minimizar el impacto de un ataque DoS en un escenario tecnológico escalable, se recomienda utilizar un sistema de bloqueo de IP, lista blanca de Mac, filtrado de IP o balanceo de carga de la red.

4.7. Discusión

El proceso de exploración de pruebas de seguridad en sistemas IoT demuestra una mayor conciencia y compromiso por parte de la industria y los desarrolladores de estas cibertecnologías. Los resultados validan el alto potencial de una amalgama de vulnerabilidades en la confidencialidad, integridad y disponibilidad de los datos que generan los sistemas IoT. La personalización de plataformas y la poca estandarización del intercambio de información de estos dispositivos, hace que estos estudios sean un campo lleno de retos que deben ser abordados e investigados por expertos de la industria y la academia.

La revisión sistemática y documental de las publicaciones científicas y técnicas incluyen fuentes de noticias para ampliar el panorama del impacto sobre la privacidad, foros especializados donde se plantean experiencias y soluciones a partir de expertos del sector que no publican en revistas científicas. La ciberseguridad es un fenómeno tecnológico con focos y desafíos emergentes que plantea preocupaciones tanto en profesionales como en consumidores con menos experiencia tecnológica.

5. CONCLUSIONES

Se desarrolló el proceso de Ethical Hacking basado en la metodología Seguridad Ofensiva (SO) que proporciona 5 fases con el objetivo de mitigar vulnerabilidades sobre el sistema IoT de monitoreo de variables ambientales de un cultivo de café en la vereda El Dorado en el municipio de Palermo – Huila.

La exploración documental aborda una amplia gama de capas de IoT debido a la limitada estandarización que existe para estas tecnologías. Los autores normalizan las vulnerabilidades de las arquitecturas IoT con los protocolos ISO y TCP.

La ejecución de la prueba de Seguridad Ofensiva bajo un criterio Gray Box es la mejor forma de simular un ataque malicioso bajo condiciones de una intrusión en la red inalámbrica de los dispositivos nodo y el servidor.

Las recomendaciones de protección y defensa se enfocaron a estrategias proactivas debido a la limitada capacidad técnica para un sistema reactivo. Las recomendaciones de ciberseguridad se basan en mejoras en las configuraciones y actualizaciones de software de los dispositivos, adicionar componentes de filtrado y encriptación de datos que minimizan el riesgo de las vulnerabilidades identificadas en el proceso de Seguridad Ofensiva.

6. REFERENCIAS

Akamai. (2021). ¿Qué es un ataque DDoS de tipo Slowloris?. Akamai. https://www.akamai.com/es/glossary/what-is-a-slowloris-ddos-attack

Ali, R. F., Muneer, A., Dominic, P. D. D., Taib, S. M. y Ghaleb, E. A. A. (2021). Internet of Things (IoT) Security Challenges and Solutions: A Systematic Literature Review. Communications in Computer and Information Science, 128-154. https://doi.org/10.1007/978-981-16-8059-5_9

Astudillo, K. (2022). ¿En qué consiste un Hacking Ético?. *Karinaastudillo.com.* https://karinaastudillo.com/que-es-hacking-etico/

Castelblanco Bedoya, J. M. (2020). *Sistema de apoyo para la detección de broca y roya en sistemas de producción tradicional de cultivos de café a partir de análisis de variables climáticas, a través del protocolo de comunicaciones para IoT.* AUNAR. http://repositorio.aunar.edu.co:8080/xmlui/handle/20.500.12276/1015

Castillo, G. (2023, enero 14). Burp Suite: Qué es y cómo se utiliza. *Innovación Digital 360.* https://n9.cl/mtwd1

Chan, R. (2020, junio 25). Qué son los hackers éticos y cómo es su trabajo en el día a día. *Business Insider España.* https://www.businessinsider.es/son-hackers-eticos-como-trabajo-dia-dia-561195

Chang, B. (2022). 7 Ejemplos de IoT en la cadena de suministro del café. *Mokosmart.com.* https://www.mokosmart.com/es/iot-in-the-coffee-supply-chain/

Cuadros Navarro, C. G., Veliz Briones, V. F., Veloz Zambrano, J. L. y Cruz Felipe, M. del R. (2022). Seguridad Ofensiva Mediante Hacking Ético para Fortalecer Infraestructuras en Redes de Telecomunicaciones. *Serie Científica de la Universidad de las Ciencias Informáticas, 15*(1), 40-53. https://n9.cl/uxjkj8

Valderrama Hurtado, L. D. (2022). Red Inalámbrica de Sensores para Monitoreo de Cultivo de Café. [Tesis de Grado] Universidad de los Andes. https://n9.cl/1jetz

Digital Guide Ionos. (2019, febrero 14). DoS y DDoS: patrones de ataque y medidas de defensa. *IONOS.* https://n9.cl/ar8al

Eastwood, E. (2021, enero 7). Tecnología y Agricultura: Por qué los Piratas Informáticos apuntan a la Tecnología Agrícola?. *Linkedin.com.* https://n9.cl/gxcp9

Ebert, C., Ray, R., John, J. y Wang, Z. (2022). Enhanced Penetration Testing for Automotive Cybersecurity. *SAE Technical Papers,* 16, 16-22. https://doi.org/10.4271/2022-01-7123

Esgeeks. (2022). Tutorial de Ettercap con Ejemplos de Ataques. *EsGeeks.* https://esgeeks.com/tutorial-ettercap-ejemplos/

Ettercap Project. (2020). Ettercap Home Page. https://www.ettercap-project.org/

Flu project. (2019). Entendiendo el funcionamiento de un script de nmap. Flu-project.com. https://n9.cl/7h5j5

Gélvez, L. y Santos, L. (2020). Internet de las Cosas: una revisión de vulnerabilidades, amenazas y contramedidas. Revista Ingenio, *17*(1), 56-64. https://www.mendeley.com/catalogue/0930145b-4498-37aa-ba43-96729bb92355/

Grispos, G. y Doctor, A. C. (2022, julio 10). El auge de la agricultura de precisión expone el sistema alimentario a nuevas amenazas. *Mundo Agropecuario.* https://n9.cl/7un7a

Jiménez, C. y Rivera, R. (2021). Ciberseguridad del IoT: Un Análisis en Países de la Unión Europea. *RISTI: Revista Ibérica de Sistemas e Tecnologias de Informação, extra*(39), 461-476. https://n9.cl/6lj0e

Kali.org. (2023, mayo 16). Dirbuster. *Kali Linux Tools.* https://www.kali.org/tools/dirbuster/

Kaspersky. (2019). Seguridad del Internet de las cosas. *Kaspersky.com.* https://n9.cl/v0fz9

Kruse, C. S., Frederick, B., Jacobson, T., & Monticone, D. K. (2017). Cybersecurity in healthcare: A systematic review of modern threats and trends. *Technology and Health Care, 25*(1), 1-10. https://doi.org/10.3233/THC-161263

Kumar, C. (2022, noviembre 30). ¿Cómo probar Logjam Attack (CVE-2015-4000) y solucionarlo?. *Geekflare.com.* https://n9.cl/e5xnj

Lyon, G. (2020, octubre 2). Chapter 15. Nmap Reference Guide. *Nmap Network Scanning.* https://nmap.org/book/man.html

Mendoza G., R. E. (2022). Una visión general de la seguridad de IoT (Internet of Things). *Linkedin.com.* https://n9.cl/gusuy

Molina Garcia, J. A. (2019). La importancia de la gestión de riesgos y seguridad en el internet de las cosas (IoT). *Universidad Piloto de Colombia.* http://repository.unipiloto.edu.co/handle/20.500.12277/6754

Nmap. (2013). http-enum NSE script. *Nmap Scripting Engine documentation.* https://nmap.org/nsedoc/scripts/http-enum.html

Nmap. (2022). vuln NSE Category. *Nmap Scripting Engine documentation.* https://nmap.org/nsedoc/categories/vuln.html

Oracle. (2022, junio 24). ¿Qué es el Internet de las cosas (IoT)?. *Oracle.com.* https://www.oracle.com/co/internet-of-things/what-is-iot/

Portswigger. (2022). Cybersecurity Solutions. *PortSwigger.* https://n9.cl/jsu4q

Ramírez López, S. (2023, enero 18). Seguridad en dispositivos IoT, recomendaciones del WEF. *ManageEngine Blog.* https://n9.cl/b4r61

Rincon Arias, J. C. y Hernández, W. M. (2021). *Caracterización de las falencias en seguridad informática que se presenta en la sensórica de tecnología iot (internet of things), para su correcta implementación y funcionamiento.* Universidad Cooperativa de Colombia. https://n9.cl/w2lhz

Rodríguez Llerena, A. E. y Rodríguez Llerena, A. E. (2020). Herramientas fundamentales para el hacking ético. *Revista Cubana de Informática Médica, 12*(1), 116-131. https://n9.cl/h3gfb

Salas Sanz, I., María, Á., Víctor, G. y Font, G. (2019). Seguridad en la Internet de las cosas. *Universitat Oberta de Catalunya.* https://n9.cl/zsh20

Sharpe, R., Warnicke, E. y Lamping, U. (2023). Wireshark User's Guide Version 4.1.0 Preface Foreword. *Gitlab.com.* https://gitlab.com/wireshark/wireshark/-/wikis/

Tarlogic cybersecurity experts. (2022, mayo 2). Red Team: El poder de la seguridad ofensiva. Tarlogic.com. https://n9.cl/flbys

Tejero, A. (2016). Metodología de análisis de riesgos para la mejora de la seguridad del Internet de las Cosas. Caso Smartwatch. *Universidad Politécnica de Madrid.* http://dx.doi.org/10.13140/RG.2.2.16026.24005

U-tad. (2023, mayo 10). ¿Qué es el hacking ético?. *U-tad.* https://n9.cl/xn9ub

DESARROLLO CURRICULAR DE EDUCACIÓN PARA EL DESARROLLO SOSTENIBLE EN ESPAÑA Y FINLANDIA

Mireia Guardeño Juan, Laura Monsalve Lorente[1]

Esta investigación es resultado de la tesis doctoral titulada: "Desarrollo curricular de Educación para el Desarrollo Sostenible. Cómo abordar la sostenibilidad en las aulas" realizada en el departamento de Didáctica y Organización Escolar de la Facultad de Filosofía y Ciencias de la Educación de la Universidad de Valencia.

1. INTRODUCCIÓN

Actualmente, la sociedad está en continuo cambio y con él los nuevos desafíos sobre la salud, el bienestar, la educación, las políticas de igualdad o la perspectiva ecosostenible. Estos aspectos requieren un cambio urgente en la forma de actuar de las personas, pues afectan directamente a la sociedad y a la forma en que se relacionan. La educación es el agente encargado de proporcionar herramientas a los educandos para poder dar respuesta a estos nuevos desafíos sociales. El sistema educativo debe evolucionar estableciendo pedagogías participativas y transformadoras que favorezcan a la ciudadanía a tomar conciencia de los retos que se presentan a nivel global y local y actuando bajo los principios de la sostenibilidad. En este sentido, son las organizaciones mundiales quienes han de fijar objetivos comunes que fomenten la protección de los derechos humanos, la paz mundial y el desarrollo sostenible con la finalidad de asegurar una vida plena y el bienestar social presente y futuro en sociedades que presentan desigualdad social, económica y ambiental (Lozano, 2022).

La UNESCO ha promovido desde 1992 la Educación para el Desarrollo Sostenible (en adelante EDS); sin embargo, en la actualidad se encarga de dirigir y coordinar la Agenda de Educación 2030, una declaración de intenciones de la comunidad internacional (Gómez, 2018) promovida desde el 2015 por Naciones Unidas y que tiene como fin último erradicar la pobreza a nivel mundial. Para ello, los países internacionales deberán adoptar medidas a través de la consecución de 17 Objetivos de Desarrollo Sostenible (ODS). Lograr una educación de calidad es, sin duda, una prioridad para cualquier sistema democrático en la actualidad. Por ello mismo, ésta es considerada un objetivo específico dentro de la Agenda 2030. Tal y como apuntan Gamba y Arias (2017), la educación es considerada un instrumento clave para el logro de todos los ODS.

1. Universidad de Valencia (España).

1.1. Los Objetivos de Desarrollo Sostenible y la Agenda 2030

La Agenda de Desarrollo 2030 consiste en un plan de acción global donde se actúa a través de dos dimensiones: el planeta y las personas. Al mismo tiempo se contempla la creación de una ciudadanía global a través de la educación para una ciudadanía mundial, responsable y comprometida con el desarrollo sostenible (Gómez, 2018). Los ODS constan de 17 objetivos y 169 metas de carácter integral e indivisible de alcance global y tratan temáticas como: poner fin a la pobreza; garantizar una salud y bienestar para la población; garantizar una educación inclusiva, equitativa y de calidad; lograr la igualdad de género y combatir el cambio climático, entre otras (Rieckmann y Gardiner, 2017).

Con el fin de conseguir las metas propuestas, surge la necesidad de cambiar el paradigma educativo en el que se encuentran las escuelas. Para ello, es necesario introducir metodologías innovadoras, adaptadas a la actualidad social con el fin de tomar conciencia y actuar. De entre los 17 objetivos, la educación de calidad es uno de los principales, ya que ésta es fundamental para formar a la ciudadanía capaz de aprender, reflexionar, criticar y tomar acción para la consecución del desarrollo sostenible (Guardeño *et al.*, 2021). Por todo ello, es necesario contar con políticas educativas que integren la EDS en el currículo educativo ya sea de manera transversal o independiente, con el fin de poder alcanzar los objetivos propuestos. La EDS proporciona a los educandos los conocimientos, competencias, valores y acciones necesarias para hacer frente a los retos mundiales; además, se concibe como un proceso de aprendizaje integral a lo largo de toda la vida y que es sinónimo de una educación de calidad. Asimismo, mejora las dimensiones socioemocionales, cognitivas y comportamentales del entorno del propio aprendizaje.

El papel que juega la UNESCO en la consecución de estas metas reside en promover orientaciones y normas que guíen a los países a desarrollar en las escuelas actividades centradas en cuestiones de sostenibilidad. De igual forma, facilita datos sobre en qué medida la EDS se ha de integrar en las políticas educativas, los planes de estudio, la formación a docentes y en la evaluación del alumnado. Un hecho que ha marcado un antes y un después ha sido la crisis por la COVID-19, donde se ha visto una regresión en la consecución de los ODS. Ésta afectó a la educación en diversas zonas del planeta: el 90% de los estudiantes no pudieron asistir a clase debido a los cierres de las escuelas lo que repercutió negativamente en los resultados de la enseñanza provocando desigualdades donde no era posible el aprendizaje a distancia (Naciones Unidas, 2020). Ante este peligro cabe actuar a través de políticas y medidas eficaces para la consecución de la inclusión, equidad y la sostenibilidad, metas propuestas para el logro de la Agenda 2030 para el desarrollo sostenible.

1.2. La EDS en el sistema educativo de España

Las organizaciones sociales democráticas son conscientes que la educación es un pilar fundamental para sociedades justas e igualitarias. Conseguir que la educación sea de calidad es una prioridad para cualquier país con un sistema político que quiera ser democrático. En el caso español, hasta el momento ninguna ley educativa había contemplado en su redacción el concepto de desarrollo sostenible. No obstante, después de la aprobación de la Ley Orgánica 3/2020, de 29 de diciembre, por la que se modifica la Ley Orgánica 2/2006, de 3 de mayo, de Educación (LOMLOE), la educación para la sostenibilidad ha cobrado un papel primordial en el currículum escolar.

Los objetivos de la Agenda 2030 aparecen desde el Preámbulo de la ley educativa, siendo uno de los pilares básicos en la actual ley educativa. La EDS constituye el eje central de actuación debido a su finalidad, que según Rieckmann (2018) sería: desarrollar competencias básicas de reflexión, crítica, responsabilidad y participación activa en el alumnado con el objetivo de contribuir a la transformación social creando sociedades sostenibles que partan de una concepción local y que se extiendan hacia una visión global, proyectando la creación de sociedades sostenibles, conscientes y activas.

Otro aspecto a destacar es que la LOMLOE integra la Recomendación de 22 de mayo de 2018 relativa a las competencias clave para el aprendizaje permanente del Consejo de la Unión Europea, la cual establece que los Estados miembros deben incorporar los ODS de las Naciones Unidas en su currículo escolar. Dado el papel que tienen las competencias en la normativa y la importancia de los ODS de las Naciones Unidas, es imprescindible abordar una actualización del marco legal y de los currículos que se deriven de éste. En este sentido, la UNESCO (2017) hace hincapié en las competencias para educar en EDS.

Así pues, la LOMLOE introduce en el sistema educativo español la esencia de la Agenda 2030 mediante la implantación curricular de los ODS, la EDS y estableciendo la Educación para una Ciudadanía Mundial como instrumentos para conseguir un desarrollo sostenible en España (Negrín y Marrero, 2021). Todo ello queda incorporado en todas las etapas de la educación obligatoria con el fin de que los educandos adquieran conocimientos, capacidades, valores y actitudes sostenibles desde edades tempranas y puedan ir trabajando y desarrollando estos conceptos en niveles educativos posteriores.

En la siguiente tabla se muestra la cronología de todas las leyes orgánicas que regulan el derecho a la educación aprobadas a partir de la proclamación del estado democrático.

LODE (1985)	Ley Orgánica 8/1985, de 3 de julio, reguladora del Derecho a la Educación. Se mantiene vigente y reformada por la LOMLOE de 2020.
LOGSE (1990)	Ley Orgánica 1/1991, de 3 de octubre, de Ordenación General del Sistema Educativo. Derogada.
LOCE (2002)	Ley Orgánica 10/2002, de 23 de diciembre, de Calidad de la Educación. Derogada.
LOE (2006)	Ley Orgánica 2/2006, de 3 de mayo, de Educación. Se mantiene vigente y es modificada por la LOMCE de 2013.
LOMCE (2013)	Ley Orgánica 8/2013, de 9 de diciembre, para la mejora de la calidad educativa. Derogada.
LOMLOE (2020)	Ley Orgánica 3/2020, de 29 de diciembre, por la que se modifica la Ley Orgánica 2/2006, de 3 de mayo, de Educación.

Tabla 1. Leyes orgánicas de educación. Fuente: Elaboración propia a partir de los datos extraídos de www.boe.es

Tras la aprobación de la LOMLOE y la creación de un Ministerio específico sobre Derechos Sociales y Agenda 2030, la educación para la sostenibilidad resulta ser una pieza clave en el currículum escolar. La responsabilidad de educar en estos desafíos y promover valores hacia el crecimiento sostenible conlleva la necesidad de una mayor preparación y formación a docentes. Se ha de impulsar a los individuos a asumir actitudes y habilidades que les empoderen a contribuir con el desarrollo sostenible y esto se ha de conseguir a través de políticas educativas inclusivas, de calidad y equidad (Guardeño y Monsalve,

2022). La meta principal de la LOMLOE es la consecución de una educación inclusiva como derecho reconocido en la Convención sobre los Derechos de las Personas con Discapacidad en España (2008) fomentando la coeducación y el desarrollo de la competencia digital del alumnado de todas las etapas educativas y haciendo énfasis en la brecha digital de género.

1.3. La EDS en el sistema educativo de Finlandia

Los planes de estudios en Finlandia son elaborados por los municipios como autoridades educativas locales y por las propias escuelas basándose en el marco del currículo básico nacional. Una característica que presenta Finlandia en su sistema educativo es que incluye dentro de sus competencias transversales la construcción de un futuro sostenible. La educación en Finlandia presta mucha atención a incorporar y trabajar en todas las asignaturas escolares estas competencias para hacer frente a los desafíos del futuro. Como ocurre en España, entienden la competencia transversal como una mezcla de conocimientos, habilidades, valores, actitudes y voluntad para alcanzar los objetivos fijados.

Así pues, en el plan de estudios básico nacional aparece como séptima competencia la "participación y construcción de un futuro sostenible" a través de la exploración de diversos conceptos como: el desarrollo sostenible, la paz, la igualdad y temas y situaciones relacionados con la democracia y los derechos humanos, especialmente los derechos de la niñez. Además, en varias competencias más también se incluyen principios sobre la sostenibilidad y el desarrollo sostenible como son: "competencia en TIC" y "multialfabetización".

A través de estos temas, el alumnado tiene la oportunidad de practicar la cooperación, el manejo de conflictos, la búsqueda de soluciones y toma de decisiones tanto en su propia comunidad de clase y en diferentes situaciones de estudio como en toda la comunidad escolar. Influir, participar y obtener experiencias positivas de ellos aumenta la experiencia de comunidad en la escuela. El desarrollo sostenible lo imparten por medio de diferentes prácticas, los y las estudiantes son guiados a comprender el significado de las propias elecciones, estilos de vida y acciones no solo para uno mismo, sino también para las comunidades cercanas, para la sociedad y la naturaleza. De igual forma ocurre en los planes de estudio de educación secundaria, en los cuales cambian algunas de las nomenclaturas de las competencias y aparece la "competencia ética y medioambiental".

A partir del Currículo Básico para la Educación Básica de 1985, ya se mencionaba la protección del medioambiente y la naturaleza como un objetivo central, pero no fue hasta el 2004 cuando el término "desarrollo sostenible" apareció por primera vez en el Currículo Nacional Básico de Educación Básica mediante la aplicación de valores básicos basados en la responsabilidad por el medioambiente, el bienestar y el desarrollo sostenible. Diez años después, en 2014, se publicó un nuevo Currículo Nacional Básico para la Educación Básica donde la sostenibilidad es un objetivo básico y aparece introducida en las competencias mencionadas anteriormente (National Core Curriculum for basic education, 2014). Además, cabe destacar que recientemente el Ministerio de Educación y Cultura ha desarrollado su propia política de desarrollo sostenible centrándose en el ODS 4 de la Agenda 2030 y en las competencias y el aprendizaje permanente.

2. OBJETIVOS

El objetivo principal de este trabajo es comparar el currículum de las etapas de educación infantil, primaria y secundaria en materia de educación para el desarrollo sostenible a través de las políticas educativas españolas y finlandesas. Para ello se realizará un análisis exhaustivo de los contenidos curriculares en cada una de las etapas educativas realizando un contraste de los datos obtenidos.

3. METODOLOGÍA

El presente trabajo se basa en seguir una metodología cualitativa en la que se realiza un análisis descriptivo-analítico en materia de sostenibilidad. Para ello, se va a llevar a cabo una comparación entre el sistema educativo de España y de Irlanda y cómo integran la EDS en su currículum. En cuanto a la delimitación temporal los datos se han extraído durante el periodo de realización de la tesis doctoral "Desarrollo curricular de Educación para el Desarrollo Sostenible. Cómo abordar la sostenibilidad en las aulas".

La metodología del presente estudio se ha basado en el método comparativo de carácter deductivo presentado por G. F. Bereday y F.Hilker (Raventós, 1990) e incorporando aportaciones de García Garrido (1990). Así pues, las principales fases del estudio comparativo son las siguientes (Monsalve, 2014):

a. Fase pre-descriptiva: se establece el marco teórico a partir del cual se va a desarrollar el objeto de estudio basado en el método comparativo.
b. Fase descriptiva: presentación de los datos recopilados separando cada una de las unidades comparativas.
c. Fase interpretativa: se interpretan los datos obtenidos en la fase anterior.
d. Fase de yuxtaposición: comparación de los datos analizados en la fase descriptiva anterior con el fin de contrastar los resultados.
e. Fase comparativa: se demuestran las hipótesis planteadas y se formulan conclusiones comparativas.

4. DESARROLLO DE LA INVESTIGACIÓN

Los datos obtenidos en materia de EDS en la etapa de educación infantil de los sistemas educativos de España y Finlandia refieren que existen diferencias y similitudes respecto a la EDS en el currículo. A continuación, se realiza una descripción de los sistemas educativos español y finlandés.

	Educación Infantil	Educación Primaria	Educación Secundaria Obligatoria
Edad escolar de los educandos	0-6 años	6-12 años	12-16 años
Obligatoriedad	Educación no obligatoria	Educación obligatoria	Educación obligatoria

Tabla 2. Etapas del sistema educativo español. Fuente: Elaboración propia, 2023.

Respecto a la estructura del sistema educativo español, no existe ninguna modificación por parte de la nueva ley educativa LOMLOE quedando así configuradas las etapas educativas como se muestra en la tabla anterior. Por lo que respecta a la etapa de Educación infantil, ésta tiene carácter no obligatorio en España y se divide en dos ciclos. El primer ciclo comprende desde los 0 años hasta los 3 años de edad. El segundo ciclo engloba desde los 3 años hasta los 6 años y tiene un carácter gratuito. En cuanto a la Educación Primaria y la Educación Secundaria Obligatoria comprenden diez años de escolarización obligatoria y gratuita para todo el alumnado. La Educación Primaria, abarca seis cursos académicos (6-12 años) y la Educación Secundaria comprende la Educación Secundaria Obligatoria (ESO), Bachillerato, la Formación Profesional Básica y de Grado Medio. En el presente estudio solo se mostrará información de la etapa referida a la ESO, ya que es la etapa seleccionada para el estudio comparado en cuestión. Durante esta etapa, el alumnado presenta edades comprendidas entre los 12 y 16 años. Es la última etapa de carácter obligatorio y se divide en dos: la primera etapa de educación secundaria (CINE 2) corresponde a los tres primeros cursos de la ESO accediendo directamente al acabar educación primaria; la segunda etapa de educación secundaria (CINE 3) compete al cuarto curso de la ESO (Eurydice, 2023).

En cuanto al sistema educativo de Finlandia, queda configurado de la siguiente manera:

	Educación y cuidado de la primera infancia	Educación Primaria y Secundaria	Educación Secundaria Superior
Edad escolar de los educandos	0-7 años	7-16 años	16-18 años
Obligatoriedad	No obligatoria (0-6 años) Obligatoria (6-7años)	Educación obligatoria	Educación obligatoria

Tabla 3. Etapas del sistema educativo finlandés. Fuente: Elaboración propia, 2023.

La escolarización en el sistema educativo finlandés no es obligatoria hasta alcanzar la edad de 6 años, al igual que en España, donde el alumnado debe asistir de manera obligatoria a la escuela de Educación Primaria. La Educación Infantil en Finlandia es conocida como *varhaiskasvatus* desde los 0 hasta los 6 años de edad. Esta educación es considerada no obligatoria, aunque la mayoría de los niños y niñas acuden a esta enseñanza en guarderías familiares. Sin embargo, a diferencia de España, añaden un ciclo más en esta etapa. En Finlandia, de los 6 hasta los 7 años es el último grado de la etapa de infantil siendo ya ésta obligatoria. La educación preescolar, llamada *esiopeto* se imparte un año antes de la educación básica, llevándose a cabo por los municipios con un mínimo de 700 horas al año. Esta educación es totalmente gratuita.

La Educación Primaria y Secundaria de estructura única (*perusopetus*) (CINE 1-2) comienza a la edad de 7 años hasta los 16, incluyendo un total de nueve grados. En esta etapa la educación es gratuita para el alumnado. En cuanto a la etapa de Educación Secundaria Superior (CINE 3), ésta es obligatoria hasta los 18 años, tal y como se amplió en la reciente reforma y que se puso en marcha en 2021. Una vez terminada la enseñanza primaria y secundaria inferior, deben solicitar nuevos estudios a la enseñanza secundaria superior (Eurydice, 2023).

A continuación, se exponen los datos obtenidos de la EDS en la etapa de educación infantil de los sistemas educativos de España y Finlandia:

	Denominación	Enfoque	Asignatura independiente	Carácter
España	Crecimiento en armonía. Descubrimiento y exploración del entorno.	Transversal	No	Obligatorio
Finlandia	Yo y nuestra comunidad. Explorar e interactuar con mi entorno.	Transversal	No	Obligatorio

Tabla 4. La EDS en la etapa de Educación Infantil. Fuente: Elaboración propia, 2023.

Es importante señalar que, durante esta etapa educativa, ninguno de los dos países europeos cuenta con una asignatura diferenciada en EDS, pues esta se trabaja de manera transversal en ambos países y tiene un carácter obligatorio. Sin embargo, se encuentran diferencias respecto a la denominación de la materia curricular. Cada país integra la EDS en esta etapa a través de áreas pedagógicas distintas; España la relaciona por medio de sus dos primeras áreas: "Crecer en armonía" y "Descubriendo y exploración del entorno", donde se realiza la integración de la EDS dentro de sus principios adoptando modelos, normas y hábitos para promover un estilo de vida ecosocialmente responsable, reconociendo elementos y fenómenos de la naturaleza, apreciando la importancia del uso sostenible, el cuidado y la conservación del entorno en la vida de las personas.

En el caso de Finlandia, el país nórdico tiene un total de cinco áreas de aprendizaje de las cuales dos de ellas destacan en materia de EDS. En la materia de "Yo y nuestra comunidad" se trabajan conceptos de diversidad de la comunidad local a través del pensamiento ético. En cuanto al área de "Explorar e interactuar con mi entorno" trabaja tres temáticas: el pensamiento matemático, la educación ambiental y la educación tecnológica. Así pues, en materia de EDS centra su objetivo en fortalecer la relación de los educandos con la naturaleza, así como para guiarlos hacia una forma de vida sostenible (National Core Curriculum for Early Childhood Education and Care, 2022).

Por lo que respecta a la Educación Primaria siguen existiendo diferencias y similitudes en los sistemas educativos de estos dos países, pues en el país nórdico aparece una asignatura diferenciada en el currículum que trata esta temática.

	Denominación	Enfoque	Asignatura independiente	Carácter
España	Educación en valores cívicos y éticos. Conocimiento del medio natural, social y cultural. Educación Física.	Integrado y transversal	No	Obligatorio
	Educación artística. Lengua extranjera. Matemáticas.	Transversal	No	Obligatorio
Finlandia	Religión Ética	Integrado y transversal	No	Optativo Optativo
	Ciencias sociales Artesanía Biología Geografía Física Química Economía doméstica Educación para la salud	Integrado y transversal	No	Obligatorio
	Educación Ambiental	Diferenciado	Sí	Obligatorio

Tabla 5. La EDS en Educación Primaria. Fuente: Elaboración propia, 2023.

En primer lugar, cabe destacar que España incorpora la EDS en su currículum de forma transversal en todas sus áreas tal y como dicta el art. 19 de la ley (LOMLOE, 2020). En cuanto a las similitudes y diferencias cabe señalar que España la introduce en su currículo a través de dos enfoques: enfoque transversal, esto es a través de todo el currículo gracias a las competencias clave; y, el enfoque integrado, gracias a la inclusión de la EDS a través de otras materias. Las áreas donde aparecen incorporadas a través de los saberes básicos y de sus competencias específicas son: "Conocimiento del medio natural, social y cultural", "Educación Física" y "Educación en valores cívicos y éticos".

Desde la asignatura de "Conocimiento del medio natural, social y cultural" introducen la EDS fomentando actitudes y conocimientos por y para la educación para el desarrollo sostenible y la ciudadanía global, impulsando el trabajo a favor de la consecución de los ODS y creando una conciencia ecosocial. En cuanto a la asignatura de "Educación Física" la integra mediante actitudes responsables con la sociedad y respondiendo a las necesidades de la ciudadanía para afrontar los retos y desafíos del siglo XXI. Por lo que respecta a la materia de "Educación en valores cívicos y éticos" aparece en su tercer bloque "Desarrollo sostenible y ética ambiental", donde se promueve el desarrollo de una ciudadanía global y se evalúan diferentes alternativas con que frenar el cambio climático y lograr los ODS. Por otro lado, las asignaturas de "Educación artística", "Matemáticas" y "Lengua extranjera" mencionan dentro de su descripción los ODS y los retos del siglo XXI e indican la importancia de trabajar a partir de textos y resolución de problemas sobre temas cotidianos que incluyan aspectos relacionados con los ODS.

Por lo que respecta a Finlandia, la enseñanza primaria y secundaria inferior se imparte dentro de una estructura única y se imparte en escuelas generales del grado 1 al 9. La EDS se aborda a través de los tres enfoques: integrado, transversal y diferenciado, de manera que aparece como asignatura independiente en la materia de "Educación ambiental". Ésta se presenta como una asignatura integrada cuya enseñanza incluye la perspectiva del desarrollo sostenible siendo uno de sus principales principios.

Por otra parte, la materia de "Religión" educa en la responsabilidad por la comunidad y en la ciudadanía global. En cuanto a "Ética", enseña el conocimiento de la perspectiva de la vida desarrollando capacidades en la tolerancia y responsabilidad con su comunidad basándose en una plena ciudadanía democrática. La materia de "Ciencias sociales" educa al alumnado a ser activos y ciudadanos responsables y emprendedores, orientándoles a comprender la diversidad y el respeto de los derechos humanos y la igualdad basándose en los valores y principios de la democracia. En cuanto a "Artesanía", engloba conceptos de EDS a partir del tercer grado incluyendo el conocimiento del mundo material para un estilo de vida y un desarrollo sostenibles. El plan de estudios de "Biología" aparece en el currículum en los grados del 7 al 9 donde se apunta el principio "hacia un futuro sostenible" relacionado con la diversidad natural, el cambio climático, el uso sostenible de los recursos naturales y los cambios en el medio ambiente. Asimismo, la asignatura de "Geografía", también ofrecida en los mismos grados, se ocupa de la interacción de la naturaleza con la actividad humana tratando temas donde se engloba la sostenibilidad.

Por otro lado, aparecen las materias de "Física" y de "Química" donde se les ofrece una enseñanza en la construcción de un futuro sostenible donde ambas son necesarias para aportar nuevas soluciones tecnológicas de desarrollo y salvaguardar el medioambiente y el bienestar de las personas. En la asignatura de "Educación para la salud" se incorpora en sus contenidos un estilo de vida sostenible y el consumo responsable. Finalmente, el área de "Economía doméstica" tiene como fin desarrollar los conocimientos, habilidades, actitudes y capacidades necesarias para la gestión del hogar y un estilo de vida sostenible que promueva el bienestar. En ella se crea la base para una vida sostenible, el conocimiento alimentario y el consumismo (NCC for basic education, 2014).

Por último, se muestran los resultados obtenidos de la etapa de Educación Secundaria Obligatoria en ambos países.

	Denominación	Enfoque	Asignatura independiente	Carácter
España	Educación en valores cívicos y éticos. Geografía e Historia. Tecnología. Educación Física. Biología y Geología.	Transversal e integrado	No	Obligatorio
	Economía y emprendimiento	Transversal e integrado	No	Optativo
	Lengua extranjera Matemáticas	Transversal	No	Obligatorio
Finlandia	Matemáticas. Biología. Geografía. Física. Química. Filosofía. Historia. Estudios sociales. Educación para la salud. Artes visuales.	Transversal e integrado	No	Obligatorio
	Religión. Ética.	Transversal e integrado	No	Optativo

Tabla 6. La EDS en Educación Secundaria. Fuente: Elaboración propia, 2023.

Tal y como se comentaba anteriormente, en esta etapa también se incluye la EDS de forma transversal en todas las materias del currículum. En este sentido, aparece integrada en la asignatura de "Biología y Geología" a partir de saberes básicos implantando un modelo de desarrollo sostenible, así como las causas y consecuencias del cambio climático y la importancia de los hábitos sostenibles. Por otro lado, también se encuentra la EDS como competencia específica en el área de "Educación en valores cívicos y éticos", incluyendo en sus saberes básicos la sostenibilidad y la ética ambiental. Asimismo, la materia de "Educación Física" especifica en su competencia el adoptar un estilo de vida sostenible y ecosocialmente responsable para la conservación del medio natural y urbano a través del consumo responsable.

En cuanto a la asignatura de "Geografía e Historia" expone en sus saberes básicos y en sus competencias específicas la importancia del compromiso cívico a través de la conciencia ambiental mediante el respeto, protección y cuidado de los seres vivos y del planeta siendo la juventud un agente de cambio para alcanzar el desarrollo sostenible. También, plantea asumir los retos del mundo actual como son los ODS, la emergencia climática y la globalización mejorando el entorno local y global. Con respecto a la materia de "Tecnología" se abordan saberes básicos relacionados con la tecnología sostenible teniendo en cuenta su impacto en la sociedad. Finalmente, aparece en los saberes básicos del área de "Economía y emprendimiento" la necesidad de trabajar el entorno social, cultural y ambiental desde una perspectiva económica, la economía colaborativa, la huella ecológica y la economía circular, la economía social y solidaria, los ODS y el desarrollo local. Por último, las asignaturas de "Lengua extranjera" y de "Matemáticas" valoran aspectos relacionados con la sostenibilidad, la igualdad de género, los ODS, el consumo responsable, la equidad o la no discriminación dentro de su currículo.

Por lo que respecta a la etapa de Educación Secundaria en Finlandia, este país introduce la EDS en su currículum de forma transversal en todas sus asignaturas apareciendo en las competencias y en los contenidos de un total de doce asignaturas. En primer lugar, "Matemáticas" incorpora temas relacionados con el desarrollo sostenible y la humanidad en la resolución de problemas (Lukion Opetussuunnitelman Perusteet, 2019). "Biología" incluye la EDS comprendiendo, a través de la competencia integral, la diversidad de la naturaleza y su desarrollo en la construcción de un futuro sostenible. Por otro lado, "Geografía" explora la interdependencia de la prosperidad económica, el bienestar social y el medioambiente y anima a pensar y actuar como ciudadanos responsables y éticos mediante el uso de un consumo sostenible. En cuanto a las materias de "Física" y de "Química" aparece la EDS en los contenidos de varios módulos donde se toman decisiones sobre medioambiente y tecnología desde el punto de vista de una economía energética sostenible además de enseñar soluciones para un estilo de vida sostenible.

En el plan de estudios de "Filosofía" se trabaja la ética abarcando al individuo, la sociedad y el medio ambiente incorporando en uno de sus módulos los derechos humanos, la naturaleza y el cambio climático. Otra de las materias que trabaja la sostenibilidad en las aulas es "Historia", ya en los objetivos de su currículum valora los derechos humanos, la igualdad, la democracia y un estilo de vida sostenible actuando como ciudadanos responsables. En cuanto a "Estudios sociales", introduce en uno de sus objetivos la motivación para actuar como un ciudadano activo de acuerdo con el desarrollo sostenible. También incorpora la EDS las áreas de "Religión" y de "Ética". Algo que destaca de la educación finlandesa es la diversidad en la enseñanza de la religión, pues introducen la católica, luterana, judía, islámica y la ortodoxa. La asignatura les proporciona las habilidades para construir la paz social y un futuro sostenible desde el punto de vista ecológico, económico, social y cultural. En la competencia integral de "Ética", aparecen los principios de los derechos humanos, la democracia y un futuro sostenible y aparecen en sus contenidos conceptos de los ODS y de la Agenda 2030. En cuanto al área de "Educación para la salud" fomenta una ciudadanía activa a partir de los contenidos del módulo: "Salud y medioambiente" donde trabajan los conceptos de seguridad ambiental, desarrollo sostenible y salud. Por último, se encuentra la materia de "Artes visuales" que, como se indicaba previamente, engloba en su competencia integral el desarrollo sostenible cultural, social y ecológico a partir de las reflexiones y acciones que realicen los estudiantes desde la perspectiva de un estilo de vida sostenible.

5. CONCLUSIONES

Las sociedades están cambiando a un ritmo descomunal. En este sentido, la escuela es el agente facilitador y tiene la responsabilidad de proporcionar en los educandos aprendizajes que los anime a participar, actuar y responder a las demandas sociales. Esto será posible si desde la escuela se fomentan pedagogías basadas en el desarrollo sostenible y ciudadanía. Todavía siguen existiendo diferentes problemáticas que afectan a nivel mundial como la pobreza, la cobertura de la sanidad, la brecha económica, social y digital y problemas derivados de la sostenibilidad como el cambio climático.

La educación es la encargada de transmitir los valores y normas necesarios para vivir en sociedad a través de las políticas educativas que en ese país, ciudad o región se constituya. La pandemia por la COVID-19 ha supuesto un traspié en el sistema educativo repercutiendo directamente en las personas y generando mayor desigualdad a nivel mundial. El cumplimiento de los ODS y, en concreto, el ODS 4: la educación para el desarrollo sostenible y ciudadanía mundial será clave para responder a ello.

Conseguir las metas acordadas para la Agenda 2030 no es tarea fácil sino es mediante una cooperación entre los gobiernos de los diferentes países y una implicación comprometida de las políticas educativas gubernamentales. Urge educar en estos principios, pues el contexto educativo que se haya generado durante este tiempo será primordial para alcanzar un futuro prometedor de progreso social y de reducción de las desigualdades entre la ciudadanía mundial. No obstante, cada país incluye estas directrices de manera distinta pues, como se ha visto a lo largo de este estudio, países miembros como son España y Finlandia han integrado la EDS de forma diferente en sus políticas educativas que revierten directamente en sus currículos educativos.

España es un país con una tradición cambiante en cuanto a política educativa. Esto se observa en las distintas leyes educativas proclamadas y derogadas en los últimos 60 años. Si se acota el cerco, en lo que a educación para el desarrollo sostenible se refiere, la LOMLOE ha sido la primera ley educativa que la ha integrado en sus competencias y saberes básicos del currículo español. Este dato indica un retraso en materia de sostenibilidad en el sistema educativo español. Con la aprobación de la LOMLOE en 2020 ha habido un gran avance en esta temática, pues como se ha comprobado en el presente estudio, incluye un enfoque transversal para la Agenda 2030 para el Desarrollo Sostenible en todas las materias, teniendo en cuenta la importancia de la educación, la competencia digital de estudiantes y docentes y el desarrollo de la competencia de ciudadanía activa, de acuerdo con la Recomendación del Consejo sobre competencias clave para el aprendizaje permanente de 22 de mayo de 2018. Por ello mismo, el giro que ha presentado la presente ley educativa en España ha resultado ser un paso adelante para alcanzar los retos y desafíos del siglo XXI.

Los enfoques para trabajar la EDS en las escuelas en todas las etapas educativas son de forma transversal, a partir de otras asignaturas donde se integran conocimientos y conceptos propios de la sostenibilidad y derechos humanos. Es relevante destacar la continuidad que existe entre las distintas etapas permitiendo educar en estos principios desde edades tempranas hasta la adultez. Sin embargo, la forma en la que se aplican estos valores en las escuelas es una cuestión a reflexionar. Para poder conseguir educar bajo estos conocimientos de forma satisfactoria, los docentes han de estar preparados y formados en las competencias, valores y principios de la educación para el desarrollo sostenible. Esto permitirá que los educandos participen plenamente en la vida social y cívica manteniendo un compromiso activo con la sostenibilidad.

En cuanto a Finlandia, este país presenta una mayor historia a nivel de sostenibilidad curricular. Desde los planes de estudios de Educación Básica establecidos en 2004 y 2014 ya aparecieron principios, valores y competencias donde se integra el desarrollo sostenible, derechos humanos y medioambiente. De igual forma ocurre en el currículo de Educación Secundaria proclamado en 2014 y el reciente plan de estudios de 2022 donde prácticamente todas las áreas del currículo trabajan de forma transversal la EDS. Si bien es cierto que la conceptualización como tal de ODS y de Agenda 2030 no aparece de igual medida que en el currículo de España, pero eso se traduce a que la política educativa finlandesa es anterior a la consecución de los retos y desafíos mundiales para el siglo XXI. Es posible que, el hecho de que no exista una definición como tal de la conceptualización de desarrollo sostenible puede generar un problema de interpretación para los profesionales de la educación. Sin embargo, en el Informe de Política Educativa establecido en 2021 se definen las directrices para asegurar el desarrollo sostenible y un avance de la educación, la formación y la investigación para 2040.

Para concluir, alcanzar la EDS es primordial para el futuro de nuestras naciones. Una pieza fundamental para este logro será educar tanto en la formación inicial como en la permanente estableciendo un desarrollo curricular acorde a estas demandas. Según se plantee la educación a lo largo de estas décadas, habrá un progreso en derechos sociales y humanos o, por el contrario, una mayor desigualdad entre la población.

6. REFERENCIAS

Convención sobre los derechos de las personas con discapacidad. Boletín Oficial del Estado, 96, de 21 de abril de 2008, 20648- 20659. https://www.boe.es/boe/dias/2008/04/21/pdfs/A20648-20659.pdf

Eurydice (2023). Sistemas educativos europeos www.eurydice.org

Gamba, A. y Arias, S. (2017). El papel de la universidad y la Cooperación Universitaria al Desarrollo en el nuevo escenario de la Agenda 2030. *Revista Española de Desarrollo y Cooperación*, 41, 13-24.

García Garrido, J. L. (1990): *Fundamentos de Educación Comparada*. Madrid: Dykinson. 2ª Edición.

Gómez, C. (2018). Objetivos de Desarrollo Sostenible (ODS): una revisión crítica. *Papeles de relaciones ecosociales y cambio global*, 140, 107-118.

Guardeño, M., García, E. y Calatayud, L. (2021). Integración de los Objetivos de Desarrollo Sostenible. (ODS) En la formación inicial del profesorado, *Innovación en la docencia e investigación de las ciencias sociales y de la educación* (pp. 1223-1243). Dykinson, S. L.

Guardeño, M. y Monsalve, L. (2022). La educación para el desarrollo sostenible en el sistema educativo español. Análisis de la política educativa. *Aportaciones docentes del EEES como innovación en las nuevas aulas* (pp. 103-115). Thomson Reuters Aranzadi.

Ley Orgánica 3/2020, de 29 de diciembre (LOMLOE), por la que se modifica la Ley Orgánica 2/2006, de 3 de mayo, de Educación. Boletín Oficial del Estado, núm. 340, de 30 de diciembre de 2020, pp. 122868 a 122953. https://www.boe.es/boe/dias/2020/12/30/pdfs/BOE-A-2020-17264.pdf

Lozano Vásquez, K. A., Verástegui Paredes, C. R., Paredes Jiménez, H. R. y Revilla Marreros, M. Á. (2022). Objetivos de desarrollo sostenible y educación ambiental. Estrategias de comunicación para su consolidación. *Revista Venezolana De Gerencia, 27*(Especial 8), 1249- 1262, https://doi.org/10.52080/rvgluz.27.8.33

Lukion Opetussuunnitelman Perusteet, (2019). *Plan de estudios de la escuela superior.* https://n9.cl/0i7f0

Monsalve, L. (2014). Estudio comparado sobre las políticas en educación para la salud en Francia y España. *Bordón 66*(3), 91-103, https://doi.org/10.13042/Bordon.2014.66306

Naciones Unidas (2020). *Informe de los Objetivos de Desarrollo Sostenible.* UNESCO Publishing.

National Core Curriculum for Early Childhood Education and Care (2022). The Finnish National Agency for Education.

Negrín, M. A. y Marrero, J. J. (2021). La nueva Ley de Educación (LOMLOE) ante los Objetivos de Desarrollo Sostenible de la Agenda 2030 y el reto de la COVID-19. *Avances en Supervisión Educativa*, 35, https://doi.org/10.23824/ase.v0i35.709

Perusopetuksen Opetussuunnitelman Perusteet (2014). *Plan de estudios básico nacional.* https://n9.cl/v692q

Rieckmann, M. y Gardiner, S. (2017). *Educación para los Objetivos de Desarrollo Sostenible. Objetivos de aprendizaje.* UNESCO Publishing.

Rieckmann, M. (2018). Learning to transform the world: key competencies in Education for Sustainable Development. En A. Leicht, J. Heiss, y W. Byun (Eds.), *Issues and Trens in Education for Sustainable Development* (pp. 39-59.) París (Francia): UNESCO.

UNESCO (2017). *Educación para los Objetivos de Desarrollo Sostenible: Objetivos de aprendizaje.*

LA ULPADA, ALIMENTO TRADICIONAL CON POTENCIAL TECNOLÓGICO

Dániza Mirtha Guerrero Alva[1], *Renato Motta Guerrero*[2]

El presente texto se origina en el marco del Fondo de Investigación (FEDI) de la Universidad Nacional del Callao, en el área de Tecnología de alimentos.

1. INTRODUCCIÓN

Ulpu, ulpud o ullpud, es una bebida preparada con harina tostada y agua cuya referencia más antigua hasta el momento, está presente en la obra "El Arauco domado" de Pedro de Oña, escrita en 1596 (Hernández, 2019). El Diccionario de la Real Academia de la Lengua (2001) refiere con el término ulpo a una "especie de mazamorra hecha con harina tostada y agua fría"; y entre los americanismos (Diccionario de la Lengua Española, 2005) en el noroeste argentino se le denomina bebida y en Chile se le conoce como papilla.

En cuanto a la composición de la ulpada, algunas referencias indican que se preparaba con maíz (*Zea mays L.*) molido (Hilgert, 1999), costumbre que también tuvieron los Incas para preparar alimentos como el sanco y la machka (Uribarri, 2011); actualmente se reporta el uso de variedades de maíz indurata como el morocho, así como también el maíz puymado con hierbas; estas variedades son usadas para hacer chilcán, que es una bebida caliente y dulce y, la ulpada, consumida como bebida fría y menos densa que chilcán (Martínez *et al.*, 2022). En la ulpada también se emplea el trigo tostado y molido con las cáscaras que otorgan sabor agradable (Pernasetti, 2014). Otra referencia señala la utilización de semillas de lino con cebada tostada para preparar la ulpada (Anrique, 1897), así como también la harina de algarroba (Fajardo, 1998), específicamente la vaina de la algarroba molida en el mortero; a esta harina se le conoce como añapa y debía prepararse con las vainas dulces (Romo *et al.*, 1999). Hasta hace algunas décadas la añapa ha sido el endulzante empleado en los postres y en la ulpada (Greene, 2013). También se suele añadir algunos vegetales en calidad de condimentos como *Baccharis grisebachii Hiero*n, conocida como Quinchamal, así como *Senecio nutans Sch. Bip.*, llamada Chachacoma y *Xenophyllum poposum (Phil.) V.A. Funk.*, o Pupusa, cuyas hojas se usan en la producción de la ulpada (Giménez, 2019), y finalmente, algo de alcohol puede ser añadido a la bebida (Vejarano y Prieti, 2017). En cuanto a la forma de preparación de la ulpada, los granos

1. Universidad Nacional del Callao-Perú
2. Universidad Ricardo Palma

son previamente tostados en ollas de barro antes de la molienda y con toda la cáscara, lo cual influye positivamente en el sabor agradable característico; la molienda se lleva a cabo en la casa o en el molino del pueblo o de uno cercano (Pernasetti, 2014). El consumo de ulpada se mantiene en zonas rurales por el fuerte aporte del maíz en todas sus formas, más que en las zonas urbanas donde los pobladores han variado sus hábitos de consumo hacia las bebidas gaseosas (Fabrón y Castro, 2018); la ulpada se solía beber al retornar del cuidado de los animales, y se usa, aún ahora, como ofrenda a la Pachamama el primer día del mes de agosto en Laguna Blanca (Pernasetti, 2014).

En la investigación desarrollada por Caballero (2009) acerca del gofio canario, cuya historia se remonta al gofio de cebada y de trigo, alimentos que una vez cosechados se guardaban en graneros colectivos excavados en la roca, y los granos tostados en recipientes, se tiene que fue preparado por los aborígenes de las islas Canarias antes de la llegada de los europeos. Después de tostar molían el cereal en un molino de piedra de basalto poroso, añadiendo creses, mocanes, cosco, barrilla patilla, chícharos, cebadilla, y balango, entre otros. Podían agregar a la masa leche, miel de palma, agua y sal; sumaban a ellos diferentes variedades de trigo y maíz después de la conquista de la isla por los castellanos.

En el Perú, se conoce con el nombre de ulpada no a la harina sola de maíz o trigo sino a una mezcla de harinas preparadas con granos tostados que consumen con agua caliente y azúcar a la hora del desayuno en la sierra sur del Perú (departamento de Apurímac, provincia de Abancay, distrito de Pichirhua) y otros lugares, especialmente los niños y adolescentes en edad escolar. Se le atribuye alto valor alimenticio por prepararse con nueve tipos de harinas diferentes a manera de una harina compuesta.

Las harinas compuestas son mezclas de harinas de diferentes fuentes para procesar panes no fermentados y fermentados, purés, bocadillos y otros productos, que pueden incluir opcionalmente harina de trigo y adicionar materias primas locales y tradicionales (Chandra *et al.*, 2014).

2. OBJETIVOS

Nuestro objeto de análisis se concentró en determinar la composición proximal de la ulpada y el proceso de producción artesanal de esta mezcla de harinas, las propiedades físicas más importantes, su posible aplicación en productos de panadería y pastelería y finalmente la calidad estética y fisicoquímica de los productos preparados en base a ulpada.

3. METODOLOGÍA

Materiales: Ulpada, mezcla de harinas producida en la región Apurímac.

Equipos de panadería y pastelería de la marca NOVA.

Se emplearon los siguientes métodos:

De Análisis de la composición proximal de la ulpada descritos por la AOAC (2000).

Secuencia del flujo de producción artesanal de la ulpada mediante trabajo de campo.

Determinación de las propiedades físicas de la ulpada mediante: Capacidad de hinchamiento (CH)=Volumen final (ml)/peso de muestra (g); capacidad de absorción de agua (CAA)=Peso de sedimento (g)-Peso de muestra (g)/Peso de muestra (g); capacidad de retención de grasa (CRAC)=Peso de sedimento (g) – Peso muestra (g)/Peso muestra (g); capacidad espumante y estabilidad de la espuma (Bencini, 1986) en una muestra de 2 gramos de peso con 100 mililitros de agua destilada, que fuera licuada a velocidad máxima por 5 minutos; la capacidad espumante se expresó como el porcentaje de aumento de volumen, mientras que la estabilidad fue cuantificada también en porcentaje y después de 5, 10, 15, 30, 60 y 120 minutos; capacidad de gelificación de la ulpada (Coffman y García, 1977). Para ello se prepararon suspensiones de ulpada en agua destilada al 4%, 6%, 7%, 8%, 10%, 11%, 12%, 13%, 14%, y 16% (p/v). Se tomó una alícuota de 5ml de cada una de las suspensiones en tubos de ensayo, los que se colocaron en baño de agua a 100°C por 1 hora y luego en baño de hielo por 1 hora; y finalizando con la determinación de la densidad de carga asentada y sin asentar de la ulpada y sus componentes.

En la parte experimental se ensayó la producción de pan sin levadura, galleta y masa quebrada tipo frola, mediante el siguiente esquema de trabajo: Producción de pan sin levadura, procesado con sal, agua, aceite de oliva, y tres porcentajes de ulpada y harina de trigo (10%U/90%HT, 19%U/81%HT y 25%U/75%HT); producción de galletas con una fórmula de galleta dulce cuyos ingredientes fueron mantequilla, azúcar, leudante químico, sal, huevo, y cuatro porcentajes diferentes de ulpada/harina de trigo (25%U/75%HT, 50%U/50%HT, 75%U/25HT y 100%U/0%HT); producción de masa quebrada tipo frola: empleando una fórmula en base a ulpada /harina de trigo (30%U/70%HT, 60%U/40%HT y 100%U/0%HT), azúcar, mantequilla y huevo.

El análisis sensorial de las muestras para conocer la apreciación general de 15 jueces semi entrenados, fue efectuado empleando una escala hedónica de 9 puntos. Los resultados obtenidos fueron analizados estadísticamente mediante un análisis de varianza, y las diferencias significativas empleando la prueba de Rangos múltiples de Duncan con un valor de $\alpha=0.05$, y usando Excel 2019 de Microsoft Office.

Finalmente, la composición proximal de las mejores muestras procesadas con la ulpada, de pan sin levadura, galleta dulce y masa quebrada tipo frola, fueron analizadas para determinar la composición proximal de cada una de ellas, empleando los métodos de la AOAC (2000).

4. RESULTADOS

Seguidamente se expone los resultados experimentales obtenidos en el estudio de la presente investigación.

En cuanto a la composición proximal de la ulpada, esta tuvo los siguientes resultados (tabla 1).

Componente	Resultado
Humedad (%)	5.71
Proteína (Nx6.25) %	13.38
Grasa (%)	2.99
Fibra cruda (%)	2.62
Ceniza (%)	2.42
Extracto libre de nitrógeno (%)	72.88
Calcio (%)	0.12
Fósforo (%)	0.35

Hierro mg/100 g	11.78
Energía total (Kcal/100 g)	371.95

Tabla 1. Composición proximal de la ulpada. Fuente: Elaboración propia.

También se determinó el valor de pH de la ulpada que fue 6.23.

En el trabajo de campo se determinó que la ulpada es una mezcla de harinas preparada con cereales, pseudo cereales y leguminosas. Actualmente esta mezcla de harinas contiene elementos nativos como maíz, quinua, kiwicha y frejol; adicionados de materiales foráneos como trigo, cebada, haba, arveja y soya.

La composición y proporción de los materiales que contiene la ulpada son los siguientes (tabla 2).

Componente	Nombre científico	Tipo de grano	Proporción aproximada
Maíz	Zea mays	Cereal	1
Arveja	Pisum sativum	Leguminosa	1
Trigo	Triticum sp	Cereal	1
Haba	Vicia faba	Leguminosa	2
Cebada	Hordeum vulgare	Cereal	1
Frejol	Phaseolus vulgaris	Leguminosa	0.5
Quinua	Chenopodium quinoa	Pseudo cereal	1
Kiwicha	Amarantus caudatus	Pseudo cereal	1
Soya	Glycine max	Leguminosa	0.5

Tabla 2. Componentes de la ulpada. Fuente: Elaboración propia.

La producción artesanal de la ulpada siguió las siguientes operaciones:

Recepción de materiales: en el pueblo la persona dueña del molino recibe los granos enteros que constituirán posteriormente la ulpada.

Selección y limpieza: se elimina manualmente los granos no aptos, así como tierra, piedras, palillos y otras impurezas.

Pesado de cada tipo de grano por separado para posteriormente conformar la mezcla en las cantidades que aseguren un producto sensorialmente aceptable.

Tostado: se efectúa en una tostadora artesanal que en este caso estuvo ubicada también en la zona de molienda, procediendo al tostado grupal de los granos respetando el tamaño.

Enfriado: se aprovecha para hacer una nueva revisión a fin de eliminar cualquier residuo no deseado. Puede observarse el desprendimiento de algunos pericarpios.

Molienda y tamizado: en un molino eléctrico se produce la reducción de tamaño de todos los granos. Si se requiere se puede tamizar y moler una segunda vez para obtener partículas más finas y uniformes, especialmente las correspondientes a las cáscaras.

Envasado: la harina obtenida se envasa en saquillos de 10 kilos de peso cada uno.

Por otro lado, los resultados de las propiedades físicas de la ulpada se citan a continuación:

La capacidad de hinchamiento fue medida en la ulpada, así como en el resto de las harinas que la conforman con los siguientes resultados (tabla 3).

Tipo de harina	Promedio ± DE
Arveja	3.6
Cebada	4.7 ± 0.06
Frejol	3.6
Haba	3.4
Kiwicha	4.0
Maíz	3.2
Quinua	3.0
Soya	3.9 ± 0.1
Trigo	2.02
Ulpada	2.88

Tabla 3. Capacidad de hinchamiento de la ulpada y sus componentes (ml de agua/g de muestra). Fuente: Elaboración propia.

La capacidad de absorción de agua (CAA) tuvo los siguientes resultados experimentales (tabla 4).

Tipo de harina	Promedio ± DE
Arveja	1.0 ± 0.2
Cebada	1.7 ± 0.3
Frejol	2.1
Haba	1.8
Kiwicha	3.1 ± 0.5
Maíz	1.7 ± 0.3
Quinua	1.7 ± 0.3
Soya	2.2
Trigo	1.15 ± 0.05
Ulpada	1.7 ± 0.1

Tabla 4. Capacidad de absorción de agua de la ulpada y sus componentes (g de agua/g de muestra). Fuente: Elaboración propia.

La Capacidad de retención de grasa de la ulpada y sus componentes se cita a continuación (tabla 5).

Tipo de harina	Promedio ± DE
Arveja	0.8 ± 0.1
Cebada	1.125 ± 0.025
Frejol	± 0.1
Haba	0.875 ± 0.125
Kiwicha	1.175
Maíz	0.875
Quinua	1.025 ± 0.025
Soya	0.925
Trigo	0.85
Ulpada	0.775

Tabla 5. Capacidad de retención de grasa de la ulpada y sus componentes (g de aceite retenido/g de muestra seca). Fuente: Elaboración propia.

La Capacidad espumante y estabilidad de la espuma de la ulpada se cita a continuación (tabla 6).

Tiempo de análisis	*Resultado (% A 20°C)*
Inicial	4
A los 30 segundos	3.6
A los 5 minutos	3.6
A los 10 minutos	3.6
A los 15 minutos	3.4
A los 30 minutos	3
A los 60 minutos	2
A los 120 minutos	0.4

Tabla 6. Capacidad espumante y estabilidad de la espuma de la ulpada. Fuente: Elaboración propia.

La Capacidad de gelificación de la Ulpada fue la siguiente (tabla 7).

Suspensión	6	8	10	12	13	14	15
% (p/v)	-	-	-	-	-	X	X

Tabla 7. Capacidad de gelificación de la ulpada. Fuente: Elaboración propia.

La evaluación de la densidad de carga sin asentar y asentada de la ulpada y de todos los componentes tuvo los siguientes resultados (tabla 8).

Tipo de harina	*Densidad de carga sin asentar* Promedio ± DE	*Densidad de carga asentada* *Promedio ± DE*
Arveja	0.60 ± 0.02	0.83
Cebada	0.385 ± 0.015	0.58
Frejol	0.35	0.51
Kiwicha	0.41	0.58
Haba	0.51 ± 0.01	0.66
Maíz	0.43	0.62
Quinua	0.42 ± 0.01	0.67 ± 0,01
Soya	0.365 ± 0.005	0.5
Trigo	0.44	0.65 ± 0.01
Ulpada	0.46	0.59 ± 0.01

Tabla 8. Densidad de carga de la Ulpada y sus componentes (g de muestra/ml de muestra seca). Fuente: Elaboración propia.

El análisis sensorial y estadístico de la adición de ulpada en pan sin levadura, galletas y masa quebrada tipo frola se expone a continuación (tabla 9).

Producto (% Ulpada/% Harina de trigo)		Aceptación General
Pan sin levadura	10%U/90%T	3.1[a]
	19%U/81%T	8.27[b]
	25%U/75%T	5.4[c]
Galletas	25%U/75%T	2.4[a]
	50%U/50%T	4.34[b]
	75%U/25%T	6.34[c]
	100%U/0%T	8.47[d]
Masa quebrada tipo frola	30%U/70% T	3.07[a]
	60%U/40%T	5.74[b]
	100%U/0%T	8.6[c]

Tabla 9. Evaluación sensorial y estadística. Fuente: Elaboración propia. Las medias por cada producto con distintos superíndices son significativamente diferentes ($p \leq 0.05$).

La composición proximal de los mejores productos desarrollados con ulpada/harina de trigo en fórmulas de pan sin levadura, galletas dulces y masa quebrada tipo frola tuvieron los siguientes resultados (tabla 10).

Componente	Pan (19% ulpada)	Galleta (100% ulpada)	Masa quebrada (100% ulpada)
Humedad (%)	21.22	6.72	14.23
Proteína (Nx6.25) %	11.80	8.79	9.89
Grasa (%)	11.25	13.95	18.57
Fibra cruda (%)	0.70	1.04	1.61
Ceniza (%)	2.09	1.64	2.49
Extracto Libre de Nitrógeno (%)	52.94	67.86	53.21
Calcio (%)	0.27	0.1	0.05
Fósforo (%)	0.34	0.32	0.36
Hierro mg/100g	4.19	5.21	7.55
Energía total (Kcal/100 g)	360.21	432.15	419.53

Tabla 10. Composición proximal de los mejores productos procesados con ulpada. Fuente: Elaboración propia.

5. DISCUSIÓN

La ulpada alcanzó mayor contenido de proteína (13.38%), grasa (2.99%), fibra cruda (2.62%) y hierro (11.78 mg/100 g) y menor porcentaje de carbohidratos (72.88%) que el gofio de trigo o de millo de Isla Canaria (Caballero, 2009). Mironeasa *et al.* (2016) reportaron harina de semilla de uva conteniendo mayor porcentaje de humedad (7.16%), grasa (7.21%), y cenizas (3.35%), pero menor porcentaje de proteína (9.78%) que la ulpada, respecto a su porcentaje de carbohidratos (72.5%). Otra harina compuesta desarrollada por Kahlon *et al.* (2021), en base a la mezcla de harinas de maní y sorgo, con okra, ají jalapeño, y raíces de cúrcuma y de jengibre frescos, obtuvo contenido de proteína elevado por adición de leguminosa y de cereal y no por otros materiales que no aportaron significativamente. En cambio, en la harina compuesta en base a frejol tratado, amaranto tostado y arroz integral, reportada por Ndagire *et al.* (2015), con 5.4% de humedad, 13.2% de proteína, 10.4% de grasa y 10.3% de cenizas, se halló 170 mg/100 g de calcio, 317 mg/100 g de fósforo y 12.8 mg/100 g de hierro, que son porcentajes muy cercanos de humedad, proteína y minerales a los encontrados en la ulpada.

El contenido de proteína de la ulpada, podría deberse a la adición de legumbres y pseudocereales, los cuales tienen muy buena calidad proteica, con un valor semejante al hallado por Tumwine *et al.* (2018) en la harina compuesta formulada con mijo, leche en polvo, vegetales y semillas de calabaza. Pero también este componente en algunos cereales puede reducir la digestibilidad del almidón al encapsularlo, formando una matriz almidón-proteína (Zhigiang *et al.*, 2019). Además, las proteínas insolubles en agua que contiene la cebada reducen la tasa de hidrólisis del almidón al unirse a la α-amilasa (Yu *et al.*, 2018). El contenido de grasa de la ulpada (2.99%) no es elevada, posiblemente porque los cereales, pseudocereales y legumbres no almacenan energía como lípidos sino como almidón y la cantidad de harina de soya añadida en la ulpada es pequeña, para evitar la rancidez que pudiera reducir su tiempo de vida.

El porcentaje de cenizas representa los elementos minerales de la harina compuesta que para este estudio fue de 2.42%; valor superior al obtenido por Iwe *et al.* (2016) en las harinas compuestas formuladas con harina de arroz y harina de frejol de ñame africano, harina de arroz y harina de caupí en diferentes porcentajes, y en harina de arroz y harina de trigo; en tanto que la ulpada tuvo 2.62% de fibra cruda, valor superior al que posee la harina de semilla de mango (Das *et al.*, 2019), siendo el contenido de fibra un aspecto positivo para la aplicación de la ulpada en otros alimentos. El porcentaje de carbohidratos en la ulpada fue de 72.88% y de 71.22% en una mezcla de avena, sorgo y amaranto añadida en un 25% a la harina de trigo (Raihan y Saini, 2016), siendo los valores muy próximos entre sí. Respecto al valor de pH de la ulpada, debemos mencionar que fue mayor al pH de harina de trigo para pastelería.

Por otro lado, el flujo de producción artesanal de la ulpada quedó definido de la siguiente manera: Recepción, selección y limpieza, pesado, tostado, enfriado y limpieza, molienda, tamizado y finalmente envasado.

El valor nutricional de la ulpada no solo depende de los granos que se muelen sino también de la proporción de los mismos y del tostado efectuado, porque aumenta la asimilación de la proteína y los carbohidratos presentes, además de producirse la reacción de Maillard (Fennema, 2000). El tostado de granos es un proceso practicado ancestralmente en el Perú, pero también en otras culturas (Kora, 2019) y según Sing y Liu (2021), en la harina de amaranto tostada se incrementa el contenido de aminoácidos como alanina, arginina, cisteína, glutamina, glicina, histidina, isoleucina, leucina, lisina, fenilalanina, prolina, serina, treonina, tirosina y valina, reduciéndose el 40% del contenido inicial de asparagina y el 84% de metionina. Los componentes de la ulpada se pueden clasificar en: cereales, pseudo cereales, y leguminosas. Los elementos ancestrales son maíz, quinua, kiwicha, y frejol; a los que se les ha añadido posteriormente trigo, haba y cebada de origen español, y finalmente la soya, como elementos de fusión.

La ulpada es entonces, una harina compuesta en la que se observa una proporcionalidad de pseudo cereal:cereal:leguminosa de 2:3:4. Ello significa que en la formulación se usa igual proporción de quinua que de kiwicha, luego le siguen los tres cereales (trigo, maíz y cebada) y finalmente las leguminosas que fueron preponderantes en la mezcla. De estas últimas la que se adiciona en menor proporción es la soya por tener mayor contenido de grasa, mientras que el haba posee un sabor que es muy aceptado por el poblador de la sierra peruana, por consiguiente, se considera que no solo aporta nutrientes sino también mejora las características sensoriales de la ulpada.

Como resultado de las propiedades físicas, la capacidad de hinchamiento determinada en los componentes de la ulpada, osciló entre 4.74 ml de agua/g de muestra en la cebada y 2.02 ml de agua/g de muestra en la harina de trigo; mientras que en la ulpada fue de 2.88 ml de agua/g de muestra, valor menor al encontrado por Amankwah *et al.* (2022) en la harina compuesta de trigo y tamarindo. En otras harinas que componen la ulpada, la capacidad de hinchamiento fue mayor, especialmente en la kiwicha y soya, además de la cebada, lo cual estaría relacionado con la calidad de la proteína de dichas harinas, siendo importante en la preparación de masas panificables por la interacción entre la proteína y el agua (García y col., 2012).

En los resultados obtenidos al evaluar la capacidad de absorción de agua de la ulpada y sus componentes se pudo observar que tuvo igual desempeño que las harinas de quinua, maíz y cebada, es decir 1.7 gramos de agua absorbida por gramo de muestra. La harina de arveja presentó la menor capacidad de absorción de agua, mientras que los valores en las harinas de soya, kiwicha, frejol y haba fueron superiores. La fuerte afinidad por el agua también pudo observarse en la harina compuesta formulada con harina de papa, maíz y frejol soya (Julianti *et al.*, 2017). En esta propiedad tienen influencia las proteínas llamadas albúminas, cuyos aminoácidos polares poseen afinidad por el agua; también influyen la asociación entre la amilosa y la amilopectina del almidón en el sabor y textura de los productos horneados; a su vez la fibra dietética de tipo soluble que captura el agua en su matriz a través de las pectinas, gomas, mucílagos y hemicelulosas solubles (Ramírez y Pacheco, 2009), le otorga buena opción de absorción de agua a la ulpada.

En el presente estudio se halló también que la capacidad de retención de grasa de la ulpada fue menor que la capacidad de retención de grasa de sus componentes; y que las harinas de frejol, haba, kiwicha, maíz, soya y ulpada poseen valores de capacidad de retención de grasa un 50% menores respecto a sus valores de capacidad de absorción de agua. Al respecto, Granito *et al.* (2004) observaron una capacidad de absorción de aceite en harina de frejol de 1.3 gramos de aceite por gramo de muestra, atribuyéndole a las legumbres la posibilidad de incrementar la capacidad de absorción de aceite.

Por otro lado, la capacidad espumante de una mezcla de harinas depende de la configuración de las moléculas de proteína y los carbohidratos (Culetu *et al.*, 2021). En nuestro experimento, la capacidad espumante de la ulpada fue baja, y presentó estabilidad durante los primeros 10 minutos. Esta propiedad es importante para las cremas, muses y productos de mucho volumen; por lo que no es recomendable la adición de ulpada con estos propósitos.

La capacidad de gelificación de la ulpada se determinó a una concentración de 14%; según Kinsella (1979) es importante el almidón y la presencia de las proteínas globulares en la formación y consistencia del gel que en nuestro experimento se notó bastante compacto, lo cual es adecuado para productos horneados. García *et al.* (2012) reportaron que el porcentaje mínimo de harina de *Cajanus cajan* sometida a diferentes tratamientos formó gel entre 10% y 12%, mientras que el mismo material germinado requirió de 8% de harina para gelificar, y en material crudo el porcentaje fue de 16%.

La densidad de carga se relaciona con el tamaño de partícula. En esta investigación se determinó que la harina de ulpada tuvo una densidad de carga ligeramente mayor (0.46 g/ml) que la de la harina de trigo (0.44 g/ml) sin asentar; mientras que la densidad de carga asentada de la ulpada fue de 0.59 g/ml, muy cercanas a la densidad de carga asentada de la harina de cebada y de la harina de kiwicha. La harina de arveja fue el componente que tuvo mayor densidad de carga asentada respecto a todas las harinas que componen la ulpada, mientras que Awolu (2017), halló que la densidad a granel de la harina compuesta de mijo perla, frejol y nuez tigre varió entre 0.69 g/ml y 1.03 g/ml, valor que se incrementa con la proporción de harina de mijo perla añadida.

En el desarrollo de las formulaciones de pan sin levadura, galletas dulces y masa quebrada tipo frola, mediante el análisis de varianza efectuado a los resultados del análisis sensorial, los jueces determinaron que la mejor muestra de pan sin levadura es la que tuvo 19% de ulpada y 81% de harina de trigo, obteniéndose un pan de textura blanda, agradable, de buen color y muy buena apariencia, y las galletas elaboradas con 100% de ulpada, fueron de sabor y color agradables, y calidad estética; y en la masa quebrada el análisis de varianza determinó que la mejor muestra fue también la procesada con 100% de harina de ulpada.

Los panes son una propuesta para consumidores que buscan productos no fermentados pero nutritivos y con buena cantidad de minerales como calcio (Beebe *et al.*, 2000), fósforo (Saha *et al.*, 2009) y hierro (Culetu, *et al.*, 2021) semejantes a los aportes de cultivares de leguminosas. Las galletas tuvieron buen porcentaje de proteína, pero mayor porcentaje de fibra, fósforo y hierro que las galletas de soda comerciales. A pesar de que la cantidad recomendada de proteína en la harina para galletas oscila entre 8% y 11% (Hrušsková y Švec, 2015), el mayor contenido de proteína de la ulpada no produjo problemas de textura en la galleta, ni en su forma, ni en sus características sensoriales.

La masa quebrada rellena con mermelada de fresa presentó 9.89% de proteína, 1.61% de fibra y 2.49% de cenizas. La masa tipo frola con 100% de ulpada tuvo color dorado, aroma a mermelada de fresa, sabor agradable y almendrado; los tres productos finales presentaron una energía total comprendida entre 360 Kcal/100 gramos y 432 Kcal/100 gramos, similares a los resultados obtenidos por Hannington *et al.* (2020).

6. CONCLUSIONES

La ulpada, es una mezcla de harinas provenientes de granos nativos y foráneos, con porcentajes de proteína, fibra, y minerales como calcio, hierro y fósforo, necesarios para una buena nutrición.

El análisis de las propiedades físicas de la ulpada permitió reconocer que posee mayor capacidad de hinchamiento y de absorción de agua que la harina de trigo, buena capacidad de gelificación, y densidad de carga semejante a la de harina de trigo industrial, pero baja capacidad espumante y de retención de grasa, lo que permite recomendarla en alimentos complementarios.

Los panes sin levadura, galletas dulces y masa tipo frola procesados con ulpada, presentaron una buena composición proximal, muy buenas características sensoriales, lo que nos permite demostrar su aplicación potencial tecnológica en panadería y pastelería.

7. REFERENCIAS

Amankwah, N., Agbenorhevi, J., & Rockson, M. (2022). Physicochemical and functional properties of wheat-rain tree (*Samanea saman*) pod composite flours. *International Journal of Food Properties, 25*(1), 1317-1327. https://doi.org/10.1080/10942912.2022.2077367

Anrique, N. (1897). *Cinco relaciones jeográficas e hidrográficas que interesan a Chile.* Creative Media Partners, LLC. https://n9.cl/wc3ee

AOAC International. (2000). *Official methods of analysis.* 17th ed. AOAC International.

Awolu, O. (2017). Optimization of the functional characteristics pasting and reological properties of Pearl Millet-based composite flour. *Heliyon, 3*(2), e00240. https://doi.org/10.1016/j.heliyon.2017.e00240

Beebe, S., Gonzalez, A., y Rengifo, J. (2000). Research on trace minerals in the common bean. *Food and Nutrition Bulletin, 21*(4), 387-391. http://doi.org/10.1177/156482650002100408

Bencini, M. (1986). Functional properties of drum dried chickpea (Cicer arietinum L.) flours. *J. Food Sci. 51,* 1518-1526. https://doi.org/10.1111/j.1365-2621.1986.tb13849.x

Caballero, J.M. (2009). *Estudio toxicológico, higiénico-sanitario y nutricional del gofio canario.* Soportes audiovisuales e informáticos. (Serie Tesis Doctoral).

Chandra, S., Singh, S., y Kumari, D. (2014). Evaluation of the functional properties of composite flours & sensorial attributes of composite flour biscuits. *Journal of Food Science and Technology, 52*(6), 3681-3688. https://doi.org/10.1007/s13197-014-1427-2

Coffman, C. y García, V. (1977). Functional properties and amino acid content of a protein isolated from mung bean flour. *J. Food Technology,* 12, 473-487. https://n9.cl/jgenp

Culetu, A., Susman, I., Duta, D., y Belc, N. (2021). Nutritional and Functional Properties of Gluten –Free Flours. *Appl. Sci.,* 11, 6283-6303. https://doi.org/10.3390/app11146283

Das, P., Khan, J., Rahman, S., Majumder, S., y Islam, N. (2019). Comparison of the physico chemical and functional properties of mango kernel flour with based composite cakes. *NFS Journal,* 17, 1-7. https://doi.org/10.1016/j.nfs.2019.10.001

Fabrón, G. y Castro, M. (2018). Agricultura Familiar y soberanía alimentaria en las nacientes de la Quebrada de Humahuaca (Jujuy). *Revista de la Escuela de Antropología, XXIV,* 1-20.

Fajardo, A. (1998). Aproximación al léxico argentino actual. *Revista de Filología de la Universidad de la Laguna,* 16, 57-71.

Fennema, O. (2000). *Química de los Alimentos.* (2a ed.). Acribia.

García, O., Aiello C., Peña, M., Ruiz, J., y Acevedo, I. (2012). Caracterización fisicoquímica y propiedades funcionales de la harina obtenida de granos de quinchoncho (*Cajanus cajan L.Millsp*) sometidos a diferentes procesamientos. *UDO Agrícola, 12*(4), 919-928.

Giménez, N., Vignale, A., y Gurni, A. (2019). Calidad botánica de seis plantas andinas, condimenticias, y medicinales, comercializadas en la ciudad de San Salvador de Jujuy, Argentina. *Dominguizia, 35*(2), 15-22. http://www.dominguezia.org/volumen/articulos/35202.pdf

Granito, M., Guerra, M., Torres, A., y Guinard, J. (2004). Efecto del procesamiento sobre las propiedades funcionales de Vigna sinensis. *Interciencia, 29*(9), 521-526.

Greene, F. (2013). *Árboles, cultura e identidad en San Pedro de Atacama.* (Tesis de pregrado). Universidad de Chile. Repositorio de la Universidad de Chile. https://repositorio.uchile.cl/handle/2250/115173

Hannington, T., Chinaza, A., y Mihigo, R. (2020). Comparative Study of the Proximate Composition and Functional Properties of Composite Flours of Amaranth, Rice, Millet, and Soybean. *American Journal of Food Science and Nutrition, 6*(1), 6-19. ISSN:2375-3935 http://www.aacit.org/journal/ajfsn

Hernández, E. (2019). El impacto de las lenguas indígenas en los vocabularios indoamericanos de los jesuitas (siglo XVIII). *Instituto de Lengua, Literatura y Antropología,* CSIC. https://digital.csic.es/handle/10261/231660.

Hilgert, N.I. (1999). *Anales del Jardín Botánico de Madrid.* CSIC.

Hrušková, M., y Švec, I. (2015). Cookie Making Potential of Composite Flour Containing Wheat, Barley and Hemp. *Czech J. Food Sci., 33*(6), 545-555. http://doi:10.17221/9/2015-CJFS

Iwe, M., Onyeukwu, U y Agiria, A. (2016). Proximate, funtional and pasting properties of FARO 44 rice, African yam vean and brown cowpea seeds composite flour. *Cogent Food & Agriculture,* 1-10. http://doi.org/10.1080/23311932.2016.1142409

Julianti, E., Rusmarilin, H., Ridwansyah y Yusraini, E. (2017). Functional and rheological properties of composite flour from sweet potato, maize, soybean and xanthan gum. *Journal of the Saudi Society of Agricultural Sciences, 16,* 171-177. http://dx.doi.org/10.1016/j.jssas.2015.05.005

Kahlon, T., Avena-Bustillos, R., Kahlon, A. y Brichta, J. (2021). Consumer sensory evaluation And quality of Sorghum-Peanut. *Heliyon, 7*(5), e06874. https://doi.org/10.1016/j.heliyon.2021.e06874

Kinsella, J. (1979). Functional properties of soy proteins. *Journal of the American Oil Chemist's Society,* 56, 242-258. https://doi.org/10.1007/BF02671468

Kora, A. (2019). Applications of sand roasting and baking in the preparation of traditional Indian snacks: Nutritional and antioxidant status. *Bulletin of the National Research Center, 43*(1), 2. https://doi.org/10.1186/s42269-019-0199-2

Martínez, C., Páez, M., Pochettino, M. y Petrucci, N. (2022). Variedades y usos actuales del maíz en el valle de Calchaqui Norte (Salta, Argentina). El aporte de la etnobotánica en la interpretación de los vestigios vegetales del pasado prehispánico. *Arqueología, 28*(3), 10360. https://doi.org/10.34096/arqueologia.t28.n3.10360

Mironeasa, S., Codina, G., y Mironeasa, C. (2016). Optimization of Wheat-Grape Seed Composite Flour to Improve Alpha-Amylase Activity and Dough Reological Behavior. *International Journal of Food Properties, 19*, 859-872. https://doi.org/10.1080/10942912.2015.1045516

Ndagire, C., Muyonga, J., Manju, R. y Nakimbugwe, D. (2015). Optimized formulation and Processing protocol for a supplementary bean-based composite flour. *Food Science & Nutrition, 3*(6), 527-538. https://doi.org/10.10002/fsn3.244

Pernasetti, C.I. (2014). Modos de vigencia y re-significación de la gastronomía tradicional en los valles y puna de Belén, Catamarca. En: M. Chaves y R. Ringuelet (Eds.). Actas del *XI Congreso Argentino de Antropología Social,* 26 pp. https://www.aacademica.org/000-081/244

Raihan, M. y Saini, C.S. (2017). Evaluation of various properties of composite flour from oats, sorghum, amaranth and wheat flour and production of cookies thereof. *International Food Research Journal, 24*(6), 2278-2284. http://www.ifrjupm.edu.my

Ramírez, A. y Pacheco, E. (2009). Propiedades funcionales de harinas altas en fibra dietética obtenidas de piña, guayaba y guanábana. *Interciencia, 34*(4), 293-298. ISSN: 0378-1844.

Real Academia Española. (2001). *Diccionario de la Lengua Española, Tomo 10 (22a ed.).* RAE.

Real Academia Española. (2005). *Diccionario de la Lengua Española. (5a ed.).* RAE.

Romo, M., Castro, V., Villagran, C. y Latorre, C. (1999). La transición entre las tradiciones de los oasis del desierto y de las quebradas altas del Loa superior: Etnobotánica del rio grande, 2° región, Chile. *Chungara, 31*(2), 319-360. http://dx.doi.org/10.4067/S0717735619990001000006

Saha, S., Sing, G., Mahajan, V. y Gupta H.S. (2009). Variability of Nutritional and Cooking Quality in Bean (Phaseolus vulgaris L) as a Function of Genotype. *Plant Foods Hum Nutr, 64,* 174-180. http://doi.10.1007/s11130-009-0121-4

Singh, M. y Liu, S. (2021). Evaluation of amaranth flour processing for noodle making. *Journal of Food Processing and preservation,* 45, e15270. https://doi.org/10.1111/jfpp.15270

Tumwine, G., Atukwase, A., Tumuhimbise, G., Tucungwirme, F. y Linnemann, A. (2018). Production of nutrient-enhanced Millet-based composite flour using skimmed milk powder and vegetables. *Food Science & Nutrition*, 7, 22-34. https://10.1002/fsn3.777

Uribarri de Gonzales, V. A. (2011). Estudio del pan tradicional de Ayacucho (Perú). *Runa Yachachiy.* http://www.alberdi.de/panHga201106.pdf

Vejarano, I., y Prieti, R. (2017). Conocimientos, prácticas y actitudes en los cambios de hábitos alimentarios en comunidades originarias: el caso de la Comunidad Kolla de Río Blanquito. *Nuestro Noa*, 10, 183-202. https://n9.cl/jo74p

Yu, W., Zou, W., Dhital, S., Wu, P., Gidley, M., Fox, G. y Gilbert, R. (2018). The adsorption of α amylase on barley proteins affects the in vitro digestion of starch in barley flour. *Food Chemistry, 241*, 493-501. https://doi:10.1016/j.foodchem.2017.09.021

Zhiqiang, J., Fenglin, B., Yanbin C. y Bianxia, B. (2019). Interactions between protein, lipid and starch in foxtail Millet flour affect the in vitro digestion of starch. *CYTA - Journal of food, 19*(1), 640-647. https://doi.org/10.1080/19476337.2019.1628107

LIMITACIONES DE PEQUEÑAS MARCAS DE MODA SOSTENIBLE Y UNA PROPUESTA PARA SUPERARLAS

Anatolia Hortencia Hinojosa Pérez[1], *Lorenza Victoria Salati*[2]

Este proyecto surge de la unión de las actividades de la ONG Andessur, las actividades de investigación de la Doctora Anatolia Hortencia Hinojosa Pérez, y las actividades de investigación de la Doctora Lorenza Victoria Salati, propietaria de la empresa de investigación Osun WES srl, con sede en Italia y activa en Europa y América del Sur. El objetivo del proyecto es reducir las limitaciones de las pequeñas marcas de moda sostenible basados en el Modelo Multifactory, desarrollado en Italia. La metodología es la observación participativa de casos desarrollados en base al Modelo Multifactory, observando aspectos como: gobernanza horizontal, heterogeneidad profesional, ayuda circular y participación. Existe una colaboración entre investigadores de la Multifactory y la ONG Andessur, para aplicar el Modelo en beneficio de los artesanos. Se identificaron 250 mujeres conocedoras del arte textil del Perú que está desapareciendo por falta de innovación. Se verificaron las condiciones para la aplicación del modelo Multifactory en la zona rural de Arequipa.

1. INTRODUCCIÓN

Para comenzar el presente estudio que tiene como propósito estudiar las limitaciones de Pequeñas Marcas de Moda sostenible y una propuesta para superarlas, es necesario resaltar la importancia del tema de estudio. El comercio global, en relación al PBI mundial, ha avanzado desde el 1% en 1820 hasta casi el 30% en la actualidad. Es urgente la inserción de las economías de América Latina, del Perú en el comercio internacional si queremos lograr un crecimiento de calidad, sostenible e inclusivo. El contexto de globalización actualmente promueve que sólo las empresas grandes, con una gran capacidad de respuesta son las que pueden competir en este entorno, excluyendo a las micro y pequeñas empresas que no logran responder a las diversas exigencias que impone el mercado. Por ello, las marcas de moda sostenible dirigidas por emprendedores están imposibilitadas de crecer en función de los mercados externos, poniendo en riesgo su sostenibilidad, dado que la competencia externa también con el proceso de globalización se ha establecido en su mercado local.

1. Universidad Nacional de San Agustín de Arequipa (Perú)
2. Empresa de investigación Osun WES srl, (Italia)

En este escenario, donde en el Perú del total de su tejido empresarial el 98% son Micro y Pequeñas empresas, el tamaño promedio de estas es un limitante de carácter estructural para que puedan exportar al mercado internacional, incluso crecer en el mercado local.

Por lo que, se propone como una herramienta de solución implementar modelos asociativos de desarrollo a nivel del mercado interno y externo de manera efectiva para que estas marcas aprovechen las oportunidades que ofrecen los mercados. De esta manera, podrían desarrollarse en el mercado interno y aspirar a exportar desde el Perú, aunando esfuerzos para acceder a financiamiento y con ello contar con la tecnología para aplicar economías de escala y aumentar la producción, además de tener ventajas como una mayor capacidad de negociación con los proveedores, los clientes, mejor soporte financiero, una mayor capacidad para financiar investigaciones de mercado y a partir de ello puedan ofrecer menores costos, por lo tanto precios más competitivos en el mercado interno y externo.

El problema actual es que las empresas tradicionales no se basan en la sostenibilidad como recurso sino en el beneficio como único objetivo, puesto que ya están posicionadas en el mercado, bloquean y no promueven en el sector el desarrollo de empresas sostenibles. Por el lado de los consumidores hay una tendencia de comprar prendas con propósito social y medioambiental en el sector de la moda y existe una necesidad que las empresas tradicionales no satisfacen a nivel del mercado interno y externo. Podemos observar que el gran problema de las pequeñas empresas del sector es que buscan la sostenibilidad en todos los ámbitos: económico, ambiental, social, productivo, etc., lo que se debe buscar es escalar esa sostenibilidad. El proyecto Multifactory es un espacio de innovación, creatividad que promueve ese escalamiento progresivo.

El grupo de trabajo propone una estrategia para mitigar la debilidad de las pequeñas empresas de moda sostenible combinando el enfoque sistémico del desarrollo empresarial orgánico y sostenible propio del Modelo Multifactory, con los resultados de la ONG Andessur que ha identificado a un grupo de mujeres artesanas textiles. La necesidad de combinar dos enfoques diferentes surge del hecho de que para tratar de resolver las debilidades de los pequeños artesanos y las pequeñas marcas de moda sostenible es necesario repensar la cadena de suministro en su conjunto, adoptando un enfoque sistémico y transdisciplinario. Por un lado, el problema de la producción sustentable debe ser abordado estructurando el trabajo de los pequeños artesanos rurales y posibilitando su coordinación. Por otro lado, debemos atender la debilidad en términos de marketing, comunicación, diseño y ventas, que son aspectos que requieren la creación de un grupo de trabajo en las zonas de la ciudad, o donde se encuentran los consumidores de altos ingresos.

Para combinar estas dos necesidades tan lejanas, se busca experimentar un modelo para integrar mujeres artesanas del ambiente rural y profesionales de la ciudad en un ambiente colaborativo e igualitario que sea promovido por las universidades, gobierno, empresa y sociedad civil.

Para trabajar con artesanos, el proyecto Multifactory se combina con el proyecto de moda sostenible del Andessur, que está enfocado en la provincia de La Unión, distrito de Pampamarca, por su importancia en la historia textil de la provincia, la región de Arequipa y el Perú. Se tiene como evidencia que los artesanos textiles conservan el arte textil, desde la época prehispánica, que el propio Hiram Bingham en el año 1911 se quedó asombrado con esta riqueza textil del distrito de Pampamarca y llevó algunas muestras a Estados Unidos de donde demandaba más alfombras. Muestra de la calidad del arte textil hasta el año 1992, se encontraba en Palacio de gobierno del Perú ubicado en Lima, una de las alfombras más grandes y hermosas, que fue elaborada por hombres y mujeres artesanos de este distrito. En la actualidad esta alfombra es una reliquia que espera ser puesta en valor.

Además de los artesanos hombres que por tradición elaboran las alfombras, las mujeres también desarrollan el arte textil y lo expresan en mantas, lliclias, fajas, que pueden ser aplicados en productos innovadores y contemporáneos como prendas de vestir y artículos necesarios para el hogar. Hoy en día se ha podido observar que los modelos andinos tienen una gran acogida, siendo tendencia en diferentes países a nivel internacional.

Para mitigar la debilidad en términos sustanciales, se propone la aplicación del Modelo Multifactory en Perú. El Modelo Multifactory fue desarrollado por Lorenza Salati y Giulio Focardi y has sido aplicado en Europa desde 2017.

El Modelo Multifactory prevé la creación de espacios de trabajo compartidos en los que pequeñas empresas de diferentes sectores, no sólo en el sector de la moda, sino también en el de la fotografía, la comunicación, el diseño y los servicios personales, crean formas de colaboración basadas en el concepto de circulación de ideas y ayuda circular.

Dentro de una Multifactory es posible crear una cadena de suministro completa que incluya diseño, producción y aspectos como promoción, gráficos, ventas. La Multifactory es una solución al problema identificado porque permite un crecimiento progresivo y gradual de los proyectos emprendedores y un menor compromiso económico inicial.

A través de la creación de una Multifactory y la Experiencia de la ONG Andessur en el campo del trabajo con personas vulnerables, queremos experimentar un sistema de desarrollo integrado para pequeñas empresas de moda sostenible que sea capaz de aumentar las posibilidades de éxito. Lo que presentaremos es el estado actual de desarrollo que han alcanzado los dos proyectos de forma independiente y cómo pretendemos combinarlos a partir de ahora.

La justificación de este trabajo no solo es económica, es también social porque la motivación es mejorar las condiciones de los artesanos rurales para que salgan de la situación de pobreza, creando un entorno favorable para una amplia colaboración entre artesanos del sector rural y profesionales de la ciudad, que permita el desarrollo de una nueva clase media, disminuyendo las brechas sociales profundas que existe entre el sector urbano y rural.

2. OBJETIVOS

2.1. Objetivo general

El objetivo general del proyecto es identificar y proponer cómo reducir las limitaciones de las pequeñas marcas de moda sostenible que son un obstáculo para el desarrollo de pequeños emprendimientos.

2.2. Objetivos específicos

- Identificar las capacidades y limitaciones de los artesanos textiles del sector rural
- Proponer un microsistema económico de apoyo a los artesanos textiles que involucre a los profesionales, de acuerdo con el Modelo Multifactory.

3. METODOLOGÍA

La metodología utilizada combina diferentes tradiciones metodológicas, ya que los investigadores que integran el grupo de investigación provienen de diferentes experiencias y de diferentes continentes, pero en todo caso se caracteriza por dos elementos comunes: privilegiar la investigación de campo y utilizar la comparación con la literatura existente como una comparación de criterio.

3.1. Observación de casos concretos, Modelo Multifactory

En las tres Multifactory se realizaron reiteradas observaciones de campo en el tiempo. Para efectos de este proyecto, queremos traer los resultados observados en la base teórica con respecto a los siguientes puntos:

- Gobernanza horizontal y gestión comunitaria de la Multifactory.
- Importancia de la heterogeneidad profesional como base para la innovación de productos y servicios.
- La ayuda circular como herramienta para la superación del concepto cliente/proveedor y el concepto de ayuda mutua.
- Importancia de la comunidad en la superación de las dificultades.

La primera novedad de la investigación es disponer de entornos reales en los que hay pequeñas empresas trabajando realmente (actualmente unas 100 PYMES repartidas en las 3 Multifactory existentes) y al mismo tiempo tener una observación estructurada. Otra novedad es que las tres Multifactory existentes que siguen el mismo modelo de crecimiento orgánico (que se divide en 7 macro-fases, a su vez divididas en 49 microfases) evolucionan de forma similar.

3.2. Antecedentes de la investigación

Focardi y Salati (2015) en el capítulo "A New Approach to Knowledge Sharing" en el libro "Societal Benefits of Freely Accessible Technologies and Knowledge Resources", curadores O. Terán, J. Aguilar de la Universidad de los Andes, Venezuela, tratan el tema de compartir conocimientos en contextos de trabajo basados en la ayuda mutua.

Focardi y Salati (2018) presentan en el libro "The Rise of Comunity Economy" un modelo guía para la creación de espacios de trabajo colaborativo, donde se genere la innovación, sostenibilidad y flujo de conocimiento. El modelo Multifactory permite el desarrollo y crecimiento de pequeñas empresas; puesto que para su implementación se requiere un bajo riesgo y mínima inversión inicial.

Focardi y Salati (2019) en el libro "Co-Manufacturing and New Economic Paradigms" presentan el nacimiento de una nueva clase económica emprendedora, entregada a la sustentabilidad y más interesada en aspectos relacionados con la calidad de vida y el respeto por el medio ambiente.

Tinoco, Ráez y Rosales (2009) en el artículo "Perspectivas de la Moda Sostenible en el Perú" quienes señalan que la sostenibilidad ha penetrado a todo nivel de la industria textil y de moda europea por a tres razones importantes: la primera es la presión de ONG, Sindicatos y ambientalistas en general, quienes demandan productos y producción limpia y sensible al comercio justo; la segunda sostienen que los impactos ambientales de la tradicional industria textil, cuyas secuelas no son tratadas adecuadamente, generan contaminación; y, la tercera, el incremento de la conciencia ambientalista a nivel del planeta, en su conjunto.

Lozano (2010), en su artículo "La asociatividad como modelo de gestión para promover las exportaciones en las pequeñas y medianas empresas en Colombia", sostienen que, a nivel general, las pequeñas y medianas empresas (PYMES), que constituyen la mayor parte de las empresas a nivel local, tienen dificultades para exportar debido a que su tamaño les limita contar con una estructura financiera que les permita tener una capacidad de producción importante y una estructura de sus costos eficiente. Ante esta situación plantean un modelo de asociatividad entre este tipo de empresas para asegurar su sostenibilidad.

Flores y Gutiérrez (2020) en su investigación "La gestión de las empresas de moda sostenible en el Perú: Una revisión bajo los modelos de sostenibilidad en la etapa de diseño de producto", tiene como objetivo elaborar un modelo de sostenibilidad que sea aplicable a la etapa de diseño de los productos en el sector moda como el triple *bottom* line y su desarrollo en el Perú, en el que existen pocas organizaciones de este rubro, muchas de estas encontrándose en primeras etapas de desarrollo.

En la región de Arequipa, Irrazábal y Huerta (2019) en su investigación "Análisis de la economía circular aplicada a la industria textil para la fabricación de textiles a partir de residuos textiles pre y post consumo" tienen como objetivo conocer las oportunidades de implementar la economía circular mediante el reprocesamiento de prendas post consumo y retazos post industriales; mediante el levantamiento de información sobre ecología industrial, simbiosis, logística inversa, entre otros. Obteniendo como resultados que el beneficio es múltiple, pues abarca los aspectos económicos, sociales y sobre todo ambientales.

Según Sánchez *et al.* (2020) en su publicación "Moda Sostenible y preferencias del consumidor" concluye que el hecho de cambiar el punto de vista de la cantidad hacia la calidad permitiría mejorar las condiciones laborales de los trabajadores, al necesitar estos unas habilidades más avanzadas y pudiendo dedicar un mayor tiempo a la confección de las diferentes prendas.

3.3. Base Teórica

3.3.1. Modelos de economía en la industria de la moda

La industria de la moda se ha desarrollado en base a un modelo de economía lineal que ha contribuido con el problema de la continuidad del planeta. Ante esta situación, se desarrolla el modelo de economía circular que busca cambiar este paradigma de desarrollar la industria textil hacia uno industria sostenible, por ello, haremos una breve explicación sobre estos modelos.

3.3.1.1. Modelo lineal

Según la fundación Ellen MacArthur (2012), "la evolución de la economía global ha estado dominada por un modelo lineal de producción y consumo, en el cual se fabrican productos a partir de materias primas que luego se venden, se utilizan y, a continuación, se desechan como residuos". (p.3). Bajo este paradigma, en el Perú cerca del 1.61% de la totalidad de residuos sólidos que se generan son residuos textiles de la etapa postindustrial, de subprocesos internos y de la etapa pre y post-consumo (Herrera *et al.* 2017). Todo ello se da porque continúa el sistema *fast fashion*, que consiste en reducir tiempos de producción, etapas de compra y entrega rápida para satisfacer una demanda de moda a precios relativamente bajos (Barnes y Lea-Greenwood, 2006). Por ello, como sostiene el Ellen Macarthur Foundation (2012), casi el 50% de este tipo de ropa se convierte en residuo durante un año. Por lo que, a nivel ambiental se convierte en un grave problema que se debe resolver de manera urgente, y como señala Salcedo (2014) es urgente cambiar a un modelo de desarrollo sostenible antes de tener una crisis social y ambiental.

3.3.1.2. Modelo circular

El modelo circular se comienza a introducir a inicios de los ochenta, en la actualidad la mayoría de expertos en el tema consideran que es un modelo que las industrias de moda deben desarrollar de manera urgente para lograr la sostenibilidad. Es así que, Geissdoerfer *et al.* (2017) entiende por economía circular como "[...] sistema regenerativo en el que la entrada de recursos y desperdicios, las emisiones y las fugas de energía se minimizan al reducir la velocidad y cerrar y estrechar los ciclos de utilización de material y energía" (p. 759). De esta manera, la economía circular se caracteriza porque se elige y gestiona recursos renovables, lo que permite que el paradigma de "extraer, producir, usar y desechar" queda reemplazado por un sistema que consiste en un diseño duradero, que contempla la reparación, reutilización, remodelación, remanufacturación y/o reciclaje. Ello hace dar cuenta que, sin una concientización de la extracción y uso de recursos, una gestión adecuada de residuos y una educación al consumidor, el modelo lineal resulta insostenible. (Flores y Gutiérrez, 2020).

3.3.2. Moda Sostenible

3.3.2.1. Conceptos

Tinoco *et al.* (2009) sostienen que las Marcas de Moda sostenible, ya han iniciado algunos compromisos éticos y sociales en sus procesos de producción, en las que tienen presente su comportamiento social y medioambiental para que los consumidores puedan discriminar entre las diversas alternativas de marcas que existen en el mercado. Es así que las marcas de moda que incorporan algunos criterios de sostenibilidad deben tener en cuenta el comercio justo, promover condiciones laborales que sean justas para los trabajadores en todo el proceso productivo, la inversión en la comunidad involucrada, la contratación de personas en situación vulnerable según la OIT. Igualmente considerar la gestión ambiental, por lo que deben de manera urgente transitar de la economía lineal a la economía circular.

4. DESARROLLO DE LA INVESTIGACIÓN

De la combinación del trabajo de análisis sobre los problemas de las pequeñas empresas de moda sostenible realizado directamente por la ONG Andessur y por la profesora Anatolia Hortencia Hinojosa Pérez y entre el trabajo de modelado de una solución para el apoyo a las pequeñas empresas realizado por Osun WES y por la Dra. Lorenza Victoria Salati, nace una propuesta integrada para superar localmente las limitaciones de las pequeñas marcas de moda sostenible.

4.1. La sostenibilidad de las pequeñas empresas

La sostenibilidad económica de las pequeñas empresas de moda sostenible siempre es muy crítica y en la mayoría de los casos no se consigue. Los consumidores interesados en la moda sostenible son en su mayoría consumidores pertenecientes al segmento socioeconómico medio-alto y alto, por lo que están dispuestos a pagar un precio medio alto por los artículos que compran. Según el estudio de Accenture "Winning a Circular Economy: Practical steps for the European chemical industry" (2020), el 50% de los consumidores afirma estar dispuesto a pagar más por un producto destinado a ser reutilizado o reciclado. Están dispuestos a pagar tanto por la calidad como por el aspecto ético y, por lo tanto, aparentemente debería ser posible lograr la sostenibilidad económica.

Las pequeñas empresas de moda sostenible, tanto por convicción personal como para dar respuesta a las expectativas de los consumidores, intentan ofrecer productos que respondan a criterios de sostenibilidad integral en todos los ámbitos de producción y comercialización del producto. Normalmente, las pequeñas empresas de moda sostenible para sus prendas utilizan fibras y materiales elaborados de manera sostenible tanto desde el punto de vista ambiental como social, implementan prácticas de aprovisionamiento y embalaje con alto valor ético y valorización de las producciones locales en el proceso de producción, tratan de recuperar conocimiento tradicional y preservar la cultura y el conocimiento artesanal tradicional, tratan de utilizar técnicas y métodos de producción tradicionales, utilizan ampliamente prácticas de upcycling y reciclaje, pagan a los trabajadores más que el promedio del mercado y ofrecen una mayor protección, donan parte de las ganancias a proyectos con un alto impacto social y valor ambiental.

Al mismo tiempo, deben crear productos de alta calidad técnica y percibida por el consumidor, con un estilo contemporáneo y manteniendo precios en línea con la gama *premium* del mercado, pero no superiores. Sus competidores, por otro lado, producen a gran escala, en países de gran volumen y bajos salarios. Para competir por el mismo precio, la opción más habitual de las pequeñas empresas de moda sostenible es reducir su margen.

Si una empresa consolidada calcula las emisiones de dióxido de carbono que produce para poder identificar las acciones para reducirlas progresivamente, ¿cómo puede una *start-up* conseguir reducirlas todas a cero desde su creación, no obstante, se ve obligada a interactuar con una cadena de suministro, la de la moda, que es una de las más contaminantes del mundo? Sin embargo, al hacerlo, las pequeñas empresas de moda sostenible reducen su competitividad y se colocan en una posición de extrema debilidad. Incluso cuando hay una respuesta positiva del público, la actividad de venta no logra generar los recursos suficientes para asegurar la empresa y financiar su desarrollo. Por lo tanto, ante cualquier interrupción de la actividad empresarial, la empresa es incapaz de hacerle frente.

4.2. Casos de experiencias exitosas

En relación a la dimensión cultural en el Perú, diseñadores y marcas están proponiendo colecciones que toman los antecedentes de la historia de la indumentaria peruana no solo para sus procesos de creación y producción, sino como tema central de sus productos. En el marco del Perú Moda 2020, se ha señalado que, en el Perú, existe un proceso de descolonización del diseño, se ha empezado a comunicar la identidad peruana y la mezcla de la herencia cultural en la industria textil. Es así que en el Perú en el 2017 se formó la

Alianza de Diseñadores de Moda del Perú y se tuvo una exposición llamada "Hecho en el Perú" con la finalidad de integrar a personas con distintas manifestaciones de la moda popular peruana en contraste de propuestas globales.

Las polleras de Agus son un ejemplo de marca de moda sostenible que revaloriza las prendas tradicionales del Perú precolombino, las polleras, incorporando en el vestir casual actual a través del bordado y el tejido a mano. La Marca Estrafalario, es otro ejemplo de moda sostenible con propósito social y medioambiental, que ha logrado posicionarse en el mercado con un enfoque de Economía Circular, produciendo prendas que son producidas por mujeres de la cárcel o jóvenes en situación vulnerable que con capacitación y asistencia técnica pueden incrementar sus ingresos y mejorar la calidad de vida de su familia. Además de utilizar residuos de telas para producir prendas con mucha creatividad e innovación que son demandadas por un mercado que está dispuesto a pagar siempre y cuando estos productos tengan un impacto social y medioambiental.

4.3 Modelo Multifactory

4.3.1. Conceptos

El proyecto Multifactory nació como proyecto de investigación en 2012 y dio lugar a la definición del Modelo Multifactory como herramienta para el desarrollo de espacios de trabajo compartidos; se abrieron tres Multifactory en Italia entre 2017 y 2021. El concepto básico del Modelo Multifactory es la construcción de un entorno de trabajo compartido para profesiones autónomas (artesanos, empresas, autónomos) basado en principios clave. 1 - Gobernanza horizontal 2 - Heterogeneidad 3 - Enfoque Maker.

Las Multifactory son gestionadas por los propios miembros que se agrupan en una Asociación a través de herramientas de toma de decisiones inspiradas en los conceptos de democracia radical propia del Norte de Europa y la Do-ocracy propia del mundo de los Hackerspaces en la Costa Oeste de EEUU. Las Multifactory aplican un modelo de desarrollo incremental y son un ambiente de experimentación de principios económicos innovadores basados en la idea de intercambio, colaboración, libre circulación de ideas, que conducen a experimentos como la superación del concepto cliente/proveedor y el concepto de "contraparte" en negociaciones comerciales.

4.3.2. Casos de experiencias exitosas

El Modelo Multifactory ya se ha aplicado en Italia en tres ciudades diferentes con excelentes resultados.

- R84 Multifactory (2017), es una Multifactory de doce mil metros cuadrados con sede en Mantua en los edificios de la ex refinería de la ciudad cerrada el 2013. Unos cuarenta profesionales diferentes que trabajan en los campos de la moda sostenible, el bienestar, la fotografía, el arte, el vídeo, y servicios de atención a la infancia son miembros de R84. La Multifactory es gestionada directamente por la asociación R84.
- Risma11 Multifactory (2019), es una Multifactory de dos mil metros cuadrados en la ex fábrica de papel Pigna en Alzano Lombardo (Bérgamo) de más de veinticinco pequeñas empresas, artesanos y autónomos gestionadas por la asociación Risma11.

- Infatti9 Multifactory (2021), es una Multifactory de dos mil quinientos metros cuadrados con sede en Biassono (provincia de Milán). Actualmente, diez miembros pertenecen a la Multifactory.

4.4. RESULTADOS

4.4.1. Propuesta para superar las limitaciones en Perú

El modelo Multifactory se desarrolló visitando personalmente alrededor de 190 espacios de trabajo compartidos en Europa, África, Asia, América del Norte y América del Sur. Las principales inspiraciones provienen de Italia, Europa Central y los Estados Unidos de América y las tres Multifactory existentes están en Italia. Dicho esto, es un modelo construido con el objetivo de ser exportable y modificable.

Perú tiene algunas similitudes con el tejido económico y social de Italia, por ejemplo, el predominio de microempresas y algunas estructuras familiares, así como muchas diferencias. Para hacer exportable el modelo a Perú, los desarrolladores del modelo realizaron un viaje exploratorio a las regiones de Lima, Arequipa, Cuzco y VRAEM para entender si existían las condiciones básicas para iniciar una Multifactory. El viaje fue un éxito y desde entonces se ha iniciado la colaboración entre el grupo de trabajo de la Multifactory y la profesora Anatolia Hortencia Hinojosa Pérez, docente de las Universidad San Agustín en los cursos de Política Económica y Social, además es directora de la ONG Andessur, que lleva años investigando para resolver los mismos problemas. La principal dificultad para exportar el modelo está dada por la distancia socioeconómica entre el campo y las ciudades del Perú, por lo que la colaboración con Andessur es fundamental, dada la peculiaridad del contexto. Para conocer más a fondo los gustos de los clientes, se realizó una encuesta piloto en la región Arequipa. Con este estudio de mercado realizado se ha conocido el nivel socioeconómico al que se debe enfocar los productos que podrían producir.

Una Multifactory permite un desarrollo gradual y sistémico de los proyectos que la componen, posibilitando una integración gradual y rentable entre los profesionales que actúan en la ciudad, alojados en la Multifactory, y los artesanos del campo. Para crear una Multifactory es necesario como primer paso transferir la experiencia y los conocimientos del modelo Multifactory a Perú y, en particular, al equipo de investigación que dirige la profesora Anatolia Hortencia Hinojosa Pérez y la ONG Andessur. Después, será aplicado el modelo Multifactory en beneficio de los productores artesanos de las zonas rurales.

Como resultados preliminares de la investigación tenemos:

Un total de 250 mujeres que dominan el arte textil milenario que tiene el Perú con influencia prehispánica e incaica, que por falta de apoyo y puesta en valor de los productos artesanales que producen no se insertan en las cadenas productivas, por lo que con capacitación y asistencia técnica tienen un potencial para desarrollar moda sostenible con enfoque de Economía Circular.

Como consecuencia del trabajo conjunto entre Multifactory y Andessur tenemos los siguientes resultados: a. Se conocen las principales razones que dificultan iniciar actividades de moda sustentable, b. Se verificaron las condiciones de contexto para la aplicación del modelo Multifactory en la zona de Arequipa, c. Se diseñó la forma de articular el Modelo Multifactory y la actividad de la ONG Andessur.

La investigación aún está en curso y los próximos pasos serán:

a) Empoderar a las mujeres artesanas y mejorar su nivel técnico.
b) Contar con un grupo de profesionales que se reconozcan como miembros de la Multifactory y que deseen apoyar ampliamente el proyecto.
c) He iniciado un proceso productivo basado en el intercambio de saberes entre mujeres artesanas del medio rural y profesionales de la ciudad.
d) Se han implicado en las mismas condiciones que los artesanos rurales y los profesionales de la ciudad en un proyecto común fuera de la lógica de cliente/proveedor, hasta llegar a ser socio.
e) Tener un catálogo de artículos que son vendibles.
f) Tener una Multifactory en forma de prototipo.

5. CONCLUSIONES

- El arte textil tradicional de Perú está en proceso de desaparición debido a la falta de innovación en diseños, procesos y calidad de los productos. Como limitación más importante se ha encontrado la imposibilidad de financiamiento de la producción, la comercialización de sus productos, el marketing. Por lo que, se ha identificado una estrategia para reducir estas limitaciones.
- El microsistema económico basado en el Modelo Multifactory apoya a las mujeres en actividades económicas autogeneradas, identificando sus capacidades y limitaciones para que mediante un programa de capacitación y asistencia técnica y colaboración de parte de profesionales competentes puedan desarrollar emprendimientos sostenibles.

6. REFERENCIAS

Barnes, L. & Lea-Greenwood, G. (2006). Fast fashioning the supply chain: shaping the research agenda. *Journal of Fashion Marketing and Management*, 10 (3), 259-271. doi.org/10.1108/13612020610679259

Bartels, R., Elser, B. y Ulbrich, M. (2020). *Winning a Circular Economy: Practical steps for the European chemical industry.* Accenture. Recuperado de https://www.accenture.com/us-en/insights/chemicals/winning-in-a-circular-economy

Ellen MacArthur Foundation. (2012). Towards the circular economy, Vol. 1: an economic and business rationale for an accelerated transition. Recuperado de https://ellenmacarthurfoundation.org/towards-the-circular-economy-vol-1-an-economic-and-business-rationale-for-an

Flores, J. y Gutiérrez, D. (2020). *La gestión de las empresas de moda sostenible en el Perú: Una revisión bajo los modelos de sostenibilidad en la etapa de diseño de producto* (tesis de pregrado). Pontificia Universidad Católica del Perú, Lima, Perú.

Focardi, G., & Salati, L. (2019). Co-Manufacturing and New Economic Paradigms. Hershey, PA: IGI Global. doi:10.4018/978-1-5225-7089-9

Focardi, G., & Salati, L. (2018). The Rise of Community Economy. Akcija Sarajevo, Bosnia and Herzegovina ISBN 978-9926-8216-2-3

Focardi, G., y Salati, L. (2015). Multifactory: A New Approach to Knowledge Sharing: The Multifactory Model. In O. Terán, J. Aguilar (Ed.), Societal Benefits of Freely Accessible Technologies and Knowledge Resources. (pp. 211-236). IGI Global.

Geissdoerfer, M., Savaget, P., Bocken, N. y Hultink, E. (2017). The Circular Economy – A new sustainability paradigm? Journal of Cleaner Production, (143), 757-768. doi.org/10.1016/j.jclepro.2016.12.048

Herrera, A., Lazo, A., Mollo, G. y Vera, M. (2016). *Planeamiento estratégico de gestión de residuos en el sector textil peruano* (tesis de postgrado). Pontificia Universidad Católica del Perú, Lima, Perú.

Irrazabal, D. y Huerta, A. (2019). *Análisis de la economía circular aplicada a la industria textil para la fabricación de textiles a partir de residuos textiles pre y post consumo* (tesis de pregrado). Universidad Católica San Pablo, Arequipa, Perú.

Lozano, F. D, (2010). La asociatividad como modelo de gestión para promover las exportaciones en las pequeñas y medianas empresas en Colombia. Revista de Relaciones Internacionales, Estrategia y Seguridad, 5 (2), 61-191. doi.org/10.18359/ries.126

Salcedo, E. (2014). *Moda ética para un futuro sostenible.* Barcelona, España: Gustavo Gili Barcelona.

Sánchez, P., Gago, C. y Alló, M. (2020). Moda sostenible y preferencias del consumidor. 3C Empresa. Investigación y pensamiento crítico, 9(3), 39-57. doi.org/10.17993/3cemp.2020.090343.39-57

Tinoco, O., Raez, L. y Rosales, P. (2009). Perspective of sustainable mode in Peru. Universidad Nacional Mayor de San Marcos, 12(2), 68-72.

EL IMPACTO DEL CAMBIO CLIMÁTICO Y LA ESTRUCTURA DE CAPITAL EN LA RENTABILIDAD DE EMPRESAS AGRÍCOLAS ECUATORIANAS

Elvia Inga-Llanez[1], Reinaldo Armas-Herrera[1], Angel Higuerey-Gómez[1], Mikel Ugando-Peñate[2], Ángel Sabando-García[2] y Pierina D'Elia-Di Michele[1]

El texto nace en el marco del proyecto: "Impacto del cambio climático en empresas agrícolas de la zona 4 (Manabí y Santo Domingo de Los Tsáchilas) y zona 7 (Loja, Zamora Chinchipe y El Oro) del Ecuador y su influencia en la producción, exportación y desempeño financiero empresarial" aprobado en la Convocatoria de Proyectos de Investigación, Investigación-Vinculación, Vinculación y Transferencia Tecnológica de la Pontificia Universidad Católica del Ecuador, CP-PUCESD-2023 del Grupo de investigación GI-SANTODOMINGO-11-2019: Planning, innovation and financial modeling applied (FINNOVAPLAN).

1. INTRODUCCIÓN

El cambio climático es un tema que se está incorporando a todos los ámbitos de la sociedad y las finanzas no iban a ser la excepción. Ecuador es un país donde la vulnerabilidad es mayor que en los países vecinos según la base de datos ND-GAIN en el año 2023 (ver metodología de cálculo en Chen *et al.*, 2015), siendo un país en vías de desarrollo, por lo que no cuenta con los recursos suficientes para poder adaptarse de forma rápida al cambio en las situaciones climáticas.

Además, es un país donde aparte del petróleo sus mayores exportaciones están concentradas en el sector agrícola (Ugando et al.,2022), ya que es de los principales exportadores mundiales de plátano, cacao, café y flores (Ministerio de Agricultura y Ganadería, 2020). Estas circunstancias unidas a una población joven y con altas tasas de crecimiento de esta, convierten al Ecuador en un país candidato a ser afectado por el cambio climático.

Las empresas que cultivan productos agrícolas se ven bastante afectadas por estas circunstancias, más aún si sus principales mercados de venta son internacionales, criterios concordantes con Sabando García *et al.* (2021) y Ugando *et al.* (2023). Una menor producción por cuestiones climáticas afecta a su posición de mercado, a la rentabilidad y a la sostenibilidad de la empresa a lo largo del tiempo (Chavarría *et al.*, 2020).

1. Universidad Técnica Particular de Loja (Ecuador)
2. Pontificia Universidad Católica del Ecuador- Sede Santo Domingo (Ecuador)

La literatura científica acerca del cambio climático y su impacto en las organizaciones se ha desarrollado bastante en los últimos años, con diversos enfoques. La primera distinción que se puede hacer es el estudio de conglomerados, donde se analizan un conjunto de países y se cuantifica como afectan las variables climáticas al *performance* de la empresa. En esta línea están los trabajos de Kling *et al.* (2021), Brahmana y Kontesa (2023), Lee *et al.* (2023), entre otros. Estudios individuales se encuentran recogidos en los trabajos de Sirin *et al.* (2022) o Ahmad *et al.* (2023), entre otros.

El cambio climático afecta a la empresa en distintas dimensiones financieras. El impacto de este en el financiamiento y el coste de capital ha sido estudiado por Kling *et al.* (2021) y Balvers *et al.* (2017). Brahamana y Kontesa (2023) y Lee *et al.* (2023) han analizado el efecto de las variables climáticas en el flujo del efectivo, mientras que Ahmad *et al.* (2023) han estudiado estas variables y su influencia en el capital de trabajo. La rentabilidad de la empresa se ve afectada (Nikolaou *et al.*, 2015), su valor de mercado (Lucas y Mendes da Silva, 2018), y la probabilidad de entrar en bancarrota (Gutiérrez-López *et al.*, 2023), por el comportamiento de las variables climáticas.

El cambio climático afecta a distintos sectores económicos. Así, Reinders *et al.* (2023) estudian el impacto de estas variables sobre el sector financiero. Las empresas agrícolas, que son el objetivo de este estudio, han sido analizadas por Thai *et al.* (2023), Jatuporn y Takeuchi (2023), Ugando *et al.* (2023) y Sabando García *et al.* (2020), entre otros. Las empresas eléctricas, por la generación de energías renovables, se ven bastante afectadas por la variabilidad climática (Sirin *et al.*, 2022).

El impacto de la estructura de capital sobre la rentabilidad a lo largo del tiempo ha arrojado resultados diversos. Así, hay autores como Abor (2005), Ngatno *et al.* (2021) o Gill *et al.* (2011), entre otros, que analizan la estructura de capital y su impacto en la rentabilidad, determinando que este impacto es positivo. Mientras que otros autores, han encontrado un impacto negativo como Le y Phan (2017), Ahmed y Afza (2019) o Anozie *et al.* (2023), entre otros.

En un meta-análisis sobre estructura de capital y rentabilidad se ha concluido que el efecto negativo se ha encontrado de forma más recurrente en las investigaciones (Dao y Ta, 2020). En Ecuador, los estudios de Gómez y Herrera (2021) y Gómez y Herrera (2021a) han determinado una relación negativa entre la rentabilidad y la estructura de capital de las empresas.

El resto del artículo se organiza de la siguiente manera: En la sección dos están los objetivos, en la tres, la metodología, en la sección cuatro están los resultados, en la cinco las conclusiones y finalmente en la sección seis están las referencias.

2. OBJETIVOS

El objetivo de este artículo es medir el impacto del cambio climático en la rentabilidad económica (ROA) y financiera (ROE) de las empresas agrícolas ecuatorianas en el periodo 2015-2021 que pertenecen a la zona 4 (Manabí y Santo Domingo de los Tsáchilas) y a la zona 7 (Loja, Zamora-Chinchipe y El Oro).

Este objetivo es bastante importante porque no hay artículos que hayan estudiado el impacto del cambio climático en la rentabilidad de las empresas agrícolas ecuatorianas, siendo Ecuador un país con alta sensibilidad al cambio climático y sus principales exportaciones los productos agrícolas y las materias primas.

3. METODOLOGÍA

Los datos que se emplean en esta investigación son muy diversos, ya que hay variables financieras y climáticas. Las variables financieras han sido obtenidas de la Superintendencia de Compañías, Valores y Seguros del Ecuador (Supercias) para el periodo 2015-2021. Estos datos han sido depurados de manera que hallan datos para todos los años, que no hallan errores en las cuentas contables y que las principales magnitudes contables tengan valores positivos.

Con respecto a los datos climáticos, han sido obtenidos de distintas fuentes. Los de temperatura y precipitaciones se obtuvieron del Portal de Conocimiento del Cambio Climático del Banco Mundial (Banco Mundial, 2021), mientras que el índice de vulnerabilidad es tomado de la Universidad de Notre Dame, y mide la exposición, sensibilidad y la capacidad de adaptación a eventos climáticos (Chen *et al.*, 2015).

Las metodologías utilizadas para analizar el impacto en el ROA y el ROE de las variables de estructura de capital y de cambio climático son varias; por una parte, está la estimación de datos panel mediante efectos fijos y por otra parte se usan estimaciones de datos panel dinámicos, a través del método generalizado de momentos (GMM), debido a la naturaleza de los datos (datos panel), la heterogeneidad de las empresas y la endogeneidad que se presenta en la relación entre las variables. Esta relación ha sido determinada en Kling *et al.* (2021) para el índice de vulnerabilidad de la Universidad de Notre Dame y algunas variables macroeconómicas. Además, las últimas investigaciones detallan que el desempeño financiero puede presentar simultaneidad con la estructura de capital de las empresas (Le y Phan, 2017).

Las variables dependientes a emplear en esta investigación son:

> **ROA**: Es la rentabilidad de los activos y se define como la utilidad neta entre el total de activos. Ha sido usada como variable dependiente en Herrera y Gómez (2022) y Gómez y Herrera (2021).
>
> **ROE:** Es la rentabilidad de los accionistas de las empresas y se determina como la utilidad neta entre el patrimonio. Ha sido empleado por Llanez *et al.* (2017) y Cueva *et al.* (2016).

Como variable de estructura de capital está:

> **DT:** Es el endeudamiento del activo. Se define como el ratio de pasivo entre total activo. Ha sido empleado como variable de estructura de capital por Higuerey y Armas (2022), entre otros.

Como variables de control se han considerado las siguientes:

> **Tamaño:** Esta variable se emplea para caracterizar a las empresas en función de sus activos. Se define como el logaritmo del total de activos y ha sido usada como variable de control por El-Sayed Ebaid (2009) y Margaritis y Psillaki (2010).
>
> **Liquidez:** Es la liquidez de la empresa y se define como el ratio de activos corrientes entre pasivos corrientes. Ha sido empleada como variable de control por Gómez *et al.* (2019), entre otros.
>
> **GPD:** Es la tasa de crecimiento del PIB. Es una variable de control que ha sido empleada en Gómez y Herrera (2021a), entre otros.

Como variables ambientales se han considerado las siguientes:

> **Temper:** Es la temperatura promedio anual obtenida del Portal de Conocimiento del Cambio Climático del Banco Mundial (Banco Mundial, 2021). Es una variable

caracterizada para las provincias de estudio dentro del país y se emplea para medir el cambio climático en Thai *et al.* (2023). Está expresada en grados centígrados como unidad de medida.

Lluvi: Son las precipitaciones anuales promedio a nivel de provincia y fueron obtenidas del Portal de Conocimiento del Cambio Climático del Banco Mundial (Banco Mundial, 2021). Se usa para medir el cambio climático en Thai *et al.* (2023). Está expresada en litros como unidad de medida.

VulClim: Índice de vulnerabilidad al cambio climático de la Universidad de Notre Dame (Chen *et al.* 2015).

Las hipótesis para comprobar son:

- H1a: El desempeño financiero (ROA) depende del endeudamiento del activo.
- H1b: El desempeño financiero (ROE) depende del endeudamiento del activo.
- H2a: El desempeño financiero (ROA) depende del cambio climático (Temper).
- H2b: El desempeño financiero (ROE) depende del cambio climático (Temper).
- H3a: El desempeño financiero (ROA) depende del cambio climático (Lluvi).
- H3b: El desempeño financiero (ROE) depende del cambio climático (Lluvi).
- H4a: El desempeño financiero (ROA) depende de la vulnerabilidad climática. (VulClim).
- H4b: El desempeño financiero (ROE) depende de la vulnerabilidad climática (VulClim).

Las ecuaciones econométricas planteadas son las siguientes:

$$R_{it} = \beta_0 + \beta_1 Est_{cap_{it}} + \beta_2 GDP_{it} + \beta_3 Tamaño_{it} + \beta_4 Liquidez_{it} + \beta_5 Lluvi_{it} + \mu_{it} \quad (1)$$

$$R_{it} = \beta_0 + \beta_1 Est_{cap_{it}} + \beta_2 GDP_{it} + \beta_3 Tamaño_{it} + \beta_4 Liquidez_{it} + \beta_5 Temper_{it} + \mu_{it} \quad (2)$$

$$R_{it} = \beta_0 + \beta_1 Est_{cap_{it}} + \beta_2 GDP_{it} + \beta_3 Tamaño_{it} + \beta_4 Liquidez_{it} + \beta_5 VulClim_{it} + \mu_{it} \quad (3)$$

Donde *R* representa el rendimiento financiero tanto en términos de ROA y ROE, *Est_cap* representa el endeudamiento del activo (DT), *i* es la empresa *i*-ésima, *t* es el periodo temporal y μ es el término de error.

4. DESARROLLO DE LA INVESTIGACIÓN

4.1. Datos empleados

En Ecuador algunas provincias de la zona 4 y 7 son consideradas como las de mayor extensión agrícola. En esta investigación se ha determinado como sujeto de investigación las empresas del sector agrícola constituidas como sociedades. Las empresas que conforman la muestra seleccionada son 428. En la figura 1 se puede observar la distribución por las provincias ecuatorianas pertenecientes a la zona 4 y 7, destacándose que la mayor representación se encuentra en las provincias de El Oro y Manabí que son regiones categorizadas emblemáticamente como agrícolas; y líderes en productos de exportación agrícolas (Ugando *et al.*, 2023).

En el caso de la provincia de Zamora-Chinchipe, que pertenece a la zona 7, las pocas empresas que se encontraban en la base de datos no cumplían con toda la información para ser consideradas en la muestra. No obstante, es necesario comentar que esta provincia no es considerada como agrícola sino minera.

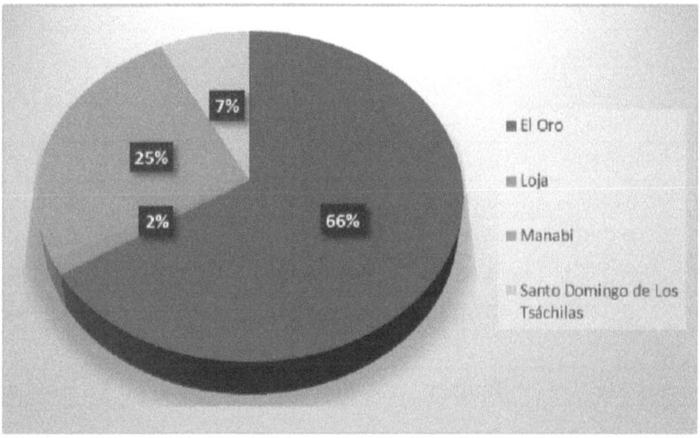

Figura 1. Distribución por provincias de la muestra de las empresas.

Fuente: Elaboración propia.

La estadística descriptiva de las variables empleadas se muestra en la tabla 1. Se observa que las variables dependientes en promedio son todas positivas; en cuanto al ROE su máximo valor se debe a la variedad de tamaños que conforman la muestra.

Por otra parte, en cuanto a las variables de control, en el caso de la variable tamaño, se comprueba lo comentado anteriormente sobre la diversidad de la muestra. En cuanto a la liquidez, se destaca que su promedio es superior a uno en la muestra de estudio.

Variable	Observaciones	Media	Desv. típica.	Min	Max
ROA	2.996	0,0645	0,1641	-0,9879	1,9106
ROE	2.996	0,3652	3,7474	-84,97	113,72
DT	2.996	0,5462	0,3251	0,0000	2,5343
Tamaño	2.996	13,0096	2,2484	5,5936	18,0679
Liquidez	2.996	18,3342	353,71	0,0000	13490,41
GDP	2.996	-0,0014	0,0353	-0,0779	0,0424
Lluvi	2.996	1,1327	0,6891	0,5282	4,4494
Temper	2.996	23,24	1,1787	19,4300	25,5000
VulClim	2.996	0,4474	0,0022	0,4448	0,4512

Tabla 1. Estadísticas descriptivas de las variables empleadas.

Fuente: Elaboración propia.

En cuanto a las variables ambientales, su variabilidad es debida a que, las provincias de Manabí y Guayas pertenecen a la zona costa de Ecuador, mientras que las otras provincias conforman la parte sierra (montaña) de Ecuador.

La tabla 2 recoge la matriz de correlaciones entre las variables que se utilizarán en este estudio. Se observa que no hay correlaciones que superen 0,8, indicando que no hay a priori problemas de multicolinealidad entre las variables que se están empleando en este estudio.

	ROA	ROE	DT	Tamaño	Liquidez	GDP
ROA	1					
ROE	0,0666	1				
DT	-0,1093	0,0727	1			
Tamaño	0,0662	0,0281	0,3139	1		
Liquidez	-0,0134	-0,006	-0,0402	0	1	
GDP	0,0886	-0,0222	-0,0097	-0,0059	0,0115	1
Lluvi	-0,0387	0,012	0,038	-0,008	0,0117	0,0738
Temper	-0,0564	-0,0115	-0,0306	-0,0666	0,0529	-0,067
VulClim	-0,0478	-0,0065	-0,0254	-0,0059	-0,0104	0,1845
	Lluvi	Temper	VulClim			
Lluvi	1					
Temper	0,1501	1				
VulClim	-0,0636	-0,0162	1			

Tabla 2. Correlación de las variables empleadas. Fuente: Elaboración propia.

Además, se puede observar que los signos de la correlación son los esperados con el movimiento de las variables, tal como es el caso de la liquidez y las variables ambientales con las variables que miden el rendimiento en este estudio. No obstante, se podría decir también, que al no ser mayor a 0,3 la mayoría de las correlaciones, su efecto en las variables es pequeño.

4.2. Resultados

La tabla 3 recoge la estimación del ROA (ecuaciones 1, 3, 5) y del ROE (ecuaciones 2, 4, 6) de acuerdo con lo descrito en la metodología a realizar.

Variables	Ecuación 1	Ecuación 2	Ecuación 3	Ecuación 4	Ecuación 5	Ecuación 6
Tamaño	0,0255***	-0,0151	0,0310***	0,00449	0,0232***	-0,00788
	(0,00643)	(0,172)	(0,00658)	(0,178)	(0,00634)	(0,166)
Liquidez	-1,48e-06	-1,33e-05	-1,32e-06	-9,89e-06	-2,77e-06	-1,19e-05
	(1,97e-06)	(2,23e-05)	(2,11e-06)	(2,13e-05)	(2,03e-06)	(2,60e-05)
GDP	0,334***	-2,195	0,604***	-2,087	0,467***	-2,335
	(0,0707)	(3,236)	(0,0753)	(2,893)	(0,0719)	(2,931)
lluvi	0,0482***	-0,147				
	(0,00710)	(0,261)				
DT	-0,200***	-0,477	-0,211***	-0,508	-0,200***	-0,489
	(0,0398)	(1,460)	(0,0396)	(1,473)	(0,0402)	(1,463)
Temper			0,0890***	0,141		

			(0,0107)	(0,272)		
VulClim					-5,675***	-6,246
					(1,249)	(36,85)
Constante	-0,212***	0,985	-2,292***	-2,705	2,411***	3,526
	(0,0772)	(1,763)	(0,282)	(7,292)	(0,546)	(16,18)
Observaciones	2.996	2.996	2.996	2.996	2.996	2.996
R-cuadrado	0.082	0.001	0.103	0.001	0.079	0.001
Número empresas	428	428	428	428	428	428
Errores estándares robustos entre paréntesis						
*** p<0.01, ** p<0.05, * p<0.1						

Tabla 3. Resultados de los modelos econométricos, aplicados al sector agrícola, bajo regresión de datos panel, con efectos fijos y robustos. Fuente: Elaboración propia.

Del análisis de la tabla 3 se puede inferir que el endeudamiento del activo (DT) influye en el ROA (se acepta la hipótesis H1a), pero no en el ROE (se rechaza la hipótesis H1b); resultados que coinciden con Gómez y Herrera (2021a) en el estudio realizado en empresas manufactureras de Ecuador.

Con respecto a las variables de cambio climático, en el caso de la lluvia, si tiene impacto en el ROA (H3a se acepta), pero no en el ROE (H3b se rechaza). La temperatura si incide en el ROA (H2a se acepta), pero no en el ROE (se rechaza H2b), mientras que la vulnerabilidad climática si incide en el ROA (se acepta H4a), pero no al ROE (se rechaza H4b).

En las variables de control, la tasa de crecimiento del PIB (GDP) tiene un impacto positivo sobre el ROA en todas las ecuaciones, cosa que no ocurre con el ROE cuando las ecuaciones estimadas son la 2, la 4 y la 6. La liquidez no influye ni en el ROA ni en el ROE en ninguna de las ecuaciones, mientras que, en el caso del tamaño, este tiene una influencia positiva en el ROA (ecuaciones 1, 3, 5) y nula en el caso del ROE (2, 4, 6).

La cuestión es que en el caso de la lluvia y la temperatura si aumenta está mejora la rentabilidad de las empresas agrícolas, lo cual parece un contrasentido, pero lleva a pensar que la relación de estas variables no es lineal con el ROA. Esto ha llevado a emplear como variable cuadrática la lluvia y la temperatura. La tabla 4 recoge los efectos cuadráticos de estas variables sobre el ROA (ecuación 7 y 9) y el ROE (ecuación 8 y 10).

Variables	Ecuación 7	Ecuación 8	Ecuación 9	Ecuación 10
Tamaño	0,0268***	-0,00502	0,0311***	0,00148
	(0,00646)	(0,169)	(0,00656)	(0,178)
Liquidez	-9,63e-07	-9,35e-06	-1,86e-06	4,65e-06
	(1,92e-06)	(2,13e-05)	(2,12e-06)	(2,14e-05)
GDP	0,314***	-2,357	0,604***	-2,094
	(0,0707)	(3,201)	(0,0753)	(2,891)
lluvi	0,133***	0,509*		
	(0,0177)	(0,287)		
lluvi2	-0,0191***	-0,147*		
	(0,00296)	(0,0861)		

DT	-0,202***	-0,488	-0,211***	-0,491
	(0,0397)	(1,458)	(0,0396)	(1,472)
Temper			0,553***	-12,17*
			(0,193)	(6,963)
Temper2			-0,0100**	0,265*
			(0,00416)	(0,150)
Constante	-0,291***	0,376	-7,665***	139,7*
	(0,0812)	(1,554)	(2,270)	(81,61)
Observaciones	2,996	2,996	2,996	2,996
R-cuadrado	0,090	0,002	0,105	0,004
Número empresas	428	428	428	428
Errores estándares entre paréntesis				
*** p<0,01, ** p<0,05, * p<0,1				

Tabla 4. Resultados de los modelos econométricos, aplicados al sector agrícola, incluyendo variables cuadráticas bajo regresión de datos panel, con efectos fijos y robustos. Fuente: Elaboración propia.

De acuerdo con los resultados mostrados en la tabla 4, se determina que el término cuadrático de la lluvia (lluvi2) si es significativo y negativo en el ROA, lo que implica que es una función cóncava. Esto quiere decir, que más lluvia mejora la rentabilidad de las empresas agrícolas hasta cierto punto, a partir del cual más precipitaciones empeora el *performance* de la empresa. Esta situación no ocurre con el ROE.

En el caso de la temperatura (temper2) cuadrática, resulta significativa en el caso del ROA, pero no del ROE, lo que implica que un aumento de temperatura es bueno para las cosechas hasta cierto punto a partir del cual empeora el *performance* de las organizaciones. Es de recordar que, el exceso de agua y temperatura en el sector agrícola vegetal puede llegar a ser negativo, ya que tienden a perder cosechas.

Con respecto a las variables de control, hay que indicar que en las regresiones cuadráticas siguen un patrón similar al de las ecuaciones lineales. La estructura de capital también sigue un comportamiento análogo en los términos cuadráticos con respecto a las estimaciones lineales, en el caso del ROA y del ROE.

Además, como análisis de robustez se han planteado modelos System-GMM, para tener en cuenta la endogeneidad que se puede presentar en los modelos. Las ecuaciones, 11, 13 y 15 hacen referencia al ROA, mientras que las ecuaciones 12, 14 y 16 al ROE (ver Tabla 5).

Variables	Ecuación 11	Ecuación 12	Ecuación 13	Ecuación 14	Ecuación 15	Ecuación 16
L,ROA	0,265***		0,267***		0,0737	
	(0,0785)		(0,0794)		(0,0973)	
L2,ROA	0,169*		0,193**		0,0307	
	(0,0911)		(0,0879)		(0,101)	
Tamaño	0,0389***	0,0536	0,0408***	0,00716	0,0520***	0,0882
	(0,0146)	(0,128)	(0,0145)	(0,113)	(0,015)	(0,122)

Liquidez	-2,67E-06	4,78E-06	-4,84E-06	-9,23E-06	-5,05E-06	7,58E-06
	(8,50E-06)	(1,98E-05)	(9,01E-06)	(3,35E-05)	(8,30E-06)	(1,99E-05)
GDP	0,383***	-1,49	0,450***	1,463	0,511***	-1,643
	(0,0795)	(2,517)	(0,0817)	(2,449)	(0,083)	(2,573)
lluvi	0,0575***	0,102				
	(0,0195)	(0,158)				
lluvi2	-0,00966***	-0,044				
	(0,00345)	(0,0404)				
DT	-0,311***	0,105	-0,332***	0,39	-0,362***	-0,125
	(0,0715)	(0,775)	(0,0719)	(0,707)	(0,0736)	(0,845)
L,ROE		0,000394		0,0112*		0,00204
		(0,00806)		(0,00632)		(0,00807)
L2,ROE		-0,0719***				-0,0711***
		(0,0141)				(0,0142)
Temper			0,487**	-2,308		
			(0,21)	(4,166)		
temper2			-0,00976**	0,0511		
			(0,00451)	(0,0897)		
VulClim					-8,543***	-1,945
					(2,322)	(36,23)
Constante	-0,367**	-0,471	-6,370***	25,94	3,381***	0,0931
	(0,184)	(1,531)	(2,47)	(48,82)	(1)	(15,25)
Observaciones	2.140	2.140	2.140	2.568	2.140	2.140
Número empresas	428	428	428	428	428	428
Test de Sargan	9,8465	4,8362	9,1847	9,7878	10,898	4,0426
Prob > chi2 =	0,1974	0,6799	0,2397	0,3679	0,1431	0,7749
Test de Arellano-Bond						
Orden						
| 1 |	0	0,2	0,0001	0,2006	0,0001	0,1999
| 2 |	0,3011	0,0853	0,1829	0,5318	0,6205	0,048
Errores estándar entre paréntesis						
*** p<0,01, ** p<0,05, * p<0,1						

Tabla 5. Resultados de los modelos econométricos, aplicados al sector agrícola, Comprobación de las hipótesis incluyendo variables cuadráticas bajo modelos System GMM de dos pasos. Fuente: Elaboración propia.

En la tabla 5 se confirman los resultados de la tabla 4, ya que el término cuadrático de la lluvia (lluvi2) presenta una relación negativa con el ROA, pero no con el ROE. En el caso de la temperatura, el término cuadrático está relacionado con el ROA, pero no con el ROE, mientras que, en el caso de la vulnerabilidad climática, esta afecta al ROA, pero no al ROE en las empresas de la muestra de estudio.

En el caso del análisis de la estructura de capital, el impacto de esta es negativo en el caso del ROA como en las tablas anteriores, pero inexistente si la variable dependiente es el ROE. Estos resultados coinciden con Gómez y Herrera (2021a) y Gómez y Herrera (2021).

Los modelos dinámicos son óptimos, debido a que no se puede rechazar la hipótesis de no autocorrelación de segundo orden con un nivel de significancia del 1 por ciento, y el contraste de Sargan indica que las variables instrumentales son válidas.

Los resultados obtenidos indican que en Ecuador si aumenta la lluvia y la temperatura en la zona 4 y 7 del país va a mejorar la rentabilidad de los activos (ROA) de las empresas agrícolas hasta cierto punto; a partir del cual empeoraran sus resultados. Esta situación no ocurre en el caso del ROE, ya que no se aprecian los mismos resultados.

Los resultados obtenidos no coinciden con los de Thai *et al.* (2023) para el caso de Vietnam, ya que en el caso de este trabajo hay una relación negativa entre estas variables y el rendimiento de la empresa. En nuestro artículo si hay esta conexión, pero a partir de cierto punto, debido a la naturaleza no lineal de esta relación. Con respecto a la vulnerabilidad climática si hay coincidencia con el artículo de Kling *et al.* (2021), donde un aumento de la vulnerabilidad climática está relacionado con un peor desempeño económico (ROA).

5. CONCLUSIONES

En este artículo se ha estudiado el impacto de las variables climáticas en las empresas agrícolas ecuatorianas de la zona 4 (Santo Domingo de los Tsáchilas y Manabi) y de la zona 7 (Loja, Zamora-Chinchipe y El Oro), en el periodo 2015-2021. Las variables climáticas empleadas han sido la lluvia, la temperatura y la vulnerabilidad climática, mientras que la rentabilidad ha sido medida por el ROA y ROE. Además, para estas empresas se estudió el impacto de la estructura de capital, medido por el ratio deuda-activo, en el *performance* de la empresa.

De los resultados obtenidos se puede concluir que el endeudamiento del activo tiene impacto negativo sobre el ROA, pero no sobre el ROE. La lluvia y la temperatura tienen una relación no lineal sobre el ROA, pero esta no existe cuando se estudia el ROE. Además, esta relación es cóncava, lo que implica que un aumento de la lluvia o de la temperatura mejorará el ROA de la empresa agrícola hasta cierto punto, a partir del cual, empeorará su rentabilidad.

Esto es importante porque si las temperaturas siguen aumentando a lo largo del tiempo como parece que va a suceder según los modelos climáticos, o hay episodios de lluvias abundantes como las asociadas al fenómeno de El Niño, las empresas agrícolas van a tener resultados adversos que perjudican su rentabilidad, su probabilidad de supervivencia en el mercado y sus exportaciones a otros países. Afectando de esta manera la economía de las empresas y de Ecuador como país exportador de productos agrícolas.

Un aumento de la vulnerabilidad climática está asociado a un peor desempeño de las empresas agrícolas, en el caso del ROA, pero no en el caso del ROE. La vulnerabilidad climática engloba diversos factores que pueden afectar al desempeño empresarial y el cual es más sentido en las empresas pertenecientes al sector agrícola.

Como futuras líneas de investigación, se analizará el impacto del cambio climático en la economía ecuatoriana en su conjunto a lo largo del tiempo, tanto de forma lineal como no lineal y se estudiará el impacto de este en otros sectores que también dependen del tiempo como el sector turístico o el de transporte, entre otros; sectores que se han considerado como estratégicos en el desarrollo económico de Ecuador.

6. REFERENCIAS

Abor, J. (2005). The effect of capital structure on profitability: an empirical analysis of listed firms in Ghana. *Journal of Risk Finance, 6*(5), 438-445. https://doi.org/10.1108/15265940510633505

Ahmad, M. F., Aktas, N. y Croci, E. (2023). Climate risk and deployment of corporate resources to working capital. *Economics Letters,* 224, 111002. https://doi.org/10.1016/j.econlet.2023.111002

Ahmed, N. y Afza, T. (2019). Capital structure, competitive intensity and firm performance: evidence from Pakistan. *Journal of Advances in Management Research, 16*(5), 796-813. https://doi.org/10.1108/JAMR-02-2019-0018

Anozie, O. R., Muritala, T. A., Ininm, V. E. y Yisau, N. S. (2023). Impact of capital structure on financial performance of oil and gas firms in Nigeria. *Future Business Journal, 9*(1), 1-9. https://doi.org/10.1186/s43093-023-00186-4

Balvers, R., Du, D. y Zhao, X. (2017). Temperature shocks and the cost of equity capital: Implications for climate change perceptions. *Journal of Banking & Finance,* 77, 18-34. https://doi.org/10.1016/j.jbankfin.2016.12.013

Brahmana, R. K. y Kontesa, M. (2023). Sea surface temperature anomalies and cash holdings: Evidence from fisheries companies. *Marine Policy,* 148, 105452. https://doi.org/10.1016/j.marpol.2022.105452

Banco Mundial. (2021). Portal de conocimiento del cambio climático. https://climateknowledgeportal.worldbank.org/

Chavarría, J., Ugando, M., Sabando. Á., Muños, J., Bravo, R. y Villalón, A. (2020). Necesidades hídricas del fríjol caupí (Vigna unguiculata (L.) Walp.) calculadas con el coeficiente de cultivo utilizando lisímetro de drenaje. *Ciencia y Agricultura*, *17*(3), 111-121. https://doi.org/10.19053/01228420.v17.n3.2020.11746

Chen, C., Noble, I., Hellmann, J., Coffee, J., Murillo, M. y Chawla, N. (2015). *University of Notre Dame global adaptation index.* University of Notre Dame: Notre Dame, IN, USA.

Dao, B. T. T. y Ta, T. D. N. (2020). A meta-analysis: capital structure and firm performance. *Journal of Economics and Development, 22*(1), 11-129. https://doi.org/10.1108/JED-12-2019-0072

Cueva, D. F., Armas, R., Rojas, D. y González, D. (2016, June). Capital structure: Micro and macroeconomic variables. The case of manufacturing companies in Ecuador. *In 2016 11th Iberian Conference on Information Systems and Technologies* (CISTI) (1-4). IEEE. https://doi: 10.1109/CISTI.2016.7521625

El-Sayed Ebaid, I. (2009). The impact of capital-structure choice on firm performance: empirical evidence from Egypt. The journal of risk Finance, *10*(5), 477-487. https://doi.org/10.1108/15265940911001385

Gill, A., Biger, N. y Mathur, N. (2011). The effect of capital structure on profitability: Evidence from the United States. *International Journal of Management, 28*(4), 3.

Gómez, A., Herrera, R. y Alvear, N. (2019). El manejo del capital de trabajo y el financiamiento en el sector extractivo de Ecuador. *Revista Inclusiones,* 165-177. https://revistainclusiones.org/index.php/inclu/article/view/2160

Gómez, A. H. y Herrera, R. A. (2021, June). Does capital structure influence the profitability of Ecuadorian communication companies? In *2021 16th Iberian Conference on Information Systems and Technologies (CISTI)* (1-6). IEEE. https://doi.org/10.23919/CISTI52073.2021.9476437

Gómez, A. H., y Herrera, R. A. (2021a). *Estructura de capital y rentabilidad en empresas manufactureras de Ecuador: Un enfoque de regresión cuantílica.* https://n9.cl/n1spa

Gutiérrez-López, C., Castro, P. y Tascón, M. T. (2022). How can firms' transition to a low-carbon economy affect the distance to default? *Research in International Business and Finance, 62*, 101722. https://doi.org/10.1016/j.ribaf.2022.101722

Herrera, R. A. y Gómez, A.H. (2022). Impact of Working Capital on the Profitability of Companies in the Tourism Sector in Ecuador. In: J. V. D. Carvalho, P. Liberato, y A. Peña, (eds) *Advances in Tourism, Technology and Systems. Smart Innovation, Systems and Technologies*. Springer, Singapore. https://doi.org/10.1007/978-981-16-9701-2_1

Higuerey, Á. y Armas, R. (2022, June). Incidence of the capital structure on the risk of the communication sector in Ecuador in the years 2014 to 2020. *In 2022 17th Iberian Conference on Information Systems and Technologies (CISTI)* (1-6). IEEE. https://doi.org/10.23919/CISTI54924.2022.9820352.

Jatuporn, C. y Takeuchi, K. (2023). Assessing the impact of climate change on the agricultural economy in Thailand: An empirical study using panel data analysis. *Environmental Science and Pollution Research, 30*(3), 8123-8132. https://n9.cl/4xvpg

Kling, G., Volz, U., Murinde, V. y Ayas, S. (2021). The impact of climate vulnerability on firms' cost of capital and access to finance. *World Development*, 137, 105131. https://doi.org/10.1016/j.worlddev.2020.105131

Le, T. P. V. y Phan, T. B. N. (2017). Capital structure and firm performance: Empirical evidence from a small transition country. *Research in international business and finance*, 42, 710-726. https://doi.org/10.1016/j.ribaf.2017.07.012

Lee, C. C., Wang, C. W. y Thinh, B. T. (2023). Green development, climate risks, and cash flow: International evidence. *Pacific-Basin Finance Journal*, 79, 102021.
https://doi.org/10.1016/j.pacfin.2023.102021

Llanez, R. I., Yaguache, M. F. y Herrera, R. A. (2017). Influencia del tamaño en la rentabilidad de las sociedades que reinvierten sus utilidades. Caso Ecuador. *Revista Publicando, 4*(13(1)), 182-192.

Margaritis, D. y Psillaki, M. (2010). Capital structure, equity ownership and firm performance. *Journal of Banking & Finance, 34*(3), 621-632. https://doi.org/10.1016/j.jbankfin.2009.08.023

Ministerio de Agrícultura y Ganaderia (2020). Exportaciones impulsan a Ecuador como potencia agropecuaria. https://n9.cl/jil49

Ngatno, Apriatni, E. P. y Youlianto, A. (2021). Moderating effects of corporate governance mechanism on the relation between capital structure and firm performance. *Cogent Business & Management, 8*(1), 1866822. https://doi.org/10.1080/23311975.2020.1866822

Nikolaou, I., Evangelinos, K. y Leal Filho, W. (2015). A system dynamic approach for exploring the effects of climate change risks on firms' economic performance. *Journal of cleaner production*, 103, 499-506. https://doi.org/10.1016/j.jclepro.2014.09.086

Reinders, H. J., Schoenmaker, D. y Van Dijk, M. (2023). A finance approach to climate stress testing. *Journal of International Money and Finance*, 131, 102797. https://doi.org/10.1016/j.jimonfin.2022.102797

Sabando García, Á. R., Ugando Peñate, M., Celi, D. M. y Sabando García, B. X. (2021). Etapas fenológicas, condiciones climáticas y programa fitosanitario sobre la incidencia de prodiplosis longifila en tomate. *International Journal of Advanced Research*, 9, 482-501. http://dx.doi.org/10.21474/IJAR01/12608

Sabando García, Á. R., Ugando Peñate, M., Chavarría Párraga, J. E., Tarazona Meza, N. L. y Sabando García, L. A. (2020). Drip Irrigation sheets on Incidence of Prodiplosis longifila (Diptera: Cecidomyiidae) in Tomato (Solanum lycopersicum L.). *Ciencia Y Agricultura, 17*(2), 39-48. https://doi.org/10.19053/01228420.v17.n2.2020.11063

Sirin, S. M., Uz, D. y Sevindik, I. (2022). How do macroeconomic dynamics affect small and medium-sized enterprises (SMEs) in the power sector in developing economies: Evidence from Turkey. *Energy Policy*, 168, 113127. https://doi.org/10.1016/j.enpol.2022.113127

Thai, H. M., Nguyen Thuc Huong, G., Nguyen, T. T., Pham, H. T., Nguyen, H. T. K. y Vu, T. H. (2023). Impacts of climate change risks on financial performance of listed firms in agriculture industries in Vietnam. *Journal of Agribusiness in Developing and Emerging Economies*. https://doi.org/10.1108/JADEE-07-2022-0137

Ugando Peñate, M., Sabando García, Á. R., Armas Herrera, R., Higuerey Gómez, Á. A. y Villalón Peñate, A. (2023). Modelización econométrica aplicada y pronósticos de niveles exportables para el plátano barraganete en la provincia de Santo Domingo de los Tsáchilas, Ecuador. *Revista De La Universidad Del Zulia, 14*(39), 139-161. https://doi.org/10.46925//rdluz.39.08

Ugando Peñate, M., Sabando García, Á. R., Pilay Tóala, F. S., Armas Herrera, R. y Higuerey Gómez, A. (2022). Responsabilidad social y su relación con variables estratégicas de las empresas productivas, Ecuador: Responsabilidad Social Corporativa: su orientación e influencia con variables estratégicas y sus dimensiones para los negocios. *REVISIÓN VISUAL/ Revista Internacional De Cultura Visual,* 9, 1–18. https://doi.org/10.37467/revvisual.v9.3622

ESTRATEGIAS DIDÁCTICAS DE EDUCACIÓN AMBIENTAL. UTILIDAD ATRIBUÍDA Y PRÁCTICAS DE AULA EN DOCENTES DE INFANTIL Y PRIMARIA

Eugenio Salvador Ivorra Catalá[1], *María Catret Mascarell*[1]

1. INTRODUCCIÓN

1.1. La Educación Ambiental es más necesaria que nunca

La humanidad se enfrenta a una crisis socioambiental sin precedentes. El ser humano, a escala global, está poniendo en peligro su vida a causa de las relaciones que está estableciendo con el medio ambiente (Martínez-Castillo, 2010). Parece que existe un conflicto entre la economía y la ecología y entre las personas y el medio natural (Benayas y Marcen, 2019). Frente a todo esto, es preciso analizar las causas y procesos que nos han conducido hasta aquí y cuestionarnos algunos de nuestros actuales modelos civilizatorios (Bautista-Cerro *et al.*, 2019; Guevara-Herrero *et al.*, 2023).

Pero esto no es fácil. A pesar de que nunca antes ha habido tanta información sobre la realidad ni tantas producciones de ficción con capacidad para alertar y provocar miedo o malestar en el ciudadano, la cultura de lo visual e inmediato propia del momento, dificulta el pensamiento abstracto, la capacidad reflexiva y el espíritu crítico del ser humano (Sartori, 1998)

Las dimensiones de las dificultades existentes, afectan y cuestionan los valores de la sociedad actual, primándose muchas veces aquellos más superficiales y estériles y olvidando aquellos ligados a la protección del medio ambiente (Martínez-Castillo, 2010, en Eslava-Zapata *et al.*, 2018)

Sin embargo, los necesarios cambios de paradigma no son espontáneos ni rápidos y es preciso reconocer el papel crucial que la educación tiene en todo ello, tanto en su vertiente propositiva como crítica. La primera contribuye a la construcción de la comunidad de acuerdo a ideas compartidas, mientras la segunda procura la formación de ciudadanos y ciudadanas críticos, capaces de repensar el modelo de comunidad para mejorarlo, cada uno de acuerdo a sus capacidades y circunstancias (Bautista-Cerro *et al.*, 2019).

La educación ambiental que se necesita debe fomentar la adquisición de conocimientos y valores capaces de generar actitudes y comportamientos dirigidos a la conservación del medio ambiente (Eslava-Zapata *et al.*, 2018)

1. Universidad Católica de Valencia San Vicente Mártir (España).

Lógicamente, por sí sola, la EA no va a solucionar todos los problemas a los que se enfrenta la humanidad, ni puede sustituir la acción política y científico-técnica en su búsqueda de la sostenibilidad. Sin embargo, resulta una herramienta imprescindible para el desarrollo de una cultura que promueva patrones socioeconómicos centrados en la persona y no únicamente en los intereses mercantilistas. Una cultura que, por un lado, evite que las agresiones se produzcan y, por otro, intente corregir las consecuencias negativas que los comportamientos inadecuados producen en el medio ambiente. (Caride y Meira 2020; Cuello, 2003; Eslava-Zapata *et al.*, 2018).

La educación ambiental debe ser, por tanto, una educación para la acción. Debe buscar la adquisición de conocimientos y la concienciación sobre las consecuencias de la actividad humana en el medio, pero, sobre todo, debe promover la adopción de conductas encaminadas a su protección (Ministerio de Medio Ambiente, 1999).

La EA debería centrar sus mayores esfuerzos en edades tempranas y llevarse a cabo desde las primeras etapas educativas ya que, aunque el alumnado de estos niveles no toma decisiones directas sobre el medio, sí tiene una mayor predisposición al aprendizaje y cambio de conductas (Pérez-Martín *et al.*, 2022)

1.2. La Educación Ambiental hace tiempo que se viene realizando, pero no parece dar el resultado deseable.

A pesar de todo lo expuesto y de los avances que se han producido en las últimas décadas en España, la EA no ha recibido ni el reconocimiento ni el apoyo que merece. Tampoco ha resultado relevante su contribución a la solución efectiva de los problemas que afectan al medio (Bautista-Cerro y Díaz, 2017; Gutiérrez Bastida, 2019; Ministerio de Medio Ambiente, 1999) y es necesario analizar causas, incrementar esfuerzos, replantear prioridades y coordinar iniciativas (Ministerio para la Transición Ecológica y el reto Demográfico y Ministerio de Educación y Formación Profesional, 2021).

En esta línea, desde el ámbito universitario, se van proponiendo, cada vez más, iniciativas encaminadas al desarrollo de la EA a todos los niveles (Bautista-Cerro y Díaz, 2017; Benayas y Marcén, 2019).

En las causas que han impedido el avance de la EA podemos diferenciar entre aquellas que aluden a un contexto más general y las que se refieren al ámbito educativo.

Entre las primeras, diversos autores señalan lo siguiente (Bautista-Cerro *et al.*, 2019; Caride y Meira, 2020; Cuello, 2023; Ministerio de Medio Ambiente, 1999; Ministerio para la Transición Ecológica y el reto Demográfico y Ministerio de Educación y Formación Profesional, 2021).

- Dificultades internas: serían las relacionadas con la conceptualización de la EA. La comunidad científica parece haberse centrado más en definir lo qué más que en cómo trabajarla.
- Complejidad de la sociedad y de los aspectos sociológicos de los problemas ambientales. Eso hace necesario su abordaje interdisciplinar y, consecuentemente, aparecen dificultades derivadas de las peculiaridades propias de las distintas disciplinas implicadas en su estudio.
- Reduccionismo de la EA provocada por iniciativas centradas exclusivamente en lo ecológico o planteadas como actividades de ocio y tiempo libre de carácter puntual.

- Circunstancias personales (económicas, psicológicas, sociales, laborales, familiares, etc.) que dificultan la adquisición o el cambio de estilos de vida hacia otros más sostenibles.
- Falta de continuidad en el tiempo. Las acciones de EA sólo se llevan a cabo durante la infancia o juventud y no se continúan en la edad adulta.
- Campañas de EA intrascendentes o planteadas únicamente como cuestiones de imagen, en las que hay ausencia de objetivos claros y bien definidos o falta de evaluación de los mismos, lo que impide tener evidencias de la eficacia de las acciones emprendidas.
- Falta de recompensa y difusión de los beneficios obtenidos por las conductas responsables de los ciudadanos.
- Falta de conexión entre la acción educativa, el mundo productivo y la gestión ambiental.

Entre las que afectan más concretamente al ámbito educativo, se pueden señalar las siguientes (Barba, 2019; Benayas y Marcen, 2019; Guevara-Herrero y col., 2023; Ministerio de Medio Ambiente, 1999; Ministerio para la Transición Ecológica y el reto Demográfico y Ministerio de Educación y Formación Profesional, 2021; Pérez-Martín y Bravo-Torija, 2018; Pérez-Martín *et al.*, 2022).

- La externalización de las acciones de EA debido a la falta de confianza que los docentes tienen en sus propias capacidades, por parte de los docentes y que ha hecho que, en muchas ocasiones, EA se haya limitado a la realización de salidas, visitas a aulas de naturaleza o realización de talleres organizados por monitores.
- Propuestas de EA en torno a cuestiones generales o simplistas que, como mucho, consiguen sensibilizar o alfabetizar teóricamente, incluso alertar o provocar miedo pero que no logran afectar decisivamente a las conductas.
- La edad de los receptores de acciones de EA. En muchas ocasiones, éstas están dirigidas a población adolescente en la que las posibilidades de incidir eficazmente son limitadas, ya que, a estas edades, normalmente, se han establecido hábitos, adquirido valores y desarrollado actitudes difíciles de cambiar.
- El "buenismo ambiental". Esto se refiere a la forma, teóricamente correcta, en la que la mayoría de participantes responde cuando se evalúan las acciones de EA, aunque no se corresponda con lo que realmente piensan o hacen.
- El enfoque tradicional de la enseñanza y el modelo de gestión de los centros que no favorecen el desarrollo de proyectos consistentes de Educación Ambiental.
- El bajo nivel formativo, tanto en el fundamento científico como en competencias didácticas, de muchos profesionales de la EA, maestros incluidos.
- La baja calidad de muchas de las iniciativas de EA que se han venido desarrollando y que, frecuentemente, son fruto de intuiciones, carecen de objetivos claros y medibles, no se han diseñado atendiendo a las características e intereses de los receptores, no se realiza la adecuada evaluación o son actividades independientes y no sostenidas en el tiempo tras las que no se halla un proyecto sólido.
- El déficit de propuestas didácticas de EA publicadas, así como la falta de difusión de experiencias de éxito o investigaciones que pueden servir de referencia a los docentes.

- La investigación sobre EA ha priorizado los aspectos científicos frente a los educativos y la investigación educativa, muchas veces, se realiza alejada de los intereses y necesidades de los docentes y no se obtienen datos suficientes para analizar críticamente las estrategias metodológicas utilizadas.

1.3. ¿Qué podemos hacer para mejorar la eficacia de la Educación Ambiental?

Entre las recomendaciones que, desde distintas instancias, se realizan para el logro de una EA eficaz, destacan la necesidad de que los futuros educadores adquieran los conocimientos adecuados sobre el medio ambiente y las competencias docentes necesarias para promover en su alumnado los valores y conductas relacionadas con su cuidado. De hecho, hay quien lo señala como la estrategia más determinante en la intervención a edades tempranas (Ministerio para la Transición Ecológica y el reto Demográfico y Ministerio de Educación y Formación Profesional, 2021; Pérez-Martín *et al.*, 2022).

Ya se ha comentado que la EA debe estar enfocada a la acción y, por tanto, basarse más en el desarrollo de habilidades y competencias que en la adquisición de conocimientos. Esto implica que, si se pretende generar aprendizajes significativos, es necesario un enfoque pedagógico que ponga al alumno en el centro del proceso de enseñanza-aprendizaje mediante el uso de metodologías activas. Que, además, se elijan estrategias útiles para la formación en actitudes y valores, que faciliten la integración de la dimensión social de los problemas ambientales y que permitan al alumnado participar activamente en la toma de decisiones. Otro aspecto importante a tener en cuenta es la complejidad del medio ambiente, siendo, por tanto, necesario que las acciones formativas en este terreno tengan un carácter transversal e interdisciplinar y se lleven a cabo desde un enfoque sistémico de la realidad. (Benayas y Marcén, 2019; Castillo-Retamal y Cordero-Tapia., 2019; Eslava-Zapata, 2018; Guevara-Herrero *et al.*, 2023; Ministerio de Medio Ambiente, 1999; Pérez-Martín *et al.*, 2022).

Otra de las demandas que se realizan en la actualidad es la de que el ámbito académico se interese por la investigación educativa en este campo. Así, desde la Universidad, debemos sentirnos urgidos a trabajar en proyectos de transferencia de conocimiento que aúnen los intereses de los investigadores y las necesidades de los docentes, contribuyendo a desarrollar, entre otros objetivos, propuestas y recursos didácticos útiles para el aula (Castillo-Retamal y Cordero-Tapia., 2019; Ministerio para la Transición Ecológica y el reto Demográfico y Ministerio de Educación y Formación Profesional, 2021; Pérez-Martín y col., 2022).

1.4. Sobre las estrategias didácticas para la Educación Ambiental

De acuerdo a lo comentado en apartados anteriores, al tratar sobre estrategias didácticas para la EA, hay que tener en cuenta dos aspectos importantes: que sean útiles para la educación en valores, porque son estos los que determinan la conducta de las personas y que respondan al carácter transversal de este tipo de formación (Eslava-Zapata *et al.*, 2018).

Son numerosos autores los que han trabajado sobre ello. Así, Yust (1998), divide las estrategias didácticas para la formación en temas transversales, que son temas que tienen una gran carga de contenidos actitudinales, en autónomas y heterónomas de acuerdo al nivel de desarrollo moral de los receptores y el tipo de educación moral que promueven. Las primeras corresponden a una educación moral basada en el principio cognoscitivista, según el cual, los valores son construidos activamente por el propio individuo. Las segundas, se fundamentan en el principio conductista de que los valores se construyen por incorporación de valores externos mediante la socialización (Tabla 1).

Por su parte, Marcelo (2022), diferencia las estrategias para la EA de acuerdo a su finalidad didáctica en Estrategias para la identificación y análisis de los problemas ambientales, Estrategias que buscan recoger los saberes previos y motivar y Estrategias para la aplicación de proyectos ambientales (Tabla 1).

Otros autores como Eslava-Zapata *et al.* (2018), las diferencian de acuerdo al momento del proceso de enseñanza aprendizaje en el que se llevan a cabo. Así las clasifican en Pre instruccionales, Co instruccionales y Post instruccionales (Tabla 1).

Autor	Criterio de clasificación	Categorías/Tipos	Método / Estrategias / Técnica
Yus (1998)	Tipo de Educación Moral	Autónoma	Laissez faire, técnicas de análisis (debates, estudio de casos, análisis y construcción conceptual, ejercicios autoexpresivos, lectura crítica) y clarificación de valores, desarrollo moral (dilemas morales), juegos de simulación (juegos de rol)
		Heterónoma	Inculcación (dramatización, moralización y modelado, uso de recompensas o sanciones, actividades prácticas, modificación de conducta, aprendizaje activo).
Marcelo (2022)	Finalidad didáctica	Identificación y análisis de problemas ambientales	Análisis de valores (discusión en clase, análisis de temas, narración de historias.), juegos de simulación (simulaciones).
		Reconocimiento de saberes previos y motivación	Análisis de valores (discusiones guiadas, lluvia de ideas, mapas de conceptos, mapa mental, cuadro sinóptico, aprendizaje basado en problemas (ABP), aprendizaje basado en el análisis y discusión de casos (ABAC).
		Aplicación de proyectos ambientales	Dilemas morales, dramatización, el autoanálisis, las discusiones en grupos y actividades fuera del salón de clase
Eslava-Zapata *et al.* (2018)	Momento del proceso de enseñanza aprendizaje	Pre instruccionales	Fijar objetivos, ordenadores previos, agendas de trabajo usando las tecnologías.
		Co instruccionales	Conceptualización de contenidos, lecturas, detección de la información principal y mantenimiento de la atención y motivación, redes semánticas, analogías, ilustraciones sobre los valores, mapas conceptuales.
		Post instruccionales	Resúmenes finales, redes semánticas, cuadros sinópticos, cuadros comparativos, mesa redonda, foro, debate, etc.

Tabla 1. Estrategias metodológicas útiles para la Educación Ambiental. Fuente: Elaboración propia a partir de las referencias indicadas, 2023.

Por último, se destaca la tipología de métodos y técnicas para el desarrollo de actitudes y valores ambientales propuesta por García y Nando (2000) que las diferencian en función de sus objetivos (Tabla 2).

Método	Objetivos	Técnica
Laissez faire	Adquirir valores	Enseñanza de conocimientos.
Inculcación	Suscitar determinados valores o provocar cambios	Refuerzo positivo o negativo, dramatización, moralización, aprendizaje por descubrimiento, presentación de modelos.
Análisis de valores	Aplicar el pensamiento lógico y el razonamiento científico en la elección de valores.	Debate, investigación, discusión racional, análisis de casos análogos, comprensión crítica, confrontación de textos.
Clarificación de valores.	Tomar conciencia de los propios valores y los de los demás. Potenciar la capacidad de comunicación y la empatía. Desarrollar la conciencia emocional.	Diálogo clarificador, frases inacabadas, lista de valores, clarificación de valores, hoja de valores, preguntas esclarecedoras, escala de valores.
Desarrollo moral	Desarrollar el juicio y crecimiento moral Estimular la conciencia crítica	Dilemas morales con discusión en pequeño grupo.
Técnicas de comunicación persuasiva	Confrontar ideas	Diapositivas, cine-fórum, video, fotografía, fotopalabra, carteles, comentarios de textos.
Juegos de simulación	Concienciarse de la problemática ambiental Identificar conflictos y soluciones a través del juego	Juegos de problemática ambiental.

Tabla 2. Métodos y técnicas para el desarrollo de actitudes y valores ambientales.
Fuente: Elaboración propia a partir de García y Nando (2000), 2023.

2. OBJETIVOS

Los objetivos del presente estudio son:

- Desarrollar competencias de indagación en el alumnado de Magisterio.
- Desarrollar competencias de la asignatura de Fundamentos de las Ciencias de la naturaleza relacionadas con la Educación Ambiental.
- Contribuir al desarrollo de competencias instrumentales, interpersonales y sistémicas en el alumnado relacionadas con la gestión de la Educación Ambiental en el ámbito escolar.
- Investigar sobre las creencias y las estrategias metodológicas que utilizan docentes de Infantil y Primaria para la Educación Ambiental.

3. METODOLOGÍA

3.1. Contexto

El presente estudio se desarrolló en el grado de Maestro de Educación Infantil y Primaria, con Mención en Lengua Extranjera, de la Universidad Católica de Valencia San Vicente Mártir, en el marco del Plan de Innovación Metodológica en Magisterio (PIMM) durante el curso 2022-23.

La peculiaridad del PIMM, es que el alumnado que lo cursa combina el aprendizaje en la Facultad con el realizado en un centro escolar, mediante las prácticas que realiza, en horario de mañana, durante todo el curso académico.

El equipo investigador lo componen los dos profesores que han impartido la asignatura de "Fundamentos de las Ciencias de la Naturaleza", perteneciente al Grado en Maestro de Educación Primaria, en esta modalidad PIMM, durante los últimos cursos. Es una asignatura Didáctico-Disciplinar y Obligatoria en los estudios de Magisterio y se enmarca dentro de la materia de Ciencias Experimentales y su Didáctica, perteneciendo al módulo de Enseñanza y Aprendizaje de Ciencias Experimentales.

3.2. Descripción de la muestra

En el estudio han participado 56 alumnos de 1º del doble Grado de Educación Infantil y Primaria (modalidad PIMM), 29 centros escolares y 100 tutores de prácticas, todos ellos maestros en ejercicio, de los cuales, 87 son mujeres y 13, hombres.

De los profesores-tutores participantes, el 56% imparte su docencia en Educación Infantil y el 44% restante lo hace en Educación Primaria. Los niveles y cursos concretos quedan reflejados en la Figura 1.

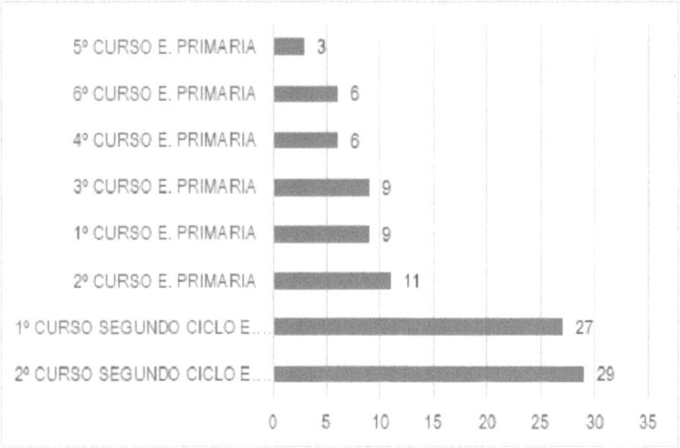

Figura 1. Curso en el que imparten docencia los tutores de prácticas participantes en este estudio (%). Fuente: Elaboración propia, 2023.

3.3. Recogida de información

Los datos se obtuvieron mediante una entrevista estructurada, compuesta por 29 cuestiones cerradas, de opción múltiple tipo Lickert, sobre la utilidad y el uso de distintas estrategias metodológicas de Educación Ambiental, que se elaboró mediante la aplicación web Forms. Esta fue realizada a los tutores de prácticas por el alumnado del PIMM, aprovechando su estancia en los centros escolares. Los resultados de la entrevista se recopilaron a través de la Plataforma docente para su posterior análisis.

3.4. Competencias relacionadas con la propuesta

El estudio que se presenta tuvo como uno de sus principales objetivos, la aproximación del alumnado a la realidad de las prácticas ambientales de docentes de Infantil y Primaria en el aula y el desarrollo de competencias relacionadas con esta materia, tanto correspondientes a la asignatura de Fundamentos de las Ciencias de la Naturaleza, como instrumentales, interpersonales y sistémicas, vinculadas con su función docente.

3.5. Temporalización

La propuesta, que se incluye en un proyecto más amplio de investigación docente sobre Educación Ambiental en el contexto educativo, se implementó durante el segundo cuatrimestre del curso 2022-23, concretamente, durante los meses de abril y mayo (Tabla 3). Para el desarrollo de las tareas en el aula universitaria, se empleó parte del tiempo de clase de la asignatura de Fundamentos de las Ciencias de la Naturaleza. Por otro lado, la temporalización del trabajo a realizar en el centro escolar, fue gestionado por los propios alumnos, en coordinación con los tutores de prácticas.

El proyecto requirió el trabajo autónomo del alumnado, tanto individual como grupal, fuera del horario de clases y prácticas, para la elaboración de las reflexiones finales.

Sesión	Fechas	Acciones desarrolladas
1	Tercera semana de abril	Presentación y explicación inicial de las tareas a realizar en el centro escolar: cuestionario/encuesta al tutor de prácticas. Resolución de dudas.
2	Tercera y cuarta de abril. Primera de mayo	Trabajo individual: Pase del cuestionario/encuesta al tutor de prácticas en el centro escolar y posterior registro en Forms.
3	Segunda y tercera semana de mayo	Trabajo grupal: Comparación de los resultados obtenidos en la entrevista estructurada de los tutores de prácticas del propio centro y la media del grupo clase. Trabajo individual: Redacción de reflexiones personales.
4	Última semana de mayo	Valoración final conjunta y Feedback de los profesores de la asignatura.

Tabla 3. Descripción de las sesiones dedicadas a la propuesta. Fuente: Elaboración propia, 2023.

4. RESULTADOS Y DISCUSIÓN

Los resultados obtenidos muestran que el 90 % de los docentes entrevistados considera importante o muy importante la Educación ambiental, aunque el 65 % considera que no está lo suficientemente presente en el currículo. En esta cuestión, habría una limitación en el dato ya que, al ser un año de transición entre LOMCE y LOMLOE, puede que los docentes se hayan referido a una u otra legislación indistintamente. Es interesante reseñar que este último porcentaje es significativamenbte menor al obtenido en cursos anteriores que fue del 80 % (Catret e Ivorra, en prensa).

Respecto a si consideran integrada la EA en su docencia, la mayoría (66 %) la considera poco integrada, incluso el 7 % de ellos no la lleva a cabo (Figura 2).

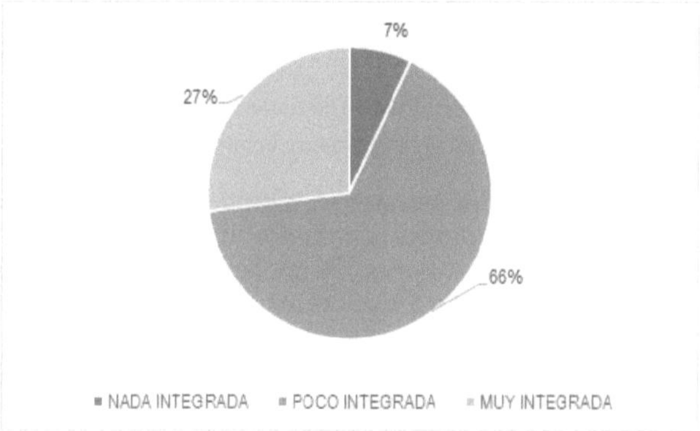

Figura 2. Respuestas obtenidas en la cuestión ¿Consideras integrada la EA en tu práctica docente? Fuente: Elaboración propia, 2023.

En las cuestiones que se les plantearon sobre la utilidad que concedían a diferentes estrategias metodológicas, los docentes entrevistados consideraron útiles todas ellas. Casi unánimemente consideraron que las más útiles son el Aprendizaje cooperativo y el contextualizado, seguido muy de cerca por las Técnicas de educación en valores, el uso de las ideas previas como punto de partida del proceso de enseñanza aprendizaje y la utilización del entorno del centro como recurso educativo. Igualmente, la mayoría de ellos considera útiles o muy útiles las Clases magistrales participativas, el *role-playing* sobre problemas medioambientales, las actividades de investigación, las Técnicas de confrontación de ideas y el Estudio de casos. Las estrategias menos valoradas por su utilidad fueron los mapas conceptuales o mentales y los juegos de ordenador (Figura 3).

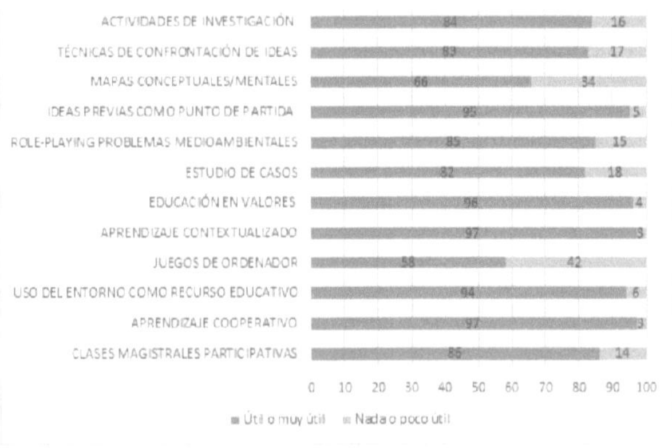

Figura 3. Valoración de la utilidad de distintas estrategias metodológicas para impulsar la EA en el aula. Fuente: Elaboración propia, 2023.

En cuanto a las cuestiones sobre las estrategias metodológicas que ellos mismos utilizan en su práctica docente, los resultados obtenidos muestran que las más habituales son las Técnicas de educación en valores. En menor medida, pero también utilizadas frecuentemente, por más del 50 % de los docentes, se sitúan el Aprendizaje cooperativo, el uso del entorno como recurso educativo y las ideas previas como punto de partida del proceso de enseñanza aprendizaje. En menor medida aparecen las Clases magistrales participativas, el aprendizaje contextualizado, las actividades de investigación y las Técnicas de confrontación de ideas. Por último, el *role-playing*, el estudio de casos, los mapas conceptuales o mentales y los juegos de ordenador son las menos utilizadas de forma habitual por los maestros participantes (Figura 4).

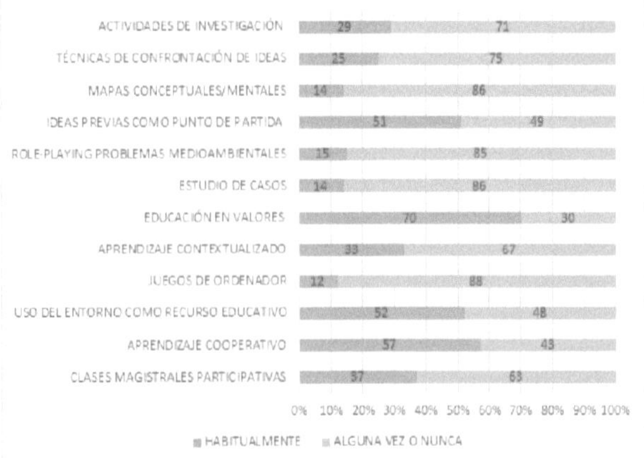

Figura 4. Uso de distintas estrategias metodológicas para impulsar la EA en el aula. Fuente: Elaboración propia, 2023.

La mayor coherencia entre valoración de la utilidad y uso se da en las técnicas de educación en valores. En general, se observa que todas las estrategias planteadas son valoradas como útiles o muy útiles, sin embargo, no se utilizan en la misma medida. Llama la atención la diferencia de más de 60 puntos porcentuales entre la utilidad teórica que atribuyen a las actividades de *role-playing*, estudio de casos y aprendizaje cooperativo. Hay una diferencia de entre 50 y 60 puntos en las de confrontación de ideas, actividades de investigación y mapas conceptuales. El resto de estrategias muestran una diferencia entorno a los 40 puntos (Figura 5).

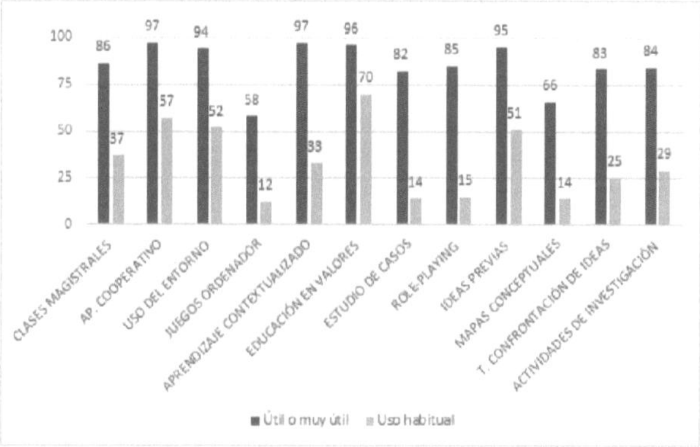

Figura 5. Comparación entre la utilidad teórica y el uso de distintas estrategias metodológicas para impulsar la EA en el aula. Fuente: Elaboración propia, 2023.

5. CONCLUSIONES

Se ha constatado la necesidad, en la actual situación de crisis socioambiental, de una Educación ambiental eficaz y orientada a la acción, que dé prioridad al desarrollo de valores, actitudes y conductas más que a la adquisición de conocimientos.

Se han conseguido desarrollar las competencias indagativas en el alumnado del PIMM mediante la realización de un estudio de campo en los centros de prácticas.

El alumnado participante ha tenido la oportunidad de profundizar en la naturaleza de la actual crisis medioambiental así como de la situación de la Educación ambiental en el ámbito educativo.

El alumnado participante ha mejorado su percepción acerca de la responsabilidad personal y profesional frente a los problemas que afectan en la actualidad al medio ambiente. Además, ha desarrollado las competencias transversales de tratamiento de la información, de comunicación verbal y escrita, de trabajo autónomo y cooperativo y mejorado su sentido crítico docente frente a las estrategias metodológicas de Educación ambiental.

Se ha comprobado que los docentes entrevistados tienen una clara conciencia sobre la necesidad actual de la Educación ambiental y de la utilidad de determinadas estrategias metodológicas. Sin embargo, esto no se corresponde completamente con sus prácticas habituales de aula.

Las estrategias más valoradas y utilizadas por los docentes son las Técnicas de educación en valores.

6. REFERENCIAS

Barba, M. (2019). Límites e indefiniciones de la educación ambiental, un debate permanente. *Revista de Educación Social, 28,* 9-31. https://eduso.net/res/wp-content/uploads/2020/06/ limites_res_28.pdf

Bautista-Cerro, M. J., Murga-Menoyo, M. A. y Novo, M. (2019). La Educación Ambiental (página en construcción, disculpen las molestias). *Revista de Educación Ambiental y Sostenibilidad, 1(1),* 1103. https://doi: 10.25267/Rev_educ_ambient_sostenibilidad.2019.v1.i1.1103

Bautista-Cerro, M. J., y Díaz González, M. J. (2017). La sostenibilidad en los grados universitarios: presencia y coherencia. *Teoría de la educación. Revista Interuniversitaria, 29* (1), 161-187. https://doi.org/10.14201/teoredu291161187

Benayas, J., y Marcén, C. (2019). *Hacia una Educación para la Sostenibilidad. 20 años después del Libro Blanco de la Educación Ambiental en España* (2ª ed.). Centro Nacional de Educación Ambiental (CENEAM). Organismo Autónomo de Parques Nacionales, Ministerio para la Transición Ecológica. https://shorturl.at/gxQ23

Castillo-Retamal, F., y Cordero-Tapia, F. (2019). La educación ambiental en la formación de profesores en Chile. *UCMaule,* (56), 9-28. https://doi.org/10.29035/ucmaule.56.9

Caride, J. A., y Meira, P. Á. (2020). La educación ambiental en los límites, o la necesidad cívica y pedagógica de respuestas a una civilización que colapsa. *Pedagogía Social. Revista Interuniversitaria*, 36, 21-34. https://doi.org/10.7179/PSRI_2020.36.01

Catret, M. e Ivorra, E., (2022). *Educación ambiental y prácticas sostenibles de aula en docentes de Educación Infantil y Primaria* [Manuscrito enviado para su publicación]

Cuello, A. C. (2003). Problemas ambientales y educación ambiental en la escuela. *Reflexiones sobre educación ambiental II: artículos publicados en la carpeta informativa del CENEAM 2000-2006* (91 Vol, pp. 91-113). CENEAM. Ministerio para la Transición Ecológica y el Reto Demográfico. https://n9.cl/ckcz3

Eslava-Zapata, R., Zambrano-Vivas, M., Chacón-Guerrero, E., González-Júnior, H., y Martínez-Nieto, A. (2018). Estrategias didácticas para la promoción de valores ambientales en la educación primaria. *Aibi revista de investigación, administración e ingeniería, 6 (2),* 62-69. https://doi.org/10.15649/2346030X.476

García, J., y Nando, J. (2000). *Estrategias Didácticas de Educación Ambiental.* Ediciones Aljibe.

Guevara-Herrero, I., Pérez-Martín, J. M, y Bravo-Torija, B. (2023) Impacto de los Objetivos de Desarrollo Sostenible en la investigación educativa sobre Educación Ambiental. *Revista Eureka sobre Enseñanza y Divulgación de las Ciencias, 20*(2), 250101-250117. doi:10.25267/Rev_Eureka_ ensen_divulg_cienc.2023.v20.i2.2501

Gutiérrez Bastida, J. M. (2019). *50 años de educación ambiental: un balance incompleto hacia la educación ecosocial en el antropoceno.* Centro Nacional de Educación Ambiental (CENEAM). Organismo Autónomo de Parques Nacionales, Ministerio para la Transición Ecológica. https://n9.cl/3ykg8

Marcelo Veliz, B. Y. (2022). Estrategias metodológicas en la educación ambiental. Estudio de caso de un docente de Ciencias Naturales de una institución educativa pública. *Educación, 31* (60), 217-234.

Martínez-Castillo, R. (2010). La importancia de la educación ambiental ante la problemática actual. *Revista Electrónica Educare, 14* (1), 97-111.

Ministerio de Medio Ambiente. (1999). *Libro Blanco de la Educación Ambiental en España*. Gobierno de España. https://n9.cl/x0jz

Ministerio para la Transición Ecológica y el reto Demográfico y Ministerio de Educación y Formación Profesional. (2021). Plan de Acción de Educación Ambiental para la Sostenibilidad (2021-2025). Gobierno de España. https://n9.cl/5ksq9

Perez-Martín, J.M., Esquivel-Martín, T., y Guevara-Herrero, I. (2022) *Educación ambiental de maestros para maestros*. Dykinson, 2022.

Pérez-Martín, J.M., y Bravo-Torija, B. (2018). Experiencias para una alfabetización científica que promueva la justicia ambiental en distintos niveles educativos. *Revista Internacional de Educación para la Justicia Social (RIEJS)* (7.1), 119-140. https://acortar.link/oiya0w

Sartori, G. (1998). *Homo videns. La sociedad teledirigida*. Taurus.

Yus, R. (1998). *Temas transversales: Hacia una nueva escuela*. Graó.

DE LA PREOCUPACIÓN A LA ACCIÓN: EL VOLUNTARIADO COMO IMPULSOR DE ACCIONES PROAMBIENTALES

Iker Jimeno[1], Josep Tur-Vives[1], José Javier Mañas-Navarro[1], Pablo Aznar-Crespo[1]

1. INTRODUCCIÓN

La preocupación por el medio ambiente representa uno de los principales temas del debate social en la actualidad. Instituciones públicas, empresas y sociedad civil han incorporado de forma progresiva criterios de sostenibilidad ambiental dentro de sus planes de actuación. De acuerdo con datos de la encuesta sobre valores, actitudes y conducta medioambiental de los españoles de la Fundación BBVA (2022), la sensibilidad ambiental de la población española se ha incrementado de manera progresiva en los últimos veinte años. En la actualidad, el nivel de interés de la población hacia los temas ambientales se sitúa en los 8,4 puntos sobre 10, mientras que en el año 2005 dicho interés se situaba en los 6,4 puntos. La emergencia ambiental derivada del cambio climático, la cual ha sido ampliamente reconocida por parte de las instituciones globales y del sector empresarial, representa un factor fundamental para explicar la progresiva sensibilización social de la población hacia la sostenibilidad medioambiental (Bord *et al.*, 2000; Skogen *et al.*, 2018).

A pesar de este auge de los valores ambientales, los discursos a favor del medio ambiente no siempre van acompañados de prácticas proambientales con alcance real sobre la sostenibilidad. Existe de hecho una robusta evidencia científica que demuestra la existencia de una brecha entre las preocupaciones y las conductas proambientales a distintos niveles (Said *et al.*, 2003; Esa, 2010; Ugulu *et al.*, 2013; Indriani *et al.*, 2019). Este fenómeno, conocido en la literatura especializada como gap ambiental, da cuenta de la existencia de barreras individuales, sociales, económicas y políticas que impiden la materialización de las preocupaciones y discursos en prácticas proambientales efectivas. Según datos de la Fundación BBVA (2022), tan solo el 16% de la población presenta un vínculo alto con acciones proambientales, mientras que una de cada tres personas afirma no haber estado nunca involucrada en ningún tipo de actuación a favor de la protección del medio ambiente. De acuerdo con datos de esta encuesta, únicamente el 8% de la población española es en la actualidad miembro activo de algún tipo de asociación u organización ambientalista, y tan solo el 18% ha participado alguna vez en alguna manifestación o concentración a favor del medio ambiente. Por último, llama especialmente la atención que, según datos de esta misma encuesta, la acción proambiental mayoritaria entre la ciudadanía sean las firmas en favor de alguna causa medioambiental realizadas mediante plataformas digitales.

1. Universidad de Alicante (España).

Estos datos evidencian de una forma empírica la brecha entre las preocupaciones ambientales, que se encuentran actualmente en niveles significativamente altos entre la población española, y las conductas a favor del medio ambiente, cuyo alcance poblacional se sitúa en niveles considerablemente bajos. Las principales causas que explican la inacción proambiental suelen ser de diversa índole. Es posible encontrar causas de carácter individual, como el déficit de información sobre las problemáticas ambientales o la falta de compromiso personal (Antronico *et al.*, 2020; Helm *et al.*, 2018), causas de índole social, como el fuerte arraigo de la sociedad de consumo o la escasa penetración de la sociedad civil en movimientos ambientalistas (Dalton, 2015; Dunlap y Brulle, 2015), causas de carácter económico, como los intereses establecidos en torno a sectores empresariales perjudiciales con el medio ambiente (Dienes, 2015), o causas de tipo político, como el negacionismo de la emergencia climática por parte de algunos partidos políticos o la laxitud de las regulaciones en materia de protección medioambiental (Nawrotzki, 2012; Forchtner, 2019).

En este contexto socioambiental parece cada vez más necesario diseñar estrategias innovadoras que permitan materializar la creciente sensibilidad ambiental en conductas proambientales que tengan alcance real sobre la sostenibilidad. No obstante, parece complicado configurar estrategias integrales que sean capaces de hacer frente al conjunto de barreras que obstaculizan la activación de la conducta proambiental, especialmente aquellas de carácter estructural que tienen su origen en la configuración misma del modelo de desarrollo (Lorenzoni *et al.*, 2007). Es por ello por lo que resulta interesante que las iniciativas que tengan como objetivo estimular la conducta proambiental centren su alcance sobre ámbitos de actuación específicos, a escala local, sobre los que tener un impacto directo (Semenza *et al.*, 2008).

2. OBJETIVOS

A partir de la identificación de estos retos y oportunidades, este trabajo afronta la siguiente pregunta de investigación: ¿Qué estrategias podrían incrementar la sensibilización medioambiental a fin de favorecer el desarrollo de conductas proambientales? Partiendo de esta pregunta, este trabajo tiene como objetivo proponer y analizar una iniciativa para fomentar la sensibilización y la conducta proambiental efectivas. Esta iniciativa se basa en la organización e implementación de un voluntariado medioambiental orientado al ámbito universitario. Así, a lo largo de este trabajo se muestran las características de esta propuesta, describiendo aspectos como el encaje social e institucional del voluntariado medioambiental, sus objetivos y el conjunto de actuaciones llevadas a cabo durante su puesta en funcionamiento. Asimismo, se ofrecen finalmente datos sobre el impacto de esta iniciativa sobre la sensibilidad y la conducta proambiental de sus participantes.

3. METODOLOGÍA

La metodología de esta investigación consta de dos partes principales. La primera parte se enfoca en el desarrollo de las actividades del voluntariado medioambiental de la Universidad de Alicante (UA). El objetivo central del voluntariado es lograr las tres metas planteadas: aumentar la sensibilidad medioambiental, fomentar el aprendizaje en este ámbito y promover conductas de vida sostenibles. Para ello, se han organizado actividades de sensibilización, como la celebración de jornadas de divulgación destinadas a generar conciencia y conocimiento sobre temas ambientales relevantes. A su vez, se han llevado a cabo talleres específicos sobre el cambio climático y otras temáticas medioambientales para proporcionar a los participantes herramientas y conocimientos prácticos. Por último, se han realizado actividades de intervención, como la limpieza de entornos naturales, con el fin de fomentar la conservación y protección del medio ambiente de manera práctica y tangible. Adicionalmente, se ha desarrollado una labor divulgativa en las redes sociales (RRSS) con la intención de difundir información relacionada con el medio ambiente. El desarrollo detallado de todas estas actividades se encuentra minuciosamente descrito en el epígrafe "Descripción de la propuesta".

En segundo lugar, se ha llevado a cabo una encuesta en línea, autocumplimentada mediante Google Forms, dirigida a los 30 participantes del voluntariado medioambiental de la Universidad. El objetivo de esta encuesta ha sido evaluar el impacto que las actividades proambientales han tenido en los participantes. El cuestionario se ha operativizado siguiendo las dimensiones principales conceptualizadas en la introducción, además de las de carácter sociodemográfico, tal y como se muestra en la siguiente estructura:

Dimensión 1: Sensibilización medioambiental

- Actitudes hacia el medio ambiente (Ítems 1-7)
- Opinión sobre la protección del medio ambiente (Ítems 8-10)

Dimensión 2: Conducta proambiental

- Acciones proambientales cotidianas (Ítems 16-26)
- Comportamientos de compra proambientales (Ítems 29-33)

Dimensión 3: Influencia y satisfacción del voluntariado

- Impacto del voluntariado en acciones proambientales cotidianas (Ítem 27)
- Disposición a participar en futuros proyectos de voluntariado (Ítem 28)
- Influencia del voluntariado en las acciones proambientales cotidianas y satisfacción personal (Ítem 34)

Los datos recopilados en esta investigación han sido analizados utilizando técnicas descriptivas. En el apartado 4.4 "Encuesta de evaluación", se presentarán los resultados más representativos mediante el uso de tablas y figuras, permitiendo una visualización clara y concisa de la evaluación.

4. DESCRIPCIÓN DE LA PROPUESTA: EL VOLUNTARIADO MEDIOAMBIENTAL COMO ESTRATEGIA PROAMBIENTAL

4.1. Encaje institucional

El programa de Voluntariado Medioambiental de la Universidad de Alicante (VAUA) se encuadra en el Plan de Voluntariado Contigo+ UA dependiente del Vicerrectorado de Igualdad, Inclusión y Responsabilidad Social. Este programa es el resultado del firme compromiso adquirido por la institución en materia de responsabilidad socioambiental. Como resultado de este compromiso, la institución tomó la decisión estratégica de abordar la problemática del plástico en el campus universitario. El punto de partida de esta estrategia fue la elaboración del informe *Hacia una gestión sostenible de los plásticos en la Universidad de Alicante. Diagnóstico y propuestas de actuación* (Aledo *et al.*, 2018), documento que sirvió de guía para la puesta en marcha de la iniciativa *Plástico.0*, destinada a la eliminación del plástico en el campus. En el citado informe se plantea una batería de

25 medidas destinadas a la reducción del consumo de plástico y a la mejorar la gestión socioambiental de la institución educativa, favoreciendo su posicionamiento como una universidad referente en materia de sostenibilidad.

Entre estas medidas, destaca la nº25 que señala la recomendación de "establecer un programa de voluntariado para llevar acciones encaminadas a la reducción de residuos y aumento de la sostenibilidad del Campus" (Aledo *et al.*, 2018, p. 29) con el objetivo de mejorar la implicación de la comunidad universitaria en este ámbito. Paralelamente al desarrollo de la estrategia de eliminación de plásticos, se puso en marcha el I Plan de Responsabilidad Social de la Universidad de Alicante (2018-2020). Este documento también señala la idoneidad de desarrollar un programa de voluntariado de índole medioambiental. Concretamente, el Objetivo 4 establece la creación de "un programa de voluntariado para llevar a cabo acciones encaminadas a la reducción de residuos y aumento de la sostenibilidad del Campus" (Universidad de Alicante, 2018, p. 113). Así pues, la creación del programa Voluntariado Medioambiental de la Universidad de Alicante es la materialización de un compromiso socioambiental por parte de la institución universitaria en la búsqueda de un campus más sostenible y una comunidad más sensibilizada con el medio ambiente.

El citado programa comienza su andadura en el curso 2018/2019 y está dirigido al conjunto de la comunidad universitaria, es decir, a cualquier persona perteneciente a uno de los colectivos universitarios (Estudiante, PDI, PAS y Alumni). El método de inscripción es un trámite sencillo que se realiza a través del perfil personal en la plataforma universitaria UACloud. Desde la coordinación del programa se lleva a cabo una labor de seguimiento y tutorización destinada a acompañar a los/as voluntarios/as con los objetivos de: a) facilitar el desempeño de sus labores; y b) llevar un control personalizado sobre su participación en el programa. Asimismo, la monitorización de los/as voluntarios/as permite llevar un registro de horas de participación que, a la finalización de cada curso, se conmutan por créditos ECTS (1 ECTS = 25 horas) hasta un máximo de 2 ECTS por persona y curso.

4.2. Objetivos del programa

Como se ha señalado, el VAUA nace con una doble vocación, sensibilizar e implicar a la comunidad universitaria en el ámbito medioambiental y contribuir a la mejora de la sostenibilidad en el campus universitario. Consecuentemente, se establecen tres objetivos troncales que vertebran el programa:

1) Aumentar la sensibilización medioambiental: se pretende fomentar la concienciación de la comunidad universitaria sobre el estado actual del medioambiente y sobre la necesidad de tomar medidas para su preservación.

2) Favorecer el aprendizaje en el área medioambiental: se busca incrementar el conocimiento sobre el proceso de generación de impactos medioambientales derivados del modelo actual de organización social, así como de las estrategias destinadas a su mitigación o eliminación.

3) Promover hábitos de vida sostenibles: se persigue generar comportamientos proambientales que favorezcan la coexistencia sostenible con el entorno, tanto en el ámbito universitario como en otras esferas (familiar, social, laboral, etc.).

Estos objetivos vehiculan el diseño de las acciones y actividades promovidas desde el VAUA. En esta línea, se establecen tres ámbitos de actuación que configuran el cronograma de actividades: Sensibilización, Formación e Intervención. Es preciso mencionar que, como se explicará más adelante, desde el voluntariado se promueve la colaboración con otras organizaciones e instituciones que comparten objetivos y metodologías de trabajo en el área medioambiental. En consecuencia, buena parte de las actividades promovidas desde VAUA se desarrollan en colaboración con otras organizaciones o instituciones.

4.3. Acciones y alcance

A continuación (figura 1) se detallan las actividades promovidas desde el voluntariado, el ámbito de actuación en la que se encuadran, así como las entidades colaboradoras:

Ámbitos de actuación	Número de actividades	Actividad	Entidades
Sensibilización	1	Celebración Día mundial del Voluntariado	VAUA
	2	Liga de debate sobre sostenibilidad	Ayuda en Acción
	3	Club de lectura*	Ayuda en Acción
	4	Sensibilización alumnado*	CIMAR
Formación	1	Ciclos Medioambientales (Consumo sostenible, movilidad y reciclaje)*	Concejalía de Juventud de San Vicente del Raspeig
	2	Taller sobre cambio climático	Ayuda en Acción
	3	Taller sobre migraciones climáticas	Ayuda en Acción
	4	Taller sobre ecofeminismo	Ayuda en Acción
	5	Taller sobre desinformación y activismo	Ayuda en Acción
Intervención	1	Reforestación	WWF
	2	Limpieza de residuos en montaña	Cruz Roja
	3	Limpieza de residuos playa*	Cruz Roja
	4	Limpieza de residuos costa	Altair
	5	Limpieza costa/playa Tabarca	Cruz Roja y Ayuda en Acción

Figura 1. Ámbitos de actuación, actividades y entidades. Fuente: elaboración propia.

Las actividades marcadas con un * se han realizado de manera recurrente a lo largo del curso.

Como puede observarse en la tabla 1, a excepción de la actividad "Celebración Día mundial del Voluntariado" en la que solamente participa el VAUA, el resto de actividades se realizan en colaboración con otras entidades. El calendario se ha situado entre los meses de noviembre de 2022 y mayo de 2023. El total de personas inscritas en el programa ha alcanzado la cifra de 103; sin embargo, la mayor parte de estas personas no ha participado en ninguna de las actividades realizadas. En este sentido, se ha registrado un grupo de 30 personas que han participado en al menos dos actividades y que, a ojos del voluntariado, se consideran las personas participantes en el programa. Además de las actividades detalladas en la tabla 1, destaca la labor de divulgación en RRSS realizada desde la coordinación del programa. A través de un perfil en Twitter y, fundamentalmente, mediante un perfil en Instagram, se desarrolla una función divulgativa sobre las actividades realizadas y, también, una labor de sensibilización medioambiental. Además, la actividad en RRSS favorece la interacción con otros actores implicados en la causa medioambiental y permite promocionar la actividad del programa llegando a potenciales participantes en el voluntariado. Tanto la colaboración con otras organizaciones y entidades como la labor realizada a través de RRSS contribuyen al establecimiento y fortalecimiento de redes de colaboración entre actores clave del área medioambiental en la provincia de Alicante. Estas redes, además de posicionar la institución como un actor central en este ámbito, ayudan a maximizar el impacto social y mediático de la actividad del voluntariado, promueven la participación de la ciudadanía y, por último, fortalece la experiencia y aprendizaje de las personas participantes.

4.4. Encuesta de evaluación

En el presente apartado se procederá a una descripción minuciosa de los resultados obtenidos a partir de la encuesta aplicada a participantes[2] de voluntariado medioambiental. Estos resultados son producto de la evaluación exhaustiva de las diferentes dimensiones que han articulado la encuesta: a) sensibilización medioambiental; b) conducta proambiental; y c) influencia y satisfacción del voluntariado.

Atendiendo al análisis de la sensibilización medioambiental, se ha solicitado a las personas encuestadas que indiquen su nivel de acuerdo o desacuerdo con una batería de afirmaciones (indicadores indirectos) diseñados para evaluar el grado de sensibilización medioambiental. Los resultados obtenidos señalan un alto grado de sensibilización de las personas participantes en el programa de voluntariado. Concretamente, en cinco de los siete indicadores utilizados, más del 80% de las respuestas obtenidas se vinculan con un nivel elevado de sensibilidad medioambiental. Siguiendo esta línea, se han planteado una serie de indicadores con el objetivo de valorar la opinión de las personas participantes respecto a la protección y conservación del medio ambiente. Como se puede observar en la figura 2, los encuestados han mostrado una opinión favorable respecto a la protección medioambiental.

2. De acuerdo con las variables sociodemográficas, cabe señalar que el 100% de los/las voluntarios/as pertenecen al colectivo de estudiantes, un 83,3% son mujeres y el 90% se sitúa por debajo de los treinta años de edad.

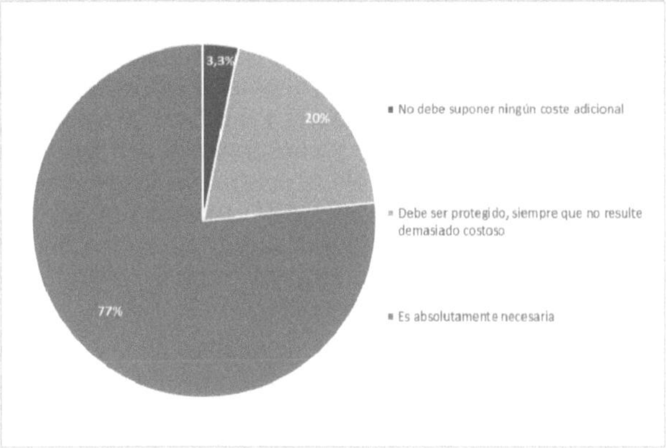

Figura 2. Esfuerzo en defensa y conservación del medio ambiente. Fuente: elaboración propia a partir de los datos de la encuesta.

Un 76,7% de los/as encuestados/as han indicado que la protección medioambiental es absolutamente necesaria, mientras que un 20% ha indicado que el medioambiente debe ser protegido siempre que no resulte demasiado costoso. Es reseñable que solamente un 3,3% de los encuestados ha precisado que el esfuerzo por la protección medioambiental no debe incurrir en gastos adicionales. Al mismo tiempo, al cruzar estos indicadores con la variable de posicionamiento ideológico se obtienen resultados significativos. A continuación, en la figura 3, se representan las medias de posicionamiento ideológico asociadas a cada una de las respuestas.

Esfuerzo de defensa y conservación del medio ambiente	No debe suponer ningún coste adicional	Debe ser protegido, siempre que no resulte demasiado costoso	La defensa y conservación del medio ambiente es absolutamente necesaria
Media ideología política (1 Izquierda - 10 derecha)	7,00	5,50	5,50

Figura 3: Esfuerzo de defensa y conservación del medio ambiente según la media ideológica política. Fuente: elaboración propia a partir de los datos de la encuesta.

Si atendemos a la media ideológica, observamos que las posturas menos comprometidas con la protección y conservación del medioambiente están vinculadas con posiciones ideológicas cercanas a la derecha política, mientras que las posturas más comprometidas son asociadas con posiciones ideológicas próximas a la izquierda.

Asimismo, cabe mencionar, que también se han detectado diferencias significativas en las respuestas obtenidas en función de la rama de conocimiento de la que proviene cada persona entrevistada. En este sentido, es necesario señalar que la rama de conocimiento que muestra una mayor afiliación por la defensa y conservación del medioambiente es la de ciencias naturales (88,2%), seguida de arte y humanidades (75%), ciencias sociales y jurídicas (57,1%) y, finalmente, ingeniería técnica y arquitectura (50%). Es preciso resaltar, que solo en el área de ciencias sociales y jurídicas se han registrado respuestas que señalan que los esfuerzos de defensa y conservación del medioambiente no deben incurrir en costes adicionales (14,3%). De acuerdo con estos resultados, y dado que la distribución por rama de conocimiento del voluntariado medioambiental no es equivalente con la del alumnado de la Universidad de Alicante (2020), se puede inferir que la proximidad temática al área medioambiental es un factor influyente en el grado de desarrollo de la sensibilización medioambiental.

Como se ha señalado, una de las dimensiones de análisis de la encuesta es la evaluación de la influencia del voluntariado en la sensibilización medioambiental. Atendiendo a los datos obtenidos, se puede relacionar el elevado grado de sensibilización medioambiental observado con la influencia de la participación en el programa de voluntariado. A continuación, se profundiza en esta relación a través del análisis de los indicadores utilizados para medir esta influencia (ver figura 4).

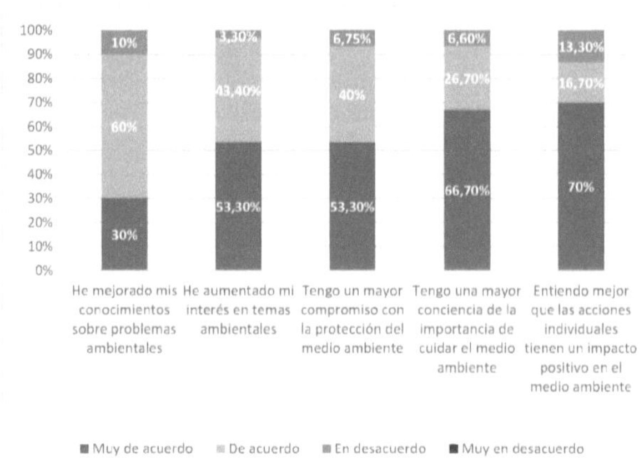

Figura 4. Cambios en la sensibilización medioambiental tras la participación en el voluntariado. Fuente: elaboración propia a partir de los datos de la encuesta.

Tal y como puede observarse en la figura 2, las personas participantes en el voluntariado medioambiental afirman que la experiencia en el programa ha tenido una influencia significativa en su sensibilización medioambiental. De hecho, los cinco indicadores utilizados registran respuestas afirmativas por encima del 85%. Además, es significativa la mejora manifestada al respecto de los conocimientos sobre problemas medioambientales tras la participación en el voluntariado (90%). Sin embargo, la influencia que ejerce la participación en el Programa de Voluntariado Medioambiental no se limita exclusivamente a la dimensión de la sensibilización, también alcanza el ámbito de la conducta. Es más, cerca de un 80% de las personas encuestadas afirman haber experimentado cambios en su conducta proambiental tras su paso por el voluntariado. En la figura 5 se evalúa esta influencia en una batería de acciones proambientales.

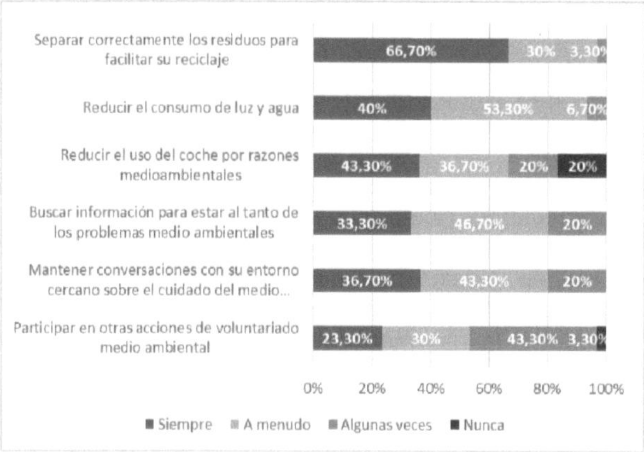

Figura 5. Cambios en la conducta proambiental tras la participación en el voluntariado. Fuente: elaboración propia a partir de los datos de la encuesta.

La mayoría de las personas encuestadas han señalado la influencia del voluntariado en distintos aspectos de su conducta, tales como: la separación de residuos para facilitar su reciclaje (96,7%); la reducción del consumo hídrico y eléctrico doméstico (93,3%); la reducción del uso del vehículo privado (80%); la búsqueda de información de índole medioambiental (80%); el diálogo con su entorno sobre la protección medioambiental (80%); y, en menor medida, la participación en otros programas de voluntariado medioambiental (53,3%). Como apunte final, es imprescindible señalar que el análisis de los indicadores aplicados ha confirmado el potencial y la eficacia del voluntariado medioambiental como una herramienta capaz de ejercer una influencia positiva sobre la sensibilización y la conducta proambiental de las personas participantes. Finalmente, el 100% de los/las encuestados/as se han mostrado favorables a seguir participando en actividades vinculadas al voluntariado, evidenciando su satisfacción con la herramienta y su predisposición a seguir desarrollando actitudes proambientales.

5. DISCUSIÓN Y CONCLUSIONES

Como se ha expuesto en la introducción del presente artículo, la preocupación medioambiental se sitúa como una de las temáticas centrales del debate social (Guo *et al.*, 2021). Del mismo modo, las instituciones públicas, el sector empresarial y la sociedad civil están incorporando tanto en su escala de valores como en el desarrollo de sus actividades principios de sostenibilidad ambiental (Barker *et al.*, 2012; Skogen *et al.*, 2019). Sin embargo, tal y como señala la literatura científica, se ha detectado una importante brecha entre el grado sensibilización medioambiental de la población y la asunción de conductas proambientales (Said *et al.*, 2003; Esa, 2010; Ugulu *et al.*, 2013; Indriani *et al.*, 2019). Mientras que los estudios señalan un buen grado de sensibilidad medioambiental de la sociedad española, los datos referidos a la conducta proambiental son significativamente bajos (Fundación BBVA, 2022). La existencia de este gap ambiental, la creciente preocupación por la sostenibilidad y el alcance de los impactos derivados de un contexto marcado por el cambio climático, señalan la necesidad de diseñar e implementar estrategias destinadas a favorecer el desarrollo de conductas proambientales en la ciudadanía (Calculli *et al.*, 2021).

En este sentido, tal y como se ha expuesto en el apartado 4.1, la Universidad de Alicante ha mostrado un importante compromiso tanto en la planificación medioambiental como en el desarrollo de medidas de intervención destinadas a mejorar la sostenibilidad del campus universitario. Entre las estrategias implementadas, se encuentra la puesta en marcha del Programa de Voluntariado Medioambiental, iniciativa señalada en el presente artículo como una potencial herramienta para el fomento de conductas proambientales entre la comunidad universitaria. Este programa de voluntariado se articula a partir de los objetivos de sensibilización, formación y fomento de hábitos sostenibles entre las personas participantes. El diseño de las acciones implementadas en el voluntariado se fundamenta en la transversalidad, dirigida a la asunción de actitudes proambientales por parte de la comunidad universitaria. Las actividades cobran sentido a partir de la interrelación entre sensibilización (por qué actuar), formación (cómo actuar) e intervención (en qué actuar). Este último ámbito, permite a las personas participantes experimentar de primera mano los impactos positivos generados por sus acciones en el entorno local. Además, la red de colaboración establecida con otras organizaciones e instituciones, así como la labor de comunicación y transferencia realizada desde las redes sociales, permiten maximizar el alcance de las acciones desarrolladas y extender el impacto de las mismas más allá del ámbito universitario. De este modo, el Programa de Voluntariado Medioambiental de la Universidad de Alicante se muestra como una herramienta adecuada para favorecer el aumento de la sensibilidad medioambiental y el desarrollo de conductas proambientales.

A fin de evaluar la validez de esta herramienta, y en consonancia con otros estudios que miden la sensibilidad medioambiental en instituciones educativas (Kaiser *et al.*, 2007; Abbas y Singh, 2014; Beiser-McGrath y Huber, 2018), se ha aplicado una encuesta a las personas participantes en el voluntariado medioambiental. De acuerdo con los resultados obtenidos, el 97% de las personas participantes en el voluntariado ha mostrado un elevado grado de sensibilización medioambiental. Además, un 85% ha señalado que su paso por el voluntariado ha influido en su sensibilización, mejorando aspectos clave de esta dimensión como el conocimiento sobre cuestiones medioambientales (90%) o el compromiso con la protección del medioambiente (93,3%). Del mismo modo, un importante porcentaje de los/las encuestados/as (80%) afirma que la participación en el programa también ha influenciado de manera directa en la generación de conductas proambientales en su vida cotidiana y, por último, el 100% ha señalado su predisposición a volver a participar en actividades del voluntariado. A tenor del análisis de estos resultados, por una parte, el voluntariado medioambiental tiene un efecto positivo tanto en la sensibilización como en las conductas proambientales de las personas participantes. Concretamente, este efecto se traduce en el refuerzo de estas actitudes y en su materialización en comportamientos con impacto positivo sobre el medio ambiente. Por otra parte, esta herramienta también ha demostrado su eficacia para afianzar la continuidad de estas actitudes y comportamientos en el tiempo, debido a la predisposición total de los/las voluntarios/as a volver a participar en actividades de esta índole.

Para concluir, es relevante señalar que el voluntariado medioambiental no sólo destaca por su eficacia en el incentivo y consolidación de sensibilización medioambiental y conductas proambientales. De acuerdo con el análisis realizado, podemos inferir el potencial del voluntariado para contribuir de manera directa a la mitigación de algunas de las principales causas que favorecen el gap ambiental. Particularmente, la herramienta puede ejercer una influencia destacable en causas de carácter individual como el déficit de información sobre las problemáticas ambientales o la falta de compromiso personal

(Antronico *et al.*, 2020; Helm *et al.*, 2018), así como en causas de carácter social como la escasa penetración de la sociedad civil en movimientos ambientalistas (Dalton, 2015; Dunlap y Brulle, 2015).

6. REFERENCIAS

Abbas, M. Y. y Singh, R. (2014). A survey of environmental awareness, attitude, and participation amongst university students: A case study. *International Journal of Science and Research, 3*(5), 1755-1760.

Aledo, A., Domínguez-Gómez, J. A. y Jimeno, I. (2018). *Hacia una gestión sostenible de los plásticos en la Universidad de Alicante. Diagnóstico y propuestas de actuación.* Universidad de Alicante.

Antronico, L., Coscarelli, R., De Pascale, F. y Di Matteo, D. (2020). Climate change and social perception: a case study in southern Italy. *Sustainability, 12*(17), 6985. https://doi.org/10.3390/su12176985

Barker, T., Anger, A., Chewpreecha, U. y Pollitt, H. (2012). A new economics approach to modelling policies to achieve global 2020 targets for climate stabilization. International *Review of Applied Economics, 26*(2), 205-221. https://doi.org/10.1080/02692171.2011.631901

Beiser-McGrath, L. F. y Huber, R. A. (2018). Assessing the relative importance of psychological and demographic factors for predicting climate and environmental attitudes. *Climatic change, 149*, 335-347. https://doi.org/10.1007/s10584-018-2260-9

Bord, R. J., O'connor, R. E. y Fisher, A. (2000). In what sense does the public need to understand global climate change? *Public understanding of science, 9*(3), 205-218. https://doi.org/10.1088/0963-6625/9/3/301

Calculli, C., D'Uggento, A. M., Labarile, A. y Ribecco, N. (2021). Evaluating people's awareness about climate changes and environmental issues: A case study. Journal of *Cleaner Production, 324*, 1-9. https://doi.org/10.1016/j.jclepro.2021.129244

Dalton, R. J. (2015). Waxing or waning? The changing patterns of environmental activism. *Environmental Politics, 24*(4), 530-552. https://doi.org/10.1080/09644016.2015.1023576

Dienes, C. (2015). Actions and intentions to pay for climate change mitigation: Environmental concern and the role of economic factors. *Ecological Economics, 109*, 122-129. https://doi.org/10.1016/j.ecolecon.2014.11.012

Dunlap, R. E. y Brulle, R. J. (2015). Climate change and society: Sociological perspectives. *Oxford University Press*. https://doi.org/10.1093/acprof:oso/9780199356102.001.0001

Esa, N. (2010). Environmental knowledge, attitude and practices of student teachers. International *Research in Geographical and Environmental Education, 19*(1), 39-50. https://doi.org/10.1080/10382040903545534

Forchtner, B. (2019). Climate change and the far right. *Wiley Interdisciplinary Reviews: Climate Change, 10*(5), e604, 1-11. https://doi.org/10.1002/wcc.604

Fundación BBVA. (2022). *Valores, actitudes y conducta medioambiental de los españoles.* Departamento de Estudios Sociales y opinión pública.

Guo, R., Li, Y., Shang, L., Feng, C. y Wang, X. (2021). Local farmer's perception and adaptive behavior toward climate change. *Journal of Cleaner Production, 287*, 125332, 1-9. https://doi.org/10.1016/j.jclepro.2020.125332

Helm, S. V., Pollitt, A., Barnett, M. A., Curran, M. A. y Craig, Z. R. (2018). Differentiating environmental concern in the context of psychological adaption to climate change. *Global Environmental Change, 48*, 158-167. https://doi.org/10.1016/j.gloenvcha.2017.11.012

Indriani, I. A. D., Rahayu, M. y Hadiwidjojo, D. (2019). The influence of environmental knowledge on green purchase intention the role of attitude as mediating variable. *International Journal of Multicultural and Multireligious Understanding, 6*(2), 627-635. https://doi.org/10.18415/ijmmu.v6i2.706

Kaiser, F. G., Oerke, B. y Bogner, F. X. (2007). Behavior-based environmental attitude: Development of an instrument for adolescents. *Journal of environmental psychology, 27*(3), 242-251. https://doi.org/10.1016/j.jenvp.2007.06.004

Lorenzoni, I., Nicholson-Cole, S. y Whitmarsh, L. (2007). Barriers perceived to engaging with climate change among the UK public and their policy implications. *Global environmental change, 17*(3-4), 445-459. https://doi.org/10.1016/j.gloenvcha.2007.01.004

Nawrotzki, R. J. (2012). The politics of environmental concern: A cross-national analysis. *Organization & Environment, 25*(3), 286-307. https://doi.org/10.1177/1086026612456535

Said, A. M., Paim, L. H. y Masud, J. (2003). Environmental concerns, knowledge and practices gap among Malaysian teachers. *International Journal of Sustainability in higher education, 4*(4), 305-313. https://doi.org/10.1108/14676370310497534

Semenza, J. C., Hall, D. E., Wilson, D. J., Bontempo, B. D., Sailor, D. J. y George, L. A. (2008). Public perception of climate change: voluntary mitigation and barriers to behavior change. *American journal of preventive medicine, 35*(5), 479-487. https://doi.org/10.1016/j.amepre.2008.08.020

Skogen, K., Helland, H. y Kaltenborn, B. (2018). Concern about climate change, biodiversity loss, habitat degradation and landscape change: Embedded in different packages of environmental concern? *Journal for Nature Conservation, 44*, 12-20. https://doi.org/10.1016/j.jnc.2018.06.001

Ugulu, I., Sahin, M., y Baslar, S. (2013). High school students' environmental attitude: Scale development and validation. *International Journal of Educational Sciences, 5*(4), 415-424. https://doi.org/10.1080/09751122.2013.11890103

Universidad de Alicante (2018). *I Plan de Responsabilidad Social de la Universidad de Alicante (2018-2020)*. Universidad de Alicante.

Universidad de Alicante (2020). *La UA en cifras*. Universidad de Alicante.

LA AGROECOLOGIA EN EL CONTEXTO NACIONAL COLOMBIANO: UNA APROXIMACIÓN POLITICA

Pablo Lleral Lara Calderón[1], José Vicente Portilla Martínez[1], Claudia Milena Gutiérrez Aza[1]

El presente texto nace en el marco de un proyecto Agroecológico de la Corporación Universitaria Minuto de Dios - UNIMINUTO, Rectoría Santanderes. Programa de Licenciatura en Ciencias Naturales y Educación Ambiental.

1. INTRODUCCIÓN

La agroecología en países como Perú están trazados en su planimetría económica, productiva y comercial. De la misma manera, Brasil avanza bajo el formato de microempresas familiares haciendo que se mantengan los patrones de sostenibilidad campesina. En el caso de Colombia, muchas de sus regiones tienen luchas importantes en contra de la minería y en sustitución de este tipo de economía local se han realizado proyectos para potencializar la agricultura ecológica como es el caso de Vetas –Santander. En este artículo, se presentarán las variadas perspectivas que existen en relación a la agroecología como son la sostenibilidad ambiental, la seguridad alimentaria, cambio climático, tecnología y el agro. Todas estas miradas serán actualizadas y permitirán dilucidar un panorama claro de lo que se ha estudiado en torno a este tema en el contexto nacional colombiano; buscando erigirse en un modesto aporte epistemológico en este campo de estudio.

2. OBJETIVOS

Como objetivo del estudio, se pretende mostrar la literatura existente y actualizada sobre agroecología, centrando la atención en el contexto nacional colombiano y en su dimensión regional específicamente en el Departamento de Santander. Esto se debe a la ausencia de manuscritos donde se analicen las fuentes bibliográficas o hemerográficas de forma compilada, lo que permitiría proporcionar a la nueva generación de agricultores una información pertinente que les permita trascender de una agricultura netamente tradicional, a otra con rasgos fuertes en la implementación de prácticas agroecológicas.

1. Corporación Universitaria Minuto de Dios -UNIMINUTO (Colombia)

3. METODOLOGÍA

En el plano metodológico, cabe señalar que se trata especialmente de una revisión bibliográfica y documental basada en varios criterios. En primer lugar, que los estudios tomados en consideración para su respectivo análisis no excedieran los cinco años de vigencia. Como segundo criterio, que los estudios fueran tomados en dos contextos: tanto a nivel nacional como a nivel regional o departamental. Por último, y como tercer criterio transversal, los documentos deben ser vinculados a experiencias agrícolas con visión de aplicación a nivel ecológico. Con ese contexto, cada apartado constituye aspectos de reflexión social, económica y política de la agroecología.

Para la revisión bibliográfica esperada, se consultaron destacados repositorios académicos como Google Scholar, Dialnet, Scielo y Redalyc, entre otros. Uno de los criterios de base para la exploración estuvo relacionado con artículos inherentes a la agroecología en el contexto colombiano, quedando exentos los estudios de otros espacios geográficos latinoamericanos y mundiales, con el propósito de presentar un compendio de documentos contextualizados con la dimensión agroecológica local. Así mismo, se contempló dentro de los criterios establecidos para la búsqueda, que los estudios fueran de actualidad, para asegurar el diseño de un manuscrito con una construcción analítica reciente y que sirva como elemento para la aproximación a una nueva política regional y/o nacional de agroecología.

En lo metodológico, se trata de una exploración documental reflexiva y crítica, caracterizada desde la dimensión temporal como una investigación cotransversal que analiza aspectos importantes de la ecología generados desde el agro colombiano. A partir del trabajo realizado, se explican las relaciones intersubjetivas desde el manejo de categorías de análisis basadas en los imaginarios sociales, culturales, económicos y políticos. Postura confirmada por McMillan y Schumacher (2005), quienes expresan que:

> *La investigación cualitativa es un proceso sistemático por medio del cual los investigadores recopilan y almacenan ordenadamente los datos obtenidos a partir de su trabajo y los someten a un ejercicio de pensamiento analítico sustentado por conceptos, teorías, y perspectivas explicativas en las dinámicas propias, en este caso particular, de la agricultura sostenible. Mientras tanto, el tipo de investigación puede llegar al análisis y descripción de los comportamientos sociales, colectivos e individuales, a las opiniones, las formas de pensamiento y sus propias percepciones relacionados con el tema de estudio. El investigador puede llegar a interpretar fenómenos sociales según los procesos identificados a partir de las fuentes bibliográficas abordadas. Los estudios cualitativos son primordiales para configurar una justa base teórica, proponer y aplicar normas, definir el avance de la práctica, llegar a la explicación de esos fenómenos y con ello a generar conductas pro ambientales. (p. 400)*

Lo expresado con anterioridad, permite deducir que en el contexto de la investigación cualitativa hay una amplia diversidad de perspectivas en cuanto a la forma como se puede analizar su propósito. Para el investigador, la realidad está constituida por múltiples situaciones que son objeto de estudio y, para el caso particular, pueden ser las prácticas agrícolas en su versión de afectación directa al espacio natural; o las diferentes actividades de mitigación para lograr una coexistencia armónica desde los principios básicos de la agroecología. Estos objetos de estudio son vistos como fenómenos sociales que representan la individualidad desde los colectivos y lo comunitario en sentido inverso como representación de la individualidad.

La investigación llevada a cabo en el espacio cualitativo puede catalogarse como una construcción social, que puede estar sujeta a evaluación o simple valoración para llegar a una posible resimbolización. En este orden de ideas, es posible reforzar esta postura a través de los aportes de McMillan y Schumacher (2005), quienes plantean la siguiente afirmación:

> *La investigación cualitativa se basa en un pensamiento constructivista que asume la realidad como una experiencia heterogénea, interactiva y socialmente compartida e interpretada por los individuos. Los investigadores cualitativos creen que la realidad es una "construcción social", es decir, que los individuos o grupos deducen o atribuyen significancia a situaciones concretas como, acontecimientos importantes, personas, procesos u objeto. (p. 401)*

4. DISCUSIÓN: PERSPECTIVA AGROECOLÓGICA EN EL CONTEXTO COLOMBIANO

En el año 2018, Ana María Castro Triana publicó el trabajo enunciado *Estudio sobre la repelencia y la atracción de la broca del café como herramienta para el manejo agroecológico en los cafetales colombianos.* El propósito general se sustentó en identificar una taxonomía de plantas que fueran atrayentes y repelentes de la broca del café (*Hypothenemus hampei*), para ayudar en el control de este insecto plaga en los cafetos. Por medio de un diseño agroecológico se evaluó la funcionalidad repelente y atrayente de una composición de varias especies de cafetos, realizando pruebas de olfato en laboratorio cerrado y la descripción química de los compuestos volátiles asociadas a su función, para plantear un diseño agroecológico con las plantaciones de café, basado en las interacciones funcionales de las plantas compañeras, arvenses o malezas, que fuesen atractivas para la broca con el fin de disminuir la frecuencia en el ataque de la plaga.

Se utilizó una metodología con enfoque cualitativo con un estudio de caso donde se planteó la inmersión de la diversidad funcional vegetal, como fuente agroecológica para el control de plagas, enfermedades y herbáceas.

En el trabajo de campo, se ejecutaron pruebas para verificar los efectos de las especies coexistentes con el cafeto sobre la broca, lo que llevó a que en la primera prueba se realizaran comparaciones de infestaciones entre cafetos acompañados de plantas que atrajeron o resistieron el ataque, con plantas de café sin arvenses, comparando la infestación entre una siembra de cafeto orgánico y una siembra de cafeto tradicional. En el siguiente proceso de comprobación, se crearon arreglos que combinaron los elementos de sujeción de las especies arvenses y en el último experimento evaluaron los efectos de plantas compañeras individuales seleccionadas en parcelas de café. Luego, propusieron un diseño agroecológico integral. Finalmente, concluyeron que no hubo un efecto de atracción de E. sonchifolia. No obstante, evidenciaron el efecto de atracción de una combinación de alcoholes aplicados constantemente en la caficultura para identificar la broca.

Las anteriores consideraciones revelan que la caficultura colombiana ha sido intervenida desde la experimentación científica en campo, para buscar alternativas que minimicen el daño causado por la broca, sin que esta genere mayores afectaciones en la calidad del grano y en consecuencia los ingresos de los caficultores y la calidad de vida de sus familias.

Desde otro punto analítico, el trabajo desarrollado por Juan Camilo Rojas y Luisa Fernanda Hoyos, durante el marco temporal del 2018 condujo a la publicación del manuscrito denominado: *La tierra en las manos: Motivaciones para la práxis agroecológica en el departamento de Antioquia*. Su derrotero estuvo dirigido a encontrar alternativas que por medio de la agroecología pudieran producir alimentos destinados al autoconsumo de manera más saludable y que a su vez se consolidara como una propuesta de mercadeo alternativo para promover el bienestar social y mejorar la calidad de vida de los pobladores de la región.

En su metodología, abordaron cinco unidades de producción agrícola localizadas en Antioquia, utilizando la herramienta Investigación, Acción Participativa–IAP buscaron conocer las causalidades que llevaron a los sembradores a la praxis ecológica y con ello sistematizar los elementos obtenidos en el trabajo de campo (conversaciones, observación, fotografías y diario de campo) para luego complementarla con la revisión documental que les permitió conocer conceptualizaciones empíricas.

En los hallazgos, se evidenció que la agroecología en sí misma no es un fin, sino que se conforma como un canal para alcanzar otros objetivos como el liderazgo femenino y estabilidad económica, lo que lleva a que la práctica agroecológica sea inclusiva. También se muestra que las mujeres campesinas son las que más se apropian de las prácticas limpias y agroecológicas en sus hogares puesto que los hombres están acostumbrados a una agricultura convencional. Sin embargo, también influye el rol de la mujer campesina y su conexión con la naturaleza, porque son ellas las que siempre quieren mantener sano a todo su núcleo familiar lo cual las lleva a ejecutar prácticas amigables con el medio ambiente, como son las huertas caseras que son el alimento y el sustento económico de muchos hogares.

La población estudiada optó por cambiar los agroquímicos que antes aplicaban a sus cultivos como supuestas prácticas responsables con el medio ambiente, debido a que se concienciaron de los riesgos que implicaba seguir ejecutando la agricultura convencional, puesto que interfería en la salud y su calidad de vida. Por ello, acudieron a otras alternativas de producción agroecológica que les brinda productos sanos y de calidad para su consumo y comercialización.

Los autores finalizan concluyendo que un ejemplo es el tipo de población escogida (campesinos) durante la investigación realizada, puesto que algunos de estos agricultores siguen aplicando la vieja técnica de quemar la vegetación de base o rastrojo sobre el lote intervenido para la posterior siembra, generando muerte a la fauna del suelo y erosión del mismo a largo plazo. Sin embargo, sí procuran hacer uso adecuado de los recursos naturales y se preocupan por su conservación.

En el año 2019, se escribió un capítulo de libro titulado *Ideas para el cambio hacia la sostenibilidad de la estructura agroalimentaria*. Sus autores Álvaro Acevedo Osorio, Jenny Paola Cruz Suárez y Julia Katherine Waeger, plantearon como objetivo general estudiar la empírea en el contexto agroecológico, para potenciar la agricultura familiar y local.

Como resultados de la búsqueda de información, se tiene que en varios espacios geográficos del mundo las familias han concretado el desarrollo de una praxis de siembra ecológicamente sostenible, basados en la intercalación de siembras nativas. Se demuestra que las iniciativas locales regidas por la tecnología pueden convertirse en un activo desde la mirada socio-ecológica. Se concluye que el diálogo político y académico sobre agricultura familiar surge repentinamente y está vinculado a las nuevas dinámicas de la ruralidad social, relacionados especialmente con el propósito de garantizar la seguridad alimentaria, las nuevas interacciones entre lo urbano y lo rural, los mercados locales, la agricultura sostenible y, en el caso particular de Colombia, con la búsqueda de la paz en tiempos del postconflicto.

El trabajo *Ecosistemas de Innovación local para fortalecer la agroecología en Colombia: El caso preliminar del Lab Campesino Tierra Libre* se publicó en el año 2019 por los autores Juan David Reina-Rozo y Julián Ortiz. El mismo, tuvo como objetivo general determinar las representaciones socio políticos aunado a la epistemología, las edificaciones y el contexto bionatural que impulsan procesos de creatividad en la comunidad. La metodología establecida fue bajo el enfoque cualitativo con un planteamiento práctico desde la investigación-acción a través de una serie de encuestas directas.

Además, se logra evidenciar que el método aplicado presenta una mirada de caracterización crítica que dé respuesta al por qué se utilizó el patrón de ecosistemas de creatividad local ejecutado por Hoffecker, el cual tiene como propósito principal actuar como herramienta de análisis para los procesos de investigación. En tal sentido, y debido a la degradación del suelo que se presenta actualmente a causa de factores como la erosión eólica, lluvias torrenciales, practicas inadecuadas de cultivo y el cambio climático aunado a recursos, involucrando practicas agroecológicas de actualidad y los saberes tradicionales para mejorar las condiciones de subsistencia en lo rural, con implicaciones políticas, economías y sociales.

La apreciación de esta profundización se accede a identificar y reconocer las alternativas y propósitos que deben asumir cada uno de los actores sociales para fomentar prácticas agroecológicas innovadoras en la provincia de Sumapaz, Cundinamarca. Se concluyó, además, que en los años la fundación Tierra Libre ha originado varias conexiones con las micro-sociedades, creando una matriz en varios municipios de esta provincia y aprovechando la presencia de las diferentes estructuras sociales, para generar una mejor administración de productos con la integración de un grupo más amplio de labradores de la tierra.

En tal sentido, Lab Campesino debe sistematizar e implementar los emprendimientos con el fin de generar el diseño de un ecosistema comunitario con las micro-sociedades campesinas del área rural de Sumapaz. El rol del Lab Campesino como un objetivo de Tierra Libre es el de transformarse en un medio digital para generar emprendimientos micro-sociales en el contexto de la ruralidad. Aperturando espacios con los sectores públicos, privados, las ONG y las organizaciones de base que apoyan la labor de Tierra Libre. Se concreta que la planimetría para el Lab Campesino debe volcarse a integrar a los actores por medio de dinámicas creativas y colectivas, generando un contexto pertinente para ir evolucionando en paralelo con todos los actores.

También, la investigadora María José Pitta Paredes publicó en el año 2019 un estudio titulado *Agroecología Escolar: del huerto a el comedor, caso Fundación Viracocha (San Agustín, Colombia)*. El objetivo del estudio fue buscar la relación entre la producción de la huerta escolar y las minutas diarias suministradas a los alumnos del Centro Educativo Piloto Agroecológico a través del Programa de Alimentación Escolar de la Fundación Viracocha, como resultado del plan de agroecología escolar para garantizar la soberanía alimentaria. En el desarrollo metodológico, la investigación fue de carácter cualitativo y contó con la participación de 9 personas directamente involucradas con la creación de la fundación, los colaboradores en la manipulación de alimentos y habitantes de la finca vinculados durante el proceso de investigación.

Se logró concluir que el sistema de alimentación tiene varios aspectos de organicidad en lo inherente a la productividad y generación de residuos. En la conceptualización de agroecología escolar se tomaron en consideración los aspectos científicos, tecnológicos, socioeconómicos, culturales y políticos, correlacionados a tres líneas del espacio escolar: el huerto, la cocina y el comedor, considerando que el sistema alimentario escolar es posible de intervenir e interactúa con el contexto exogámico de la localidad.

Los investigadores Nelson Enrique Fonseca-Carreño, Juan David Salamanca-Merchán y Zulma Yesenia Vega-Baquero, publican en el año 2019 el trabajo titulado *La agricultura familiar agroecológica, una estrategia de desarrollo rural incluyente*. Entre los propósitos del trabajo investigativo se encuentran identificar los elementos adyacentes a la Agricultura Familiar Agroecológica (AFA) y su configuración teórica. En el marco de las conjeturas, se resalta el hecho de que la AFA ha sido un tema de interés, considerando que subsidia sus propios procesos, contribuyendo así al cuidado de la biodiversidad dentro de las líneas económicas, ecológicas, políticas, sociales y culturales. Así, entonces, el estudio muestra el desarrollo de una metodología de investigación con enfoque cualitativo.

Como resultado de la investigacion, se precisó que un elemento característico dentro del ámbito agroecológico es el social, considerando que los ciudadanos son los directos involucrados y beneficiarios de esta simbiosis. Es así como se configura la llamada AFA, la cual se define por la utilización principalmente de mano de obra familiar, fuentes renovables de energía disponibles en el entorno, recursos micro-sociales, el diseño y manejo agroecológico sin la participación de productos agroquímicos, para producir la mayor cantidad y calidad de alimentos e ingresos económicos para el desarrollo comunitario, fortaleciendo entre las presentes y futuras generaciones, la cultura agroecológica específica en su espacio natural.

Los investigadores Álvaro Acevedo Osorio, Jenny Paola Cruz Suárez y Julia Katharina Waeger, en el año 2019 publicaron un trabajo titulado *Ideas para la transición hacia la sostenibilidad del sistema agroalimentario: agricultura familiar, agroecología y nichos sociotécnicos*. Entre sus objetivos, se encuentran determinar los planteamientos relacionados con la Agricultura Familiar Agroecológica (AFA) y su base teórica que la soporta. Dentro de los hallazgos obtenidos, sobresale el hecho que la AFA ha sido un tema de interés particular para toda la población, considerando que subsidia el uso del suelo, su propia fertilidad y productividad, contribuyendo así a la protección de la biodiversidad dentro de las dimensiones social, económica, política, ecológica y cultural.

La definición de agricultura socio-familiar emerge cuando se identifica la polifuncionalidad de la agricultura en el ámbito sociocultural, político y ambiental, además del ámbito productivo, considerando que a través de la innovación se ha realizado el proceso de transición hacia la agroecología bajo diálogos entre lo político y lo ancestral. El estudio presenta una metodología de sistematización de experiencias en la que se realizaron algunos ejercicios rigurosos de consulta de documentación agrícola. Finalmente, se concluyó que el debate académico y político sobre la agricultura familiar es reciente puesto que enfatiza sobre la agricultura sostenible, para generar esa relación campo-ciudad que resalta el interés particular por garantizar la soberanía alimentaria en el país.

En este apartado, es conveniente también nombrar a Leónides Castellanos-González, José Saury Thomas-Manzano y Belcy Hernández Tabaco, quienes estudiaron el tema titulado *Caracterización del agua de riego en 90 fincas propuestas para 18 modelos agroecológicos en Norte de Santander, Colombia*. Esta investigación se presentó en el año 2020 y planteó tipificar el agua para estas fincas correspondientes a 6 municipios del Norte de Santander, bajo los lineamientos del proyecto *Plantar*, identificando su importancia para la futura validación de los patrones de producción en el contexto de la agroecología.

Con relación al método aplicado, se tomaron 180 muestras de las fuentes de agua para riego en el marco temporal de marzo hasta abril de 2018, dos por cada uno de los 90 predios inscritos en el proyecto *Plantar*. El análisis de laboratorio arrojó los siguientes resultados: (1) se evidenció la concentración de seis cationes y siete aniones de hierro, cobre, zinc y boro; y (2) se calculó la dureza total, el pH, la conductibilidad eléctrica y la relación de absorción de sodio. El estudio se centró en los municipios de Convención, Arboledas, La playa, La esperanza, y Mutiscua. En cada uno de ellos fueron seleccionadas

15 fincas para conformar tres modelos agroecológicos diferentes con el propósito de levantar un análisis estadístico descriptivo para todas las variables determinadas en las 30 muestras con variación espacial.

En el año 2020, el investigador Luis Alejandro Arias Rodríguez publicó su trabajo titulado *Evaluación agroecológica del uso y destino ambiental de plaguicidas en sistemas de producción de tomate en los departamentos de Boyacá y Santander, Colombia*. El propósito de este estudio fue diagnosticar los lineamientos de control fitosanitario más utilizados en la siembra tradicional de tomate, bajo dos modelos: uno a campo abierto y el otro en invernadero, con la integración de los cultivadores de los dos contextos de estudio.

En la metodología, se pone de manifiesto que en los dos espacios geográficos se aplicaron encuestas semiestructuradas y prosecución a fincas productoras de tomate.

Los desenlaces derivados de la investigación precisan la existencia de manejo excesivo de agroquímicos con 129 principios activos diferentes, aplicados a dos tendencias o destinos específicos: insecticidas para el control de plagas y fungicidas para el control especifico de enfermedades. Así mismo, se encontraron residuos químicos de 22 de esos plaguicidas en frutos, follaje y en superficie del suelo. Entre los más destacados en estas localidades, estuvieron el dimetomorf, metomilo y tiociclam. No hubo presencia identificada en aguas superficiales, ni sedimentos. En consecuencia, y para destacar, se superaron los umbrales máximos de residuos-LMR en frutos. En lo inherente a los actores, estos no captan claramente el riesgo generado con el manejo de estos productos y sus repercusiones para la salud de las personas y animales, por la exposición constante a estos productos derivada de su utilización.

La investigación precisó que, desde el enfoque ecológico, el escenario que se futuriza esta regentado por la contaminación y riesgo ambiental debido a la utilización indiscriminada de plaguicidas en series productivas tradicionales de tomate, lo que implica proponer estrategias para la mitigación de la utilización de estos productos y tender por la transición hacia series productivas netamente ecológicas. La siembra masiva de tomate en los departamentos de Santander y Boyacá, cuenta con unas características agroecológicas del suelo propicias para el desarrollo del cultivo, con algunas restricciones reflejadas en aspectos como la estructura y tipificación de los suelos o textura, que pueden ser tratados por los cultivadores, pero con posibilidades de mejora en lo relacionado con el rendimiento en la producción del cultivo de tomate, en lo extenso de cada lote a cielo abierto.

Los estudiosos Leidy Natalia Montoya Sepúlveda, Diana Cristina Ramírez Valencia, Ana Cecilia Ortiz Zapata, Luis Fernando Arias Loaiza, Claudia María Ocampo González y Gloria Elcy Echeverri Cataño, durante el año 2020 difundieron el producto académico enunciado *Acercamiento a la agroecología como mecanismo para el desarrollo micro social*, con el fin de caracterizar la envergadura que tiene la agroecología para el progreso social debido a que es un medio para motivar la transición orgánica de la producción.

En este manuscrito, se maneja un tipo de estudio descriptivo-analítico el cual se inclina al criterio de que los avances en materia de producción agroecológica identifican la presencia de herramientas epistemológicas y técnicas, que permiten desarrollar con mayor fuerza las actividades indispensables para crear un ascenso económico equilibrado, puesto que entonces se asegura la calidad de vida a partir del resguardo y preservación del ecosistema natural.

En cuanto a los preliminares del ejercicio de campo, se determinó que las acciones agroecológicas tanto en el orden global como local se dirigen a la necesidad de edificar intervenciones amigables con el medio natural, considerado que debe existir un equilibrio entre el evolucionismo económico y, a su vez, la preservación de la naturaleza para que se efectué un verdadero beneficio social en cada país. En temas inherentes a lo ambiental, las organizaciones, instituciones y fundaciones internacionales han planteado en la agenda retos y objetivos que contribuyen a que más instituciones del orden público o privado se unan, con el propósito de apoyar a las micro-sociedades en aras de conseguir un ambiente más sano y equilibrado que también favorezca el ámbito económico.

Durante el año 2021, se llevó a cabo una investigacion denominada *La agroecología; una alternativa para la crisis ambiental en Colombia*, a cargo de María Angélica Arias Naranjo y Nathaly Jiménez Reinales. La investigación tuvo como planteamiento descifrar los discursos que presentan varios mercados agroecológicos en Bogotá en relación al correcto trato del medio ambiente. Para dar respuesta a la interrogante principal de la investigación, ¿cómo el discurso y las acciones agroecológicas de los grupos DOSA (Directorio Orgánico Saludable y Artesanal), tierra Viva y La Canasta, ofrecen una explicación como respuesta a la crisis ambiental en Colombia?, utilizaron metodologías cualitativas como la observación y la entrevista semiestructurada, para explicar algunas relaciones entre la crisis ambiental y los procesos agroecológicos implementados en el momento. Mediante estos métodos, se pretendía mantener algunas premisas de las metodologías cualitativas, que buscan reconocer los efectos que tiene la presencia del investigador sobre las personas que investiga; también entender estos fenómenos de manera holística, tener un fuerte énfasis en la validez de la información obtenida y conocer procesos subjetivos.

El propósito de la investigación fue abordar tres proyectos con iniciativas agroecológicas para el fomento de alternativas sostenibles para el establecimiento y manejo del cultivo, cosecha y comercialización de sus productos. Estos proyectos son *El Directorio Orgánico Saludable y Artesanal – El DOSA*, fundado por María Fernanda Copete, una ingeniera de alimentos que decidió crear una plataforma que potencia los emprendimientos orgánicos, saludables y artesanales del país; el proyecto *Mercado Tierra Viva*, una iniciativa de Marianne Barbosa desarrollada hace cuatro años en la ciudad de Bogotá para compartir experiencias y comercializar los productos de los agricultores que necesitan un espacio para dialogar y conocer más a fondo el por qué es importante producir agroecológicamente en el país; y un tercer proyecto denominado *La Canasta* que es una tienda física ubicada cerca del Park Way en Bogotá, iniciativa creada por Francia Camelo, quien actúa como intermediaria de varios productores agroecológicos de Colombia y cuyo principal objetivo es ofrecer un espacio para que los campesinos logren comercializar sus productos ecológicos a precios realmente justos.

Los resultados obtenidos a partir de las entrevistas y el trabajo de campo, evidencian que se logró profundizar significativamente en la comprensión de la agroecología y en entender la manera en que los promotores de estas iniciativas definen la crisis. Lo proyectado con esta investigación es lograr entender la filosofía del buen vivir como una nueva categoría social que analiza un tipo de prácticas que procuran por el cuidado del ambiente desde un franco dialogo de saberes tradicionales y ahora cotidianos. Por lo tanto, se concluyó que tanto los países desarrollados como aquellos en vía de progreso tienen los mismos desafíos en relación con su entorno natural y social, porque se necesita con urgencia responder a través de lógicas solidarias y de forma colectiva la crisis ambiental que vive el planeta.

Desde la agroecología, se ofrecen varias alternativas para afrontar la crisis ambiental. De un lado, el desarrollo de sistemas de agricultura sostenibles que favorezcan la conservación de los recursos en los territorios y, de otro, promover la diversidad y rotación de cultivos garantizando una mayor oferta de productos. De igual manera, se invita a reflexionar sobre la posición que debe asumirse frente a las prácticas de consumo responsable con el medio ambiente. Finalmente, la agroecología en Colombia convoca a resignificar y promover buenas prácticas para la producción de alimentos en comunidades rurales, pero también invita a facilitar el intercambio de conocimiento científico y de saberes populares para refuerzo del ejercicio político y organizacional, proponiendo alternativas que mejoren las condiciones medioambientales del territorio.

La autora Karen Melisa Leal Molina, en el marco temporal del 2021, desarrolló el estudio enunciado *Sistemas Agroecológicos y adaptación como mecanismo de adaptabilidad al cambio climático: el objetivo fue analizar la significancia en los ecosistemas de páramo en Colombia, referenciado desde la matriz contextual geográfica con el altiplano Cundiboyacense.* Se procedió a explorar en los significados de los sistemas agroecológicos. Sus planteamientos específicos estuvieron enfocados en sistematizar las principales políticas públicas que tocan el tema concerniente con las variaciones climáticas en ecosistemas de alta montaña.

Se abordó el tema de los agroecosistemas frente a los eventos climáticos adversos. Metodológicamente, el tipo de investigación fue descriptiva con enfoque cualitativo, permitiendo un acercamiento al sujeto de estudio. Se utilizó la técnica de la revisión bibliográfica a causa de la emergencia sanitaria del COVID 19 que limitó la recopilación de datos en campo. Se hizo un análisis de los contenidos abordados para responder al planteamiento del problema utilizando instrumentos o herramientas de investigación, como las fichas de seguimiento que permitieron identificar las fuentes a utilizar para redactar el escrito bajo el monitoreo de los documentos revisados.

La investigación se basó principalmente en los efectos adversos de las heladas en la agricultura tradicional del Altiplano Cundiboyacense a causa del cambio climático, fortaleciendo este aspecto la intención de proponer la agroecología como una estrategia de adaptación, entendiendo que el socio-ecosistema allí presente es la clave para generar un impacto positivo que garantice con seguridad la producción y/o productividad en los cultivos de la región.

Finalmente, se concluyó que las herramientas para el ordenamiento del territorio contienen vacíos en la propuesta de planes para la adaptación al cambio climático en áreas de páramo y, en este caso, para el Altiplano Cundiboyacense donde el gobierno no ha presentado soluciones favorables en respuesta a los eventos climáticos extremos que afectan los sistemas agrícolas, a los ganaderos y a las comunidades en general a comienzos de cada año, cuando precisamente se presentan fuertes alteraciones en la economía de la región a causa de las heladas. De esa manera, es posible corroborar que son pocos los estudios que se han realizado por parte de los entes de gobierno, para ayudar a comprender y mitigar las consecuencias del cambio climático en las zonas de páramo.

En el año 2021, el investigador Andrés Felipe Páez Barahona, presenta el trabajo titulado *Agroecología urbana frente al cambio climático. Aporte al ordenamiento territorial agroecológico en las ciudades.* Los objetivos de la investigación se proyectan desde el ordenamiento agroecológico como una alternativa para seccionar los espacios urbanos a partir de su estructura territorial, basados en la ilación de las relaciones de poder en torno a los procesos de abastecimiento agroalimentario y cómo estos desarrollan transformaciones culturales en la urbe; haciendo aportes significativos para elaborar planes de acción escalables para mitigar las afectaciones ambientales a nivel global.

El tipo de investigación es analítica y el enfoque es cualitativo, donde la agroecología contribuye a la discusión de alternativas, acción permanente y transformación de los territorios, consolidando opciones productivas y organizativas como nuevas formas de relacionamiento entre las personas en estos tiempos de cambio.

Como resultado, se tiene que el ciclo de abastecimiento agroalimentario permite integrar los sistemas rural y urbano en una misma estructura generativa, considerando la cultura de seguridad alimentaria como la integración de complejas relaciones que van desde la soberanía, la autonomía en los territorios y la resignificación de saberes ancestrales, hasta la resignificación de la ciudad como elemento de progreso.

También se logró determinar que es de gran significancia aportar a los debates institucionales para la consolidación de políticas, programas y proyectos encaminados al cumplimiento de la ley, permitiendo también que contribuyan a la evolución permanente del agro y a la búsqueda de una sociedad más sana desde el pensamiento y desde el buen trato a su propio cuerpo, a partir de todas las bondades que genera el campo y en un contexto más amplio, el mundo natural que nos rodea.

5. CONCLUSIONES

En términos conclusivos, se puede afirmar que la agroecología es una alternativa tangible para cubrir los retos de la agenda regional, nacional e internacional del país, basada en que haya hambre cero y desnutrición cero. Para ello, es importante que se vayan replicando experiencias agroecológicas de interés en aras de producir una transición cultural en los modos de siembra, manejo, cosecha, comercialización, distribución y consumo de productos entre los ciudadanos. Intenciones que pueden llegar a tener interesantes repercusiones en lo económico y social, a partir de la participación activa de los diferentes actores sociales: el gobierno, la empresa privada, la academia y la comunidad, para contribuir a la solución de problemáticas medioambientales.

Una de las practicas más significativas se encuentra en los departamentos de Antioquia y Santander, con el incremento del café orgánico, el cual tiene una gran receptividad a escala nacional y con grandes posibilidades para la exportación. En ese sentido, es necesario fortalecer la cultura de consumo en el mercado nacional procurando con ello disminuir la huella de carbono, potenciándose, de este modo, los mercados locales para que promuevan una postura asertiva de consumo y de no afectación del medioambiente en ninguna de sus dinámicas operativas.

Es esencial el trabajo de laboratorio como eje transversal para fortalecer las investigaciones sobre plagas y enfermedades, que puedan poner en riesgo las plantaciones de café orgánico y de esa manera tomar decisiones preventivas o de intervención para resguardar la producción; desarrollando protocolos universales de atención y generando herramientas científicas para todos los productores en el campo de la agroecología, como elemento incuestionable en el marco del respeto por los agricultores, los consumidores, por las reservas naturales y por la coexistencia favorable de los diferentes cultivos.

La agroecología debe hacer parte de una cultura de respeto y de cuidado de los recursos naturales en términos de sostenibilidad, mitigación del daño, recuperación, manejo y preservación de estos en el tiempo; tratando de fortalecer los propósitos de la ecociudadanía y de la ecosofía como disciplinas enfocadas en la identificación de problemáticas medioambientales presentes en el entorno próximo y en la búsqueda de soluciones favorables para garantizar un mejor coexistir entre las presentes y futuras generaciones.

6. REFERENCIAS

Acevedo Osorio, A., Cruz Suárez, J. P. y Waeger, J. K. (2019). Ideas para la transición hacia la sostenibilidad del sistema agroalimentario: agricultura familiar, agroecología y nichos sociotécnicos. En A. Acevedo-Osorio y N. Jiménez-Reinales (Comps.), *Agroecología. Experiencias comunitarias para la Agricultura Familiar en Colombia* (pp. 13-34). Corporación Universitaria Minuto de Dios-UNIMINUTO, Editorial Universidad del Rosario. https://www.researchgate.net/publication/354844357

Arias Naranjo, M. A. y Jiménez Reinales, N. (2021). La agroecología: una alternativa a la crisis ambiental en Colombia. *Revista Internacional de Ciencias Sociales Interdisciplinares, 10*(1), 49-64. https://cgscholar.com/bookstore/works/la-agroecologia

Arias Rodríguez, L. A. (2020). Evaluación agroecológica del uso y destino ambiental de plaguicidas en sistemas de producción de tomate de Boyacá y Santander en Colombia. [Tesis Doctoral, Universidad Nacional de Colombia]. Repositorio institucional Universidad Nacional de Colombia. https://repositorio.unal.edu.co/handle/unal/77882

Castellanos-González, L., Thomas-Manzano, J. S. y Hernández Tabaco, B. (2020). Caracterización del agua de riego en 90 fincas propuestas para 18 modelos agroecológicos en Norte de Santander, Colombia. *Inge Cuc, 16*(2). https://revistascientificas.cuc.edu.co/ingecuc/article/view/2841/2845

Castro Triana, A. M. (2018). *Estudio sobre la repelencia y la atracción en la broca del café como herramienta para el manejo agroecológico en los cafetales colombianos.* [Tesis doctoral, Universidad de Antioquia]. Repositorio institucional Universidad de Antioquia. https://bibliotecadigital.udea.edu.co/handle/10495/9724

Fonseca-Carreño, N. E., Salamanca-Merchan, J. D. y Vega-Baquero, Z. Y. (2019). La agricultura familiar agroecológica, una estrategia de desarrollo rural incluyente. Una revisión. *Temas agrarios, 24*(2), 96-107. https://dialnet.unirioja.es/servlet/articulo?codigo=7537907

Leal Molina, K. M. (2021). *Sistemas agroecológicos y adaptación como estrategia de adaptación al cambio climático: Análisis de su importancia en los ecosistemas de páramo en Colombia, tomando como objeto de estudio el altiplano cundiboyacense.* [Trabajo Final, Universidad de Antioquia]. Repositorio institucional Universidad de Antioquia. https://n9.cl/ipbja

McMillan, J. H. y Schumacher, S. (2005). *Investigación educativa*. Pearson Educación.

Montoya Sepúlveda, L. N., Ramírez Valencia, D. C., Ortiz Zapata, A. C., Arias Loaiza, L. F., Ocampo González, C. M. y Echeverri Cataño, G. E. (2020). Acercamiento a la agroecología como instrumento para el desarrollo social desde una perspectiva local. *Revista Universidad Católica de Oriente, 31*(46), 9-25. https://doi.org/10.47286/01211463.31

Páez Barahona, A. F. (2021). Agroecología urbana frente al cambio climático. Aporte al ordenamiento territorial agroecológico en las ciudades. *Revista Ciudades, Estados y Política, 7*(3), 35-50. https://revistas.unal.edu.co/index.php/revcep/article/view/82189/76907

Pitta Paredes, M. (2019). *Agroecología Escolar: del huerto a el comedor, caso Fundación Viracocha.* [Trabajo Fin de Grado, Universidad Nacional de Colombia]. Repositorio institucional Universidad Nacional de Colombia. https://n9.cl/b8ss2

Reina-Rozo, J. y Ortiz, J. (2019). Ecosistemas de Innovación Local para Fortalecer la Agroecología en Colombia: El Caso Preliminar del Lab Campesino de Tierra Libre. *Social Innovations Journal,* (53). https://tinyurl.com/bdh66nzw

Rojas, J. C. y Hoyos, L. F. (2018). Con la tierra en las manos: Motivaciones de la práctica agroecológica en el Oriente Antioqueño. *Revista Kavilando, 10*(1), 196-210. http://kavilando.org/revista/index.php/kavilando/article/view/249

ELEMENTOS PARA FORTALECER LA CULTURA EN HÁBITOS DEL CUIDADO DEL MEDIO AMBIENTE EN UN RECINTO UNIVERSITARIO

Yolanda López Lara[1], *Mario Humberto Rojo Flores*[1]

1. INTRODUCCIÓN

En la actualidad, la problemática ambiental que se vive en nuestra sociedad a nivel nacional e internacional es producto de las decisiones del hombre en aras del progreso y el desarrollo que ha logrado a costa de la destrucción de grandes cantidades de tierras en la mayor parte del mundo. Por un lado, el agotamiento del ambiente y deterioro de los recursos naturales y por el otro, la contaminación de los ecosistemas, lo cual se convierte en cambios dramáticos en el sistema climático y en la reducción de la biodiversidad. Por ello, cobra importancia conocer cuáles son los hábitos de protección al medio ambiente que los estudiantes de todos los niveles educativos practican, en especial, los alumnos de la Facultad de Ciencias de la Comunicación (FCC), y determinar qué elementos deberían considerarse para la realización de estrategias de comunicación organizacional que induzcan al fortalecimiento de una cultura sobre el cuidado del contexto donde se encuentra la infraestructura de la dependencia. Acciones favorables que pudieran practicar los estudiantes y docentes en la reserva geográfica, ubicada en las faldas de los cerros, lugar donde se encuentra nuestra facultad y sus derredores. Por lo tanto, se desea conocer cuáles son las conductas ecológicas que los estudiantes de la FCC, ya practican en los ámbitos académico y social.

2. OBJETIVOS

El objetivo general que guia el estudio es determinar elementos que conlleven a desarrolar estrategias de comunicación organizacional, que persuadan a la comunidad académica a realizar conductas ecológicas de mayor relevancia como apoyo al ambiente. Como objetivos específicos se desea indagar los hábitos ecológicos que los estudiantes de la facultad ya practican ; asi como determinar el tipo de reciclado y artículos específicos en los que se ocupan, por último, especificar qué programas de concientización se llevan a cabo por parte de la facultad.

El estudio que se desea realizar se justifica porque aportaría datos para obtener un diagnóstico sobre los hábitos ecológicos que practican los estudiantes de la FCC para después crear un plan de acción con programas que ayuden a fortalecer la conducta de

1. Universidad Autónoma de Nuevo León y Facultad de Ciencias de la Comunicación (México)

los alumnos sobre el cuidado del ambiente dentro del campus de la facultad y tambien en su convivneica social. La relevancia social del estudio será el desarrollo de un programa que no solo difunda los valores de una conducta comprometida y responsable de cuidado al ambiente, en un mediano plazo, además de las implicaciones prácticas para establecer el fomento de hábitos que tiendan a crear una cultura ecológica en los estudiantes de la FCC. El estudio no aportaría nuevas teorías, sino que se apoya en las ya existentes de autores e investigadores ya comprobadas. Se considera que la trascendencia del estudio es que puede ser base para otras líneas de investigación sobre temas realcionados con comunicación, ecología, cultura organizacional y relaciones públicas intrnas, entre otras existentes.

3. METODOLOGÍA

El estudio de investigación tiene un alcance descriptivo porque busca especificar las propiedades, las características y los aspectos importantes del fenómeno que se somete al análisis. (Gómez, 2006). El diseño de la investigación corresponde al no experimental transeccional descriptivo, porque es un tipo e investigación que tiene como objetivo indagar la incidencia una o más variables. Consiste en medir un grupo de personas u objetivos una o generalmente más variables y proporcionar su descripción, son estudios indagatorios puramente descriptivos que, cuando establecen hipótesis, estas son también descriptivos (Ortiz, F. 2003).

La premisa del estudio expresa: determinar los elementos que conformarán las estrategias para fortalecer la cultura rspecto a los hábitos de los estudiantes de la FCC sobre el cuidado del medio ambiente. El universo de la población es de 3200 sujetos, y la muestra de 147, la tipología de la misma es aleatoria simple, porque es una técnica de muestreo probabilístico, en la que todos los elementos de la población tienen la misma probabilidad de ser escogidos para la muestra (Sampieri et alt, 2014:175).

La selección de la muestra se conforma por estudiantes activos de la facultad. Que cursen cualquier nivel de los programas académicos (N° 100 y 401), y cuyo rango de edad sea entre los 17a 23 años de edad y que estudie en cualquiera de los tres turnos (matutino, vespertino y nocturno) en el campus de la Dependencia.

La selección de tecnicas de recolección de datos, estará compuesta por: una encuesta de construcción propia, como un sistema de preguntas racionales, ordenar en forma coherente, respecto de una o más variables que se van a medir (Chasteauneuf, 2009), debe ser congruente con el planteamiento del problema e hipótesis (Brace, 2013), autores mencionados por Hernández et alt, 2014:21).

La constucción estaría conformada por 12 categorías de análisis, por lo tanto, las categorías seleccionadas que sustentan el estudio, se describen a continuación: a) Reciclar, b) educación ambiental, c) consumo de enrgía electrica en las aulas, d) Conciencia ambiental, e) programas ecologicos dirigidos a la conservación del buen ambiente, f) grupos ecológicos g) Comprensión del ambiente, h) Valores sociales/univeristarios i) Sentido de respoinsabilidad, j) Atención a los problemas ambientales de la facultad, k) ideas para proteger el ambiente, l) gobernanza que en la (tabla 1), se describen a continuación :

Categorías	Subcategorías	Definicion
1).- Reciclar	-Papel -Vidrio -Aluminio -Agua	1.El reciclaje es un componente clave en la reducción de desechos contemporáneos y es el tercer componente de las 4R ("Reducir, Reutilizar, Reciclar, Recuperar"). Los materiales reciclables incluyen varios tipos de vidrio, papel, metal, plástico, telas y componentes electrónicos.
2).- Educación ambiental	Nivel de primaria Nivel de secundaria Nivel medio superior Nivel superior	Proceso de formación educativa que permite la toma de conciencia de la importancia del medio ambiente por medio de asignaturas y actividades escolares.
3).- Consumo de energía eléctrica en las aulas.	iluminación de aulas y edificios, equipo tecnológico (computadoras, pantallas, celulares) -equipo de climatización	Uso frecuente de energía electrica ubicada en toda la insfraestructura universitaria, utilizada por artículos como focos, computadoras, pizarrones electrónicos, celulares y equipo de climatización.
4).- Conciencia ambiental	Nivel de primaria Nivel de secundaria Nivel medio superior Nivel superior	Formación filosófica y académica, relacionada en general y/o movimiento social en relación con la conservación del medio ambiente y la mejora de este
5).- Programas ecológicos de la facultad	Campañas sobre el cuidado ambiental -talleres ecológicos -eventos ecológicos	Eventos para la mejora del medio ambiente
6).- Grupos ecológicos	Grupos de alumnos Grupos de profesores Grupos de personal Administrativo Grupos de personal de intendencia y de seguridad	Grupos conformados por diferentes categorías y niveles de la estructura organizacional de una dependencia educativa
7) .- Comprensión del ambiente	El contexto natural que rodea la infraestructura de la facultad	Proceso de creación mental, que le da un significado de interpretación a una cosa o situación
8)..-Valores sociales/ universitarios	Solidaridad, respeto, responsabilidad, compromiso	Guias de conducta hacia el bien comun
9).- Sentido de responsabilidad	Flora y fauna silvestre, áreas comunes, limpieza, agua	Valoración positiva o negativa sobre el impacto ecológico, daño

10).- Atención a los problemas ambientales de la FCC	Envases de pet Envases de vidrio Desperdicios de comida Limpieza áreas comunes	Cualquier sitaución, hecho o evento en contra del entorno natural
11).- Ideas para proteger el ambiente	Inventario de plantas y arboles, Reciclado, limpieza áreas comunes Cuidado del agua Cuidado de flora y fauna	Pregunta abierta para obtener datos, ideas, proyectos por parte de los encuestados
12).- Gobernanza	Autoridades eductivas de primer nivel, Comisiones Reglamentos	regulaciones para la corrección y prevención de formas de actuar indeseables ante el medio ambiente por personal de la universidad y externos

Tabla 1. Categorías de análisis. Fuente: elaboración propia

Continuando con las técnicas de recolección de datos, se conempla aplicar un focus group, cuyo método de recolección de datos, la cual consiste en la reunión de pequeños grupos de debate conducidos por uno o más moderadores centrados en un tema que se quiere indagar en profundidad, en uno o varios temas. (Hernández et alt 2014:408).

Asimismo, la revisión de documentos institucionales, cuyo cuerpo de contenidos se contempla dentro del marco jurídico de la UANL y en específico de la FCC. Por último, la técnica de consulta de fuentes virtuales Esta técnica de investigación se refiere a la utilización de internet, la cual es un sistema global de redes de información con el fin de facilitar la búsqueda de cualquier tipo de información.

4. DESARROLLO DE LA INVESTIGACIÓN

4.1. Teoría de Sistemas

La Teoría General de Sistemas, comenzó a fines de la década de los sesenta y su cuerpo gnoseológico tuvo un gran impacto en el estudio de las organizaciones, logrando un alto grado de aceptación, que ha llegado a confundirse con la teoría moderna de la organización. Hoy en día es tomada en cuenta para realizar estudios organizacionales con un interés práctico o académico donde su aproximación sistemática por lo regular está presente. A mediados de la década de los sesenta, la Teoría de los Sistemas Abiertos elaborada por Ludwig von Bertalanffy es traído al ánimo del estudio organizacional por Katz y Kahn (1966). En general, esta perspectiva teórica considera la organización como un todo, en que la realización de los fines es solo una de varias importantes necesidades a las que está ordenada la organización. Según Buckley (1993:126-142), mencionado por Rodríguez, los sistemas organizacionales son abiertos interna y externamente. Esto implica que los intercambios que se producen entre las partes del sistema mismo, también se realizan con los intercambios entre el sistema y su entorno. (Rodríguez, 2006:46-47)

4.2. Comunición Organizacional

La forma como se entiende el proceso de la comunicación en las organizaciones ha ido evolucionando conforme los estilos de liderazgo de los directivos, la cultura de las organizaciones, el ambiente laboral, los efectos de la globalización y los cambios que hayan acontecido paulatinamente. Sin embargo, la meta organizacional es integrar a los empleados, las estrategias, y demás líderes de la empresa con la visión, así como tenerlos cimentados en una base firme que se denomina cultura y valores.

Debería preguntarse si estos elementos se encuentran alineados en la empresa de manera efectiva, o si se encuentran dispersos. Si se encuentran dispersos la función del comunicador es proponer las acciones necesarias para integrarlos, entonces, el comunicador estará en posición de lograr una mayor comprensión sobre la empresa y el reto será la forma en que debe catalizar un gran cúmulo de información en mensajes clave al personal, o bien en el caso de la comunicación institucional, a los medios especializados, a las autoridades gubernamentales o a cualquier otra audiencia (Rebeil, 2008: 47).

Dentro de las funciones de un departamento de Comunicación Organizacional, está el liderazgo de la gestión, para desarrollar planes de acción enfocados a fortalecer cualqueir área de oportunidad que haya en la identidad corpopratíva, la imagen, la reputación, la comunicación interna, la externa, el fortalecimiento de la cultura organizaciona, las relaciones públicas, la evaluación y la innovación, donde se aplica el proceso administrativo de: planeación, organización, direción y control, vinculado con las herramientas tecnológicas, que facilitan el desarrollo de los objetvos a coto, mediano y largo plazo ; sin faltar la aplicación del método cientifico para la obtención de resultados eficientes en beneficio de la organización y el alcance de sus metas. (Fincowsky, 2019).

4.3. Cultura Organizacional

Este termino tambien se aplica a las organizaciones, Griffin, et al, (2020), lo define como « un sistema de valores, normas y supuestos compartidos que guían las conductas y ctitudes de los miembros de una organizacipón »(p.526). La cultura de una organización es importante porque es la clave de expresión empresarial, es la expresión de prácticas y el grado de disponibilidad que tiene el personal hacia las conductas normativas de trabajo, funciones, procesos, interacciones formales e informales.

Horacio Andrade, describre en Fernández (2017), que la cultura organizacional se hizo más evidente su estudio en los años 90, despues cobró importancia y ya no solo se estudiaba en la académia, sino que su aplicación en las organizaciones cobró interes y aportó beneficios para ellas, definiendo y redefiniendo los elementos de la cultura y a evidenciarlos en conductas concretas y observables.

Su estudio tiene que ver con como con los valores y creencias compartidas, las personas que correspondian a un determinado grupo interpretaban la realidad y le daban significados de manera muy similar e ifluía en sus comportamientos... « Un sistema cultural es aquel que se integra por el conjunto de valores y creencias que comparten las peersonas que pertenecen a él y por las múltiples formas en que éstos se manifiestan » (p. 89).

Geert Hofstede, en Franklyn (1919), fundamenta que la cultura organizacional es como « la programación mental colectiva, que distingue a los miembros de una organización de otra »(p.119), Considera que la cultura está compuesta por las intrpretaciones de las actividades y hechos sociales de los individuos, porque las comparten en forma colectiva, por lo tanto, al momento que estos se vinculan e interactúan, reflejan una diferenciación de grupo social, organización o una empresa porque se evidencia el tipo de cultura a la que petenecen. Afirma que cada individuo dispone de un programa mental sostenible en el tiempo, al formar parte de ese programa mental, los individuos adoptan conductas similares ante situaciones o hechos similares, situación que propicia la creación de sistemas sociales ,(Franklyn, 1919). La cultura se manifiesta en múltiples formas, sinembargo, para las organizaciones, Andrade hace una dividión de cuatro categorías, las cuales se describen a continuación en la tabla (2),

Tipo de manifestación	Descripción
Manifestaciones simbólicas	Son todas las maneras en que se pretende explicar o representar objetiva o subjetivamente, al homnre, al mundo o lo suprasencible y a las relaciones que se generan entre ellos. La filosofía, la ciencia, el arte, el mito, y la religión se ubican en esta categoría.
Manifestaciones conductuales	Son las pautas de comportamiento y de interacción de los miembros del sistema cultural
Manifestaciones estructurales	Son aquellas que de una manera directa pretenden asegurar el cumplimineto de los objetivos del sistema cultural. Incluyen el marco normativo, lasrelaciones de producción, la estructurta del poder , las formas de operación, las formas de operación y la estructura social, entre otros elementos.
Manifestaciones materiales	Comprenden todos los recursos ecomómicos, físicos, y tecnológicos necesarios para la productividad y el bienestar de los miembros del sistema cultural.

Tabla 2. Manifestaciones culturales. Fuente: elaboración propia, basada en los fundamentos de Horacio Andrade, mencionado en Fernández (2017, p. 89)

4.4. Problemática ambiental

En general, todos los seres vivos producen adecuaciones específicas en el hábitat en que se desarrolla, y aquellos que poseen la capacidad de modificarlo a sus necesidades lo hacen buscando que su sociedad se desenvuelva de una forma óptima. A diferencia de los ejemplos del reino animal, donde el tamaño de la población de los organismos que hacen uso de un determinado territorio está definido por la capacidad del entorno y de los recursos disponibles, el crecimiento de las relaciones humanas y de las grandes ciudades es desbordando. Esta situación provoca la demanda de recursos vitales, que normalmente no se encuentran al alcance, y tiene que ser transportados desde zonas remotas, para lo cual es necesario realizar obras de construcción que impactan de manera significativa a la naturaleza. Un ejemplo es la problemática del agua potable en el área de Monterrey, N. L., la cual es transportada desde la presa El Cauchillo, localizada en el municipio de China Nuevo León., y cuando las presas están a punto de secaase por la falta de lluvia, se convierte en un problema social, de seguridad, de higiene, médico y comercial.

Como resultado del aumento de las necesidades del ser humano, esta situación se ha agravado a partir de la segunda mitad del siglo XX y en la actualidad continua en forma acelerada. Los procesos fundamentales que ocurren en la sociedad humana que inciden con impactos directos e indirectos sobre la calidad del ambiente son: el crecimiento demográfico; los patrones de consumo y de producción; la innovación científica y tecnológica, La demanda económica, los mercados y el comercio; La aplicación de políticas de desarrollo urbano y rural; el fomento de la educación, la capacitación y la toma de conciencia. No obstante esa situación, la degradación del ambiente puede rebasar el marco de efectos locales y tener repercusión de alcance regional o hasta global. Por ello es necesario buscar nuevas alternativas que garanticen la sustentabilidad ambiental y que al mismo tiempo permitan la perseverancia humana y de su hábitat. (Alfaro, et alt 2009:77-78).

4.5. El medio ambiente

En en planeta Tierra, se considera al medio ambiente como el espacio que ocupan los diferentes seres que conforman la biodiversidad. Cuidar nuestro planeta es trabajo y responsabilidad de todos, porque éste no hace diferencia entre paises, regiones, continentes, solo « es » y es parte de la naturaleza. Tener una conciencia respetuosa del medio ambiente es considerar un planeta saludable, y no solo para las generaciones futuras, sino para las actuales.

4.6. Relaciones medio ambientales

En la primera década del siglo XXI se oroginó una preocupación empresarial por el cuidado del medio ambiente y la conservación de los recursos sostenibles.

En las primeeras décadas del siglo XX existieron grandes confrontaciones entre grandes empresas y grupos activistas más conocidas como Organizaciones No Gubernamentales (ONG), relacionados a cuestiones medioambientales y los derechos humanos ; sin embargo, la tendencia del siglo XXI se dirige a una mayor cooperación y asociación entre los antiguos adversarios. Muchas empresdas comoShell, han emitidfo memorias anuales sobre responsabilidad cooperativa y colaborando con grupos ecológistas para sanear el medio ambiente, para recuperar zonas selváticas y restituir los recursos naturales explotados.

A pesar de los posibles inconvenientes, limitaciones y conflictos, la filantropia corporativa es un instrumento para mejorar la reputación institucional, crear realciones con públicos clave, aumentar la lealtad de los empleados y los consumidores además de servir al interés público de diversas formas (Wilcox, 2006)

4.7. Los diez principios del Pacto Mundial de la ONU

Los diez principios, un inicio del pacto de la sostenibilidad empresarial. Que se basa en valores para realizar actividades de negociación. Este hecho, propicia que las empresas cumplan al mínimo las responsabilidades fundamentales de los derechos humamos, trabajo, medioambiente y lucha contra la corrupción. Las organizaciones, al incorporar los diez principios del Pacto Mundial de la ONU en sus planes de trabajo, estrategias y objetivos empresariales , implemenrtan las bases para el éxito, a largo plazo, además de cumplir con las responsabilidades básicas para con las personas y el planeta.

Principio 1:

Las empresas deben apoyar y respetar la protección de los derechos humanos fundamentales, reconocidos internacionalmente, dentro de su ámbito de influencia.

Principio 2:

Las empresas deben asegurarse de que sus empresas no son cómplices en la vulneración de los Derechos Humanos.

Principio 3 :

Las empresas deben apoyar la libertad de afiliación y el reconocimiento efectivo del derecho a la negociación colectiva.

Principio 4 :

Las empresas deben apoyar la eliminación de toda forma de trabajo forzoso o realizado bajo coacción.

Principio 5 :

Las empresas deben apoyar la erradicación del trabajo infantil.

Principio 6 :

Las empresas deben apoyar la abolición de las prácticas de discriminación en el empleo y la ocupación.

Principio 7 ;

Las empresas deberán mantener un enfoque preventivo que favorezca el medioambiente.

Principio 8 :

Las empresas deben fomentar las iniciativas que promuevan una mayor responsabilidad ambiental.

Pincipio 9 :

Las empresas deben favorecer el desarrollo y la difusión de las tecnologías respetuosas con el medioambiente.

Principio 10 :

Las empresas deben trabajar contra la corrupción en todas sus formas, incluidas extorsión y soborno.

4.8. Contexto de la Dependencia y su personal

La Facultad de Ciencias de la Comunicación es una institución de educación superior que forma profesionales en esta área del conocimiento, está ubicada en el campus de la Unidad Mederos, y su domicilio formal es: Paseo del Acueducto, S/N, en la colonia del Paseo Residencial, en el municipio de Monterrey, Nuevo León. (México), formando parte del campus Mederos al sur de la Ciudad. La infraestructura de la dependencia, se encuentra ubicada en las faldas de los cerros de la Sierra Madre Oriental y su contexo es agreste, donde las diferetes clases de biodiversidad tiene su habitat, como osos negros, insectos, chachalacas (pájaros), coatlies, mapaches, tarantuals y serpientes entre otras especies endémicas.

El modelo académico del Modelo Educativo UANL considera:

- El diseño de programas educativo, utilizado para su operación el plan semestral (semestral y tetramestral en el caso de postgrado) y las modalidades presencial, semipresencial y a distancia. En cuyos planes académicas de las 26 facultades y las 29 prepartorias cuentan con unidades de aprendizaje que al menos una de ella está dirigida al medio ambiente, desarrollando conciencia, aprendizaje y actividades relacionadas.
- El perfil genérico de ingreso deseable del estudiante en los programas educativos de la Universidad en sus diferentes niveles, para asegurar el éxito de su trayectoria académica en el programa educativo sustentado en el Modelo. Contempla que el

estudiante de reciente ingreso, adquiera y se una a los grupos estudiantiles de responsabilidad social y sustentabilidad que coordina la dirección de estudiantes desde el organo central que es rectoria.

- El perfil de egreso del estudiante de los diferentes niveles educativos, sustentado en competencias específicas y generales. Es deseable que el egresado salga con una formación sobre el cuidado de ambiente.
- Un nuevo esquema de actividad áulica que permitirá el desarrollo de capacidades específicas y generales necesarias para su incorporación. Siguiendo como eje transversal dentro de la maya curricular, el cuidado al medio ambiente.
- La transformación de las prácticas educativas modificando los roles tradicionales de profesores y estudiantes. El deseo de formar una conciencia ecológica en un nuevo esquema de trabajo y formación académica.
- La operación flexible de los planes de estudio para permitir que los estudiantes combinen modalidades presenciales y no presenciales en su proceso formativo.
- La incorporación de las tecnologías de la comunicación y la información en los procesos educativos. Toma en cuenta la creación de pláticas, conferencias, talleres y actividades de limpieza en áreas silvestres de la localidad.
- El desarrollo, de acuerdo a cada nivel, de experiencias académicas y de investigación propuestas en el Sistema de Investigación, Innovación y Desarrollo Tecnológico de la UANL. También las tecnologías utilizadas en diferentes plataformas como recipientarias de tareas, proyectos, avances de actividades, impartición de clases, facilitan en envío de documentos virtuales, coadyubnado a no desperdiciar hojas papel impresas.
- Roles y funciones del profesor

  El docente tendrá la responsabilidad de planear estratégicamente la actividad en el aula a fin de diseñar las actividades de aprendizaje pertinentes para desarrollar las competencias establecidas en los programas de estudio, por lo que en los roles se distinguen las funciones que se describen a continuación y que se encuentran escritas en el documento de Leyes y Reglamentos de la Universidad Autónoma de Nuevo León, el cual fue aprobado el 16 de diciembre de 1996

- Programa académico de la Licenciatura en Ciencias de la Comunicación

  La Facultad de Ciencias de la Comunicación cuenta con un nuevo modelo académico de licenciatura que une todas las acentuaciones anteriores con las cuatro unidades de aprendizaje más importantes de cada acentuación: información (periodismo), mercadotecnia, publicidad, y comunicación organizacional, mismos que la facultad ofrecía con anterioridad.

  Este modelo permite egresar profesionales de la comunicación con un enfoque en competencias y con una mayor oportunidad laboral, que satisface necesidades globales actuales de la sociedad.

- Propósito

  El profesionista de la comunicación será capaz de hacer propuestas que den solución a problemáticas del ámbito de la Comunicación y ejercer diferentes habilidades y aptitudes obtenidas en diferentes contextos académicos y empresariales.

- Competencias específicas del egresado de la licenciatura en Ciencias de la Comunicación.

  a) El profesionista de la licenciatura de Comunicación desarrollará programas de calidad de tipo cultural, educativo, informativo de difusión y entretenimiento para los medios masivos de comunicación públicos y privados, apegándose a las leyes establecidas.

  b) Aplicará las tecnologías de información y comunicación para la gestión de campañas de publicidad y comunicación social.

  c) Apoyará a la capacitación del recurso humano a través del diseño de materiales audiovisuales.

  d) Elaborará mensajes que respondan a las necesidades de los procesos de comunicación internos y externos de las diferentes organizaciones de la sociedad.

- Ámbito profesional

  El egresado de la Facultad de Ciencias de la Comunicación estará capacitado para crear, promover y estrechar relaciones de forma inclusiva y solidaria con mutuo beneficio laboral, académico, cultural, social y científico que se desarrolla en el campo profesional del comunicador.

4.9. Sustentabilidad

Existen muchas definiciones del término en cuestión, por parte de grupos ecológicos, políticos, ambientales, educativos y por organismos internacionales, En este contexto, y con una posición responsable y comprometida, la UANL anunció en su página web institucional la creación en el año 2010 la Secretaría de Sustentabilidad (SS), con el « propósito de generar una instancia de referencia institucional, estatal y nacional en los temas y problemáticas de la Sustentabilidad », que articule y potencie los talentos, recursos y esfuerzos de la Institución, respetuosa del ambiente, incorporando « los principios, valores, acciones y quehaceres que conducen al cuidado del ambiente, el compromiso social y la vida democrática entre los miembros de la comunidad universitaria y el entorno social que le rodea, conformandolos como el desarrollo de sistemas socioecológicos (SS-UANL, 2023).

4.10. Responsabilidad Social Universitaria

La Universidad es un referente en el estado de Nuevo León como una organización educativa de nivel medio y superior, por la calidad y cantidad de sus actividades de responsabilidad social. El estudiantado de la Institucion, a través de la Dirección General de Estudiantes, asociación que, además de líderar programas en la procuración de fondos de apoyo a la sociedad en general, incluye actividades para el cuidado del ambiente, siendo así una organización honesta y ética que practica el trabajo en equipo a través de sus estudiantes con solidaridad y respeto (Dirección de Actividades Estudiantiles- UANL, 2023)

5. CONCLUSIONES

Este es un estudio que fundamenta una propuesta para desarrollar programas que fortalezcan la cultura sobre el cuidado del buen ambiente, en la siguiente etapa, se presentará la aplicación de las técnicas de recolección de datos y se presentarán los resultados y los hallasgos respectivamente.

La Universidad se preocupa y ocupa de que el estudiante y el egresado hayan formado una conciencia hacia el cuidado del medio ambiente, no es suficiene, porque una cosa es cumplir con las tareas y las actividades que son evaluadas académicamente que se entregan o realizan para cumplir con una calificación y otra muy distinta el compromiso y la reflexión como pesonas, como individuos, que a pesar de la formación que se les otorga desde el primer nive de aprendizaje, en la primaria, hasta sus estudios universitarios, el Ser, como persona no demuestra en muchas ocasiones haber adquirido esos valores y el compromiso.

Aqui en la Ciudad de Monterrey, es muy preciado que lleguen los meses que trae lluvia, porque se bastecce el llenado de las presas, pero tambien es un desastre que se presenta, por ejemplo en la vialidad, porque al no tener una cultura en favor de la ecología, por lo regular tiran basura en la calle es un acto cotidiano e inherente a las malas costumbres y lo hacen en lugares no propios para esta actividad, hecho que conlleva a que se tapen las alcantarillas, formando diques contaminantes en los rios, en las corrientes y salidas naturales del agua, aunque hay otras variantes urbanas que tambien afectan, como los drenajes olvidados, que no se les da un mantenimiento adecuado, por ejemplo...

entonces las organizaciones académicas se preguntan ¿Qué estamos haciendo entonces en la formación de ciudadanos responsables ?.... Las técnicas de recolección de datos estarán dirigidas a obtener tendencias en los poprcentajes de los resultados cuantitativos , pero será muy enrriquecedor obtener los hallazgos de los grupos focales, donde se podrá obtenr las opiniones a viva voz de los participantes, para que la creación de programas de comunicación, realmente vayan dirigidas al fortalecimiento de la cultura sustentable, y sean más cercanos al estudiante, y a la comunidad académica de la Facultad.

6. REFERENCIAS

Alfaro, J., Rodríguez, B., Martínez, G. y Tijerina G. (2009). *Ambiente y Sustentabilidad.* México: Patria

Franklyn, E. (2019). Introducción a la administración. Evolución, aplicaciones y tendencias. México: Cengage

Gómez, M. (2006). *Introducción a la metodología de la Investigación científica.* Argentina: Brujas.

Griffin, R., Phillips, J. y Gully, S. (2020). *Comportamiento organizacional. Administración de personas y organizaciones.* México: Cengage

Hernández, R., Fernández, C., y Baptista, P. (2014). *Metodología de la Investigación* (6ta. Ed). México: Mc Graw Hill.

Ortiz, F. (2003). *Diccionario de metodológica de la investigación científica*: México: Limusa/ Noriega).

Pacto Mundial, Red Española. *Diez principios del pacto mundial.* Un Global Compact. ONU https://www.pactomundial.org/que-puedes-hacer-tu/diez-principios/

Rebeil, M. (2008). *Comunicación estratégica en las organizaciones.* México: Trillas

Rodríguez, D. (2006). *Gestión Organizacional.* México: Alfa Omega

UANL, (1996). *Leyes y Reglamentos de la Universidad Autónoma de Nuevo León.* https://n9.cl/owib8

UANL, (2023). Responsabilidad Social. Dirección de actividades estudiantiles. https://www.uanl.mx/responsabilidad-social/

UANL, (2023). *Secretaría de Sustentabilidad.* https://sds.uanl.mx/uanl-sustentable/

Wilcox, D. (2006). *Relaciones Públicas.* México: Pearson, Adisson Wesley

JÓVENES FRENTE AL CAMBIO CLIMÁTICO

Remedios Martínez Verdú[1]

1. INTRODUCCIÓN

El cambio climático constituye uno de los problemas candentes y más acuciantes que enfrenta la especie humana desde las últimas décadas. Cada vez es mayor la preocupación tanto por parte de científicos como del conjunto de la sociedad de esta cuestión trascendental para el futuro de la Tierra y nuestra especie. En este asunto la juventud juega un papel muy importante, puesto que es el sector de la sociedad que más interés tiene en asegurar un futuro sostenible a nuestro planeta.

En el caso de la juventud universitaria, esta debe ser si cabe más consciente de la magnitud del problema y de las formas de hacerle frente. Teniendo en cuenta la gravedad de la situación, es urgente que la juventud se implique en el esfuerzo de concientización, sensibilización y acción por un futuro sostenible a medio y largo plazo. Pero para ello, siguiendo a Olcina y Morote (2023), es esencial que las autoridades, y en particular las instituciones académicas, incluyan en sus programas de educación y sensibilización el problema medioambiental. Tal y como se mostrará en el desarrollo del presente estudio, uno de los retos pendientes en relación con el problema del cambio climático y la juventud tiene que ver con la disonancia que sigue existiendo entre el mensaje transmitido por los grandes medios de comunicación entre la juventud universitaria, por un lado, y la generación y difusión de conocimientos científicos, por otro lado (Gaitán *et al.*, 2014). En este sentido, de cara a distinguir la gravedad para la sociedad del asunto del cambio climático, es esencial que los grandes medios de comunicación se responsabilicen respecto a cómo abordar la cuestión y lanzar un mensaje que, sin ser catastrofista, sí plantee de manera clara y transparente todas las conclusiones a las que ya han arribado desde la comunidad científica mundial a propósito del asunto medioambiental. El camino pasa por profundizar iniciativas como las que se han erigido en el continente americano con el Congreso de Jóvenes para la Sostenibilidad de las Américas, que demuestra que la implicación del sector más dinámico de la sociedad, la juventud, ha de ser un requisito imprescindible para encarar mejor uno de los más trascendentales problemas que afecta a nuestra especie y al conjunto del planeta (Nature, 2019).

1. Universidad de Alicante (España)

2. OBJETIVOS

Con el siguiente estudio se pretende recabar información de interés sobre el problema del cambio climático sobre el colectivo juvenil. Por tanto, estructuramos el siguiente documento en los siguientes objetivos:

- Determinar el grado de importancia, interés y conocimiento en temas medioambientales y ecológicos.
- Reconocer acciones concretas de participación y/o contribución de mejora del medioambiente y resolución de problemas ecológicos
- Distinguir la gravedad para la sociedad del problema del cambio climático.
- Conocer la conciencia y tratamiento del asunto del cambio climático entre las familias
- Reconocer los causantes del cambio climático
- Valorar la credibilidad del colectivo científico en asuntos medioambientales o cambio climático
- Valorar el cuestionamiento de hallazgos científicos por parte de blogs, foros en las Redes Sociales y conocimiento de su repercusión en agravar el problema del cambio climático
- Identificar la compartición de información de fuentes no contrastadas falsas referente al problema del cambio climático
- Reconocer hasta qué punto los problemas relacionados con el medio ambiente enmascaran algún otro interés desconocido
- Identificar la conciencia social en el entorno más cercano de los participantes en la difusión del mensaje entorno al problema del cambio climático P20

Sobre todos estos objetivos resaltamos como hipótesis principal:

Reconocer la prevalencia en la problemática en asuntos medioambientales; cambio climático entre los jóvenes, así como identificar los factores sociodemográficos asociados con la preocupación e interés en aspectos medioambientales y que factores sociodemográficos juegan un papel predominante o influyen en el grado de importancia que se le da al problema del cambio climático.

3. METODOLOGÍA

En la elaboración del informe nos hemos basado en una muestra procedente de la participación voluntaria de personas. La muestra final está comprendida por 135 alumnos.

El método de recolección de datos se ha llevado a cabo mediante el autocumplimiento de encuestas online (encuesta para alumnos) a través de la plataforma de Google Drive: Google Forms (formularios).

Las ventajas de esta metodología es la rapidez en el envío, recepción inmediata, aumento del alcance, el ahorro de costes en trabajo de campo a través de encuestadores y costes de desplazamiento para abarcar la población marco de referencia, así como la comodidad para el encuestado de autocumplimentarla cuando desee rapidez de acción, tanto como la facilidad de gestión de resultados. El inconveniente de metodologías de encuestas online es el porcentaje de abandonos o dificultad para acaparar representatividad de las muestras.

Muestra

La muestra final está comprendida por 135 alumnos. Para conocer más información sobre la composición muestral segmentada por lugar procedencia, observamos la siguiente tabla.

Municipio donde vives	Frecuencia	Porcentaje	Municipio	Frecuencia	Porcentaje
Abanilla	1	,7	Elche	17	12,6
Albatera	7	5,2	Elda	2	1,5
Alcosser de Planes	1	,7	Ibi	2	1,5
Alcoy	3	2,2	La Vila Joiosa	2	1,5
Algueña	1	,7	Molina de segura	2	1,5
Alicante	30	22,2	Mutxamel	3	2,2
Almoradí	4	3,0	Novelda	1	,7
Aspe	7	5,2	Orihuela	2	1,5
Banyeres de Mariola	1	,7	Pego	1	,7
Benidorm	1	,7	Petrer	4	3,0
Benijófar	1	,7	Playa de San Juan	1	,7
Bigastro	1	,7	Polop	1	,7
Callosa de Segura	2	1,5	San Fulgencio	2	1,5
Catral	3	2,2	San Juan de Alicante	3	2,2
Cocentaina	1	,7	San Vicent del Raspeig	18	13,3
Crevillente	1	,7	Santa Pola	1	,7
Dolores	2	1,5	Torrevieja	3	2,2
El Campello	3	2,2	Total	135	100,0

Tabla 1. Distribución de la muestra según procedencia

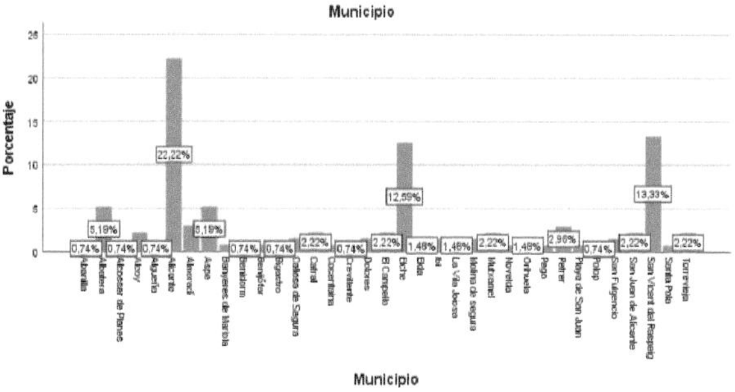

Figura 1. Gráfico de barras. Porcentaje de la muestra según procedencia. Fuente: Elaboración propia

	Frecuencia	Porcentaje
Mujer	114	84,4
Hombre	20	14,8
Otro/prefiero no decirlo	1	,7
Total	135	100,0

Tabla 2. Distribución de la muestra según sexo

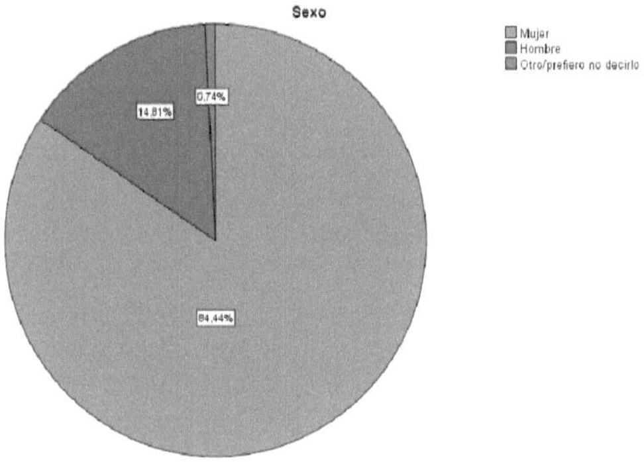

Figura 2. Gráfico de sectores. Porcentaje de la muestra según sexo. Fuente: Elaboración propia

Estadísticos		
Edad		
N	Válido	135
	Perdidos	0
Media		19,67
Mediana		19,00
Desv. stándar		3,129
Mínimo		18
Máximo		34

Tabla 3. Edad Fuente: Elaboración propia

Edad	Frecuencia	Porcentaje
<20 años	101	74,8
20-24 años	23	17,0
>24 años	11	8,1
Total	135	100,0

Tabla 4. Distribución de la muestra según edad categorizada

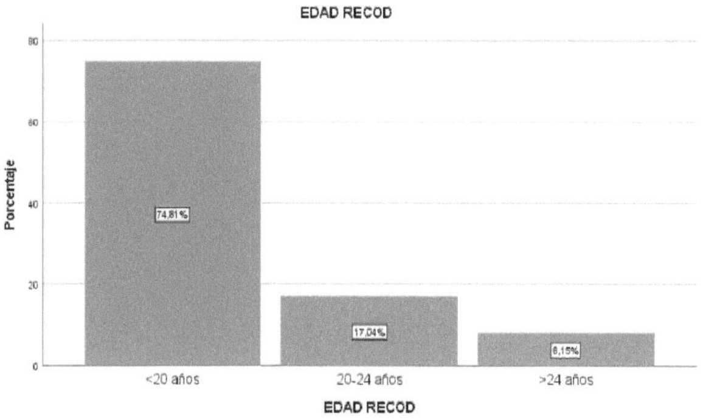

Figura 3. Gráfico de barras. Porcentaje de la muestra según edad. Fuente: Elaboración propia

	Frecuencia	Porcentaje
Primer curso de Grado	118	87,4
Segundo curso de Grado	17	12,6
Total	135	100,0

Tabla 5. Distribución de la muestra según estudios

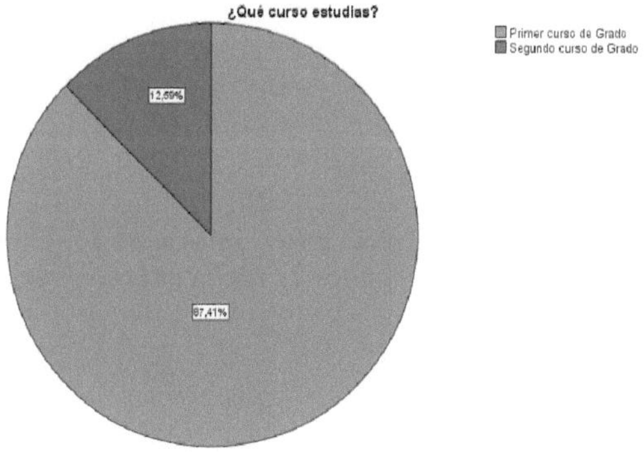

Figura 4. Gráfico de sectores. Porcentaje de la muestra según curso. Fuente: Elaboración propia

Por medio de los gráficos y tablas (Figura 1 y Tabla 1) se puede observar como la inmensa mayoría de casos de estudio proceden de la provincia de Alicante, de los cuales el 22,2% de la ciudad de Alicante, seguido de un 13,3% de San Vicente del Raspeig y un 12,6% de Elche. La muestra queda representada por un 84,4% mujeres y 14,8% hombres (Tabla 2 y Figura 2) y, por otro lado, se reconoce que la muestra está compuesta por un 74,8% de personas menores de 20 años y un 17% entre 20 y 24 años (Tabla 4 y Figura 3), con un promedio de 19,7 años (Tabla 3). El 87,4% de la muestra pertenecen al 1er curso de los estudios de grado y un 12,6% a 2º (Tabla 5 y Figura 4).

DISEÑO

El diseño que se ha empleado es de un estudio observacional transversal descriptivo retrospectivo. Se analizan resultados por medio de la recaudación de encuestas, por tanto, no hay manipulación del investigador en variable criterio o variable a conocer (observacional). Es transversal al partir de una muestra en la que se extrae la información en un momento dado (sin secuencia temporal) y retrospectivo pues se inicia el análisis posterior a la recogida de información al analizar los resultados posteriores al momento del que se recoge la información.

Justificación del tamaño muestral

Para el estudio realizado se parte de una población o universo objetivo de estudio finito: alumnos, procedentes de la universidad de Alicante, estudiantes de Grado Infantil y Grado en Sociología. Ante el objeto de la investigación, se pretende obtener en una primera fase exploratoria el conocimiento descriptivo de los objetivos planteados, por lo que se trabaja con una muestra experimental para posteriormente ampliar el número de casos en estudios posteriores. Con una muestra recogida de 135 casos, con un nivel de confianza del 95% para una proporción esperada del evento desconocida (50%), con un universo de 1.522 estudiantes matriculados en los grados de Sociología y Magisterio Infantil en la UA, se trabaja con una precisión del 8,2% o lo que es lo mismo un error del 8%. Error considerable, pero se ha de recordar que se trabaja bajo un estudio exploratorio donde no existe un muestreo aleatorio en la selección de la muestra y la finalidad es alcanzar el mayor número de encuestas para reconocer patrones y descripción de los objetivos planteados.

Técnicas estadísticas.

Este estudio se emplea un diseño cuantitativo cuasiexperimental (selección de casos no aleatorio). Para el análisis estadístico se emplean técnicas descriptivas. En el logro de objetivos se incluyen análisis de frecuencias para variables cualitativas de naturaleza nominal u ordinal acompañados de gráficos, así como el análisis cualitativo de las preguntas abiertas.

En la comparación de frecuencias según características del encuestado se emplea tablas cruzadas y la prueba estadística Chi cuadrado para conocer si existe asociación entre las variables estudiadas.

Se lleva a cabo la técnica multivariante análisis de regresión logística ordinal con lo que nos permite conocer la probabilidad de que una respuesta determinada ocurra en función de distintas variables independientes, en este caso como las variables sociodemográficas influyen en el nivel de respuesta sobre la gravedad del problema medioambiental. Seguido de un análisis predictivo como es el método de clasificación a través de un árbol de decisión para conocer aquellas variables que mejor predicen la variable dependiente de estudio.

Instrumento

Por medio del cuestionario reflejamos conceptos vinculados al cambio climático a través de sus frecuencias de respuesta. Se trata de un cuestionario con diferentes escalas de medida (escala nominal dicotómica y politómica y escala ordinal) aplicada a las distintas preguntas tratadas según los objetivos predefinidos.

4. DESARROLLO DE LA INVESTIGACIÓN

Análisis de datos

En el siguiente apartado vamos a describir los distintos análisis que se han empleado agrupado por bloque o factores relevante en el tema de cambio climático entre los más jóvenes.

En este estudio pretendemos analizar información acerca de la percepción y conocimiento que los jóvenes universitarios tienen sobre aspectos y consecuencias del cambio climático, tanto desde su reconocimiento y distinción de información sesgada hasta su sensibilización ante la problemática del calentamiento global como consecuencia del cambio climático.

DETERMINAR EL GRADO DE IMPORTANCIA E INTERÉS EN ASPECTOS MEDIOAMBIENTALES Y ECOLÓGICOS

En este bloque se mide el conocimiento e interés en aspectos que tratan la problemática medioambiental y ecológico.

Para conocer la distribución de los casos en la muestra total se puede ver la siguiente tabla.

Conocimiento del problema	Total n=135	
De 1 a 5, ¿cómo de importante es para ti el tema medioambiental y de la ecología?	Frecuencia	%
2	1	,7
3	27	20,0
4	59	43,7
5	48	35,6
¿Sueles buscar información relacionada con problemas medioambientales, ecológicos, etc.?	Frecuencia	%
No	92	68,1
Sí	43	31,9
Interés en aspectos medioambientales y ecológicos	Total n=135	
Aspectos de la España vaciada y problemas relacionados con el mundo rural	Frecuencia	%
No me interesa nada	36	26,7
Únicamente me interesa ocasionalmente	27	20,0
Suelo leer noticias de este tema casi cada día	10	7,4
Me informo de este asunto cada día	6	4,4
Contaminación de océanos y mares	Frecuencia	%
No me interesa nada	4	3,0
Únicamente me interesa ocasionalmente	31	23,0
Suelo leer noticias de este tema casi cada día	35	25,9
Me informo de este asunto cada día	15	11,1
Destrucción de biodiversidad, de flora y fauna	Frecuencia	%
No me interesa nada	6	4,4
Únicamente me interesa ocasionalmente	21	15,6

Suelo leer noticias de este tema casi cada día	28	20,7
Me informo de este asunto cada día	17	12,6
Contaminación acústica	Frecuencia	%
No me interesa nada	41	30,4
Únicamente me interesa ocasionalmente	15	11,1
Suelo leer noticias de este tema casi cada día	9	6,7
Me informo de este asunto cada día	12	8,9
El Calentamiento global	Frecuencia	%
No me interesa nada	4	3,0
Únicamente me interesa ocasionalmente	15	11,1
Suelo leer noticias de este tema casi cada día	20	14,8
Me informo de este asunto cada día	17	12,6
Maltrato de animales	Frecuencia	%
No me interesa nada	1	,7
Únicamente me interesa ocasionalmente	7	5,2
Suelo leer noticias de este tema casi cada día	20	14,8
Me informo de este asunto cada día	44	32,6

Tabla 6. Conocimiento sobre la importancia del problema del medioambiente. Fuente: Elaboración propia

Destacamos de los resultados (Tabla 6), como los encuestados ante la pregunta de cómo de importante es para ellos el tema medioambiental y de la ecología, un 43,7% puntúan con un 4, en una escala de 1 a 5, donde 1 es nada importante a 5 extremadamente importante. Le otorgan la puntuación de 5 un 35,6% de la muestra, por tanto, existe un elevado compromiso con el tema medioambiental y ecológico. En término promedio, existe una valoración de 4,1, muy semejante a la puntuación mediana (4), es decir la puntuación de 4 deja el 50% de la muestra a cada lado del punto de corte. Es relevante destacar que no existe puntuación de 1, es decir que nadie considera nada importante este tema.

Ante la cuestión de si suele buscar información relacionada con problemas medioambientales, ecológicos, etc., ya sea mediante noticias digitales (prensa digital), blogs, redes sociales u otros medios físicos o a través de contactos, un 31,9% afirma buscar información relacionada con el tema frente al 68,1% que niega buscar información en temas medioambientales o ecológicos, no por lo menos como búsqueda activa.

Ante los distintos temas relacionados con el medio ambiente a la hora de buscar información y generar una opinión crítica y fundamentada, se les plantea a los encuestados que puntúen en una escala del 1 al 4 donde 1 No le interesa nada, a 4 se informa del asunto cada día. En cuanto al tema que afecta hoy día como es la España vaciada y los problemas de despoblación y aquellos relacionados con el mundo rural, el 26,7% afirma no estar nada interesado con este aspecto, junto a un 20% que únicamente se interesa ocasionalmente. Un 11,8% dice leer noticias de este tema casi a diario o dice informarse del tema cada día.

En cuanto al grado de implicación o información sobre la Contaminación de océanos y mares, existe una mayor concienciación o grado de interés, pues el 37,0% afirma que suele leer noticias sobre este tema casi cada día o se informa del tema cada día.

En cuanto a temas relacionados con la destrucción de la biodiversidad de flora y fauna, un 33,3% suele leer noticias sobre este tema casi cada día o dice informarse sobre dicho asunto cada día. En cuanto a aspectos y temas relacionados con la contaminación acústica el 30,4% no se interesa nada y apenas el 11,1% únicamente se interesa ocasionalmente.

En cuanto al tema del calentamiento global un 27,4% suele leer noticias de este tema casi cada día o se informa de ello todos los días. Por último, en cuanto a temas sobre maltrato de animales, es el aspecto que más formados en opinión están, pues un 47,4% suele leer noticias de dicho tema casi a diario o se informan del asunto cada día.

RECONOCER ACCIONES CONCRETAS DE PARTICIPACIÓN Y/O CONTRIBUCIÓN DE MEJORA DEL MEDIOAMBIENTE Y RESOLUCIÓN DE PROBLEMAS ECOLÓGICOS

A través del siguiente apartado se pretende reconocer patrones de comportamiento favorables y de mejora para el medioambiente.

Bloque mejoras para el medioambiente	Total n=135	
De todos los modos de participar y contribuir a la mejora del medioambiente, ¿cuál crees que es la más importante?	Frecuencia	%
Cambiar estilos de vida (consumo ético) para contaminar menos	52	38,5
Participar en protestas públicas en favor de la protección al medio ambiente	1	,7
Compartir información con allegados que conciencie sobre el problema medioambiental	5	3,7
Todas lo son por igual	77	57,0
¿Cuáles consideras que son las vías más eficaces para resolver los problemas ecológicos?	Frecuencia	%
Los avances científicos y tecnológicos usados responsablemente	5	3,7
La concienciación social y el cambio de estilo de vida a nivel global	39	28,9
Las dos anteriores son inseparables	90	66,7
Considero que no hay problemas ecológicos relevantes, o que se resolverán de forma natural	1	,7

Tabla 7. Formas de mejora para paliar problemas del medioambiente. Fuente: Elaboración propia

Entre las distintas opciones de respuesta o acciones que efectúan los estudiantes como modo de participar o contribuir a la mejora del medioambiente, el cambio de estilos de vida en cuanto a consumo ético y responsable o circular como acción de mejora para contaminar menos, es la acción más frecuente con un 38,5% (Tabla 7), aunque el 57% reconoce o afirma que tanto ese estilo de vida como participar en protestas públicas a favor de la protección del medioambiente y compartir información con allegados que conciencie sobre el problema medioambiental, todos estos modos de participar y contribuir en la mejora del medioambiente, las consideran de importancia por igual .

Sobre la pregunta de qué vías consideran las más eficaces para resolver los problemas ecológicos, el 28,9% resalta que sin concienciación social sobre el problema del calentamiento global y medioambiente y el consecuente cambio de estilo de vida a nivel global mundial, sin esa premisa real, no hay verdadera eficacia en resolver el problema.

Los avances científicos y tecnológicos usados responsablemente, la resaltan como la acción más eficaz en únicamente un 3,7%. Ante la opción de incluir tanto la vía de concienciar socialmente como el cambio de estilos de vida, junto la respuesta que la solución pasa mediante avances científicos y tecnológicos responsables e inteligentes para favorecer a la resolución de estos problemas medioambientales, estas dos opciones, las consideran inseparables para abordar el problema, un 66,7% así lo piensa.

DISTINGUIR LA GRAVEDAD PARA LA SOCIEDAD DEL PROBLEMA DEL CAMBIO CLIMÁTICO.

En esta sección se reconocen la gravedad real del problema del cambio climático para la sociedad.

Bloque gravedad del cambio climático	Total n=135	
En general, ¿cómo de grave es para la población de España el problema del cambio climático?	Frecuencia	%
Extremadamente grave	48	35,6
Grave	76	56,3
Leve	5	3,7
Ns/Nc	6	4,4

Tabla 8. Formas de respuesta ante la gravedad del cambio climático. Fuente: Elaboración propia

Sobre la gravedad del cambio climático, un 35,6% consideran extremadamente grave la situación al respecto, si se le suma aquellos que consideran la situación grave acumulan un 91,9%, frente al 3,7% que ven o consideran leve la situación ante el problema del cambio climático (Tabla 8).

CONOCER LA CONCIENCIA Y TRATAMIENTO DEL ASUNTO DEL CAMBIO CLIMÁTICO ENTRE LAS FAMILIAS

En este apartado se distingue como de importante o recurrente es la problemática del cambio climático.

Bloque conocimiento de la importancia del cambio climático entre los familiares	Total n=135	
De entre tus familiares y amigos/as, ¿el tema del cambio climático es recurrente en las conversaciones?	Frecuencia	%
No	75	55,6
Sí	36	26,7
Ns/Nc	24	17,8

Tabla 9. Conciencia en el tema del cambio climático. Fuente: Elaboración propia

Un 55,6% niega que el tema del cambio climático sea un tema recurrente en las conversaciones entre sus familiares, frente al 26,7% que afirma que sea un tema recurrente (Tabla 9).

RECONOCER LOS CAUSANTES DEL CAMBIO CLIMÁTICO

En este apartado se analizan si la sociedad es la responsable en gran parte de los desastres medioambientales.

Bloque Causante del cambio climático	Total n=135	
¿Crees que el cambio climático está en gran medida provocado por la sociedad actual (causa antropogénica)?	Frecuencia	%
No	4	3,0
Sí	106	78,5
No lo tengo claro	25	18,5

Tabla 10. Conocimiento del causante real del cambio climático. Fuente: Elaboración propia

La gran mayoría de los encuestados consideran responsable del cambio climático la sociedad actual, es decir por factores o causas antropogénicas, un 78,5% así lo piensa, frente a únicamente un 3% que lo niega (Tabla 10). Un considerable 18,5% no tiene claro que el cambio climático sea provocado en gran medida por la sociedad actual y la evolución de la especie humana.

5.CONCLUSIONES

En el siguiente apartado vamos a resaltar los aspectos más destacados de los resultados analizados.

GRADO DE IMPORTANCIA E INTERÉS EN ASPECTOS MEDIOAMBIENTALES Y ECOLÓGICOS

- Elevado compromiso con el tema medioambiental y ecológico. Un 43,7% puntúa con un 4, en una escala de 1 a 5, donde 1 es nada importante a 5 extremadamente importante, a la pregunta de cómo de importante es para ellos el tema medioambiental. En término promedio, existe una valoración de 4,1.
- Un 31,9% afirma buscar información relacionada con temas medioambientales y ecológicos frente al 68,1% que niega buscar información sobre estos temas.
- Un 26,7% afirma no estar nada interesado con temas sobre la España vaciada y un 20% únicamente se interesa ocasionalmente. El 11,8% dice leer noticias de este tema casi a diario o cada día
- El 37% afirma que suele leer noticias casi cada día o se informa del tema cada día sobre la contaminación de océanos y mares.
- Un 33,3% suele leer noticias casi cada día o cada día sobre temas relacionados con la destrucción de la biodiversidad de flora y fauna.
- Un el 30,4% no se interesa nada en temas relacionados con la contaminación acústica, y apenas el 11,1% únicamente se interesa ocasionalmente.
- El 27,4% suele leer noticias sobre el calentamiento global casi cada día o se informa de ello todos los días.

- Un 47,4% suele leer noticias sobre maltrato de animales casi a diario o se informan del asunto cada día.

RECONOCIMIENTO DE ACCIONES CONCRETAS DE PARTICIPACIÓN Y/O CONTRIBUCIÓN DE MEJORA DEL MEDIOAMBIENTE Y RESOLUCIÓN DE PROBLEMAS ECOLÓGICOS

- Un 38,5% elige el cambio de estilos de vida a modo de consumo ético y responsable como la acción de mejora para el medioambiente.
- El 57% reconoce que todas las acciones son importantes por igual para la mejora del medioambiente: tanto cambio de estilos de vida para contaminar menos, como participar en protestas públicas a favor de la protección del medioambiente y compartir información con allegados que conciencie sobre el problema medioambiental.
- El 28,9% resalta que sin concienciación social sobre el problema del calentamiento global y medioambiente y el consecuente cambio de estilo de vida a nivel global no hay verdadera eficacia en resolver el problema.
- Los avances científicos y tecnológicos usados responsablemente, la resaltan como la acción más eficaz en paliar los problemas medioambientales en únicamente un 3,7%.
- Un 66,7% piensa que tanto avances científicos y tecnología responsable como concienciación social y cambios de estilos de vida.

GRAVEDAD PARA LA SOCIEDAD DEL PROBLEMA DEL CAMBIO CLIMÁTICO

- Un 35,6% consideran extremadamente grave la situación del problema del cambio climático. Si se le suma aquellos que consideran la situación grave acumulan un 91,9%, frente al 3,7% que ven o consideran leve dicha situación.

CONCIENCIA Y TRATAMIENTO DEL ASUNTO DEL CAMBIO CLIMÁTICO ENTRE LAS FAMILIAS

- Un 55,6% niega que el tema del cambio climático sea un tema recurrente en las conversaciones entre sus familiares, frente al 26,7% que afirma que sea un tema recurrente.

RECONOCIMIENTO DE LOS CAUSANTES DEL CAMBIO CLIMÁTICO

- Un 78,5% considera responsable del cambio climático la sociedad actual frente a únicamente un 3% que lo niega.
- Un 18,5% no tiene claro que el cambio climático sea provocado en gran medida por la sociedad actual.
- El 27,8% valora con un 4 (1 mínima confianza a 5 máxima confianza) la confianza en los informes científicos sobre el cambio climático (promedio 3,6). Si sumamos también aquellos que puntúan con un 5 acumulan el 51,9%.
- Un 46,7% pone en duda los hallazgos científicos sobre el calentamiento del planeta solo en ocasiones frente al 51,1% que bien casi nunca los pone en duda y confían plenamente en dichos hallazgos/estudios.

VALORACIÓN DEL CUESTIONAMIENTO DE HALLAZGOS POR PARTE DE BLOGS, FOROS EN LAS REDES SOCIALES Y CONOCIMIENTO DE SU REPERCUSIÓN EN AGRAVAR EL PROBLEMA DEL CAMBIO CLIMÁTICO

- Un 57,8% pone en duda las publicaciones sobre el cambio climático de redes sociales, blogs... fuentes no contrastadas científicamente. Un 36,3% solo a veces pone en duda estas publicaciones pues reconocen que es un tema que no tienen nada claro al respecto.
- El 53,3% considera que las nuevas formas de negacionismo climático a través de internet y redes sociales han agravado este problema sobre la opinión del cambio climático. Un 28,9% no sabe que opinar al respecto.

IDENTIFICACIÓN DE INFORMACIÓN DE FUENTES NO CONTRASTADAS FALSAS REFERENTE AL PROBLEMA DEL CAMBIO CLIMÁTICO

- El 53,3% no ha compartido información falsa por error relativo al cambio climático frente al 18,5% que sí lo ha hecho.

RECONOCIMIENTO DE COMO LOS PROBLEMAS RELACIONADOS CON EL MEDIO AMBIENTE ENMASCARAN ALGÚN OTRO INTERÉS DESCONOCIDO

- El 37% Sí considera cierta la idea de que problemas relacionados con el medioambiente siempre han existido y ahora hay más tendencia a hablar de ello por algún tipo de interés partidista. Un 29,6% no lo cree y un 33,3% no lo sabe.

CONCIENCIA SOCIAL EN EL ENTORNO MÁS CERCANO DE LOS PARTICIPANTES EN LA DIFUSIÓN DEL MENSAJE ENTORNO AL PROBLEMA DEL CAMBIO CLIMÁTICO

- El 35,6% suele concienciar a su entorno más cercano en torno al problema del cambio climático y problemas con el medioambiente, pero únicamente cuando el tema está en boca de todos. Un 28,1% lo hace habitualmente independientemente de que las noticias hablen sobre ello.

DIFERENCIAS EN OPINIONES SOBRE LA PROBLEMÁTICA DEL CAMBIO CLIMÁTICO SEGÚN SEXO

- Las mujeres tienen más implicación o mantiene mayor interés sobre el calentamiento global que los hombres, pues del total de mujeres, el 43,5% suele leer noticias sobre este tema casi cada día, mientras que en el caso de los hombres un 70% únicamente se interesan ocasionalmente sobre el tema.
- Existen diferencias significativas entre la variable que mide la gravedad del cambio climático y el sexo. El 40,7% de las mujeres consideran extremadamente grave el problema frente al 15% en los hombres.

MODELO PREDICTIVO EN LA GRAVEDAD DEL PROBLEMA DEL CAMBIO CLIMÁTICO EN ENTORNO UNIVERSITARIO

- A través del análisis multivariante se desea conocer e identificar qué factores sociodemográficos se asocian con el grado de gravedad del problema del cambio climático, en concreto se pretende conocer que variables influyen en la importancia/relevancia del problema del cambio climático.

- El modelo revela que es el sexo la variable significativa que predice el modelo. Las mujeres tienden a tener mayor preocupación o interés y formación con el problema del calentamiento global. En concreto las mujeres tienen una probabilidad de 5,5 veces de obtener una categoría superior a la hora de informarse ante la cuestión sobre el calentamiento global.
- Quienes definen un interés alto por el calentamiento global son las mujeres y no tienen tanto interés con el tema del maltrato animal ni con la contaminación de mares y océanos.

Podemos resaltar datos reveladores sobre la percepción de los jóvenes respecto al cambio climático, enfatizando la importancia de convertir a los estudiantes en gestores del cambio climático. Los jóvenes y en concreto las mujeres pueden aportar ideas sobre cómo adaptarse y hacer participar a la población en este desafío global. Se ha de subrayar la importancia de ayudar a los colectivos más jóvenes a financiar iniciativas que puedan potenciar ideas y proyectos clave para abordar el cambio climático.

Un compromiso continuo desde las entidades públicas junto con entidades privadas puede fomentar en la implementación de soluciones sostenibles. El poder transformador que la juventud posee en la creación de un futuro más sostenible y resiliente es la clave para el cambio y combatir el cambio climático y promover un desarrollo urbano sostenible.

La sostenibilidad es un tema crucial en el mundo contemporáneo, y son los jóvenes los que desempeñan un papel fundamental en la creación de soluciones innovadoras y efectivas.

6. REFERENCIAS

Gaitán, J. A., Piñuel, J. L. y Morales, E. (2014). El discurso mediático sobre Cambio Climático y su valoración por jóvenes universitarios de Periodismo, en contraste con el discurso de los expertos. *Primeiro Seminario Internacional RESCLIMA*, 191-205. https:// ucm.es/data/cont/media/www/pag-16429/GaitanJA-MoranesE-PinuelJL-RESCLIMA.pdf

Nature (2019). Los jóvenes: agentes de cambio para un planeta en riesgo. https://nature.org/es-us/que-hacemos/nuestra-vision/perspectivas/los-jovenes--agentes-de-cambio-para-un-planeta-en-riesgo/

Olcina, J. y Morote, Á-F. (2023). Cambio climático y objetivos de desarrollo sostenible (ODS). *Finisterra, 122,* https://rua.ua.es/dspace/bitstream/10045/134075/6/Olcina_Morote_2023_Finisterra.pdf

EVALUATION OF THE TYPE OF ABACA FABRIC AND TIME OF IMMERSION IN ALKALINE SOLUTION FOR THE PRODUCTION OF COMPOSITE MATERIALS.

Elsa Sulay Mora Muñoz[1], *Omar Lara Castro*[1], *Elvis Ramírez*[1]

This project was born from the idea of replacing fiberglass with abaca fiber. Abaca fiber is a natural fiber obtained from the leaves of the abaca plant (Musa textilis), which is used in various industrial applications due to its strength and durability. Fiberglass is a synthetic material made from molten glass filaments, it has disadvantages, such as: fragility, no elasticity, itchy skin, the smaller fibers can reach the deepest parts of the lungs.

1. INTRODUCCIÓN

The automotive industry has a high manufacturing and demand growth; it facilitates people's mobility in an efficient, safe, accessible, and economical way. In recent decades, researchers have focused on the use of natural fibers as reinforcement in composite materials (CM) (Parashar & Chawla, 2021). The use of natural reinforcements in the automotive industry has two characteristics: their durability by avoiding oxidation and impact resistance (Madhusudhan Reddy et al., 2022). CMs are made with polyester resin (PR), the polymer most used in the automotive, electrical, electronic, aeronautical, and marine vessel industries, which has been studied with various mixtures to evaluate TS, flexion, water absorption, and lightness (Berkouk et al., 2021) (Hasan et al., 2022) (Obi Reddy et al., 2013).

Currently, the use of natural cellulose-based polymers as reinforcement is presented as an alternative that increases TS and Young's modulus (Mahmoud Zaghloul et al., 2021). CMs reinforced with nendran banana fiber (40% by weight) made using the punching technique have qualities of being lightweight, recyclable, and non-toxic (Justavino, 2013). The study of date palm leaf fiber with 6 and 10%, treated with alkali, shows good mechanical behavior (Berkouk et al., 2021); CM reinforced with cordia-dichotoma fiber and epoxy resin matrix increases mechanical properties by 20% (Kenned et al., 2022). CMs made with pineapple/kenaf fibers are hybridized with synthetic fibers to improve their mechanical properties of impact resistance and hardness(Madhusudhan Reddy et al., 2022). The composite made with jute fiber has environmental advantages and reduces fuel consumption (Alves et al., 2010).

---

1. Universidad Técnica del Norte (Ecuador)

Natural fibers are used for their hydrophilic nature (Imran & Susan, 2022), mechanical properties, low density, excellent damping characteristic, and biodegradability. Added to these characteristics are their low cost and positive social impact (Alves et al., 2010) (Imran & Susan, 2022), when chemically treated with NaOH (Cai et al., 2016) and eliminating hemicellulose, lignin improves mechanical properties and physical interaction between fiber and matrix (Aseer & Sankaranarayanasamy, 2017)(Mohan Kumar et al., 2021) (Paglicawan et al., 2014).

Conventional metal alloys can be replaced by other CMs such as natural fibers, reducing weight, helping to save fuel for commercial planes every year (Mulaan et al., 2021). CMs made with fiberglass have good mechanical properties as a lightweight fiber that does not rust and are used to make boats and airplanes (Di Mauro et al., 2021) (Dzan et al., 2010) (Visco et al., 2007). CMs reinforced with fiberglass are used in engineering structures subject to dynamic loads, such as wind turbine blades, automobiles, and aircraft, where they experience a wide range of unpredictable operating conditions (Goh et al., 2021); when fiberglass mats or fibers are in good condition, they are not a health hazard. Small particles can remain suspended for some time. Prolonged exposure causes eye irritation, respiratory tract problems, skin allergic reactions, fibrosis, and lung cancer (Baladivakar et al., 2022) (Pietropaoli et al., 2015).

One of the CMs with layer-woven fabric can form complex internal structures, has advantages such as high specific strength, good moldability (Mulaan et al., 2021) (Mokhothu et al., 2022), in addition to the automotive industry using polycarbonates (PC) due to their high physical, mechanical properties, ductility, impact resistance that exceeds 40 kJ/m^2 (Öztürk et al., 2018). Fabrics with natural fibers have different applications both for clothing and functional applications.

The CMs used by the automotive industry must meet some requirements and applications such as structural durability, high impact, energy absorption, fast manufacturing, weight reduction of the piece, excellent mechanical properties, high production rate. This is achieved with high-density polymers, synthetic fibers such as carbon, glass, aramid, and natural fibers containing cellulose such as bamboo, hemp, jute, flax, and sisal that contribute to strength and rigidity (Tudela et al., 2010) (Groo et al., 2021). Generally, automobiles have exterior components such as the hood, front and rear bumper and interiors such as door panels and roof, which are made of metallic materials. Of these exterior parts, 40% can be replaced with cellulose composite materials and 25% of the interiors with resin due to the properties related to strength-weight ratio and lightweight (Baladivakar et al., 2022) (Hassoon et al., 2022)]. Hybridization of natural fiber with fiberglass/kevlar as a solution to improve the disadvantages of vegetable origin natural fibers that provide fatigue resistance, fracture toughness, and impact resistance (Radzi et al., 2022)(Di Mauro et al., 2021).

2. OBJETIVOS

There is limited knowledge about the production process of composite materials using abaca fabric. The objective of this study is to develop a process for the production of composite materials based on abaca fabric and polyester resin through the analysis of chemical processes, which allows the maximum use of raw materials.

3. METODOLOGÍA

For the elaboration of the composites, taffeta and telethon weave fabrics were used as reinforcement. To obtain the fabric, raw abaca fiber yarn of 1.5 Ktex from the Bungalanon variety, obtained in the province of Manabí, was used. The fabric was made in an artisanal workshop in the province of Imbabura, with the yarns arranged horizontally (weft) and vertically (warp) to provide resistance in all directions. The raw yarn has an initial strength of 229N and a fabric weight of 45 g/m^2. The elaboration of the composites required polyester resin, styrene, transparent and colorless methyl ethyl ketone peroxide (MEKP), and 6% cobalt octoate as a catalyst. A 30x30 steel plate was used for the preparation of the laminates.

Alkaline treatment of abaca fabric. To remove surface impurities and hemicellulose from the abaca fabric, alkaline treatment with 5% NaOH on the weight of the sample is carried out to decrease stiffness and improve resin adhesion. The fabrics are immersed in a 5% NaOH solution for 60 and 120 minutes. After this time, they are rinsed and neutralized with acetic acid. The taffeta (TfL) and telethon weave (TtL) fabrics are dried under shade.

4. DESARROLLO DE LA INVESTIGACIÓN

The composite materials were made in the Textile Engineering Department laboratory at the Universidad Técnica del Norte, located in Ibarra-Ecuador. The TS tests were performed in the same laboratory, and the FS tests were performed at the Universidad de las Fuerzas Armadas ESPE laboratory in Sangolquí Pichincha-Ecuador.

Experimental design. A multilevel factorial design consisting of 12 runs was performed. The design was executed in 3 blocks, and the order of the experiments was completely randomized. The degrees of freedom for the error were established at 6. The response variables are: warp tensile strength, weft tensile strength, warp flexural strength (ST), and weft flexural strength (FSW). The experimental unit was defined as the abaca fabric, and the studied factors were the type of taffeta and telethon weave and the alkalization time of 60 and 120 minutes (Table 1). The operation parameters were established as polyester resin with a density of 1.1 g/cm^3, styrene with a density of 0.909 g/cm^3, cobalt octoate with a density of 0.895 g/cm^3, MEKP with a density of 1.17 g/cm^3, and curing time. The noise factors were verified as ambient temperature and light intensity. For the completely randomized 22 full factorial design with three replicates and a total of 12 treatments, STATGRAPHICS Centurion Version 16.1.18 statistical software was used. Table 1 presents the studied factors.

Factors	Low	High	Levels	Units
Weave type	-1	1,0	2	NA
Time	60,0	120,0	2	(min)
Taffeta weave (TfL)		-1	Telethon weave (TtL): -1	

Table 1. Studied factors

Manufacturing of polymer composites. Abaca fabric was selected as the reinforcement material for the composite manufacturing. Polyester resin was used as the matrix. The raw materials were weighed with a sensitivity of 0.01 g.

Sample preparation: To make the laminates of the abaca taffeta and telethon weave reinforced polyester resin composite, a 300 x 300 mm and 3.2 mm thick steel mold was used. The mold was coated with mold release wax. Firstly, the matrix was prepared with 75% polyester resin and 25% styrene, mixed with a stirring rod until a homogeneous mixture with a density of 1.09 g/cm3 was obtained. Then, 0.1% cobalt octoate (accelerant) and 1.5% MEKP (catalyst) were added and stirred for 3 minutes by continuous stirring. The fabric was placed in the steel mold, and the resin solution was poured into the mold until a uniform thickness of 3.2 mm was obtained on the plate by physical compression for 30 minutes to produce a laminate. The laminates were cured at room temperature for 24 hours. After curing, the resulting plate was removed from the mold and cut into samples according to the procedure indicated in the standards for TS and FS testing. Figure 1 (a) and 1(b) show the raw taffeta and telethon weave fabrics, Figure 1(c) shows the alkalized taffeta weave fabric, Figure 1(d) shows the alkalized telethon weave fabric, and Figure 1(e) and Figure 1(f) show the polyester resin composite material reinforced with taffeta and telethon weave fabrics.

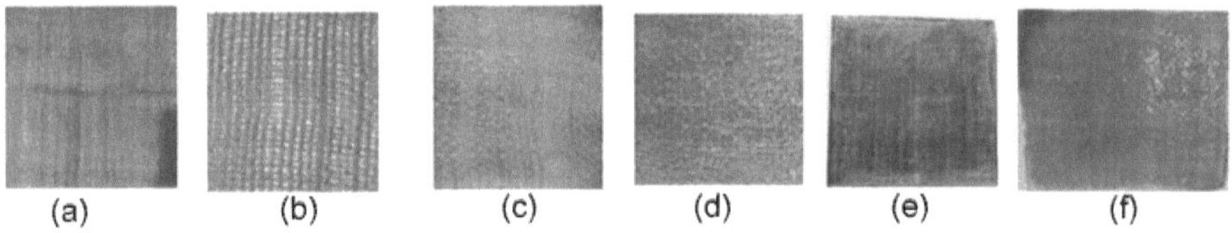

Figure. 1. Samples of raw fabric with alkaline treatment and composite materials.

Warp and Weft Tensile Test: The tensile strength (TS) and elongation at break were evaluated using the James Heal Titan 5 Dynamometer according to the procedure described in ISO 1421:1998, Method 2. The tests were performed on rectangular specimens (15 x 5 cm) with a thickness of 3.2 mm at room temperature. The specimens were placed in the jaws of the dynamometer and pulled until they broke. The test speed was 50 mm/min, the break detection was 20%, and the jaw separation was 100 mm.

Warp and Weft Flexural Test: The flexural properties of the composite material were evaluated using the three-point bending test technique on the AUTOGRAPH Model machine. The sample size was rectangular specimens (12.7 x 1.27 cm) at room temperature according to the procedure described in ASTM D-7264. The test was initiated by applying the load on the specimen at a speed of 1 mm/min and a support length of 100 mm. The deflection was measured with a gauge under the specimen in contact with it at the center of the support span.

Result

In the Table 2 shows the results of the CM of TS and FS of warp and weft.

Block	Tissue	Time (min)	WTS (N)	TSW (N)	WBS (N)	FSW (N)
1	1	60	685,4	1669,4	42,8	26,82
1	1	120	1113,6	1013,8	20,9	21,89
1	-1	120	1373,3	2573,06	25,5	51,49
1	-1	60	1008,9	1623,5	58,2	44,1
2	-1	120	1311,4	2044,37	28,3	57,96
2	1	60	805,5	1785,8	37,3	28,6
2	-1	60	1218,3	1826,31	61,6	39,7
2	1	120	1199,7	1083,9	31,1	26,5
3	-1	120	1191,1	2423,45	29,7	67,2
3	1	120	1199,7	983,4	37,3	21,6
3	1	60	639,4	1636,2	41,9	24,3
3	-1	60	1258,9	2152,38	54,2	44,7

Table 2. Matrix of experimental results. Results of TS and FS in the warp and weft direction of the compounds.

Discussion Analysis of variance for the Warp Tensile Strength: Table 3 presents the ANOVA that partitions the variability of R (Warp) into separate pieces for each of the effects A, B, and AB, and then tests the statistical significance of each effect by comparing its mean square against an estimate of the experimental error. The optimal value for warp tensile strength is 1291 N for the telethon weave fabric with 120 minutes of alkalization. In this case, the effects A, B, and AB have a P-value less than 0.05, indicating that they are significantly different from zero with a confidence level of 95.0%.

Source	Sum of Squares	Gl	Mean Square	F - Ratio	P-value
A: Weave type	246192,	1	246192,	26,20	0,0022
B: Time	261751,	1	261751,	27,85	0,0019
AB	82185,6	1	82185,6	8,74	0,0254
Blocks	16434,8	2	8217,42	0,87	0,4643
Total error	56388,9	6	9398,16		
Total (corr.)	662953,	11			

Table 3. Analysis of Variance for Tensile Strength (Warp)

The R-Squared statistic indicates that the model, as adjusted, explains 91.4943% of the variability in Warp Tensile Strength. The adjusted R-squared statistic, which is more suitable for comparing models with different numbers of independent variables, is 84.4062%. The standard error of the estimate shows that the standard deviation of the residuals is 96.9441. The mean absolute error (MAE) of 55.6528 is the average value of the residuals. The Durbin-Watson statistic (DW) tests the residuals to determine if there is any significant correlation based on the order in which the data are presented. Since the P-value is greater than 5.0%, there is no indication of serial autocorrelation in the residuals at a significance level of 5.0%.

Coefficient	Estimated
Constant	640,73
A: Fabric type	-391,507
B:Time	4,92303
AB	2,75858

Table 4. Coef. Regression for Tensile Strength (Warp)

R-squared = 91.4943%

R-squared (adjusted by g.l.) = 84.4062%

Standard error of the est. = 96.9441

Mean absolute error = 55.6528

Durbin-Watson statistic = 2.65724 (P=0.8232)

Residual autocorrelation of Lag 1 = -0.434414

Adjusted model equation:

Warp Tensile Strength = 640.73 - 391.507Weave type + 4.92303Time + 2.75858Weave typeTime

For citations of references, we prefer the use of square brackets and consecutive numbers. Citations using labels or the author/year convention are also acceptable. The following bibliography provides a sample reference list with entries for journal articles [1], an LNCS chapter [2], a book [3], proceedings without editors [4], as well as a URL [5].

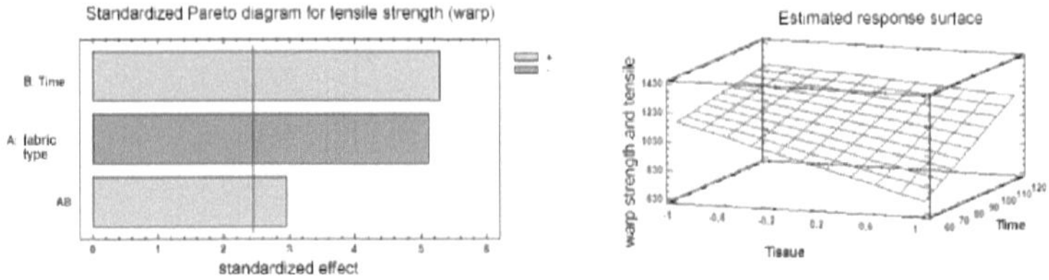

Fig. 2. Samples of raw fabric with alkaline treatment and composite materials.

Analysis of variance for the Weft Tensile Strength in the Table 5 presents the ANOVA that partitions the variability of Weft Tensile Strength into separate pieces for each of the effects, and then tests the statistical significance of each effect by comparing its mean square against an estimate of the experimental error. The optimal value is 1867.4 N for the telethon weave fabric with 60 minutes of alkalization. In this case, no effects have a P-value less than 0.05, indicating that they are significantly different from zero with a confidence level of 95.0%.

Source	Sum of Squares	Gl	Mean Square	F Ratio	P-value
A: Weave type	357537,	1	357537,	0,69	0,4373
B: Time	735283,	1	735283,	1,42	0,2779
AB	91840,0	1	91840,0	0,18	0,6880
Blocks	678246,	2	339123,	0,66	0,5524
Total, error	3,10014E6	6	516690,		
Total (corr.)	4,96304E6	11			

Table 5. Coef. Analysis of Variance for Tensile Strength (Weft)

R-squared = 37.5356%

R-squared (adjusted by degrees of freedom) = 0.0%

Standard error of the estimate = 718.811

Mean absolute error = 395.743

Durbin-Watson statistic = 2.25507 (P=0.4703)

Residual autocorrelation of Lag 1 = -0.196965

The R-Squared statistic indicates that the model, as adjusted, explains 37.5356% of the variability in Weft Tensile Strength. The adjusted R-squared statistic, which is more suitable for comparing models with different numbers of independent variables, is 0.0%. The standard error of the estimate shows that the standard deviation of the residuals is 718.811. The mean absolute error (MAE) of 395.743 is the average value of the residuals. The Durbin-Watson statistic (DW) tests the residuals to determine if there is any significant correlation based on the order in which the data are presented. Since the P-value is greater than 5.0%, there is no indication of serial autocorrelation in the residuals at a significance level of 5.0%.

Coeficiente	Estimate
Constant	2277,34
A: Fabric type	89,8383
B:Time	-8,25117
AB	-2,91611

Table 6. Coef. regression for Tensile Strength (Weft)

Mathematical model equation :

Tensile strength (Weft) = 2277.34 + 89.8383*Fabric type - 8.25117*Time - 2.91611*Fabric type*Time

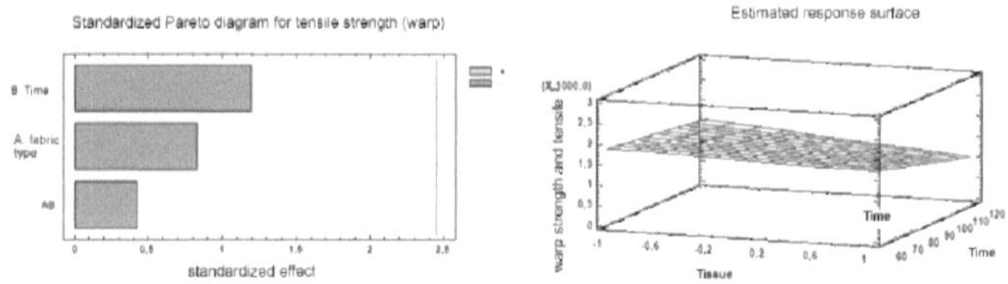

Fig. 3. Pareto Diagram and Surface Estimate

Analysis of Variance for Flexural Strength (Warp). The ANOVA table partitions the variability of Flexural Strength (Warp) into separate components for each of the effects. It then tests the statistical significance of each effect by comparing its mean square against an estimate of experimental error. The optimal value for flexural strength is 58.0703 for the telethon fabric after 60 minutes of alkalization. In this case, three effects have a p-value less than 0.05, indicating that they are significantly different from zero with a confidence level of 95.0%.

Source	Sum of Squares	Gl	Mean Square	F Ratio	P-value
A: Weave type	179,29	1	179,29	6,79	0,0404
B: Time	1264,89	1	1264,89	47,88	0,0005
AB	278,731	1	278,731	10,55	0,0175
Blocks	31,7424	2	15,8712	0,60	0,5783
Total, error	158,508	6	26,418		
Total (corr.)	1913,17	11			

Table 7. Coef. regression for Tensile Strength (Weft)

R-squared = 91.7149 percent

Adjusted R-squared = 84.8106 percent

Standard error of the estimate = 5.13984

Mean absolute error = 2.77283

Durbin-Watson statistic = 2.15759 (P=0.3784)

Residual autocorrelation at Lag 1 = -0.233851

The R-squared statistic indicates that the model, as adjusted, explains 91.7149% of the variability in Flexural Strength (Warp). The adjusted R-squared statistic, which is more appropriate for comparing models with a different number of independent variables, is 84.8106%. The standard error of the estimate shows that the standard deviation of the residuals is 5.13984. The mean absolute error (MAE) of 2.77283 is the average value of the residuals. The Durbin-Watson statistic (DW) tests the residuals to determine if there is any significant correlation based on the order in which the data appears in the file. Since the p-value is greater than 5.0%, there is no indication of serial autocorrelation in the residuals at a significance level of 5.0%.

Coeficiente	Estimate
Constant	69,9192
A: Fabric type	-18,3238
B:Time	-0,342228
AB	0,16065

Table 8. Coef. regression for Tensile Strength (Weft)

Fitted model equation:

Flexural Strength (Warp) = 69.9192 - 18.3238*Fabric Type - 0.342228*Time + 0.16065*Fabric Type*Time

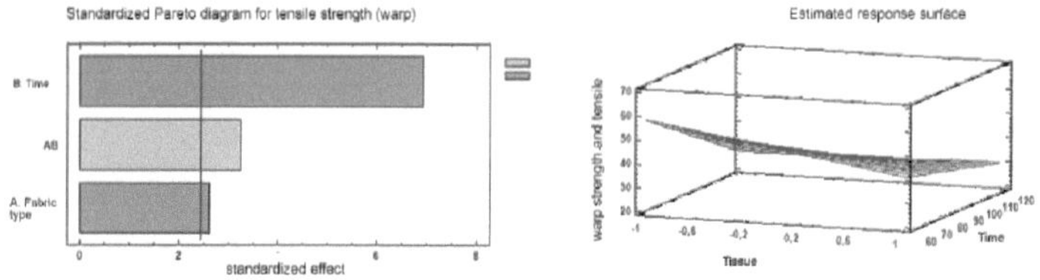

Fig. 4. Pareto Diagram and Estimated Response Surface

Source	Sum of Squares	Gl	Mean Square	F Ratio	P-value
A: Weave type	2012,64	1	2012,64	85,96	0,0001
B: Time	121,782	1	121,782	5,20	0,0627
AB	279,947	1	279,947	11,96	0,0135
Blocks	23,5626	2	11,7813	0,50	0,6280
Total, error	140,488	6	23,4147		
Total (corr.)	2578,42	11			

Table 9. Analysis of Variance for Flexural Strength (Weft)

R-squared = 94.5514 percent

R-squared (adjusted for g.l.) = 90.0109 percent

Standard error of the est. = 4.83887

Mean absolute error = 2.87793

Durbin-Watson statistic = 2.42009 (P=0.6288)

Residual autocorrelation of Lag 1 = -0.225403

The R-Square statistic indicates that the model, thus adjusted, explains 94.5514% of the variability in Flexural Strength (Weft). The adjusted R-squared statistic, which is more appropriate for comparing models with different numbers of independent variables, is 90.0109%. The standard error of the estimate shows that the standard deviation of the residuals is 4.83887. The mean absolute error (MAE) of 2.87793 is the average value of the residuals. The Durbin-Watson (DW) statistic tests the residuals to determine if there is any significant correlation based on the order in which the data is presented in the file. Since the P-value is greater than 5.0%, there is no indication of serial autocorrelation in the residuals at the 5.0% significance level.

Coeficiente	Estimate
Constant	28,369
A: Fabric type	1,53933
B:Time	0,106189
AB	-0,161

Table 10. Coef. regression for Tensile Strength (Weft)

Fitted model equation:

$$\text{Flexural Strength (Weft)} = 28.369 + 1.53933*\text{Fabric Type} + 0.106189*\text{Time} - 0.161*\text{Fabric Type}*\text{Time}$$

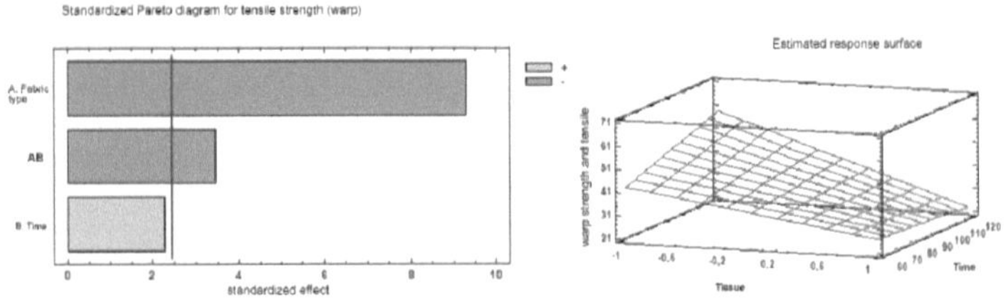

Fig. 5. Pareto Diagram and Estimated Response Surface

5. CONCLUSIONES

The selected raw materials and methodology used in this research ensure the production of different composite materials and evaluate the taffeta and telethon weave of abaca as an alternative to conventional and synthetic materials. The composite materials are prepared to assess properties such as tensile and flexural strength in warp and weft directions using the Titan 5 James Heal Dynamometer and AUTOGRAPH Model.

The evaluated composites yield the maximum value of tensile strength in the warp direction of 1291.97N for the telethon weave with 120 minutes of alkali treatment. For the tensile strength in the weft direction, the maximum value of 1867.496N is obtained in the telethon weave with 60 minutes of treatment. The maximum flexural strength in the warp direction is 58.07N in the telethon weave with 60 minutes of treatment, and the flexural strength of 58.89N is achieved in the telethon weave with 120 minutes of treatment. The composites made with the telethon weave exhibit higher tensile and flexural strength compared to the taffeta weave due to fewer voids in the weave.

The abaca fabric composites can be produced economically due to energy savings and time optimization, which allows for large-scale production driven by labor. Additionally, they are biodegradable.

Finally, this study is unique in its kind, as the literature review in the Scopus, Science Direct, and Web of Science databases revealed no existing research on these types of fabrics. This contribution to the field of weaving makes this study particularly valuable.

6. REFERENCIAS

Alves, C., Ferrão, P.M.C., Silva, A.J., Reis, L.G., Freitas, M., Rodrigues, L.B., y Alves, D.E. (2010). Ecodesign of automotive components making use of natural jute fiber composites. J. Clean. Prod. 18, 4, 313–327. https://doi.org/10.1016/j.jclepro.2009.10.022

Aseer, J.R., Sankaranarayanasamy, K.: Effect of fiber content on tensile retention properties of Cellulose Microfiber Reinforced Polymer Composites for Automobile Application. IOP Conf. Ser. Mater. Sci. Eng. 272, 1, (2017). https://doi.org/10.1088/1757-899X/272/1/012020

Baladivakar, S. et al.: Mechanical and Thermal Characteristics of Hybrid Composites Fortified with Flax, Banyan, and Glass Fibers for Automobile Safety Applications. J. Nat. Fibers. 19, 17, 15392–15403 (2022). https://doi.org/10.1080/15440478.2022.2125923

Berkouk, A. et al.: Mechanical, Morphological, Thermal and Dynamic Study of Composites of Unsaturated Polyesters-Date Palm Leaf Fiber DPLF. Rev. des Compos. des Mater. Av. 31, 6, 317–323 (2021). https://doi.org/10.18280/rcma.310602

Cai, M. et al.: Effect of alkali treatment on interfacial bonding in abaca fiber-reinforced composites. Compos. Part A Appl. Sci. Manuf. 90, 589–597 (2016). https://doi.org/https://doi.org/10.1016/j.compositesa.2016.08.025

Dzan, W.Y. et al.: THE APPLICATION OF COMPUTER IN VESSEL COMPUTATION AND MANUFACTURING, (2009).

Dzan, W. Y., Yang, H. J., & Lin, H. C. (2010). The application of computer in vessel computation and manufacturing. Recent advances in computer engineering and applications: proceedings of the 4th wseas international conference on computer engineering and applications (cea 10). pp.181-187. International Conference on Computer Engineering and Applications. https://dl.acm.org/doi/abs/10.5555/1808102.1808135

Goh, G.B. et al.: Characterization of mechanical properties of hybrid natural fibre reinforced polymer composite. AIP Conf. Proc. 2347, 1, 020150 (2021). https://doi.org/10.1063/5.0051580

Groo, L. et al.: Fatigue damage tracking and life prediction of fiberglass composites using a laser induced graphene interlayer. Compos. Part B Eng. 218, (2021). https://doi.org/10.1016/j.compositesb.2021.108935

Hasan, A. et al.: Making the lignocellulosic fibers chemically compatible for composite: A comprehensive review. Clean. Mater. 4, 100078 (2022). https://doi.org/https://doi.org/10.1016/j.clema.2022.100078

Hassoon, O.H. et al.: Experimental Study of Failure Analysis in Notched and Repaired Fiberglass Epoxy Composite. Adv. Sci. Technol. Res. J. 16, 2, 99–108 (2022). https://doi.org/10.12913/22998624/145309

Imran, A. Bin, Susan, M.A.B.H.: Chapter 5 - Natural fiber-reinforced nanocomposites in automotive industry. In: Song, H. et al. (eds.) Micro and Nano Technologies. pp. 85–103 Elsevier (2022). https://doi.org/https://doi.org/10.1016/B978-0-323-90524-4.00005-0

John, M.J., Molaba, T.P.: Mechanical Properties and Water Sorption of Chemically Modified Natural Fiber-Based Composites. Presented at the (2021). https://doi.org/https://doi.org/10.1016/B978-0-12-819724-0.00106-3

Justavino, J.: La fibra de vidrio en su estado contaminante. Science (80-.). 4, 1–2 (2013).
Kenned, J.J. et al.: Evaluation of structural integrity of needle punched banana fiber reinforced industrial safety helmets. Polym. Polym. Compos. 30, 173, 1–14 (2022). https://doi.org/10.1177/09673911221074889
Madhusudhan Reddy, B. et al.: Mechanical, thermal and morphological properties of raw cordia dichotoma fiber reinforced epoxy composites. Curr. Res. Green Sustain. Chem. 5, 100264 (2022). https://doi.org/https://doi.org/10.1016/j.crgsc.2022.100264
Mahmoud Zaghloul, M.Y. et al.: Developments in polyester composite materials – An in-depth review on natural fibres and nano fillers. Compos. Struct. 278, 114698 (2021). https://doi.org/https://doi.org/10.1016/j.compstruct.2021.114698
Di Mauro, C. et al.: Chemical and mechanical reprocessed resins and bio-composites based on five epoxidized vegetable oils thermosets reinforced with flax fibers or PLA woven. Compos. Sci. Technol. 205, September 2020, 108678 (2021). https://doi.org/10.1016/j.compscitech.2021.108678
Mohan Kumar, A. et al.: Effect of abaca reinforced polymer composite on dynamic mechanical analysis. Colloid Polym. Sci. 299, 11, 1657–1667 (2021). https://doi.org/10.1007/s00396-021-04881-y
Mokhothu, T.H. et al.: 4 - Influence of silane modification on the properties of natural fibers and its effect on biocomposites. In: Shahzad, A. et al. (eds.) Woodhead Publishing Series in Composites Science and Engineering. pp. 67–93 Woodhead Publishing (2022). https://doi.org/https://doi.org/10.1016/B978-0-12-821863-1.00004-1
Mulaan, N.A. et al.: The effect of different number of layers and fiber distribution on the performance of composite laminates. J. Phys. Conf. Ser. 1973, 1, 012067 (2021). https://doi.org/10.1088/1742-6596/1973/1/012067
Obi Reddy, K. et al.: Tensile and structural characterization of alkali treated Borassus fruit fine fibers. Compos. Part B Eng. 44, 1, 433–438 (2013). https://doi.org/https://doi.org/10.1016/j.compositesb.2012.04.075
Öztürk, S. et al.: The weathering study of PC/ASA alloy for automotive exterior applications. J. Turkish Chem. Soc. Sect. A Chem. 5, 1, 61–72 (2018). https://doi.org/10.18596/jotcsa.288358
Paglicawan, M.A. et al.: Plasma-treated abaca fabric/unsaturated polyester composite fabricated by vacuum-assisted resin transfer molding. Int. J. Precis. Eng. Manuf. - Green Technol. 1, 3, 241–246 (2014). https://doi.org/10.1007/s40684-014-0030-3
Parashar, S., Chawla, V.K.: A systematic review on sustainable green fibre reinforced composite and their analytical models. Mater. Today Proc. 46, 6541–6546 (2021). https://doi.org/https://doi.org/10.1016/j.matpr.2021.03.739
Pietropaoli, A. et al.: Manejo de la fibra de vidrio en entorno laboral, potenciales efectos sobre la salud y medidas de control (Revisión). Med Segur Trab. 61, 240, 393–414 (2015).
Radzi, F.S.M. et al.: Manufacturing defects and interfacial adhesion of Arenga Pinnata and kenaf fibre reinforced fibreglass/kevlar hybrid composite in boat construction application. Phys. Sci. Rev. https://doi.org/10.1515/psr-2022-0078
Tudela, J. et al.: Enhanced Reader.pdf, (2010).
Visco, A.M. et al.: Fiber reinforced polyester resins polymerized by microwave source. J. Mater. Eng. Perform. 16, 6, 792–799 (2007). https://doi.org/10.1007/s11665-007-9102-7 WE - Science Citation Index Expanded (SCI-EXPANDED).

EXPERIENCIAS Y PERCEPCIÓN EN DOCENTES DE FORMACIÓN GENERAL EN CONTEXTOS DE PANDEMIA COVID-19 AÑOS 2020 Y 2021

Vicente Muñoz Griffith, Daniela Gómez Céspedes y Olga Arellano Araya[1]

El presente artículo nace en el marco de un proyecto de Investigación de la Universidad del Alba. (Santiago-Chile), "Docentes de Formación General de la Universidad del Alba en contextos de pandemia covid-19: experiencias y percepción en la modalidad virtual años 2020 y 2021".

1. INTRODUCCIÓN

La pandemia de la covid-19 generó profundas transformaciones que nos obligó a cambiar las rutinas cotidianas en todos los ámbitos de nuestras vidas. La velocidad en la expansión de la pandemia impactó de manera profunda en los sistemas educativos de todos los países del mundo y requirió tomar medidas urgentes de cambio en la modalidad de enseñanza presencial a una modalidad virtual y que involucró a más del 90 % de la población educativa tanto a nivel pre escolar como a nivel universitario, que terminó por convertirse en una de la mayor "interrupción simultánea de servicios educativos a nivel global de la historia reciente" (UNESCO, 2021, p. 5).

La suspensión masiva de las clases presenciales a principios del año 2020 obligó a las instituciones de educación superior a planificar diversas estrategias para dar continuidad a la formación de los estudiantes universitarios que incluyeran a quienes continuaban sus estudios como para los que recién iniciaban sus carreras profesionales. La respuesta a esta interrupción de los servicios educativos fue utilizar mecanismos alternativos que permitieran mantener el vínculo entre estudiantes y docentes con el objetivo de continuar con el proceso de formación profesional de acuerdo con los diferentes contextos educativos, y para esto se comenzó a utilizar nuevas plataformas educativas a las que se le denominó en una primera oportunidad educación a distancia (UNESCO, 2021, p.12).

Esta modalidad de educación a distancia, que sólo algunos conocían, fue una de las soluciones a esta emergencia sanitaria, por lo siguiente conocer como esta respuesta educativa se fue implementando al inicio del período académico y cuál fue el impacto que tuvo en la vida de los docentes se convierte en una de las más importantes preocupaciones que estarán presentes en posteriores investigaciones a realizar por las instituciones de educación superior. Lo que sabemos es que la implementación de esta modalidad virtual

---

1. Universidad del Alba, Santiago (Chile)

en contexto de pandemia estuvo llena de dificultades de funcionamiento, ya sea por la desconfianza de la nueva modalidad virtual.

Es así como docentes y estudiantes se enfrentaron a diversos problemas ya sea por problemas de conectividad, por carencia de equipos computacionales adecuados para las clases, por el reducido tiempo para adecuarse al cambio de metodologías y prácticas pedagógicas presenciales por otras metodologías relacionadas a nuevos entornos digitales, o por último, el desconocimiento del uso de plataformas como Skype, Colabórate, Google Meet, y más adelante Zoom, entornos digitales que para la mayoría de los estudiantes eran desconocidos.

Por lo mismo, en los primeros meses de la implementación de clases en modalidad virtual muchos docentes impartieron sus clases con prácticas pedagógicas y metodologías parecidas a las clases presenciales que, al poco tiempo, terminaron por desgastar a docentes y estudiantes, principalmente producto del prolongado tiempo frente a la pantalla. Afortunadamente todas estas prácticas se fueron modificando con el tiempo para el bien de docentes como de estudiantes (Salazar Herrera *et al.,* 2020, p. 3).

De esta manera se inició el proceso para adaptarse a la mayor interrupción de los servicios educativos señalados por la UNESCO. El proceso de adaptación significó de inmediato en implementar en todas las carreras modelos de clases virtual y al mismo tiempo comenzar a explicar a los docentes y estudiantes esta nueva forma de aprender y relacionarse con los conocimientos hasta el término de la pandemia. Para las autoridades el desafío fue mayor ya que era primordial mantener en funcionamiento las instituciones para continuar con los procesos educativos, esto requirió realizar perfeccionamiento urgente a los docentes en el uso de las plataformas digitales con que contaba la Universidad y por otra parte, detectar entre los estudiantes si estos contaban con recursos tecnológicos adecuados para participar de las clases modalidad virtual y lo primero que se evidenció fue "la falta de estructura tecnológica (wifi, equipos móviles, computadoras) de los estudiantes; falta de espacio en los hogares para que los estudiantes pudieran realizar actividades" (Salazar Herrera *et al.*, 2020, p. 4).

Como logramos apreciar, las dificultad de pasar de una modalidad presencial a una modalidad virtual significó hacerse cargo de muchos inconvenientes que era importante registrar para mejorar las futuras experiencias, es por esta razón que entender la magnitud de este proceso de adaptación de nuestros docentes es de vital importancia para mejorar nuestras prácticas pedagógicas en futuros ambientes inciertos de crisis. No obstante, también no todo ha sido dificultad también esta experiencia se convirtió en una oportunidad situación que aprovecharon muchas instituciones universitarias de ampliar nuevos programas de formación profesional utilizando la modalidad virtual de manera permanente.

La prolongación de la pandemia también nos impuso nuevos desafíos que consistían en comenzar a realizar diversos estudios sobre esta experiencia en temas como, por ejemplo; mejorar los futuros planes y programas en contexto de pandemia, (Miguel Román, 2020) o investigaciones que se enfocaran en detectar sobre las percepciones de nuestros docentes sobre la eficacia de la modalidad virtual en la formación profesional de nuestros estudiantes, en la necesaria adecuación de las evaluaciones, para que los estudiantes no utilicen el recurso de la copia o el plagio, y priorizar ciertos tipos de aprendizajes en un contexto de emergencia sanitaria (Morales Parada y Nova Rodríguez, 2020), pero igualmente se consideró importante detectar como fue el impacto emocional y físico de nuestros docentes ante tan amplias exigencias.

Es así como el año 2021 se publicaron importantes investigaciones que profundizaban sobre la experiencia docente evidenciando que una gran mayoría de ellos realizaron un gran esfuerzo desde la ubicación de un espacio adecuado en sus propios hogares que permitiera realizar su labor docente en mejores condiciones y con su propios equipos computacionales que, en algunos casos significó enfrentar dificultades relacionadas s a problemas de conectividad tanto de ellos mismos como de sus estudiantes , todo esto requirió realizar mayores esfuerzos y tiempo para su solución lo que significó mayor sobrecarga de trabajo de la habitual (Vera, 2021).

La exigencia y sobrecarga de trabajo se manifestó en la necesidad de adecuar el currículo en contextos de pandemia ya que este fue diseñado para las clases presenciales, pero también comenzar a privilegiar la enseñanza de nuevas competencias para los estudiantes y adecuarla a la realidad que se estaba viviendo. Todas estas preocupaciones se aprecian en la investigación de Kroff *et al.* (2022) de la Universidad de Los Lagos en Chile. Este trabajo se plante dentro de sus objetivos evidenciar el sentir, los obstáculos, las competencias desarrolladas y los retos reales que produjo el ajuste de clases presenciales a virtuales desde la voz de estudiantes, docentes y administrativos, y que sus resultados sirvieran para elaborar nuevas propuestas, programas o plan en educación superior en contextos de pandemia. La idea principal era dar continuidad a los estudios de nuestros estudiantes y que varias instituciones de apoyo educativo consideraban esenciales para esta tarea (Elige Educar, 2021, p,1).

Es por esta razón, que un grupo de investigadores decidimos realizar una investigación para registrar la experiencia de los docentes de la unidad de Formación General de la Universidad del Alba entre los años 2020 y 2021 que nos permita entregar una visión más global acerca de las experiencias de nuestros docentes, tanto en sus dificultades y aprehensiones como también de su aprendizaje profesional producto del desafío pedagógico a la que se vieron sometidos.

Esta unidad fue creada el año 2014 y una de sus tareas principales es realizar, en una primera instancia, diagnósticos de ingreso en el área de lenguaje y matemáticas, que de acuerdo con los resultados permita a los estudiantes con más dificultades en esas dos áreas realizar una nivelación en las asignaturas de Lenguaje y Habilidades Comunicacionales y Razonamiento Lógico Matemático. Como segunda tarea de la unidad de Formación General que recoge aspectos del modelo formativo y el perfil general de formación, tiene la tarea de desarrollar la formación de competencias en Lenguaje y Comunicación, estrategias de razonamiento matemático, uso de las Tecnologías de la Información y Comunicación a nivel académico, y por último, incorporar actividades curriculares del área de Innovación y Emprendimiento, Ética y Responsabilidad Social y Liderazgo y Trabajo colaborativo que responden al perfil de egreso de los estudiantes de la Universidad del Alba.

En términos concretos a través de esta unidad el estudiante que ingresa por primera vez a la universidad recibe apoyo para nivelar sus competencias de entrada con el fin de potenciar las habilidades indispensables requeridas para iniciar y mantenerse cursando satisfactoriamente sus estudios superiores, es por esto que la mayoría de sus cursos se enfocan en desarrollar competencias personales e intelectuales, mejorar sus rendimientos académicos, la titulación oportuna y la empleabilidad una vez egresados de la Universidad.

2. OBJETIVOS

Los objetivos que están planteados en esta investigación son:

1. Describir la percepción de los docentes sobre la experiencia de la enseñanza modalidad online en la UDALBA, producto de la pandemia de la covid-19.
2. Identificar las herramientas y estrategias de enseñanza utilizadas por los docentes de la UDALBA en las clases modalidad online.
3. Especificar el tipo de estrategias o recursos utilizados por los docentes para evaluar a los estudiantes en las clases modalidad online.

3. METODOLOGÍA

Esta investigación se realizó desde un enfoque mixto, de carácter exploratorio ya que el paradigma que sustentan la investigación cualitativa es el comprensivo, mientras que para la cuantitativa es el explicativo, es decir la investigación mixta "[...] interpreta información cuantitativa a través de símbolos numéricos y datos cualitativos a través de la observación, interacción participativa e interpretación del discurso de los sujetos (semántica)" (Knechtel, 2014, p. 106).

Lo que se pretende en esta investigación es comprender el fenómeno de manera más amplia y profunda para analizar el planteamiento del problema con mayor claridad a través de indagaciones más dinámicas y con mayores inferencias científicas. Para esto se elaboró un instrumento cuestionario en Google Forms de 48 preguntas de selección múltiple, de estas 4 preguntas fueron preguntas abiertas para ver la percepción que tienen los docentes respecto a la adaptación de estas nuevas modalidades en sus estrategias pedagógicas y su relación con los estudiantes en un contexto de Pandemia.

Este instrumento comprendió ítems relacionados a las:

a. Estrategias, herramientas o recursos utilizados para impartir sus clases durante este período de pandemia.
b. Software utilizados para impartir sus clases en este período de pandemia.
c. Capacitación y acompañamiento docente para trabajar en la modalidad online de parte de la Universidad.
d. Tipo de recursos más utilizados para la evaluación de los estudiantes.

Con respecto a la percepción las preguntas estas fueron orientadas a conocer:

a. Apreciación de la formación profesional en modalidad online.
b. Ventajas y desventajas de ser profesor en modalidad online.
c. Dificultades más comunes en las clases online.
d. Interacción con los estudiantes.

Al mismo tiempo, el tipo de estudio utilizado para esta investigación es el interpretativo, ya que, este permite dar sentido a lo expresado por las personas, tanto de forma verbal como no verbal, por medio de la comprensión de sus experiencias, haciendo como dice su nombre, una interpretación de la realidad con la finalidad de entender de qué manera han ocurrido los fenómenos (Barbera e Inciarte 2012). En la encuesta participaron 22 Docentes de Formación General de las diferentes sedes de la Universidad del Alba. Por último, con relación a los aspectos éticos, en la investigación se resguardó la confidencialidad de opiniones y la privacidad de las identidades de los docentes encuestado igualmente se informó, en reunión previa, los objetivos de esta, señalando que la participación era voluntaria y consentida mediante la aprobación de un consentimiento informado.

4. DESARROLLO DE LA INVESTIGACIÓN

Los resultados de la investigación que presentaremos a continuación corresponden a las dimensiones señaladas anteriormente de que podemos destacar como más relevantes en nuestro estudio que comenzamos a detallar de ahora en adelante.

Con respecto a la experiencia profesional previa, la encuesta señala que 8 docentes tenían cerca de 10 años de experiencia en dictar clases modalidad virtual, mientras que 11 restantes tenían cerca de 5 años de experiencia en docencia universitaria. Igualmente10 de los docentes ya tenían conocimiento las metodologías y estrategias de la modalidad virtual y el 54% ya tenía experiencia docente en dictar curso modalidad online y esto permitió al 81% de los docentes modificar los contenidos y actividades para adaptarlos a la clase virtual. El 95% de habilitó un lugar de la casa para dictar clases y el ligar preferido fue el dormitorio y el comedor la mayoría de las veces fue el dormitorio (Figura 1). Para un 86% esta modalidad significó un aumento del en la cantidad de trabajo, pero es importante destacar que igualmente el 72,7% valoró no desplazarse diariamente a su lugar de trabajo.

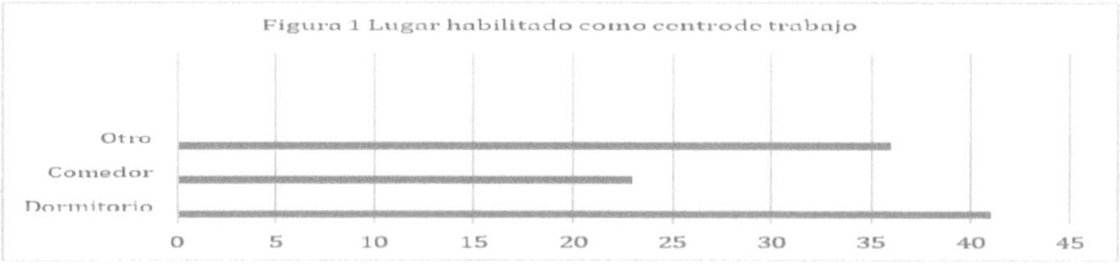

Figura 1. Lugar habilitado como centro de trabajo. **Fuente:** Elaboración propia.

Se destaca en las respuestas de los docentes que no hubo una gran diferencia con relación al nivel de concentración de los estudiantes tanto el año 2020 y 2021 pero se constató que bajó el nivel de atención a menos de 40 minutos de parte de ellos. Por otro lado, el dispositivo más utilizado según los docentes (59,1%) fue de aparatos móviles y sólo un 38% respondió que sus estudiantes usaban el ordenador. Esta falta de Pc y notebook sumado a los problemas de conectividad dificultaron que los estudiantes siguieran el rito de las clases y las actividades desarrolladas por el docente, para mejorar contenidos de clases y sus respectivas evaluaciones (Miguel Román, 2020).

Con relación a su salud tanto física como emocional durante las clases en tiempo de pandemia una mayoría de los docentes manifestó que la carga de trabajo repercutió en sus estados de ánimo generando en un 70% de los encuestados problemas de ansiedad, en un 35% se manifestó irritabilidad al igualmente que cuadros de angustia (Figura 1) Desde el punto de vista de salud un 57% sufrió de problemas a la vista por el uso excesivo del computador, y un 33,3% aumento de peso, dolores musculares y fatiga. (Figura 3).

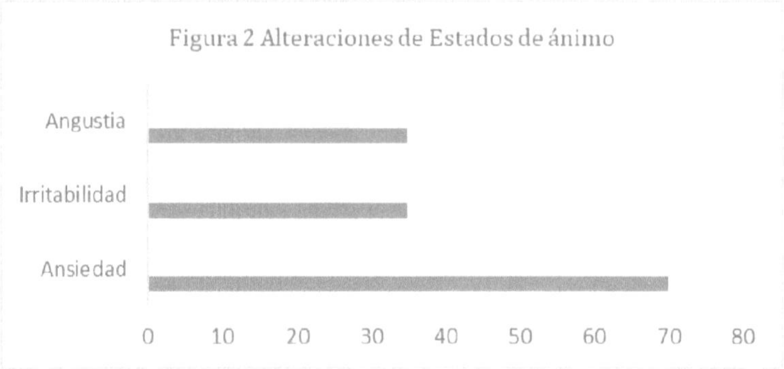

Figura 2. Alteraciones de estados de ánimo. Fuente: Elaboración propia.

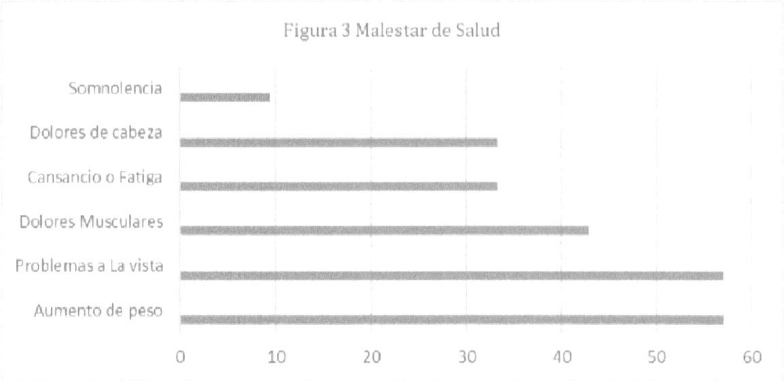

Figura 3. Malestar de salud. Fuente: Elaboración propia.

Con respecto al apoyo institucional para realizar las clases modalidad virtual se señaló en la encuesta que solo el sólo un 59% de ellos recibió el apoyo de la universidad. Si bien los docentes valoran los esfuerzos en perfeccionamiento realizados por la institución, un 59,1% considera que sus superiores no lograron comprender lo difícil que era trabajar en esa modalidad. Todo esto se suma a la presión de la familia por reducir las horas de trabajo en la casa. Lo manifestado por los docentes coincide con lo señalado por Cea-Leiva, *et al* (2022), ya que la pandemia "afectó rutinas, convivencias y espacios no siempre fáciles de compatibilizar con el trabajo en casa, con una sensación de estar presentes en el hogar, pero ausentes en su actuar" (Cea-Leiva *et al.*, 2022, p. 188).

5. CONCLUSIONES

La investigación ha revelado que los docentes se enfrentaron a un cambio imprevisible en la modalidad de clases, todo esta situación los llevó a adaptarse en la entrega de contenidos de sus asignatura sobre la marcha sin tener, una mayoría de ellos, las herramientas y capacitación digital necesarias para llevar a cabo un proceso educativo satisfactorio, todo esto significó realizar procesos de autoaprendizajes de las TICS in situ, flexibilización tanto de metodologías como procesos evaluativos, y a la vez cumpliendo a cabalidad con el programa de estudio, sin tener en consideración el nivel de estrés a que fueron sometidos los docentes y estudiantes.

Observamos en las respuestas que las clases virtuales, significó para los docentes un aumento significativo de la carga y jornada de trabajo, ya que ellos muchas veces ocupaban un tiempo después de clases para responder dudas de los estudiantes todo esto fuera de su horario laboral. Esta actividad no fue valorada por los cargos directivos de la universidad que no incremento sus remuneraciones en el tiempo dedicado a la preparación de material didáctico y a diseñar nuevas formas de evaluaciones, fundamentalmente debido a que se evidencio que, en las primeras evaluaciones sumativas, en las clases bajo esta modalidad, los estudiantes copiaban más de la cuenta. Todo esto señalado por los decente junto a las exigencias de la familia para compartir más tiempo con ellos, generó efectos negativos en sus estados de ánimo. como altos grados alto de ansiedad y problemas físicos entre ellos dolores musculares y aumento de peso.

No obstante, todas estas dificultades, los docentes consideraron que la experiencia de la modalidad virtual fue positiva ya que esto ha permitido complementarlas en la actualidad con las clases presenciales, y finalmente para las instituciones de educación superior ha sido un reto en adaptarse a las nuevas tecnologías y a modalidades educativas virtuales que permanecerán a lo largo del tiempo en la formación profesional de las futuras generaciones de estudiantes.

La experiencia acumulada durante estos dos años para nuestros docentes puede ser un excelente suministro para los nuevos desafíos de la modalidad virtual que se han acrecentado producto de la ampliación de nuevas ofertas académicas y profesionales de la educación superior. Estamos ante un escenario, que esta emergencia sanitaria nos colocó, ante nuevos modelos de prácticas universitarias que incluye metodologías pedagógicas diferentes a las presenciales, como el formato blended que incluye el formato presencial y el virtual como lo señala el Banco interamericano de desarrollo (Bergamaschi *et al., 2020*, p.5).

6. AGRADECIMIENTOS

Esta investigación nace del programa de Investigación científica 2022 que desarrolla y financia la Universidad del Alba sobre Percepción y experiencia en Docente de Formación General de la Universidad del Alba 2020 y 2021.

7. REFERENCIAS

Barbera, N. y Inciarte, A. (2012). Fenomenología y hermenéutica: dos perspectivas para estudiar las ciencias sociales y humanas. *Multiciencias, 12*(2), 199-205 https://www.redalyc.org/pdf/904/90424216010.pdf

Bergamaschi, A., Cardini, A., D'Alessandre, V., Torre, E. y Ollivier, A. (2020). *Educar en pandemia: entre el aislamiento y la distancia social.* Banco Interamericadno de Desarrollo (BID). http://dx.doi.org/10.18235/0002494

Cea-Leiva, F., Pascual Hoyuelos, G., Sanhueza Jara, S. y Cristi González, R. (2022). Educación a distancia en emergencia: Experiencias de docentes universitarios del Sur de Chile en tiempos de covid-19. *Perspectiva Educacional, 61*(3), 173-197. https://dx.doi.org/10.4151/07189729-vol.61-iss.3-art.1320

Elige Educar (2021). *Situación de Docentes y Educadores en Contexto de Pandemia Necesidades y proyecciones para la labor docente en el marco del escenario sanitario vigente.* https://n9.cl/ujg4u

Knechtel, M. R. (2014). *Metodología da pesquisa em educação: uma abordagem teórico-prática dialogada.* Intersaberes.

Kroff, F., Hiller, E., y Casanova, O. (2022). Educación superior en tiempos de pandemia (COVID-19): el caso de la Universidad de Los Lagos Sede Chiloé, Chile. En E. Parra, B. Maroto, y J. Puche (Eds.). *Las aulas en pandemia: la COVID-19 y sus efectos docentes* (pp. 29-40). Universidad Complutense de Madrid. http://funes.uniandes.edu.co/31519/

Morales Parada, F. y Nova Rodríguez, F. (2020) Percepción de la Educación a Distancia de emergencia en año de covid-19 en carreras de Auditoria de Universidades chilenas. *Revista de Investigación Aplicada en Ciencias Empresariales, 10*(1). https://doi.org/10.22370/riace.2021.10.1.2977

Miguel Román, J. A. (2020) La educación superior en tiempos de pandemia: una visión desde dentro del proceso formativo. *Revista Latinoamericana de Estudios Educativos, 50*(especial). https://doi.org/10.48102/rlee.2020.50.ESPECIAL.95

Salazar Herrera, V., Da Silva, S., Rocha dos Santos, C. y Petronili de Oliveira, L. (2020). Desafíos docentes durante la Pandemia de COVID-19: herramientas y estrategias. *Educitec - Revista de Estudos e Pesquisas sobre Ensino Tecnológico, 6,* e156420, https://doi.org/10.31417/educitec.v6.1564

Vera, F. (2021). Experiencia de docentes universitarios durante la educación remota de emergencia debido a la crisis por COVID-19. *Transformar, 2*(2), 40–57. https://www.revistatransformar.cl/index.php/transformar/article/view/22

UNESCO (2021). *Las respuestas educativas nacionales frente a la COVID-19 El panorama de América Latina y el Caribe.* UNESCO. https://unesdoc.unesco.org/ark:/48223/pf0000377074

REUTILIZACIÓN DE DESECHO INDUSTRIAL ESCORIA COMO SUSTITUTO DE ÁRIDO FINO EN ADOQUINES

Ana Paulina Ortiz Viñán[1]

1. INTRODUCCIÓN

La agenda 2030 para el desarrollo sostenible establece una visión transformadora hacia la sostenibilidad económica, social y ambiental; dentro de los 17 objetivos del desarrollo sostenible a nivel mundial, el noveno objetivo hace referencia a construir infraestructuras resilientes, promover la industrialización inclusiva, sostenible y fomentar la innovación. De esta manera, enfocándose en la meta 9.4 consistente en la modernización de la infraestructura, así como la reconversión de las industrias para que sean sostenibles, se ha propiciado iniciativas de utilización de los recursos con mayor eficacia, promoviendo la adopción de tecnologías y procesos industriales limpios y ambientalmente racionales (Organización de las Naciones Unidas, 2018). Entre las acciones tendientes a reducir la contaminación ambiental se plantea promover las tecnologías y procesos industriales limpios, mediante la fabricación de adoquines, elaborados con escoria de acero y partículas de plástico en sustitución del agregado grueso y fino en el hormigón (Jorge de Brito y Nabjyoti Saikia, 2013).

Patricia Vila *et al.*(2017), mencionan que el hormigón fabricado con sustitución de desechos o escoria de acero por un árido, contribuye a la mitigación de la contaminación ambiental. Según el estudio realizado por Yi Jiang et al. (2018), establecen que los residuos siderúrgicos que se producen en grandes cantidades anualmente en todo el mundo, permite establecer a la escoria de acero como un recurso verde. En países como EE. UU el 60,3 % lo usan como base para las vías, se recomienda la aplicación del polvo de la escoria como componente del hormigón en proporciones de hasta 10,9%.

Los componentes de la escoria generada del horno de arco eléctrico varían de acuerdo al tipo de chatarra utilizada para la fundición (Ricardo Cruz *et al.*, 2015), siendo su principal característica física la alta dureza, y la posibilidad de adoptar diversas dimensiones cuando se somete a trituración, lo que ha permitido que sea aplicada como agregado en la capa de rodadura, o como componente de mezcla de hormigón (Maile Boza, 2011). Nurul Roslan *et al.* (2020), en la investigación mencionan que el uso del subproducto en sustitución del 100% de agregado para pavimentos rígidos ha mostrado resultados que proporcionan una mejor trabajabilidad; sus propiedades presentan un tipo de blindaje en la aplicación del diseño para reactores nucleares, mayor densidad específica y absorción

1. Universidad Técnica Particular de Loja (Ecuador)

de agua. La aplicación de escoria de acero en la construcción de carreteras puede definirse como rentable porque reduce el consumo de agregados no renovables (Mansour Fakhri y Amin Ahmadi, 2017); así mismo el uso de desechos industriales en el campo de la construcción forma parte del Objetivo de Desarrollo Sostenible (ODS) 12 "Producción y consumo responsable", porque conduce a un destino y alojamiento final viable, tendientes a reducir el tamaño de los depósitos finales y desalojo en la cercanía de los afluentes.

Ecuador es un país de producción siderúrgica por excelencia; algunas empresas generan grandes cantidades de productos y a la vez desechos como la escoria, con un promedio anual de generación de desechos de alrededor de 60 mil toneladas que en su mayoría se depositan en rellenos sanitarios; a pesar que existe otro tipo de reutilización, solo el 25% del desecho es usado para otros fines (Rodolfo Najarro *et al.*, 2018). Patricia Vila *et al.* (2017), señalan que algunos países en la actualidad han establecido el uso de pavimento rígido y adoquines como capa de rodadura, particularmente en estructuras de parqueaderos, vías de acceso vehicular, peatonal y áreas públicas, no solo mediante la aplicación de hormigón convencional fabricado con agregado grueso, fino, cemento y agua, sino también hormigón fabricado con materiales de construcción no convencionales; la aplicación de escoria constituye una mejor alternativa de resistencia al fisuramiento que tiende a sufrir el hormigón, además reduce la porosidad y minimiza posible gradación del hormigón, la escoria de acero como material granular presenta un peso ligero y mejor resistencia (Shaekhar Saxena S. y A.Tembhurkar, 2018).

La escoria aplicada en la investigación fue proporcionada por la empresa Acería Nacional del Ecuador (ANDEC) encargada a nivel nacional de la captación de material ferroso reciclado, convertido en chatarra para su transformación y posterior elaboración de productos de acero; los agregados utilizados se los obtuvo de la planta de asfaltos del Gobierno Autónomo Descentralizado Municipal del cantón Loja.

2. OBJETIVO

Evaluar el comportamiento de la escoria de acería aplicada en varios porcentajes de sustitución del árido fino, en la fabricación de adoquines de hormigón de alto tráfico vehicular, mediante la comparación experimental de la resistencia a la compresión.

3. MARCO TEÓRICO

3.1. Escoria de horno de arco eléctrico

Según National Slag Association, se define a la escoria de horno de arco eléctrico como un material que no tiene ningún tipo de amenaza fisicoquímica que pueda afectar al ser humano; puede ser recomendada su aplicación en cualquier ámbito de la construcción (Iñigo Lucas, 2022).

En la actualidad sus componentes químicos más comunes son el hierro, zinc entre otros metales pesados como el cadmio y el plomo, mismos que se desintegran durante el proceso de fundición (J. Baalamurugan *et al.*, 2019); sin embargo los componentes de la escoria generada del horno de arco eléctrico varían de acuerdo al tipo de chatarra utilizada para la fundición (Armando Camarena, 2022).

3.2. Hormigón con escoria de acero

Actualmente se ha introducido la escoria de acero como componente del hormigón, en sustitución de áridos finos, esto con el objetivo de obtener productos de mejor resistencia y de menor peso en comparación de los elementos tradicionales. Este tipo de hormigón proyecta un mejoramiento de todos los procesos constructivos en lo referente a durabilidad y resistencia al fisuramiento; presentando a la vez características resistentes a la compresión simple (Sócrates Muñoz *et al.*, 2014).

3.3. Hormigón para adoquines

La producción de adoquines de hormigón y su aplicación como capa de rodadura, es una opción para el tráfico vehicular de bajas velocidades, la diferencia que existe entre el pavimento rígido o flexible con el pavimento de adoquín está en la contextura de la capa de rodadura, debido a que está estructurada por adoquines inter trabados comportándose como estructura semiflexible (Rodrigo Bahamondes *et al.*, 2013).

Patricia Vila *et al.* (2017), mencionan que en los últimos años el hormigón fabricado con sustitución de desechos o escoria de acero por un árido, contribuye en la mitigación de la contaminación ambiental, comprobándose además en los resultados el incremento en la resistencia a la compresión, así como la reducción del calor de hidratación.

Nurul Roslan *et al.* (2020) mencionan que el uso de escoria como agregado del 100% para pavimentos rígidos, ha mostrado resultados que proporcionan una mejor trabajabilidad y que sus propiedades presentan un tipo de blindaje en la aplicación del diseño para reactores nucleares.

4. METODOLOGÍA

Previo a realizar la investigación, se realizó el acopio de materiales requeridos en la fabricación de adoquines, los agregados grava y arena para el hormigón se los recopiló de la planta productora de adoquines del Gobierno Autónomo Descentralizado Municipal de Loja, ubicada en el sector Tenería, coordenadas: E 694216, S 9564179.

La escoria negra que se utilizó como sustituto del agregado en la elaboración de hormigón convencional, fueproporcionada por la empresa ANDEC situada en la ciudad de Guayaquil. La escoria enviada presentó diferentes dimensiones y algunas impurezas en la superficie externa, por lo que al momento de recibir el envío se realizó un proceso de lavado con agua potable y secado al ambiente.

La Figura 1 resume el proceso experimental para la fabricación de adoquines vehiculares de hormigón, aplicando 10%, 25%, 50% y 75% de escoria como sustituto del agregado fino.

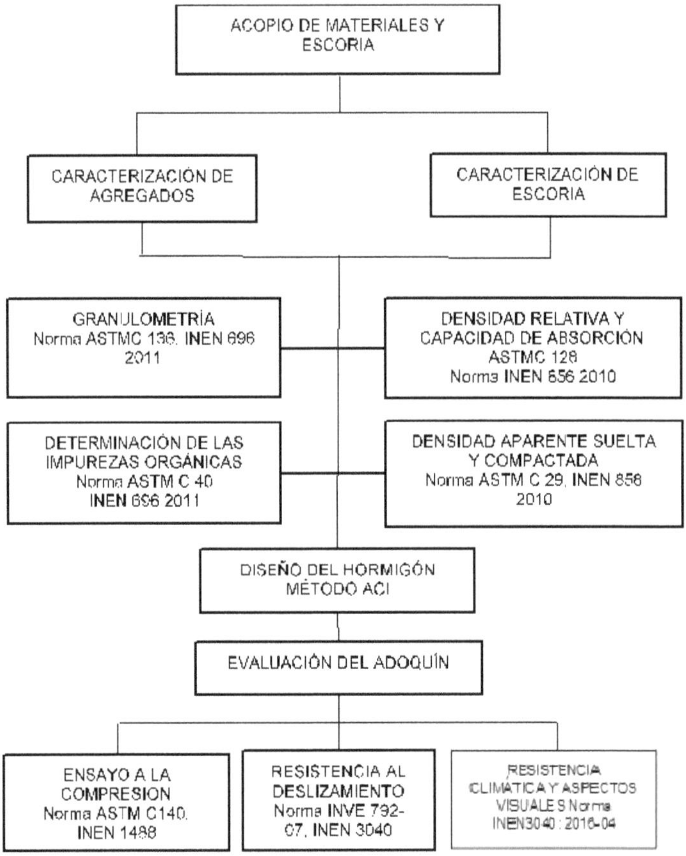

Figura 1. Esquema proceso metodológico elaboración adoquines.

Fuente: Elaboración propia.

4.1. Caracterización de agregados y escoria

La escoria fue sometida a proceso de trituración manual y mecánica de partículas, posteriormente tanto a los agregados como a la escoria triturada se aplicaron los ensayos:

- Granulometría, según norma ASTM C 40, norma INEN 696: 2011,
- Densidad relativa y capacidad de absorción según norma ASTM C128, norma INEN 856:2010
- Densidad aparente suelta y compactada: Norma ASTM C 29, norma INEN 858: 2010

- Determinación de impurezas orgánicas en el árido fino para hormigón: Norma ASTM C40, Norma INEN 855: 2010.

4.2. Diseño, fabricación y curado de adoquines

De los ensayos de caracterización, se determinó quelos agregados y la escoria no presentaron impurezas orgánicas, así como el cumplimiento de otras características físicas requeridas como tamaño máximo, densidad, porcentaje de absorción, etc.

El diseño del hormigón se realizó aplicando metodología ACI, considerando una resistencia a la compresión para adoquines vehiculares de 400 Kg/cm^2 de conformidad a lo que establece la Norma Técnica del Servicio Ecuatoriano de Normalización INEN 1488. La sustitución del árido fino por escoria en las variaciones de 10%, 25%, 50% y 75%, se realizó mediante una correspondencia de peso y bajo la relación agua/cemento de 0,47; en todos los casos el tamaño de la escoria aplicada cubría dimensiones de 0,15mm a 4,75mm por lo que la sustitución se realizó exclusivamente por el árido fino.

Una vez elaborado el hormigón se procedió a verterlo en el equipo adoquín era que emplea un mecanismo de vibro-compactación, en donde el molde base permite al hormigón acoplarse a consecuencia de la vibración, el molde superior compacta al espécimen dándole la forma del adoquín. El proceso de vibración, compactación y moldeo duró como promedio 1 minuto, siendo las dimensiones del adoquín ancho 24cm, alto 22cm y 8cm de espesor con cuatro esquinas biseladas.

Los adoquines se sometieron a proceso de curado sumergidos en agua a temperatura de por el lapso de 28 días, posteriormente se aplicaron los siguientes ensayos:

- Determinación de la resistencia a la compresión de adoquines, Norma ASTMC 140, e INEN 1488
- Resistencia climática por absorción de agua, Norma INEN 3040: 2016-04
- Resistencia al deslizamiento/resbalamiento, Norma INVE 792-07, Norma INEN 3040: 2016-04
- Aspectos visuales, Norma INEN 3040: 2016-04

5. RESULTADOS

5.1. Caracterización de agregados

La granulometría que presenta la escoria cumple los requerimientos de la norma ASTM C 136 e INEN 696:2011, la curva granulométrica de la escoria que se observa en Figura 2, se ubica dentro de los parámetros establecidos para el árido fino aplicado en hormigones.

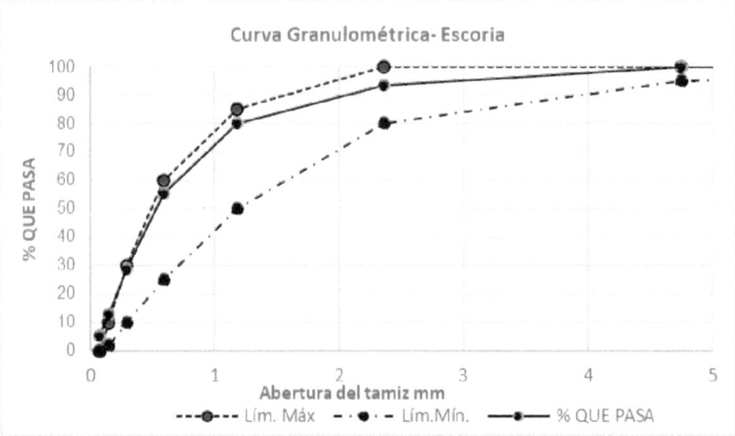

Figura 2. Curva granulométrica de la escoria.

Fuente: Elaboración propia.

La tabla 1, resume los resultados obtenidos de densidad relativa, capacidad de absorción, densidad aparente, tanto del árido fino como de la escoria, aplicando la norma ASTM C 128, Norma INEN 856:2010, se indica además los resultados de densidad aparente suelta y compactada del árido fino y escoria bajo la norma ASTM C 29, INEN 858:2010.

ENSAYO	ARIDO FINO	ESCORIA
Densidad relativa (gravedad específica) SH	2,576 gr/cm^3	3.118 gr/cm^3
Densidad relativa (gravedad específica) SSS	2,621 gr/cm^3	3.251 gr/cm^3
Densidad relativa aparente	2,696 gr/cm^3	3.598 gr/cm^3
Densidad (SH)	2,569 gr/cm^3	3,110 gr/cm^3
Densidad (SSS)	2,614 gr/cm^3	3,243 gr/cm^3
Densidad aparente (SSS)	2,689 gr/cm^3	3,589 gr/cm^3
Absorción	1,73%	4.281 %
Masa unitaria suelta	1,7 gr/cm^3	1,85 gr/cm^3
Masa unitaria compactada	1,81 gr/cm^3	1,87 gr/cm^3
Masa unitaria suelta SSS	1,73 gr/cm^3	1,88 gr/cm^3
Masa unitaria compactada SSS	1,84 gr/cm^3	1,90 gr/cm^3
Porcentaje de vacíos (compactada)	144,22 %	148,68 %
Porcentaje de vacíos (suelta)	133,22 %	146,71 %

Tabla 1. Resultados caracterización árido fino y escoria.

Fuente: Elaboración propia, 2023.

5.2. Resistencia a la compresión del adoquín

En base al requerimiento indicado en la norma para adoquines vehiculares, los resultados del ensayo de resistencia a la compresión obtenido en adoquines a diferentes edades, fabricados con diversos porcentajes de escoria en sustitución al árido fino, se indican en la tabla 2.

Contenido de escoria	Resistencia obtenida, f´c (Kg/cm^2)		
	7 días	14 días	28 días
0%	369,525	384,938	444,068
10%	373,297	398,344	456,572
25%	378,696	413,231	480,848
50%	412,519	447,119	487,912
75%	448,912	476,702	487,912

Tabla 2. Resistencia a la compresión adoquines con porcentajes de escoria.
Fuente: Elaboración propia, 2023.

Las características de los materiales han permitido obtener resistencias superiores a la resistencia de diseño requerida para adoquines vehiculares, incluso a la edad de 14 días los adoquines fabricados con escoria adquirieron la resistencia de diseño, esto puede deberse a las características de la escoria.

A continuación, la figura 3 presenta los resultados de la resistencia a compresión de los adoquines ensayados a diversas edades, en los mismos se obtienen resistencias que superan la resistencia requerida.

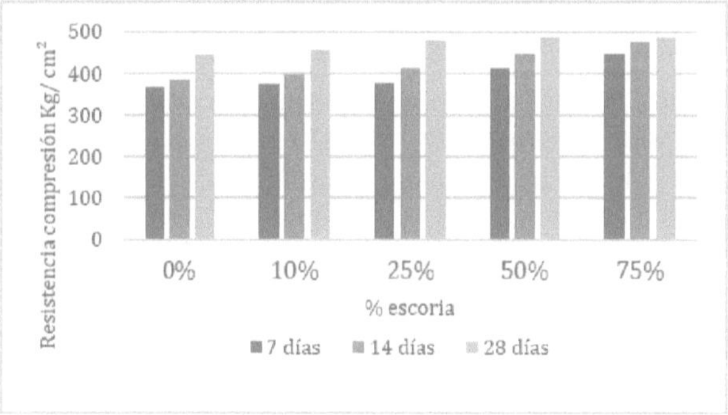

Figura 3. Comparativa resistencia a la compresión de adoquines.
Fuente: Elaboración propia.

5.3. Resistencia climática por absorción de agua

En cumplimiento a las normas ecuatorianas, los adoquines vehiculares sometidos al ensayo de resistencia climática por absorción de agua, deben presentar valores inferiores o iguales al 6% de absorción, este valor se determina relacionando pesos secos y saturados por 24 horas. La tabla 3 especifica los promedios de porcentajes de absorción de agua, obtenidos en los adoquines con 0% de sustitución, así como los elaborados con 10%, 25%, 50% y 75% de escoria en sustitución del árido fino.

Contenido de Escoria	Peso en estado saturado (gr.)	Peso en estado seco (gr.)	% absorción
0%	8175	7851	4,13
10%	8206	7870	4,27
25%	9039	8601	5,09
50%	9198	8712	5,58
75%	9268	8745	5,98

Tabla 3. Resistencia climática por absorción de agua.

Fuente: Elaboración propia, 2023.

El porcentaje de absorción de los adoquines fluctúa en el orden de 4.13% al 5.98% según se incrementa el porcentaje de sustitución, estos resultados se encuentran dentro del rango especificado 6%.

5.4. Resistencia al deslizamiento/resbalamiento

La norma INEN 3040: 2016-04 referente a la resistencia al deslizamiento mediante la aplicación del equipo péndulo de fricción, establece que el adoquín debe presentar un aspecto rugoso en la cara superior que puede ser determinado a simple vista; en países como Colombia la norma INVE 792-07 especifica que para pavimentos en rampas, el valor de la resistencia al deslizamiento o resbalamiento USRV debe ser ≥40.

La tabla 4, indica los valores de resistencia al deslizamiento, obtenidos en los adoquines ensayados, mediante la aplicación de equipo péndulo de fricción.

Contenido escoria en adoquines	Resistencia al deslizamiento USRV
0%	86
10%	82
25%	85
50%	88
75%	86

Tabla 4. Resistencia al deslizamiento.

Fuente: Elaboración propia, 2023.

Los valores obtenidos al aplicar el ensayo de resistencia al deslizamiento cumplen el valor especificado USRV≥40.

5.5. Aspectos visuales

La norma INEN 3040: 2016-04, establece prestar atención a la presencia de fisuras, descamaciones, eflorescencias o cristales de sales de color blanco que se depositan en la superficie, que si bien no son consideradas perjudiciales en el comportamiento; sin embargo pueden aparecer debido al tipo de material.

Para tal efecto se realizó un análisis visual minucioso, determinándose que ningún espécimen presentó este aspecto. En la figura 4, se observan los especímenes elaborados con el diseño patrón, así como con 10%, 25%, 50% y 75% de escoria, de los cuales los adoquines elaborados con 50% y 75% de sustitución de escoria, el color se presenta más oscuro, que puede relacionarse con el incremento de porcentaje de sustitución.

Figura 4. Aspecto visual de adoquines con sustitución de escoria.

Fuente: Elaboración propia.

5.6. Análisis comparativo de resistencia a la compresión y peso

La tabla 5 presenta las variaciones de resistencia a la compresión de los adoquines; así como la variación de peso al aplicarse los diversos porcentajes de sustitución.

Contenido de escoria (%)	Diferencia de resistencia con respecto al hormigón patrón (%)	Diferencia de pesos con respecto al hormigón patrón (gr.)	Incremento peso respecto a hormigón patrón (%)
0%	0	0	0,00
10%	+ 2,82	+ 19	+ 0,24
25%	+ 8,28	+ 75	+ 9,55
50%	+ 9,87	+ 861	+ 10,97
75%	+ 9,87	+ 894	+ 11,39

Tabla 5. Variación resistencia y pesos de adoquines
Fuente: Elaboración propia, 2023.

Los valores obtenidos de resistencia a la compresión en los adoquines elaborados con diversos porcentajes de escoria presentan incremento de resistencia directamente proporcional al incremento del contenido de escoria, así mismo existe incremento de pesos máximo de 11,39% respecto al adoquín patrón, cuando se sustituye 75% de escoria.

6. DISCUSIÓN

La absorción de la escoria supera en 247,45% a la absorción del árido fino; este valor influye en la elaboración del hormigón, al moldearlo se determinó variación de la trabajabilidad en relación al incremento de sustitución de escoria.

Los resultados obtenidos respecto a resistencia climática por absorción de agua varían desde 4,13%, en adoquines con hormigón base, hasta 5,98% en adoquines con 75% de escoria, estos valores cumplen lo especificado en normativa que establece valores por debajo del 6%, lo que garantiza durabilidad y resistencia a largo plazo. Resultados similares se encontraron en la investigación de Álvaro Chávez *et al.* (2013), en la que concluye que un adoquín de hormigón con alta absorción de agua puede causar problemas como la acumulación de agua y la acumulación de humedad, lo que debilitaría la estructura y reduciría su vida útil. Al presentarse valores superiores al 6%, especialmente en climas fríos, la absorción de agua puede causar la congelación y la expansión dentro del adoquín, lo que puede dañar su integridad a largo plazo (Viviana Letelier *et al.*, 2014).

La densidad de los adoquines de hormigón fabricados con 10%, 25%, 50% y 75% de sustitución presenta un incremento de 0,24%, 3,55%, 5,50% y 7,38% respectivamente, respecto a los adoquines con 0% de sustitución; esto puede deberse a la mayor densidad suelta que presentan las partículas de escoria.

Así mismo, la resistencia al deslizamiento es un factor importante que deben cumplir los adoquines vehiculares de hormigón; esta característica garantiza la seguridad de conductores y peatones. Los resultados obtenidos del ensayo de resistencia al deslizamiento determinan que los adoquines cumplen esta característica requerida. Según Dayana Rautenberg *et al.* (2021) el uso de aditivos o agregados especiales en el hormigón puede mejorar la fricción entre los neumáticos y la superficie pavimentada.

Al diseñar la estructura de pavimento se debe considerar el incremento de peso máximo del 11,39% que presentan los adoquines elaborados con 75% de escoria; sin embargo, un aspecto favorable es el incremento de resistencia a la compresión con ese porcentaje de sustitución. A decir de José San José *et al.* (2014) el uso de escorias como árido es una opción sostenible en la fabricación de hormigones, cuyo rendimiento es similar al de un hormigón de áridos normales.

7. CONCLUSIONES

La investigación analiza la resistencia a la compresión que obtiene el hormigón fabricado con 10%, 25%, 50% y 75% de escoria como sustituto del árido fino, cuyos resultados demuestran la aplicabilidad en la fabricación de adoquines vehiculares; las resistencias a la compresión obtenidas superan la resistencia requerida de 400Kg/cm^2; particularmente los adoquines fabricados con 50% y 75% de escoria, alcanzaron resistencias que sobrepasan al hormigón base en 9,87%.

Esta investigación es importante porque presenta una alternativa de aplicación de desechos industriales en la construcción de vías y en la mitigación de la contaminación ambiental generada por desechos como la escoria.

Se recomienda analizar las propiedades químicas del hormigón con escoria, con la finalidad de determinar posibles reacciones que pueden incidir en el comportamiento del hormigón.

8. REFERENCIAS

Baalamurugan, J., Ganesh Kumar V., Chandrasekaran, S., Balasundar S., Venkatraman B., Padmapriya, R., y Bupesh-Raja, V. (2019). Utilization of induction furnace steel slag in concrete as coarse aggregate for gamma radiation shielding. *Journal of Hazardous Materials,* 369, 561-568. https://doi.org/10.1016/j.jhazmat.2019.02.064

Bahamondes, R., Echaveguren, T., y Vargas-Tejeda, S. (2013). Análisis de métodos de diseño de pavimentos de adoquines de hormigon. *Revista de la Construcción, 12*(3), 17-26. http://dx.doi.org/10.4067/S0718-915X2013000300002

BozaRegueira M. (2011). Utilización de las escorias de acería como material de construcción. *Ciencia & Futuro, 1*(4), 31-40. http://revista.ismm.ed u.cu/index.php/revistaestudiantil/article/view/536

Camarena Flores, A., y Díaz Garamendi, D. (2022). Análisis comparativo de la resistencia a la compresión, flexión y trabajabilidad del concreto tradicional versus un concreto utilizando escoria de acero como agregado fino. *Gaceta Técnica, 23*(1), 20-34. https://doi.org/10.51372/gacetatecnica231.3

Chávez Porras, Á., Guarín Cortes, N. L., y Cortes Duarte, M. C. (2013). Determinación de propiedades físico-químicas de los materiales agregados en muestra de escombros en la ciudad de Bogotá DC. *Revista Ingenierías Universidad de Medellín, 12*(22), 45-58. https://acortar.link/RDdlmH

Cruz Hernández, R. A., Pico Cortés, C. M., & Pérez Bustos, L. (2015). Durabilidad y acústica del concreto con escoria de cubilote como reemplazo del agregado fino. *Tecnura, 19*(43), 37-45. https://doi.org/10.14483/udistrital.jour.tecnura.2015.1. a02

De Brito, J., y Saikia, N. (2013). Use of Industrial Waste as Aggregate: Properties of Concrete. Recycled Aggregate in Concrete. *Use of Industrial, Construction and Demolition Waste* (pp. 115-228). Green Energy and Technology. Springer. https://doi.org/10.1007/978-1-4471-4540-0

Fakhri, M., y Ahmadi, A. (2017). Recycling of RAP and steel slag aggregates into the warm mix asphalt: A performance evaluation. *Construction and Building Materials,* 147, 630-638. https://doi.org/10.1016/j.conbuildmat.2017.04.117

Letelier, V., Osses, R., Valdés, G., y Moricomi, G. (2014). Utilización de metodologías para mejorar las propiedades mecánicas del hormigón estructural fabricado con áridos reciclados. *Ingeniería y ciencia, 10*(19), 179-195. https://www.redalyc.org/articulo.oa?id=83529978010

Lucas Gutiérrez, I. (2022). Análisis de propiedades de hormigones con substitución total de árido grueso por subproductos industriales (escoria de acería) y residuos de construcción y demolición. [trabajo fin de máster, Universidad del País Vasco]. Repositorio Institucional addi. http://hdl.handle.net/10810/58597

Guo, Y., Xie, J., Zhao, J., y Zuo, K. (2019). Utilization of unprocessed steel slag as fine aggregate in normal-and high-strength concrete. *Construction and Building Materials,* 204, 41-49. https://doi.org/10.1016/j.conbuildmat.2019.01.178

Instituto Ecuatoriano de Normalización (2010). Áridos. Determinación de la masa unitaria peso volumétrico y el porcentaje de vacíos. NTE:INEN 858:2010. Primera revisión. Registro oficial 348. https://www.normalizacion.gob.ec/buzon/normas/858.pdf

Instituto Ecuatoriano de Normalización (2010). Áridos. Determinación de la densidad, densidad relativa (gravedad específica) y absorción del árido fino. NTE:INEN 856:2010. Primera revisión. Registro oficial 347. https://www.normalizacion.gob.ec /buzon/norma s/856.pdf

Instituto Ecuatoriano de Normalización (2010). Áridos. Determinación de las impurezas orgánicas en el árido fino para hormigón. NTE:INEN 855:2010. Primera revisión. Registro oficial 204. https://www.normalizacion.gob.ec/buzon/normas/855.pdf

Instituto Ecuatoriano de Normalización (2010). Áridos. Análisis granulométrico en los áridos fino y grueso . NTE:INEN 696:2011. Primera revisión. Registro oficial Edición Especial. https://www.normalizacion.gob.ec/buzon/normas/696.pdf

Instituto Ecuatoriano de Normalización (2016). Adoquines de hormigón. Requisitos y métodos de ensayo. NTE INEN 3040:2016. Registro oficial 743. https://vipresa.com.ec/wp-content/uploads/2019/02/nte_inen_3040.pdf

Instituto Nacional de Vías (2012). Normas de ensayo para carreteras. Medida del coeficiente de resistencia al deslizamiento usando péndulo británico INV E 792. https://n9.cl/32f9d

Jiang, Y., Ling, T. C., Shi, C., y Pan, S. (2018). Characteristics of steel slags and their use in cement and concrete—A review. *Resources, Conservation and Recycling*, 136, 187-197. https://doi.org/10.1016/j.resconrec.2018.04.023

Muñoz-Pérez, S., Cabrera-Alcántara, A., Delgado-Bravo, C., y Renilla-Lau, P.(2022). Comportamiento físico-mecánico del hormigón adicionando residuos de acero: una revisión literaria. *Revista UIS ingenierías, 21*(1), 1-15. https://doi.org/10.18273/revuin.v21n1-2022005

Najarro, R., Cruz, A., Perdomo, L., Ramirez, J, y Orbea, M. (2018). Empleo de escorias de horno cuchara y de cenizas de paja de arroz como componentes de un fundente para recargue por soldadura. *Minería y Geología, 34(3*), 334-347. http://scielo.sld.cu/cgi-bin/wxis.exe/iah/

Organización de las Naciones Unidas (2018). Informe de los Objetivos de Desarrollo Sostenible. https://acortar.link/5GJdhy

Rautenberg, D., Positieri, M., Oshiro, A., y Baronetto, C. (2021). Análisis de ciclo de vida como criterio de elección de los componentes para Pavimentos Drenantes Life-cycleassessment as constituents choice criterio for Draining Pavement. *CINPAR 2021.* https://doi.org/10.4322/CINPAR.2021.164

Roslan, N., Ismail, M., Khalid, N., y Muhammad, B. (2020). Properties of concrete containing electric arc furnace steel slag and steel sludge. *Journal of Building Engineering*, 28, 101060. https://doi.org/10.1016/j.jobe.2019.101060

San José, J., Vegas, I., Arribas, I., y Marcos, I. (2014). The performance of steel-making slag concretes in the hardened state. *Materials & Design*, 60, 612-619. https://doi.org/10.10 16/j.matdes.2014.04.030

Saxena, S., & Tembhurkar, A. (2018). Impact of use of steel slag as coarse aggregate and wastewater on fresh and hardened properties of concrete. *Construction and Building Materials*, 165, 126-137. https://doi.org/10.1016/j.conbuildmat.2018.01.030

Vila, P., Pereyra, M. N., & Gutiérrez, Á. (2017). Resistencia a la compresión de adoquines de hormigón. Resultados tendientes a validar el ensayo en medio adoquín. *Revista ALCONPAT*, *7*(3), 247-261. https://doi.org/10.21041/ra.v7i3.186

PORPHYROMONAS GINGIVALIS Y SU ASOCIACIÓN CON LA ARTRITIS REUMATOIDE. UNA REVISIÓN DE LA LITERATURA

Francisco Padilla Díaz[1], *Luis Duarte Lizarazo*[1], *Roger Yefi Carrasco*[1]

El presente texto nace en el marco del proyecto de tesis patrocinado por la Escuela de Odontología de la Universidad del Alba y apoyado por fondos internos de apoyo a participación a congresos otorgados por la Dirección General de Investigación y Vicerrectoría Académica de la Universidad del Alba

1. INTRODUCCIÓN

La periodontitis es una enfermedad crónica inflamatoria de etiología compleja multifactorial que tiene diversas repercusiones a nivel sistémico causando la destrucción del periodonto de soporte, incluyendo el hueso alveolar, el ligamento periodontal y el cemento (Persson. 2017; Al-Nasser *et al.*, 2020). Una de las principales bacterias implicadas en la periodontitis es la Porphyromonas Gingivalis (P. Gingivalis), que se caracteriza por ser una bacteria anaeróbica estricto Gram negativo, el cual presenta diversos factores de virulencia tales como: lipopolisacáridos, fimbrias, cápsula, proteasas de arginina y lisina específicas denominadas gingipainas y la peptidil arginina deiminasa (PAD) respectivamente, esta última tiene la capacidad de citrulinizar el fibrinógeno y la α-enolasa ricas en arginina, provocando una respuesta autoinmune en los individuos (Stobernack *et al.*, 2018; Fiorillo *et al.*, 2021; Mei *et al.*, 2021). Esta bacteria, genera en el hospedero una respuesta inflamatoria local favoreciendo la producción de especies reactivas derivadas del oxígeno (ROS) junto con la secreción de quimioquinas y factores proinflamatorios provenientes de las células del sistema inmune, causando progresivamente un deterioro sobre el periodonto (Su *et al.*, 2020; Su *et al.*, 2022; Bi *et al.*, 2023).

La periodontitis tiene una patogenia similar a la Artritis Reumatoide (AR) con una prevalencia del 30% en personas mayores. Por su parte, la AR se caracteriza por ser una enfermedad autoinmune crónica y dolorosa sobre las articulaciones que afecta al 1% de la población mundial (Goh *et al.*, 2016; Lee & Jeong, 2020). Una combinación de factores genéticos y ambientales provocan la pérdida de la tolerancia inmunológica sistémica en los individuos, desencadenando una producción del factor reumático que induce un aumento de la inflamación sobre las articulaciones sumado a la generación de anticuerpos contra proteínas citrulinizadas que se depositan en las articulaciones formando complejos que

1. Universidad del Alba (Chile)

inician una secuencia de daño tisular progresiva observando la presencia de células del tipo macrófagos sinoviales, células dendríticas y neutrófilos que liberan peptidilarginina deiminasa causando una mayor citrulinización de proteínas lo que genera una reacción inmunitaria local sostenida en el tiempo (Potempa *et al.*, 2017; Hajishengallis., *et al* 2021). Tanto la periodontitis como la AR involucran una respuesta inflamación crónica provocando una degradación del tejido conectivo y posterior erosión ósea (Goh *et al.*, 2016; González-Febles & Sanz., 2021). Ambas enfermedades comparten la infiltración de células inflamatorias con un aumento de mediadores proinflamatorios tales como TNF-α, IL1β, IL-6, metaloproteinasas de matriz (MMPs), un aumento de la actividad del receptor factor nuclear kappa B y un aumento de la proteína C reactiva (PCR) (Bender *et al.*, 2017; Arvikar *et al.*, 2021). La conexión entre la AR y la periodontitis con presencia de la bacteria P. Gingivalis se da por la presencia y cantidad de proteínas citrulinizadas, ya que la bacteria P. Gingivalis libera al medio la enzima peptidil arginina desaminasa (PPAD), la cual produce la citrulinación de proteínas ricas en arginina, convirtiendo el aminoácido de arginina en citrulina reemplazando el grupo imina (=NH) por un grupo cetona (=O) (Olsen *et al.*, 2018, De Molon *et al.*, 2019; Lee & Jeong, 2020; Serpa *et al.*, 2020). De esta manera, las células presentadoras de antígenos (CPA) captan y fagocitan a las proteínas citrulinadas, presentan los péptidos de los antígenos citrulinados a las células T naive, causando su activación, diferenciación y proliferación de las células T y B. Los linfocitos B se diferencian en células plasmáticas generadoras de anticuerpos específicos contra péptidos citrulinadas (Su *et al.*, 2020). Los anticuerpos contra péptidos citrulinados se unen a las proteínas citrulinizadas generando inmuno complejos los cuales generan aumento de anticuerpos anti-proteínas citrulinizadas y del factor reumatico, favoreciendo un estado inflamatorio (Maldonado *et al.*, 2020; Lee *et al.*, 2021).

La presencia de la enfermedad periodontal acelera la presencia de inmunoglobulinas y promueve niveles elevados de ciertas proteínas inflamatorias a nivel sistémico, la hipótesis más aceptada en la literatura es que la presencia de la citrulinación constante produce un aumento de anticuerpos anti-proteínas citrulinizadas que podrían ser detectadas en sangre años antes de detectar una AR (Fiorillo *et al.*, 2019; Mankia *et al.*, 2019; Loutan *et al.*, 2019)

2. OBJETIVO

El objetivo del presente estudio fue analizar la presencia de la bacteria Porphyromonas Gingivalis presente en periodontitis con la artritis reumatoide a través de una revisión narrativa de la literatura.

3. METODOLOGÍA

Se llevó a cabo una búsqueda bibliográfica, utilizando las bases de datos Pubmed y Google Scholar. Se emplearon las palabras claves: Porphyromonas Gingivalis, adulto mayor, periodontitis y artritis reumatoidea. También se formularon frases en el idioma inglés tales como: "periodontitis rheumatoid arthritis elderly", "porphyromonas gingivalis reumatoide arthritis periodontitis" y "oral rheumatoid arthritis". Un ejemplo de algoritmo de búsqueda aplicando las palabras claves en Pubmed: "Oral rheumatoid arthritis": Search: oral rheumatoid arthritis Filters: in the last 5 years (("mouth"[MeSH Terms] OR "mouth"[All Fields] OR "oral"[All Fields]) AND ("arthritis, rheumatoid"[MeSH Terms] OR ("arthritis"[All Fields] AND "rheumatoid"[All Fields]) OR "rheumatoid arthritis"[All

Fields] OR ("rheumatoid"[All Fields] AND "arthritis"[All Fields]))) AND (y_5[Filter]) Translations oral: "mouth"[MeSH Terms] OR "mouth"[All Fields] OR "oral"[All Fields] rheumatoid arthritis: "arthritis, rheumatoid"[MeSH Terms] OR ("arthritis"[All Fields] AND "rheumatoid"[All Fields]) OR "rheumatoid arthritis"[All Fields] OR ("rheumatoid"[All Fields] AND "arthritis"[All Fields]) 2,355 13:21:54.

La selección de los artículos de revisión se realizó aplicando criterios de inclusión y exclusión. (Tabla 1)

Criterios de inclusión	Criterios de exclusión
Estudios observaciones de tipo caso y control, cohorte y metanálsis	Estudios que incluyan terapias farmacologicas experimentales tales como: crioterapia, fitomedicamentos, acupuntur e inhibidores de la cinasa de Janus (JNK) en pacientes con artritis reumatoide
Trabajos de investigacion que incluyan pacientes 60 años de edad con artritis reumatoide y enfermedad periodontal publicados entre los años 2016-2021	Estudios que incluyan informaicón de artritis reumatoidea juvenil, espondilitis anquilosante, artritis psoriásica y artritis por deposiciones de cristales
Estudios que mencionen la relacion entre la artritis reumatoide con la enfermedad periodontal, publicados entre los años 2016-2021	Trabajos del tipo tesis de pregrado que se euentren en repositorios

Tabla 1. Criterios de Inclusión y Exclusión aplicados en la selección de la literatura para la revisión bibliográfica. Fuente: Elaboración propia.

La búsqueda inicial arrojo un total de 11.530 artículos científicos que tuvieron relación con las palabras claves de la revisión. Posteriormente de los 11.530 artículos científicos, se seleccionaron 69 artículos científicos que presentaban una estrecha relación con el objetivo general del estudio, se excluyeron 11.461 artículos, por no tener relación con el objetivo general. Finalmente, y aplicando los criterios de inclusión y exclusión se escogieron 41 artículos científicos para realizar la revisión sistemática (Figura 1). Los estudios escogidos fueron de tipo caso y control, ensayo clínico, estudios de cohorte, metaanálisis y revisiones sistemáticas (Figura 1).

Los trabajos seleccionados fueron sometidos al estudio de sesgo, utilizando la escala New Castle Otawa para estudios de cohorte y caso y control. Los estudios seleccionados presentaron bajo sesgo.

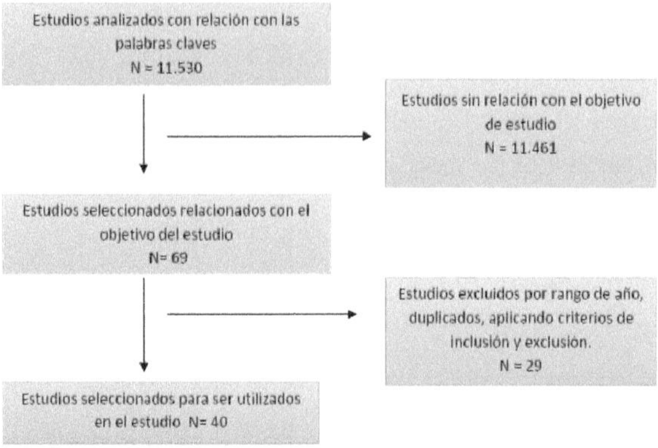

Figura 1. Flujograma de la búsqueda de la Literatura. Fuente: Elaboración propia.

4. DESARROLLO DE LA INVESTIGACIÓN

Objetivo del Estudio	Tipo de Estudio	Resultados y/o Conclusiones	Referencias
Evaluar el estado periodontal, los perfiles inflamatorios orales, séricos y articulares, y los biomarcadores para Porphyromonas Gingivalis en pacientes con Artritis Reumatoide.	Cohorte	Los pacientes con Artritis Reumatoide presentaron mediadores de inflamación en la saliva, sin embargo, los perfiles inflamatorios diferían del encontrado en suero y en las articulaciones. Los anticuerpos anti P. Gingivalis se asociaron con la periodontitis clínica.	Arvikar et al., 2021
Evaluar la prevalencia y severidad de la periodontitis en pacientes con Artritis Reumatoide, centrándose en el vínculo entre la gravedad de la enfermedad periodontal y las puntuaciones de la actividad/discapacidad de la artritis reumatoide, la influencia del tratamiento de la artritis reumatoide en la enfermedad periodontal y los niveles de vitamina D.	Cohorte	El grupo de pacientes con Artritis Reumatoide-enfermedad periodontal se asocia con mayor predominio de periodontitis severa, con niveles más altos de actividad de la Artritis Reumatoide y niveles más bajos de vitamina D.	Punceviciene et al., 2021

Determinar la asociación ente la enfermedad periodontal y las principales comorbilidades relacionadas con el estilo de vida.	Cohorte	Se asocio una mayor prevalencia de las comorbilidades ligadas al estilo de vida con la enfermedad periodontal.	Lee & Jeong, 2020
Evaluar la prevalencia y la gravedad de la enfermedad periodontal en pacientes con Artritis reumatoide y Osteoartritis establecidas.	Cohorte	La gravedad de la periodontitis fue significativamente mayor entre los pacientes con Artritis Reumatoide establecida en comparación con los pacientes con Osteoartritis.	Disale et al., 2020
Analizar los niveles de citrulinización en el periodonto y la presencia de anticuerpos anti- Aggregatibacter actinomycetemcomitans and Porphyromonas gingivalis.	Cohorte	La citrulinización en el periodonto podría estar asociada con la presencia de la bacteria P. Gingivalis, lo que respalda el papel potencial como desencadenante en el desarrollo de la Artritis Reumatoide.	Maldonado et al., 2020
Estudiar la presencia de anticuerpos anti-péptidos citrulinizados del tipo IgA en saliva y suero y su relación con la periodontitis y tabaquismo en personas adultas mayores con Artritis Reumatoide.	Cohorte	La producción local de anticuerpos IgA anti péptidos citrulinizados cíclicos por la mucosa oral no se ve potenciado por la inflamación periodontal en pacientes con Artritis Reumatoide establecida.	Svärd et al., 2020
Investigar la relación entre la Artritis Reumatoide y la enfermedad periodontal.	Cohorte	El riesgo de enfermedad periodontal fue 1,64 veces mayor en personas con Artritis Reumatoide que en aquellas sin Artritis Reumatoide. Los autores sugieren una posible relación entre la Artritis Reumatoide y la enfermedad periodontal.	Jung et al., 2019

Investigar la salud periodontal de pacientes con Artritis Reumatoide establecida en relación con la microbiota oral, mediadores inflamatorios sistémicos y la actividad.	Cohorte	Los pacientes con Artritis Reumatoide y positivos para anticuerpos anti-citrulinizados tienen formas más graves de periodontitis, independientemente del tratamiento o la presencia de P. Gingivalis subgingival. Los autores encontraron un perfil microbiano subgingival diferente en pacientes con Artritis Reumatoide y con periodontitis moderada.	Eriksson et al., 2019
Estudiar la salud bucal en pacientes con Artritis Reumatoide con énfasis en la actividad de la enfermedad periodontal y el tratamiento de la Artritis Reumatoide.	Cohorte	Los pacientes con Artritis reumatoide que se encontraban en la fase temprana de la enfermedad tenían una salud bucal más deficiente en comparación con los controles. Los índices de se asociaron con la actividad de la Artritis Reumatoide en ambos grupos de pacientes.	Äyräväinen et al., 2018
Analizar la presencia y cuantificación de Porphyromonas Gingivalis en la lengua en una gran cohorte sana y con Artritis Reumatoide.	Cohorte	Se demostró una asociación significativa entre el porcentaje de P. Gingivalis en la biopelícula total de la lengua y la actividad de la enfermedad de la Artritis Reumatoide, lo que sugiere que el estado microbiológico de la cavidad bucal podría desempeñar un papel en los mecanismos patogénicos de la inflamación, lo que lleva a una enfermedad más activa.	Ceccarelli et al., 2018
Investigar el papel de la Artritis Reumatoide en la modulación del microbioma periodontal.	Cohorte	El microbioma oral en pacientes con Artritis Reumatoide está enriquecido con organismos inflamatorios y productores de citrulina, que pueden jugar un papel en la producción de péptidos citrulinizados autoantigénicos.	López- Oliva et al., 2018

Investigar la asociación entre los niveles séricos de anticuerpos IgG contra 19 especies periodontales y la prevalencia del factor reumatoide (FR) en adultos.	Cohorte	Los niveles elevados de anticuerpos contra las bacterias Prevotella intermedia y Capnocytophaga ochracea se asocian con una menor probabilidad de tener seropositividad del factor reumatoide en sangre.	Goh et al., 2016
Investigar si el microbioma oral se altera antes de los síntomas de la Artritis Reumatoide y de qué manera.	Caso y Control	Existe un cambio característico en la composición de los microbios salivales en los pacientes con alto riesgo de Artritis Reumatoide. Los autores sugieren que la disbiosis de la microbiota oral ocurre en la etapa "preclínica" de la Artritis Reumatoide y se correlacionan con características autoinmunes sistémicas.	Tong et al., 2020

Investigar la influencia del tratamiento periodontal no quirúrgico sobre el estado periodontal clínico, los niveles bacterianos subgingivales de Aggregatibacter actinomycetemcomitans, Porphyromonas Gingivalis, Tannerella Forsythia, Treponema Denticola y la actividad de la Artritis Reumatoide a través de un ensayo clínico controlado en individuos con Artritis Reumatoide y periodontitis.	Caso y Control	La periodontitis puede ser un factor contribuyente potencial para el Empeoramiento de la Artritis Reumatoide, mientras que la Artritis Reumatoide se asocia con una mayor gravedad de la enfermedad periodontal. El tratamiento periodontal no quirúrgico fue eficaz para mejorar el estado clínico periodontal, mejorar la presentación clínica de la Artritis Reumatoide y reducir la presencia de patógenos periodontales. Por lo tanto, la terapia periodontal debe recomendarse enérgicamente para personas con la presencia concomitante de Artritis Reumatoide y enfermedad periodontal	Moura et al., 2020
Examinar la enfermedad periodontal y las bacterias periodontopatógenas en individuos en riesgo con anticuerpos anti proteína citrulinizada cíclica seropositivos y sin artritis.	Caso y Control	Existe una alta prevalencia de periodontitis y de la presencia de P. Gingivalis en individuos con positividad para la proteína citrulinizada cíclica.	Mankia et al., 2019
Estudiar la posible participación de patógenos bacterianos (Escherichia coli, Porphyromonas Gingivalis y Streptococcus pyogenes) en el agravamiento de la actividad de la Artritis Reumatoide.	Caso y Control	Las bacterias patógenas orales como P. Gingivalis y otros que ingresan al tracto intestinal podrían cumplir papeles patogénicos indirectos pero críticos en la intensificación y perpetuación de la sinovitis y la osteítis inflamatorias, lo que llevaría a un daño articular grave en pacientes con Artritis reumatoide, independientemente de que estos pacientes estén afectados por enfermedad periodontal o no.	Terato et al., 2018

Evaluar las condiciones periodontales y los hallazgos microbiológicos y su influencia en los parámetros de la enfermedad reumatológica en pacientes con Artritis Reumatoide	Caso y Control	Pacientes con Artritis Reumatoide presentaron una peor condición periodontal que los controles. En pacientes con Artritis Reumatoide y con positividad de péptido citrulinizado cíclico existe presencia elevada de las bacterias F. Nucleatum y P. Gingivalis	Schmickler et al., 2017

5. DISCUSIÓN

En esta revisión se exploraron diversas interacciones que presenta la bacteria P. Gingivalis con la AR y la enfermedad periodontal. La P. Gingivalis es una bacteria anaerobia estricta, considerada como una de las principales iniciadoras de la EP y estar relacionada con la AR. Sus principales factores de virulencia relacionados con la AR son la enzima peptidil arginina desaminasa (PAD) y las proteasas llamadas gingipaínas (Mei *et al.*, 2021). La literatura indica que en aquellos pacientes que se tratan la enfermedad periodontal con una técnica no quirúrgica sumada a una reducción de la P. Gingivalis mejoran su índice de la actividad de la enfemerdad de artritis reumatoride (DAS28) (Batool H *et al.*, 2016). Interesantemente, Johansson *et al.* (2016) observó que la P. Gingivalis y los anticuerpos Anti- P. Gingivalis están presentes en pacientes con estados más tempranos de la AR , y al parecer, el estado de la disbiosis microbiana oral empieza años antes de la aparición de los síntomas de la AR. Scannapieco & Cantos. (2016) indican que la flora bacteriana oral de personas mayores de 60 años tiene una alta presencia la P. Gingivalis, lo que favorece un ambiente pro-inflamatorio y la activación del sistema RANK-RANKL, potenciando la destrucción articular, además la bacteria P. Gingivalis al expresar la enzima pepidil arginina deimnasa (PPAD) genera la citrulinización de las proteínas consideradas como una de las posibles causas de provocar autoinmunidad y desdencadenar tanto la AR como el aumento de las gingipainas responsables de disminuir la fagocitosis de la P. Gingivalis (Terato *et al.*, 2018; Mankia *et al.*, 2019). Interesantemente, Beyer *et al* (2018) observaron que los antiinflamatorios utilizados en pacientes con AR activa provocan un mejor estado de la salud bucal y un microbioma subgigival más saludable, información similar a lo publicado por Cheng *et al.* (2021) quienes indicaron que el uso de fármacos antirreumáticos al parecer tienen un efecto modificador de la microbiota oral donde curisoamente observaron que los pacientes que tienen presencia de la proteína citrulinizada anticiclica (CCP+) y con riesgo de AR, presentan la EP con surcos gingivales y una abundancia de P. Gingivalis, apoyando el hecho que la disbiosis microbiana oral junto a la periodontitis tienen un efecto más amplio en individuos en riesgo de AR. Todo esto hace que las personas mayores tiendan a encontrarse en un estado proinflamatorio constante que puede durar años antes de que se presenten los síntomas de la AR, además que gran parte de ellosm presentan otras enfermedades sistémicas tales como hipertensión arterial y diabetes mellitus. El hábito tabáquico aumenta la suceptibilidad de padecer EP (Manoil *et al.*, 2021). El conocimiento por parte del Odontólogo del perfil de una microflora oral saludable, tomará un papel relevante en el futuro porque permitirá enfocar los tratamientos más personalizados en aquellos pacientes con enfermedad periodontal y permitirá revertir y/o enlentecer su progresión. Por esta razón, el odontólogo necesita mantener una mayor comunicación con el médico tratante del pacientes para mejorar el diseño de estrategias que favorezcan la calidad de vida de ellos, promoviendo la entrega de información precisa sobre la enfermedad periodontal y la AR, y de esta forma prevenir y promover una óptima salud general y bucal.

6. CONCLUSIONES

Los individuos que presentan anticuerpos anti-péptido citruilinzado ciclico (ANTI-CCP) tienen una microflora oral con una alta probabilidad de presentar la bacteria P. Gingivalis y en su gran mayoría tienen antecedentes familiares de AR. Asimismo, aquellos pacientes con artritis reumatoride y que presentan positividad a anticuerpos contra proteínas citrulinizadas tienen estados más avanzados de la enfermedad periodontal. La revisión permite sugerir una posible asociación entre la presencia de la bacteria P. Gingivalis en la cavidad oral con un aumento de la citrulinización de proteínas y la AR.

7. REFERENCIAS

Al-Nasser, L., & Lamster, I. B. (2020). Prevention and management of periodontal diseases and dental caries in the older adults. Periodontology 2000, 84(1), 69-83. https://doi.org/10.1111/prd.12338

Arvikar, S. L., Hasturk, H., Strle, K., Stephens, D., Bolster, M. B., Collier, D. S., Steere, A. C. (2021). Periodontal inflammation and distinct inflammatory profiles in saliva and gingival crevicular fluid compared with serum and joints in rheumatoid arthritis patients. Journal of Periodontology, 92(10), 1379-1391. https://doi.org/10.1002/JPER.20-0051

Äyräväinen, L., Heikkinen, A. M., Kuuliala, A., Ahola, K., Koivuniemi, R., Peltola, J., Laasonen, L. (2018). Activity of rheumatoid arthritis correlates with oral inflammatory burden. Rheumatology International, 38, 1661-1669. https://doi.org/10.1007/s00296-018-4108-z

Batool, H., Afzal, N., Shahzad, F., & Kashif, M. (2016). Relationship between rheumatoid arthritis and chronic periodontitis. Journal of Medicine, Radiology, Pathology and Surgery, 2(2), 11-14. https://doi.org/10.15713/ins.jmrps.50

Beyer, K., Zaura, E., Brandt, B. W., Buijs, M. J., Brun, J. G., Crielaard, W., & Bolstad, A. I. (2018). Subgingival microbiome of rheumatoid arthritis patients in relation to their disease status and periodontal health. PloS one, 13(9), e0202278. https://doi.org/10.1371/journal.pone.0202278

Bi, R., Yang, Y., Liao, H., Ji, G., Ma, Y., Cai, L., Li, J., Yang, J., Sun, M., Liang, J., & Shi, L. (2023). Porphyromonas gingivalis induces an inflammatory response via the cGAS-STING signaling pathway in a periodontitis mouse model. Frontiers in microbiology, 14, 1183415. https://doi.org/10.3389/fmicb.2023.1183415

Bender, P., Bürgin, W. B., Sculean, A., & Eick, S. (2017). Serum antibody levels against Porphyromonas gingivalis in patients with and without rheumatoid arthritis–a systematic review and meta-analysis. Clinical oral investigations, 21, 33-42. https://doi.org/10.1007/s00784-016-1938-5

Ceccarelli, F., Orrù, G., Pilloni, A., Bartosiewicz, I., Perricone, C., Martino, E., Olivieri, M. (2018). Porphyromonas gingivalis in the tongue biofilm is associated with clinical outcome in rheumatoid arthritis patients. Clinical & Experimental Immunology, 194(2), 244-252. https://doi.org/10.1111/cei.13184

Cheng, Z., Do, T., Mankia, K., Meade, J., Hunt, L., Clerehugh, V., Devine, D. (2021). Dysbiosis in the oral microbiomes of anti-CCP positive individuals at risk of developing rheumatoid arthritis. Annals of the rheumatic diseases, 80(2), 162-168. http://dx.doi.org/10.1136/annrheumdis-2020-216972

De Molon, R. S., Rossa Jr, C., Thurlings, R. M., Cirelli, J. A., & Koenders, M. I. (2019). Linkage of periodontitis and rheumatoid arthritis: current evidence and potential biological interactions. International journal of molecular sciences, 20(18), 4541. https://doi.org/10.3390/ijms20184541

Disale, P. R., Zope, S. A., Suragimath, G., Varma, A. S., & Pisal, A. (2020). Prevalence and severity of periodontitis in patients with established rheumatoid arthritis and osteoarthritis. Journal of family medicine and primary care, 9(6), 2919. https://doi.org/10.4103/jfmpc.jfmpc_398_20

Eriksson, K., Fei, G., Lundmark, A., Benchimol, D., Lee, L., Hu, Y. O., Klinge, B. (2019). Periodontal health and oral microbiota in patients with rheumatoid arthritis. Journal of clinical medicine, 8(5), 630. https://doi.org/10.3390/jcm8050630

Fiorillo, L., Cervino, G., Laino, L., D'Amico, C., Mauceri, R., Tozum, T. F., Cicciù, M. (2019a). Porphyromonas gingivalis, periodontal and systemic implications: a systematic review. Dentistry journal, 7(4), 114. https://doi.org/10.3390/dj7040114

Goh, C. E., Kopp, J., Papapanou, P. N., Molitor, J. A., & Demmer, R. T. (2016a). Association between serum antibodies to periodontal bacteria and rheumatoid factor in the third national health and nutrition examination survey. Arthritis & rheumatology, 68(10), 2384-2393. https://doi.org/10.1002/art.39724

González-Febles, J., & Sanz, M. (2021). Periodontitis and rheumatoid arthritis: What have we learned about their connection and their treatment? Periodontology 2000, 87(1), 181-203. https://doi.org/10.1111/prd.12385

Hajishengallis, G., & Chavakis, T. (2021). Local and systemic mechanisms linking periodontal disease and inflammatory comorbidities. Nature Reviews Immunology, 21(7), 426-440. https://doi.org/10.1038/s41577-020-00488-6

Johansson, L., Sherina, N., Kharlamova, N., Potempa, B., Larsson, B., Israelsson, L., Lundberg, K. (2016). Concentration of antibodies against Porphyromonas gingivalis is increased before the onset of symptoms of rheumatoid arthritis. Arthritis research & therapy, 18, 1-10. https://doi.org/10.1186/s13075-016-1100-4

Jung, E. S., Choi, Y. Y., & Lee, K. H. (2019). Relationship between rheumatoid arthritis and periodontal disease in Korean adults: Data from the Sixth Korea National Health and Nutrition Examination Survey, 2013 to 2015. Journal of Periodontology, 90(4), 350-357. https://doi.org/10.1002/JPER.18-0290

Lee, J.-H., & Jeong, S.-N. (2020). A Population-based study on the association between periodontal disease and major lifestyle-related comorbidities in South Korea: an elderly cohort study from 2002–2015. Medicina, 56(11), 575. https://doi.org/10.3390/medicina56110575

Lee, Y. H., Baharuddin, N. A., Chan, S. W., Rahman, M. T., Bartold, P. M., Sockalingam, S., & Vaithilingam, R. D. (2021). Localisation of citrullinated and carbamylated proteins in inflamed gingival tissues from rheumatoid arthritis patients. Clinical oral investigations, 25, 1441-1450. https://doi.org/10.1007/s00784-020-03452-9

Lopez-Oliva, I., Paropkari, A. D., Saraswat, S., Serban, S., Yonel, Z., Sharma, P., Chapple, I. (2018). Dysbiotic subgingival microbial communities in periodontally healthy patients with rheumatoid arthritis. Arthritis & Rheumatology, 70(7), 1008-1013. https://doi.org/10.1002/art.40485

Loutan, L., Alpizar-Rodriguez, D., Courvoisier, D. S., Finckh, A., Mombelli, A., & Giannopoulou, C. (2019). Periodontal status correlates with anti-citrullinated protein antibodies in first-degree relatives of individuals with rheumatoid arthritis. Journal of clinical periodontology, 46(7), 690-698. https://doi.org/10.1111/jcpe.13117

Maldonado, A., Pirracchio, L., Imber, J.-C., Bürgin, W., Möller, B., Sculean, A., & Eick, S. (2020). Citrullination in periodontium is associated with Porphyromonas gingivalis. Archives of oral biology, 114, 104695. https://doi.org/10.1016/j.archoralbio.2020.104695

Mankia, K., Cheng, Z., Do, T., Hunt, L., Meade, J., Kang, J., Hensor, E. M. (2019). Prevalence of periodontal disease and periodontopathic bacteria in anti–cyclic citrullinated protein antibody–positive at-risk adults without arthritis. JAMA network open, 2(6), e195394-e195394. https://doi.org/10.1001/jamanetworkopen.2019.5394

Manoil, D., Bostanci, N., Mumcu, G., Inanc, N., Can, M., Direskeneli, H., & Belibasakis, G. N. (2021). Novel and known periodontal pathogens residing in gingival crevicular fluid are associated with rheumatoid arthritis. Journal of periodontology, 92(3), 359-370. https://doi.org/10.1002/JPER.20-0295

Mei, F., Xie, M., Huang, X., Long, Y., Lu, X., Wang, X., & Chen, L. (2020). Porphyromonas gingivalis and its systemic impact: current status. Pathogens, 9(11), 944. https://doi.org/10.3390/pathogens9110944

Moura, M. F., Cota, L. O., Silva, T. A., Cortelli, S. C., Ferreira, G. A., López, M. M., Costa, F. O. (2021). Clinical and microbiological effects of non-surgical periodontal treatment in individuals with rheumatoid arthritis: A controlled clinical trial. Odontology, 109, 484-493. https://doi.org/10.1007/s10266-020-00566-0

Olsen, I., Singhrao, S. K., & Potempa, J. (2018). Citrullination as a plausible link to periodontitis, rheumatoid arthritis, atherosclerosis and Alzheimer's disease. Journal of oral microbiology, 10(1), 1487742. https://doi.org/10.1080/20002297.2018.1487742

Persson, G. R. (2017). Dental geriatrics and periodontitis. Periodontology 2000, 74(1), 102-115. https://doi.org/10.1111/prd.12192

Potempa, J., Mydel, P., & Koziel, J. (2017). The case for periodontitis in the pathogenesis of rheumatoid arthritis. Nature Reviews Rheumatology, 13(10), 606-620. https://doi.org/10.1038/nrrheum.2017.132

Punceviciene, E., Rovas, A., Puriene, A., Stuopelyte, K., Vitkus, D., Jarmalaite, S., & Butrimiene, I. (2021). Investigating the relationship between the severity of periodontitis and rheumatoid arthritis: a cross-sectional study. Clinical Rheumatology, 40, 3153-3160. https://doi.org/10.1007/s10067-021-05661-3

Scannapieco, F. A., & Cantos, A. (2016). Oral inflammation and infection, and chronic medical diseases: implications for the elderly. Periodontology 2000, 72(1), 153-175. https://doi.org/10.1111/prd.12129

Schmickler, J., Rupprecht, A., Patschan, S., Patschan, D., Müller, G. A., Haak, R., Ziebolz, D. (2017). Cross-sectional evaluation of periodontal status and microbiologic and rheumatoid parameters in a large cohort of patients with rheumatoid arthritis. Journal of periodontology, 88(4), 368-379. https://doi.org/10.1902/jop.2016.160355

Serpa, O. V. V., Gutiérrez, A. C., Otero, D. A. S., Salazar, J. F. Z., & Jaraba, C. A. R. (2020). Porphyromonas gingivalis ligada a enfermedad periodontal y su relación con la artritis reumatoide: identificación de nuevos mecanismos biomoleculares. Acta Odontológica Colombiana, 10(2), 13-38.

Stobernack, T., du Teil Espina, M., Mulder, L. M., Palma Medina, L. M., Piebenga, D. R., Gabarrini, G., . . . Brouwer, E. (2018). A secreted bacterial peptidylarginine deiminase can neutralize human innate immune defenses. MBio, 9(5), 10.1128/mbio. 01704-01718. https://doi.org/10.1128/mbio.01704-18

Su, W., Shi, J., Zhao, Y., Li, H., & Lei, L. (2021). Gingival fibroblasts dynamically reprogram cellular metabolism during infection of Porphyromonas gingivalis. Archives of oral biology, 121, 104963. https://doi.org/10.1016/j.archoralbio.2020.104963

Su, W., Shi, J., Zhao, Y., Yan, F., Lei, L., & Li, H. (2020). Porphyromonas gingivalis triggers inflammatory responses in periodontal ligament cells by succinate-succinate dehydrogenase–HIF–1α axis. Biochemical and Biophysical Research Communications, 522(1), 184-190. https://doi.org/10.1016/j.bbrc.2019.11.074

Svärd, A., Renvert, S., Sanmartin Berglund, J., Persson, R. G., & Söderlin, M. (2020). Antibodies to citrullinated peptides in serum and saliva in patients with rheumatoid arthritis and their association to periodontitis. Clin Exp Rheumatol, 38(4), 699-704. PMID: 31820729.

Terato, K., Waritani, T., Fukai, R., Shionoya, H., Itoh, H., & Katayama, K. (2018). Contribution of bacterial pathogens to evoking serological disease markers and aggravating disease activity in rheumatoid arthritis. PloS one, 13(2), e0190588. https://doi.org/10.1371/journal.pone.0190588

Tong, Y., Zheng, L., Qing, P., Zhao, H., Li, Y., Su, L., Liu, Y. (2020). Oral microbiota perturbations are linked to high risk for rheumatoid arthritis. Frontiers in cellular and infection microbiology, 9, 475. https://doi.org/10.3389/fcimb.2019.00475

PALEOCLIMATOLOGIA EN GRADOS DE CIENCIAS AFINES: MULTIDISCIPLINARIEDAD PARA LA COMPRENSIÓN DEL CAMBIO CLIMÁTICO

Leonor Parra Aguilar[1]

1. INTRODUCCIÓN

El cambio climático actual ha llegado para quedarse. Aparentemente, desde los últimos estudios (Staines, 2007; de Alba *et al.*, 2011; Fernández-Barrera, 2019; Parra Aguilar, 2023), es posible que estemos inmersos en una fase de transición climática difícil de evaluar en su totalidad al no poder usar la perspectiva que aporta el tiempo. Tanto es así, que la comunidad científica, en una buena parte, es cada vez más consciente de la falta de conocimiento total del motivo que genera el cambio climático (Morote y Olcina, 2021).

Dar la única responsabilidad de sus efectos a las prácticas humanas en el medio no está proporcionando una explicación completa, más bien, parece que el planeta reacciona a lo que debe ser un ciclo climático dentro de los ya existentes históricamente, más allá de que nosotros podamos estar teniendo un papel que aún no se puede definir claramente ni en su totalidad. Sin embargo, existe un campo, muy denostado por algunas ciencias, que parece estar aproximándose a explicaciones lógicas, al menos, en cuanto al comportamiento natural de La Tierra se refiere, y es por ello que lo impulsamos desde este trabajo.

La Paleoclimatología y la Climatología Histórica nacieron para comprender el clima del pasado y el paisaje. Ahora se puede decir que no sólo se está demostrando su utilidad para reconstruir el contexto climático del pasado sino que, además, se pueden emplear sus resultados para compararlos o extrapolarlos a situaciones que vivimos en la actualidad. Esto significa que formar a las siguientes generaciones universitarias en Paleoclimatología es esencial ya que puede ayudar a comprender el pasado y, gracias a ello, intentar entender el presente o crear expectativas de futuro pero, además, se debe enseñar desde un plano multidisciplinar.

2. OBJETIVOS

La investigación llevada a cabo ha girado en torno a dos objetivos principales. El primero ha sido el mostrar la importancia de realizar estudios multidisciplinares que permitan el mayor conocimiento del cambio climático actual y, para ello, entre otras ciencias, debemos introducirnos en la Paleoclimatología. Como se ha visto, existen estudios que han encontrado paralelismos entre otros momentos históricos y lo que se vive en

1. Universidad Autónoma de Madrid (España)

la actualidad, lo cual hace que sea más que relevante mostrarle al mundo la capacidad que tiene la investigación cuando Humanidades, Sociales y Ciencias se unen para crear discursos que permitan acercarse más a una realidad compleja. Al igual que la vida actual no está regida por una sola ciencia, tampoco lo estuvo en el pasado así que la unión de diversas disciplinas, mucho más afines de lo que parece, ayudaría a crear escenarios pasados complejos en los que se podría comprender mejor el clima y su poder sobre el medio y sobre el ser humano, pero no sólo en el pasado, también en la actualidad.

Otro de los objetivos de este trabajo se centra en la enseñanza en los grados universitarios de esta metodología multidisciplinar a la hora de abarcar investigaciones sobre clima. Los resultados obtenidos durante los tres últimos años en los que se ha introducido la explicación tanto de técnicas como de resultados de Paleoclimatología en grados de Historia, Arqueología, Geografía o Ciencias y Lenguas de la Antigüedad han sido positivos y han permitido, según los alumnos, cuestionarse realidades impuestas por los medios de comunicación y acercarse más a estudios científicos.

3. METODOLOGÍA

La metodología seguida se ha centrado en los dos objetivos por separado. Por una parte, se ha comprobado, desde dentro, el funcionamiento y rigor de los trabajos de Paleoclimatología y Climatología Histórica, donde se ha demostrado la necesidad de trabajar en una multidisciplinariedad compleja. Sin el compendio de varias disciplinas no habría sido posible el conocimiento, por ejemplo, del Periodo Cálido Medieval (a partir de ahora PCM) (Parra Aguilar, 2023), siendo muy conscientes, aun así, de que queda mucho camino por recorrer. Se ha trabajado con un plano multidisciplinar que ha aunado ciencias como la Historia, la Geografía, la Geología, la Geomorfología, la Climatología, la Economía, la Arqueología y la Física.

Por otra parte, se ha procedido a llevar el fruto de las investigaciones, tanto lo obtenido como lo consultado, a las aulas de diversos grados universitarios y a *podcast* de divulgación científica de gran alcance (Histocast).

Una vez realizada esta parte del trabajo, se procedió a saber qué opinaban los alumnos y el público de esta interdisciplinariedad y si les ha resultado útil para comprender de una manera más abierta, y más allá del alarmismo de los medios de comunicación, esta problemática.

4. PALEOCLIMATOLOGÍA Y EDUCACIÓN: EL PERIODO CÁLIDO MEDIEVAL EN LAS AULAS.

4.1. El Periodo Cálido Medieval y su transición a un periodo frío en la Península Ibérica.

Primeramente, y ante un tema que puede ser tan largo y complejo como la Paleoclimatología, se tomó la decisión de centrarnos en un único periodo climático histórico y en un lugar concreto lo suficientemente amplio para estudiarlo. A través de esto, se ha podido observar qué tratamiento hicieron los diversos investigadores del tema, cómo se comportó dicho periodo climático y si se manejaba esta cuestión desde la multidisciplinariedad o no. Por lo tanto, y teniendo en cuenta que nos estamos adentrando en un periodo cálido actualmente, se propuso la idea de investigar otro de las mismas características, por lo que la investigación se centró en el PCM en la Península Ibérica.

De forma general, en un estado de la cuestión introductorio, se observó que, en el pasado, hubo quienes trataron los periodos climáticos históricos prácticamente como una utopía, como fue el caso de Mann *et al.* (1998, 2004), donde se defendía que un calentamiento global como el que estamos viviendo en la actualidad no se había visto en ningún momento de la Historia, amparando esta posición desde su teoría del Palo de Hockey. Creó tanta controversia este trabajo, que otras voces defensoras de los ciclos climáticos alzaron su voz, como McIntyre y McKitrick (2003), Soon y Baliunas (2003) o López-Fernández (2010). Otros defendieron lo mismo, pero centrándose en lugares o en el periodo concreto, intentando analizar unos indicadores climáticos indirectos que sirvieran para completar un escenario medioambiental ya inexistente como fueron Broecker (2001) o Kress *et al.* (2014).

Además de los ya citados, algunos habían estudiado las fluctuaciones climáticas históricas como Daly (1989) o Pita (1997) o los que quizá se puedan considerar los padres de la Climatología Histórica como tal: Lamb (1965, 1982) y Font Tullot (1988). La metodología que emplearon se está queriendo replicar por algunos investigadores (Retsö, 2002; Sánchez, 2008; Gil, 2017 y, sobre todo, la ingente obra de Barriendos de la que sólo citamos una parte 1994, 2012, 2020) en un intento de remediar una de las cuestiones que despierta debate en este tipo de publicaciones, y es que se están realizando investigaciones de carácter histórico sin acudir, en la gran mayoría de los casos, a la documentación histórica. Además, tanto Lamb como Font, incorporaron otras ciencias que ayudan a completar el paisaje histórico, como por ejemplo la dendrocronología.

Del estado de la cuestión que se realizó sólo en cuanto a la Península Ibérica, se observó que los estudios que se acercaban más a la multidisciplinariedad para conocer el clima del pasado, podían realizar unas conclusiones más completas y enriquecedoras, ya que les permitía juzgar hasta los propios resultados obtenidos en sus analíticas con mayor rigor al tener más fuentes que comparar. Gracias a todos los resultados obtenidos, tanto de otras investigaciones ajenas como de las propias, se ha podido establecer una cronología más certera gracias al contraste de los indicadores climáticos de todos los consultados. Además, se ha podido constatar que estos procesos climáticos dependen para su evolución y desarrollo de la Circulación General Atmosférica, la orografía de la zona y, por supuesto y fundamentalmente, de la latitud. Así pues, se puede fechar el PCM en la Península Ibérica, de forma general, desde el siglo XII hasta el siglo XIV incluidos. Hubo un periodo denominado Transición Climática Bajomedieval (TCB) durante el siglo XV y, por último, sólo se puede fechar la entrada de la Pequeña Edad de Hielo a partir de los años 30 del siglo XVI. Por el componente latitudinal comentado, se advirtió que la TCB se adelantaba o atrasaba entre 25 y 50 años dependiendo si nos localizábamos en la franja cantábrica o en la zona sur del Guadalquivir (Parra Aguilar, 2023).

Otra de las problemáticas localizadas fue advertir que muchos investigadores, incluso para grandes informes de carácter gubernamental, utilizaban las cronologías equívocas, tomando más en cuenta lo valorado por otros compañeros en diversos lugares del globo que sus propios resultados, dando lugar a grandes ambigüedades (Pérez y Boscolo, 2010; Lüning *et al.*, 2018 y 2019).

Así mismo, ha sido fundamental observar todos los trabajos en conjunto (Figura 1 y Tabla 1) ya que esto ha favorecido conocer que el PCM no fue árido en toda la Península Ibérica. Las precipitaciones que se dieron durante el PCM en la zona central de la Península fueron elevadas, tanto que debían superar los 800 mm anuales en muchos lugares teniendo, además, una repartición anual que eliminaba el déficit hídrico. Sin embargo, en la cuenca del Ebro, existió tendencia a la aridez, pudiendo aquí hablar de un periodo cálido y seco.

Esto quiere decir que no se deben generalizar las condiciones pluviométricas de este periodo llamándolo Óptimo Climático o Anomalía Climática, ya que las precipitaciones variaban según la zona de la Península en la que se estuviera. Eso sí, siempre fue cálido, unos dos grados más en las medias anuales con respecto a las temperaturas de la segunda mitad del siglo XX, por lo que sí es adecuado que la palabra "cálido" esté en su reconocido nombre (Parra y Arteaga, 2023).

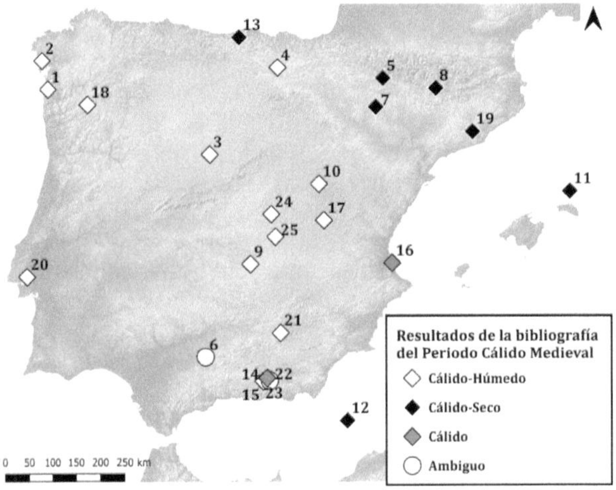

Figura 1. Mapa que recoge los trabajos numerados y de distintas disciplinas sobre el PCM en la Península Ibérica. Se ha utilizado un color u otro para su representación dependiendo de si los resultados obtenidos por los investigadores sobre esta fase climática mencionada daban como resultado un periodo cálido-húmedo, cálido-seco, cálido o resulta ambiguo porque se dan situaciones tanto de humedad como de aridez. Fuente: Elaboración propia, 2023.

1	Álvarez *et al.*, 2005; Desprat *et al.*, 2003; Diz *et al.*, 2002	14	Oliva y Gómez, 2012
2	Lebreiro *et al.*, 2006	15	Oliva, 2009
3	López-Merino *et al.*, 2009	16	Azuar, 2015
4	Corella *et al.*, 2013	17	Barreiro-Lostres *et al.*, 2014
5	Moreno *et al.*, 2012	18	López, 2012
6	Martín-Puertas *et al.*, 2008	19	Gutiérrez-Elorza y Peña-Monné, 1998
7	Morellón *et al.*, 2011	20	Benito *et al.*, 2003; Alt-Epping *et al.* (2009)
8	Rull *et al.*, 2011	21	Dorado *et al.*, 2015
9	Gil *et al.*, 2007	22	Ramos, 2018
10	Moreno *et al.*, 2008	23	Palacios *et al.*, 2018
11	Moreno *et al.*, 2012	24	Parra y Arteaga, 2022
12	Nieto-Moreno *et al.*, 2011	25	Parra y Arteaga, 2023
13	Sousa, 2009		

Tabla 1. Bibliografía citada en la Figura 1. Fuente: Elaboración propia, 2023.

Así pues, se pretende realizar con los resultados obtenidos un paralelismo como el que se hace para otros estudios en la legislación española. Un ejemplo de cómo la Historia, la Geomorfología y la Ingeniería de Caminos pueden trabajar dando lugar a unos resultados completos y veraces se plasma en el *Real Decreto 849/1986, de 11 de abril, por el que se aprueba el Reglamento del Dominio Público Hidráulico*, donde se dice que se necesitan estas tres disciplinas para obtener unos resultados veraces y multidisciplinares que ayuden a reconstruir un paisaje extinto. Lo mismo se podría aplicar a los estudios paleoclimáticos ya que ayudan a reconstruir el pasado y a obtener patrones medioambientales que sugieran paralelismos con el presente o el posible futuro.

Como se ha mencionado, se ha localizado un periodo cálido, una transición climática y la entrada a un periodo frío. Sabiendo esto, reducimos sus características básicas a una serie de tablas que permitan realizar comparaciones sencillas. Estas tablas 2, 3 y 4 han sido elaboradas con todos los resultados obtenidos de la bibliografía consultada para este trabajo:

Periodo Cálido Medieval			
Zona de la Península Ibérica	Centro de la Península	Valle del Ebro	Franja cantábrica
Precipitaciones	= ó > 800 mm anuales	= ó < 600 mm anuales	= ó < 400 mm anuales
Temperaturas	= ó > 17 ºC de media anual	= ó > 17 ºC de media anual	= ó > 17 ºC de media anual
Variaciones de la CGA[2] con respecto a la actualidad	Sí	Sí	Sí
¿Cuáles?	Tendencia habitual de vientos húmedos provenientes del SO	Tendencia habitual de vientos áridos provenientes del SE	Tendencia habitual de vientos del S.

Tabla 2. Características principales del PCM. Fuente: Elaboración propia, 2023.

Transición Climática Bajomedieval			
Zona de la Península Ibérica	Centro de la Península	Valle del Ebro	Franja cantábrica
Precipitaciones	Entre 800 y 400 mm anuales – muy dispares	= ó < 600 mm anuales – carácter extremo	En marcado ascenso respecto al PCM. Entre 400 y 800 mm anuales – muy dispares
Temperaturas	= ó > 17 ºC de media anual con tendencia a bajar y a los extremos térmicos	= ó > 17 ºC de media anual con tendencia a bajar y a los extremos térmicos	= ó > 17 ºC de media anual con tendencia a bajar y a los extremos térmicos
Variaciones de la CGA con respecto a la actualidad	No	No	No

2. Circulación General Atmosférica

¿Cuáles?	Variaciones que oscilan entre los vientos del SO provocados por borrascas tropicales marítimas y, por otra parte, modificaciones del Anticiclón de la Azores en su comportamiento habitual (Li *et al.*, 2011).	Localización en fechas posteriores a las estivales de eventos extremos tipo "Gota Fría". Tendencia a los vientos del SE provenientes del Sáhara y del NE provenientes de Siberia.	Eventos de "suradas" habituales producidas por efecto Föhn con intercaladas precipitaciones torrenciales y temporales marítimos asociados a vientos del N y NO (Rasilla, 1999).

Tabla 3. Características principales de la Transición Climática Bajomedieval. Fuente: Elaboración propia, 2023.

Pequeña Edad de Hielo			
Zona de la Península Ibérica	Centro de la Península	Valle del Ebro	Franja cantábrica
Precipitaciones	Entre 400 y 600 mm anuales – carácter extremo	Entre 400 y 600 mm anuales – carácter extremo	= ó > 800 mm anuales
Temperaturas	13 ºC de media anual - Extremos térmicos	13 ºC de media anual - Extremos térmicos	13 ºC de media anual
Variaciones de la CGA con respecto a la actualidad	Sí	Sí	Sí
¿Cuáles?	Tendencia a precipitaciones concentradas tanto en primavera como en invierno de distintos frentes. Abundantes sequías. Estabilidad del Anticiclón de las Azores y de los temporales del NE, siberianos.	Tendencia a precipitaciones torrenciales concentradas tras el verano. Abundantes sequías. Influencia de los vientos secos saharianos. Estabilidad del Anticiclón de las Azores y de los temporales del NE, siberianos.	Temporales marítimos asociados a vientos del N y NO. Precipitaciones desmedidas y a destiempo a lo largo del año, alternadas con sequías.

Tabla 4. Características principales de la Pequeña Edad de Hielo. Fuente: Elaboración propia, 2023.

4.2. La Transición Climática Bajomedieval, un evento con ciertas similitudes

Observando los tres periodos climáticos resumidos en las anteriores tablas, se advierte que el más similar a eventos que localizamos actualmente es el de transición. Se ha de tener en cuenta que la TCB fue el paso de un periodo cálido a uno frío, cosa que, en este momento, parece totalmente al revés: nos encaminamos hacia un periodo cálido.

Por lo tanto, si pudiéramos hacer conjeturas: ¿Hasta qué temperatura podría ascender la media anual basándonos en datos históricos? ¿Qué sucedería con las precipitaciones?

Durante el PCM, se han localizado Indicadores Climáticos de Origen Indirecto que suben las temperaturas hasta los 17,5ºC de media anual en la zona central de la Península Ibérica. Actualmente, en la ciudad de Madrid, la media anual de temperaturas en el año 2022 fue de 16,6ºC. Esto quiere decir que ha habido momentos en la Historia en los que las temperaturas han sido más elevadas y que, por lo tanto, puede volver a repetirse esta tendencia en un futuro periodo cálido. Para nuestro consuelo, se ha de tener en cuenta que aunque la media de temperaturas era más elevada, la repartición anual de las mismas también era distinta, provocando inviernos suaves que no llegaban a las heladas y veranos que no superaban los 35ºC (Parra Aguilar, 2023), por lo que podríamos suponer que una vez que pasara la transición climática en la que nos encontramos, no habría tendencia a temperaturas extremas.

Sin embargo, hay que tener en cuenta que los episodios de transición climática suelen tener una tendencia árida y cálida, muy similar a lo que vivimos actualmente: parece que las sequías tienen protagonismo mientras las temperaturas medias no paran de ascender. En principio, si pudiéramos hacer un símil con otros dos periodos cálidos del pasado como el Periodo Cálido Romano y el Medieval, esta predisposición a la aridez suele darse por finalizada cuando se asienta definitivamente el periodo cálido, viendo un aumento significativo de las lluvias provocadas, como ya se ha visto, por los temporales tropicales marítimos procedentes del Oeste y Suroeste (Font Tullot, 1988).

Ha de visibilizarse para evitar caer en catastrofismos que la diferencia de temperaturas medias anuales entre los periodos fríos y los cálidos puede llegar a superar los 4ºC, tal y como se ha observado en otras transiciones climáticas (McCormick *et al.*, 2012; Büntgen *et al.*, 2016). Esto cambiaría la perspectiva actual que coloca en el ser humano toda la responsabilidad de la subida de temperaturas y le daría a La Tierra y a sus procesos también un papel en esta historia.

4.3. Transmisión de conocimientos al alumnado.

La intención siempre ha sido alejarse del catastrofismo vertido en nuestra sociedad por los medios de comunicación y otros entes. Así pues, también se ha tenido en cuenta la falta de apertura que han presentado, en algunos momentos, estudios meramente climatológicos que no habían tenido en cuenta factores que fueran más allá de la Física o de los datos estadísticos aportados por instrumentos actuales. Se ha intentado siempre tener en cuenta esa perseguida multidisciplinariedad para que los alumnos comprendieran la totalidad del clima del pasado, sus consecuencias en el medio físico y cómo la población se hizo a vivir con ellos.

En las clases teóricas se abordaron los medios que se pueden emplear para el conocimiento del clima del pasado fueran de la disciplina que fueran. Así se vio la importancia de la documentación histórica que muchas veces recoge problemáticas creadas por la adecuación a un nuevo clima, vegetación, enfermedades, etc. Se le dio visibilidad a los estudios geomorfológicos, paleopalinológicos, de dendrocronología, de las varvas lacustres, de los depósitos tobáceos, de sedimentología, de glaciarismo, de foraminíferos o de isótopos radioactivos. Pero, igualmente, se explicaron trabajos que se han centrado en conocer el nicho ecológico de enfermedades, vegetación o fauna, los cuales marcaban unas temperaturas y unas precipitaciones concretas para el desarrollo de las mismas. Igualmente, se expuso tanto el resultado de nuestras investigaciones como las de otros científicos, así como un marco teórico general sobre el paleoclima y la Climatología Histórica hasta la actualidad, donde se recogían las bases de los diversos periodos climáticos históricos. Así pues, se explicaron el Periodo Subboreal, El Periodo Subatlántico, el Periodo Cálido Romano, el Episodio Frío Altomedieval, El Periodo Cálido Medieval, la Pequeña Edad de Hielo y la decaída de este último periodo en las cronologías más actuales. Así mismo, esto también se hizo en diversos *podcast* de divulgación científica.

Cuando se realizó este trabajo teórico, se procedió a observar qué pensaban los alumnos de todo lo explicado con respecto a lo que ven en redes sociales o los medios de comunicación. Fue interesante y alentador ver su capacidad de debate y contraste. Además, esta temática llamó poderosamente su atención, lo cual les ha llevado a leer más contenido científico y reelaborar sus propios conocimientos; en definitiva, a tener una mente más crítica. Se realizó una encuesta a varios alumnos a lo que contestaron lo siguiente.

Las respuestas a esta encuesta fueron muy similares. En primer lugar, muchos alumnos confirmaron que no sabían nada de Paleoclimatología antes de esta clase, y que conocerla les ha dado otra perspectiva. Así pues, los alumnos consideran que al aprenderla reciben una formación más completa y necesaria, ya que las condiciones climáticas del pasado influyen en la forma de actuar de los sujetos históricos. Así mismo, piensan que también les aporta unos conocimientos útiles para comprender el cambio climático actual. Reflexionaron que era necesario conocer aspectos del clima del pasado, las características del territorio y otros elementos geográficos ya que puede ayudar a comprender sucesos del pasado producidos por eventos naturales. En concreto, la frase final de una alumna fue que "como estudiantes debemos conocer estos aspectos para poder disponer de una formación completa que más tarde nos ayude llevar a cabo nuestro trabajo de la forma más correcta posible".

Los alumnos comentaron que toda la información que tenían anterior a esta asignatura provenía de los medios de comunicación y redes sociales. Dijeron que el tratar este tema en clase les había hecho pensar que "hay mucha gente preocupada, pero muy poca gente informada". Consideraron que sí parece existir alarmismo difundido desde los medios de comunicación pero no saben el motivo de que sea así. Reconocen la realidad del cambio climático y creen que nuestro papel en La Tierra puede estar agilizando el proceso pero que, seguro, era algo que iba a suceder independientemente de nuestra existencia.

La respuesta a la pregunta sobre la multidisciplinariedad fue respondida de forma positiva: los alumnos consideran que deben tener conocimientos de otras disciplinas para obtener una información mucho más completa "y que nos será de mucha ayuda en un futuro sin importar a qué nos vamos a dedicar".

5. CONCLUSIONES

Las conclusiones han sido más que satisfactorias, no sólo por lo obtenido del PCM, también por el papel que tenemos como docentes ya que nos permite y obliga a difundir los conocimientos obtenidos, siendo acogidos por los alumnos de una forma positiva y que les ha permitido adoptar una apertura de mente y de trabajo desde el comienzo de sus estudios universitarios.

Parece cada vez más esencial realizar investigaciones multidisciplinares que ayuden a comprender qué está sucediendo con el clima y, quizás, para ello, sea necesario observar el pasado: la Historia. Esto, a su vez, convierte también en esencial el formar al alumnado en estas mismas técnicas que les ayude, no sólo a encerrarse en la verdad de una sola ciencia, sino a abrir la mente y ser capaces de observar que la realidad se completa desde la complejidad de los procesos que forman nuestra vida: deben abrirse a mejorar sus investigaciones con una amplia variedad de disciplinas. Ellos son el futuro y, por lo tanto, son los que van a vivir el cambio climático, se les debe formar para comprender el clima, pero también para saber ser resilientes a él.

Por el momento, se puede decir que la inserción de contenidos de Paleoclimatología en asignaturas de grados de ciencias afines está siendo un éxito. Ha permitido que los alumnos reflexionen y no se crean lo primero que ven en redes sociales. Les ha incitado a leer ciencia, a reflexionar y a crear pensamientos propios que se salen de la normativa establecida en los medios de comunicación.

Desde estas páginas se incita a que no sólo se estudie Paleoclimatología en grados de Humanidades. La Biología, la Medicina, la Física y cualquier otra disciplina que estudie elementos que se dan en la actualidad y en el pasado, pueden ayudar a completar esta temática. Un ejemplo de ello es que habría sido imposible localizar unas temperaturas concretas sin los estudios de enfermedades realizados por médicos en los que se evalúa su medioambiente idóneo para vivir (Parra y Arteaga, 2023; Parra Aguilar, 2023).

Respecto a los resultados obtenidos en cuanto al estudio del PCM y la TCB se puede decir que son muy relevantes. Si aplicamos las políticas establecidas en el *Real Decreto 849/1986, de 11 de abril, por el que se aprueba el Reglamento del Dominio Público Hidráulico* se pueden extrapolar los resultados obtenidos del TCB tal y como se hace con otros estudios estadísticos, permitiendo crear escenarios medioambientales posibles.

Quizá, desde la ciencia, debamos plantearnos cambiar la forma de pensar y comenzar a realizar estudios multidisciplinares de verdad sin menospreciar a otras disciplinas; teniendo en cuenta que todas aportan un granito de arena a la evolución científica.

6. REFERENCIAS

Alt-Epping, U., Stuut, J. B. W., Hebbeln, D., Schneider, R. (2009). Variations in sediment provenance during the past 3000 years off the Tagus River, Portugal. *Marine Geology*, 261 (1-4), 82-91. https://doi.org/10.1016/j.margeo.2008.11.008

Álvarez, M. D. C., Flores, J. A., Sierro, F. J., Diz, P., Francés, G., Pelejero, C., Grimalt, J. (2005). Millennial surface water dynamics in the Ría de Vigo during the last 3000 years as revealed by coccoliths and molecular biomarkers. *Palaeogeography, Palaeoclimatology, Palaeoecology*, 218 (1-2), 1-13. https://doi.org/10.1016/j.palaeo.2004.12.002

Azuar, R. (2015). Arqueologías ambientales para el conocimiento del paleopaisaje y del aprovechamiento de sus recursos en el Sharq Al-Andalus (Siglos VIII-X d. C.). *Marq, arqueología y museos*, 6, 147-158.

Barreiro-Lostres, F., Moreno, A., Giralt, S., Caballero, M., y Valero-Garcés, B. (2014). Climate, palaeohydrology and land use change in the Central Iberian Range over the last 1.6 kyr: The La Parra Lake record. *The Holocene*, 24 (10), 1177-1192. https://doi.org/10.1177/0959683614540960

Barriendos, M. (1994). *El clima histórico de Cataluña. Aproximación a sus características generales (ss. XV-XIX)* [Tesis doctoral no publicada]. Universidad de Barcelona.

Barriendos, M. (2012). La reconstrucción del clima a partir de testimonios históricos. Encrucijada metodológica entre la fuente cualitativa y su expresión numérica. *Índice: Revista de Estadística y Sociedad*, 50, 18-20. http://www.revistaindice.com/numero50/p18.pdf

Barriendos, M. (2020). La climatología histórica en España. Estado de la cuestión de una especialidad ante los retos del siglo XXI. *Índice histórico español*, 133.

Benito, G., Sopeña, A., Sánchez-Moya, Y., Machado, M. J., y Pérez-González, A. (2003). Palaeoflood record of the Tagus River (central Spain) during the Late Pleistocene and Holocene. *Quaternary Science Reviews*, 22 (15-17), 1737-1756. https://doi.org/10.1016/S0277-3791(03)00133-1

Broecker, W.S. (2001). Was the Medieval Warming Period global? *Science, 291*, 1497-1499. https://www.science.org/doi/full/10.1126/science.291.5508.1497

Büntgen, U., Myglan, V.S., Ljungqvist, F.C., McCormick, M., Di Cosmo, N., Sigl, M., ... y Kirdyanov, A.V. (2016). Cooling and societal change during the Late Antique Little Ice Age from 536 to around 660 AD. *Nature geoscience*, 9 (3), 231-236. https://doi.org/10.1038/ngeo2652

Corella, J. P., Stefanova, V., El Anjoumi, A., Rico, E., Giralt, S., Moreno, A., ... y Valero-Garcés, B. L. (2013). A 2500-year multi-proxy reconstruction of climate change and human activities in northern Spain: the Lake Arreo record. *Palaeogeography, Palaeoclimatology, Palaeoecology*, 386, 555-568. https://doi.org/10.1016/j.palaeo.2013.06.022

Daly, J. (1989). A falsificação da história climática a fim de «provar» o aquecimento global. *The Greenhouse Trap: Why the Greenhouse Effect Will Not End Life on Earth*. Bantam Books.

de Alba, S., Arias, C., García-Herrera, R., Gómez, J.J., González-Rouco, J.F., Martín-Duque, J.F., Montoya, M.L., Rodríguez de Fonseca, B., Sánchez-Moya, Y., Sopeña, A., Zurita, P. (2011). Paleoclimatología y Cambio Global. *Geología, Geodesia y Geofísica*, 69-71. https://eprints.ucm.es/id/eprint/14572/1/Publicacion_digital_1_reunion_IGEO.pdf

Desprat, S., Goñi, M. F. S., y Loutre, M. F. (2003). Revealing climatic variability of the last three millennia in northwestern Iberia using pollen influx data. *Earth and Planetary Science Letters*, 213 (1-2), 63-78. https://doi.org/10.1016/S0012-821X(03)00292-9

Diz, P., Francés, G., Pelejero, C., Grimalt, J. O., y Vilas, F. (2002). The last 3000 years in the Ría de Vigo (NW Iberian Margin). climatic and hydrographic signals. *The Holocene,* 12 (4), 459-468. https://doi.org/10.1191/0959683602hl550rp

Dorado Liñán, I., Zorita, E., González-Rouco, J. F., Heinrich, I., Campello, F., Muntán, E., ... y Gutiérrez, E. (2015). Eight-hundred years of summer temperature variations in the southeast of the Iberian Peninsula reconstructed from tree rings. *Climate Dynamics*, 44, 75-93. https://doi.org/10.1007/s00382-014-2348-5

Fernández-Barrera, E. (2019). *Paleoclimatología* [Trabajo Fin de Grado Inédito]. Universidad de Sevilla. https://hdl.handle.net/11441/126945

Font, I. (1988). *Historia del clima de España. Cambios Climáticos y sus causas*. Instituto Nacional de Meteorología.

Gil, M.J., Ruiz, M.B., Santisteban, J.I., Mediavilla, R.M., López, E., Dabrio, C.J. (2007). Late holocene environments in Las Tablas de Daimiel (south central Iberian peninsula, Spain). *Vegetation history and archaeobotany*, 16, 241-250. https://doi.org/10.1007/s00334-006-0047-9

Gil, S. (2017). El tiempo entre palabras: nuevas metodologías para el estudio del clima a partir de fuentes históricas. En Alberola-Romá, A. (coord.) *Riesgo, desastre y miedo en la península Ibérica y México durante la Edad Moderna*, 15-45. Universidad de Alicante.

Gutiérrez-Elorza, M., Peña-Monné, J. L. (1998). Geomorphology and late Holocene climatic change in Northeastern Spain. *Geomorphology*, 23 (2-4), 205-217. https://doi.org/10.1016/S0169-555X(98)00004-X

Urquía, G. (Anfitrión). Parra, L., Arteaga, C. (2022). HistoCast 258 - Catástrofes naturales VI [Podcast]. Disponible en: https://youtu.be/XcAtECtJ0ag

Kress, A., Hangartner, S., Bugmann, H., Büntgen, U., Frank, D. C., Leuenberger, M., ... y Saurer, M. (2014). Swiss tree rings reveal warm and wet summers during

medieval times. *Geophysical Research Letters,* 41 (5), 1732-1737. https://doi.org/10.1002/2013GL059081
Lamb, H. (1965). The early medieval warm epoch and its sequel. *Palaeogeography, Palaeoclimatology, Palaeoecology,* 1, 13-37. https://doi.org/10.1016/0031-0182(65)90004-0
Lamb, H. (1982). *Climate, History and the Modern World.* Methuen y Co.
Lebreiro, S. M., Francés, G., Abrantes, F. F. G., Diz, P., Bartels-Jónsdóttir, H. B., Stroynowski, Z. N., ... y Grimalt, J. O. (2006). Climate change and coastal hydrographic response along the Atlantic Iberian margin (Tagus Prodelta and Muros Ría) during the last two millennia. *The Holocene,* 16 (7), 1003-1015. https://doi.org/10.1177/0959683606hl990rp
Li, W., Li, L., Fu, R., Deng, Y., Wang, H. (2011). Changes to the North Atlantic subtropical high and its role in the intensification of summer rainfall variability in the southeastern United States. *Journal of Climate,* 24 (5), 1499-1506. https://doi.org/10.1175/2010JCLI3829.1
López, O. (2012). *Antropología de los restos óseos humanos de Galicia: estudio de la población romana y medieval gallega* [Tesis doctoral sin pubicar]. Universidad de Granada.
López-Fernández, A. (2010). ¿Es un mito la relación CO2-cambio climático? *Boletín de la Real Academia de Córdoba de Ciencias, Bellas Letras y Nobles Artes,* 89 (158), 295-312. https://helvia.uco.es/handle/10396/9266
López-Merino, L., López, J. A., Alba, F., Pérez, S., Abel, D., Guerra, E. (2009). Estudio polínico de una laguna endorreica en Almenara de Adaja (Valladolid, Meseta Norte). Cambios ambientales y actividad humana durante los últimos 2.800 años. *Revista Española de Micropaleontología,* 41 (3), 333-347. http://hdl.handle.net/10261/93733
Lüning, S., Gałka, M., y Vahrenholt, F. (2019). The medieval climate anomaly in Antarctica. *Palaeogeography, Palaeoclimatology, Palaeoecology,* 532. https://doi.org/10.1016/j.palaeo.2019.109251
Lüning, S., Gałka, M., Danladi, I. B., Adagunodo, T. A., y Vahrenholt, F. (2018). Hydroclimate in Africa during the medieval climate anomaly. *Palaeogeography, Palaeoclimatology, Palaeoecology,* 495, 309-322. https://doi.org/10.1016/j.palaeo.2018.01.025
Mann, M.E., Bradley, R.S., Hughes, M.K. (1998). Global-scale temperature patterns and climate forcing over the past six centuries. *Nature,* 392 (6678), 779-787. https://doi.org/10.1038/33859
Mann, M.E., Bradley, R.S., Hughes, M.K. (2004). Corrigendum: Global-scale temperature patterns and climate forcing over the past six centuries. *Nature,* 430 (6995), 105-105. https://doi.org/10.1038/nature02478
Martín-Puertas, C., Valero-Garcés, B. L., Pilar Mata, M., González-Sampériz, P., Bao, R., Moreno, A., y Stefanova, V. (2008). Arid and humid phases in southern Spain during the last 4000 years: the Zonar Lake record, Cordoba. *The Holocene,* 18 (6), 907-921. https://doi.org/10.1177/0959683608093533
McCormick, M., Büntgen, U., Cane, M.A., Cook, E.R., Harper, K., Huybers, P., ... y Tegel, W. (2012). Climate change during and after the Roman Empire: reconstructing the past from scientific and historical evidence. *Journal of Interdisciplinary History,* 43 (2), 169-220. https://doi.org/10.1162/JINH_a_00379
McIntyre, S., McKitrick, R. (2003). Corrections to the Mann *et al.* (1998) Proxy Data Base and Northern Hemispheric Average Temperature Series. *Energy & Environment,* 14 (6). https://doi.org/10.1260/095830503322793632
Morellón, M., Valero-Garcés, B., González-Sampériz, P., Vegas-Vilarrúbia, T., Rubio, E., Rieradevall, M., ... y Soto, J. (2011). Climate and human signatures during the medieval

warm period and the little ice age in the Spanish pre-Pyrenees: the Lake Estanya record. *Journal af paleoclimmology*. http://hdl.handle.net/10261/36775

Moreno, A., Pérez, A., Frigola, J., Nieto-Moreno, V., Rodrigo-Gámiz, M., Martrat, B., ... y Valero-Garcés, B. L. (2012). The Medieval Climate Anomaly in the Iberian Peninsula reconstructed from marine and lake records. *Quaternary Science Reviews*, 43, 16-32. https://doi.org/10.1016/j.quascirev.2012.04.007

Moreno, A., Valero-Garcés, B. L., González-Sampériz, P., y Rico, M. (2008). Flood response to rainfall variability during the last 2000 years inferred from the Taravilla Lake record (Central Iberian Range, Spain). *Journal of paleolimnology*, 40, 943-961. https://doi.org/10.1007/s10933-008-9209-3

Morote Seguido, A.F., Olcina Cantos, J. (2021). La importancia de la enseñanza del cambio climático. Propuestas didácticas para la Geografía escolar. *Estudios Geográficos*, 82 (291), e078. https://doi.org/10.3989/estgeogr.202189.089

Nieto-Moreno, V., Martínez-Ruiz, F., Giralt, S., Jiménez-Espejo, F., Gallego-Torres, D., Rodrigo-Gámiz, M., ... y De Lange, G. J. (2011). Tracking climate variability in the western Mediterranean during the Late Holocene: a multiproxy approach. *Climate of the Past*, 7 (4), 1395-1414. https://doi.org/10.5194/cp-7-1395-2011

Oliva, M., Gómez, A. (2012). Reconstrucción multi-proxy de la variabilidad climática acontecida en Sierra Nevada durante los tres últimos milenios inferida a partir de sedimentos lacustres y documentos históricos. *Publicaciones de la Asociación Española de Climatología*. Serie A; 8. http://hdl.handle.net/20.500.11765/8270

Palacios, D., Gómez, A., Alcalá, J., Oliva, M., Tanarro, L.M., Salvador, F., de Andrés, N. (2018). Avance de nuevos datos sobre el glaciarismo de Sierra Nevada. En *Geomorfología del antropoceno: efectos del cambio global sobre los procesos geomorfológicos*. Universitat de les Illes Balears, 382-386.

Parra Aguilar, L. (2023). *Hombre, paisaje y clima durante la Edad Media en los territorios de la Orden de Santiago en La Mancha Alta* [Tesis Doctoral inédita]. Universidad Autónoma de Madrid.

Parra Aguilar, L., Arteaga Cardineau, C. (2023). La transición del Óptimo Climático Medieval a la Pequeña Edad de Hielo a través del poblamiento: de la cora de Santaver a los terrenos de la Orden de Santiago en La Mancha (siglos X al XVI). *Espacio Tiempo Y Forma. Serie III, Historia Medieval*, 36, 999–1026. https://doi.org/10.5944/etfiii.36.2023.36297

Parra, L, Arteaga, C. (2022). El vado y el azud de Alarilla durante el Óptimo Climático Medieval (siglos XI-XIV dC). Un estudio histórico y geográfico. *Espacio Tiempo y Forma. Serie VI, Geografía*, 15, 67-92. https://doi.org/10.5944/etfvi.15.2022.34084

Parra, L, Arteaga, C. (2023). La transición del Óptimo Climático Medieval a la Pequeña Edad de Hielo a través del poblamiento: de la Cora de Santaver a los terrenos de la Orden de Santiago en La Mancha (siglos X al XVI). *Espacio Tiempo y Forma. Serie III, Historia Medieval*, 36, 999–1026. https://doi.org/10.5944/etfiii.36.2023.36297

Pérez, F., Boscolo, R. (eds.)(2010). *Clima en España: pasado, presente y futuro. Informe de Evaluación del Cambio Climático Regional*. Madrid, CLIVAR, Ministerio de Medio Ambiente y Medio Rural y Marino, Ministerio de Ciencia e Innovación. http://hdl.handle.net/10261/23600

Pita, M.F. (1997). Los cambios climáticos. *Climatología*. Editorial Cátedra, 387-458.

Ramos, M.J. (2018*). Holocene paleoenvironmental change, climate and human impact in Sierra Nevada, Southern Iberian Peninsula* [Tesis doctoral inédita]. Universidad de Granada. http://hdl.handle.net/10481/49719

Rasilla, D. (1999). *Viento del sur y efecto Föhn en la Cordillera Cantábrica*. Madrid, Ministerio de Fomento.
Retsö, D. (2002). A contribution to the history of European winters: Some climatological proxy data from early-sixteenth century Swedish documentary sources. *Climatic Change*, 52/1, 137-173. https://doi.org/10.1023/A:1013093410975
Rull, V., González-Sampériz, P., Corella, J. P., Morellón, M., y Giralt, S. (2011). Vegetation changes in the southern Pyrenean flank during the last millennium in relation to climate and human activities: the Montcortès lacustrine record. *Journal of Paleolimnology*, 46, 387-404. https://doi.org/10.1007/s10933-010-9444-2
Sánchez, F. (2008). A new method to reconstruct low-frequency climatic variability from documentary sources: application to winter rainfall series in Andalusia (Southern Spain) from 1501 to 2000. *Climatic Change*, 87/3, 471-487. https://doi.org/10.1007/s10584-007-9312-x
Soon, W., Baliunas, S. (2003). Proxy climatic and environmental changes of the past 1000 years. *Climate Research*, 23/2, 89-110. https://doi.org/10.3354/cr023089
Sousa, A. (2009). Evolución del clima de la Tierra. Historia del clima desde el año 1000. En *Cambios climáticos y efectos ambientales*. Universidad Internacional de Andalucía, 20-31.
Staines, F. (2007). Cambio climático: interpretando el pasado para entender el presente. *Ciencia Ergo Sum*, 14 (3) 345-351. https://www.redalyc.org/pdf/104/10414313.pdf

POLITICAS PÚBLICAS E IMPACTO AMBIENTAL DE LA INTELIGENCIA ARTIFICIAL

Rosa María Ricoy Casas[1]

This research was funded by MCIN/AEI /10.13039/501100011033 and by the EU NextGenerationEU/PRTR (Project TED2021-129152B-C44)/ and made during the "UNESCO Chair: Transformative Education: Science, Communication and Society" (UNESCO 39 C/5 – Maior I Program – Education); and the Teaching Innovation Project: ODS Cities and Citizenship (Uvigo).

1. INTRODUCCIÓN

La noción de progreso tecnológico permanente y el paradigma de un crecimiento económico igualmente continuo, son conceptos gemelos (Kerschner y Ehlers, 2016). Ambos se han globalizado y han surgido como objetivos no sólo para los países industrializados, sino también para los países emergentes y en desarrollo. Estos conceptos se apoyan mutuamente: el progreso técnico se considera la fuerza motriz central para la innovación y la competencia mundial, mientras que el crecimiento económico permite que el progreso técnico se mantenga a través de una investigación adecuada financiada con fondos públicos y empresariales, y tienen un componente normativo (Grunwald, 2018). Sin embargo, plantea preguntas de largo alcance en cuanto a reconciliar el crecimiento ilimitado (dada la naturaleza finita de los recursos y la capacidad limitada de la naturaleza para funcionar como sumidero de emisiones) y el progreso tecnológico (Dietz y O'Neill, 2013; Kerschner y O'Neill, 2015).

Los debates actuales sobre "crecimiento sostenible", "crecimiento verde", "decrecimiento" y la idea de que nos encontramos en la "época del Antropoceno", cubren muchas cuestiones en las relaciones entre el comportamiento humano, la regulación social y la tecnología frente a la necesidad de superar la crisis ambiental. El 20 de septiembre de 2019, los trabajadores de doce importantes empresas tecnológicas (entre ellas Amazon, Google, Facebook y Microsoft), se sumaron a la huelga climática global, reivindicando un reconocimiento más notorio del impacto de la tecnología sobre el cambio climático y exigiendo un nuevo rumbo en las políticas públicas. La Inteligencia artificial (IA) sirve de sistema nervioso central de la economía global moderna al crear y luego satisfacer el insaciable apetito de las infraestructuras financieras, el transporte y la comunicación.

---

1. Centro Asociado de la UNED en Lugo (España)

La industria tecnológica enfrenta importantes críticas por los altos niveles de consumo energético. Se analiza cómo se están desarrollando rápidamente (aunque de manera insuficiente e insatisfactoria), políticas y aplicaciones de (IA) con altas expectativas de innovación tecnológica y crecimiento económico. Es necesario mejorar las capacidades para rastrear, examinar y analizarlas desde una perspectiva medioambiental, y desarrollar invenciones tecnológicas que pueden contribuir a la mitigación climática.

2. OBJETIVOS

A pesar de la carrera por la tecnología, por liderar la IA, la computación cuántica, el 6G, los misiles hipersónicos, la exploración lunar robótica, y un largo etcétera, existen políticas públicas que pueden al mismo tiempo reducir y/o mitigar el impacto ambiental. Debe analizarse la información sobre el consumo estimado de energía de la tecnología, las mejores políticas públicas encaminadas a su eficiencia y sostenibilidad (en todas sus dimensiones), desarrollar una cultura sostenible a largo plazo y crear conciencia de su necesidad. Por ello, el presente trabajo se centra en visibilizar: 1) la importancia de la huella de la IA en el medio ambiente en un contexto de crisis ambiental; 2) metodologías y herramientas para su medición; 3) objetivos y medidas de reducción específicas; 4) políticas públicas que contemplan y desarrollan prácticas más sostenibles y transparentes; 5) concienciación social de los usuarios de estas tecnologías; 6) aplicaciones de IA que contribuyen a la reducción de la huella de carbono.

3. METODOLOGÍA

Para la realización de este trabajo se han utilizado múltiples indicadores nacionales e internacionales, documentación institucional y bibliografía. Lo resultados permiten una nítida comprensión del problema, de las dificultades a las que en la actualidad se enfrentan los operadores gubernamentales, el desarrollo de estrategias empresariales y políticas públicas, así como el grado de conocimiento por parte de la ciudadanía. Se ha realizado una exhaustiva revisión de información a través de las principales bases de datos bibliográficas, documentación de organismos públicos y privados y noticias de prensa. Se definieron criterios de inclusión y exclusión (sobre cuestiones de importancia en la investigación), y un conjunto de variables para analizar las características de los artículos científicos seleccionados. A partir de esta información se realizó el trabajo de carácter descriptivo, profundizando y reflexionando sobre su actualidad, el futuro y la importancia de estas políticas.

4. DESARROLLO DE LA INVESTIGACIÓN

4.1. El contexto de la crisis medioambiental

Sesenta años después de la visibilidad de los problemas relacionados con el desarrollo sostenible por parte de las Naciones Unidas (UN), estas buenas intenciones no se han complementado con esfuerzos suficientes y medidas adecuadas para dirigir el curso de acción en la dirección correcta (Allwood, 2018). En la Cumbre de la Tierra, celebrada en Río de Janeiro en 1992, se tomó conciencia de la existencia del cambio climático y 195 países firmaron la Convención Marco que entró en vigor en 1994. Al año siguiente se celebró en Berlín la primera COP "*Conference of Parties*" (unos 200 Estados que han suscrito la

Convención Marco de las NU contra el Cambio Climático: CMNUCC). Era el inicio de un encuentro global que se repetiría anualmente para agrupar a los líderes mundiales, con el objetivo de tomar decisiones para reducir la emisión de gases de efecto invernadero y así frenar el cambio climático.

Sin embargo, no fue hasta la COP21 de NU (2015a), cuando surgiría un tratado global, el Acuerdo de París, ratificado por 195 países, fijando, entre otros, mantener el aumento de la temperatura media mundial por debajo de los 2 grados centígrados, al tiempo que se mantienen los esfuerzos para no sobrepasar los 1,5 grados de subida, pero que no ha sido cumplido en gran parte ni por algunas de las principales potencias mundiales. Como resultado, ahora nos enfrentamos a una alarmante crisis ambiental que está entrelazada con problemas sociales a escala global. Como ha explicado el grupo intergubernamental de expertos sobre el cambio climático IPCC (2019), se estima que las actividades humanas han causado un calentamiento global de aproximadamente 1,0 °C con respecto a los niveles preindustriales, con un rango probable de 0,8 °C a 1,2 °C.

Se estima que el calentamiento global llegue a 1,5 °C entre 2030 y 2052 si continúa aumentando al ritmo actual. En muchas regiones y estaciones del año se está experimentando un calentamiento superior al promedio mundial anual y, particularmente en el Ártico, el calentamiento llega a entre el doble y el triple. El informe del IPCC (2019) señala múltiples riesgos tales como: el aumento de temperaturas extremas (incremento y descenso) en muchas regiones; el aumento de la frecuencia, la intensidad o la cantidad de las precipitaciones intensas y de las sequías (pérdidas de cultivos, problemas alimentarios; pobreza y subsistencia) en un contexto de crecimiento poblacional; problemas en los suministros de agua (Borgomeo, 2018) ha comparado metafóricamente el agua dulce con el oro); y ello genera riesgos para la salud y la seguridad humana, e impactos en la biodiversidad y en los ecosistemas (incluso la pérdida y la extinción de especies). El cambio climático está exacerbando una extinción masiva de la biodiversidad sin equivalencia histórica (Bálint *et al.*, 2011). Para 2050, 143 millones de personas en todo el Sur Global se convertirán en refugiados climáticos (Kinstler, 2019).

4.2. Industria 5.0, e-waste y Green IoT

El concepto de huella de carbono (o coeficiente de emisiones de dióxido de carbono) mide la cantidad de gases de efecto invernadero (incluido el CO_2) causados por actividades humanas o no humanas. En el caso del desarrollo y uso de una tecnología, se relaciona con su propio ciclo de vida: desde la etapa de diseño hasta el reciclaje de productos. Esto es especialmente crítico para IoT, ya que se espera una gran cantidad de dispositivos conectados en los próximos años (hasta 30,9 mil millones en 2025), que consumirán una cantidad significativa de electricidad y, como consecuencia, se emitirá un alto volumen de dióxido de carbono al medio ambiente (Fraga-Lamas *et al.*, 2021). Entre el 4 y el 6% de toda la electricidad utilizada a nivel mundial en 2020 corresponde a las Tecnologías de la Información y la Comunicación (TIC) (UK Parliament, 2022). Este sector tiene una huella de carbono significativa debido al uso de materias primas escasas y su consumo de energía en los procesos de fabricación, operación y reciclaje. La competición por las tierras raras y por las materias primas críticas entre las principales potencias tecnológicas como Estados Unidos o China, tampoco es alentadora. El reciclaje de estos minerales no es fácil, pese a los recientes intentos por usar bacterias para producir ácidos y disolver y separarlos de los componentes electrónicos triturados u otros procesos biotecnológicos para aminorar el impacto ambiental (Ricoy-Casas, 2022).

El paradigma de la Industria 5.0 todavía se caracteriza por la industria y la academia, pero la Comisión Europea (2021) ya ha definido sus fundamentos, debido al impacto que tal concepto tendrá en los próximos años para la industria europea. El concepto propuesto busca corregir algunos aspectos de la Industria 4.0 que no se han abordado adecuadamente o que se han vuelto controvertidos por olvidar valores esenciales como la justicia social y la sostenibilidad. Por lo tanto, los fundamentos de la Industria 5.0 deben estar completamente alineados con los objetivos sociales y apuntar más allá, no sólo considerar el empleo y el crecimiento económico. Como consecuencia, la Industria 5.0 se centra en la fabricación sostenible y el bienestar de los operadores industriales (Nahavandi, 2019). La Economía Circular (CE) promueve un paradigma socioeconómico mejorado para el desarrollo sostenible uno de cuyos centros es el reciclaje de los desechos electrónicos y eléctricos (e-waste) que se cifra en 50 millones de toneladas anuales (equivalente en peso a todos los aviones comerciales jamás construidos), de los cuales sólo el 20% se recicla formalmente. Si no se hace nada, esta cantidad de residuos se duplicará con creces para 2050, a 120 millones de toneladas anuales (Pace & World Economic Forum, 2021). Estas políticas se encuentran en la línea del Plan de Acción para la Economía Circular (CEAP) creado en 2020 por la Comisión Europea, como uno de los elementos clave del Pacto Verde Europeo en desarrollo (Berg *et al.*, 2020; Comisión Europea, 2023a; Comisión Europea, 2023b).

Para alcanzar los Objetivos de Desarrollo Sostenible (ODS) de NU (2015b), e implementar las visiones de la economía circular digital y la Industria 5.0, es necesario proporcionar soluciones para integrar los mundos físico y virtual de una manera eficiente y sostenible. Para abordar estos problemas, el paradigma Green IoT (G-IoT) ha surgido como un área de investigación para reducir dicha huella de carbono. Algunos autores hablan de dispositivos que pueden reducir claramente el consumo de energía, por ejemplo, redes de sensores inalámbricos (WSN) como ZigBee, tecnologías para desplegar redes de IoT como LoRA o LoRAWAN; Banda ultraancha UWB, Wi-Fi específica; técnicas y protocolos para el control de redes y el ahorro de energía; o mecanismos de seguridad energéticamente eficientes (Fraga-Lamas *et al.*, 2021). Solventar estos problemas dependen de la concertación internacional, de las políticas públicas, de la implicación de las grandes empresas y de la sociedad civil, de considerar el cambio climático como un problema de primer nivel y de carácter urgente. También existe un amplio consenso de que abordar tales crisis se está convirtiendo en una industria en auge; una fuente de crecimiento económico sustancial en una variedad de sectores (Büscher y Fletcher, 2020), y también está inspirando nuevas soluciones técnicas utilizando tecnología como *blockchain* (BT) o la Inteligencia Artificial (IA). Una pregunta importante entonces es qué impacto ambiental presentan estas tecnologías, y cómo ellas mismas pueden contribuir a reducirlo

4.3. Impactos y consumo de energía de la Inteligencia Artificial (IA)

La IA se califica siempre como una realidad inevitable (Benkler, 2019). Sin embargo, como la doble cara del mitológico dios romano Jano, a la vez que la podemos representar como cambio y transición disruptiva, abarca numerosas dicotomías y aspectos opuestos; positivos (como la gestión y el análisis de gran cantidad de datos de una manera muy rápida) y negativos (han sido advertidos problemas éticos y sociales) que enfrenta a los desarrolladores, productores, consumidores, ciudadanos, responsables políticos y organizaciones de la sociedad civil. Según Van Wynsberghe (2021), la primera ola de ética de la IA se centró en lo que podría hacer (por ejemplo, la superinteligencia) y equivalió a la ética de los escenarios fantasiosos de desarrollo de robots (Bostrom y Yudkowsky,

2011) y el transhumanismo. La segunda ola de ética de la IA abordó las preocupaciones prácticas de las técnicas de aprendizaje automático o *Machine Learning* (ML): el algoritmo de caja negra y el problema de la explicabilidad (Robbins, 2019). Algunos lo denominaron "AI4People" señalándose también la falta de representación equitativa en los datos de entrenamiento y los sesgos resultantes en los modelos de IA (Angwin y Jeff, 2016) (Buolamwini y Gebru, 2018; Costanza-Chock, 2018; Ricoy-Casas, 2021), lo cual produce discriminación, y otros problemas de afectación a los derechos como los relacionados con la privacidad (perfilados psicosociales y reconocimiento facial) (Barret *et al.*, 2019). La IA puede facilitar una mayor polarización de sociedades ya desiguales (Crawfod, 2021; Dyer-Witheford *et al.*, 2019).

Asimismo, debe tenerse en cuenta el funcionamiento combinado de la IA con los algoritmos, creándose el término "gobernanza por algoritmos" para referirse a los efectos de su incorporación en diferentes espacios estatales y privados de gobernanza (Just y Later, 2017). En breve se hizo popular y alimentó el debate sobre su papel en la vigilancia, en la opacidad de sus decisiones y procesos de calificación, y el papel de su implementación en la deliberación pública (Katzenbach y Ulbricht, 2019) (Issar y Aneesh, 2022). También el concepto de "algocracia", sobre la posibilidad de que estemos creando procesos de toma de decisiones que limitan las oportunidades de participación de la sociedad (Danaher, 2016). ¿Quién está involucrado en el desarrollo de estos sistemas de clasificación? ¿Quién decide qué clasificaciones se utilizan?. Son preguntas políticas (de poder) sobre inclusión y representación (Crawford, 2021) (Verdegem, 2022).

Numerosos estudios han demostrado el enorme consumo de muchos de los sistemas que emplean IA (para su entrenamiento y utilización) (Trapero, 2019). Un estudio ilustró que el proceso de entrenamiento de un único modelo de procesamiento de lenguaje natural (GPU) de aprendizaje profundo (GPU) puede conducir a aprox. 600,000 lb de emisiones de dióxido de carbono (Strubell *et al.*, 2019), lo cual puede compararse con el consumo familiar o aproximadamente la misma cantidad de emisiones de dióxido de carbono producidas por cinco automóviles durante su vida útil; o entrenar un gran modelo de programación neurolingüística (PNL), con búsqueda de arquitectura neuronal, resultó en más de 600,000 lb de emisiones de CO, aproximadamente el equivalente a las emisiones de carbono de cinco automóviles (Van Wynsberghe, 2021). También que *AlphaGo Zero de Google* generó 96 toneladas de CO_2 durante 40 días de capacitación en investigación, lo que equivale a 1000 h de viajes aéreos o una huella de carbono de 23 hogares estadounidenses (Preedipadma, 2020). En el caso concreto de las inteligencias artificiales generativas, un estudio ha señalado la huella de carbono del entrenamiento realizado por OpenAI para GPT 3, una versión anterior del modelo de lenguaje que emplea ChatGPT (3.5), provocó la emisión de 550 toneladas de CO2, la misma cantidad que produce volar 550 veces de costa a costa de Estados Unidos (Dwivedi *et al.*, 2023). Estos números son abrumadores, y el peor problema es que sólo tenemos unos pocos estudios para rastrear y medir las emisiones de carbono en este tipo de entornos (Van Wynsberghe, 2021).

Asimismo, los centros de datos consumen un volumen considerable de energía y otros recursos. La apertura de algunos de estos lugares como el que se pretende construir en Talavera (España), consumirá más de 600 millones de litros de agua potable en una zona en peligro de sequía (Pascual, 2023). Junto al crecimiento explosivo de nuestro consumo digital, otras instalaciones como las creadas para el alojamiento web y de datos en la nube (*cloud hosting*), son capaces de consumir tanta energía como una ciudad de tamaño mediano principalmente para refrigerarse. Se espera que las interrupciones sean más comunes en un futuro próximo. Por cada aumento de temperatura de 10 °C, la tasa de fallos del sistema se ha llegado a duplicar, por lo que la reducción de la temperatura también podría mejorar la fiabilidad de los centros de datos (Buyya *et al.*, 2008). El lugar donde se produce la energía es realmente muy importante en términos de su eficiencia ecológica y ambiental. Por ejemplo, para producir 1.0 KWh de energía, genera aproximadamente 3.0 gramos de CO2 en Noruega, 100.0 gramos en Francia, 600 gramos en Virginia y 800 gramos en Nuevo México (Khan y Zakarya, 2021). Sin embargo, ya no es suficiente con que cada vez sean más empresas las que deciden mover sus centros de datos a países con temperaturas más bajas como Islandia, Noruega o Suecia, porque además todo apunta a que crecerá de manera exponencial en los próximos años.

En línea con Van Wynsberghe (2021) en que es hora de marcar el comienzo de la tercera ola de ética de la IA, una que enfrenta el desastre ambiental de nuestro tiempo de frente y busca activamente involucrar a académicos, responsables políticos, desarrolladores de IA y al público en general con el impacto ambiental de la IA. Esta tercera ola debe situar el desarrollo *sostenible* en su centro. Si bien hay un movimiento creciente para dirigir el uso de la IA hacia usos «buenos» como *AI for Good Global Summit* (AI4Good), que es una plataforma de las NU para fomentar dicho diálogo mediante el desarrollo de proyectos concretos (Cowls *et al.*, 2021), e incluso quienes consideran que la IA puede ayudar a alcanzar numerosos objetivos de los ODS de NU es hora de ir más allá y abordar la sostenibilidad del desarrollo y uso de sistemas de IA en sí mismos. Existen aplicaciones de la IA que permiten monitorizar empresas y administraciones públicas (AAPP), predecir anomalías en los sistemas de producción para optimizar rendimientos, intervenir en tiempo real, reducir la huella de carbono y mejorar la calidad de los servicios. Tanto el público en general como los expertos, las empresas y las AAPP, deben tomar consciencia del problema y apoyar acciones que lo contrarresten.

4.4. ¿Puede la propia IA preservar el medio ambiente?

Frederick Brooks escribió "*No Silver Bullet. Essence and Accidents of Software Engineering*" (1987), donde consideraba como uno de los peores monstruos que han existido jamás a los hombres-lobo, porque son personas normales que, repentinamente, por sorpresa, se transforman en un ser horrible del que no se puede escapar salvo que tengamos a mano balas de plata. Y muchos proyectos software se comportan de igual, de pronto se transforman en un monstruo. Hay quienes nos ofrecen, o nosotros buscamos, esas sugerentes balas de plata, esas tecnologías, esas herramientas, esas metodologías con las que rápido, sin mucho esfuerzo podemos matar o minimizar los efectos del monstruo. La tecnología no es una bala de plata, pero tiene un enorme potencial para transformar ciertos sectores y aumentar la productividad con una enorme velocidad y escala. Es particularmente relevante la IA cuántica (Taylor, 2020), aunque también representa un nuevo reto regulatorio.

Numerosas investigaciones han destacado que la IA tiene el poder de acelerar los esfuerzos globales para preservar el medio ambiente en diversos sectores como el transporte, la energía, la medicina, la informática, la educación, el sector alimentario, los servicios, la construcción y la fabricación (Di Vaio *et al.*, 2020). Así, explican cómo la computación aumentada por IA puede ayudar a los médicos a reducir los errores médicos, a los agricultores a mejorar los rendimientos y minimizar los insumos, a los maestros a personalizar y difundir la educación, y a los investigadores a desbloquear soluciones para el modelado climático y meteorológico, o la generación avanzada de materiales para combustibles limpios (la llamada IA de próxima generación) (Han y Siebert, 2022). Como la emisión de carbono ha aumentado significativamente con el avance de la IA, requerimos de algoritmos computacionales más eficientes energéticamente para las prácticas de desarrollo sostenible. Sin embargo, áreas como la minería, el comercio, la agricultura y la silvicultura, la administración pública y las finanzas necesitan más investigación para explotar el potencial real de estos sectores (Kar *et al.*, 2022).

A pesar de todas las ofertas tecnológicas potenciales, ya hemos señalado que también podría ejercer un mayor estrés social. Cada día, surgen más preguntas con titulares de los medios sobre los riesgos de la privacidad, el crimen y la seguridad, el creciente poder de mercado de los gigantes tecnológicos, los riesgos para la democracia y los derechos humanos por el mal uso de la tecnología y el impacto potencial de la automatización en los empleos y la desigualdad. Una cosa es cierta: los gobiernos y las empresas deben trabajar juntos para asegurarse de que la tecnología se gestione activamente. Debe tenerse en cuenta que también, un elemento central de muchas de estas narrativas, criticable, es la noción de que estas tecnologías, particularmente la (IA), crearán soluciones a diversos problemas relacionados con la crisis climática sin obligarnos a cambiar radicalmente las políticas de innovación y desarrollo que sostienen la economía moderna (Tironi y Lisboa, 2023). Se nos dice repetidamente que la IA nos ayudará a resolver algunos de los mayores desafíos del mundo, desde el tratamiento de enfermedades crónicas y la reducción de las tasas de mortalidad en accidentes de tráfico, hasta la lucha contra el cambio climático y la anticipación de las amenazas de ciberseguridad. Es difícil no ver la conexión entre esta hoja de ruta y las afirmaciones de lo que se conoce como Eco Modernismo (Asafu-Adiave *et al.*, 2015; Bastani, 2017). Se han formulado diversas visiones sobre el capitalismo *digital* (Schiller 2000), el capitalismo *informacional* (Fuchs, 2010), el capitalismo de plataforma (Srnicek 2017), el capitalismo de datos (Sadowski, 2019; West, 2019), y el capitalismo de IA (Dyer-Witheford *et al.*, 2019).

Contra quienes sitúan las desiguales relaciones de poder capitalistas en el centro de la emergencia climática (Brevini y Murdock, 2017) (Verdegem, 2022), el "Manifiesto Eco Modernista" argumenta que las tecnologías pueden solucionar la crisis ecológica sin la necesidad de abordar la destructividad ambiental inherente del capitalismo (Symons, 2019; World Economic Forum, 2018). Sin embargo, el discurso público sobre la IA evita sistemáticamente considerar los costos ambientales de la IA (Brevini, 2020a; Benkler, 2019). Este encuadre de la IA como la herramienta mágica para rescatar al sistema capitalista global de sus dramáticas crisis, ofusca la materialidad de las infraestructuras que son centrales para la cuestión ambiental que ha sido tan consistente e ingeniosamente ignorada (Brevini, 2020b). Los imperativos político-económicos de velocidad, escala y especulación promueven la irresponsabilidad y la falta de rendición de cuentas (Pasquale, 2015). Estamos presenciando una infraestructura de IA industrial concentrada, lo que lleva a oligopolios/monopolios de IA (Dyer-Witheford *et al.*, 2019; Riedl, 2020), y a una gran concentración de poder en un pequeño número de corporaciones (Montes y Goertzel, 2019). El top ten de las empresas más valiosas del mundo ahora está dominado por compañías de IA (Statista, 2023).

Uno de los riesgos de esta dominación es que estas empresas por sí solas tienen el poder económico para tomar decisiones políticas sobre cómo se desarrolla la IA, cómo se utiliza y cuál será su impacto. Es una ilustración del escenario en el *que el ganador se lo lleva todo* (Srnicek, 2017). Resulta dudoso que se prioricen criterios sostenibles a los beneficios económicos, observando algunas creaciones tecnológicas como la "obsolescencia programada" y cuando ni siquiera se han solventado problemas que tienen que ver con la propia provisión de materiales críticos necesarios para su desarrollo, o el control de las rutas para su comercialización. La resiliencia es fundamental para garantizar la continuidad de estos desarrollos (Heeks y Ospina, 2019), particularmente frente a las interrupciones (Pan *et al.*, 2022). El desastre de la cadena de suministro mundial que acompañó a la pandemia de covid-19 es un ejemplo reciente que pone de relieve la importancia de la resiliencia de los sistemas a la luz de las grandes perturbaciones exógenas.

Es por ello que la inversión pública debe analizar y contribuir a desmercantilizar en lo posible estas infraestructuras y hacerlas accesibles a la sociedad en general. Las instituciones públicas, por ejemplo, la Comisión Europea, como parte de sus opciones regulatorias para la IA, debe crear un "marco de proporcionalidad" para evaluar si la formación o el ajuste de un modelo de IA para una tarea concreta es proporcional a la huella de carbono y al impacto medioambiental. Lo cierto es que existe una considerable confusión y desacuerdo entre los principales actores sobre cómo navegar por el delicado equilibrio entre la promoción de estas innovaciones y la mitigación de los riesgos que plantean. Mientras que algunos en la industria están pidiendo autorregulación, otros piden leyes fuertes y regulación estatal para monitorear estas tecnologías. Es probable que estos desacuerdos permanezcan en el futuro previsible y puedan descarrilar el desarrollo óptimo de los ecosistemas de gobernanza en todas las jurisdicciones (Kalenzi, 2020). Es importante implicar a la ciudadanía, pues lo hemos normalizado (una vez que nos acostumbramos a que una máquina realice una tarea compleja, dejamos de considerar la capacidad de hacer esta tarea como un signo de inteligencia), lo cual se conoce como el *efecto IA* (Haenlein y Kaplan, 2019). Asimismo, debemos ser conscientes del impacto de estas tecnologías, y las posibilidades que tenemos de aminorar y actuar en beneficio del medio ambiente incluso en la "producción colectiva" (Maichrzak y Malhotra, 2020) de acción consciente del clima (de Sherbinin *et al.*, 2021; Groulx *et al.*, 2019).

5. CONCLUSIONES

Sesenta años después de la visibilidad de los problemas relacionados con el desarrollo sostenible por parte de NU, y a pesar de la gravedad de la crisis climática con fuertes repercusiones económicas y sociales, no se han realizado suficientes esfuerzos ni políticas públicas que prevengan una catástrofe medioambiental. Nos encontramos en una auténtica carrera geoestratégica por liderar la innovación y el desarrollo tecnológico, que cada vez se encuentra más concentrada en pocas empresas y estados, lo que condiciona su regulación, estándares y decisiones, incluidas las referidas a su propia huella de carbono, la mayoría meramente economicistas. En este punto, la industria tecnológica enfrenta importantes críticas por los altos niveles de consumo energético (incluida la IA): la energía necesaria para fabricar los equipos y su infraestructura (por ejemplo, los centros de datos), para su entrenamiento y funcionamiento, o los propios dispositivos de los usuarios finales (un consumo en crecimiento exponencial).

A pesar de la adopción de algunas medidas (como la industria 5.0, e-waste y el paradigma Green IoT, la economía circular, el pacto verde europeo, o los ODS), es necesario mejorar las capacidades para rastrear, examinar, analizar e intervenir con mayor profundidad desde una perspectiva medioambiental, desarrollando invenciones tecnológicas (incluso con IA) que pueden contribuir a la adaptación y mitigación climática. Sin embargo, la falta de transparencia en torno al acceso a la información sobre su consumo estimado representa un serio obstáculo para mejoras en este ámbito. Estas limitaciones y la rápida evolución de las tecnologías disruptivas analizadas (dificulta la estandarización de metodologías de evaluación e implementación), justifican un *continuum* en esta preocupación. Los resultados son alarmantes y apuntan a fuentes nuevas y significativas de huella de carbono que, irónicamente, son impulsadas principalmente por actividades digitales novedosas y rápidamente emergentes que se están sumando (muchas de ellas complejas), en lugar de reemplazar, las actividades industriales tradicionales. Incluso si los modelos de IA se pueden utilizar para limitar las emisiones de carbono, también pueden producir emisiones significativas. Dncontrar el equilibrio adecuado entre los beneficios de la IA para participar en la reducción de las emisiones de CO_2 y una disminución significativa en el consumo de energía y recursos al entrenar y ejecutar modelos de IA, es seguramente parte de la solución. Para lograrlo, es importante poder cuantificarlo, exigirlo y promoverlo. Debe reducirse el efecto rebote, también conocido como la "paradoja de Jevon" (Waligóra, 2019; Delanoë *et al.*, 2023), una paradoja económica trasladable al campo ambiental y sus consecuencias subyacentes (en ocasiones, una ganancia de eficiencia para un sistema conducirá a un aumento en el consumo de materiales utilizados por este sistema; por lo tanto, estas ganancias iniciales son limitadas y a veces superadas por el consumo excesivo generado).

Es una necesidad crucial para casi todas las tecnologías, incluida la IA, el desarrollar y definir metodologías claras y robustas para calcular el consumo de energía (aunque sea aproximado, dados los diversos modelos de IA/algoritmos). La evaluación de estos parámetros, y la exigencia de unos máximos de consumo, debería ser un paso previo obligatorio en su proceso de implementación. Se debe exigir que todos los centros de datos nuevos funcionen al 100% con energía renovable, mientras que los existentes deben realizar el tránsito de manera gradual y hacia la ecologización de las redes de comunicación. También deberían darse pasos decididos a favor de evitar la rápida obsolescencia de la tecnología a través de múltiples implementaciones como planes de suscripción más largos a tarifas con descuento más atractivas, o que los responsables políticos promuevan incentivos fiscales para que los consumidores mantengan el mismo teléfono durante un período mucho más largo. Existen múltiples aspectos todavía no solucionados en estas tecnologías (relativos a la regulación, seguridad, privacidad, errores, sesgos, desempleo, etc.) que deben subsanarse con urgencia. Todas estas cuestiones dependen de la concertación internacional, pero también de la toma de conciencia por parte de la sociedad de su importancia, de su propia contribución en el consumo de energía.

6. REFERENCIAS

Allwood, J. M. (2018). Unrealistic techno-optimism is holding back progress on resource efficiency. *Nature Materials, 17*(12),1050-1051. https://lc.cx/PkaKgt

Angwin, J. y Jeff L. (2016). Machine Bias. ProPublica. bit.ly/3rmUzld

Asafu-Adjaye J., Blomquist L., Brand S., Brook, B., DeFries, R., Ellis, E., Foreman, Ch., Keith, D., Lewis, M., Lynas, M., Nordhaus, T., Pielke Jr., R., Pritzker, R., Roy, J., Sagoff, M., Shellenberger, M., Stone, R. y Teague, P. (2015). *An Ecomodernist Manifesto.* www.ecomodernism.org

Bálint, M., Domisch, S., Engelhardt, C. Haase, P., Lehrian, S., Sauer, J., Theissinger, K., Pauls, S. U. y Nowak, C. (2011) Cryptic biodiversity loss linked to global climate change. *Nature Climate Change,* 1, 313-318. https://doi.org/10.1038/nclimate1191

Barrett, L. F., Adolphs, R., Marsella, S., Martinez, A. M. y Pollak, S. D. (2019). Emotional expressions reconsidered: *Psychological science in the public interest, 20*(1), 1-68. https://doi.org/10.1177/1529100619832930

Bastani, A. (2017). Fully automated green communism. *Novara Media.* https://acortartu.link/jhj5u

Belkhir, L. y Elmeligi, A. (2018). Assessing ICT global emissions footprint. *Journal of Cleaner Production*, 177, 448-463. https://doi.org/10.1016/j.jclepro.2017.12.239

Benkler, Y. (2019). Don't let industry write the rules for AI. *Nature, 569* (7754), 161-162. https://doi.org/10.1038/d41586-019-01413-1

Berg, H., Le Blévennec, K., Kristoffersen, E., Strée, B., Witomski, A., Stein, N., Bastein, T., Ramesohl, S. y Vrancken, K. (2020). Digital circular economy. *ECERA,* 28. https://acortartu.link/4yjhr

Borgomeo, E. (2020). *Oro blu: storie di acqua e cambiamento climatico.* Gius. Laterza y Figli Spa.

Bostrom, N. y Yudkowsky, E. (2011). The ethics of artificial intelligence. En W. Ramsey y K. Frankish (eds.) *The Cambridge handbook of AI.* https://nickbostrom.com/ethics/artificial-intelligence.pdf

Brevini, B. y Murdock, G. (Eds.). (2017). *Carbon capitalism and communication: Confronting climate crisis.* Springer.

Brevini, B. (2020a). Black boxes, not green. *Big Data & Society, 7*(2). https://doi.org/10.1177/2053951720935141

Brevini, B. (2020b). Creating the technological saviour: The myth of Artificial Intelligence in Europe. *AI for Everyone.* https://doi.org/10.16997/book55.i

Brooks, F. y Kugler, H. (1987). *No silver bullet. Essence and Accidents of Software Engineering.* https://doi.org/10.1109/MC.1987.1663532

Buolamwini, J. y Gebru, T. (2018). Gender Shades: Intersectional Accuracy Disparities in Commercial Gender Classification. *Proceedings of Machine Learning Research,* 81, 77-91. PMLR. http://proceedings.mlr.press/v81/buolamwini18a.html.

Büscher, B. y Fletcher, R. (2020). *The conservation revolution: radical ideas for saving nature beyond the Anthropocene.* Verso Books.

Buyya, R., Yeo, C. S. y Venugopal, S. (2008). Market-oriented cloud computing. IEEE. https://doi.org/10.1109/HPCC.2008.172

Comisión Europea (2021). *Industry 5.0: Towards more sustainable, resilient and human-centric industry.* https://tinyurl.com/bdf34jnd

Comisión Europea (2023a). *Circular economy action plan (CEAP).* https://lc.cx/ZFAYbh

Comisión Europea (2023b). *A European Green Deal. Striving to be the first climate-neutral continent.* https://tinyurl.com/42zc9wv3

Costanza-Chock, S. (2018). Design justice, AI, and escape from the matrix of domination. *Journal of Design and Science, 3*(5). https://doi.org/10.21428/96c8d426

Cowls, J., Tsamados, A., Taddeo, M. y Floridi, L. (2021). A definition, benchmark and database of AI for social good initiatives. *Nature Machine Intelligence, 3*(2), 111-115. https://doi.org/10.1038/s42256-021-00296-0

Crawford, K. (2021). *The atlas of AI: Power, politics, and the planetary costs of artificial intelligence.* Yale University Press.

Danaher, J. (2016). The threat of algocracy. *Philosophy* y *Technology, 29*(3), 245-268. https://doi.org/10.1007/s13347-015-0211-1

De Sherbinin, A., Bowser, A., Chuang, T. R., Cooper, C., Danielsen, F., Edmunds, R., Elias, P., Faustman, E., Hultquist, C., Mondardini, R., Popescu, I. Shonowo, A. y Sivakumar, K. (2021). The critical importance of citizen science data. *Frontiers in Climate,* 3, 20. https://doi.org/10.3389/fclim.2021.650760

Delanoë, P., Tchuente, D. y Colin, G. (2023). Method and evaluations of the effective gain of artificial intelligence models for reducing CO2 emissions. *Journal of Environmental Management,* 331. https://doi.org/10.1016/j.jenvman.2023.117261

Dwivedi, Y. K., Kshetri, N., Hughes, L., Slade, E. L., Jeyaraj, A., Kar, A. K., Baabdullah, A. M., Koohang, A., Raghavan, V., Ahuja, M., Albanna, H., Albashrawi, M. A., Al-Busaidi, A. S., Balakrishnan, J., Barlette, Y., Basu, S., Bose, I., Brooks, L., Buhalis, D., Carter, L. y Wright, R. (2023). So what if ChatGPT wrote it?". *International Journal of Information Management,* 71. https://doi.org/10.1016/j.ijinfomgt.2023.102642

Dyer-Witheford, N., Kjøsen, A. M. y Steinhoff, J. (2019). *Inhuman power.* Artificial intelligence and the future of capitalism. https://tinyurl.com/7jvut7yy

Fuchs, C. (2010). Labor in Informational Capitalism and on the Internet. *The Information Society*, *26*(3), 179-196. https://doi.org/10.1080/01972241003712215

Groulx, M., Fishback, L. y Winegardner, A. (2019). Citizen science and the public nature of climate action. *Polar Geographic, 42*(3), 176-195. https://doi.org/10.1080/1088937X.2019.1597396

Di Minin, E., Fink, C., Hiippala, T. y Tenkanen, H. (2019). A framework for investigating illegal wildlife trade on social media with machine learning. *Conserv. Biology, 33*(1), 210. https://doi.org/10.1111/cobi.13104

Di Vaio, A., Palladino, R., Hassan, R. y Escobar, O. (2020). Artificial intelligence and business models in the sustainable development goals perspective. *Journal of Business Research*, 121, 283-314. https://doi.org/10.1016/j.jbusres.2020.08.019

Dietz, R. y O'Neill, D. W. (2013). *Enough is enough: Building a sustainable economy in a world of finite resources.* Routledge.

Fraga-Lamas, P., Lopes, S. I. y Fernández-Caramés, T. M. (2021). Green IoT and edge AI as key technological enablers for a sustainable digital transition towards a smart circular economy. *Sensors, 21*(17), 5745. https://doi.org/10.3390/s21175745

Grunwald, A. (2018). Diverging pathways to overcoming the environmental crisis: A critique of eco-modernism from a technology assessment perspective. *Journal of Cleaner Production*, 197, 1854-1862. https://doi.org/10.1016/j.jclepro.2016.07.212

Haenlein, M. y Kaplan, A. (2019). A brief history of artificial intelligence. *California Management Review, 61*(4), 5-14. https://doi.org/10.1177/0008125619864925

Han, H. y Siebert, J. (2022, February). TinyML: A systematic review and synthesis of existing research. *ICAIIC,* 269-274. https://doi.org/10.1109/ICAIIC54071.2022.9722636

Heeks, R. y Ospina, A. V. (2019). Conceptualising the link between information systems and resilience. *Inform. Systems Journal, 29*(1), 70-96. https://doi.org/10.1111/isj.12177

IPCC (2019). Resumen para responsables de políticas. En V. Masson-Delmotte, P. Zhai, H. O. Pörtner, D. Roberts, J. Skea, P. R. Shukla, A. Pirani, W. Moufouma-Okia, C. Péan, R. Pidcock, S. Connors, J. B. R. Matthews, Y. Chen, X. Zhou, M. I. Gomis, E. Lonnoy, T. Maycock, M. Tignor y T. Waterfield (eds.), *Calentamiento global de 1,5º C.* IPCC. https://lc.cx/TUNnTQ

Issar, S. y Aneesh, A. (2022). What is algorithmic governance?. *Sociology Compass, 16*(1), e12955. https://doi.org/10.1111/soc4.12955

Just, N. y Latzer, M. (2017). Governance by algorithms: reality construction by algorithmic selection on the Internet. *Media, Culture* y *Society, 39*(2), 238-258. https://doi.org/10.1177/0163443716643157

Kalenzi, C. (2022). Artificial Intelligence and Blockchain: How Should Emerging Technologies Be Governed?. *Frontiers in Research Metrics and Analytics*, 7. https://doi.org/10.3389/frma.2022.801549

Kar, A. K., Choudhary, S. K. y Singh, V. K. (2022). How can artificial intelligence impact sustainability: A systematic literature review. *Journal of Cleaner Production*, 134120. https://doi.org/10.1016/j.jclepro.2022.134120

Katzenbach, C. y Ulbricht, L. (2019). Algorithmic governance. *Internet Policy Review, 8*(4), 1-18. https://doi.org/10.1177/14614448221079037

Kerschner, C. y Ehlers, M. H. (2016). A framework of attitudes towards technology in theory and practice. *Eco.l Eco.*, 126, 139-151.https://doi.org/10.1016/j.ecolecon.2016.02.010

Kerschner, C. y O'Neill, D. W. (2015). Economic growth and sustainability. *Sustainability.* 243-276. www.academia.edu/36171020/Economic_growth_and_sustainability

Khan, A. A. y Zakarya, M. (2021). Energy, performance and cost efficient cloud datacentres. *Computer Science Review*, 40, 100390. https://doi.org/10.1016/j.cosrev.2021.100390
Kinstler, L. (2019). *Big Tech Firms are Racing to Track Climate Refugees. MIT Tech. Review.* https://tinyurl.com/5bawd45r
Lally, N., Kay, K. y Thatcher, J. (2022). Computational parasites and hydropower. *Envir. and Planning E: Nature and Space, 5*(1), 18-38. https://doi.org/10.1177/2514848619867608
Majchrzak, A., Malhotra, A., Majchrzak, A. y Malhotra, A. (2020). Unleashing the Crowd. *Collaborative Solutions to Wicked Business and Societal Problems*, 265-293. https://doi.org/10.1007/978-3-030-25557-2_10
Montes, G. A. y Goertzel, B. (2019). Distributed, decentralized, and democratized AI. *Techn. Forec. and Soc. Change, 141*, 354-358. https://doi.org/10.1016/j.techfore.2018.11.010
Naciones Unidas (2015a). *Acuerdo de París.* https://tinyurl.com/ydufkc3a
Naciones Unidas (2015b). *Transforming our world: the 2030 Agenda for Sustainable Development.* https://www.refworld.org/docid/57b6e3e44.html
Nahavandi, S. (2019). Industry 5.0, a human-centric solution. *Sustainability, 11*(16), 4371. https://doi.org/10.3390/su11164371
Nunes, J. A. C., Cruz, I. C., Nunes, A. y Pinheiro, H. T. (2020). Speeding up coral reef conservation with AI-aided automated image analysis. *Nature Machine Intelligence, 2*(6), 292-292. https://doi.org/10.1038/s42256-020-0192-3
Pace & World Economic Forum (2021). *A New Circular Vision for Electronics Time for a Global Reboot.* https://lc.cx/eIrd33
Pan, S. L., Carter, L., Tim, Y. y Sandeep, M. S. (2022). Digital sustainability, climate change, and information systems solutions. *Intern. Journal of Information Management,* 63, 102444. https://doi.org/10.1016/j.ijinfomgt.2021.102444
Pascual, M. (2023). El híper-centro de datos de Meta en Talavera consumirá más de 600 millones de litros de agua potable en una zona en peligro de sequía, *El País.* https://lc.cx/E3f4fn
Pasquale, F. (2015). *The black box society: The secret algorithms that control money and information.* Harvard University Press.
Preedipadma (2020). New MIT Neural Network Architecture May Reduce Carbon Footprint by AI. *Analytics Insight.* https://tinyurl.com/5n8463cw
Ricoy-Casas, R. M. (2021). *Sesgos y algoritmos: inteligencia de género. Nuevas normatividades: IA, derecho y género,* 89-120. Thomson Reuters Aranzadi.
Ricoy-Casas, R. M. (2022). *Guerra fría tecnológica*. Ciclo de conferencias del Centro Asociado de la UNED en Lugo. www.youtube.com/watch?v=7Tvx4PZyths
Riedl, M. (2020). AI Democratization in the era of GPT-3. *The Gradient,* 25. https://lc.cx/MUwO4Y
Robbins, S. A. (2019). Misdirected Principle with a Catch: Explicability for AI. *Minds* y *Machines* 29, 495–514. https://doi.org/10.1007/s11023-019-09509-3
Roberts, P. (2018). This Is What Happens When Bitcoin Miners Take Over Your Town. *Politico Magazine.* https://tinyurl.com/2p8hr2er
Sadowski, J. (2019). When data is capital: Datafication, accumulation, and extraction. *Big Data & Society, 6*(1). https://doi.org/10.1177/205395171882054
Schiller, D. (1999). *Digital capitalism: Networking the global market system*. MIT press.
Srnicek, N. (2017). *Platform capitalism.* John Wiley y Sons.
Statista (2023). *The 100 largest companies in the world by market capitalization in 2023 (in billion U.S. dollars).* https://lc.cx/kXcW1o
Strubell, E., Ganesh, A. y McCallum, A. (2019). Energy and policy considerations for deep learning in NLP. *57th Ann. Meeting (ACL).* https://doi.org/10.48550/arXiv.1906.02243

Symons, J. (2019). *Ecomodernism.* John Wiley y Sons.
Taylor, R. D. (2020). Quantum artificial intelligence: a "Precautionary" US approach?. *Telecommun. Policy, 44*(6). https://doi.org/10.1016/j.telpol.2020.101909
Tironi, M. y Lisboa, D.I.R. (2023). AI in the new forms of environmental governance in the Chilean State. *Tech. in Soc.*, 74. https://doi.org/10.1016/j.techsoc.2023.102264
Trapero, L. (2019). Los trabajadores de las tecnológicas, en huelga por el clima, *Euronews.* https://tinyurl.com/5fb5pbc7
UK Parmiament. (2022) *Energy Consumption of ICT.* https://tinyurl.com/3382vpv6
Van Wynsberghe, A. (2021). Sustainable AI: AI for sustainability and the sustainability of AI. *AI and Ethics, 1*(3), 213-218. https://doi.org/10.1007/s43681-021-00043-6
Verdegem, P. (2022). Dismantling AI capitalism. *AI & society,* 1-11. https://doi.org/10.1007/s00146-022-01437-8
Waligóra, Ł. (2019). The problem of energy efficiency, known as the Jevons paradox. *World Scientific News,* 122, 218-230. https://lc.cx/y_5ZGO
West, S. M. (2019). Data capitalism: Redefining the logics of surveillance and privacy. *Business* y *Society, 58*(1), 20-41. https://doi.org/10.1177/0007650317718185
World Economic Forum (2018). *Harnessing Artificial Intelligence for the Earth.* https://tinyurl.com/s7j7k4dk

REALIDAD SOCIOECONÓMICA Y GESTIÓN INTEGRAL DEL RECURSO HÍDRICOS EN CUENCAS Y SUBCUENCAS DE LA REGIÓN PIURA, PERÚ

Pablo Rijalba Palacios[1]

El presente texto nace en el marco del proyecto "Recursos hídricos y servicios ecosistémicos en la Región Piura: estado actual y propuesta de gestión integral". Está financiado por el Fondo Especial de Desarrollo Universitario FEDU de la Universidad Nacional de Piura (Perú), respaldado por la Universidad Centro Panamericano de Estudios Superiores (México) y la Fundación FONDO VERDE (Perú).

1. INTRODUCCIÓN

El propósito de esta investigación es analizar la conexión entre recursos hídricos de la región Piura y los ecosistemas que subyacen en ellas. Para tal fin se realiza un diagnóstico de la realidad socioeconómica y se identifican relaciones entre variables de tipo ambiental, social y económico. Bajo esta complejidad, se realiza una propuesta de gestión integral de recurso hídrico en las cuencas de Piura y subcuenca de Huancabamba, región Piura. Se utiliza una metodología basada en la sistematización de aportes teóricos y evidencia y, se diseña una propuesta de valoración, aplicando procedimientos metodológicos de sistematización, lo cual permite avanzar a partir del estado del arte en este tema. La investigación se justifica por razones socioeconómicas y de complejidad ambiental que explican el interés científico y humano centrados en el cumplimiento de los Objetivos de Desarrollo Sostenible (ODS).

1.1. Planteamiento de la investigación

Se busca analizar la importancia del recurso hídrico concentrado en cuencas y su conexión con los ecosistemas subyacentes frente a las actividades económicas que se desprenden de su presencia en Piura. Se ha tomado en cuenta consideraciones éticas y bioéticas para reconocer principios de igualdad, inclusión y desarrollo humano; así como de validez, consistencia y fidelidad en la interpretación de información oficial, pues se trata de validarlas en torno a los ODS 1, 4, 14, 15, 16 y 17. Así, las bases epistemológicas se conciben desde la complejidad ambiental de los ecosistémicos hídricos.

---

1. Universidad Nacional Piura (Perú)

Existen razones socioeconómicas y de complejidad ambiental que explican el interés científico y humano en el cumplimiento de los objetivos de desarrollo humano como también de la sustentabilidad. Es así, que la naturaleza de esta investigación está marcada por su carácter descriptivo y por sus componentes experimentales que involucran comportamientos socioeconómicos y ecosistémicos desde una complejidad que requiere ser tratada desde su integralidad. Se trata de buscar y delinear la conexión que existe entre los recursos hídricos basados en las cuencas regionales de Piura y los ecosistemas que se desarrollan a su alrededor; ello, pasa por definir el diagnóstico socio económico y ambiental, y las relaciones con las actividades económicas y la condición de vida prevaleciente. Se requiere de un enfoque de sistematización integral cuidando que los servicios ecosistémicos de la región estén alineados a los ODS al 2030.

El problema de investigación tiene como punto de partida la existencia de un conflicto respecto a los servicios ecosistémicos que se derivan de las cuencas de la región Piura y las condiciones socioeconómicas en los diferentes espacios territoriales. En estos ámbitos, se observan serias dificultades de circularidad que determinan la condición de vida de los pobladores piuranos. Esta realidad no sólo se presenta en Piura, sino que se trata de un problema global que afecta a diferentes poblaciones (ONU, 2021). En el Perú, al igual que otros países de América Latina y el Caribe, enfrentan desafíos relacionados con la gestión de los recursos hídricos. Piura es parte de esta problemática tomando en cuenta que, en ella se ubican tres cuencas regionales: la Cuenca de Piura, Chira y la Sub cuenca Huancabamba las cuales se ubican en 32,903 km^2 del territorio piurano; es decir, más del 71% de los espacios geográficos de Piura (MINAM, 2019).

La realidad de Piura no muestra suficientes esfuerzos de valoración del recurso hídrico y, mucho menos, de los servicios que se derivan de la fluidez de las cuencas. Los servicios ecosistémicos de estas cuencas no necesariamente han sido identificados para diagnosticar su potencial, alcances y riesgos; y, a partir de ello, proponer un sistema de valoración contingente que induzca a mejores políticas alineadas a los ODS 1, 3, 6, 14, 15 y 17. Estos ODS y, el recurso hídrico en todas sus formas, son parte de los compromisos asumidos por el Perú y están plasmados en el Acuerdo Nacional suscrito en el mismo año en que las Naciones Unidas difunde la Agenda 2030. La problemática también señala que las estrategias de gestión de cuencas no han sido sostenidas ni articuladas con las condiciones de vida, ni con las actividades económicas relacionadas y en los esfuerzos realizados la participación ciudadana ha sido poca o nula.

Según la UNESCO (2020), enfrentamos un contexto de baja disponibilidad de agua y estrés hídrico. Se prevé que la evaporación de la superficie terrestre aumentará a consecuencia de la tendencia global de aumento de temperatura, estas disminuciones del recurso hídrico afectarán directamente a la disponibilidad de agua, a la extracción de agua para la agricultura, la industria y el suministro doméstico, así como para la generación de energía y la navegación. (Espinoza, 2023) explica sobre la necesidad de realizar innovaciones cuidando sus efectos en términos de eficiencia, equidad y ambiente en la cadena del servicio hídrico debido a que, como señala (Correa, 2017), existe clara relación entre acceso al agua, pobreza y desarrollo. Esto, permite establecer patrones de sostenibilidad requiriéndose de opciones de política a favor del bienestar.

En relación con la gestión integral de los recursos hídricos (Montenegro, 2022) explica que las demandas y la calidad del recurso hídrico y las deficiencias del sistema de gestión actual determinan dichos patrones. Sostiene que la deficiente gestión del recurso parte de la visualización de los derechos de aguas como un bien de mercado, dando prioridad de acceso al recurso a las actividades económicas por sobre el derecho humano al agua. Esta deficiencia se acentúa si consideramos lo explicado por (Serruto, 2016), cuando sostiene que los desafíos son grandes debido a la vulnerabilidad de la población, los frágiles ecosistemas, las potenciales sequias crónicas, la insuficiencia de agua, la escasez de tierras cultivables y la presión sobre los escasos recursos.

Desde la perspectiva nacional, (Samaniego, 2022) analiza la p*articipación comunitaria en las políticas locales y busca* medir el impacto del empoderamiento de la población, concluyendo que la participación de la población ayuda a contribuir en la planificación, gestión, protección, conservación de las fuentes hídricas y abordar problemas sociales. Esto es respaldado por (Tarmeño, 2022), quien sostiene que las comunidades no participativas presentan estrecha relación con el agua, siendo trascendental en el desarrollo poblacional, productivo y territorial dependiendo directamente del acceso que tengan a este recurso. Al respecto, (Portal & Sánchez, 2020) evalúan los mecanismos de retribución por servicios ecosistémicos hídricos resaltando a la ineficiencia y la calidad hídrica como fuente de degradación. (Rijalba, 2022) evalúa los ecosistemas de Piura frente a los escenarios de pobreza y los ODS al 2030.

1.2. Biodiversidad, conservación y pobreza

Es importante analizar la relación entre biodiversidad-pobreza, conservación-pobreza, biodiversidad–reducción de la pobreza. Estas relaciones no son hipótesis nuevas. Desde los años 40 se reconoce que la conservación proporcionaba oportunidades para la generación de ingresos (turismo, comercio) que podían contribuir al desarrollo de la economía local. De acuerdo con (Roe & Elliot, 2005) existen efectos positivos y negativos en esta vinculación. Estos autores estudian la vinculación pobreza-conservación, identificando nuevas hipótesis como la de pobreza-conservación, aunque no de manera determinante. Estas reflexiones, nos llevan a preguntarnos ¿Existe, entonces responsabilidad entre los pobres de la pérdida de la biodiversidad que se forma alrededor de los recursos hídricos? De este análisis se infiere que las prácticas de conservación pueden tener efectos negativos sobre los medios de vida, limitando el acceso a los recursos necesarios para la subsistencia o la generación de ingreso.

1.3. Desarrollo regional sostenible, medio ambiente y capital natural

Existe estrecha relación entre el desarrollo regional sostenible, uso del medio ambiente y el capital natural. Como ya se ha señalado, el recurso hídrico es también un recurso natural que determina la forma de interacción entre las poblaciones, sus actividades económicas y su condición de vida. (Orihuela & Paredes, 2018) consideran que existen desafíos por parte de los gobiernos regionales que favorecerán a constituir un sólido desarrollo regional sostenible, teniendo como consigna que el crecimiento regional no debe darse con perjuicio local ni a costa del ambiente. La valoración económica debe entenderse como una herramienta utilizada para medir en términos monetarios el valor de los bienes y servicios que se encuentran en la naturaleza independientemente si cuentan uno con un valor en el mercado (Ministerio del Ambiente, 2016).

2. OBJETIVOS

El objetivo general es analizar los ecosistemas prevalecientes en Piura en conexión con su significancia económica incidiendo en aquellos que involucran acceso/uso del recurso hídrico. Los objetivos específicos, implican analizar la realidad socioeconómica frente a los servicios ambientales que ofrecen los recursos hídricos, reconocer la importancia de valorar los servicios ambientales y proponer un sistema de gestión integral del mismo.

3. METODOLOGÍA

Las consideraciones que se esgrimen aquí buscan contribuir a la solidez y confiabilidad, no sólo por la naturaleza del estudio sino por que involucra el fin último de la ciencia: el bienestar. Se trata de estructurar un marco ético que garantice los resultados y el cumplimiento de los principios de respeto, beneficencia y justicia (Fondo Verde, 2022). Esta investigación reconoce teorías de conocimiento en el contexto del desafío ambiental. No sólo asume un enfoque mixto, sino que plantea un abordaje integral de la complejidad ambiental hídrica. Busca la ecologización de la mente y de las relaciones socio culturales y económicas con el medio ambiente. Se recurren a herramientas de sistematización, evidencias e información secundaria oficial (tabla 1).

Etapa	Descripción	Método
1º Etapa	Identificación de problemática en base a escenarios ecosistémicos de Piura.	Observación en base a fuentes secundarias.
2º Etapa	Sistematización organizada de bases teóricas desde la economía ambiental	Inductivo - Sistematización
3º Etapa	Ubicación de cuencas regionales y articulación con servicios ecosistémicos.	Deductivo
4° Etapa	Construcción de matrices de indicadores ecosistémicos y socioeconómicos.	Analítico
5º Etapa	Análisis de variables y escenarios de relación: pobreza, ecosistemas y ODS.	Sistematización, inductivo-deductivo
6° Etapa	Elaboración de propuesta de valoración contingente de recursos hídricos.	Sistematización y Deductivo
7° Etapa	Identificación de hallazgos, discusión de resultados e implicancias de política.	Analítica y sistematización

Tabla 1. Etapas metodológicas. Fuente: Elaboración propia, 2023.

Se construyeron matrices de indicadores de pobreza, desarrollo humano y caracterizadores de los ecosistemas y cuencas regionales, según la tabla 2.

Proceso seguido	Fuente de información / Resultados
Identificación de indicadores	DGRS – MINAM (2019), DGTOA (2018), ANA (2017), OEFA (2019), SINIA-MINAM (2019).
Indicadores socio económicos.	INEI (2017), IPE (2019), MIDIS (2019), ENAHO (2019), MINEDU (2019).
Indicadores ecosistémicos y sociales.	Organización, codificación de indicadores, definición de criterios de selección.
Procesamiento de información	Relaciones y estadística descriptiva e inferencial.
Estimaciones estadísticas	Aplicación de análisis correlacional.

Tabla 2. Sistema de información, indicadores ecosistémicos y socio económicos. Fuente: Elaboración en base a INEI-ENAHO 2014-2019, MINAM (2019), SINIA- (2019), otros.

4. DESARROLLO DE LA INVESTIGACIÓN

4.1. Características ecológicas, económicas y sociales del territorio piurano.

El escenario en el cual se desarrolló la presente investigación es la región Piura, territorio que según MINAM (2019), se caracteriza por su gradiente altitudinal, que va desde los 7 y 4000 msnm (Cordillera de los Andes entre Ayabaca y Carmen de la Frontera). Incluye un amplio desierto con formaciones geológicas en Sechura y la Silla de Paita y un extenso bosque seco, configurado como ecosistemas de alto valor ecológico y económico para las poblaciones que habitan a su alrededor. En este escenario, el capital natural es aún potencial en la medida que no se ha puesto en valor de manera suficiente. Piura, comprende áreas de bosque húmedo montano occidental, páramos, bosque montano oriental y un bosque seco interandino o bosque seco. Según el Mapa de Sistemas Ecológicos de la Región desarrollado por Guerra-Soto (2010), se pueden identificar 11 sistemas ecológicos, pero según MINAM (2018) en realidad son 18 y están basados en relieve, clima, ríos, suelos, plantas, animales y actividades humanas.

La estructura actual del territorio regional está marcada por sus ecosistemas; toda vez que definen el capital natural de la región, cuando son "puestos en valor" a favor de la supervivencia de la población e influyen y definen sobre las condiciones de vida, la actividad económica y los efectos que su degradación puede ocasionar. El escenario señala a Piura como territorio heterogéneo, con diversos tipos ecológicos; en donde sus ciudades principales –Piura. Sullana, Talara– se ubican en zona costera; Paita y Sechura son ecosistemas pesqueros de alto potencial económico y; en Ayabaca y Huancabamba se ubican ecosistemas basados en paramos, bosques alto andino y gran potencial agrícola. A ello, se debe sumar la diversidad biológica, la cual es vulnerable frente a las amenazas que implica la deforestación, mal drenaje, mal manejo de los suelos, incremento de salinidad y desertificación. Para el análisis del capital natural debemos identificar las áreas priorizadas de diversidad biológica y de conservación (Tablas 3).

EDB – Piura: Áreas priorizadas	Áreas priorizadas / Áreas Protegidas
Laguna de Ramón, Estuario de Virrilá, Manglares de San Pedro	Humedales de Sechura (Manglares San Pedro, Laguna de Ramón y Ñapique, y Estuario Virrilá)
Lagunas altoandinas, Montaña de Cuyas Cuchayo	Páramos y Bosque Húmedos de Montaña-Piura
Corredor Biológico Transfronterizo dirigido hacia el parque Nacional Cerros de Amotape	Estribaciones sur de los Amotapes - Talara
	ACR Salitral - Huarmaca

Tabla 3. Piura, Áreas priorizadas para conservación de diversidad biológica. Fuente: Elaboración en base a INEI-ENAHO 2014-2019, MINAM (2019), SINIA- (2019).

De acuerdo con (Rijalba, 2022), el estrés hídrico se observa en niveles mayores a 3.6% el cual, pese a haber disminuido aún sigue siendo alto, lo cual estaría provocando deterioro en la cantidad y calidad de agua dulce, y pérdida de cobertura vegetal. Las tablas 4 y 5, muestran indicadores sociales, económicos y de desarrollo humano, económicos y sociales de Piura. A partir de ellos, se infiere que se ha ido mejorando el tratamiento de aguas residuales hasta niveles del 76.84%. Esto quiere decir que, en Piura, los procesos de depuración de aguas residuales han permitido el 76.84% de aguas reutilizables (MINAM, 2019).

Indicadores	2014	2015	2016	2017	2018	2019
Tratamiento de aguas residuales (%)	42.02	67.25	71.77	77.68	75.99	76.84
Población <5 años con desnutrición crónica (%)	17.5	20.3	15.3	15.9	13.1	13
Hogares con acceso a 4 NBI - (%)	50.2	50.7	54.6	56.8	56	59.1
Índice de Desarrollo Humano (Índice)	0.490	0.461	0.470	0.479	0.495	0.513
Ingresos Familiar per cápita (n.s por mes-S/.)	537.35	615.69	659.34	702.98	758.71	904.94
Esperanza de vida al nacer (N° años)	74.45	75.61	75.57	75.53	73.98	77.05

Tabla 4. Piura, Indicadores de desarrollo y mejoras ambientales: 2014-2019. Fuente: Elaborado en base a INEI-ENAHO 2014-2019, MINAM (2019), SINIA- (2019).

En el año 2014 el 50% de las familias piuranas tenían acceso a 4 servicios básicos, indicador que ha ido mejorando hasta alcanzar que más del 59% de las familias en el 2019 logren acceder a las referidas 4 NBI. Esta importante mejora se respalda con los mayores –aunque aún insuficientes– ingresos familiares per cápita que en el 2019 alcanzó un nivel de S/. 904 soles por mes y con la disminución notoria de la desnutrición en la primera infancia a niveles desde 17% en el año 2014 al 13% en el 2019; es así como pese a esta importante disminución la desnutrición en niños menores de 5 años sigue siendo uno de los problemas de la región. En base a la tabla 18 se observa que, en el período de análisis se ha logrado reducciones progresivas pero lentas en la generación per cápita de residuos domiciliarios urbanos a 0.52 kilogramos por habitante por día.

Este indicador resulta importante por sus efectos inmediatos en la salud familiar, los cuales se han visto marginalmente mejorados en niños mayores de 5 años y jóvenes, pero no en la primera infancia en donde al parecer habría deterioro del indicador. Se puede observar que el indicador de niños con bajo peso al nacer se muestra irregular y sin tendencia definida reflejando deterioro en el año 2019, al mostrar que los niños que nacieron con peso menor a 2.5 kg. fueron de 8.6% frente a 7% que se registraron en el año 2018. Por otro lado, las condiciones de vida entre los años 2014-2019 muestran mejoras al haber mejorado la tasa neta de asistencia en niños mayores de 3 años.

Indicadores	2014	2015	2016	2017	2018	2019
Incidencia de pobreza monetaria total (%)	29.6	29.4	30.7	28.7	27.5	24.2
Incidencia de pobreza monetaria extrema (%)	7.8	5.3	5.4	5.1	3.1	2.5

Tabla 5. Piura, Indicadores de pobreza: 2014-2019. Fuente: Elaboración en base a INEI-ENAHO 2014-2019.

4.2. Potencial del recurso hídrico en Piura

Las cuencas hidrográficas de los ríos Chira, Piura y Huancabamba son las principales fuentes generadoras de este recurso en el departamento. La primera es una cuenca binacional denominada Catamayo-Chira; la segunda es la cuenca del río Piura, que discurre al desierto de Sechura; y la tercera es la del río Huancabamba. Según el Gobierno Regional de Piura (2009), actualmente hay una masa anual promedio de 5,797 MMC de agua, distribuida de la siguiente manera: río Chira, 3,600; río Quiroz, 207; río Piura, 700; río Huancabamba, 840; y agua subterránea, 450. La tabla 6 da cuenta de ellas, las cuales totalizan un área total de 23, 422 km^2. Se tratan de ecosistemas frágiles a los ubicados en las cabeceras; es decir, bosques montanos y páramos.

Ubicación territorial	Área de la Cuenca (Km^2)	Área total en Piura (Km^2)
Cuenca Piura	12,216	12,216
Cuenca Chira	17,199	9,987
Sub Cuenca Huancabamba	3,448	1,219

Tabla 6. Piura, Cuencas regionales. Fuente: Elaboración en base a INEI-ENAHO 2014-2019, MINAM (2019), SINIA- (2019).

Actualmente, la cuenca del río Piura concentra más de la mitad de la población departamental; es decir, 1´388,264 habitantes según el censo del INEI (1993). Algo más de la cuarta parte de la población regional vive en cinco ciudades ubicadas en la Cuenca del Río Piura. Estas son: Piura, Catacaos, Chulucanas, La Unión y Tambogrande. De acuerdo a la Autoridad Autónoma de la Cuenca Hidrográfica Chira Piura (2005) la cuenca del río Chira concentra un gran potencial de suelos aptos para la agricultura e importantes posibilidades para la generación de energía hidráulica. Si bien se debe respetar el caudal mínimo en los ríos para que se cumpla el ciclo hidrológico del agua, se debe evitar alteraciones en la oferta hídrica. El potencial de la sub cuenca Huancabamba según el Plan Vial de la provincia de Huancabamba (2010), se determina que la parte alta de la cuenca posee superficie agrícola de 7840.25 Ha. bajo riego de total de 9613.5 Ha.

4.3. Propuesta de gestión integral de servicios ecosistémicos hídricos

Una propuesta integral de lo que debería ser una valoración económica de los servicios ecosistémicos que ofrecen las cuencas debe ser elaborada en base a aportes de los actores y considerándolas como unidad de gestión territorial que requiere adecuada administración ambiental; es decir, concebirla como unidad de gestión territorial. Las cuencas cumplen función medioambiental y humana al suministrar agua dulce, regular el flujo y calidad del agua, al proteger el territorio frente a peligros naturales y permitir la conservación de la biodiversidad. El manejo de cuencas implica conocer el funcionamiento del ecosistema y las relaciones socioeconómicas que representa.

4.4. Propósito de la propuesta e hipótesis futuras a validar

Las tres cuencas identificadas constituyen el escenario en donde interacciona la actividad humana de los piuranos. La propuesta de manejo, gestión y valoración de cuencas regionales se presenta en la figura 1 y las hipótesis a validar en el anexo 2.

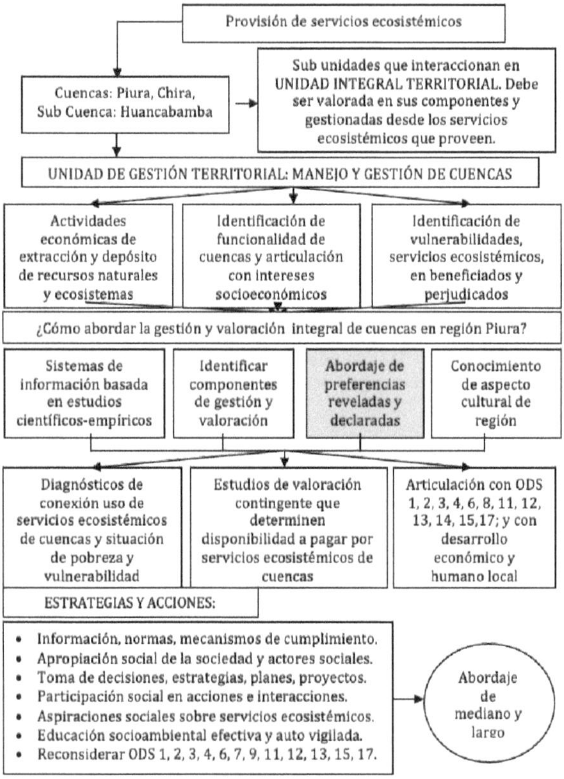

Figura 1. Propuesta de manejo, gestión y valoración de cuencas regionales: Piura. Fuente: Elaboración propia.

4.5. Discusión de resultados

Los resultados de este estudio nos llevan a reflexionar acerca de la necesidad de abordar el problema hídrico desde su integralidad. En principio, no debemos olvidar que los ecosistemas relacionados a las cuencas regionales incluyen flora y fauna, atractivos ambientales y valiosos ecosistemas que han proporcionado a los piuranos beneficios que contribuyen a mejorar la calidad de vida, aunque no siempre dicho proceso ha sido sostenido, equilibrado y mucho menos participativo. Se plantea que la gestión sea integral; es decir, que se aborden las perspectivas ecológicas, económicas y sociales. Desde lo ecológico, contemplar el reconocimiento de los ecosistemas que los proveen; desde lo social indagar el grado de integridad y apreciaciones de los actores involucrados y desde lo económico determinar su viabilidad técnica y política.

La importancia del recurso hídrico en cuencas y su conexión con los ecosistemas subyacentes frente a las actividades económicas se desprende de su presencia en los ámbitos comunitarios de Piura. Se ha reconocido la necesidad de una propuesta de gestión integral del recurso hídrico; lo cual implica un portafolio mínimo viable de servicios ecosistémicos diseñado con participación ciudadana. Estos servicios reflejan potencial, limitaciones y riesgos debido al acceso no gestionado de ríos, quebradas, humedales, manantial y pantanos. Se aplica una metodología basada en sistematización de aportes teóricos y evidencia, indicadores oficiales y, a partir de ello, se diseña una propuesta de valoración de cuencas y se propone un sistema integrado de gestión que induzca a mejores políticas alineadas a los ODS 1, 3, 6, 14, 15 y 17. Se infiere que, la mejora de las condiciones de vida no debe ser a costa del acceso/uso indiscriminado de los servicios ecosistémicos que proveen las cuencas sino que, al ser estas, unidades de gestión deben ser abordadas integralmente; es decir, valorando la disposición a pagar y estableciendo costos-beneficios. Se hace necesario, controlar la degradación y el estrés hídrico con políticas sectoriales sostenidas; siempre que estén articuladas con políticas de lucha contra la pobreza (ODS 1) y mejor educación ambiental (ODS 4).

5. CONCLUSIONES

Los resultados respaldan la hipótesis de que, cuando el acceso y uso de los servicios ecosistémicos de las cuencas regionales es indiscriminado, se produce degradación y deterioro, se aumenta el estrés hídrico, afecta las condiciones de vida y aumenta la vulnerabilidad a la pobreza. En efecto, en la región Piura, no todos los ecosistemas han sido transformados en capital natural. De la misma manera, la evidencia señala que, el acceso y uso de los ecosistemas regionales no conducen necesariamente a mejorar las condiciones de vida de las familias piuranas. Esto nos permite inferir que, cuando el acceso y uso de ecosistemas se torna indiscriminado, se induce a la degradación/deterioro de ecosistemas, se incrementa el estrés hídrico, afecta las condiciones de vida y aumenta la vulnerabilidad a la pobreza. Se concluye que, la situación de pobreza contribuye al deterioro del medio ambiente y los ecosistemas regionales. Los escenarios de vulnerabilidad se asocian a la forma de acceso y uso (degradación, estrés hídrico, pérdida de superficies agrícolas, deforestación.

Los procesos de transformación de ecosistemas a capital natural deben ser cuidadosos. Muchos de ellos constituyen reserva natural, y es preciso reconocer a los ecosistemas como estados de la naturaleza, que bien utilizados son la base del desarrollo por lo que deben ser gestionados de manera integral, mínimamente, de acuerdo con la propuesta presentada en este estudio. La mejora de las condiciones de vida de la región no debe ser a costa de un acceso y uso indiscriminado de los servicios ecosistémicos que proveen las cuencas. Al existir clara relación entre acceso/uso de servicios ecosistémicos hídricos relacionados a las cuencas regionales y la condición de vulnerabilidad de parte importante de la región, se hace indispensable articular las políticas ambientales y de gestión de cuencas con políticas de lucha contra la pobreza (ODS 1), mejor educación ambiental (ODS 4); así como con estrategias de participación ciudadana. En este sentido, realizar una propuesta de gestión integral y de valoración de servicios ecosistémicos derivados de los recursos hídricos de las tres cuencas regionales es un desafío y una necesidad que, pese a la magnitud de la tarea y aun cuando no se vislumbra interés ni decisión política ni social por ello, tarde o temprano será una decisión que se deberá tomar o lamentar no haberlo hecho en el momento y en el espacio oportuno; y debe estar alineada a los Objetivos de Desarrollo Sostenible (ODS) 1, 3, 6, 14, 15 y 17.

6. REFERENCIAS

Díaz Cuevas, M.P., Becerra Fernández, D. y Villar Lama, A. (2021): Transición Ecológica y Emergencia Climática en las enseñanzas de Turismo. *Cuadernos de Turismo, 48*, 325 - 349. https://doi.org/10.6018/turismo.492791

Díaz Cuevas, M.P., Becerra Fernández, D. y Fernández Tabales, A. (2022): La incorporación de conceptos emergentes en la investigación turística ¿Hacia una transición turística inteligente?, en R. Curto Rodríguez, E. López Meneses y R.M. Torres Valdés (Coord.): *Investigaciones de nuevo cuño en la Academia* (pp. 195 - 210). Thomson Reuters-Aranzadi.

Escalante Henríquez, L. C., Charpentier, C. y Diez Hernández, J. M. (2011). Avances y limitaciones de la gestión integrada de los recursos hídricos en Panamá. *Gestión y Ambiente, 14*(1), 23-36.

Espinoza, Y. (2023). *Innovaciones en la cadena del servicio hídrico: el caso de la tarifa de protección del recurso hídrico en Costa Rica.* El Centro Internacional de Política Económica para el Desarrollo Sostenible. https://bit.ly/44xBivC

Gobierno Regional. (2014). *Planificación del Desarrollo Local con Enfoque de Gestión del Riesgo Planificación del Desarrollo Local con Enfoque de Gestión del Riesgo.*

Guevara Pérez, E. (2018). Análisis resumido del debate sobre la gestión integral de los recursos hídricos en el Perú. *Revista Iberoamericana del Agua, 2*(3), 266-276.

INEI. (2021). *Instituto Nacional de Estadística e Informática.* https://bit.ly/3rR0grK

MINAM (2005). Autoridad Autónoma de la Cuenca Hidrográfica Chira Piura. *Evaluacion Local Integrada y Estrategia de Adaptacion al cambio climatico en la cuenca del Rio Piura.* Piura: CONAM - Consejo Nacional del Ambiente. https://bit.ly/3PO6imV

Molina, C. (2001). La ciudadanía efectiva como instrumento de gobernabilidad democrática. Magazine 18, junio 2001. Instituto Internacional de Gobernabilidad. http://www.iigov.org/iigov/pnud/bibliote/dhial/dhial18_03.htm

Montenegro, S. (2022). Gestión Integral de Recursos Hídricos en la escasez de agua de los pobladores de El Melón en Chile. *Tesis para optar al título profesional de.* Universidad Privada del Norte. https://bit.ly/46GSDUH

Orihuela, C. y Paredes, M. (2018). *Gestión sostenible de recursos naturales e industrias extractivas : los desafíos del desarrollo regional basado en recursos extractivos.*

Programa de las Naciones Unidas para el Desarrollo (PNUD). Oficina del Perú (2002): "Informe sobre Desarrollo Humano. Perú. 2002". *Impresiones Centro de Investigación Económica y Social (CIES).* Ediciones FIMART.

Portal, L. L., & Sánchez, E. (2020). *Planteamiento de mecanismos de retribución por servicios ecosistémicos hídricos en la sub cuenca San Lucas-Cajamarca 2019* (Tesis de licenciatura). Repositorio de la Universidad Privada del Norte. https://hdl.handle.net/11537/24814

Rodriguez Perea, A. y Gelabert Ferrer, B. (2006). La Gestión integrada de los recursos hídricos en las islas Baleares. *Investigaciones Geográficas, 41*, 49-65.

Rijalba Palacios, P. (2022). Ecosistemas, pobreza y objetivos de desarrollo sostenible al 2030: Análisis y reflexiones a partir de indicadores, Piura – Perú. *REVISIÓN HUMANA. International Humanities Review / Revista Internacional De Humanidades, 11* (6), 1–12. https://doi.org/10.37467/revhuman.v11.4109

Roe, D. y Elliot, J. (2005). *La vinculación entre pobreza y conservación: Un marco conceptual.* 14. International Institute for Environment and development.

Samaniego, A. (2022). *Participación comunitaria en las políticas del Gad Municiapal para la conservación y protección de las fuentes hídricas de la parroquia San Juan del Cid de Gualaceo.* Universidad Politécnica Salesiana. https://bit.ly/43NwHVh

Totti, M. E., & Carvalho, A. (2005). Descentralização e gestão integrada de recursos hídricos a experiencia brasileira. *Revista Cerrados (Unimontes), 3*(1), 75-86.
Velasco, R. (2019). *Diagnostico de Problemas y Conflictos en la gestion del Recurso Hidrico en la Cuenca Alta del Rio Huancabamba - Piura.* Universidad Nacional de Piura. https://bit.ly/3O6dCcr

ANEXOS

Ecosistema	Descripción	Ámbito territorial	Significancia económica
Mar templado	Resulta de la influencia de corriente marina peruana (Humboldt). Aguas templadas o frías (14°-21°C).	Abarca parte importante del litoral piurano hasta la Península Illescas – Sechura.	Potencial posiciona a Piura como principal centro productor pesquero y reserva de biomasa.
Mar tropical	Presencia de la Corriente Sur Ecuatorial (Corriente El Niño). Temperatura de 19-22 °C, según la estación del año.	Norte de Piura hasta Cabo Blanco (Talara), incluye Islas Illescas.	Aguas tropicales y templadas, fauna acuática, y ecosistema de invertebrados.
Islas	Isla Foca ubicada en la transición entre corrientes marinas de aguas templadas (Corriente Peruana) y cálidas (Corriente Ecuatorial).	Frente a costas de Piura, entre Paita y el extremo norte de la Isla Lobos de Tierra, en Sechura.	Biodiversidad de especies de aguas tropicales, acantilados rocosos, aves guaneras y lobos marinos.
Humedales	Ecosistema donde la biodiversidad y sus usos son dependientes o relacionados a un cuerpo de agua. Se componen por los manglares y los bedofales (altoandinos). Son zonas de amplio potencial de Servicios ambientales hidrológicos.	Virrilá, Ñapique y Ramón, La Niña, Manglares, San Pedro, Chuyillache, Los Patos (Chira), Humedal Santa Julia (Piura), Frías, Ayabaca, Carmen La Frontera.	Vegetación acuática (juncos, totora, grama), concentración de sal. Fauna con aves acuáticas, migratorias, vegetación de pajonales, suelos orgánicos.
Desierto	Zona de extrema aridez en planicie costera, con vegetación herbácea estacional que crece con incremento de humedad en época de lluvias.	Dunas, zonas arenosas costeras de Sechura, Paita, Los Órganos, El Alto, Talara. Predominan suelos rocosos.	Alternas zonas de matorral seco y algarrobales. Desierto Sechura con concentraciones de sales, algunos explotados.

Anexo 1a. Piura, Ecosistemas: descripción, ámbito y significancia económica.
Fuente: Elaboración propia en base a fuentes varias.

Ecosistema	Descripción	Ámbito territorial	Significancia económica
Matorral Seco	Llanura de planicie y lomas. Zona de escasa cobertura vegetal, dunas, especies arbustivas espinosas.	Sullana, Las Lomas, Tambogrande, Paita, Sechura, Ayabaca y Huancabamba.	Algarrobos, aromos, vichayos, sapote.
Bosque Seco de Llanura	Se ubican desde el nivel del mar hasta los 250 msnm, en algunas zonas se extiende hasta los 450 msnm.	Chulucanas, Catacaos, Piura, Sechura, Las Lomas, Lancones, Suyo, Lobitos, otros	Diversidad en algarrobo, Sapote, Overo (Cordia lutea).
Bosque Seco de Colina y Montaña	Se extienden entre 250-1550 msnm. Bosques densos y húmedos, abundante en epífitas.	Amotape, Pariña, Huarmaca, Suyo, Jilií y Sicchez, Río Quiróz: Paimas, otros.	Palo santo, hualtaco y charán, polo
Matorral Sub-Húmedo y Húmedo	Hábitat de especies arbustivas, zonas subhúmedas dominado por Faiques Chilca y Agave	Chalaco, Pacaipampa, Sapillica, Ayabaca, Frías, Santo Domingo, Morropón, otros.	Bosques montanos, Suro, Chilca, otros
Bosque Montano	Bosques montanos orientales, Vertiente occidental/oriental (Cordillera Los Andes). Entre 2200-3100 msnm. Páramos y neblina.	Carmen Frontera, Sondorillo, Ayabaca, Pacaipampa, Frías, Montero, Santo Domingo, Chalaco, Yamango, Canchaque.	Cachiguero, Hesperomel, Miconia, Persea, Meliosma, Santuario Tabaconas.
Páramo	Meseta Andina, Frías, colinas por encima de los 3000 msnm. Se extienden sobre los 2800 msnm	Ayabaca, Pacaipampa Sondor, Sondorillo, Huancabamba, Canchaque, El Faique.	Actividades antrópicas Alteración de hábitat natural.
Manglares	Formaciones relictas de ecosistema tropical. Alberga hasta 40 especies de plantas. Ubicación privilegiada.	Manglares de Piura, mangle Prieto o Negro y mangle Blanco.	Manglares en Dren Sechura y desembocadura del Río Chira.
Bosque seco del Marañón	Suelos arcillosos rojizos, vegetación arbórea, cactáceas columnares, arbustos, otros.	Laderas rio Huancabamba: Sondorillo y Sondor (1500-2200 msnm).	Vegetación cactus, puyas y otra vegetación de gran valor.

Anexo 1.b. Piura, ecosistemas: descripción, ámbito y significancia económica. Fuente: Elaborado en base a fuentes varia.

Relaciones teóricas/ empíricas	Hipótesis	Consideraciones relacionadas a las hipótesis y pistas de investigación
Cuencas, ecosistemas, capital natural y desarrollo local	En la región Piura, no todo ecosistema subyacente a sus cuencas es transformable en capital natural, ni toda forma de capital natural conduce al desarrollo económico.	Los ecosistemas subyacentes a las cuencas de Piura son estados de la naturaleza que no siempre se utilizan como "capital natural" pero constituyen potencialidad regional. Bien utilizados se constituyen en base del desarrollo sostenible y sustentable.
Cuencas, ecosistemas y condiciones de vida	El acceso y uso de los servicios ecosistémicos que se derivan de las cuencas no conducen necesariamente a mejorar las condiciones de vida de las familias.	Cuando el acceso y uso de los servicios ecosistémicos de las cuencas es indiscriminado, se produce degradación, aumenta el estrés hídrico y afecta las condiciones de vida.
Cuencas, ecosistemas, pobreza y desarrollo humano	El deterioro de ecosistemas debilita la calidad de la provisión de los servicios ecosistémicos y el capital natural de la región frenando el desarrollo humano.	El deterioro de los ecosistemas regionales es un proceso en marcha que pone en riesgo al capital natural regional. De la misma manera, el desarrollo humano encuentra en el capital natural un detonante o un "freno".
Cuencas, ecosistemas, condición de vida e intervención gubernamental	Mayor intervención gubernamental en temas ambientales permite mejor acceso y uso de servicios ecosistémicos y contribuyen a mejorar las condiciones de vida.	No existe suficiente evidencia sobre la incidencia de la acción gubernamental en el mejor acceso y uso de los ecosistemas. El gasto público en temas ambientales no es suficiente, pese a que se reconoce su importancia en la mejora ecosistémica regional.

Anexo 2. Piura, hipótesis a validar (pistas de investigación) a propósito de los hallazgos y resultados del estudio. Fuente: Elaboración propia.

DESAMBIGUACIÓN ESTRUCTURAL DE UNIDADES TERMINOLÓGICAS POLILÉXICAS TERNARIAS

Juan Rojas García[1]

Esta investigación nace en el marco de dos proyectos: (1) PID2020-118369GB-I00, "Integración transversal de la cultura en una base de conocimiento terminológica sobre el medioambiente" (TRANSCULTURE), financiado por Ministerio de Ciencia e Innovación; y (2) A-HUM-600-UGR20, "La cultura como módulo transversal en una base de conocimiento terminológica sobre el medioambiente" (CULTURAMA), financiado por la Junta de Andalucía.

1. INTRODUCCIÓN

Una unidad terminológica poliléxica (UTP) con tres formantes, o UTP ternaria, es un término, formado por tres palabras que no pueden separarse, y que se emplea en dominios especializados del conocimiento. Ejemplos de UTP ternarias en lengua inglesa, en el dominio de la ingeniería de costas, son *sea level rise* (incremento del nivel del mar) y *coastal sediment transport* (transporte costero de sedimentos). Una cuestión importante en las UTP con tres o más formantes es su correcta desambiguación estructural, que requiere de conocimientos lingüísticos y del dominio especializado para comprender la dependencia entre los formantes.

Esta desambiguación estructural, también denominada *bracketing* o *parsing*, consiste en reducir la UTP, en la lengua inglesa, a su forma básica de modificador+núcleo. Así, se puede indicar si el *bracketing*, en el caso de una UTP ternaria, es derecho (p.ej., *coastal* [*sediment transport*]) o izquierdo (p.ej., [*sea level*] *rise*). Determinar correctamente el *bracketing* de una UTP facilita su comprensión y es fundamental para establecer su traducción precisa en otra lengua. Por ejemplo, conocer que la UTP *coastal sediment transport* posee un *bracketing* derecho permite traducirla correctamente al español como "transporte costero de sedimentos", y no como "transporte de sedimentos costeros".

Por tanto, incluir las UTP en bases de conocimiento terminológicas implica también explicitar su relación estructural para facilitar la adquisición de conocimientos (León-Araúz *et al.*, 2021). Además, conocer el *bracketing* de una UTP mejora el desempeño de los sistemas de traducción automática (Green, 2011), los analizadores sintácticos (Vadas y Curran, 2008) y los sistemas que identifican la relación semántica interna entre los formantes de una UTP (Kim y Baldwin, 2013).

---

1. Universidad de Granada (España).

En este estudio nos ocupamos de la predicción automáticamente del *bracketing* de una UTP ternaria en inglés a partir de información semántica. Para ello, se selecciona un conjunto de 188 oraciones de un corpus sobre ingeniería de costas en lengua inglesa que mencionan un potamónimo (un río con nombre propio como, por ejemplo, el río Ebro) y emplean, al menos, una UTP ternaria en uno de los argumentos verbales. Estas oraciones se analizan semánticamente y se anotan con la relación semántica entre los argumentos del verbo, el dominio léxico del verbo, el rol semántico de los argumentos y el *bracketing* (izquierdo o derecho) de la UTP ternaria.

Este capítulo presenta el análisis estadístico de dichas anotaciones. La intención es encontrar evidencias de que el *bracketing* de una UTP ternaria puede predecirse de la información semántica codificada en la oración donde se emplea esa UTP. Para este experimento, asumimos que el contexto, que condiciona los factores que determinan la comprensión (Leech, 1981), también ayuda a resolver la desambiguación estructural de una UTP. Esta suposición procede de la experiencia diaria de un traductor que debe enfrentarse a las UTP en un texto especializado. Aunque las UTP resultan familiares, es útil elaborar definiciones para ellas con el fin de facilitar su traducción a otra lengua en función de su contexto de uso.

El capítulo se organiza como sigue. En la Sección 2 se revisan las investigaciones previas sobre los modelos de predicción del *bracketing*, y se resaltan las variables y los recursos lingüísticos empleados. La Sección 3 explicita los objetivos de esta investigación. La Sección 4 explica los materiales del experimento y detalla la metodología de nuestro enfoque semántico para la predicción del *bracketing*. También se describen los dos modelos predictivos que hemos aplicado (árbol de decisión y *random forest*) y la muestra de UTP ternarias. La Sección 5 presenta las fases de entrenamiento y test de los dos modelos predictivos y los correspondientes resultados, que proporcionan una visión lingüística de cómo las relaciones semánticas gobiernan el *bracketing* de las UTP ternarias en inglés. La Sección 6 discute los resultados y los compara con aquellos recogidos en la revisión bibliográfica. Finalmente, la Sección 7 y la Sección 8 enumeran, respectivamente, las conclusiones del estudio y las referencias que se citan en este capítulo.

2. MARCO TEÓRICO

Los trabajos anteriores sobre la desambiguación estructural de UTP utilizan, o bien métodos no supervisados, que trabajan con la frecuencia de los bigramas en un corpus; o bien métodos supervisados, basados en datos de entrenamiento que contienen UTP con un *bracketing* asignado manualmente, y que se utilizan para entrenar un algoritmo de predicción del *bracketing*.

Los dos enfoques fundamentales, dentro de los métodos no supervisados, son el modelo de adyacencia (Marcus, 1980) y el modelo de dependencia (Lauer, 1994). Para una UTP ternaria como *sea level rise* (aumento del nivel del mar), el modelo de adyacencia concluye si *level* está más estrechamente asociado con *sea* (que llevaría a un *bracketing* izquierdo) o con *rise* (que conduciría a un *bracketing* derecho). En cambio, el modelo de dependencia resuelve si *sea* está más vinculado con *level* (que llevaría a un *bracketing* izquierdo) o con *rise* (que conduciría a un *bracketing* derecho). Como ya se ha mencionado, el *bracketing* correcto de *sea level rise* es izquierdo. La fuerza con la que están vinculados dos de los formantes de una UTP se calcula con medidas de asociación, estimadas a partir de los datos de un corpus, como la frecuencia de bigramas, la información mutua puntual o chi cuadrado, entre otras.

Por limitaciones de espacio, la tabla 1 resume las principales características de las investigaciones previas sobre la predicción del *bracketing* de las UTP. No obstante, en la Sección 7 se esbozan algunos de los estudios más destacados. Así pues, la tabla 1 contiene: (1) si el método es no supervisado o supervisado; (2) el número de variables (o predictores) del modelo de predicción (si está disponible), y el tipo de modelo; (3) el número de UTP ternarias en la muestra; (4) la distribución del *bracketing* izquierdo y derecho en la muestra (si está disponible); y (5) el rendimiento del modelo, medido con la exactitud (*accuracy*) o el valor de F_1.

Estudios previos		Variables y Modelos	N.º de UTP ternarias	Bracket. izquierdo (%)	Bracket. derecho (%)	Exactitud (accuracy) (%)	F1 (%)
Modelos Supervisados	Pitler et al. (2010)	- Vectores de soporte - CYK parser	64.844	—	—	95,40	
	Vadas y Curran (2007)	- 88.568 variables - Regresión logística	5.582	58,99	41,01		93,01
	Bergsma et al. (2010)	- N-gramas - Vectores de soporte	2.150	70,50	29,50	91,60	
	Lazaridou et al. (2013)	- 14 variables - Medida de plausibilidad semántica - Vectores de soporte	2.227	34,40	65,60	85,60	
	Faruqui y Dyer (2015)	- 517.254 variables - Regresión logística	2.227	34,40	65,60	83,30	
	Girju et al. (2005)	- 15 variables - Árbol de decisión	728	67,40	32,60	83,10	
	Kim y Baldwin (2013)	- Similitud léxica a partir de WordNet - Vecinos más cercanos	1.571	—	—	74,10	

	Nakov y Hearst (1995)	- 13 variables - Variables superficiales y parafrásticas	430	84,00	16,00	95,35	
	León-Araúz et al. (2021)	- 12 variables - N-gramas en un corpus de energía eólica	103	67,00	33,00	86,40	
	Ménard y Barrière (2014)	- N-gramas - DBPedia paths	2.889	79,20	20,80	81,47	
Modelos No Supervisados	Lauer (1995)	- N-gramas - Coeficiente de probabilidad de Bracketing - Modelo de dependencia	244	66,80	33,22	80,70	
	Barrière y Ménard (2014)	- N-gramas - Modelo de asociación entre palabras	4.749 UTP de 3 y más formantes	—	—	73,16 para la muestra completa de UTP	
	Resnik (1993)	- N-gramas - Asociación por selección - Modelo de adyacencia	157	64,10	35,90	72,60	

Tabla 1. Resumen de las principales características de las investigaciones previas en predicción del bracketing de UTP. Fuente: Elaboración propia.

3. OBJETIVOS

El objetivo general de este trabajo es predecir el *bracketing* de una UTP ternaria, en lengua inglesa, a partir de tres variables semánticas, que se anotan en la oración donde esa UTP se emplea. Así pues, los objetivos específicos que se plantean son:

1. Constituir una muestra de 188 oraciones, extraídas de un corpus inglés sobre ingeniería de costas, en las que se emplean 190 UTP ternarias y se menciona un potamónimo.
2. Anotar, en la muestra de 188 oraciones, las siguientes variables semánticas: (1) dominio léxico del verbo; (2) categoría semántica de los argumentos del verbo; (3) rol semántico de los argumentos del verbo; y (4) *bracketing* (izquierdo o derecho) de la UTP ternaria.
3. Construir dos modelos predictivos, a saber, *random forest* y árbol de decisión, para predecir el *bracketing* de una UTP ternaria.
4. Comparar el desempeño de los dos modelos predictivos.

4. METODOLOGÍA

4.1. Materiales

Un conjunto de 188 oraciones, en las que los dos argumentos del verbo de las oraciones se completan con un potamónimo y una UTP ternaria, se analizan semánticamente y se anotan. Las oraciones se extraen de un subcorpus de textos en inglés sobre ingeniería de costas, con un total aproximado de siete millones de palabras. El subcorpus lo conforman textos especializados (artículos de investigación, informes técnicos y tesis doctorales) y semiespecializados (manuales y enciclopedias sobre ingeniería de costas), y forma parte del English EcoLexicon Corpus (23,1 millones de palabras). El lector interesado puede consultar León-Arauz *et al.* (2018) para una descripción más detallada de este corpus.

4.2. Enfoque semántico para la predicción del bracketing de unidades terminológicas poliléxicas ternarias

De acuerdo con Fillmore (1968) y Lazaridou *et al.* (2013), la información semántica en una oración guía su estructuración y análisis sintácticos. Del mismo modo, podemos asumir que el *bracketing* correcto de una UTP, cuando se emplea como argumento en una oración, puede predecirse de la información semántica codificada en dicha oración. En otras palabras, el contexto, que condiciona los factores que determinan la comprensión (Lee, 1981), ayuda a resolver la desambiguación estructural de una UTP.

Como información semántica en una oración, este estudio explora la contribución de tres variables semánticas para la predicción del *bracketing*, a saber: el dominio léxico del verbo, el rol semántico de la UTP ternaria y la relación semántica entre la UTP y el otro argumento de la oración, que, en nuestro caso, es siempre un potamónimo. En las 188 oraciones, analizadas semánticamente y anotadas, hay 190 UTP ternarias, usadas como argumentos de los predicados. Esta muestra de 190 UTP ternarias, junto con los valores de las tres variables semánticas, anotadas en las correspondientes oraciones, se emplean para el entrenamiento y el test de dos modelos supervisados que predicen si el *bracketing* de una UTP ternaria es derecho o izquierdo.

4.3. Anotación de las variables semánticas

Tres terminólogos del grupo de investigación LexiCon de la Universidad de Granada (España) anotan las 188 oraciones. Realizan la anotación semántica de la estructura predicado-argumental de una oración asignando: (1) un dominio léxico al verbo; (2) un rol semántico a los argumentos del verbo; (3) una relación semántica entre la UTP ternaria y el potamónimo que se menciona en el otro argumento de la oración; y (4) un *bracketing* (derecho o izquierdo) a las UTP ternarias que aparecen como argumentos en la oración. Los valores de estas cuatro variables semánticas se muestran en la tabla 2, en lengua inglesa por estar las oraciones que se anotan en esta lengua.

Variables semánticas anotadas	Valores (en lengua inglesa)
Dominio léxico del verbo (8 valores)	change, movement, existence, possession, position, manipulation, action, cognition
Rol semántico de un argumento (13 valores)	agent, result, patient, theme, location, recipient, instrument, time, rate, manner, description, condition, purpose
Relación semántica entre la UTP ternaria y el potamónimo (30 valores)	*type_of, part_of, made_of, delimited_by, located_at, takes_place_in, phase_of, affects, causes, result_of, attribute_of, has_function, studies, measures, effected_by, improves, worsens, creates, becomes, gives, gives_to, receives, receives_from, drains, has_path, transfers, discharges_into, places, controls, applied_to*
Bracketing de la UTP ternaria (2 valores)	right, left

Tabla 2. Variables semánticas anotadas y sus valores. Fuente: Elaboración propia.

Los verbos más frecuentes que aparecen en el corpus son verbos de la lengua general (p.ej., *accumulate, pollute, increase, discharge, supply, drain*), que también se emplean en los textos especializados porque transmiten cómo interaccionan entre sí las entidades del medioambiente (p.ej., río Blackstone, carga de sedimentos, nivel de descarga de agua, delta fluvial, deposición de limo fangoso, etc.). En este sentido, tales verbos pueden clasificarse también atendiendo a los dominios léxicos que proponen Faber y Mairal (1999), dentro del modelo lexemático funcional. Efectivamente, estos dominios léxicos, mostrados en la tabla 1, son los que se asignan a los verbos de nuestro conjunto de oraciones.

La representación de conocimiento especializado incluye propiedades semánticas que ayudan a describir la naturaleza de las entidades y los procesos. Estas propiedades semánticas se reflejan en las relaciones entre un predicado (un verbo en nuestro caso) y sus argumentos. A estas relaciones se las denomina roles semánticos, que se anotan en nuestro conjunto de oraciones. En este estudio, los roles semánticos de la tabla 2 coinciden con los que Kroeger (2005, pp. 54-55) y Thompson *et al.* (2009) especifican.

La descripción conceptual de los conceptos especializados incorpora también su comportamiento relacional. Por tanto, las relaciones semánticas entre los argumentos de nuestro conjunto de oraciones se anotan con las relaciones que especifican Faber *et al.* (2009) para conceptos medioambientales, a las que se añaden otras relaciones no jerárquicas, específicas para potamónimos, que propone Rojas-García (2022). Todas estas relaciones se recogen en la tabla 2.

El índice de acuerdo entre los anotadores se mide con el coeficiente kappa de Cohen (κ). Para la anotación de los roles semánticos, las relaciones semánticas y el *bracketing*, se obtiene una alta concordancia entre todas las parejas de anotadores (κ>90 %, *p*-valores<0,05), según las recomendaciones de Krippendorff (2012) para el análisis de contenidos. Los desacuerdos en las anotaciones originales se resuelven posteriormente mediante la discusión entre los anotadores hasta llegar a un consenso respecto de las anotaciones definitivas en los roles semánticos, las relaciones semánticas y el *bracketing*.

En la anotación de los dominios léxicos, el grado de concordancia fue menor entre todas las parejas de anotadores (84 %<κ<88 %, *p*-valores<0,05), lo que indica que esta variable se presta a interpretaciones alternativas, aunque plausibles. Al revisar las diferencias entre los anotadores, comprobamos que los dominios de movimiento y posesión son más proclives a la confusión. Este hecho se basa fundamentalmente en que existen verbos que pueden pertenecer a más de un dominio léxico (p.ej., *drain* y *discharge*), como ya advierten Faber y Mairal (1999). Para alcanzar un consenso en las anotaciones definitivas de dominios léxicos, se aplica la factorización del significado, que desarrolla el modelo lexemático funcional, a ciertos verbos para resolver los desacuerdos entre los anotadores.

4.4. Descripción de la muestra de unidades terminológicas poliléxicas ternarias

La tabla 3 proporciona una selección de 10 oraciones de la muestra, en las que se emplean UTP ternarias en los argumentos. Para cada una de esas 10 oraciones, la tabla 4 recoge los valores de las cuatro variables que se anotan: (1) dominio léxico del verbo (*LexDom*); (2) rol semántico de la UTP ternaria (*SemRol_mwt*); (3) relación semántica entre la UTP ternaria y el potamónimo (*SemRel*); y (4) *bracketing* de la UTP ternaria (*Bracketing*), que es la variable que se quiere predecir.

La distribución del *bracketing* dentro de la muestra de UTP ternarias está razonablemente equilibrado entre izquierdo (110 UTP, 58 % de la muestra) y derecho (80 UTP, 42 % de la muestra). La tabla 5 resume el recuento de datos para la muestra, desagregado por dominios léxicos y tipo de *bracketing*, y describe la distribución de las 190 UTP ternarias en estas dos variables. Las características de la muestra nos conducen a las siguientes conclusiones: (1) las oraciones con verbos que pertenecen a los dominios de movimiento, acción, posición, manipulación y cognición incluyen UTP ternarias cuyo *bracketing* es únicamente derecho; y (2) las oraciones con verbos de posesión incorporan UTP ternarias cuyo *bracketing* es únicamente izquierdo.

Oraciones de la muestra con UTP ternarias en los argumentos
Blackstone River draining into Narragansett Bay has been extensively dammed, and although not well quantified, models *show* **decreasing sediment load** in the **Blackstone River**.
The dramatical sediment load variation in the **Pearl River**, with the almost unchanged **water discharge level**, *represents* an example of such effect that human activities can have on river deltas.
Muddy silt deposition in the **Clyne River** discharging into the Swansea Bay *would increase*.
Rising sea levels *change* **Salinas River Estuary** and could thus potentially alter sediment supplies and process patterns.
The **Salinas River** no longer *contributes* substantial **beach size sand** to the Littoral Cell because the river gradient has greatly decreased with sea level rise, reducing the flow rate.
The **River Murray** flows across Tertiary formations to *enter* coastal lagoons behind the **dune calcarenite barriers** of Encounter Bay.
Not all the sediments drained by the **Dee River** *participate* to **coastal sediment transport**.
The field site for this study is the **Zuidgors salt marsh**, *located* in the **Western Scheldt estuary** in The Netherlands.
Natural sediment supply within this region *is defined* by the **Ventura River** that drains large watersheds.
The **average discharge rate** of beach size sand in the **Salinas River** *is estimated* at approximately 65,000 cubic yards per year.

Tabla 3. Selección de 10 oraciones (de la muestra de 188 oraciones), que incluyen 10 UTP ternarias como argumentos. Fuente: Elaboración propia.

UTP ternaria	LexDom	SemRol_mwt	SemRel	Bracketing
decreasing [sediment load]	existence	DESCRIPTION	attribute_of	right
[water discharge] level	existence	theme	attribute_of	left
[muddy silt] deposition	change	PATIENT	takes_place_in	left
rising [sea level]	change	AGENT	worsens	right
[beach size] sand	possession	THEME	gives	left
dune [calcarenite barrier]	movement	AGENT	has_path	right
coastal [sediment transport]	action	DESCRIPTION	affects	right
Zuidgors [salt marsh]	position	THEME	located_at	right
natural [sediment supply]	manipulation	PATIENT	controls	right
average [discharge rate]	cognition	THEME	attribute_of	right

Tabla 4. Anotaciones semánticas y variables para un subconjunto de 10 UTP ternarias de la muestra de 190. La información semántica de las filas se corresponde con la oración respectiva en la tabla 3. Fuente: Elaboración propia.

Dominio léxico	**UTP ternarias con *bracketing* izquierdo**	**UTP ternarias con *bracketing* derecho**	Total
movement	0	10	10 (5,3 %)
possession	30	0	30 (15,8 %)
change	20	10	30 (15,8 %)
existence	60	20	80 (42,0 %)
action	0	10	10 (5,3 %)
position	0	10	10 (5,3 %)
manipulation	0	10	10 (5,3 %)
cognition	0	10	10 (5,3 %)
Total	110 (58 %)	80 (42 %)	190 (100 %)

Tabla 5. Descripción de la muestra de UTP ternarias. Fuente: Elaboración propia.

4.5. Modelos predictivos supervisados

En cuanto a los modelos supervisados para clasificación, se prueban el árbol de decisión binario y *random forest* para predecir el *bracketing* de las UTP ternarias de la muestra. Dado que las variables de nuestro conjunto de datos son categóricas, se adoptan ambos modelos basados en árboles porque pueden gestionar eficazmente variables cualitativas (James *et al.*, 2015, p. 315).

El modelo árbol de decisión es sencillo y fácilmente interpretable porque el conjunto de reglas de predicción se resume gráficamente en un árbol, normalmente dibujado al revés en el sentido de que los nodos terminales u hojas, que transmiten las predicciones, están en la parte inferior del árbol. Sin embargo, no suele ser competitivo con otros modelos de predicción.

Por eso, también se experimenta con el modelo *random forest*, que produce un gran número de árboles de decisión y, luego, los combina para llegar a una única predicción consensuada. Es decir, cada árbol del conjunto (o bosque, de ahí la designación inglesa de *forest*) emite un voto para el *bracketing* de una UTP ternaria, que, finalmente, se clasifica en el tipo de *bracketing* que tiene más votos. Así pues, el modelo *random forest* permite mejorar notablemente la corrección de las predicciones, a expensas de una pérdida de interpretación, ya que es difícil comprender cómo el modelo realiza las predicciones.

4.6. Partición de los datos

Para la construcción y evaluación de los modelos, el conjunto de datos con las 190 UTP ternarias se divide en dos partes: (1) el conjunto de datos de entrenamiento para crear los modelos (con 133 UTP, el 70 % del conjunto original); y (2) el conjunto de datos de test para evaluar el desempeño de los modelos (57 UTP, el 30 % del conjunto original).

En ambas particiones, la distribución en la variable que se quiere predecir, *Bracketing*, debe ser igual a la distribución que tiene esa variable en el conjunto original (58 % de UTP con *bracketing* izquierdo, y 42 %, con *bracketing* derecho). Para ello, se aplica un muestreo aleatorio estratificado, que selecciona, al azar, observaciones dentro de las clases LEFT y RIGHT de la variable *Bracketing* en el conjunto de datos original.

4.7. Medidas para evaluar el desempeño de los modelos predictivos

El rendimiento de los modelos predictivos se evalúa analizando sus respectivos desempeños en el conjunto de datos de test. Las medidas que se emplean convencionalmente son la exactitud (*accuracy*), la precisión (*precision*) y la exhaustividad (*recall*). La exactitud proporciona el porcentaje de instancias correctamente clasificadas. La exhaustividad indica la fracción de instancias, pertenecientes a la clase minoritaria (en nuestro caso, el *bracketing* derecho), que se clasifican correctamente. En cambio, centrándonos únicamente en el conjunto de instancias que un modelo clasifica como pertenecientes a la clase minoritaria (*bracketing* derecho), la precisión establece la fracción de dichas instancias que verdaderamente pertenecen a la clase minoritaria.

Puesto que, en nuestro conjunto de datos, existe un ligero desequilibrio entre las UTP ternarias con *bracketing* izquierdo (58 %) y derecho (42 %), preferimos usar, adicionalmente, otras medidas de rendimiento a las que no les afecte la disparidad en la proporción de clases que predecir. Fernández *et al.* (2018, pp. 52-55) recomiendan que estas medidas, insensibles al desequilibrio entre clases, sean el área bajo la curva ROC (en adelante, AUC, de la denominación en inglés a*rea* u*nder the ROC* c*urve*) y F_1.

La medida AUC combina la sensibilidad (es igual a la exhaustividad) y la especificidad (proporción de instancias, pertenecientes a la clase mayoritaria -*bracketing* izquierdo en nuestro caso-, que se clasifican correctamente) de un modelo en un único valor entre 0 y 1. Cuanto mayor es el AUC, mejor es el desempeño de un modelo al distinguir entre dos clases. La medida F_1 es la media armónica entre la precisión y la exhaustividad. También se expresa entre 0 y 1, y evalúa el equilibrio entre corrección y cobertura del modelo en la clasificación de instancias de la clase minoritaria. Igualmente, cuanto mayor es F_1, mejor es el rendimiento del modelo al distinguir entre dos clases.

5. RESULTADOS

5.1. Construcción de los modelos predictivos

Las variables predictoras *SemRel*, *LexDom* y *SemRol_mwt* se usan para construir dos modelos predictivos con el paquete *caret* (Kuhn, 2021) del lenguaje de programación R.

Para el modelo *random forest*, se aplica validación cruzada con siete particiones (*7-fold cross-validation*) para evaluar su desempeño en los datos de entrenamiento. Aunque convencionalmente se emplean 10 particiones, se eligen siete, un divisor de 133, para que el número de instancias en todas las particiones sea el mismo (esto es, 19 instancias). Durante el proceso de calibración de los parámetros del modelo, se selecciona que se maximice la medida AUC. Así pues, el modelo alcanza, con los datos de entrenamiento, un valor de AUC igual a 1. Con los datos de test, el modelo también consigue un valor de AUC igual a 1. Consecuentemente, las tres variables predictoras son capaces de predecir, sin errores, el *bracketing* en los datos de test con un modelo *random forest.*

De manera similar, en el caso del modelo árbol de decisión, se aplica validación cruzada con siete particiones para evaluar su desempeño en los datos de entrenamiento. Durante el proceso de calibración de los parámetros del modelo, se selecciona que se maximice la medida AUC. Por tanto, el modelo alcanza, con los datos de entrenamiento, un valor de AUC igual a 0,9545. Con los datos de test, el modelo también consigue un valor de AUC igual a 0,9545, que indica un rendimiento muy satisfactorio.

La tabla 6 recoge las medidas de desempeño, en los conjunto de entrenamiento y test, de los modelos árbol de decisión y *random forest.*

Variables predictoras: *SemRel, LexDom* y *SemRol_mwt*					
Modelo Árbol de Decisión					
Conjunto de Datos	AUC	Precisión	Exhaustividad	F_1	Exactitud
Entrenamiento	0,9545	0,8952	1,000	0,9430	0,9474
Test	0,9545	0,8889	1,000	0,9412	0,9474
Modelo *Random Forest*					
Entrenamiento	1,0000	1,0000	1,0000	1,0000	1,0000
Test	1,0000	1,0000	1,0000	1,0000	1,0000

Tabla 6. Medidas de desempeño de los modelos para la predicción del bracketing con las variables relación semántica, dominio léxico y rol semántico. Fuente: Elaboración propia.

Puesto que el árbol de decisión consigue un valor de AUC significativo en el conjunto de test (0,9545), es interesante inspeccionar su única regla de predicción, que se ilustra en la figura 1.

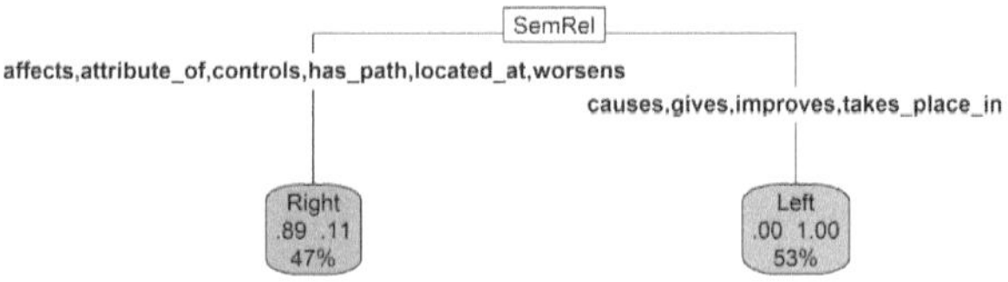

Figura 1. Árbol de clasificación para la predicción del bracketing que se infiere del modelo árbol de decisión. Fuente: Elaboración propia.

Teniendo en cuenta las restricciones con las que se desarrolla este estudio (UTP ternarias en inglés de la ingeniería de costas, usadas en oraciones donde se menciona un potamónimo), el árbol de clasificación de la figura 1 puede interpretarse como sigue.

SemRel es el factor más importante que gobierna la variable *Bracketing*, y el único predictor que selecciona el modelo árbol de decisión. En nuestra opinión, el poder predictivo de la relación semántica entre una UTP y otro argumento en la misma oración es tan elevado que el modelo se ve obligado a rechazar los predictores *LexDom* y *SemRol_mwt* para evitar el ajuste excesivo (*overfitting*) a los datos de entrenamiento. De lo contrario, se causaría una pérdida en la capacidad de generalización del modelo para predecir el *bracketing* en aquellas situaciones que no están recogidas en los datos de entrenamiento.

Por una parte, las UTP ternarias cuya relación semántica con el otro argumento (un potamónimo en nuestro) pertenece al grupo formado por *causes*, *gives*, *improves* y *takes_place_in* (rama derecha del árbol de clasificación) representan el 53 % de la muestra. Todas estas UTP tienen un *bracketing* izquierdo y se clasifican correctamente. Podría afirmarse que estas cuatro relaciones semánticas fuerzan el uso de UTP ternarias únicamente con *bracketing* izquierdo.

Por otra parte, las UTP ternarias cuya relación semántica con el otro argumento pertenece al grupo formado por *affects*, *attribute_of*, *controls*, *has_path*, *located_at* y *worsens* (rama izquierda del árbol de clasificación) comprenden el 47 % de la muestra y pueden tener un *bracketing* derecho o izquierdo. Dentro de este subconjunto de UTP, el modelo clasifica correctamente todas las UTP con un verdadero *bracketing* derecho (89 %), pero comete errores al asignar un *bracketing* derecho a las UTP con un verdadero *bracketing* izquierdo (11 %).

El análisis de los errores que comete el modelo árbol de decisión revela que, tanto en el entrenamiento como en el test, aquellas UTP con un verdadero *bracketing* izquierdo que se emplean en las oraciones anotadas con los valores *SemRel=attribute_of*, *LexDom*=EXISTENCE y *SemRol_mwt*=THEME (p.ej., *water discharge level*, en la fila 2 de la tabla 4) tienen asignado, erróneamente, un *bracketing* derecho.

5.2. Comparación de los modelos

A pesar de los prometedores resultados, es obvio que es necesario seguir investigando para adquirir una comprensión más profunda de la influencia de las variables semánticas analizadas en este estudio en el *bracketing* de las UTP ternarias. Por tanto, las siguientes afirmaciones deben considerarse de alcance limitado, ya que se derivan de un marco restringido en el que se lleva a cabo esta investigación: las UTP ternarias en inglés de la ingeniería de costas y utilizadas en oraciones que mencionan potamónimos.

Respecto de la selección del mejor modelo predictivo, se pueden esgrimir argumentos convincentes a favor de ambos modelos. Puesto que el modelo *random forest* es capaz de predecir sin errores, podría usarse para implementar un sistema automático para la predicción del *bracketing* de UTP ternarias.

No obstante, el desempeño del modelo árbol de decisión es también bastante satisfactorio. Su visualización y su fácil interpretación permiten explicar, desde un punto de vista lingüístico, cómo la información semántica codificada en una oración gobierna el *bracketing* de las UTP ternarias. Además, ya que este modelo solo necesita el predictor *SemRel* para alcanzar un rendimiento elevado, las aplicaciones prácticas para la predicción del *bracketing* podrían beneficiarse si únicamente emplean la relación semántica entre una UTP y otro argumento en la misma oración.

6. DISCUSIÓN

Aunque la comparación de nuestro estudio con las investigaciones referenciadas en la revisión bibliográfica dista mucho de ser ideal, sirve, al menos, como indicación de las novedades y ventajas de nuestro enfoque semántico.

Para la predicción del *bracketing*, las investigaciones anteriores se centraban en la información semántica proporcionada por los formantes de una UTP. El número de variables que utilizaban para la predicción oscilaba entre 12 y 517.254. Estas variables se basaban, principalmente, en estadísticas sobre n-gramas, que podían capturar parte de la información semántica codificada en las concurrencias frecuentes de los formantes de una UTP (Lazaridou *et al.*, 2013, p. 1909). Otros estudios se apoyaban en la información semántica sobre los formantes de una UTP que se almacena en recursos lingüísticos como WordNet. La exactitud (*accuracy*) de los modelos de predicción se situaba entre el 72,60 % y el 95,40 %.

Nuestro enfoque semántico, sin embargo, se basa en información semántica que las investigaciones previas no han considerado. Esta información semántica se codifica tanto en el co-texto de una UTP (es decir, la oración en la que la UTP se utiliza como argumento) como en la UTP analizada como una unidad (es decir, su rol semántico). El conjunto de variables consiste en solo tres (relación semántica, dominio léxico y rol semántico de la UTP), mientras que las investigaciones anteriores empleaban un mínimo de 12 variables (León-Araúz *et al.*, 2021). Este conjunto de tres variables proporciona, en el conjunto de datos de test, predicciones sin errores con un modelo *random forest*, mientras que la exactitud más elevada que se alcanzaba en las investigaciones previas era del 95,40 % con el algoritmo de vectores de soporte (Pitler *et al.*, 2010), un modelo predictivo menos interpretable.

7. CONCLUSIONES

La relación semántica de una UTP con otro argumento de la misma oración, el dominio léxico del verbo y el rol semántico de la UTP pueden predecir el *bracketing* de las 190 UTP ternarias utilizadas como argumentos en una muestra de 188 oraciones anotadas semánticamente. Un modelo *random forest* alcanza, en el conjunto de datos de test, un AUC igual al 100 % (exactitud del 100 %). Cuando se entrena un árbol de decisión, el modelo solo necesita la relación semántica para obtener, en el conjunto de datos de test, un AUC igual al 95,45 % (exactitud del 94,74 %). Por tanto, la relación semántica de una UTP con otro argumento de la misma oración parece tener una enorme capacidad para predecir el *bracketing* de dicha UTP ternaria.

Consecuentemente, este estudio ofrece evidencias de que la información semántica de una oración, codificada en la relación semántica de una UTP con otro argumento de la misma oración, el dominio léxico del verbo y el rol semántico de la UTP, contribuye sustancialmente en la determinación del *bracketing* de la UTP. Dado que establecer correctamente el *bracketing* de una UTP tiene efectos beneficiosos en la exactitud de los analizadores sintácticos de oraciones (Vadas y Curran, 2008) y de los sistemas de traducción automática (Green, 2011), este resultado sugiere una nueva línea de investigación para integrar tales variables semánticas en los analizadores sintácticos y en las aplicaciones de traducción automática, como ya han sugerido Agirre *et al.* (2008), Girju *et al.* (2005) y Kim y Baldwin (2013).

Evidentemente, aún no está claro si tales variables semánticas también son capaces de predecir el *bracketing* de las UTP de cuatro o más formantes. Por tanto, se indagará sobre esta cuestión más adelante.

Finalmente, a pesar de los resultados esperanzadores, estos deben considerarse limitados debido al pequeño tamaño de la muestra de UTP ternarias y al marco restringido en el que se ha llevado a cabo el estudio, a saber, UTP ternarias en inglés de la ingeniería de costas utilizadas en oraciones que mencionan potamónimos. En futuras investigaciones, se establecerá un marco más amplio para adquirir una comprensión más profunda de la influencia de las variables semánticas analizadas en este capítulo sobre el *bracketing* de las UTP.

8. REFERENCIAS

Agirre, E., Baldwin, T. y Martinez, D. (2008). Improving parsing and PP attachment performance with sense information. En *Proceedings of the 46th Annual Meeting of the Association for Computational Linguistics: Human Language Technologies* (pp. 317-325). ACL. https://aclanthology.org/P08-1037.pdf

Barrière, C. y Ménard, P.A. (2014). Multiword noun compound bracketing using Wikipedia. En *Proceedings of the First Workshop on Computational Approaches to Compound Analysis (ComAComA 2014)* (pp. 72-80). ACL. http://dx.doi.org/10.3115/v1/W14-5708

Bergsma, S., Pitler, E. y Lin, D. (2010). Creating robust supervised classifiers via web-scale n-gram data. En *Proceedings of the 48th Annual Meeting of the Association for Computational Linguistics* (pp. 865-874). ACL. https://aclanthology.org/P10-1089

Faber, P. y Mairal, R. (1999). *Constructing a Lexicon of English Verbs.* Mouton de Gruyter.

Faber, P., León-Araúz, P. y Prieto, J.A. (2009). Semantic relations, dynamicity, and terminological knowledge bases. *Current Issues in Language Studies,* 1, 1-23. https://cutt.ly/KRnDZfM

Faruqui, M. y Dyer, C. (2015). Non-distributional word vector representations. En *Proceedings of the 53rd Annual Meeting of the Association for Computational Linguistics* (pp. 464-469). ACL. http://dx.doi.org/10.3115/v1/P15-2076

Fernández, A., García, S., Galar, M., Prati, R.C., Krawczyk, B. y Herrera, F. (2018). *Learning from Imbalanced Data Sets.* Springer.

Fillmore, C.J. (1968). The case for case. En E. Bach y R. Harms (eds.), *Universals in Linguistic Theory* (pp. 1-89). Holt, Rinehart, and Winston. https://cutt.ly/hOMkvHa

Girju, R., Moldovan, D.I., Tatu, M. y Antohe, D. (2005). On the semantics of noun compounds. *Computer Speech and Language, 19*(4), 479-496. https://doi.org/10.1016/j.csl.2005.02.006

Green, N. (2011). Effects of noun phrase bracketing in dependency parsing and machine translation. En *49th Annual Meeting of the Association for Computational Linguistics: Human Language Technologies. Proceedings of Student Session* (pp. 69-74). ACL. https://aclanthology.org/P11-3013.pdf

James, G., Witten, D., Hastie, T. y Tibshirani, R. (2015). *An Introduction to Statistical Learning*. Springer.

Kim, S.N. y Baldwin, T. (2013). A lexical semantic approach to interpreting and bracketing English noun compounds. *Natural Language Engineering, 19*(3), 385-407. https://doi.org/10.1017/S1351324913000107

Krippendorff, K. (2012). *Content Analysis: An Introduction to its Methodology*. Sage.

Kroeger, P.R. (2005). *Analyzing Grammar: An Introduction*. Cambridge University Press.

Kuhn, M. (2021). *caret: Classification and Regression Training.* R package version 6.0-90 https://CRAN.R-project.org/package=caret

Lauer, M. (1994). Conceptual association for compound noun analysis. En *Proceedings o the Student Session at the 32nd Annual Meeting of the Association for Computationa Linguistics* (pp. 337-339). CoRR. https://arxiv.org/abs/cmp-lg/9409002

Lauer, M. (1995). Corpus statistics meet the noun compound: Some empirical results. En *Proceedings of the 33rd Annual Meeting of the Association for Computational Linguistic* (pp. 47-54). ACL. https://doi.org/10.3115/981658.981665

Lazaridou, A., Vecchi, E.M. y Baroni, M. (2013). Fish transporters and miracle homes: How compositional distributional semantics can help NP parsing. En *Proceedings of the 2013 Conference on Empirical Methods in NLP (EMNLP 2013)* (pp. 1908-1913). ACL https://aclanthology.org/D13-1196

Leech, G. (1981). *Semantics: The Study of Meaning.* Penguin.

León-Araúz, P., San Martín, A. y Reimerink, A. (2018). The EcoLexicon English corpus a an open corpus in Sketch Engine. En *Proceedings of the 18th EURALEX Internationa Congress* (pp. 893-901). Ljubljana University Press. https://cutt.ly/DRnF7wg

León-Araúz, P., Cabezas-García, M. y Faber, P. (2021). Multiword-term bracketing and representation in terminological knowledge bases. En *Electronic Lexicography in the 21st Century. Proceedings of the eLex 2021 Conference* (pp. 139-163). Lexical Computing CZ. https://cutt.ly/oRbV3LW

Marcus, M. (1980). *A Theory of Syntactic Recognition for Natural Language.* The MIT Press.

Ménard, P.A. y Barrière, C. (2014). Linked open data and web corpus data for noun compound bracketing. En *Proceedings of the 9th International Conference on Language Resources and Evaluation (LREC'14)* (pp. 702-709). ELRA. https://cutt.ly/hRbBOlY

Nakov, P. y Hearst, M. (2005). Search engine statistics beyond the n-gram: Application to noun compound bracketing. En *Proceedings of the 9th Conference on Computationa Natural Language Learning (CoNLL)* (pp. 17-24). ACL. https://cutt.ly/FwifgqYV

Pitler, E., Bergsma, S., Lin, D. y Church, K.W. (2010). Using web-scale n-grams to improve base NP parsing performance. En *Proceedings of the 23rd International Conference on Computational Linguistics (Coling 2010)* (pp. 886-894). ACL. https://dl.acm.org/doi/10.5555/1873781.1873881

Resnik, P.S. (1993). *Selection and Information: A Class-based Approach to Lexica Relationships.* [Tesis doctoral]. University of Pennsylvania.

Rojas-García, J. (2022) Semantic representation of context for description of named river in a terminological knowledge base. *Frontier in Psychology, 13*(847024), 1-27. https://doi.org/10.3389/fpsyg.2022.847024

Thompson, P., Iqbal, S.A., McNaught, J. y Ananiadou, S. (2009). Construction of an annotated corpus to support biomedical information extraction. *BMC Bioinformatics, 10*(349) https://doi.org/10.1186/1471-2105-10-349

Vadas, D. y Curran, J.R. (2007). Large-scale supervised models for noun phrase bracketing En *Proceedings of the 10th Conference of the Pacific Association for Computationa Linguistics* (pp. 104-112). PACLING. https://cutt.ly/hRnSdWx

Vadas, D. y Curran, J.R. (2008). Parsing noun phrase structure with CCG. En *Proceeding of the 46th Annual Meeting of the Association for Computational Linguistics: Huma Language Technologies* (pp. 335-343). ACL. https://aclanthology.org/P08-1039.pdf

BIOMECÁNICA APLICADA A LA MEDICINA PARA EL ANÁLISIS DE LA CIRUGÍA DE MENISCO LATERAL DISCOIDEO: UNA REVISIÓN DE LA LITERATURA

Lourdes Segovia-García[1]

El presente texto nace de los estudios desarrollados en el programa de doctorado de Investigación en Tecnologías Industriales por la Universidad Nacional de Educación a Distancia (UNED). En agradecimiento a Miryam B. Sánchez Sánchez y María Teresa Carrascal Morillo así como a la ETSI de la UNED por el apoyo a la acción 2023-ETSII-UNED-04: "Engranajes y Biomecánica"

1. INTRODUCCIÓN

La biomecánica está experimentando un gran avance gracias al desarrollo de nuevas tecnologías. Hace unos años apareció la tomografía axial computarizada (TAC) y la resonancia magnética (RM) con el fin de diagnosticar enfermedades y lesiones en etapas tempranas. Hoy las tecnologías han avanzado hasta el punto de poder usar las imágenes médicas provenientes de un TAC y una RM para la construcción de modelos tridimensionales (3D) realistas de diferentes partes del cuerpo humano. Estos modelos permiten analizar en detalle las patologías por las que se ven afectados los diferentes tejidos biológicos. Los modelos de elementos finitos (EF) han demostrado su utilidad en la investigación biomédica al proporcionar una herramienta eficaz para obtener información detallada sobre las propiedades mecánicas de los tejidos biológicos y el funcionamiento de los órganos. Estos modelos se basan en un enfoque matemático y computacional que permite simular y analizar el comportamiento de los sistemas. Mediante la subdivisión del sistema en elementos discretos interconectados, se pueden realizar cálculos precisos de las tensiones, deformaciones y otras variables biomecánicas relevantes. Esto brinda una comprensión profunda de cómo los tejidos responden a las fuerzas y cargas aplicadas. Además, los modelos de elementos finitos permiten realizar simulaciones virtuales y análisis predictivos, lo que reduce la necesidad de experimentación invasiva y costosa. Es importante destacar que la fiabilidad de estos modelos depende de la precisión de los datos de entrada y del proceso de validación (Peña *et al.*, 2006).

Dentro del área de la ingeniería biomecánica son muchos los estudios y aplicaciones que se han desarrollado en la última década, por ejemplo, estudios para el diseño de prótesis y ortesis, estudios a nivel tisular, o aplicaciones en medicina deportiva Actualmente una de

1. Universidad Nacional a Distancia, UNED (España)

las aplicaciones de la biomecánica donde la comunidad científica ha centrado sus estudios es en el análisis de la articulación de rodilla, con el fin de investigar cómo afectan a la mecánica de la marcha humana las diferentes lesiones y patologías que pueden aquejar a la rodilla. Es posible encontrar algunos ejemplos de esto en el análisis del comportamiento combinado de los ligamentos (Peña *et al.*, 2006), en el análisis de la deformidad en valgo de la rodilla (Huang *et al.*, 2023), en roturas de menisco y los efectos de la meniscectomía con modelos EF (Peña *et al.*, 2005; Kedgley *et al.*, 2018; Zhang *et al.*, 2019; Li *et al.*, 2020), en estudios de EF de la meniscectomía parcial del menisco lateral discoideo (MLD (Liu *et al.*, 2022; Yokoe *et al.*, 2023), o en estudios de modelos EF que integran elementos protésicos como los efectos biomecánicos de vástagos tibiales (R. Zhang *et al.*, 2021). Además de lo anterior cabe destacar el estudio realizado por Nie *et al.,* (2021) sobre el impacto de la alineación coronal del componente, o la investigación desarrollada por L. Zhu *et al.*, (2020) sobre el comportamiento mecánico del menisco poroso artificial. Sin embargo, todavía existen patologías en la articulación de rodilla que aún no han sido ampliamente estudiadas por la comunidad científica, como es el caso de la malformación de MLD y su cirugía. Las características anatómicas y estructurales de un MLD dan lugar a una serie de trastornos en la forma y estabilidad de la articulación de la rodilla (Kramer y Micheli, 2009; Kita *et al.*, 2021). En este sentido, resulta crucial investigar la mejor manera de restablecer el funcionamiento adecuado de la articulación con el fin de reducir la probabilidad de lesiones más graves, como desgarros meniscales, roturas o degeneración del cartílago (Liao *et al.,* 2022).

A día de hoy, aunque se han desarrollado diversos estudios clínicos sobre la influencia de un MLD y se han analizado las diferentes cirugías para reestablecer su funcionalidad, apenas existen estudios que abarquen esta patología y su cirugía a través de modelos 3D y simulaciones EF.

2. OBJETIVOS

Este trabajo tiene como objetivo general examinar las implicaciones biomecánicas de un MLD y las soluciones aportadas en los estudios científicos para restablecer su configuración y comportamiento normal identificados ampliamente en los estudios clínicos experimentales.

Dentro del contexto de este estudio, se plantean las siguientes cuestiones de investigación:

- ¿Qué es un menisco discoideo y cuáles son las implicaciones biomecánicas en la articulación de la rodilla? Esta cuestión tiene el objetivo de comprender la naturaleza y las implicaciones biomecánicas de un menisco discoideo.
- ¿Cuáles son las técnicas para restaurar una configuración adecuada del menisco discoideo? Se busca comprender los procedimientos quirúrgicos, terapias conservadoras u otras intervenciones utilizadas para abordar esta malformación.
- ¿Qué tipo de estudios se han desarrollado y cuáles son los resultados postoperatorios obtenidos? Se busca recopilar información sobre los resultados postoperatorios, incluyendo la eficacia de las técnicas empleadas, las tasas de éxito, las complicaciones y los beneficios a largo plazo para los pacientes.

Al abordar estas cuestiones de investigación, se pretende obtener una comprensión más completa y detallada del menisco discoideo, así como de las técnicas y los resultados relacionados con su restauración. Esto permitirá generar información relevante y actualizada para la comunidad científica y clínica, contribuyendo a mejorar la atención

3. METODOLOGÍA

Para alcanzar el objetivo propuesto en el trabajo y dar respuesta a las cuestiones de investigación planteadas, se ha realizado una revisión sistemática de la literatura ahondando en los diferentes tipos de tratamientos médicos como la cirugía de menisco para reestablecer la funcionalidad del mismo y la biomecánica de la articulación.

Para el desarrollo de esta investigación se ha adoptado la metodología PRISMA (Preferred Reporting Items for Systematic Reviews and Meta-Analyses) que garantiza un enfoque sistemático y riguroso en la recopilación y evaluación de la literatura científica relevante a partir de sus tres fases fundamentales: planificación, ejecución y presentación de los resultados. Se ha iniciado el trabajo con una búsqueda exhaustiva en diferentes bases de datos bibliográficas, seguido de una selección de los artículos pertinentes, la evaluación de la calidad metodológica de los estudios incluidos y la presentación de los resultados de manera sistemática. Este enfoque ha permitido identificar el contexto previamente estudiado y determinar los hallazgos, limitaciones, implicaciones, brechas y áreas de trabajo futuras para responder a las tres preguntas de investigación planteadas (PI1, PI2 y PI3) (Page *et al.*, 2021; PRISMA, s.f.).

3.1. Técnicas de planificación para la revisión bibliográfica

El objetivo de esta fase ha sido establecer los criterios de selección de estudios y definir las estrategias de búsqueda para la extracción de datos. Para lograr una revisión objetiva se han tratado de eliminar posibles sesgos en la selección. Para eliminar estas desviaciones se han establecido requisitos de admisión y desestimación de todos los estudios identificados en la búsqueda realizada. Los criterios de admisión han sido: a) estudios relacionados con la malformación MLD y tratamientos médicos practicados entre (2005 y 2023); b) texto completo de artículos; c) estudios clíticos y estudios relacionados con modelos 3D de articulación de rodilla y lesiones de menisco; d) estudios provenientes de cualquier país

Por otro lado, los criterios de desestimación se centran en la eliminación de estudios anteriores a la fecha definida, estudios irrelevantes o duplicados, así como aquellos que se centran en el análisis de otras patologías.

La búsqueda de bibliografía se llevó a cabo a través de diversas bases de datos como Scopus y Web of Science utilizando una combinación de palabras clave pertinentes (Discoid lateral meniscus, meniscectomy, meniscoplasty, saucerization, finite elements, tridimensional Model), también se realizó una búsqueda manual en Google Scoholar.

3.2. Desarrollo de la revisión sistemática

La estrategia de búsqueda se centró en el título, las palabras clave (Title-ABS-KEY) y el resumen. Se emplearon operadores lógicos AND y OR y se establecieron dos criterios de búsqueda. El primer criterio de búsqueda se centró en la recopilación de estudios clínicos y el segundo criterio se centró en la recopilación de estudios de EF. Para obtener los resultados más apropiados la búsqueda se acotó para estudios publicados entre 2005 y 2023. La sintaxis de búsqueda fueron las siguientes:

Criterio1: (TITLE-ABS-KEY("Discoid lateral meniscus ") AND TITLE-ABS-KEY("meniscectomy OR meniscoplasty OR saucerization ")) AND (LIMIT-TO (PUBYEAR,2023) OR LIMIT-TO (PUBYEAR,2022) OR LIMIT-TO (PUBYEAR,2021) OR LIMIT-TO (PUBYEAR,2020) OR LIMIT-TO (PUBYEAR,2019)) OR...OR LIMIT-TO (PUBYEAR,2005) AND (LIMIT-TO (DOCTYPE,"ar"))

Criterio 2: (TITLE-ABS-KEY("Discoid lateral meniscus ") AND TITLE-ABS-KEY("Finite element OR tridimensional model ")) AND TITLE-ABS-KEY("meniscectomy")) AND (LIMIT-TO (PUBYEAR,2023) OR LIMIT-TO (PUBYEAR,2022) OR LIMIT-TO (PUBYEAR,2021) OR LIMIT-TO (PUBYEAR,2020) OR LIMIT-TO (PUBYEAR,2019)) OR...OR LIMIT-TO (PUBYEAR,2005) AND (LIMIT-TO (DOCTYPE,"ar"))

A su vez, la selección de datos se llevó a cabo siguiendo los criterios de admisión y desestimación establecidos.

4. RESULTADOS

4.1. Análisis y clasificación de los artículos

Los resultados obtenidos a través de la búsqueda y el análisis exhaustivo de la literatura seleccionada revelan una relación entre los factores clave del menisco lateral discoideo (MLD) y las técnicas quirúrgicas utilizadas para mejorar la función articular. Estos hallazgos ofrecen nuevas perspectivas y soluciones para el diagnóstico y tratamiento de patologías relacionadas con el MLD.

4.2. ¿Qué es un menisco discoideo y cuáles son las implicaciones biomecánicas en la articulación de la rodilla?

Los meniscos son dos componentes de la articulación de la rodilla compuestos por fibras de colágeno y cartílago. Su función principal consiste en distribuir las cargas al transformar las fuerzas axiales en tensiones circulares circunferenciales (Nishino *et al.*, 2022), proporcionando guía al movimiento, disminuyendo la tensión de contacto y protegiendo el cartílago articular tanto en actividades dinámicas como estáticas (Zhang *et al.*, 2022). Aunque su origen no está claro la hipótesis más defendida por la comunidad científica está basada en una malformación congénita (Hagino *et al.*, 2016; Takigami *et al.*, 2017; Ahn *et al.*, 2017). Esta malformación se encuentra con mayor frecuencia en el menisco lateral con una incidencia del 0,4-17% frente a una incidencia de 0,1-0,3% en el menisco medial (Kim *et al.*, 2020; Zheng *et al.*, 2022). El MLD es más frecuente en Asia con una incidencia de 10-13%, que en el mundo occidental con una incidencia de 3- 5%. Según Tapasvi *et al.* (2021) la verdadera tasa de incidencia se desconoce debido a que el MLD puede existir siendo asintomático.

os síntomas y el tratamiento de un menisco lateral discoideo varían de un caso a otro. Algunos casos son asintomáticos y no requieren tratamiento, mientras que otros pueden experimentar dolor, bloqueo y limitación de movimiento. Esta malformación también puede afectar la distribución de la carga, la estabilidad y el rango de movimiento en la articulación de la rodilla (Ng *et al.*, 2020; Yang *et al.*, 2021; Nishino *et al.*, 2022; Hashimoto *et al.*, 2023). El MLD muestra una estructura atípica con un tamaño y grosor mayores además de una calidad estructural inferior en comparación con el menisco normal. Debido a esto, el MLD tiene una mayor tendencia a sufrir desgarros (Chen *et al.*, 2012; Kim *et al.*, 2018). Estos producen alteraciones en la biomecánica de la articulación de la rodilla Kedgley *et al.*, (2018) reportaron que, tanto el tipo de desgarro meniscal como su ubicación dentro del menisco influyeron en las tensiones de las superficies de desgarro bajo carga y Li *et al.*, (2020) informaron de un cambio en la biomecánica con el agravamiento de la lesión de menisco con aumento del estrés y la probabilidad de acelerar el progreso de la osteoartritis. Thambyah *et al.*, (2006) y Yeow *et al.*, (2009 encontraron en sus estudios que l área de cartílago articular en contacto con el menisco discoideo tenía menor espesor menor resistencia a la compresión axial en comparación con la zona de cartílago no ubierta por el menisco discoideo Esta observación plantea la posibilidad de que haya n aumento en el riesgo de deterioro o degeneración del cartílago en la zona descubierta lespués de someterse a una meniscectomía parcial (Yokoe *et al.*, 2023). Por su parte, 3ulgheroni *et al.*, (2017) informaron que el 19% de los casos estudiados se produce una esión de OCD en copresencia de un menisco lateral discoideo.

.3. ¿Cuáles son las técnicas para restaurar una configuración adecuada?

a cirugía del menisco tiene como objetivo reestablecer las funciones fisiológicas para un uncionamiento adecuado de la articulación. Sin embargo, este procedimiento conlleva un iesgo potencial de degeneración del cartílago articular. Al realizar la cirugía se produce n cambio en la forma en que se distribuyen las fuerzas en la articulación de la rodilla. ısto puede generar un estrés adicional en el cartílago, lo que a largo plazo puede resultar n su deterioro.

ctualmente se emplean técnicas artroscópicas dado que son menos invasivas que la irugía abierta. La meniscectomía total que consiste en la eliminación total del tejido neniscal, fue la intervención que se practicó en la década de 1960 hasta 1980, pero los esultados obtenidos en seguimientos realizados a largo plazo no fueron buenos, Manzione *t al.*, (1983) informaron de un 60% de resultados insatisfactorios con disminución en la uerza abductora de la cadera tras la meniscectomía total, mientras que Räber *et al.* (1998) eportaron altas tasas de cambios osteoartríticos, aplanamiento del cóndilo femoral y sclerosis en la meseta tibial según recoge Campbell *et al.*, (2023) en su análisis. Por su arte, Okazaki *et al.*, (2006); Kim *et al.*, (2020) y Hashimoto *et al.*, (2020), observaron lesarrollo de OCD. La comunidad científica ha reconocido la importancia de preservar l tejido meniscal (Brutico *et al.*, 2021) y aplicar técnicas de reparación y estabilización lel menisco (Hashimoto *et al.*, 2021) debido a los efectos adversos a largo plazo de la neniscectomía total o subtotal y teniendo en cuenta que los meniscos desempeñan n papel crucial en la distribución de la carga y la función amortiguadora. Por ello, se bordaron nuevas técnicas como la meniscectomía parcial, también conocida como emodelación meniscal, la saucerización o la meniscoplastia. Mientras que la saucerización la meniscoplastia tratan de preservar la mayor cantidad de tejido meniscal incidiendo olo en tejido dañado, la meniscectomía es una técnica consiste en remodelar el tamaño forma del menisco discoideo para que adquiera una configuración normal preservando arte del tejido meniscal, para reestablecer sus funciones fisiológicas. Con esta técnica se vita el riesgo potencial de sufrir un desgarro de menisco debido a un exceso de tejido con na calidad estructural inferior, así como, evitar la degeneración del cartílago debido a la usencia de tejido. Por lo tanto, es importante analizar cuál debe ser el ancho periférico le menisco adecuado. Frente a este tema, la comunidad científica informa sobre dos osturas, los que recomiendan dejar un borde de 6–8 mm para evitar posibles desgarros le menisco y los que recomiendan un borde periférico >10 mm para evitar la extrusión xcesiva y la degeneración del cartílago (Tabla 1).

ntre las técnicas artroscópicas modernas que velan por la preservación del tejido neniscal, los autores también informan sobre la saucerización para tratar desgarros neniscales pequeños o localizados eliminando solo la parte de tejido dañado. La nalformación de menisco también puede causar inestabilidad o falta de anclaje meniscal, sto también es un factor que pone en riesgo la restauración funcional de la articulación ras la meniscectomía. Las técnicas actuales además de la remodelación del menisco también abordan la reparación adicional con sutura en los casos de inestabilidad en el borde periférico del menisco (Perkins *et al.*, 2020).

Nishino *et al.* (2022) y Hashimoto *et al.* (2023) informaron sobre el tratamiento de la inestabilidad en el asta anterior basándose en una técnica de estabilización artroscópica de afuera hacia adentro, mientras que las rodillas con inestabilidad en el asta posterior se trataron con una técnica de estabilización artroscópica de adentro hacia afuera, ambas con suturas de un material de no absorbible 2-0 a intervalos de 3 mm.

Técnica artroscópica	Investigadores
Meniscectomía parcial con ancho residual de menisco entre 6 – 8 mm	Hagino *et al.* (2016); Ahn *et al.* (2017); Lee *et al.* (2017) Carabajal *et al.* (2020); Ng *et al.* (2021); Yang *et al.* (2021) Nishino *et al.* (2022); Hashimoto *et al.* (2023)
Meniscectomía parcial con ancho residual de menisco >10 mm	Tsujii *et al.* (2018); Mochizuki *et al.* (2019); Yang *et al.* (2021) Hashimoto *et al.* (2022); Liu *et al.* (2022); Yokoe *et al.* (2023)
No informan del ancho residual del menisco remodelado	P. Zhang *et al.* (2018); Sabbag *et al.* (2018); Nishino *et al.* (2021); Lu *et al.* (2020)-

Tabla 1. Relación de bibliografía seleccionada y ancho de menisco residual. Fuente: Elaboración propia.

4.4. ¿Qué resultados se obtienen en los estudios tras el seguimiento postoperatorio?

Para garantizar la claridad y precisión de los resultados en la Tabla 2 se incluyeron 15 artículos de los 46 obtenidos en la búsqueda sistemática, que proporcionan una descripción más detallada de las técnicas artroscópicas y de los resultados más relevantes para el objetivo de nuestro estudio. Estos 15 artículos son una muestra representativa de la literatura científica más actualizada comprendidos entre 2013-2023 y su inclusión en la Tabla 2 permite una visión concreta y precisa de los aspectos más relevantes y significativos de las técnicas artroscópicas actuales. Cabe destacar que los restantes artículos no fueron omitidos, sino que se tomaron en consideración para contextualizar y respaldar los hallazgos presentados en el cuerpo del artículo. Es importante destacar que solo 4 de los 14 artículos abordaron investigaciones desarrolladas con modelos 3D y análisis por el método de elementos finitos y el resto correspondían a estudios clínicos

Autor/Estudio	Nº articulaciones/ técnica artroscópica	Principal resultado obtenido
Mononen *et al.* (2013) / Elementos finitos	1/Meniscectomía parcial	En el modelo con meniscectomía parcial, se predijeron aumentos notables de tensiones en la superficie del cartílago, lo que indica
Hagino *et al.* (2016)/Clínico	39/Saucerización y meniscectomía parcial	Resultado favorable a corto plazo en los casos de saucerización. A largo plazo puede ocurrir un cambio degenerativo o un cambio en la alineación de las extremidades inferiores
Lee *et al.* (2017)/ Clínico	73 /Meniscectomía parcial	Resultados clínicos desfavorables en > 30 % de los pacientes durante un seguimiento medio de 10,0 años observando progresión de la degeneración de los cartílagos articulares
P. Zhang *et al.* (2018)/ Clínico	60/Meniscoplatia Meniscectomía parcial	Cambios notables en la alineación axial de la extremidad inferior. La alineación axial de la extremidad inferior se corrigió en cierta medida por *genu varo*, pero el *genu valgum* había aumentado después de la cirugía
Tsujii *et al.* (2018)/ Clínico	1/Meniscectomía parcial	Ausencia de dolor y sin síntomas de extrusión a los dos años de seguimiento.
Mochizuki *et al.* (2019)/clínico	52/Saucerización y/o Meniscectomía subtotal	Se observaron 42 pacientes sin OCD y 10 con OCD. En el análisis univariado, la edad más joven, meniscectomía subtotal y menor anchura meniscal fueron factores predictivos de OCDE postoperatorio.
Carabajal *et al.* (2020)/ Clínico	16 /Meniscectomía parcial con estabilización	El 75% de los casos tuvieron resultados excelentes y un 25% presentaron síntomas mecánicos con una tendencia a un mayor tiempo de evolución de los síntomas. El 100% de los casos retomó su actividad diaria con poca o ninguna limitación.
Lu *et al.* (2020)/ Clínico	80 /Meniscoplastia y Meniscectomía subtotal	Aumento gradual del movimiento de la articulación alcanzando un pico 12 semanas después de la cirugía. La tasa de excelente y bueno, según la escala de puntuación de la rodilla de Lysholm, fue > 84%
Ng *et al.* (2021)/ Clínico	24/Meniscoplastia vs meniscectomía parcial	No hubo una diferencia aparente en la mejora en la puntuación de Lysholm o la puntuación de Ikeuchi cuando se comparó entre pacientes que se sometieron a meniscoplastia sola y pacientes que se sometieron a reparación meniscal concomitante.
Hashimoto *et al.* (2022)/ Clínico	1/Saucerización con reparación de estabilización	No se observó extrusión de menisco para un ancho de 10 mm del borde periférico. .

Nishino *et al.* (2022)/ Clínico	48/Meniscectomía parcial	La extrusión meniscal media del cuerpo medio aumentó significativamente de 0,8 mm antes de la operación a 1,6 mm a los 24 meses después de la operación, lo que se consideró un riesgo de extrusión y degeneración del cartílago.
Liu *et al.* (2022)/ Elementos finitos	1/Meniscectomía parcial	La meniscectomía parcial con ancho del menisco de 8 a 10 mm proporciona un mejor entorno biomecánico. Esto puede reducir el riesgo de degeneración temprana de la rodilla y valgo por una meniscectomía excesiva en la cirugía convencional.
Yang *et al.* (2022)/ Elementos finitos	1/Meniscectomía parcial	Los desgarros de la raíz posterior del menisco medial y la meniscectomía parcial aumentaron significativamente el estrés en la articulación de la rodilla durante la marcha dinámica
Hashimoto *et al.* (2023)	41/Meniscectomía parcial vs saucerización con estabilización.	El análisis de subgrupos demostró un daño osteocartilaginoso más grave desarrollado en la meniscectomía parcial posterior que en la estabilización posterior después de la saucerización
Yokoe *et al.* (2023) / Elementos finitos	1/Meniscectomía parcial	A medida que disminuyo el ancho del borde periférico del menisco resecado, se aplicó una mayor tensión de contacto a la articulación tibiofemoral lateral siendo el menisco nativo el más protector frente al aumento de tensión en la superficie tibiofemoral.

Tabla 2. Relación de artículos en función de la técnica artroscópica y principales resultados obtenidos por los investigadores. Fuente: Elaboración propia.

5. DISCUSIÓN Y CONCLUSIONES

El estudio presentado se ha enfocado en profundizar en la comprensión de los efectos adversos que puede producir un menisco lateral discoideo (MLD) en relación a la biomecánica de la articulación, así como en examinar las soluciones propuestas por estudios científicos previos para restablecer su configuración y comportamiento normal. Para lograr esto, se ha llevado a cabo una revisión exhaustiva de la literatura existente sobre el tema, con el objetivo de clasificar a los autores en función de las diferentes técnicas empleadas.

El trabajo desarrollado permite concluir el interés de la comunidad científica en este tipo de patologías y los esfuerzos en ofrecer soluciones para mejorar tanto el diagnóstico como el tratamiento de las patologías relacionadas con el MLD.

Un hallazgo recurrente en los estudios revisados es la destacada utilidad de los modelos de elementos finitos, los cuales han demostrado ser una herramienta efectiva tanto en el diagnóstico de las patologías como en el tratamiento de las mismas a partir del comportamiento de la rodilla (Peña *et al.*, 2006; Mononen *et al.*, 2013; Liu *et al.*, 2022; Yokoe *et al.*, 2023). Los modelos Elementos finitos han demostrado su capacidad para adquirir un profundo conocimiento de las propiedades mecánicas de los tejidos biológicos y el rendimiento de los órganos vivos. Estos modelos se presentan como una herramienta poderosa que permite predecir los efectos de diferentes parámetros involucrados, a la vez que proporciona información valiosa que sería difícil de obtener a través de experimentos. Es importante resaltar que la confiabilidad de estos modelos depende en gran medida de una precisa reconstrucción geométrica y de descripciones matemáticas en cuanto al comportamiento de los tejidos biológicos y sus interacciones con el entorno circundante (Peña *et al.*, 2006;). Estos modelos han proporcionado mayor precisión en el diagnóstico de las patologías relacionadas con el MLD y ofrecen la posibilidad de optimizar los enfoques terapéuticos, mejorando la eficacia de los tratamientos. Estos hallazgos enfatizan la importancia de continuar investigando en esta área y explorar aún más el potencial de los modelos de elementos finitos en la práctica clínica.

El avance de la investigación ha permitido comprender la importancia de conservar el tejido meniscal y así se recoge en la mayoría de los estudios (Tsujii *et al.*, 2018; Lu *et al.*, 2020; Hashimoto *et al.*, 2022; Liu *et al.*, 2022; Yokoe *et al.*, 2023). Los expertos en la materia respaldan la utilización de técnicas artroscópicas que se centran en la remodelación, preservación y reparación del menisco, así como en la creación de modelos 3D realistas que permiten simular la patología con el propósito de emitir un diagnóstico preliminar antes de la cirugía. Sin embargo, y pese a este acuerdo la literatura existente refleja la falta de acuerdo en las técnicas a emplear. Autores como Carabajal *et al.* (2020); Ng *et al.*, (2021) o Yang *et al.*, (2021) entre otros apuestan por un ancho del borde periférico del menisco de 6 a 8 mm., mientras que otros como Tsujii *et al.* (2018); Liu *et al.* (2022) o Yokoe *et al.*, (2023) defienden conservar un ancho mayor a 10 mm.

La falta de consenso entre las voces expertas en el tema se deriva de los daños que puede sufrir la rodilla posterior a la cirugía. Autores como Hagino *et al.*, (2016) y Lee *et al.*, (2018) indican cómo un mayor diámetro de tejido el menisco es propenso a sufrir un desgarro respaldando un ancho del menisco de 6 a 8 mm. Mientras que los autores que apuestan por un ancho mayor difieren de los resultados obtenidos por los autores anteriores basándose en la observación de los resultados obtenidos en seguimiento postoperatorio. Entre estos resultados se concluye que cuando se conserva un ancho de menisco de 6 a 8 mm puede conllevar la progresión del daño osteocartilaginoso en casos de MLD juvenil tal como han recogido Hashimoto *et al.*, (2023) o el aumento de extrusión del menisco (Nishino *et al.*, 2022) e incluso problemas de alineación axial y estabilidad en la articulación con un ancho de menisco inadecuado (P. Zhang *et al.*, 2018). Estos antecedentes permiten establecer que este tipo de técnica podría estar relacionada con la degeneración del cartílago (Mochizuki *et al.*, 2019).

Por su parte los autores que han revisado la técnica artroscópica de menisco de 10mm., han respaldado su eficacia en la mejora de los resultados posoperatorios. Hashimoto *et al.*, (2022) han observado mejoras significativas, como la ausencia de dolor y la falta de síntomas de extrusión, durante un período de seguimiento de dos años. Mochizuki *et al.*, (2019) concluyeron en su estudio que los factores predictivos para desarrollar una degeneración del cartílago después de la cirugía para MLD fueron una edad más joven durante la cirugía y un ancho meniscal más corto. Para prevenir la OCD postoperatoria en rodillas juveniles, es necesario lograr la estabilización con un ancho meniscal adecuado en las cirugías de DLM. Esta técnica también ha sido respaldada por los autores que han recreado la patología a través de un modelo tridimensional de elementos finitos simulando la cirugía (Liu *et al.*, 2022; Yokoe *et al.*, 2023). A pesar de estos resultados en los estudios clínicos, el seguimiento posoperatorio en este tipo de técnica es menor a cinco años impendo conocer los resultados a largo plazo. Junto con lo anterior, la carencia de estudios que refuercen las conclusiones a las que han llegado estos autores impide refrendar la validez de esta técnica.

En el análisis del MLD y sus tratamientos, se ha observado que existen numerosos estudios clínicos que investigan las intervenciones convencionales. Sin embargo, se han encontrado muy pocos estudios que se enfoquen en la utilización de modelos 3D para realizar simulaciones mediante el método de elementos finitos y analizar la patología de manera más precisa antes de la intervención (Tabla 2).

Lo anterior permite concluir la necesidad de continuar profundizando en la investigación de estas tecnologías, expandiendo las técnicas utilizadas y prolongando el seguimiento para obtener un mayor conocimiento de los resultados. Además, se propone implementar nuevas estrategias, como los modelos tridimensionales, que aborden de manera integral la complejidad de la patología del MLD. Estas técnicas proporcionarán una representación matemática más precisa de este sistema biológico, permitiendo así una mejor comprensión, tratamiento y diagnóstico de la afección.

Limitaciones y prospectiva:

Las limitaciones de este análisis se derivan de la carencia de estudios que se centren en una patología tan específica como esta.

Futuras investigaciones podrían apoyarse en la tecnología para recrear diferentes modelos 3D realistas que recreen diferentes técnicas artroscópicas para proporcionar una representación matemática de este sistema biológico complejo.

6. REFERENCIAS

Ahn, J. K., Kang, D., & Choi, K. (2017). Risk factors for radiographic progression of osteoarthritis after partial meniscectomy of discoid lateral meniscus tear. *Orthopaedics & traumatology: surgery & research*, 103(8), 1183-1188. https://doi.org/10.1016/j.otsr.2017.09.013

Brutico, J., Wright, M. J., Kamel, S. I., Zoga, A. C., Poehling-Monaghan, K. L., & Hammoud, S. (2021). The Relationship Between Discoid Meniscus and Articular Cartilage Thickness: A Quantitative Observational Study With MRI. *Orthopaedic Journal of Sports Medicine*, *9*(12), 232596712110622. https://doi.org/10.1177/23259671211062258

Bulgheroni, E., Mattioli, L., & Bulgheroni, P. (2017). Evolution of Osteochondritis Dissecans of the Lateral Femoral Condyle Combined with Discoid Meniscus. *Joints, 05*(02), 114-117. https://doi.org/10.1055/s-0037-1603673

Campbell, A. L., Pace, J. L., & Mandelbaum, B. R. (2023). Discoid Lateral Meniscus. *Current Reviews in Musculoskeletal Medicine, 16*(4), 154-161. https://doi.org/10.1007/s12178-023-09824-4

Carabajal, M., Allende, G., & Masquijo, J. J. (2020). Resultados a mediano plazo de la remodelación artroscópica asociada a reparación periférica en niños con menisco discoide inestable. *Revista Española De Cirugía Ortopédica Y Traumatología, 64*(3) 206-212. https://doi.org/10.1016/j.recot.2019.10.002

Chen, L., Ao, Y., Yu, J., Miao, Y., Leung, K., Wang, H., & Lin, L. (2012). Clinical features and prognosis of discoid medial meniscus. *Knee Surgery, Sports Traumatology, Arthroscopy 21*(2), 398–402. https://doi.org/10.1007/s00167-012-1979-5

Hagino, T., Ochiai, S., Senga, S., Yamashita, T., Wako, M., Ando, T., & Haro, H. (2016) Arthroscopic treatment of symptomatic discoid meniscus in children. *Archives of Orthopaedic and Trauma Surgery, 137*(1), 89–94. https://doi.org/10.1007/s00402-016-2575-9

Hashimoto, Y., Nishino, K., Reid, J. L., Yamasaki, S., Takigami, J., Tomihara, T., Takahashi, S. Shimada, N., & Nakamura, H. (2020). Factors Related to Postoperative Osteochondritis

Dissecans of the Lateral Femoral Condyle After Meniscal Surgery in Juvenile Patients With a Discoid Lateral Meniscus. *Journal of Pediatric Orthopaedics, 40*(9), e853–e859. https://doi.org/10.1097/bpo.0000000000001636

Hashimoto, Y., Nishino, K., Yamasaki, S., Nishida, Y., Tomihara, T., & Nakamura, H. (2023). Posterior subtotal meniscectomy revealed the worst scenario for the progression of osteocartilaginous damage in cases of juvenile discoid lateral meniscus with peripheral tear. *Archives of Orthopaedic and Trauma Surgery*, 143 , 5157–5165. https://doi.org/10.1007/s00402-022-04747-0

Hashimoto, Y., Yamasaki, S., Guttmann, D., Reid, J. L., Marvil, S. C., Kinoshita, T., & Nakamura, H. (2022). Surgical Management of Discoid Lateral Meniscus With Anterior Peripheral Instability: Retaining an Adequate Residual Meniscus Volume. *Arthroscopy Techniques, 11*(7), e1141–e1147. https://doi.org/10.1016/j.eats.2022.02.021

Hashimoto, Y., Yamasaki, S., Reid, J. L., Guttmann, D., Nishino, K., & Nakamura, H. (2021). Arthroscopic Saucerization With Inside-Out Repair and Anterocentral Shift of a Discoid Lateral Meniscus With Retention of Adequate Volume of Residual Meniscus. *Arthroscopy techniques, 10*(11), e2553-e2557. https://doi.org/10.1016/j.eats.2021.07.039

Huang, J., Sun, H., Li, D., Wang, Y., Xu, J., & Ma, R. (2023). Knee valgus deformity and lateral bone defects affect the function of superficial medial collateral ligament: A finite element analysis. *Journal of Orthopaedics,* 40, 17-22. https://doi.org/10.1016/j.jor.2023.04.017

Kedgley, A. E., Saw, T., Segal, N. H., Hansen, U., Bull, A. M. J., & Masouros, S. D. (2018). Predicting meniscal tear stability across knee-joint flexion using finite-element analysis. *Knee Surgery, Sports Traumatology, Arthroscopy, 27*(1), 206–214. https://doi.org/10.1007/s00167-018-5090-4

Kim, J. N., Bin, S., Lee, B., Kim, J. M., Kim, N., & Lee, C. (2018). Does discoid lateral meniscus have inborn peripheral rim instability? Comparison between intact discoid lateral meniscus and normal lateral meniscus. *Archives of Orthopaedic and Trauma Surgery, 138*(12), 1725–1730. https://doi.org/10.1007/s00402-018-2987-9

Kim, J. S., Ahn, J. S., Kim, J., & Wang, J. H. (2020). Discoid lateral meniscus: importance, diagnosis, and treatment. *Journal of Experimental Orthopaedics*, *7*(1). https://doi.org/10.1186/s40634-020-00294-y

Kita, T., Tajima, T., & Chosa, E. (2021). Turner's syndrome associated with discoid lateral meniscus and Blount's disease: a case report. *BMC Musculoskeletal Disorders, 22*(1). https://doi.org/10.1186/s12891-021-04336-z

Kramer, D. E., & Micheli, L. J. (2009). Meniscal Tears and Discoid Meniscus in Children: Diagnosis and Treatment. *Journal of the American Academy of Orthopaedic Surgeons, 17*(11), 698–707. https://doi.org/10.5435/00124635-200911000-00004

Lee, C., Bin, S., Kim, J. M., Lee, B., & Kim, N. (2017). Arthroscopic partial meniscectomy in young patients with symptomatic discoid lateral meniscus: an average 10-year follow-up study. *Archives of Orthopaedic and Trauma Surgery, 138*(3), 369–376. https://doi.org/10.1007/s00402-017-2853-1

Li, L., Yang, L., Zhang, K., Zhu, L., Wang, X., & Jiang, Q. (2020). Three-dimensional finite-element analysis of aggravating medial meniscus tears on knee osteoarthritis. *Journal of Orthopaedic Translation*, 20, 47–55. https://doi.org/10.1016/j.jot.2019.06.007

Liao, Y. H., Chen, C. H., Lin, C. J., Su, W. R., Shih, C. L., & Chiang, C. H. (2022). Young Children with a Bucket-Handle Tear to the Discoid Lateral Meniscus Successfully Treated Using Arthroscopic Saucerization and Repair: Two Case Reports. *Medicina, 58*(10), 1403. https://doi.org/10.3390/medicina58101403

Liu, W., Sun, X., Liu, W., Liu, H., Zhai, H., Zhang, D., & Tian, F. (2022). Finite element study of a partial meniscectomy of a complete discoid lateral meniscus in adults. *Medical Engineering & Physics*, 107, 103855. https://doi.org/10.1016/j.medengphy.2022.103855

Lu, J., Chen, Y., Hu, M., & Sun, C. (2020). Clinical efficacy of arthroscopy in the treatment of discoid meniscus injury and related risk factors for postoperative pain. *Annals of Palliative Medicine, 9*(6), 4002–4009. https://doi.org/10.21037/apm-20-1899

Manzione, M., Pizzutillo, P. D., Peoples, A. B., & Schweizer, P. A. (1983). Meniscectomy in children: A long-term follow-up study. *American Journal of Sports Medicine, 11*(3), 111-115. https://doi.org/10.1177/036354658301100301

Mochizuki, T., Tanifuji, O., Sato, T., Watanabe, S., & Endo, N. (2019). Predictive factors for developing osteochondritis dissecans after surgery for discoid lateral meniscus are younger age and shorter meniscal width. *Knee Surgery, Sports Traumatology, Arthroscopy, 29*(1), 100–108. https://doi.org/10.1007/s00167-019-05750-6

Mononen, M. E., Jurvelin, J. S., & Korhonen, R. K. (2013). Effects of radial tears and partial meniscectomy of lateral meniscus on the knee joint mechanics during the stance phase of the gait cycle-A 3D finite element study. *Journal of Orthopaedic Research, 31*(8), 1208-1217. https://doi.org/10.1002/jor.22358

Ng, Y. H., Tan, S. H. S., Lim, A., & Hui, J. H. P. (2020). Meniscoplasty leads to good mid-term to long-term outcomes for children and adolescents with discoid lateral meniscus. *Knee Surgery, Sports Traumatology, Arthroscopy, 29*(2), 352–357. https://doi.org/10.1007/s00167-020-05929-2

Nie, Y., Yu, Q., & Shen, B. (2021). Impact of Tibial Component Coronal Alignment on Knee Joint Biomechanics Following Fixed-bearing Unicompartmental Knee Arthroplasty: A Finite Element Analysis. *Orthopaedic Surgery, 13*(4), 1423-1429. https://doi.org/10.1111/os.12927

Nishino, K., Hashimoto, Y., Iida, K., Nishida, Y., Yamasaki, S., & Nakamura, H. (2022). Association of Postoperative Lateral Meniscal Extrusion With Cartilage Degeneration on Magnetic Resonance Imaging After Discoid Lateral Meniscus Reshaping Surgery. *Orthopaedic Journal of Sports Medicine, 10*(5), 232596712210919. https://doi.org/10.1177/23259671221091997

Nishino, K., Hashimoto, Y., Nishida, Y., Yamasaki, S., & Nakamura, H. (2021). An adult case of spontaneous healing of concurrent osteochondritis dissecans of the lateral femoral condyle after saucerization with meniscal repair for discoid lateral meniscus: A case report. *International Journal of Surgery Case Reports*, 87, 106427. https://doi.org/10.1016/j.ijscr.2021.106427

Okazaki, K., Miura, H., Matsuda, S., Hashizume, M., & Iwamoto, Y. (2006). Arthroscopic Resection of the Discoid Lateral Meniscus: Long-term Follow-up for 16 Years. *Arthroscopy, 22*(9), 967–971. https://doi.org/10.1016/j.arthro.2006.04.107

Page, M. J., McKenzie, J. E., Bossuyt, P. M., Boutron, I., Hoffmann, T., Mulrow, C. D., Shamseer, L., Tetzlaff, J., Akl, E. A., Brennan, S. E., Chou, R., Glanville, J., Grimshaw, J. M., Hróbjartsson, A., Lalu, M. M., Li, T., Loder, E., Mayo-Wilson, E., McDonald, S., McGuinness, A., Stewart, L. A., Thomas, J., Tricco, A. C., Welch, V. A., Whiting, P., & Moher, D. (2021). The PRISMA 2020 statement: an updated guideline for reporting systematic reviews. *BMJ*, 372, 71. https://doi.org/10.1136/bmj.n71

Peña, E., Calvo, B., Martinez, M. A., Palanca, D., & Doblaré, M. (2005). Finite element analysis of the effect of meniscal tears and meniscectomies on human knee biomechanics. *Clinical Biomechanics, 20*(5), 498–507. https://doi.org/10.1016/j.clinbiomech.2005.01.009

Peña, E., Calvo, B., Martínez, M. I., & Doblaré, M. (2006). A three-dimensional finite element analysis of the combined behavior of ligaments and menisci in the healthy human knee joint. *Journal of Biomechanics, 39*(9), 1686–1701. https://doi.org/10.1016/j.jbiomech.2005.04.030

Perkins, C. A., Busch, M. P., Christino, M. A., & Willimon, S. C. (2020). Saucerization and Repair of Discoid Lateral Menisci With Peripheral Rim Instability: Intermediate-term Outcomes in Children and Adolescents. *Journal of Pediatric Orthopaedics, 41*(1), 23–27. https://doi.org/10.1097/bpo.0000000000001695

Räber, D., Friederich, N. F., & Hefti, F. (1998). Discoid Lateral Meniscus in Children. Long-Term Follow-up After Total Meniscectomy. *Journal of Bone and Joint Surgery, 80*(11), 1579–1586. https://doi.org/10.2106/00004623-199811000-00003

Sabbag, O. D., Hevesi, M., Sanders, T. a. B., Camp, C. L., Dahm, D. L., Levy, B. D., Stuart, M. J., & Krych, A. J. (2018). Incidence and Treatment Trends of Symptomatic Discoid Lateral Menisci: An 18-Year Population-Based Study. *Orthopaedic Journal of Sports Medicine, 6*(9), 232596711879788. https://doi.org/10.1177/2325967118797886

Takigami, J., Hashimoto, Y., Tomihara, T., Yamasaki, S., Tamai, K., Kondo, K., & Nakamura, H. (2017). Predictive factors for osteochondritis dissecans of the lateral femoral condyle concurrent with a discoid lateral meniscus. *Knee Surgery, Sports Traumatology, Arthroscopy, 26*(3), 799-805. https://doi.org/10.1007/s00167-017-4451-8

Tapasvi, S., Shekhar, A., & Eriksson, K. (2021). Discoid lateral meniscus: current concepts. *Journal of ISAKOS, 6*(1), 14–21. https://doi.org/10.1136/jisakos-2017-000162

Thambyah, A., Nather, A., & Goh, J. (2006). Mechanical properties of articular cartilage covered by the meniscus. *Osteoarthritis and Cartilage, 14*(6), 580–588. https://doi.org/10.1016/j.joca.2006.01.015

Tsujii, A., Matsuo, T., Kinugasa, K., Yonetani, Y., & Hamada, M. (2018). Arthroscopic minimum saucerization and inferior-leaf meniscectomy for a horizontal tear of a complete discoid lateral meniscus: Report of two cases. *International Journal of Surgery Case Reports*, 53, 372–376. https://doi.org/10.1016/j.ijscr.2018.11.027

Yang, S., Li, J., Xue, Y., Zhang, Z., & Chen, G. (2021). Multivariate ordered logistic regression analysis of the postoperative effect of symptomatic discoid lateral meniscus. *Archives of Orthopaedic and Trauma Surgery, 141*(11), 1935–1944. https://doi.org/10.1007/s00402-021-03821-3

Yeow, C., Lau, S. T., Lee, P. D., & Goh, J. C. (2009). Damage and degenerative changes in menisci-covered and exposed tibial osteochondral regions after simulated landing impact compression-a porcine study. *Journal of Orthopaedic Research, 27*(8), 1100–1108. https://doi.org/10.1002/jor.20861

Yokoe, T., Ouchi, K., Matsumoto, T., Tajima, T., & Chosa, E. (2023). Effect of the volume of resected discoid lateral meniscus on the contact stress of the tibiofemoral joint: A finite element analysis. *Knee*, 42, 57–63. https://doi.org/10.1016/j.knee.2023.02.013

Zhang, K., Li, L., Yang, L., Shi, J., Zhu, L., Liang, H., Wang, X., Yang, X., & Jiang, Q. (2019). The biomechanical changes of load distribution with longitudinal tears of meniscal horns on knee joint: a finite element analysis. *Journal of Orthopaedic Surgery and Research, 14*(1). https://doi.org/10.1186/s13018-019-1255-1

Zhang, P., Zhao, Q., Shang, X., & Wang, Y. (2018). Effect of arthroscopic resection for discoid lateral meniscus on the axial alignment of the lower limb. *International Orthopaedics, 42*(8), 1897–1903. https://doi.org/10.1007/s00264-018-3944-5

Zhang, R., Zhang, K., & Gong, H. (2021). Biomechanical Effects of Tibial Stems with Different Structures on Human Knee Joint after Total Knee Arthroplasty: A Finite Element

Analysis. *Journal of Bionic Engineering, 19*(1), 197-208. https://doi.org/10.1007/s42235-021-00103-x

Zhang, Z., She, C., Li, L., Mao, Y., Jin, Z., Fan, Z., Dong, Q., Zhou, H., & Xu, W. (2022). Mid-term study on the effects of arthroscopic discoid lateral meniscus plasty on patellofemoral joint: An observational study. *Medicine, 101*(45), e31760. https://doi.org/10.1097/md.0000000000031760

Zheng, Z., Li, V. C., Yang, F., Yuan, L., Wang, G., Zhao, X., & Ma, L. (2022). Discoid medial meniscus of both knees: A case report. *World Journal of Clinical Cases, 10*(25), 9020-9027. https://doi.org/10.12998/wjcc.v10.i25.9020

Zhu, L., Cheng, M., Sun, W., Yang, J., Li, L., & Jiang, Q. (2020). Influence of deformed primitive architecture on mechanical behavior of artificial porous meniscus. *Materials & Design*, 186, 108303. https://doi.org/10.1016/j.matdes.2019.108303

EVALUACIÓN DE LA COMUNICACIÓN DE LA RESPONSABILIDAD SOCIAL EN LOS HOSPITALES PÚBLICOS REGIONALES ANDALUCES

Carmen Vélez-Méndez[1]

Esta ponencia surge en del proyecto de investigación "La comunicación de la responsabilidad social y los ODS en los Hospitales Públicos Andaluces", dirigido por la profesora Teresa García Nieto, inscrito en el programa de Comunicación Audiovisual, Publicidad y Relaciones Públicas de la Facultad de Ciencias de la Información de la U. Complutense de Madrid (España), en el marco de los Proyectos de Innovación UCM, nº de Referencia 254 (2022-2023) y nº de referencia 198 (2023-2024), "Universidad y sociedad: comunicación, integración y colaboración con empresas e instituciones públicas y organizaciones no lucrativas".

1. INTRODUCCIÓN

La Agenda 2030 para el Desarrollo Sostenible aprobada en 2015 y sus 17 Objetivos de Desarrollo Sostenible (ODS) han adquirido un papel fundamental como guía para gobiernos, instituciones públicas, empresas y la sociedad civil. Estos ODS están transformando la gestión de la responsabilidad social (RS), marcando un nuevo paradigma en la forma en que se aborda esta área de trabajo. Además, representan una oportunidad para que las organizaciones comuniquen sus acciones y logros a sus audiencias y grupos de interés.

El objetivo de esta ponencia es evaluar la comunicación externa de la RS en las páginas web y en las redes sociales de los hospitales públicos regionales de Andalucía, y de su alineamiento con la Agenda 2030, entendiendo que esta supone una oportunidad para comunicar a todos los grupos de interés el comportamiento socialmente responsable de las instituciones.

La investigación está permitiendo contrastar las hipótesis de partida sobre la necesidad de incidir en la comunicación de las acciones de RS y de las acciones relacionadas con la Agenda 2030 por parte de los hospitales públicos regionales andaluces, tanto en sus páginas web como en las redes sociales, y en la conveniencia de integrar la Agenda 2030 en sus estrategias de RS y en las de comunicación.

1. Universidad de Sevilla (España)

2. LA RESPONSABILIDAD SOCIAL COMO INTANGIBLE EN EL SECTOR PÚBLICO

En las últimas décadas, el interés por los activos intangibles ha aumentado significativamente. Sin embargo, en el sector público, son pocos los estudios que han abordado su conceptualización y análisis, especialmente en relación con la RS (Canel y Luoma-aho, 2017). Este campo de investigación se considera emergente y presenta una falta de análisis, especialmente en el ámbito del sector público sanitario.

Canel y Luoma-aho (2017) realizaron una revisión de la literatura sobre activos y bienes intangibles, proponiendo una definición para el sector público. Según estas autoras, estos activos son inmateriales, están vinculados al pasado de la organización y a la gestión desarrollada hasta el momento. Además, impactan en las estructuras y procesos de gestión, carecen de valor de mercado y su beneficio debe evaluarse en términos sociales y de calidad de vida. La activación de estos intangibles se logra principalmente a través de la comunicación.

La responsabilidad social es uno de estos intangibles. Bustos (2017), en el ámbito público le añade el calificativo de institucional, frente al término responsabilidad social corporativa o responsabilidad social empresarial. Este autor, partiendo de la profusa bibliografía sobre RS en el ámbito de la empresa privada, ofrece una definición en la que enfatiza el carácter voluntario de las actuaciones por encima de los mínimos exigidos legalmente y su alineación con las necesidades y expectativas de los grupos de interés.

García Nieto (2012) llevó a cabo un análisis exhaustivo de la relación entre la RS y las ciencias sociales, buscando establecer el fundamento del concepto tanto en la Economía y Ciencias Empresariales, como en la Ciencia Política, Sociología y Relaciones Públicas. A partir de las contribuciones de destacados autores como Friedman, Drucker, Freeman, Carroll, Grunig, Presto y Post, ella presenta una visión particular de la RS. Según su perspectiva, la RS es un elemento indisoluble para cualquier organización, formando parte de su estructura genética y trascendiendo su mera naturaleza económica.

La adopción de la Agenda 2030 para el Desarrollo Sostenible, bajo el nombre Transformar nuestro mundo, ha marcado un nuevo paradigma en la gestión de los intangibles en el sector público. Para la Red Española del Pacto Mundial la Agenda 2030 abre un nuevo paradigma de acción y colaboración para las entidades responsables (Pacto Mundial, s.f.). Sus 17 ODS deben formar parte fundamental del propósito de las organizaciones públicas puesto que reflejan los compromisos adoptados en tratados internacionales sobre derechos humanos y pueden servir de referencia tanto para la planificación de las actividades de RS como para su evaluación y comunicación.

No olvidemos, como nos recuerdan las autoras y autores consultados, que la comunicación juega un papel esencial, ya que activa la relación con los grupos de interés y permite activar los beneficios de integrar la RS en la gestión pública, incluyendo aspectos como la legitimidad, el incremento del compromiso con la institución y la confianza por parte de los grupos de interés, lo que contribuye a mejorar la reputación de la organización (Canel y Louma-aho, 2017).

Para Canel y Luoma (2019), trabajar en intangibles implica emplear la comunicación para reducir la brecha entre lo que la organización es y hace, y lo que sus públicos perciben. Así, tan relevante es la gestión de los intangibles como su comunicación. Algunas organizaciones pueden contar con una estrategia de RS, pero no la transmiten adecuadamente, mientras que otras dan prioridad a la comunicación, informando sobre acciones que no están directamente relacionadas con la RS.

García Nieto (2012) destaca la importancia de la comunicación en el enfoque de la RS. Si una organización se enfoca principalmente en la comunicación de sus acciones de RS para construir una imagen corporativa y reputación basada en la responsabilidad social, se sigue, según esta investigadora, un modelo de persuasión. Mientras que si la organización adopta el enfoque de "excelencia de las relaciones públicas", basado en la comunicación bidireccional y el entendimiento mutuo con los grupos de interés, la RS se integra en todas las decisiones adoptadas por la organización.

3. METODOLOGÍA

Bajo las premisas anteriores se plantea la evaluación de la comunicación que desde el ámbito público se está haciendo de la RS y de la Agenda 2030, centrando el objeto de investigación en el sector sanitario andaluz.

Es esencial recordar que la salud es un derecho humano fundamental, reconocido en el artículo 25 de la Declaración de Derechos Humanos, y considerado por Naciones Unidas como un derecho inclusivo que abarca la atención de la salud y sus determinantes principales, tanto económicos como sociales y ambientales (Organización de las Naciones Unidas [ONU], 2000).

El ODS 3 se dedica específicamente a garantizar una vida sana y promover el bienestar para todas las edades. Además, otros ODS interactúan de manera directa con la salud, como el ODS 1, ya que la salud es un factor clave para el desarrollo humano, equitativo y sostenible; el ODS 2, ya que la alimentación tiene un impacto significativo en la salud; y el ODS 4, que se centra en la educación. También existen otros ODS relacionados con la protección del medio ambiente y la reducción de la contaminación que también influyen en la salud de las personas. (ONU, 2015).

Relevante en este ámbito es el trabajo de la Red Sanitaria de RS, agrupación sin ánimo de lucro, que como aparece en su perfil de LinkedIn, está formada por profesionales comprometidos con la implantación de políticas de RS en los hospitales públicos. Igualmente ha sido fuente de inspiración la investigación llevada a cabo por Rodríguez Cala (2017) sobre RS en los hospitales públicos en Cataluña, para quien la RS está vinculada a la transparencia y comunicación con los grupos de interés y al mejor funcionamiento de algunos aspectos internos de las organizaciones, siendo "una nueva forma de gestión empresarial que va más allá de las acciones sociales". (Rodríguez Cala, 2017, p. V)

Para esta investigación se han tomado los hospitales públicos regionales andaluces (en adelante HPRA): el Hospital Regional Universitario de Málaga, el Hospital Universitario Virgen Macarena (Sevilla), el Hospital Universitario Virgen del Rocío (Sevilla), el Hospital Universitario Reina Sofía (Córdoba) y el Hospital Universitario Virgen de las Nieves (Granada).

Estos cinco hospitales se encuentran en el tercer nivel asistencial, lo que implica que ofrecen una amplia gama de servicios médicos y especialidades clínicas. Además, son los centros de atención con mayor área de influencia en la región. Todos ellos tienen la distinción de ser hospitales universitarios y son comparables con los que forman parte de la Red Sanitaria de RS, lo que nos brinda la oportunidad de realizar en el futuro un análisis comparativo entre ellos.

El enfoque metodológico propuesto para evaluar la comunicación de la RS y de la Agenda 2030 se basa en el uso de la triangulación como estrategia de investigación. Esta metodología implica combinar diversas técnicas, como el análisis exploratorio de las páginas web, la evaluación de la estrategia digital de comunicación en redes sociales, la realización de encuestas y entrevistas, y la creación de un grupo de trabajo con agentes clave para la investigación. El uso de estas distintas técnicas permitirá obtener una visión completa y profunda de la comunicación de la RS y la Agenda 2030 en el contexto analizado. En este artículo se presentan los resultados de las dos primeras técnicas.

3.1. El análisis exploratorio de las páginas webs

Las páginas web de las instituciones se han convertido en un medio crucial para transmitir información, valores y compromisos a un amplio espectro de audiencias, incluidos los pacientes, el personal, la comunidad y otros grupos de interés relevantes.

Este enfoque de análisis nos permite examinar cómo los hospitales presentan y comunican sus acciones y políticas relacionadas con la RS y la Agenda 2030 a través de sus plataformas digitales. Se explorarán elementos como la estructura y el contenido de las páginas web, el uso de imágenes y mensajes visuales, la presencia de secciones específicas dedicadas a la RS y los ODS, y la claridad de la información proporcionada.

Para llevar a cabo este análisis se exploraron aspectos como la estructura de la página web, la accesibilidad de la información, la revisión de contenido analizando si se incluye contendido específico sobre RS y los ODS, así como la observación de enlaces relevantes, y la identificación de palabras clave y temas recurrentes. Los resultados de este análisis proporcionarán una visión inicial y valiosa sobre la efectividad de la comunicación de la RS y la Agenda 2030 en los hospitales públicos regionales andaluces, sentando las bases para un estudio más profundo y exhaustivo.

Este análisis permitirá identificar las prácticas comunicativas exitosas y aquellas áreas donde se pueden mejorar las estrategias de comunicación. Además, se examinará cómo los objetivos de RS se alinean con los ODS, y cómo se promueve el compromiso y la participación de los diferentes grupos de interés en la consecución de estos objetivos compartidos.

Gutiérrez Ponce *et al.* (2018) llevaron a cabo un análisis de la calidad de las páginas web de los hospitales públicos de la Comunidad de Madrid utilizando un cuestionario basado en el utilizado previamente por Calvo (2014) y en sintonía con el utilizado por Arencibia y Aibar (2007). Los resultados de su estudio revelaron una relación directa entre la calidad de las webs y el comportamiento responsable de la entidad ante sus grupos de interés.

Otros autores también han investigado la calidad de las páginas web de hospitales. Gutiérrez Ponce *et al.* (2018) mencionan estudios previos realizados por Conesa *et al.* en 2011, Domínguez e Iñesta en 2004, Arcos García en 2012, y Olea Criado en 2012. Además, Rodríguez Cala *et al.* (2017) realizaron un análisis del contenido de las webs de hospitales catalanes, utilizando 25 variables.

Con base en las variables usadas por Gutiérrez Ponce *et al.* (201) y por Rodríguez Cala *et al.* (2017) se han propuesto 20 criterios para la evaluación de las webs de los HPRA referentes a la calidad de la página web, a la importancia institucional percibida de la RS y la función de comunicación y a la integración de la RS y la Agenda 2030 en la comunicación estratégica, proporcionando una visión cercana a las prácticas y acciones relacionadas con los ODS llevadas a cabo por los hospitales públicos regionales andaluces.

3.2. La evaluación de la estrategia digital de comunicación

La evaluación de la estrategia digital de comunicación implica analizar la presencia y actividad de los HPRA en las redes sociales y examinar el contenido de sus publicaciones, en relación con la comunicación de la RS y la Agenda 2030.

Para llevar a cabo esta evaluación, se proponen indicadores clave de desempeño (KPI) que permitirán medir el impacto de la estrategia en redes sociales. Entre estos indicadores se encuentran: el volumen de seguidores, el número de noticias publicadas, la interacción con el público (*engagement*) y los hashtags más utilizados.

Las redes sociales en las que los HPRA tienen mayor presencia son Facebook, Twitter, YouTube, Instagram y LinkedIn. Para analizar la comunicación en Twitter, se emplea la herramienta Twitonomy, mientras que para Facebook se utiliza Data Miner, facilitando así el análisis detallado de las acciones y la eficacia de la comunicación en estas plataformas.

Mediante esta evaluación, se obtendrán percepciones (*insights*) valiosas sobre cómo los HPRA utilizan las redes sociales para transmitir información sobre RS y la Agenda 2030, permitiendo identificar patrones, tendencias, áreas de mejora y oportunidades para una comunicación más efectiva y significativa con sus audiencias. Esta revisión crítica de la estrategia digital ayudará a fortalecer el compromiso de los hospitales con la responsabilidad social y la consecución de los ODS.

3.3. Otras técnicas de evaluación

El análisis de las páginas webs de los hospitales y el de su presencia en redes sociales debe complementarse con encuestas dirigidas a las personas responsables de la comunicación y la RS en estas instituciones. El propósito es describir y analizar las estructuras de comunicación y RS, obtener información adicional sobre las estrategias y acciones de RS comunicadas en las páginas webs y redes sociales, y evaluar la integración de la Agenda 2030 y sus ODS en las estrategias de RS y comunicación.

Además, la investigación contempla la realización posterior de entrevistas a personas expertas en comunicación pública, RS y Agenda 2030. Ello enriquecerá cualitativamente los resultados del trabajo al explorar los factores que influyen en la comunicación de la RS y la Agenda 2030, así como aquellos que impactan en la integración de la RS, especialmente de la Agenda 2030, en las estrategias de gestión.

4. RESULTADOS

En este apartado se presentan los principales resultados del análisis llevado a cabo en julio de 2021, tanto del examen de las páginas web como del de redes sociales.

Los resultados del análisis de las páginas webs son los siguientes:

- La organización de contenidos era mejorable, especialmente a partir de los segundos niveles web.
- Los contenidos relacionados con los credos corporativos (misión, visión y valores), así como los organigramas podrían completarse, sistematizarse y actualizarse.
- No suelen ofrecer información sobre los grupos de interés.
- No suelen contener documentos programáticos relativos a la planificación de la RS.

- No suelen publicarse memorias de RS si bien las memorias anuales publicadas incorporan un apartado sobre estas acciones.
- Sólo una de las cinco webs analizadas ofrecía información sobre la Agenda 2030.

El análisis de las redes sociales arrojó los siguientes:

- Son Facebook y Twitter las redes más usadas, seguidas de YouTube, Instagram y LinkedIn.
- El nivel de interacción y respuesta a los comentarios de las personas usuarias de las redes sociales es bajo.
- La tasa de viralización, medida en función del número de seguidores en relación con la población a la que da cobertura la institución es relativamente baja.
- Las tasas de *engagement* son altas, medidas en función del número de reacciones, volumen de publicaciones y total de seguidores, siendo las publicaciones que usan recursos audiovisuales y las que cuentan historias de personal residente las que más reacciones generan.
- No siempre se segmentan los mensajes en función de los canales. Así, en ocasiones se publica el mismo contenido y en los mismos momentos en plataformas tan diferentes como Twitter y LinkedIn.
- Menos del 0,2% de las publicaciones hacen referencia a la RS, y casi siempre es en relación con el lugar que ocupa la institución en el ranking MRS (Monitor de Reputación Sanitaria) y las acreditaciones otorgadas a las Unidades Asistenciales.
- No se encontró ninguna publicación relativa a la Agenda 2030.
- No se usan etiquetas que menciones la RS, la Agenda 2030 ni los ODS.

5. CONCLUSIONES

Entre las principales conclusiones extraídas del análisis realizado se destacan las siguientes:

- Las páginas web de los hospitales no son un buen instrumento de comunicación de las acciones de RS que se están llevando a cabo ni sobre las relacionadas con la Agenda 2030.
- Los hospitales hacen un uso básico de las redes sociales para comunicar sus actuaciones de RS y las relacionadas con la Agenda 2030.
- La Agenda 2030 no está lo suficientemente integrada en las estrategias de gestión ni en las de RS (cuando existen), ni en las de comunicación.

La investigación está poniendo de manifiesto que los HPRA realizan actuaciones de RS pero en el momento de realizar el estudio, no todos los HPRA contaban con unidades o departamentos específicos de RS, asignándosele estas responsabilidades a otros departamentos. Tampoco disponían de documentos de planificación dedicados exclusivamente a la RS, lo que sugiere que las acciones realizadas no se articulan de manera explícita y no parecen estar basadas en un diagnóstico de necesidades y oportunidades según las demandas de los grupos de interés. Además, no se suele llevar a cabo una evaluación de la RS, lo que dificulta encontrar memorias específicas de RS en las páginas webs analizadas, si bien todos realizan un seguimiento de las acciones ambientales y sus principales indicadores se publican en las memorias anuales.

Por último, del análisis realizado se deduce que los HPRA no le concede un rol estratégico a la RS desde el punto de vista de la comunicación.

6. REFERENCIAS

Arcos García, C. M. (2012). Análisis de la calidad de las páginas web sobre el virus del papiloma humano. *Revista española de comunicación en salud, 3*(1), 28-37. https://e-revistas.uc3m.es/index.php/RECS/article/view/3386

Arencibia Jiménez, M. y Aibar Remón, C. (2007). Páginas web de hospitales. Realidad virtual o... ¿son realmente un medio útil para la difusión de información para sus usuarios? *Revista de Calidad Asistencial, 22*(3), 118-127. http://doi.org/10.1016/S1134-282X(07)71206-X

Bustos Rochette, F. (2017). El bien intangible responsabilidad social institucional. En Canel, M. J., Piqueiras, P. y Ortega, G. (Eds.). *La comunicación de la Administración pública: conceptos y casos prácticos de los bienes intangibles* (pp. 123-166). INAP.

Calvo Calvo, M. A (2014). Calidad y características de los sitios web de los hospitales españoles de gran tamaño. *Revista Española de Documentación Científica,* 37(1), 1-19. http://dx.doi.org/10.3989/redc.2014.1.1049

Canel Crespo, M. J., y Luoma-aho, V. (2017). ¿Qué aportan los bienes intangibles a la administración pública?. En Canel, M.J., Piqueiras, P., y Ortega, G. (Eds.). *La comunicación de la Administración pública: conceptos y casos prácticos de los bienes intangibles* (pp. 29-50). INAP.

Canel Crespo, M. J. y Luoma-aho, V. (2019). *Public sector communication: Closing gaps between citizens and public organizations.* John Wiley & Sons.

Cirera León, A. y Vélez Méndez, C. (2000). *Guía para la evaluación de políticas públicas.* Instituto de Desarrollo Regional.

Conesa, M. C., Aguinaga, E. y Hernández, J. J. (2011). Evaluación de la calidad de las páginas web sanitarias mediante un cuestionario validado. *Atención Primaria, 43*(1), 33-40. https://doi.org/10.1016/j.aprim.2010.01.007

Domínguez Castro, A. e Iñesta García, A. (2004). Evaluación de la calidad de las webs de centros de farmacoeconomía y economía de la salud en Internet mediante un cuestionario validado. *Gaceta Sanitaria, 18*(4), 295-304. https://doi.org/10.1016/S0213-9111(04)72016-6

García Nieto, M. T. (2012). Las Ciencias Sociales y la Responsabilidad Social Corporativa. *aDResearch: Revista Internacional de Investigación en Comunicación,* 6, 92-111. https://bit.ly/43FaGb3

Gutiérrez Ponce, H., Creixans Tenas, J. y Arimany Serrat, N. (2018). Características de las páginas web de los hospitales de la Comunidad de Madrid: relación entre la calidad web y la responsabilidad social corporativa. *Revista Española de Documentación Científica, 41*(1), e194. https://doi.org/10.3989/redc.2018.1.1465

Laloux, F. (2016). *Reinventar las organizaciones.* Arpa.

Medina Aguerrebere, P. (2012). La responsabilidad social corporativa en hospitales: un nuevo desafío para la comunicación institucional. *Revista Española de Comunicación en Salud, 3*(1), pp. 77-87. https://e-revistas.uc3m.es/index.php/RECS/article/view/3390

Olea Criado, C. (2012). Calidad de las páginas web de asociaciones de diabetes en España. *Revista española de comunicación en salud, 3*(1), 16-27. https://e-revistas.uc3m.es/index.php/RECS/article/view/3385

ONU (2000). El derecho al disfrute del más alto nivel posible de salud. *Observación General*, 14, 2014-1. https://www.acnur.org/fileadmin/Documentos/BDL/2001/1451.pdf

ONU (2015). Transformar nuestro mundo: la Agenda 2030 para el Desarrollo Sostenible. Resolución aprobada por la Asamblea General el 25 de septiembre de 2015. A/RES/70/1, 21 de octubre. https://unctad.org/system/files/official-document/ares70d1_es.pdf

Pacto Mundial (s.f.). *17 Objetivos de Desarrollo Sostenible (ODS) para transformar el mundo*. https://www.pactomundial.org/ods/

Rodríguez Cala, A. (2017). *Responsabilidad Social Corporativa en la Red Hospitalaria de Utilización Pública de Cataluña*. [Tesis doctoral, Universitat de Lleida]. TDX - Biblioteca de la UOC. https://www.tdx.cat/handle/10803/418804#page=1

Rodríguez Cala, A., Calle Rodríguez, C., Zöller Grunembaun, B., Pons Rodríguez, A., Benavente Moreno, Y. y Durán García, N. (2017). Responsabilidad social corporativa en los hospitales catalanes: ¿qué nos dicen sus webs? *Revista de Comunicación y Salud*, 7, 13-28. https://doi.org/10.35669/revistadecomunicacionysalud.2017.7(1).13-28

Ruiz Granja, M. J. (2015). Análisis comunicacional de páginas web hospitalarias. El caso de los hospitales sevillanos. *Revista Española de Comunicación en Salud*, *6*(2), 138-156. https://e-revistas.uc3m.es/index.php/RECS/article/view/2934

BIOÉTICA Y ÉTICA DE LA RESPONSABILIDAD. LAS PROFESIONES Y LA FORMACIÓN UNIVERSITARIA EN PERSPECTIVA POLÍTICA

José Vicente Villalobos-Antúnez[1], José Francisco Guerrero-Lobo[2] y Víctor Martin-Fiorino[3]

El presente texto nace del proyecto de investigación de la Universidad del Alba 2023, "Fundamentos éticos y filosóficas de los derechos fundamentales en la sociedad digital. Perspectiva fenomenológico-hermenéutica desde los cambios tecnológicos y disruptivos a partir de la percepción en estudiantes de la Universidad del Alba del último bienio de las carreras de Derecho y Psicología". También se adscribe al Grupo de Investigación GINTECPRO del Programa de Ingeniería Industrial de la Universidad El Bosque, Colombia.

1. INTRODUCCIÓN

El presente trabajo es resultado de una investigación realizada en aula de clase. La misma se realizó con estudiantes del segundo año durante el semestre 2023-1 de la carrera de Derecho de la Universidad del Alba (Chile), sede Santiago, en el contexto de la asignatura Ética Profesional. El propósito que animó el estudio fue incentivar a los estudiantes al análisis acerca del rol que cumple un profesional universitario en el marco de la responsabilidad que le es propia, especialmente en aquellas áreas de las ciencias sociales que, como el Derecho, representan para la sociedad en general un alto compromiso hacia los valores de estabilidad y convivencia social y democrática, para lo cual, por cierto, los jóvenes universitarios cumplen un rol protagónico.

1. Profesor Titular y Director de Investigación de la Facultad de Ciencias Sociales y Humanidades de la Universidad del Alba (Chile). Profesor Titular Emérito de la Universidad del Zulia (Venezuela). Profesor de Ética, Bioética, Epistemología y Filosofía del Derecho. Tutor de Tesis de pregrado y doctorado.
2. Profesor Titular y Miembro del Comité del Doctorado en Filosofía de la Universidad de Los Andes (Venezuela).
3. Profesor Titular de la Universidad El Bosque (Colombia). Filósofo y Tutor de Tesis de Doctorado.

Los estudiantes formados en las ciencias jurídicas, en particular se centran en el estudio científico[4] de los conflictos sociales bajo la guía de sus profesores de área, en el marco específico de los estudios de la Ley, del Derecho y de la Jurisprudencia, sin descontar de ello las cuestiones filosóficas, económicas, políticas y antropológicas, entre otras, pues todas estas disciplinas se ven involucradas de manera transversal al Derecho, por lo que demandan antes que todo pensamiento crítico por parte de docentes y estudiantes, cuestión que se aprende en las aulas de estas disciplinas[5].

En ese sentido, durante la realización de las clases de la asignatura mencionada, se destacaron algunos aspectos socio-antropológicos, políticos, científicos y tecnológicos de interés práctico para los estudiantes, quienes señalaron de forma unánime su preferencia hacia los temas de la ética profesional del abogado en torno a las discusiones constitucionales llevadas a cabo para ese entonces en Chile, además de los aspectos centrales de la asignatura tratados durante el desarrollo de la investigación y de las clases normales del curso. Les interesó saber cuán comprometidos podía estar la discusión constitucional con los aspectos medulares de la responsabilidad que debía estar presente en el foro político, pues desde un primer momento expusieron un contexto de actuación profesional por parte del abogado en términos de responsabilidad para con el proyecto de país en discusión, lo cual, según criterio mayoritario de los participantes, debía estar en el contexto de la responsabilidad profesional y política, además de la científica y tecnológica.

Se destacaron durante el desarrollo de la investigación aquellos conflictos que se produjeron a partir del 18 de octubre de 2019, fecha desde la cual arreció una dinámica de exigencias sociales y políticas que desembocaron en peticiones de cambio constitucional a través de protestas en todo el país, y que trajeron como consecuencia que las discusiones se extendieran por varios meses hasta que se produjo una convocatoria a la Convención Constitucional el 24 de noviembre de 2020, mediante la publicación del decreto No 1.886, luego de discusiones acaloradas, marcadas por altas exigencias de orden político, económico, social, ambiental, entre otros, por demás considerados centrales para la discusión académica en los sentidos requeridos por el programa.

Es importante destacar que, luego de largas discusiones caracterizadas por la alta conflictividad política y segmentadas por severas disputas en foros públicos, el proyecto de Constitución Política no fue aprobado en el plebiscito de salida convocado al efecto, el cual se celebró el día 24 de octubre de 2022 (Squella, 2022); sin embargo, se destaca que, en el ámbito de la actuación estudiantil, quedaron identificados para nuestros registros de clase los hechos previos que introdujeron motivaciones académicas para ser resaltados

4. A propósito de la ciencia en el marco de la disciplinas jurídicas, sociales y aún de las humanidades es importante destacar que todavía hoy día se aprecia cierta resistencia provenida del ámbito de las ciencias clásicas, o ciencias naturales, a pesar de que estas discusiones ya son añejas y se encuentran resueltas. No hay discusión sobre el carácter "científico" de aquellos conocimientos no obtenidos de manera empírica, como ocurre a lo interno de las ciencias jurídicas, o de las disciplinas humanísticas. Ello ha repercutido evidentemente en la asignación de presupuestos públicos y privados para la investigación en estas áreas, a pesar de los reclamos y observaciones justificadas de investigadores que se ocupan de ello. Aunque es de destacar que el empirismo en las ciencias sociales y humana posee características diferentes al empirismo en las ciencias naturales; muchas veces las sociales y humanas no comprendidas por científicos de la naturaleza, o incluso no reconocidas como tales ciencias. Cfr.: Minciencia Chile (2020).

5. Para ver una idea del aprendizaje del Derecho, en contextos de una educación crítica, Cfr.: Hurtado y Villalobos (2024). Para una idea de los paradigmas en la investigación educativa, Cfr.: Van Manen (2003); Cappellacci y Juarros (2016); Bauman (2020); Pedroza F., R. (2016).

durante las discusiones entre estudiantes y el profesor, en especial sobre aquellos aspectos medulares de la responsabilidad profesional del abogado como educador social referido a los derechos fundamentales, cuestiones que se exaltaron de manera especial al referirse a las relaciones entre el conocimiento científico y las decisiones políticas de carácter global para la sociedad, orientadas las discusiones de clase por las reflexiones bioéticas y en el marco de las nuevas discusiones en torno a una también nueva convocatoria de redacción de Constitución Política, esta vez bajo la denominación de Consejo Constitucional[6], cuestión que no se analiza en este trabajo.

Las experimentaciones que provienen de las tecnologías disruptivas fueron de gran repercusión en el ámbito histórico-social señalado, puesto que se evidenciaron varios momentos en los cuales las tecnologías digitales hicieron marcada presencia en los asuntos públicos referidos a los cambios constitucionales, por lo que se valoró de manera preponderante la idea de la responsabilidad de aquellos profesionales que se ocupan de estas tecnologías (tecnólogos, médicos, politólogos, abogados, ingenieros, etc.) y las maneras en cómo se involucraron los asuntos medulares para la definitiva toma de decisiones por parte del electorado en un contexto de conflictividad como el chileno de finales del año 2022: los antecedentes de violencia iniciales en octubre de 2019 fueron determinantes, y las evidencias de intentos de refundación del Estado por vías de una Constitución extremadamente extraña a los intereses de la Nación, motivaron finalmente la desavenencia popular para votar en contra de aquella Constitución en el plebiscito de salida el día 24 de octubre de 2022[7], cuestiones que fueron consideradas durante la investigación.

Lo que queremos destacar con esta referencia especial en el marco de la presente investigación sobre la ética y los valores profesionales en estudiantes de Derecho, es que la asignatura Ética Profesional sirvió de motivos para trasladar al aula de clase las discusiones que podían impactar al ámbito profesional del egresado en Derecho, en especial por lo señalado anteriormente, activados mediante las discusiones en torno a los derechos fundamentales, tema este de gran repercusión durante la disputa constitucional y de importante relevancia durante la investigación.

La dinámica constitucional introdujo elementos de discusión al ámbito profesional en el contexto de las ciencias y la responsabilidad que implican los estudios universitarios, en el marco de las exigencias socio-económicas resultantes de las protestas por una nueva Constitución política y bajo las discusiones llevadas a cabo en seno de la Convención Constitucional resultante del proceso constituyente, así como del Consejo Constitucional de 2023. La ética del profesional egresado de las aulas universitarias fue siempre un tema de discusión en la investigación, puesto que se trataron siempre de abordar los problemas urgentes producto del accionar profesional en el ámbito social.

---

6. Esto la decimos solo a los efectos de contextualizar las discusiones en torno a la responsabilidad social de los profesionales, de caras a la nueva convocatoria constitucional publicada esta vez por el Congreso de la Repúblico, entidad que se hizo cargo del nuevo proceso, no sin arduas y acaloradas discusiones, lo que conllevaría a una nueva entidad redactora y un nuevo plebiscito constitucional convocado para el 17 de diciembre de 2023. El nuevo Consejo Constitucional fue electo el 7 de mayo de 2023, y el nuevo proyecto de Constitución fue entregado el 7 de noviembre de 2023 (El Mostrador, 2023).

7. Es interesante apreciar el entorno propio de las discusiones llevadas a cabo en el seno de la Convención Constitucional, y de cómo se insistió llevar adelante una refundación del Estado que terminó sin recibir el apoyo necesario para su imposición institucional por parte del electorado en el llamado Plebiscito de salida. Cfr. Squella (2022).

Es de destacar que las discusiones y reflexiones realizadas en el aula de clase también abarcaron aquellas profesiones que representan un tratamiento especial de la persona humana en cuanto objeto directo del ejercicio, como la medicina y demás ciencias de la salud, o de aquellas que la impactan de manera indirecta, como la ciencia veterinaria o las ingenierías, en especial las que tienen que ver con el cuidado y protección del ambiente.

La ética profesional es marco de preocupación y de entendimiento por parte de amplios sectores sociales (Melé, 2022), en especial de aquellos en los cuales se están promoviendo cambios profundos respecto de las estructuras subyacentes en el tejido social, especialmente los referidos y derivados del denominado "estallido social" de octubre de 2019, el cual alteró, de ello no hay dudas, el curso normal de la historia contemporánea chilena[8]. En opinión de los estudiantes, las profesiones pasaron a ocupar un rol protagónico como guías de los procesos sociales que protagonizaron el proceso constituyente, en especial por el conocimiento que ostentan como guías en los asunto de interés; los estudiantes piensan que este conocimiento debe ser empleado para resolver y solventar los grandes problemas que en torno a la vida en sociedad sobrevienen y se extienden a lo largo y ancho del territorio nacional[9]. En otras palabras, para los estudiantes un profesional es una persona con un alto sentido del servicio, cuestión que se articula con los conceptos tratados acerca de la ética del profesional (Martínez Navarro, 2006).

A partir de las opiniones de los estudiantes, en este trabajo se exponen algunas de las ideas surgidas en las discusiones académicas llevadas a cabo a la luz de las doctrinas filosóficas aportadas por el profesor de la cátedra, y profundizadas por los estudiantes y el profesor, las cuales fueron orientadas bajo la guía de conceptos como "bioética", ética profesional", "responsabilidad social", "resolución de problemas" y "crítica social", entre otras, en el marco de conceptos más generales como "cambio social", "mundo de vida", "generaciones futuras" y "preservación de la especie humana". Todos estos conceptos surgieron como ejes estructuradores de la responsabilidad profesional, los cuales, siguiendo las pautas docentes diseñadas y explicitadas más adelante, son apuntalados por la bioética en sentido global; esto es, más allá de la denominada bioética biomédica[10].

2. OBJETIVOS

La presente investigación tuvo como objetivo analizar el rol que cumplen la bioética y la ética de la responsabilidad profesional en la formación del estudiante universitario, en el marco del curso académico Ética Profesional del segundo año de la carrera de Derecho de la Universidad del Alba (Chile).

Este estudio se llevó a cabo durante el semestre 2023-1, mediante aplicación de la estrategia de sistematización de experiencias en el marco de la socialización de conocimientos a través de las pautas de una metodología activa de enseñanza/aprendizaje; esta es, el denominado Seminario Alemán (Solano et al, 2012). Asimismo, tuvo como objetivo específico procurar la comprensión de las pautas de responsabilidad profesional del estudiante de derecho

8. Recordemos que estos comenzaron el día *18 de octubre de 2019*, bajo la excusa del incremento de la tarifa del transporte público (30 pesos). Cfr. Correa (2023).

9. Incluso, algunos estudiantes eran de la opinión de que el proceso constituyente debía ser conducido por los abogados conocedores del tema constitucional, cuestión que como se sabe, no es totalmente cierto. Cfr.: Peña (2020; Cerda San Martín (2021).

10. Para una visión de conjunto del significado de bioética y su repercusión en el currículum universitario, Cfr.: Villalobos (2015). Para una crítica a la bioética biomédica, entre otros, Cfr.: Páez (2018).

a través de la aplicación de la estrategia del denominado "aprendizaje colaborativo", a través de prácticas, discusiones y lecturas en el aula de clase, considerando al estudiante como protagonista de su propio conocimiento.

Es importante destacar que durante la realización de las acciones de clase, los estudiantes casi siempre se veían muy comprometidos con las actividades y con los conocimientos adquiridos mediante las lecturas realizadas en el aula junto con las subsiguientes discusiones, llevadas finalmente a cabo tal como se pactó al comienzo de las actividades como parte del compromiso de socialización de los conocimientos que alcanzarían; se destaca que al final mostraron un mayor compromiso, gracias a las dinámicas que surgieron a la luz de los temas de interés profesional, entre otros los relacionados con la Constitución política en discusión, por una parte, en el marco del estudio encaminado hacia la comprensión del rol protagónico que debe ostentar un profesional en el contexto de las democracias contemporáneas; pero también, por otra parte, mediante la comprensión del rol que cumple la ciencia universitaria como dimensión de la responsabilidad profesional (Annía et al, 2018).

Es por ello que, en el presente trabajo, se abordan primeramente las discusiones teóricas que permitieron socializar los conceptos antes aludidos de bioética, ética profesional, responsabilidad social, entre otros conceptos ya señalados, para luego llevar a cabo las discusiones tipo taller marcadas por el Seminario Alemán según se indica más adelante. Seguidamente, se explicita la experiencia de socialización y de sistematización de experiencia que en torno de la ética profesional se llevó a cabo por intermedio del aprendizaje de la bioética como disciplina emergente en el contexto de las crisis social, política, jurídica y científica, que justamente pone como rol protagónico a los profesionales egresados de las aulas universitarias, en el contexto de despliegue de los procesos de transformación política que se visualizaron para el momento por intermedio del protagonismo de las tecnologías digitales (disruptivas); esto es, a través de la ciencia orientada hacia la transformación social.

En ese sentido, en el esquema de trabajo se expone en un primer momento del estudio la metodología empleada para la investigación; luego se exponen los argumentos teóricos y filosóficos que orientan el estudio, para finalmente exponer los resultados de la investigación. Respecto de los argumentos teóricos señalados, primeramente se abordan los conceptos de "ética", "bioética" y "responsabilidad profesional", en el contexto de las experiencias narradas por los estudiantes. Luego se abordan los conceptos de "responsabilidad profesional" en el marco de las discusiones más amplias llevadas a cabo durante el proceso constituyente, para finalmente abordar de forma específica el tema de la ética profesional y la formación ética recibida en la Universidad como elemento estructural de la educación universitaria. El trabajo concluye con unas reflexiones finales.

3. METODOLOGÍA

El presente estudio sobre la ética de la responsabilidad profesional en el contexto de los conceptos de la bioética y de la ética de la responsabilidad, tuvieron la orientación de procurar la formación de los estudiantes del segundo año de la carrera de Derecho de la Universidad del Alba (Chile), el cual estuvo conformado por 24 estudiantes, de los cuales 18 son hombres y 6 son mujeres, del turno vespertino, cuyas edades oscilaron entre los 22 y 35 años. La metodología empleada consistió en una doble estrategia: primeramente la aplicación de las técnicas del Aprendizaje Colaborativo, en el marco de las técnicas del denominado Seminario Alemán, en segundo lugar. Ambas metodologías se basan en la idea del aprendizaje como práctica; esto es, aprender haciendo, según el cual las ideas plasmadas en las prácticas de clase se traducen en definitiva en prácticas profesionales a través de las experiencias personales de cada estudiante (en algunos casos son estudiantes de segunda carrera) (Garrido, 2018), que es lo que se busca con la enseñanza de la ética profesional: que el estudiante lleve a cabo el ejercicio futuro de su profesión mediante la práctica de estrategias de responsabilidad profesional.

El Seminario Alemán consiste en la aplicación de técnicas de aprendizaje a través del concepto *aprender-haciendo*, según el cual los estudiantes construyen su propio conocimiento acerca de la investigación, en este caso en ciencias jurídicas permeadas por la reflexión ética desde la bioética, las cuales en esencia se traducen en experiencias propias porque ya han tenido experiencias sobre los asuntos estudiados en clase (Solano et al, 2012).

Esta metodología consistió en articular las categorías de la bioética y de la ética de la responsabilidad profesional en el proceso mismo de enseñanza de los conceptos básicos de la ética de la ciencia, tales como "bioética", ética profesional", "responsabilidad social", "resolución de problemas" y "crítica social", tal como se indicó más arriba, en el marco de conceptos generales como los de "cambio social", "mundo de vida", "generaciones futuras" y "preservación de la especie humana". La estrategia consistió en socializar conocimientos luego de haber discutido y aprendido los estudiantes los conceptos básicos de la ética filosófica condensada en las doctrinas de Aristóteles, Kant, Habermas, Morin, entre otros filósofos de relevancia.

El aprendizaje de los valores de responsabilidad profesional se llevó a cabo bajo estrategias de discusión de los temas fundamentales de cada uno de los autores mencionados, cuyas lecturas fueron socializadas primeramente por el profesor de la asignatura con textos claves de interpretación, así como de la discusión en clase a través, primeramente, de presentaciones provocadoras de los puntos clave de discusión como los mencionados. De esta forma, la clase se dividió fundamentalmente en tres segmentos: Introducción del tema y presentación del contenido (por parte del profesor), entrega de material de lectura breve (casi siempre con una semana de anticipación, o en la clase anterior), y finalmente discusión de los contenidos asociados con alguno de los problemas planteados, los cuales finalmente se discutieron bajo el procedimiento del Seminario Alemán.

Lo anterior se realizó siguiendo las pautas según se indica en Solano et al (2012). Esta metodología del Seminario Alemán consiste en seis fases, cada una de las cuales se articuló con las categorías de la ética de la responsabilidad profesional y la bioética, las cuales fueron adaptadas por el profesor de la asignatura como sigue: 1. Selección del tema de discusión (pre-asignado por el profesor). 2. Planteamiento de algún problema derivado de la lectura. 3. Formulación de pregunta o preguntas a partir de la lectura. 4. Análisis del material suministrado. 5. Diseño del discurso de interpretación y de respuestas a la o las preguntas, y finalmente 6. Socialización de ideas con entrega de minuta de discusión.

Como puede observarse, esta metodología permitió diseñar un híbrido entre el Seminario Alemán y el Aprendizaje Colaborativo. Esta técnica mixta tuvo la ventaja de que se pudo alcanzar por parte de los estudiantes el aprendizaje de contenidos de alta complejidad como los discutidos en el contexto socio-histórico señalado, no de forma individual, sino de forma asociada o colaborativa, en la cual cada estudiante participante se considera un sujeto válido para la producción de conocimiento, pues finalmente de lo que se trató fue de realizar un análisis práctico; es decir, de la vida práctica, orientados por los conceptos de las disciplinas mencionadas; la ética de corte clásico, y la bioética como disciplina emergente en los estudios sobre la responsabilidad profesional. Aquí, por tanto entendemos por aprendizaje colaborativo, aquél que se obtiene mediante intercambio de saberes por parte de los intervinientes en el proceso de aprendizaje, quienes en un mismo acto de conocimiento logran asociar los saberes de manera integral, alcanzando finalmente un conocimiento asociado a su propia experiencia.

De esta forma, el Seminario Alemán sirvió de catapulta para las discusiones y conclusiones sobre la responsabilidad profesional desde una perspectiva ética, puesto que los estudiantes lograron articular su propio mundo de vida con los contenidos teóricos contenidos en las doctrinas de los filósofos estudiados en clase. La ética se trocó así en disciplina teórico-práctica, logrando conducir el estudiante los conceptos aprendidos hacia la crítica surgida desde finales del Siglo XX, respecto del devenir de la ciencia en su sentido práctico; esto es, el estudiante logró alcanzar un contenido significativo de los conceptos de la crítica científica mediante las lecturas y discusión sistemática propias del Seminario Alemán, las cuales fueron aprovechadas en el momento de las discusiones y socialización de los contenidos de la Ética de la Responsabilidad Profesional, guiados por la mencionada reflexión bioética (Villalobos, 2015).

4. DESARROLLO DE LA INVESTIGACIÓN (RESULTADOS).

4.1. Ética, bioética y responsabilidad social.

Es importante destacar que las reflexiones llevadas a cabo durante la investigación se enfocaron primeramente en los valores profesionales que deben imperar en una sociedad en la cual sus estructuras de valor puedan ser discutidas y pensadas constantemente; en ese sentido, fue unánime la conclusión alcanzada desde los comienzos de las clases del curso mencionado, según la cual la democracia republicana es el régimen apropiado para la conformación de una estructura social y política caracterizada por la acción responsable. La opinión de los estudiantes fue determinante en esto, por lo que dirigieron esas discusiones primeramente hacia el modelo que se debía seguir para que se hiciera posible la factibilidad crítica en un sistema político. La conclusión es que se hace necesaria la democracia entendida no solo como régimen o sistema, sino como principio rector de los asuntos comunes en toda sociedad, en la cual no solo se puede, sino que se exige, ejercer una actitud crítica que permita el desarrollo responsable del ciudadano, mucho más si se es profesional universitario.

Entonces, desde ese especial punto de vista se dio partida a las reflexiones, y con ello a la presente investigación, en torno a las relaciones que se deben fomentar en el ámbito social desde la ética profesional, bajo la necesidad de relacionar ética y bioética en un sentido general, puesto que el desarrollo tecnológico que ha acompañado a las sociedades contemporáneas, guiadas por los asuntos de interés público y por tanto como cuestiones políticas, en especial por el tipo de políticas públicas que se deben fomentar en una sociedad democrática de caras al buen desempeño y al mejor despliegue de la acción tecnocientífica, se vincula con el buen desarrollo profesional y con el rol que cumplen los sistemas educativos, en especial, los sistemas de educación universitaria, que cada vez se orientan más en fomentar una educación signada por la responsabilidad profesional, basados en las ética de la ciencia y ética de la responsabilidad que se aprenden en las aulas de clase, pero también de manera especial centrados en una educación bioética, dados los signos de desarrollo desvinculados de los valores de preservación de la especie humana y del medio vital que se vienen observando en los últimos lustros (Villalobos-Antúnez, 2013; 2015).

Plantea González Valenzuela (2017) que, dadas las implicaciones que traen consigo la revolución biológica, y agregamos nosotros, la revolución tecnológica, es imprescindible articular las relaciones entre ética y bioética; así, expresa la autora que:

> *Sería imposible pensar la ética en la hora actual sin asociarla a la bioética. Nos encontramos en una situación de transformaciones radicales que provienen tanto de las grandes revoluciones científicas y tecnológicas, que se han producido en los últimos tiempos, como de los nuevos horizontes abiertos por ellas en los ámbitos bio-lógico, bio-médico, bio-genético y bio-tecnológico. Y aun cuando no se defina a sí misma como <<vitalista>>, difícilmente podría la ética permanecer ajena e indiferente a los conocimientos y a las transformaciones que recaen sobre el universo de la vida, al cual ella misma pertenece; no podría ser insensible y desentenderse de los múltiples interrogantes éticos relativos tanto a la vida humana, del presente y del futuro, como a la no humana y a los reclamos ético-ecológicos que atañen a la vida del planeta. Una de las vertientes más caudalosas de la ética actual es la de la bioética (p. 103). (cursivas y comillas de la autora; negritas de los investigadores).*

De esta larga cita de la autora podemos destacar que la ética se ocupa hoy día de todos aquellos asuntos en los que se ve comprometida la responsabilidad de las acciones humanas en el contexto justamente donde despliega la vida, de allí que sea la reflexión de tipo bioética; en vista de esta perspectiva, la investigación se orientó por una interrogante relativa al modo en como conviven las sociedades modernas: ¿es posible desplegar las interacciones sociales e individuales en el marco de cualquier sistema político de caras a la responsabilidad ciudadana? Incluso, se preguntó a los estudiantes lo siguiente: ¿es posible desarrollar el sentido de responsabilidad profesional en el marco del despliegue científico y tecnológico de manera que impacte en el buen desarrollo del futuro humano? Las respuestas a estas interrogantes fueron claras por parte de la población objeto del estudio: es posible siempre y cuando se posea el sentido ético de responsabilidad individual y compartida.

En vista de esta reflexión, lo importante a ser destacado es que los participantes en el estudio plantean que, indistintamente de si sean los contenidos éticos o contenidos bioéticos, el sentido de responsabilidad es lo fundamental para garantizar el desarrollo futuro de la humanidad en todos los sentidos, por lo cual un sistema político que elabore políticas públicas orientadas hacia la responsabilidad de los profesionales universitarios es el punto de arranque para la protección de la vida humana en las sociedades tecnológicas (digitales). Los estudiantes están claros al concluir que ellos mismos son responsables de sus acciones profesionales, por lo que es determinante no solo desarrollar ese sentido de responsabilidad, sino que se debe poder ser críticos a la hora de elaborar los requerimientos de un buen profesional. La ética y la bioética son el punto de inicio, pero se debe garantizar a través de un sistema democrático que elabore sanciones acordes con los excesos cometidos por las acciones desplegadas, causantes casi siempre de daños al bienestar humano (y al ecosistema planetario).

Es, en este punto de las discusiones, donde se establecen las conexiones necesarias entre las tres categorías inmersas en las reflexiones de clase: ¿cuáles son los elementos constitutivos de una ética de la responsabilidad profesional, partiendo de las relaciones entre ética y bioética?

La autora citada nos da la respuesta: hoy día ya no se puede hablar de ética sin hablar de bioética. La bioética viene a incorporar un sentido de responsabilidad en las acciones humanas (González Valenzuela, 2017), sobre todo si estas acciones están vinculadas con el ejercicio de las profesiones, las cuales hoy día son aprendidas en las aulas universitarias

(Martínez Navarro, 2006). Las profesiones son en tiempos de tecnologías digitales y de interconectividad, no solo necesarias para alcanzar calidad de vida en sentido económico, sino también, en sentido ético. El bienestar personal pasa por atender las necesidades más urgentes de cada persona, pero también por atender los llamados de responsabilidad que requiere la interacción profesional:

> *...En nuestro momento histórico, las distintas éticas profesionales han de respetar y apoyar el marco ético de la ética cívica, verdadero soporte moral de la convivencia en sociedades pluralistas, y desde ahí han de soportar sus propios valores correspondientes a la profesión de que se trate... (Martínez Navarro, 2006: p. 122).*

Sobre este aspecto volveremos. Sin embargo, desde esta cita, los estudiantes desarrollaron un conjunto de ideas articulando los conocimientos de las éticas teleológica, deontológica, dialógica y compleja, logrando comprender el andamiaje contemporáneo entre el ejercicio profesional, la responsabilidad ética y la protección moral del medio vital y de las interrelaciones humanas que caracteriza la bioética contemporánea. Veamos en el siguiente momento, unas breves conclusiones acerca de está ética cívica que es la ética de la responsabilidad, y el marco político de interacción fraguado por algunas discusiones constitucionales.

4.2. El marco constitucional y la responsabilidad ética del profesional.

Concatenado con los anteriores resultados, referidos a la relación entre ética de la responsabilidad, bioética y el interaccionar del estudiante en formación jurídica con los temas señalados, surgieron en las discusiones los temas de la responsabilidad política que se articulan con la responsabilidad profesional, alcanzados durante la investigación. Los mismos se vieron motivados por las discusiones en el seno de la discusión constitucional, de lo cual damos un breve reporte, dadas las circunstancias.

En efecto, uno de los temas más arduos y motivantes de las discusiones, fue señalado como el más esencial: la idea de diálogo a los fines de lograr un consenso democrático en torno a la definitiva redacción de un texto con la categoría de ser constitucional, especialmente orientado el texto discutido por el carácter fundacional que implicó transformar las estructuras subyacentes en la Constitución anterior, la cual debió ser respetada por la mencionada Convención Constitucional, cuestión que no ocurrió. No nos interesa en este contexto discutir las instituciones creadas en dicho proyecto de texto constitucional; lo que si interesa es el tema del diálogo, el cual, al parecer, y a juzgar por el plebiscito de salida que no aprobó el texto sometido a consulta, no respetó los parámetros de las éticas que sirvieron de atalaya en las discusiones de clase y que forman parte del programa de estudio del curso de Ética Profesional.

En efecto, para los estudiantes miembros de la muestra de la investigación, las éticas más importantes de las discutidas, según su criterio, fueron la teleológica, de Aristóteles; la deontológica, de Inmanuel Kant; y finalmente, la dialógica o discursiva, de Jürgen Habermas. No entraremos a analizarlas debido al poco espacio que tenemos para este trabajo; pero si referiremos de seguidas el parecer de los estudiantes, en el marco de la intersección de los valores constitucionales, la ética de la responsabilidad, y la bioética como disciplinas necesarias para articular las democracias en términos de una ética del conocimiento.

Ciertamente, el texto constitucional resultante de la Convención Constitucional contemplaba algunos elementos que podían catalogarse como de avanzada en términos de respeto tanto del medio vital del ser humano, puesto que consideraba correctamente el territorio chileno como parte del sistema planetario; pero al mismo tiempo recomponía políticamente dicho territorio en secciones territoriales totalmente ajenas a la historia político-territorial chilena. Más allá de las discusiones políticas, económicas, tecnológicas o de otra índole, lo interesante es señalar que la Convención Constitucional de 2022 extendía la responsabilidad del cuidado del medio vital a todos los miembros del cuerpo socio-político chileno, con lo cual, de plano, quedaba casi relegada la responsabilidad del Estado y del conglomerado funcionarial, derivada de las decisiones en torno al cuidado debido y a la preservación de la vida desde la preservación del ambiente.

Si bien la idea se sustentaba en contenidos teleológicos y deontológicos, la responsabilidad sustentada en el proyecto constitucional no se acercaba a la idea de una Ética dialógica, ni a la conformación de un Estado de derecho en términos dialógicos o discursivos, como plantean las éticas filosóficas y jurídicas actuales, como las de Habermas, Alexy o Cortina. La ética de la responsabilidad profesional pasa por entender la idea de la conformación de un estatus social en el orden de una ética cívica, como la plantea Martínez Navarro (2006):

> *...Finalmente argumentaré que las profesiones que aspiren a estar a la altura de la conciencia moral de nuestro tiempo, deberán buscar la excelencia en un doble sentido: superando el burocratismo a través de un nuevo concepto de vocación profesional como proyecto de personal vida buena, y ofreciendo un servicio de calidad a la sociedad y a la humanidad, teniendo en cuenta también a las generaciones venideras, lo cual conecta con la noción de ciudadanía entendida en su dimensión ética de compromiso cívico de las personas con la sociedad local y global a la que pertenecen... (pp. 122-123).*

Estas discusiones generaron un mayor despliegue de reflexiones, las cuales dejamos para un siguiente trabajo por razones de espacio. Sin embargo, es bueno destacar que la vida buena señalada por el autor fue motivo de discusión por parte de la muestra participante, cuestiones que dejaron abiertas nuevas líneas de investigación en torno a la ética profesional vinculada con las reflexiones socio-políticas, como por ejemplo, la relación entre ética profesional, responsabilidad de las acciones educativas y responsabilidad política.

4.3. La educación profesional es formación ética/bioética.

El otro aspecto que interesa resaltar como resultado de esta investigación, es el criterio adoptado por los investigadores en torno al concepto de "educación profesional" y que fue socializado con los participantes de la muestra objeto de estudio. Ello tuvo que ver directamente con una pregunta que está en el fondo del asunto educativo: ¿es el acto educativo un acto meramente de conocimiento? ¿se cumple con el cometido educativo sin que por ello se permeen durante el proceso las categorías planteadas en el presente estudio? ¿son la ética y la bioética aspectos esenciales en la formación universitaria? ¿piensan los estudiantes en una ética de la ciencia cuando se socializan contenidos disciplinares propios de cada una de las asignaturas cursadas?

Evidentemente que estas interrogantes fueron de gran utilidad para los estudiantes, toda vez que les permitió reflexionar desde las éticas socializadas por el profesor hacia los contenidos de las acciones de responsabilidad en general del profesional universitario. Las cuestiones fundamentales de las respuestas obtenidas se analizaron a la luz de las éticas teleológica, deontológica y dialógica o del discurso.

En cuanto a la primera de las mencionadas, la ética teleológica se enfatizó en los postulados de Aristóteles, para quien los estudiantes, en un primer momento, les pareció de contenidos arcaicos; esto es, antiguos. Lógicamente, ello representó poco conocimiento por parte de los estudiantes acerca de la claridad expositiva del filósofo clásico, en especial, en vista de las magnitudes y de las profundidades de su pensamiento. En principio, fue incomprendido y por lo mismo poco valorado por alguno de los participantes (3 hombres del total de 24 que pertenecieron a la muestra), incluso, hasta llegar al punto de considerarlo ingenuo (es imposible alcanzar la "felicidad" en el sentido profundo del término; esto es, como "vida buena").

Con relación a lo primero, los estudiantes valoran como provechoso el hecho de que la vida profesional propenda a la felicidad de las personas, puesto que, según afirman en sus respuestas a las preguntas antes señaladas, toda profesión debe poder proveer de las herramientas de sostenibilidad económica, familiar y de sensibilidad de aquél que practica su profesión bajo principios y valores, especialmente si considera a sus interlocutores (clientes) como personas virtuosas. El virtuosismo, concluyen los estudiantes en general, genera ausencia de angustia e incremento de buena vida: todo aquél que sea virtuoso, o practicante de las virtudes éticas, está presto a alcanzar una "vida buena", según expresa Aristóteles.

Entonces, se concluye que la vida buena, que es a la que tiende todo profesional, e incluso, toda persona, es un primer eslabón de la cadena de perpetuación de la felicidad de todas las personas virtuosas. La pregunta que surge, que no obtuvo respuestas, es: ¿y si no todos son personas virtuosas? ¿cómo es posible que haya felicidad al final del camino si no todos pueden alcanzar el provecho de buena vida, vida de calidad y vida feliz. Estas preguntas quedaron abiertas, por lo que abren nuevas rutas de investigación para continuar en el futuro inmediato en un siguiente proyecto.

El otro tema que surge ante la idea del acto educativo como acción ética por parte del docente, aunque también del estudiante, es la idea no ya de la tendencia a la felicidad mediante el ejercicio de la profesión, sino enmarcada en el cumplimiento del deber, como aspecto medular de una ética deontológica. Cómo enderezar las acciones profesionales, y de formación ética del estudiante universitario, hacia los criterios válidos de convivencia en el marco de las discusiones señaladas para la propuesta de una Constitución. Antes esta pregunta retórica, los estudiantes de la muestra están muy claros: toda formación profesional debe servir para coadyuvar a la sociedad en su proyecto de vida provechosa, que forme a la sociedad política bajo los estandartes del cumplimiento del deber.

Según lo anterior, los estudiantes de la muestra son partidarios no solo de articular en el ejercicio profesional bajo el estandarte de una ética de la responsabilidad permeada por el teleologisdmo aristotélico, o el deontologismo kantiano; es necesario, y así lo demostró la discusión política en torno a la propuesta de Constitución, que impere una racionalidad dialógica; esto es, en las discusiones sobre qué tipo de Estado se requiere, y cuáles son los elementos de responsabilidad en torno al ejercicio profesional que debe contener toda carta política, se impone una cultura procedimental propia de toda ética discursiva, de origen habermasiano (Habermas, 2000) y apeliano (Apel, 2013), las cuales no solo dan origen, sino que fundamentan toda democracia que se precie de ser participativa (Habermas, 2010).

Desde esta perspectiva, la bioética emerge como un discurso crítico que permite analizar el desarrollo tecnocientífico bajo el estandarte del principio de responsabilidad de las acciones profesionales. La ética cívica, como plantea Martínez Navarro (2006), se troca así en bioética de la responsabilidad, como lo plantea González Valenzuela (2017). Siendo la educación un acontecimiento ético (Bárcena y Mélich, 2000), es imprescindible no considerar ese mismo acto educativo como un acontecimiento bioético, si seguimos las lecciones de la citada Juliana González Valenzuela. La ética profesional se nutre del pensamiento bioético como problema filosófico reflexionado en clase, en especial en esta era de tecnociencia, pues como dice esta autora:

> *...si lo que constituye la fuente nutricia de la filosofía son los problemas, la filosofía moral queda removida y revitalizada por la profunda, trascendental y perturbadora problemática abierta por los nuevos saberes y, muy señaladamente, por los nuevos poderes que vienen generando, en especial, las ciencias y las tecnologías de la vida (González Valenzuela, 2017, pp. 103-104).*

Puede observarse, entonces, que el discurso de la ética de la responsabilidad es un discurso de la ética de las profesiones, y éste, por supuesto, lo es de la bioética, puesto que son las nuevas profesiones las que están moldeando la vida en sociedad, en especial esta que está ceñida por las tecnologías transformadoras, las cuales han sido nombradas por filósofas(os) y sociólogas(os) como "sociedad disruptiva", bajo los designios de las "tecnologías disruptivas" (Zuboff, 2021; Costa, 2021; Han, 2022)[11].

5. CONCLUSIONES

Los acontecimientos narrados en esta investigación permitieron avanzar un conocimiento acerca de la ética de la responsabilidad de los profesionales universitarios, en especial, aquella mostrada por los estudiantes pertenecientes a la muestra objeto del estudio; a saber, aquellos cursantes del segundo año de carrera de Derecho durante el semestre 2023-1. Es importante reconocer el alto compromiso mostrado por los participantes respecto de su rol como profesionales comprometidos con el buen desempeño social, pero también por la procura de buenas prácticas profesionales en su proceso de formación. Esto pultimo es determinante para comprender ese compromiso manifiesto puesto que los conceptos reflejados como parte de su cotidianidad, permitieron augurar una mejora sustancial de las relaciones entre ciudadanos, y entre estos y los profesionales que egresan de las Universidades chilenas.

Una de las recomendaciones que pueden realizarse, sin embargo, a pesar del buen criterio observado en los estudiantes, es enfatizar mucho más en las buenas prácticas marcadas por el buen conocimiento de las disciplinas, en este caso, el Derecho; pues concluye la muestra objeto del estudio, que mientras más conocimiento se tenga en la disciplina profesional, mayor será el compromiso y mejor será el desempeño de cada estudiante universitario durante sus estudios, pero mejor aún, durante su futuro ejercicio profesional.

Quedan abiertas las líneas de investigación mencionadas anteriormente, en especial las que versan sobre le mejora del acto docente en el marco del aprendizaje ´petico de los estudiantes, y del mejor desempeño docente procurando internalizar y proyectar en los estudiantes las buenas prácticas permeadas por el conocimiento de la ética de la responsabilidad y la bioética, como disciplinas de corte axiológico necesarias para una educación de futuro.

---

11. Las perspectivas de la actualidad profesional desde la bioética, se pueden ver en los siguientes autores: Luna y Salles (2008); Ramos (2018); González Valenzuela (2017), entre otros.

6. REFERENCIAS

Annía G., M. E., Villalobos A., J. V., Romero P., J. C., Ramírez M., R. I. y Ramos M., Y. (2018). Conciencia ética en organizaciones universitarias: un estudio fenomenológico de la praxis como continua formación. *Revista Inclusiones*, 5(4), pp. 179-105. https://revistainclusiones.org/index.php/inclu/article/view/693

Apel, K-O. (2013). Teoría de la verdad y ética del discurso. Barcelona: Ediciones Paidós.

Bárcena, F. y Melich, J-C. (2000). *La educación como acontecimiento ético*. Barcelona: Paidós.

Bauman, Z. (2020). *Sobre la educación en un mundo líquido*. Barcelona: Paidós.

Cappellacci, I. y Juarros, M.F. (2016). La metodología cualitativa según la teoría crítica en la investigación socioeducativa. En *Epistemología y ciencias sociales: ensayos latinoamericanos*. (Francisco Osorio, editor). Santiago: LOM Ediciones. Pp.: 303-312.

Cerda San Martín, R. (2021). *Justicia en Chile. Constitución y Órgano Jurisdiccional*. Santiago-Chile: Colección Insurgente.

Correa, K. (22 de julio de 2022). ¿Alzas en tarifas de transporte público? Las causas y efectos ante un posible aumento en los precios. *E Mol Social Facts*. https://comentarista.emol.com/2294117/22667433/Emol-Social-Facts.html

Costa, F. (2021). *Tecnoceno. Algoritmos, biohackers y nuevas formas de vida*. Madrid: Editorial Taurus.

El Mostrador (mesa de redacción). (7 de noviembre de 2023). Siga en vivo la entrega de la propuesta de nueva Constitución al presidente Boric. ElMostrador.com: https://www.elmostrador.cl/noticias/pais/2023/11/07/siga-en-vivo-la-entrega-de-la-propuesta-de-nueva-constitucion-al-presidente-boric/

Garrido F., C.G. (2018). *Estudio sobre docencia universitaria. Diálogos y práctica en el aula*. México: Fondo de Cultura Económica.

González Valenzuela, J. (2017). *Bíos. El cuerpo del alma y el alma del cuerpo*. México: Fondo de Cultura Económica.

Habermas, J. (2000). *Conciencia moral y acción comunicativa*. Barcelona: Ediciones Península.

Habermas, J. (2010). *Facticidad y validez. Sobre el derecho y el Estado democrático de derecho en términos de teoría del discurso*. Madrid: Editorial Trotta.

Han, B. Ch. (2022). *Infocracia. La digitalización y la crisis de la democracia*. Madrid: Taurus.

Hurtado de la F., Alejandro y Villalobos-Antúnez, J.V. (2024). Estrategias didácticas para estudiantes de derecho. Enfoques para el aprendizaje del Derecho Penal. Editorial Peterlang (En prensa)

Luna, F y Salles, A.L.F.. (2008). *Bioética: nuevas reflexiones sobre debates clásicos*. México: Fondo de Cultura Económica.

Martínez Navarro, E. (2006). Ética profesional: Proyecto personal y compromiso de ciudadanía. *Veritas, Vol 1(14)*, p. 121-139.

Melé, D. (2022). *Ética profesional*. Santiago: Ediciones Universidad Católica de Chile.

Minciencia-Chile. (15 de enero de 2020). 1000 científicos 1000 aulas. Ciclo de charlas en la Región de Antofagasta. Ministerio de Ciencia, Tecnología, Conocimiento e Innovación. Nota de prensa sin autoría. https://www.explora.cl/antofagasta/ciencias-sociales-y-humanidades/

Páez, R. (2018). *Pautas bioéticas. La industria farmacéutica entre la ciencia y el mercado*. México: Fondo de Cultura Económica.

Peña, C. (2020). *El desafío constitucional*. Santiago-Chile: Taurus.

Pedroza F., R. (2016). La investigación-acción para el estudio de la práctica docente. En *Epistemología y ciencias sociales: ensayos latinoamericanos*. (Francisco Osorio, editor). Santiago: LOM Ediciones. Pp.: 313-332.

Ramos P. S. (2018). *Bioética. Una reflexión necesaria para las decisiones que más importan*. Barcelona: Plataforma Actual.

Solano de J., N, Sepúlveda L., M. Y García V., D. (2012). *Pedagogía del derecho en el Siglo XXI. Enfoques y alternativas hacia una nueva enseñanza del derecho*. Facultad de Derecho, Universidad Colegio Mayor de Cundinamarca.

Squella, A. (2022). *Apuntes de un constituyente*. Santiago: Ediciones Universidad Diego Portales.

Villalobos-Antunez, J. V.. (2009). Bioética y formación ciudadana para la vida en los estudios universitarios. *Frónesis. Revista de Filosofía Jurídica, Social y Política.16*(3). pp.419-422. http://ve.scielo.org/scielo.php?script=sci_arttext&pid=S1315-62682009000300001&lng=es&nrm=iso.

Villalobos-Antúnez, J. V. (2013). Bioética, educación universitaria y derechos humanos de cuarta generación. *Revista Ágora-Trujillo, 16*(31), pp. 89-110. https://repositorioslatinoamericanos.uchile.cl/handle/2250/220508

Villalobos, J. V. (2015). El lugar del saber en la formación universitaria. Bioética, currículo y gestión del conocimiento para el desarrollo humano. *Opción. Revista de Ciencias Humanas y Sociales. 29*(72). https://www.produccioncientificaluz.org/index.php/opcion/article/view/19582

Zuboff, Sh. (2021). *La era del capitalismo de la vigilancia. La lucha por un futuro humano frente a las nuevas fronteras del poder*. Barcelona: Editorial Paidós.

CIENCIAS SOCIALES EN ABIERTO

Editada por
David Caldevilla Domínguez y Almudena Barrientos-Báez

Vol. 1 Almudena Barrientos-Báez / David Caldevilla Domínguez / Javier Sierra Sánchez (eds.): Inteligencia Artificial ¿amiga o enemiga?. 2024.

Vol. 2 Ana Tomás López / Sara Navarro Lalanda / Paola Eunice Rivera Salas (eds.): Las artes como expresión vital. 2024.

Vol. 3 Carmen Paradinas Márquez / Juan Andrés Rodríguez Lora / Daniel Becerra Fernández (eds.): Empresa, empresariedad y comunicación mercantil. 2024.

Vol. 4 Tania Brandariz Portela / Xabier Martínez Rolán / Virginia Sánchez Rodríguez (eds.): Desde la óptica del género: el género como perspectiva. 2024.

Vol. 5 Sara Mariscal Vega / Carmen Cristófol Rodríguez / Fernando García Chamizo (eds.): Comunicar a través del idioma: Pensar y traducir. 2024.

Vol. 6 Arantza Lorenzo De Reizábal / Marta Talavera Ortega / Guillermina Jiménez López (eds.): Recursos, competencias y enfoques para la enseñanza de lenguas. 2024.

Vol. 7 José Luis Corona Lisboa / Encarnación Ruiz Callejón / Alba María Martínez Sala (eds.): Límites y potencialidades de la gobernanza. 2024.

Vol. 8 Blanca Tejero Claver / Carmen Dorca Fornell / Carmen Lucía Hernández Stender (eds.): El factor humano en la salud. 2024.

Vol. 9 Daniel Muñoz Sastre / Andrés Sánchez Suricalday / Manuel Osvaldo Machado Rivera (eds.): Futuro poliédrico del fenómeno social a principios del siglo XXI. 2024.

Vol. 10 Pedro Pablo Marín Dueñas / Alberto García Moreno / Basilio Cantalapiedra Nieto (eds.): Contenidos audiovisuales para un mundo de pantallas multivalentes. 2024.

Vol. 11 María Santamarina Sancho / Virginia Dasí Fernández / Mercedes Herrero De la Fuente (eds.): Perspectivas para la visibilización del género. 2024.

Vol. 12 Dolores Rando Cueto / Francisco Jaime Herranz Fernández / Coral Ivy Hunt Gómez (eds.): Internet al servicio de la modernidad en red. 2024.

Vol. 13 María Isabel Huerta Viesca / Ricardo Teodoro Alejándrez / María José Márquez Ballesteros (eds.): Legalidad derecho y política: Marcos jurídicos para un nuevo contrato social. 2024.

Vol. 14 Ana María Botella Nicolás / Guillem Escorihuela Carbonell / Antonio Rafael Fernández Paradas (eds.): Efectos de la narrativa escrita y su enseñanza en lo social. 2024.

Vol. 15 Marta Martín Gilete / Cristina Manchado Nieto / Manuel José López Ruiz (eds.): La Universidad se renueva: Modelos, competencias y fórmulas de nueva implantación. 2024.

Vol. 16 Vicenta Gisbert Caudeli / Purificación Cruz Cruz / Alberto Dafonte Gómez (eds.): La Universidad innova en metodologías y herramientas. 2024.

Vol. 17 Bárbara Cerrato Rodríguez / Nazareth Martínez Heredia / Juan Manuel Corbacho Valencia (eds.): La nueva alquimia entre el aprendizaje y la enseñanza. 2024.

Vol. 18 Hanane Benali Taouis / Nuria Rodríguez López/ Teresa Piñeiro Otero (eds.): Nuevos aprendizajes tecnologizados con aplicaciones culturales y didácticas. 2024.

Vol. 19 Rafael Marcos Sánchez / Concepción Campillo Alhama / Graciela Padilla Castillo (eds.): Retos sociales y filosóficos actuales: ética, política, falsedades y discursos disruptivos. 2024.

Vol. 20 Clara Janneth Santos Martínez / Hamed Abdel Iah Ali / Almudena Cotán Fernández (eds.): Respuestas a los desafíos para la mente motivada y creativa. 2024.

Vol. 21 Isabel Rodrigo Martín / Mónica Viñarás Abad / Cesáreo Fernández Fernández (eds.): Recursos para una salud medioambientaly humana sostenibles. 2024.

www.peterlang.com

www.ingramcontent.com/pod-product-compliance
Ingram Content Group UK Ltd.
Pitfield, Milton Keynes, MK11 3LW, UK
UKHW041829290926
8980IPUK00002B/149

9 783631 916070